Tiroler Volksleben

Ein Beitrag zur deutschen Volks- und Sittenkunde

von

Ludwig von Hörmann

Faksimiledruck
der 1909 erschienenen Ausgabe

Mit einem biographischen Vorwort
von Siegfried de Rachewiltz

Herausgegeben vom
Landesverband für Heimatpflege
in Südtirol

VERLAGSANSTALT ATHESIA · BOZEN

Gedruckt mit
Unterstützung
der Südtiroler
Landesregierung,
Abteilung deutsche
und ladinische
Schule und Kultur

1996
Alle Rechte vorbehalten
© by Verlagsanstalt Athesia Ges.m.b.H., Bozen
Gesamtherstellung: Athesiadruck, Bozen
ISBN 88-7014-877-7

Vorwort

Dieser Nachdruck soll auf einen beinahe vergessenen Meister der Volks- und Landeskunde aufmerksam machen.
Während ein Beda Weber Jahrzehnte zuvor noch bei seinen Schilderungen weit ausgreift und in alle Bereiche mit dem Enthusiasmus des gleichwohl großen Dilettanten vorstößt, ist von Hörmann der kluge und bedächtige Bohrer, der unermüdliche Kärrner von Informationen, der erst nach ausgiebigem Studium zur dennoch leichten Feder greift.

Seine Aufsätze etwa zum Weinbau in Tirol, zu Ernährung und Trinkgewohnheiten der Tiroler in den »Jahrbüchern des Deutschen und Österreichischen Alpenvereins« fanden nicht nur einen großen Leserkreis, sie waren auch Pionierleistungen in Volkskunde und Alltagsforschung.

Obwohl von Hörmann zeitlebens einem ruhigen Beamtenberuf nachging, war sein Geist von erstaunlicher Weite. Die Kunde des eigenen Volkes diente ihm auch als Ausgangspunkt für das Kennenlernen anderer, von Nachbarvölkern wie den Slowenen.

Das »Tiroler Volksleben« als ein Meisterwerk seines Genres sei hiermit dem heutigen Leser nun in einer ansprechenden Form wieder zugänglich gemacht.

Ludwig Walther Regele
Obmann des Landesverbandes
für Heimatpflege in Südtirol

Bozen, im Dezember 1995

Ludwig von Hörmann

Ein biographisches Vorwort

Ludwig von Hörmann zu Hörbach wurde am 12. Oktober 1837 in Feldkirch geboren. Seine Familie läßt sich seit dem 15. Jahrhundert in Tirol nachweisen: Von 1427 bis 1504 in Mals stellen die Hörmann (Herman) um die Mitte des 16. Jahrhunderts den Bürgermeister von Innsbruck und sind auch im Dienste der Fugger tätig. Johann Herman erhielt als Leibtrabant Erzherzog Ferdinands II. von diesem 1585 einen Wappenbrief, 1785 verlieh dann Kaiser Joseph II. seinem Nachfahren Johann Josef, Landesgerichtsschreiber der Grafschaft Telfs, das Adelsprädikat Hörbach.

Zur Verwandtschaft Hörmanns gehörten auch der Komponist Johann Heinrich (1694–1763), von dem u. a. eine Suite für Maultrommel und weitere sieben Instrumente erhalten ist, sowie der bedeutende impressionistische Maler Theodor von Hörmann (1840–1895). Sein Vater Ignaz war Kameralkommissar in Innsbruck, Mutter Josefa Pfaundler stammte ebenfalls aus Innsbruck. Nach der Kindheit in Vorarlberg besuchte er das Obergymnasium in Innsbruck, wo Ignaz Vinzenz Zingerle die volkskundlichen Interessen seines Zöglings förderte und ihn dazu bewog, zahlreiche Beiträge für seine »Sitten, Bräuche und Meinungen des Tiroler Volkes« zu liefern. Auch an der Innsbrucker Universität, wo Hörmann klassische Philologie studierte, war er ein eifriger Hörer der Vorlesungen I. V. Zingerles: »Besonders regten mich seine Vorlesungen über deutsche Mythologie an.«[1]

---

[1] Ludwig von Hörmann, Selbstbiographie. In: Hannelore Steixner-Keller, Ludwig von Hörmann. Leben und Werk. Unveröff. Dissertation, Universität Innsbruck, 1983, S. 213. Vgl. auch Karl Ilg, Die Geschichte der tirolischen Volkskunde von den Anfängen bis 1980. In: Tiroler Heimat 59, 1995, S. 195 ff.

Die intensive Beschäftigung mit indischen, persischen, griechischen und germanischen Volksepen – vor allem mit dem indischen *Mahabharata* und dem finnischen *Kalevala* – führte ihn immer mehr in das Gebiet der vergleichenden Sagen- und Mythenforschung. So promovierte er 1864 mit einer Dissertation über die »Homerische Frage« zum Dr. phil. in Tübingen mit der Absicht, sich in Innsbruck für das Fach Philologie zu habilitieren. Die akribisch-grammatikalische Auffassung des Faches, wie sie damals offensichtlich an der Landesuniversität herrschte, muß mit Hörmanns weltoffener, kulturhistorischer und komparatistischer Einstellung unvereinbar gewesen sein, denn die Habilitierung blieb ihm versagt.

Aus heutiger Sicht läßt sich wohl sagen, daß die tiefgreifende Auseinandersetzung mit den homerischen Epen – mit ihren Götter- und Heldenmythen, aber auch mit ihrer schier unendlichen Vielfalt volkskundlich relevanter Details – wesentlich dazu beigetragen hat, daß Ludwig von Hörmann letztlich zu einem der ersten Volkskundler Österreichs wurde, der diese Wissenschaft als »eine Gesamtheit von Phänomenen des menschlichen Lebens« erfaßte.

1865 heiratete Hörmann Emilie Geiger (1843–1921), die mit dem Dichternamen Angelika von Hörmann (»die Sappho Tirols«)[2] Ruhm erlangte, u. a. mit Versepen über »Die Saligen« und »Oswald von Wolkenstein«. Sie war eng mit Hans von Vintler und Anton von Schullern befreundet.

1872 trat Hörmann eine Bibliothekarstelle in Klagenfurt an: »Meine Ernennung machte mich mit dem schönen Kärntner Lande bekannt und gab mir Gelegenheit, ein ganz anders geartetes Volk und Volksleben kennenzulernen. Das Nebeneinander und die teilweise Vermischung zweier sich

---

[2] F. S. Prast, Der Heimatforscher Dr. Ludwig von Hörmann zu Hörbach. In: Der Schlern 1949, S. 51–52.

fremder Nationalitäten, des Deutschen und des Slowenischen, hatte der Bevölkerung einen eigenen Charakter verliehen ... Auch in der slowenischen Sprache, die äußerst wohlklingend ist, erwarb ich mir einige Kenntnisse.«[3]

Ein Jahr später wurde er nach Graz versetzt, wo er seine Feldforschungen fortsetzte: »... das Feld meiner Beobachtungen (war) vorzugsweise Mittel- und Untersteiermark, das ich, häufig in Gesellschaft eines slowenischen Professors, nach allen Richtungen durchstreifte.«[4]

Hörmann blieb bis 1877 in Graz, als er nach Innsbruck zurückkehrte und dort zunächst als Kustos und ab 1882 als Direktor der Universitätsbibliothek wirkte. 1902 mußte er wegen eines zunehmenden Augenleidens seine Stelle aufgeben und trat nach über 36 Jahren Bibliotheksarbeit als Regierungsrat in den Ruhestand.

Ignaz V. Zingerle, Wilhelm Mannhardt, Adolf Pichler, Peter Rosegger, der Germanist Anton E. Schönbach und Ludwig Steub waren die Zeitgenossen, die Hörmanns volkskundliche Forschungen auf verschiedene Weise anregten und förderten.

Von Zingerle kamen die ersten Anregungen zum Sammeln von Sagen, Volksliedern, Grabinschriften, Haussprüchen u. a., die später in Werken wie »Schnadahüpfeln aus den Alpen« (1881), »Grabinschriften und Marterlen I–III« (1889–1905), »Haussprüche aus den Alpen« (1890) und »Volksthümliche Sprichwörter und Redensarten aus den Alpenlanden« (1891) ihren Niederschlag fanden. Als Erzählforscher stand Zingerle noch ganz im Banne der Grimmschen Germanistik und Mythologie und von Anhängern der mythologischen Schule wie Karl Simrock. So sind dann auch Hörmanns Beiträge zum Themenkreis Sage, wie z. B. seine

---

[3] Wie Anm. 1, S. 219, 221.
[4] Ebenda, S. 221.

»Mythologischen Beiträge aus Wälschtirol« (1870) oder »Die saligen Fräulein und Nörgelen« (1864), sehr stark von der romantisch-mythologischen Schule geprägt. Hörmann selbst erkannte aber im Laufe der Zeit die Problematik des hemmungslosen Mythologisierens und äußerte sich in seiner kurzen Selbstbiographie kritisch über seinen 1864 erschienenen Aufsatz »Steinopfer der Hulda«:

»Es war meine erste wissenschaftliche Arbeit auf diesem Gebiete, bei welcher ich noch vollständig auf dem Standpunkte der Grimmschen Mythologie stand und die daher nur hinsichtlich des Stoffes auf einen gewissen Wert Anspruch machen kann.«[5]

Als besonders nachhaltig und fruchtbar sollten sich die Anregungen des Berliner Gelehrten Wilhelm Mannhardt im Bereich der Brauchtumsforschung sowie der Arbeits- und Gerätekunde erweisen: »Was Mannhardt in großem Maßstab (in Deutschland) ausführte, wollte ich für Tirol, wenn auch in bescheidenerem Maße, leisten.«[6]

Begeistert äußerte sich Hörmann über Mannhardts »Wald- und Feldkulte«, die »das stolze Gebäude der Grimmschen Mythologie erschütterten und die deutsche Götterlehre auf eine ganz neue Grundlage stellten«.[7]

Mannhardt, mit dem Hörmann eine rege Korrespondenz führte, war es vor allem, der ihn in seiner Überzeugung stärkte, daß in der Volkskunde die eigene Feldforschung unentbehrlich sei und daß die Verläßlichkeit und Überprüfbarkeit der Quellen als oberstes Gebot zu gelten habe: »Ich war übrigens längst zur Überzeugung gelangt, daß die Hauptsache das eigene Sammeln sei und daß es hinsichtlich der Mitsammler nicht so sehr auf die Zahl, sondern auf die Verläßlichkeit derselben ankomme.«[8]

---

[5] Ebenda, S. 216.
[6] Ebenda, S. 217.
[7] Ebenda.
[8] Ebenda, S. 218

So war es dann auch Hörmann selbst, der in seiner Rezension die »Volkssagen, Bräuche und Meinungen aus Tirol« (1897) Johann Adolf Heyls in hohen Tönen lobte, da die Sammlung »soviel sich beurteilen läßt, auf volle Verläßlichkeit Anspruch machen darf«, den Herausgeber aber zugleich tadelte, weil er »anstössige Partien weggelassen und bedenklich erscheinende Stellen vorsichtig abgeändert hat«.[9]

Die zahlreichen Notizbücher aus der Zeit zwischen 1860 und 1912, die in seinem Nachlaß erhalten sind, geben beredtes Zeugnis von der unermüdlichen Energie ab, mit welcher Hörmann zeit seines Lebens seine Heimat Tirol und Vorarlberg wandernd erforschte.

Dabei war er stets um eine gesamtheitliche, sach- und geisteskundliche Beobachtung bemüht, er sammelte Oraltraditionen und hielt zugleich die Sachkultur fest, indem er die Arbeitsgeräte, die Trachten, das Handwerk und die Hausindustrie und – in echter Pionierarbeit – auch die Nahrungsgewohnheiten der durchwanderten Talschaften aufzeichnete. Wie sehr es Hörmann verstand, geistige Volkskunde und Sachvolkskunde fruchtbar miteinander zu verbinden, bezeugen vor allem die hervorragend recherchierten Aufsätze, die er in der »Zeitschrift des Deutschen und Österreichischen Alpenvereins« veröffentlichte: »Der tirolisch vorarlbergerische Weinbau« (in zwei Teilen, 1905 und 1906) und, als bahnbrechender Beitrag zur Nahrungsethnologie der Alpen, »Genuss- und Reizmittel in den Ostalpen« (1912).

Während seines Grazer Aufenthalts hatte Hörmann Peter Rosegger kennengelernt und war in der Folge mit dem Autor des »Volkslebens in Steiermark« (1870) brieflich in Ver-

---

[9] Ludwig von Hörmann, Rezension der »Volkssagen, Bräuche und Meinungen aus Tirol«. Gesammelt und hrsg. von Joh. Adolf Heyl. Brixen 1897. In: Archiv für das Studium der neueren Sprachen und Litteraturen, Band CV, Heft 1/2, 1900, S. 118–123.

bindung geblieben. Für die Zeitschrift »Roseggers Heimgarten« lieferte er einen Beitrag über den »Totentanz in den Alpen« (1897).

Mit dem Verfasser der »Drei Sommer in Tirol«, Ludwig Steub, war Hörmann erstmals in Klausen zusammengekommen, wo sich eine literarische Runde, zu der auch Adolf Pichler, I. V. Zingerle und Christian Schneller gehörten, des öfteren traf.

Sowohl Rosegger als auch Steub, der ihn auf mehreren volkskundlichen Wanderungen begleitete, bestärkten Hörmann in seinem Bestreben, eine umfassende Gesamtschau des Tiroler Volkslebens zu verfassen: »Mein Hauptziel war es nun, in einem großen Gemälde das Tiroler Volksleben in seinen markantesten Zügen wahrheitsgetreu zum Ausdruck zu bringen.«[10]

Als wesentliche Bestandteile des angestrebten Gemäldes muß eine Reihe grundlegender Arbeiten erwähnt werden, die z. T. als Vorstufen, z. T. als Ergänzung zum »Tiroler Volksleben« anzusehen sind. Als erstes selbständiges Werk in diesem Bereich erschienen 1877 die »Tiroler Volkstypen. Beiträge zur Geschichte der Sitten und Kleinindustrie in den Alpen«, in dem, angefangen von den Wilderern und Schwärzern (Schmugglern) bis hin zu den Schweinschneidern und »Kästenbratern«, mehr als dreißig Sonderberufe, Talindustrien und Dorfgeschichtenfiguren »ihrer novellistischen Maske schonungslos entkleidet ... vor das Auge des Lesers treten«.[11] Es folgten 1889 »Die Jahreszeiten in den Alpen« (als »Tiroler Bauernjahr« noch zwei erweiterte Auflagen 1899 und 1914) mit einer Vielzahl ergologischer und gerätekundlicher Beobachtungen, die hier erstmals aufgezeichnet wurden. Die »Wanderungen in Vorarlberg« (1895)

---

[10] Wie Anm. 1, S. 230.
[11] Ludwig von Hörmann, Tiroler Volkstypen, Wien 1877, S. V.

und die »Wanderungen in Tirol« (1897) gehören beide zum Genre der quellenmäßig wichtigen Reisebeschreibungen, die in der Reiseliteratur der Aufklärung und des Biedermeiers ihre Vorläufer haben.

Schließlich gehört auch »Das Volksleben der Deutschen in Tirol« (1893) hierher, ein längerer Beitrag im sogenannten Kronprinzenwerk, die durch den Kronprinzen Erzherzog Rudolf angeregte Gesamtdarstellung »Die Österreichische-Ungarische Monarchie in Wort und Bild«. Christian Schneller bearbeitete in diesem Werk das romanische, Hermann Sander das vorarlbergerische Gegenstück.[12]

Die Feiern zum Jubiläumsjahr einerseits und die zunehmende Verschlechterung seines Augenleidens andererseits zwangen Hörmann, 1909 sein krönendes Werk, für welches er zahlreiche seiner früheren Aufsätze umgearbeitet und ergänzt und bei dessen Entstehung auch Angelika von Hörmann erheblich mitgewirkt hatte, für den Druck freizugeben, obwohl er das Gefühl hatte, das Werk noch nicht ganz vollendet und besonders den dritten Teil, der dem Dorf- und Gemeindeleben gewidmet ist, nur als Torso entworfen zu haben. Dennoch wurde das »Tiroler Volksleben« schon bei seinem Erscheinen als epochales Standardwerk der Tiroler Volkskunde begrüßt. Hörmanns dreiteiliges Werk ist in der Tat, wie Leopold Schmidt anerkennend schrieb, »für die gesamte spätere Brauchtumsforschung grundlegend geworden«.[13] Es entspringt seinerseits einer Tradition kultur- und sittengeschichtlicher Schilderungen, die in Tirol sehr weit zurückreicht. Als Vorläufer des »Volkslebens« muß an erster Stelle Josef Rohrers 1796 erschienene Schrift »Uiber die Tiroler« erwähnt werden, die erste Volkskunde Tirols und zu-

---

[12] Leopold Schmidt, Geschichte der Österreichischen Volkskunde, Wien 1951, S. 110.
[13] Ebenda, S. 105.

gleich die »erste Hauptleistung der Volkskunde in Österreich«.[14]

Der »Statistiker« Josef Rohrer, der seine ethnologischen Beobachtungen auch auf die slawischen und jüdischen Bewohner der österreichischen Monarchie ausdehnte, bekannte sich zu einer Arbeitsmethode, die auch für Hörmann gilt: »An jedem Volke betrachte ich ... dessen körperliche Beschaffenheit, Nahrungs-, Kleidungs- und Beschäftigungsart, desselben Kunstsinn, Denkart, Religion und moralischen Charakter.«[15]

Als weitere Vorläufer müßten zumindest auch die Genredarstellungen Jakob Placidus Altmutters (1780–1819) angeführt werden, die »Charakter, Beschäftigung und Belustigungen des Volkes« zum Inhalt haben[16], weiters die Erzherzog Johann gewidmete, grundlegende Topographie Tirols und Vorarlbergs des gebürtigen Passeirers Johann Jakob Staffler (1783–1868) und nicht zuletzt die detaillierten »Reisehandbücher« des ehemaligen Schustergesellen und späteren Abgeordneten Merans in der Frankfurter Paulskirche, Beda Weber (1798–1858).

Hörmanns große Leistung besteht letztlich auch darin, in einer Zeit, in der die nationaldeutsch gefärbte Romantik mit ihrem Hang zum Mythologisieren besonders in Tirol recht seltsame Blüten trieb, den Anschluß zu seinen Vorgängern aus der Zeit der Josephinischen Aufklärung und der systematischen Topographie der Biedermeierzeit gefunden und

---

[14] Ebenda, S. 56. Vgl. Joseph Rohrer, Über die Tiroler. Faksimiledruck der 1796 erschienenen Ausgabe. Hrsg. vom Dachverband für Heimatpflege und Heimatschutz in Tirol, Bozen 1985.
[15] Joseph Rohrer, Versuch über die deutschen Bewohner der österreichischen Monarchie, 1804, S. 4.
[16] Siegfried de Rachewiltz (Hg.), Tiroler Freiheitskampf und Volksleben in Werken von Jakob Placidus Altmutter (1780–1819). Katalog. Landesmuseum Schloß Tirol, 1993, S. 24.

somit eine Tradition sachlicher und objektiver Beobachtung und Beschreibung wiederbelebt zu haben. Diese Tradition hat bis auf den heutigen Tag die vitalste Ader der Tiroler Volkskunde gespeist: Die Namen Wopfner, Mang, Grass, Fink, Oberrauch und Ladurner-Parthanes, um nur einige zu nennen, bürgen dafür.

Natürlich war Hörmann auch ein Kind seiner Zeit; nicht immer vermochte es der geschulte Philologe, dem Sirenengesang der Mythologen zu widerstehen, und auch seine aufklärerische, positivistische Einstellung gegenüber Außenseitern wie die Dörcher bzw. Karrner (»karrenziehendes Gesindel«) oder die »Bettlerzunft« klingt in unseren Ohren wenn nicht herablassend, so doch schulmeisterlich-belehrend.

Dennoch hat Ludwig von Hörmann seinem Vorsatz, »das Alltagsleben der Gebirgsbauern ohne Schönfärberei« zu schildern und eine »verläßliche Quelle für die Kultur- und Sittengeschichte« der Alpen in seinem »Tiroler Volksleben« zu verfassen, mehr als Genüge getan.

Siegfried de Rachewiltz

Bibliographie
zusammengestellt von Hannelore Steixner-Keller

A. *Selbständig erschienene Arbeiten*

Untersuchungen über die homerische Frage.
Erstes Heft. Die einheitlichen Elemente des ersten Gesanges der Ilias.
Innsbruck: Wagner'sche Univ. Buchhandlung 1867.

Der heber gat in litun.
Ein Erklärungsversuch dieses althochdeutschen Gedichtes.
Mit einer Beigabe tirolischer Ackerbestellungs- und Aerntegebräuche. Innsbruck: Wagner'sche Univ. Buchhandlung 1873.

Tiroler Volkstypen.
Beiträge zur Geschichte der Sitten und Kleinindustrie in den Alpen.
Wien: Gerold 1877.

Schnadahüpfeln aus den Alpen.
1. Auflage, Innsbruck: Wagner'sche Univ. Buchhandlung 1881.

Schnadahüpfeln aus den Alpen.
2. verbesserte Auflage, Innsbruck: Wagner'sche Univ. Buchhandlung 1882.

Durch den Arlberg.
Zürich: Orell & Füßli 1884.

Die Jahreszeiten in den Alpen.
Innsbruck: Wagner'sche Univ. Buchhandlung 1889.

Grabschriften und Marterlen.
Leipzig: A.G. Liebeskind 1890.

Haussprüche aus den Alpen.
1. Auflage, Innsbruck: Wagner'sche Univ. Buchhandlung 1890.

Grabschriften und Marterlen.
2. Folge, Leipzig: A.G. Liebeskind 1891.

Volksthümliche Sprichwörter und Redensarten aus den Alpenländern.
1. Auflage, Leipzig: A.G. Liebeskind 1891.

Haussprüche aus den Alpen.
2. Auflage, Innsbruck: Wagner'sche Univ. Buchhandlung 1892.

Volksthümliche Sprichwörter und Redensarten aus den Alpenländern.
2. Auflage. Leipzig: A.G. Liebeskind 1893.

Schnadahüpfeln aus den Alpen.
3. verbesserte Auflage, Innsbruck: Wagner'sche Univ. Buchhandlung 1894.

Wanderungen in Vorarlberg.
1. Auflage, Innsbruck: Wagner'sche Univ. Buchhandlung 1895.

Carl von Lutterotti's Gedichte in Tiroler Dialekten.
3. Auflage. Innsbruck: Wagner'sche Univ. Buchhandlung 1896.

Grabschriften und Marterlen.
3. Folge. Leipzig: A.G. Liebeskind 1896.

Wanderungen in Tirol und Vorarlberg.
II. Theil: Wanderungen in Tirol.
Innsbruck: Wagner'sche Univ. Buchhandlung 1897.

Das Tiroler Bauernjahr.
2. vermehrte Auflage der »Jahreszeiten in den Alpen«
Innsbruck: Wagner'sche Univ. Buchhandlung 1899.

Tiroler Volksleben.
Stuttgart: Wolf Bonz 1909.

Volksthümliche Sprichwörter und Redensarten aus den Alpenländern.
3. Auflage. Leipzig: A.G. Liebeskind 1913.

B. *Beiträge in Zeitungen, Zeitschriften und Sammelwerken in chronologischer Reihenfolge*

1863 Gedichte. In: Frühlingsblumen in Tirol (hrsg. von Hans von Vintler), Innsbruck 1863.

Gedichte. In: Album des literar. Vereins in Nürnberg, Nürnberg 1863–1867.

1864 Die saligen Fräulein und Nörgelen. In: Heimgarten, München 1864, S. 441.

Steinopfer der Hulda. Der Osterstein zu Arzl. In: Archiv für Geschichte und Altertumskunde, 1. Bd., 1864, S. 305, S. 308.

1865 Der Weihnachtszelten. In: Dorflinde – Bruneck, 1. Bd., 1865, Nr. 1.

Gedichte. In: Dorflinde – Bruneck, 1. Bd., 1865,
Nr. 4 – Wie Heimweh kommt es oft mich an
Nr. 11 – Nachtgebet
Nr. 16 – Tränen
Nr. 25 – Am Brunnen

Die Klöpfelsnächte. In: Münchener Sobl. 1865, Nr. 51, S. 403, und Nr. 52, S. 411 (FB 19499).

Stille Winkel in Tirol. Der Gnadenwald bei Hall. In: Tiroler Schützenzeitung 1865, S. 519, 529, 539, 546, 549.

1866 Heilige Thiere in Tirol. In: T.B. 1866, Beilage, S. 12 (W 872).

Die Wünschelruthe. In: T.B. 1866, Beilage, S. 1 (W 872).

Die Schlangen. In: T.B. 1866, Beilage, S. 3.

Die Klöpfelsnächte. In: Dorflinde – Bruneck 1866, Nr. 5 und Nr. 6 (W 2684).

Zur Kenntnis tirolischer Verlobungs- und Hochzeitsgebräuche. In: Dorflinde – Bruneck 1866, S. 52 (W 2684).

Deutsche Ostergebräuche. In: Dorflinde – Bruneck 1866, Nr. 20/21, S. 157/165 (W 2684).

Die Saltner bei Meran. In: Dorflinde – Bruneck 1866, S. 142.

Deutsche Ostergebräuche. In: Münchener Sobl. 1866, Nr. 12, S. 92 (FB 19500).

Im Mai. In: Münchener Sobl. 1866, Nr. 20, S. 157 (FB 19500).

Die Sonnwendfeuer. In: Münchener Sobl. 1866, Nr. 25, S. 197 (FB 19500).

Glücks- und Unglückstage. In: Münchener Sobl. 1866, Nr. 40, S. 319 (FB 19500).

Heilige Thiere in Tirol. In: Münchener Sobl. 1866, Nr. 42, S. 331, und Nr. 43, S. 341.

Der Weihnachtszelten. In: Münchener Sobl. 1866, Nr. 50, S. 397.

Die saligen Fräulein. In: Münchener Sobl. 1866, Nr. 51, S. 407 (FB 19500).

1867 Heilige Pflanzen in Tirol. In: Münchener Sobl. 1867, Nr. 1, S. 5 (FB 19501).

Die Schlangen. In: Münchener Sobl. 1867, Nr. 7 (17/2), S. 54 (FB 19501).

Die Wünschelruthe. In: Münchener Sobl. 1867, Nr. 15 (14/4), S. 118 (FB 19501).

Deutsche Pfingstgebräuche. In: Münchener Sobl. 1867, Nr. 19, S. 152, und Nr. 20, S. 155 (FB 19501).

Bilder aus der Thierwelt. In: Münchener Sobl. 1867,
Nr. 29, S. 227 – Die Maus (I)
Nr. 30, S. 238 – Die Katze (II)
Nr. 42, S. 331 – Die Katze (II)
Nr. 49, S. 389 – Der Rabe (III)
Nr. 50, S. 398 – Der Hahn (IV)
Nr. 51, S. 406 – Die Gans (V)

Die Frauendreissigst. In: Münchener Sobl. 1867, Nr. 37, S. 294.

Die heilige Kümmernis. In: Münchener Sobl. 1867, Nr.41, S. 324 (FB 19501).

Zwei Kinderspiele aus Tirol. In: Münchener Sobl. 1867, Nr. 44, S. 348, und Nr. 45, S. 355.

Ein blinder Tiroler Künstler. In: Münchener Sobl. 1867, Nr. 46, S. 362, und Nr. 47, S. 371.

Der Alpennutzen in Tirol. In: Illustr. Ztg. 1867, Nr. 1264, S. 184.

1868 Die heilige Charwoche. In: Münchener Sobl. 1868, Nr. 14, S. 107.

Der Regenbogen. In: Münchener Sobl. 1868, Nr. 35, S. 278 (FB 19502).

1869 Josef Kleinhans, der blinde Bildschnitzer. In: Innsbrucker Tagblatt 1869, Beilage, S. 85 (FB 4054).

Die Brettfall in Tirol. In: Tiroler Stimmen 1869, Nr. 95.

1870 Die Eisenschmieden im Stubei. In: I.N. 1870, Nr. 28 (Beil.).

Das Fronleichnamsfest in der guten alten Zeit. In: Wiener Ztg. 1870, Nr. 140.

Adolf Pichler (von G.N.). In: A.A., I. Bd., 1870, S. 62.

Der Tummelplatz bei Amras. In: A.A., I. Bd., 1870, S. 72.

Hoferlied. In: A.A., I. Bd., 1870, S. 73.

Vorarlberger Volkslieder. In: A.A., I. Bd., 1870, S. 140.

Die Dörcher. In: A.A., I. Bd., 1870, S. 167.

Die Pecher. In: A.A., I. Bd., 1870, S. 295.

Volksbräuche der Alpenländer. Einiges über Weihnachtsbräuche. In: A.A., I. Bd., 1870, 1. Klöpfelsnächte, S. 310, 2. Weihnachtszelten, S. 315.

Schnaderhüpfeln. In: A.A., I. Bd., 1870, S. 315.

Tiroler Vogelhändler. In: A.A., II. Bd., 1870, S. 123.

Der Gnadenwald bei Hall (von C. D-w). In: A.A., II. Bd., 1870, S. 211.

Die Wurzengräber. In: A.A., II. Bd., 1870, S. 360.

Mythologische Beiträge aus Wälschtirol. In: Zs. d. Ferd., 3. Folge. 15. Heft, 1870, S. 209.

Gedichte. In: Herbstblumen. Beiträge tirolischer Schriftsteller zum Besten der durch Feuerbrunst geschädigten Bewohner von San Martino und Tarres, Innsbruck 1870.

1871 Die Granatler. In: I.N. 1871, Nr. 218 (Beilage).

Die Schnitzwarenindustrie in Gröden. In: T.B. 1871, S. 1740, S. 1747.

Zingerle. In: Presse – Wien 1871, Nr. 75.

Die Nikolausfeier in Tirol. In: Wiener Ztg. 1871 (25.11.)

Der Zillerthaler Kirchtag. In: Der Hausfreund 1871, Nr. 2, S. 25.

Die alte Föhre (Gedicht von Oswald Heiderich). In: A.A., Bd. III, 1871, S. 63.

Pius Zingerle. In: A.A., Bd. III, 1871, S. 108.

Das Thal Obernberg in Tirol. In: A.A., Bd. III, 1871, S. 193.

Die Teffregger Teppichhändler. In: A.A., Bd. III, 1871, S. 215.

Der Flachsbau in Tirol. In: A.A., Bd. III, 1871, S. 241.

Gröden und seine Schnitzwarenindustrie. In: A.A., Bd. III, 1871, S. 270.

Der Zillerthaler Kirchtag. In: A.A., Bd. III, 1871, S. 276.

Balthasar Hunold. In: A.A., Bd. III, 1871, S. 281.

1872 Die Seefelder Ameisenhexen. In: I.N. 1872, Nr. 217 (Beil.).

Die tirolische Osterzeit I und II. In: Presse – Wien 1872, Nr. 83 und 89.

Fronleichnam in Tirol. In: Presse – Wien 1872, Nr. 127.

Auffahrt zur Alpe. In: Presse – Wien 1872, Nr. 175.

Residenz der Sennen. In: Presse – Wien 1872, Nr. 252.

Heimzug von der Alpe. In: Presse – Wien 1872, Nr. 272.

Der tirolische Kirchtag. In: Presse – Wien 1872, Nr. 285.

Die Spottnamen der Völker. In: Neue freie Presse – Wien 1872, S. 2747 (W 2150).

Frauendreissigst. In: Wiener Ztg. 1872, Nr. 175.

Bilder aus den deufschen Alpen. In: Wiener Ztg. 1872,
Nr. 191 – Ärntegebräuche (I)
Nr. 197 – Bergmähder (II)
Nr. 202/204 – Leinärnte (III)
Nr. 229 – Spätherbst in den Alpen (IV)
Nr. 246 – Türkenausbratschen (V)
Nr. 253 – Auf der Ätze (VI)
Nr. 257 – Martini (VII)
Nr. 298 – Advent (VIII)

Die Granatler. In: A.A., Bd. IV, 1872, S. 9.

Die tirolischen Erntegebräuche. In: A.A., Bd. IV, 1872, S. 75.

Sonnwendfeier in Tirol. In: A.A., Bd. IV, 1872, S. 151.

Der Alper und der wilde Ochsner. In: A.A., Bd. IV, 1872, S. 186.

Die Zeit der Dreissgen. In: A.A., Bd. IV, 1872, S. 188.

Allerseelen in Tirol. In: A.A., Bd. IV, 1872, S. 222.

Der Geisbub (von Oswald Heiderich). In: A.A., Bd. IV, 1872, S. 302.

St. Nikolaus in den Alpen (von Raimund Clara). In: A.A., Bd. IV, 1872, S. 304.

Steinölträger und Steinölbrenner. In: A.A., Bd. IV, 1872, S. 321.

Tirolische Weihnachten (von Raimund Clara). In: A.A., Bd. IV, 1872, S. 363.

Haussprüche in den deutschen Alpen. In: A.A., Bd. IV, 1872, S. 372.

Die Saltner. In: A.A., Bd. V, 1872, S. 41.

1873 Die Bergfahrer im Winter. In: Presse – Wien 1873, Nr. 37.

Zillerthaler Ölträger. In: Presse – Wien 1873, Nr. 71.

Bittwoche. In: Presse – Wien 1873, Nr. 139.

Defregger. In: Presse – Wien 1873, Nr. 344.

Bilder aus den deutschen Alpen. In: Presse – Wien 1873,
Nr. 15 – Das Sternsingen (IX)
Nr. 26 – Winterarbeit der Älpler (X)
Nr. 76 – Fastenzeit (XI)

Lichtmess. In: Wiener Ztg. 1873, Nr. 31.

Tefregger. In: Wiener Ztg. 1873, Nr. 57/58.

Maximiliandenkmal. In: Wiener Ztg. 1873, Nr. 123.

Himmelfahrt und Pfingsten. In: Wiener Ztg. 1873, Nr. 125.

Heumahd. In: Wiener Ztg. 1873, Nr. 136.

Das Heim des Älplers. In: Wiener Ztg. 1873, Nr. 205/206.

Kinderspiele. In: Wiener Ztg. 1873, Nr. 285.

Laaser Moor. In: Wiener Ztg. 1873, Nr. 289.

Im hintern Stubai (von Raimund Clara). In: A.A., Bd. VI, 1873, S. 46.

Der Pitzthaler Herrgöttlemacher (von Dr. Sp-r). In: A.A., Bd. VI, 1873, S. 68.

Die Börerinnen im Zillerthal (von H.W.). In: A.A., Bd. VI, 1873, S. 247.

Das Lamprechtskirchlein bei Bruneck. In: A.A., Bd. VI, 1873, S. 309.

Zu den Eislöchern und zur Gleiskapelle – Überetsch. In: A.A., Bd. VI, 1873, S. 313.

Die Züchner im Zillerthal (von H.W.). In: A.A., Bd. VI, 1873, S. 335.

Die Almsprüche. In: A.A., Bd. VI, 1873, S. 373.

Robler und Raufer in Tirol. In: Der Hausfreund – Leipzig 1873, Nr. 28.

1874 Vogelnarren und Vogelbälle. In: I.N. 1874, Nr. 89 (Beil.).

Volksthümliche Frühlingsfeste. In: I.N. 1874, Nr. 117 (Beil.).

Im Bauerntheater. In: I.N. 1874, Nr. 167/173 (Beilage).

Vom Maurerlehrling zum Künstler (Defregger). In: T.B. 1874, S. 224.

Raufrittertum in den Alpen. In: Tiroler Grenzbote 1874, Nr. 36/37/38 (FB 10601).

Vogelnarren und Vogelbälle. In: Presse – Wien 1874, Nr. 47.

Runggelstein. In: Presse – Wien 1874, Nr. 87.

Handschuhhändler. In: Presse – Wien 1874, Nr. 98 (9.4.).

Frühlingsfeier. In: Presse – Wien 1874, Nr. 118.

Deutsche Sonnwendfeier. In: Presse – Wien 1874, Nr. 172.

Bauernspiele. In: Presse – Wien 1874, Nr. 194.

Ringspiele in den Alpen. In: Presse – Wien 1874, Nr. 222.

Raufrittertum in den Alpen. In: Presse – Wien 1874, Nr. 227.

Pechklauber und Lergetbohrer. In: Presse – Wien 1874, Nr. 213.

Ein blinder Bildschnitzer. In: Presse – Wien 1874, Nr. 263.

Bueben und Diendlen. In: Wiener Ztg. 1874, Nr. 40/45/46.

Frühlingsarbeit. In: Wiener Ztg. 1874, Nr. 92.

Alpenstaffage. In: Wiener Ztg. 1874,
Nr. 125 – Köhler (I)
Nr. 126 – Wilderer (II)
Nr. – Schwärzer (III)
Nr. 200/201 – Saltner (IV)

Thal Sellrain. In: Wiener Ztg. 1874, Nr. 249.

Aus dem tirolischen Dorfleben. In: Wiener Abendpost 1874, Nr. 16/17/18 – Kinderjahre (I, II, III).

Das Holzschiessen (von Raimund Clara). In: A.A., Bd. VII, 1874, S. 46.

Die Frühlingsarbeiten des Älplers. In: A.A., Bd. VII, 1874, S. 104.

Die heilige Kümmernis in Tirol. In: Illustr. Ztg. 1874 (21/11), Nr. 1638, S. 403.

1875 Prototypen der Defregger. In: Presse – Wien 1875, Nr. 7.

Fuhrleute. In: Presse – Wien 1875, Nr. 287.

Der Berg Isel. In: A.A., Bd. VIII, 1875, S. 216.

1876 Die Prototypen der Defregger. In: I.N. 1876, Nr. 11 (Beilage).

Beiträge zur alpinen Volkspoesie. In: A.A., Bd. IX, 1876, S. 31 ff.

Sennerbelustigungen und Almfeste. In: A.A., Bd. IX, 1876, S. 156 (W 448).

Das Türkenausbratschen. In A.A., Bd. IX, 1876, S. 247.

Die Wilderer. In: A.A., Bd. IX, 1876, S. 291 (W 448).

Die Unglückstage mit besonderer Berücksichtigung Tirols. In: A.A., Bd. IX, 1876, S. 365.

Osterfeier. In: Wiener Abendpost 1876 (15/4 – Beilage)

1877 Volksbräuche der Alpenländer. In: A.A., Bd. X, 1877,
S. 19 – Faschingsgebräuche (IV)
S. 316 – Tod und Begräbnis (V)
(W 448)

Die Bauernfeiertage in Tirol. In: A.A., Bd. X, 1877, S. 126 (W 448).

Zum Pragser Wildsee. In: A.A., Bd. X, 1877, S. 236 (W 448).

Ein blinder Tiroler Bildschnitzer. In: A.A., Bd. X, 1877, S. 297 (W 448).

Die Wünschelruthe. In: A.A., Bd. X, 1877, S. 341.

Die Mazze. In: Presse – Wien 1877, Nr. 42.

Der Teufelsschmied von Ötz. In: Presse – Wien 1877, Nr. 211.

1878 Zwei alpine Frühlingsfeste. Langeswecken und Pflugziehen. In: A.A., Bd. XI, 1878, S. 63 (W 449).

Maria Trost bei Graz (von Raimund Clara). In: A.A., Bd. XI, 1878, S. 237.

Das Passionsspiel in Brixlegg. In: A.A., Bd. XI, 1878, S. 246 (W 449).

Beim Teufelsschmied. In: A.A., Bd. XI, 1878, S. 314 (W 449).

St. Johann im Koflacherthale (von Raimund Clara). In: A.A., Bd. XI, 1878, S. 373.

1879 Die tirolischen Kriegslieder aus den Jahren 1796, 1797, 1809. In: T.B. 1879, S. 589, 597, 605–617, 637, 683, 707, 713, 729.

Die Niobe der Alpen. In: Presse – Wien 1879, Nr. 175.

Die Wetterherren des Mai. In: Presse – Wien 1879, Nr. 142.

1880 Das Tannhäuserlied in Tirol. In: T.B. 1880, S. 1393.

Über den Fernpaß nach Oberammergau. In: Presse – Wien 1880, Nr. 4.

1881 Bäder und Sommerfrischen in Tirol. In: T.B. 1881, S. 1437.

Der Abschied von der Alm. In: Tiroler Grenzbote 1881, Nr. 42 (FB 10605).

Alpine Spätherbststaffage. In: Presse – Wien 1881, Nr. 304.

1882 Die Charwoche in Tirol. In: T.B. 1882, S. 641.

Taufers. In: Presse – Wien 1882, Nr. 194.

Auf der Bergmahd. In: Presse – Wien 1882, Nr. 238.

Alpine Faschingsbelustigungen. In: Wiener Montagsrevue 1882 (W 2150).

Bad Kreuth, Achenthal, Pusterthal, Bozen/Meran. In: Bäder und Sommerfrischen. Lebens und Landschaftbilder von den beliebtesten Kurorten Deutschlands, Österreichs und der Schweiz, Leipzig 1882, S. 101/120/128/131 (FB 4357).

1883 Das Erdbeben im Volksglauben. In: T.B. 1883, S. 1719.

Pfingsten: In: Montagsrevue – Wien 1883, Nr. 20, S. 1.

1884 Türkenausbratschen. In: Heimat 1884, Nr. 1.

Alpine Frühlingsfeier. In: Montagsrevue – Wien 1884, Nr. 10.

1885 Ludwig von Hörmann und Hans von Vintler. Erklärung in Sachen Hermann von Gilm gegen A. Pichler und J.C. Maurer und den weiteren Kontrahenten. In: T.B. 1885, S. 197, 203, 293, 319, 340, 409, 325, 355, 1825.

Bäuerliche Winterbelustigungen. In: Presse – Wien 1885, Nr. 14.

Wetterläuten. In: Presse – Wien 1885, Nr. 228.

Bittwoche und Eismänner in den Alpen. In: Frankfurter Ztg. 1885, Nr. 132.

Auffahrt zur Alpe. In: Frankfurter Ztg. 1885, Nr. 183.

Heim des Tiroler Bauern. In: Frankfurter Ztg. 1885, Nr. 184.

Bueben und Diendlen. In: Frankfurter Ztg. 1885, Nr. 268.

Bilder von der Arlbergbahn. In: Landesztg. für E.L. 1885,

– Landeck (I)

Nr. 199 – Ötzthal (II)
Nr. 201 – Arlberg (III)
Nr. 226/227 – Montafon (IV)
Nr. 242/243 – Walserthal/Walgau (V)

Winter in den Alpen. In: Landesztg. für E.L. 1885,
Nr. 302 (I)
Nr. 303 (II)

1886 Der Weihnachtszelten im Thale Paznaun. In: T.B. 1886, Nr. 16.

Kas- und Funkensonntag. In: Presse – Wien 1886, Nr. 55.

Die Bauernliebschaft. In: Frankfurter Ztg. 1886, Nr. 150.

Winter in den Alpen. In: Landesztg. für E.L. 1886,
Nr. 20/21 – (III)
Nr. 24 – (IV)

Bilder aus dem Thierleben. In: Landesztg. für E.L. 1886,
Nr. 55 – Krummschnabel (I)
Nr. 79/80 – Maus (II)
Nr. 138 – Murmelthier (III)

Frühling in den Alpen. In: Landesztg. für E.L. 1886,
Nr. 99
Nr. 101/102 – Bauernarbeit (II)
Nr. 109/110 – Belustigungen (III)

Ätna. In: Landesztg. für E.L. 1886, Nr. 147.

Hohenschwangau. In: Landesztg. für E.L. 1886, Nr. 153.

Brenner. In: Landesztg. für E.L. 1886, Nr. 165/171.

Sommer im Hochgebirge. In: Landesztg. für E.L. 1886,
Nr. 196/197
Nr. 212/213
Nr. 215 – Kirchliche und Profane Feste (IV)
Nr. 219 – Bäuerliche Sommerfrische

Dolomiten-Wanderwelt. In: Landesztg. für E.L. 1886,
Nr. 224
Nr. 226 – Enneberg (II)
Nr. 229 – Prags (III)
Nr. 232 – Ampezzo (IV)
Nr. 236 – Quer durch die Dolomiten (V)
Nr. 284/285 – Campiglio (VI)

Herbst im Hochgebirge. In: Landesztg. für E.L. 1886,
Nr. 244 – Der Abzug von der Alpe (I)
Nr. 247/248 – Bauernarbeit (II)
Nr. 252/253 – Kirchtag (III)

Begräbnis in den Alpen. In: Landesztg. für E.L. 1886, Nr. 256/257.

Bilder aus dem Thierleben. In: Landesztg. für E.L. 1886,
Nr. 264 – Gams
Nr. 301 – Vogelkultus

1887 Der letzte Minnesänger in Tirol. In: Tiroler Fremdenblatt 1887, S. 555 (W 1572).

Das Tiroler Schützenwesen seit 1862. In: Festztg. für das LX. Deutsche Bundes- und Jubiläumsschiessen 1887, Nr. 9.

Weihnachtsreflexionen. In: Montagsrevue – Wien 1887 (26/12), Nr. 52, S. 1.

Der Kuckuck. In: Frankfurter Ztg. 1887, Nr. 151.

Die Bauernhochzeit im Hochgebirge. In: Landesztg. für E.L. 1887,
Nr. 17/18/19
Nr. 46/47/48
Nr. 54

Erdbeben. In: Landesztg. für E.L. 1887, Nr. 56.

Osterfeier. In: Landesztg. für E.L. 1887, Nr. 83/84.

Sternschnuppen. In: Landesztg. für E.L. 1887, Nr. 106.

Kinderleben. In: Landesztg. für E.L. 1887, Nr. 115–117.

Auf der Hochalm. In: Landesztg. für E.L. 1887, Nr. 178.

Sonnen- und Mondfinsternis. In: Landesztg. für E.L. 1887, Nr. 193.

Alpennutzen. In: Landesztg. für E.L. 1887, Nr. 197/198.

Bilder von der Giselabahn. In: Landesztg. für E.L. 1887,
Nr. 209/210 – Wörgl (I)
Nr. 212/213 – Kirchberg (II)
Nr. 226 – Saalfelden (III)
Nr. 238 – Gastein (IV)
Nr. – Bischofshofen (V)

Vom Volksaberglauben in den Alpen. In: Landesztg. für E.L. 1887, Nr. 133/135.

Nikolauslegende. In: Landesztg. für E.L. 1887, Nr. 28.

Steine im Volksglauben. In: Landesztg. für E.L. 1887, Nr. 298/299.

1888 Frühling im Hochgebirge. In: Schulfreund 1888, Nr. 5, S. 73.

Winter im Hochgebirge. In: Meranerztg. 1888,
Nr. 8 (19.1.) – Natur (I)
Nr. 9 (21.1.)
Nr. 13 (31.1.) – Winterarbeit (III)
Nr. 14 (2.2.)

Märzenveilchen. In: Wiener Ztg. 1888, Nr. 76.

Bilder aus dem alpinen Volksleben Österreichs. In: Landesztg. für E.L. 1888,
Nr. 6 – Die Eheleute (1.)
Nr. 17/18 – Die Dienstboten (2.)
Nr. 21 – Die Hausordnung (3.)
Nr. 52/53 – Der Heimgarten (4.)
Nr. 69 – Geburt und Kindstaufe (5.)

Käferkult. In: Landesztg. für E.L. 1888, Nr. 55.

Grosser ... Schnee. In: Landesztg. für E.L. 1888, Nr. 57.

Märzenveilchen. In: Landesztg. für E.L. 1888, Nr. 75.

Lawinenstürze. In: Landesztg. für E.L. 1888, Nr. 77/78.

Bilder aus dem alpinen Leben Österreichs. Der Schermausfänger. In: Landesztg. für E.L. 1888, Nr. 107.

Robler und Raufer. In: Landesztg. für E.L. 1888, Nr. 137/138.

Poetischer Beitrag. In: Liederspende zu Gunsten Nothleidender im Eisackthale (hrsg. von I.V. Zingerle), Innsbruck 1888.

1889 Das tirolische Fronleichnamsfest. In: Tiroler Fremdenzeitung 1889, Nr. 3 (W 9962).

Frühling in den Alpen. In: Presse – Wien 1889, Nr. 64.

1890 Der Schwerttanz in Tirol. In: Innsbrucker Tagblatt 1890, Nr. 34.

Der Kas- und Funkensonntag. In: Innsbrucker Tagblatt 1890, Nr. 48.

Die Frühlingsboten in den Alpen. In: Innsbrucker Tagblatt 1890, Nr. 76.

Die Spottnamen der Völker. In: Innsbrucker Tagblatt 1890, Nr. 91.

Bergfahren im Winter. In: Innsbrucker Tagblatt 1890, Nr. 297.

1891 Eine Bauernhochzeit. In: T.B. 1891, S. 1542, 1550, 1558.

Das Märzenveilchen. In: Tiroler Tagblatt 1891, Nr. 67 (I).

Osterfeier. In: Tiroler Tagblatt 1891, Nr. 69.

Alpiner Rodelsport. In: Presse – Wien 1891, Nr. 45.

Palmumzüge. In: Presse – Wien 1891, Nr. 85.

Poesie der Dreschtenne. In: Presse – Wien 1891, Nr. 293.

Auf dem Ritten. In: Wiener Ztg. 1891, Nr. 86.

Palmsonntag in den Alpen. In: Münchner Neueste Nachrichten 1891, Nr. 131.

Bilder aus Tirol. Himmelfahrt und Pfingsten. In: Kyffhäuser, Salzburg-Berlin 1891, S. 101 (FB, Bd. 1211, S. 9).

Wetterläuten und Wettersegen in den Alpen. In: Kyffhäuser, Salzburg-Berlin 1891, S. 142 (FB, Bd. 1211, S. 126).

Neuere Tiroler Poesie. In: T.B. 1891, S. 672, 292, 708, 724, 732, 744.

Auf dem Ritten. In: Tiroler Alpenfreund 1891, Nr. 7.

Auf dem Zenzenberg bei Dornbirn. In: Hermann Sander. Vorarlberg. Innsbruck, Wagner 1891

Volkscharakter und Volksleben. Sagen. Bräuche, Wohnung und Sitte. In: Stubei, Geschichte und Gebirge, Land und Leute. Leipzig, Dunker und Humbolt 1891, S. 597 (FB, Bd. 122).

1892 Bilder aus dem alpinen Volksleben. Die Stör. In: T.B. 1892, S. 998.

Alpine Faschingsbräuche. In: T.B. 1892, S. 384, 392, 398.

Bilder aus dem alpinen Volksleben. Die Wallfahrt. In: T.B. 1892, S. 1529.

St. Nikolaus. In: I.N. 1892, Nr. 278.

Im Bauerntheater. In: Meraner Ztg. 1892, Nr. 157.

Gömmachten und Perchten. In: Presse – Wien 1892, Nr. 8.

Scheibenschlagen. In: Presse – Wien 1892, Nr. 70.

Ins Moos fahren. In: Münchner Neueste Nachrichten 1892, Nr. 90.

Die winterliche Herabschaffung des Bergholzes. In: Frankfurter Ztg. 1892, Nr. 49.

Almenleben. In: Voss'sche Ztg., Berlin 1892, Nr. 485.

1893 Tirolische Weihnachten. In: I.N. 1893, Nr. 293.

Ostereier. In: T.B. 1893, S. 583.

Sonnwendfeier. In: T.B. 1893, S. 1136, 1144, 1154.

Die Moosmannfeier in Schnepfau. In: T.B. 1893, S. 1931.
St. Nikolaus. In: T.B. 1893, S. 2282.
Das Hofermonument. In: Tiroler Tagblatt 1893, Nr. 162.
Tiroler Schützenleben. In: Kufsteiner Festschrift 1893, S. 43 (W 5718).
Die Klotz'schen Gruppenbilder. In: Presse – Wien 1893, Nr. 28.
Ins Brandnerthal. In: Presse – Wien 1893, Nr. 263.
Runkelstein. In: Presse – Wien 1893, Nr. 297.
Andreas Hofer als Dichter. In: Presse – Wien 1893, Nr. 360.
Über den Kristberg ins Montavon. In: Wiener Ztg. 1893, Nr. 235/236.
Nikolausliedchen, -bräuche, -sagen. In: Wiener Ztg. 1893, Nr. 277/278.
Arlbergbahn. In: Fremdenztg. 1894, Nr. 44 (W 979).
Das Volksleben der Deutschen in Tirol. In: Österr. Ungar. Monarchie in Wort und Bild. Hof- und Staatsdruckerei, Wien 1893, S. 240.

1894 Die Osterwoche in Tirol. In: I.N. 1894, Nr. 68.
Vogelnarren und Vogelbälle. In: I.N. 1894, Nr. 89 (Beilage).
Allerseelen in Tirol. In: I.N. 1894, Nr. 249.
Über die Zürscher-Alpe nach Lech und Schröcken. In: T.B. 1894, S. 1610, 1624, 1632.
Andreas Hofer als Poet. In: Tiroler Tagblatt 1894, Nr. 2.
Kampfspiele im Hochgebirge. In: Tiroler Tagblatt 1894, Nr. 154.
Erntegebrauch und Kinderspiel. In: Tiroler Tagblatt 1894, Nr. 228 (II).
Alpiner Rodelsport. In: Tiroler Tagblatt 1894, Nr. 291.
Die Stör. In: Tiroler Alpenfreund – Bozen 1894, Nr. 13.
Thararwirt. In: Presse – Wien 1894, Nr. 19.
Die häuslichen Nothelfer des Bauern. In: Presse – Wien 1894, Nr. 52.
Die Vieh- und Feldpatrone des Bauern. In: Presse – Wien 1894, Nr. 102.
Allerlei vom April. In: Presse – Wien 1894, Nr. 113.
Ärntegebräuche und Kinderspiel. In: Presse – Wien 1894, Nr. 217.
Hans Sachs und Theuerdank. In: Presse – Wien 1894, Nr. 317.
Die Frühlingsvorboten im Sprichwort. In: Wiener Ztg. 1894, Nr. 67/68.
Auf und an der Arlbergbahn. In: Fremdenztg. 1894, Nr. 44 (W 979).
Bilder aus Vorarlberg. In: Dillingers illustr. Reiseztg. 1894,
Nr. 15 – Feldkirch (I)
Nr. 17 – Bludenz (II)
Nr. 20 – Montavon (III)

Nr. 22
Nr. 30 – im Herzen des Bregenzerwaldes (IV, V)

Nr. 32 – Tiroler Volkstrachten

Das Sautreiben. Ein Erklärungsversuch. Ein Erklärungsversuch dieses Kinderspiels. In: Beiträge zur Anthropologie, Ethnologie und Urgeschichte von Tirol. Innsbruck, Wagner 1894.

1895 Bäuerliche Winterbelustigungen. In: I.N. 1895, Nr. 14.

Das tirolische Fronleichnamsfest. In: I.N. 1895, Nr. 133 (Beilage).

Murmentel'n. In: I.N. 1895, Nr. 217.

Wetterläuten und Wettersegnen in den Alpen. In: I.N. 1895, Nr. 156.

Adventlieder in den Alpen. In: I.N. 1895, Nr. 281.

Die Weihnachtsfeier in den Bergen. In: I.N. 1895, Nr. 295 (Beilage).

Alpine Winter. In: T.B. 1895, Nr. 394/400.

Wanderungen durch Vorarlberg. In: T.B. 1895, Nr. 581.

Das Erdbeben im Volksglauben. In: T.B. 1895, S. 758/764.

Über den Kristberg ins Montafon. In: T.B. 1895, S. 1292.

Über die Mendel. In: T.B. 1895, S. 2132, 2140, 2148, 2160, 2178, 2186.

In Südtirol. In: Tiroler Tagblatt 1895, Nr. 205/208.

Die Wallfahrt. In: Tiroler Alpenfreund – Bozen 1895 (27/1), Nr. 1, S. 1.

Tiroler Legendenhumor. In: Presse – Wien 1895, Nr. 45.

Alpine Winter. In: Presse – Wien 1895, Nr. 56 (26/2).

Lawinenstürze. In: Presse – Wien 1895, Nr. 72.

Erdbeben im Volksglauben. In: Presse – Wien 1895, Nr. 111.

Bregenz. In: Presse – Wien 1895, Nr. 152 (FB 9344).

Karthographische Sünden. In: Presse – Wien 1895, Nr. 236.

Der Schermausfänger. In: Presse – Wien 1895, Nr. 284.

Mendel. In: Wiener Ztg. 1895, Nr. 230–232.

1896 Geigenmacher Jakob Stainer. In: Tiroler Tagblatt 1896, Nr. 22 (I).

Alpine Winter. In: Tiroler Tagblatt 1896, Nr. 37.

Alpine Faschingsgebräuche. In: Der Alpenfreund 1896, Nr. 2, S. 13 (FB 637).

Palmsonntag in den Alpen. In: Der Alpenfreund 1896, Nr. 7, S. 65 (FB 637).

Tiroler Schützenleben. In: Der Alpenfreund 1896, Nr. 19, S. 214; Nr. 20, S. 221.

Wanderungen in den Dolomiten. In: Fremdenztg. 1896, Nr. 14 (W 982).

Wetterläuten und Wettersegnen in den Alpen. In: Alpenheim 1896, S. 128 (FB 1557).

1897 Gömachten und Perchtentag. In: Tiroler Tagblatt 1897, Nr. 4.

Totentanz aus den Alpen. In: Roseggers Heimgarten 1897, Heft 6, S. 471 (W 3281).

Wanderungen in den Dolomiten. In: Fremdenztg. 1897, Nr. 39 – Pragsertal (W 982).

Die häuslichen Nothelfer der Bauern. In: Tiroler Alpenfreund, Nr. 5.

1898 Das Schlachtlied von Spinges. In: Festschrift des Tiroler Sängerbundes, Innsbruck 1898, S. 26 (FB 8703).

Andreas Hofer als Poet. In: Presse – Wien 1898, Nr. 31, S. 10.

Ritter St. Georg. In: Münchener Neueste Nachrichten 1898, Nr. 183.

Vorwort zu: Noe, Heinrich: Bozen und Umgebung, Bozen 1898 (FB, Bd. 1318).

1899 In den Seitengründen des Bregenzerwaldes. In: T.B. 1899, Nr. 133.

Die Wallfahrt Bildstein bei Bregenz. In: Tiroler Tagblatt 1899, Nr. 261.

Das Julfest der alten Germanen. In: Bericht der Sektion Innsbruck des D. u. Ö. Avs für das Jahr 1899 (W 5584).

1900 Über die Lose. In: I.N. 1900, Nr. 9.

Die Innsbrucker Mittelgebirgsbahn (Igler). In: I.N. 1900, Nr. 193.

Die Wallfahrt Bildstein bei Bregenz. In: T.B. 1900, S. 338.

Der Adjudant des Sandwirts (Sweth). In: T.B. 1900, S. 768.

Andreas Hofer als Poet. In: T.B. 1900, S. 2024 (W 2037).

Tiroler Dichter. A. Lieber und A. von Wallpach. In: Tiroler Tagblatt 1900, Nr. 67.

Zum Gedächtnis Hans von Vintlers († 11.12.1890). In: Tiroler Tagblatt 1900, Nr. 82.

Ins Ebnit. In: Tiroler Tagblatt 1900, Nr. 228.

1901 Der Tharerwirt. Zum Gedächtnis der Erschiessung Peter Sigmairs. In: I.N. 1901, Nr. 17.

Über die Dreischwestern nach Gaflei. Eine harmlose Gratwanderung. In: Mitt. d. D. u. Ö. Avs 1901, S. 81.

Über tirolischen Volkscharakter. In: Zeitschr. d. D. u. Ö. Avs 1901, 35. Bd., S. 100 ff.

1902 Der Weihnachtsvogel. In: I.N. 1902, Nr. 295.

Die Wünschelrute. In: Reise und Fremdenztg. 1902, Nr. 8 (W 2839).

Im Bregenzerwald. In: Gartenlaube 1902, Nr. 25, Beilage 1, S. 424.
1903 Der Kuckuck. In: I.N. 1903, Nr. 87.

Die Maus. In: I.N. 1903, Nr. 93.

Die Katze. In: I.N. 1903, Nr. 105.

Der Hahn. In: I.N. 1903, Nr. 173.

Die Gans. In: I.N. 1903, Nr. 266.

Der Märtyrer von Rattenberg (Biener). In: I.N. 1903, Nr. 160.

Herbsttage im Bregenzerwald. In: I.N. 1903 (Okt.).

Ein blinder Bildschnitzer. In: Österr. Alpenpost 1903, S. 163.

S'Häusl, Mei Imscht, Die loadige Sennerin. In: Wandern und Reisen. Illustr. Ztg. für Touristik 1903, S. 209, 212, 402 (W 2115).

Fronleichnam im Brixenthal (Antlassritt). In: Voss'sche Ztg. 1903 (FB 9344).

1904 Hermann von Gilm. Zum 40. Todestage des Dichters. In: I.N. 1904, Nr. 121.

Deutsche Pfingsten. In: I.N. 1904, Nr. 122.

Die Spinne. In: I.N. 1904, Nr. 149.

Weihnachtsbetrachtungen. In: I.N. 1904, Nr. 294.

Vorarlberger Volkstrachten. In: Zeitschr. d. D. u. Ö. Avs 1904, S. 57.

Tiroler Volkstrachten. In: Wandern und Reisen. Illustr. Ztg. für Touristik 1904, S. 67.

1905 Volksaberglaube in den Alpen. In: I.N. 1905, Nr. 125/126.

Himmelfahrt und Pfingsten in den Alpen. In: I.N. 1905, Nr. 133.

Der Schellenberg bei Feldkirch. In: I.N. 1905, Nr. 225/226.

Der tirolisch vorarlbergische Weinbau. In: Zeitschr. d. D. u. Ö. Avs, 36. Bd., 1905, S. 66.

1906 Über tirolische Sage und Sagenforschung. In: I.N. 1906, Nr. 187.

Im Ländle. Bludenz. Montafon. In: I.N. 1906, Nr. 202.

Der Niedergang der alpinen Volkstrachten. In: Gartenlaube 1906, Nr. 40 (FB 9601/9338).

1907 Schneefälle und Schneestürme. In: I.N. 1907, Nr. 78.

Schlagring und Trutzfeder. In: I.N. 1907, Nr. 157.

Eine Reise durch Tirol im 16. Jhdt. In: I.N. 1907, Nr. 157 (Beilage).

Auf das Kampelljoch. Zur Eröffnung der Wormserhütte am 28.6.1907. In: I.N. 1907 (26/7).

Josef Mayr Günther. Nekrolog. In: I.N. 1907, Nr. 296 (Weihnachtsbeilage) (FB 9338).

Schiller, Andreas Hofer und der Tummelplatzweg. In: 27. Jahresbericht des Innsbrucker Verschönerungsvereins, V, S. 10.

Wetterherren und Wetterfrauen in den Alpen. In: Zeitschr. d. D. u. Ö. Avs, 38. Bd., 1907, S. 93.

Über Damüls ins Laternsertal. In: Mitt. d. D. u. Ö. Avs 1907 (31/10), S. 249.

1908 Ein Vorarlberger Volksdichter. Gebhard Wölfle. In: I.N. 1908, Nr. 42.

Maibaum und Maienpfeife. In: I.N. 1908, Nr. 100.

Deutsche Pfingsten. In: I.N. 1908, Nr. 122.

Anton E. Schönbach. In: I.N. 1908, Nr. 123.

Zum Brande in Zirl. Aus der Geschichte des Ortes. In: I.N. 1908, Nr. 142.

Tirolische vorarlbergische Sonnwendfeier. In: I.N. 1908, Nr. 143 und Nr. 148.

Der Niedergang der alpinen Volkstracht. In: I.N. 1908, Nr. 169.

Die Dreissgen. In: I.N. 1908, Nr. 186.

Otto Hussl. Ein Gedenkblatt zum Eintritt in sein 70. Lebensjahr. In: I.N. 1908, Nr. 207.

Herbsttage im Bregenzerwald. In: I.N. 1908, Nr. 227.

Ins Montafon. In: I.N. 1908, Nr. 242.

Die Übergabe des Heimatls. In: I.N. 1908, Nr. 266.

Die tirolische Weihnachtskrippe. In: I.N. 1908, Nr. 296 (Weihnachtsbeilage).

Tirolische Ostern. In: Der Samstag – Wien 1908,
Nr. 28, S. 662
Nr. 29, S. 686

1909 Prof. Peter Moser. Ein Gedenkblatt zu seinem 80. Geburtstag. 18.2.1909. In: I.N. 1909 (18/2), Nr. 41, S. 1.

Frau Hasel, die Frühlingsgöttin. In: I.N. 1909, Nr. 98, S. 1.

Eine tirolische Dramatikerin (Mathilde Haselsberger). In: I.N. 1909 (25/6).

Der Held von Olang. In: I.N. 1909 (15/7).

Ludwig Steub redivivus. In: I.N. 1909 (28/8).

Das Erdbeben im Volksglauben. In: Tiroler Morgenztg. – Innsbruck 1909, Nr. 3 (FB 9378).

Allerheiligen und Allerseelen. In: Vorarlberger Volksfreund 1909, Nr. 130 u. 129.

Vom letzten Leidensgefährten Andrä Hofers – C. Sweth. In: Deutsche Alpenztg. – München 1909 (W 13386).

Das Jahr Neun im Tiroler Volkslied. In: Voss'sche Ztg. – Berlin 1909, Nr. 566 (FB 9386).

Die heilige Zeit der Dreissgen. In: Voss'sche Ztg. – Berlin 1909, Nr. 383 (FB 9385).

1910 Im Saminatal. In: I.N. 1910, Nr. 14, S. 1.

Andreas Hofer im Volkslied. In: I.N. 1910, Nr. 40, S. 1.

Der Ätna. In: I.N. 1910, Nr. 73.

Kometenglaube. In: Wiener Ztg. 1910, Nr. 112.

Der Ätna. In: Österr. Alpenpost 1910, Nr. 23 (IX).

Altes und Neues vom Rodeln. In: Deutsche Alpenztg. 1910, Nr. 23, S. 329.

1911 Ritter St. Georg. In: I.N. 1911, Nr. 93, S. 1.

Die Dolomiten. In: I.N. 1911, Nr. 162, S. 1.

In der Heimat P. J. Fallmerayers. In: I.N. 1911, Nr. 277, S. 1.

Tiroler Nachtwächterlieder. In: I.N. 1911, Nr. 294.

Gruss- und Trinkformeln. In: Münchner Neueste Nachrichten 1911, Nr. 245.

Die Sennerin im Volkslied. In: Münchner Neueste Nachrichten 1911, Nr. 338.

Nachtwächterlieder. In: Münchner Neueste Nachrichten 1911, Nr. 407.

1912 Karl Wolf, ein literarisches Gedenkblatt. In: I.N. 1912 (12/2).

In der Heimat Oswald von Wolkenstein. In: I.N. 1912, Nr. 182.

Im Spätherbst auf den hohen Freschen. In: I.N. 1912, Nr. 270, S. 17.

Ländliche Weihnacht. In: I.N. 1912, Nr. 296, S. 1.

Aus der Heimat Oswald von Wolkenstein. In: Wiener Ztg. 1912 (28/4), S. 3.

Die Sennerin im Volksliede. In: Österr. Alpenpost XIV, Nr. 6, S. 238.

Die Dolomiten. In: Österr. Alpenpost XIV, Nr. 6, S. 245.

Afrikaner in den Alpen. In: Münchner Neueste Nachrichten 1912, Nr. 98, Nachtrag-Nr. 124 (W 16681/54).

Genuss- und Reizmittel in den Ostalpen. In: Zeitschr. d. D. u. Ö. Avs, 43. Jg., 1912.

1914 Das Schemenlaufen in Imst. In: Bayr. Kurier 1914, Nr. 11 (28/1), Unterhaltungsbeilage.

Deutsche Ostern. In: I.N. 1914, Nr. 82 (11/4).
1915 Dr. Moritz Necker. Nachruf. In: I.N. 1915 (26/2).
1918 Aurelius Holzer. In: Aurelius Holzer Heft 1918, S. 409 (FB 14444).
1919 Aus dem Montavon. In: Reichspost-Morgenblatt 1919, S. 439.
Aus dem tirolischen Volksleben. Gamsbart und Trutzfeder. In: Dr. Carl von Grabmayr: Südtirol 1919, Ullstein, Berlin 1919, S. 69 ff.
1920 Fronleichnam im Brixental (Antlassritt). In: I.N. 1920, Nr. 123, S. 3.
Die Kröte im deutschen Volksglauben. In: Alpenland – Innsbruck, 1. Jg., 1920, Nr. 218.
1921 Lichtmess. In: Alpenland – Innsbruck 1921, Nr. 56.
Sonnen- und Mondfinsternis. In: Alpenland – Innsbruck 1921, Nr. 93.
Ritter St. Georg. In: Alpenland – Innsbruck 1921, Nr. 7/4.

C. Rezensionen über Hörmanns Arbeiten

Der heber gat in litun – 1873

E. Sievers, in: Jenaer Literaturzeitung 1874, Nr. 13.
E. Wilken, in: Gött. gel. Anz. 1874, Stück 44, S. 1398.
Vorarlberger Landeszeitung 7.5.1874, Nr. 52.
Ae-r, in: Klop. Ztg. 5.2.1874.
Lit. Mitteilungen der Presse 20.5.1874.
A. Birlinger, in: Theologisches Literaturblatt 1875, Nr. 6.
v.r., in: Triester Zeitung 6.7.1874, Nr. 170, S. 5.
Franz Branky, in: Der Österr. Schulbote, 7. Heft, 1. April 1874, S. 191.

Tiroler Volkstypen – 1877

Innsbrucker Tagblatt 1877, Nr. 201.
Bote für Tirol und Vorarlberg 1876, Nr. 238.
Bohemia 22.12.1876, Nr. 354.
Tiroler Bote 22.6.1879, Nr. 165.
Grazer Tagespost 21.12.1876, Nr. 296.
Grazer Zeitung 11.12.1876.
Grazer Volksblatt 15.12.1876.
Dorfbote Graz 1876, Nr. 50.
Feldkircher Zeitung 1877, Nr. 16.
Linzer Tagespost 1877, Nr. 205.
Neue Freie Presse, Wien, 26.1.1877.

Wiener Sonn- und Montagszeitung 1877, Nr. 36.
Allgemeine Zeitung, Augsburg, 4.7.1877, Nr. 185.
H.S., in: Deutsche Zeitung 20.4.1877.
8er, in: Mitt. d. D. u. Ö. Avs 1877, S. 26.

Schnadahüpfeln aus den Alpen – 1881, 1882, 1894

F.B., in: Bürgerschule, 7. Jhg., 1882, Nr. 145, S. 222.
H.F. Wagner, in: Salzburger Volksblatt 1881, Nr. 106.
A.S., in: Neue Freie Presse 1881, Nr. 6147.
Novus, in: Österr. Touristenztg. 1882, Nr. 5, S. 58.
Staatsanzeiger für Baden Würtemberg 1882, Nr. 41.

W, FB = Verweise auf Signaturen der Bibliothek des Mus. Ferd. in Innsbruck

Abkürzungen:
Ztg.	=	Zeitung
Mitt.	=	Mitteilungen
E.L.	=	Elsaß-Lothringen
T.B.	=	Tiroler Bote
I.N.	=	Innsbrucker Nachrichten
Sobl.	=	Sonntagsblatt
A.A.	=	Amthor's Alpenfreund
Zs. d. Ferd.	=	Zeitschrift des Ferdinandeums
D. u. Ö. Avs	=	Deutschen und Österreichischen Alpenvereins

Ludwig von Hörmann
Tiroler Volksleben

Tiroler Volksleben

Ein Beitrag zur deutschen
Volks- und Sittenkunde

von

Ludwig von Hörmann.

Stuttgart.
Verlag von Adolf Bonz & Comp.

Druck von A. Bonz' Erben in Stuttgart.

Frau

Angelika von Hörmann,

meiner treuen Lebensgefährtin,

in Liebe und Dankbarkeit

gewidmet.

Vorwort.

Der Niedergang des Volkslebens, der sich seit der Mitte des letzten Jahrhunderts durch das Eindringen der neuzeitlichen Kultur in die vorher abgeschlossenen Täler Tirols mit unheimlicher Schnelligkeit vollzog, eiferte mich schon früh zur Sammlung von Sitten und Gebräuchen sowie anderer Erscheinungen des Volkslebens an. Daneben fesselte mich immer mehr eine andere bedrohte Seite desselben, die sich dem Auge des ferner Stehenden meist entzieht, deshalb aber nicht minder wichtig und interessant ist, nämlich das Alltagsleben des Gebirgsbauern, wie es sich im Wechsel der Altersstufen, Tages= und Jahreszeiten, innerhalb und außerhalb des Hauses, zwischen Leid und Freud, Arbeit und Erholung, Mühsal und Genuß gleichförmig abspinnt. Dieser breite, derbkräftige Untergrund des Alltagslebens, von dem sich die Sitten und Bräuche wie bunte Blumen von fruchtbarer Erdscholle abheben und es ergänzen, bedeutet eine Welt für sich, so urwüchsig, vielgestaltig und poesiereich, daß es sich wohl verlohnt, dieses Vollbild für die Mit= und Nachwelt festzuhalten, ehe es die Kulturwelle wegschwemmt oder wenigstens verflacht und umgestaltet.

Es reifte deshalb der Gedanke in mir, in einer Reihe naturwahrer Schilderungen ein getreues Spiegelbild des „tirolischen Volkslebens" der Gegenwart zu geben, und zwar sollte der 1. Teil das „Fest= und Arbeitsjahr", der 2. das „Familienleben", der 3. das „Dorfleben" enthalten. Als Vorläufer veröffentlichte ich schon im Jahre 1877 die „Tiroler Volkstypen, Beiträge zur Geschichte der Sitten und Kleinindustrie" (Wien, Gerold), und im Jahre 1889 die „Jahres=

zeiten in den Alpen", deren 2. vermehrte Ausgabe unter dem Titel „Das Tiroler Bauernjahr" (Innsbruck, Wagner 1899) erschien und vorzüglich die Bauernarbeit zum Inhalt hatte. Das vorliegende „Tiroler Volksleben" bildet den zusammenfassenden Abschluß.

Die Ausführung ist nun allerdings hinter dem ausgesteckten Plane etwas zurückgeblieben. Vor allem erlitt der 1. Teil, das „Fest= und Arbeitsjahr" eine Beschränkung, indem darin nur jene Partien der Bauernarbeit Aufnahme fanden, welche im „Tiroler Bauernjahr" nicht enthalten sind. Denn obwohl letzteres Buch nun vergriffen ist, mußte ich doch darauf verzichten, diese einschlägigen Partien in das „Tiroler Volksleben" aufzunehmen, weil dadurch das nur auf einen Band berechnete Buch zu dickleibig geworden wäre. Es wird daher das „Bauernjahr" als selbständiger Band in 3. umgearbeiteter und stark vermehrter Auflage erscheinen. Aber auch der 3. Teil, das „Dorfleben", das in Anlage und Anordnung der einzelnen Abschnitte dem „Familienleben" entsprechend geplant war, erscheint nur durch acht „Bilder und Gestalten" vertreten, da mein anstrengender Beruf als langjähriger Vorstand der Innsbrucker Universitäts=Bibliothek mich ganz in Anspruch nahm und mir zur schwierigen Ausarbeitung des angesammelten Materials nur wenig Zeit gönnte.

Wenn ich mich trotzdem zur Herausgabe entschloß, so geschah es erstlich deshalb, weil ich mein Versprechen, das ich bereits im Jahre 1877 in der Vorrede zu den „Tiroler Volkstypen" gegeben hatte, endlich lösen wollte, und zweitens vornehmlich deshalb, weil das Werk auch ohne die fehlenden Partien des „Arbeitsjahres" und des „Dorflebens" ein reich ausgestattetes und in gewissem Sinne auch abgerundetes Bild des tirolischen Volkslebens gibt, besonders wenn es durch die Neuauflage des „Tiroler Bauernjahrs" seine Ergänzung findet. Überdies ist manches, was das „Dorfleben" berührt, wie z. B. die Faschingsbelustigungen, Bittgänge und Prozessionen, Kirchtag u. a. teils im „Festjahr", teils im „Familienleben" im Abschnitt „Jugendjahre" enthalten. Durch die nunmehrige Veröffentlichung wird auch

— IX —

der Kreis der kultur- und sittengeschichtlichen Bücher, welche das Volksleben in den deutschen Alpen behandeln, geschlossen. Steiermark hat schon seit dem Jahre 1876 sein treffliches „Volksleben in Steiermark" von P. K. Rosegger, ebenso Rosa Fischers „Oststeirisches Bauernleben" (1903); für Kärnten hat Rudolf Waizer in seinen „Kultur- und Lebensbildern" (1882) und „Kulturbildern und Skizzen" (1896) sowie Frz. Franziszi in seinen wertvollen „Kulturstudien, Sitten und Bräuchen" (1879) und teilweise auch in seinen „Kärntner Alpenfahrten" (1892) berücksichtigt.

Einzig Tirol war in dieser Hinsicht außer dem kleinen Büchlein von A. J. Hammerle: „Vaterländische Spiegelbilder", I. Heft Oberinntal (Innsbruck, Aufschlager, 1860), nur durch die humorgewürzten Schriften von Karl Wolf „Der Burggräfler" (1890) und „Aus dem Volksleben Tirols" (1902) vertreten, welche beiden Werke aber nur das Burggrafenamt zum Schauplatz haben. Das vorliegende Buch soll nun das Volksleben von ganz Tirol zum Ausdruck bringen, wobei natürlich in erster Linie Deutschtirol mit seinen verschiedenen Tälern berücksichtigt wurde. Über die Grenzen habe ich nur bei wenigen Abschnitten gegriffen, wo ein Heranziehen der Nachbarländer zum Vergleiche es erforderte.

Was nun die Behandlung des Stoffes betrifft, so war mein Hauptstreben auf die wahrheitsgetreue Schilderung gerichtet. Ich habe dabei jede Schönfärberei vermieden und das Volk so zu zeichnen gesucht, wie es ist mit seinen Vorzügen, wie mit seinen Schwächen. Das Meiste beruht auf eigener Besichtigung; anderweitige Mitteilungen wurden genau überprüft. Irriges dürfte man daher nicht viel antreffen. Insofern kann das Buch auch als verläßliche Quelle für deutsche Kultur- und Sittengeschichte dienen. Alles gelehrte Beiwerk wurde absichtlich weggelassen.

Bei der Massenhaftigkeit des Stoffes und bei der großen Mannigfaltigkeit der Sitten, Bräuche und Lebensgewohnheiten in den einzelnen Tälern mußte ich mich, wenn die ohnehin stoffgesättigten Bilder nicht verworren werden sollten, mit der Anführung der am meisten charakteristischen Züge begnügen und mich bei Spielarten desselben Brauches auf die wichtigsten und am häufigsten geübten beschränken. Damit hängt auch die Art der Darstellung zusammen. Von der Form der Erzählung, wie sie Rosegger in seinen Schilderungen mit Vorliebe glücklich anwendet, um so die „Eigenart des Volkes am besten und plastisch zum Ausdruck zu bringen", mußte ich absehen, weil bei dieser Form der Zweck, durch Verwertung von viel Stoff ein möglichst erschöpfendes und im Einzelnen ausgeführtes Bild zu geben, nicht erreichbar gewesen wäre.

Zum Schlusse bleibt mir noch die Verpflichtung, meinen wärmsten Dank allen denjenigen auszusprechen, welche mich bei Abfassung dieses Werkes, sowie beim Sammeln des Materials hiezu unterstützten, in erster Reihe der tirolischen und vorarlbergischen Geistlichkeit und Lehrerschaft. Ich erwähne aus ersterer im besonderen die hochwürdigen Herren Hans Wimpissinger, Professor an der k. k. Lehrerbildungsanstalt in Innsbruck (†), Daniel Kuprian, Benefiziat in Längenfeld (†), Albert v. Hörmann, Geistlicher Rat und Dekan von Matrei, Jos. Spörr, Stadtpfarr-Benefiziat in Innsbruck, Anton Auer, Pfarrer in Mühlau, J. Aegydius Mayer, Geistlicher Rat und Dekan in Schruns; ferner aus der Lehrerschaft Herrn Ed. Vittur in Fließ, Alois Brugger in Nußdorf bei Lienz, Ferdinand Dengg in Finkenberg.

Weiters danke ich den Herren Universitäts-Professoren und langjährigen Freunden Dr. med. Hermann Klotz (†), Dr. Emil v. Ottenthal, Hofrat Dr. Anton Zingerle, Hofrat Dr. Franz R. v. Wieser; weiters Herrn Schulrat Gymnasial-Professor Joh. Zösmair, Herrn Realschul-Professor Peter Moser in Rovereto, Dr. Ant. Noggler, Professor an der Staats-Lehrerbildungsanstalt in Krems; ebenso muß ich danken Herrn Sektionschef Dr. Eduard Freiherrn von An-der-Lan, Herrn Jos. Stemberger, Gutsbesitzer in Bruneck, Frl. Marie Pfaundter, Private, Herrn Konrad Fischnaler, Museums-Kustos, Herrn Alois Pöll, Landes-Lagerhausdirektor a. D., Joh. Innerhofer, Privatier, Jos. Thaler, Staatsbahninspektor a. D., letztere sämtlich in Innsbruck. Zu großem Dank verpflichtet fühle ich mich auch dem

k. k. österreichischen Eisenbahn-Ministerium, sowie der Generaldirektion der k. k. priv. Südbahn-Gesellschaft für die mir zum Zwecke meiner Sammeltätigkeit gewährte Fahrbegünstigung.

Der größte Dank aber gebührt meiner lieben Frau, die nicht nur durch ihren Rat das Werk gefördert, sondern auch an der Abfassung desselben tätigen Anteil genommen hat.

Innsbruck, im Mai 1909.

Dr. Ludwig von Hörmann.

Inhalt.

I. Teil.

Aus dem Fest- und Arbeitsjahr.

		Seite
1.	Lichtmeß	3
2.	Fasching	9
3.	Ins Moos fahren	18
4.	Die Fastenzeit. Der Kas- oder Funkensonntag	25
5.	Die Frühlingsboten im Sprichwort	38
6.	Der Palmsonntag	44
7.	Die Karwoche	53
8.	Ostern	62
9.	Ostereier und Ostereierspiele	67
10.	Maifeier	76
11.	Die drei Eismänner	83
12.	Bittage	86
13.	Christi Himmelfahrt und Pfingsten	91
14.	Auffahrt zur Alpe	98
15.	Das Fronleichnamsfest	107
16.	Sonnwendfeier	114
17.	Wetterläuten und Wetterschießen	121
18.	Der Frauendreißigst	127
19.	Sennerbelustigungen und Almfeste	132
20.	Die Herabschaffung des Alpennutzens, Almraitung	140
21.	Auf der Ätze	148
22.	Die Poesie der Dreschtenne	155
23.	Maisernte und Türkenausbratschen	160
24.	Flachsbau und Flachsbrecheln	166
25.	Der Kirchtag	175
26.	Allerheiligen und Allerseelen	183
27.	An der Schwelle des Winters	194
28.	Advent und Adventlieder	202
29.	St. Nikolaus, Nikolausspiele, N. Liedchen u. Sagen	209
30.	Die Klöpfelsnächte	218
31.	Thomastag und Weihnachtszelten	224
32.	Christabend	228
33.	Weihnachten	234
34.	Sömmachten und Perchtentag (Dreikönig)	241

		Seite
35. Die Sternsinger	. . . .	247
36. Winterbilder	. . . .	252
I. Der Winter in den Alpen	. . . . .	252
II. Die Bergfahrer	. . . .	259
III. Die Heuzieher	. . . .	268

II. Teil.

Das Familienleben.

1. Haus und Hof	275
2. Eheleute und Ehehalten. Die Bauernfeiertage	297, 304
3. Kinderleben	314
4. Jugendjahre	329
I. Buben und Diendlen	329
II. Fensterlen und Gass'lgeh'n	338
III. Die Liebschaft	346
5. Die Bauernhochzeit	355
I. Das Aufgebot	355
II. Das Fest	365
III. Die Nachfeier	377
6. Die Hausordnung	382
7. Der Heimgarten	389
8. Häusliche Ereignisse	396
I. Geburt und Kindstaufe	396
II. Die Stör	402
III. Die Kirchfahrt	406
9. Die Übergabe des Heimatls	411
10. Tod und Begräbnis	421

III. Teil.

Gestalten und Bilder aus dem Dorfleben.

1. Der Schermausfänger	433
2. Der Geizer	438
3. Das Fahnenschwingen	442
4. Bäuerliche Kampfspiele	445
5. Vogelnarren und Vogelbälle	457
6. Winterliche Belustigungen	465
7. Im Bauerntheater	470
8. Tiroler Schützenleben	482

Erster Teil.

Aus dem Fest- und Arbeitsjahr.

Lichtmeß.

Noch hält der grimmige Winter die Alpen im eisigen Bann. Riesige Schneemassen lagern im Gebirge, in den Seitentälern haben Wind und Flockengestöber haushohe Mauern aufgetürmt, sodaß manche Weiler und Einzelgehöfte wochenlang von der Außenwelt abgeschnitten sind. Selbst im Haupttale ist der Boden mit einer dicken weißen Kruste überzogen. Infolgedessen ist auch Kälte um diese Zeit am größten.

        Der Jänner
        Ist der Holzverbrenner

und

        Sebastian (20. Jänner)
        Schürt den größten Block an.

So lautet der alte Bauernspruch.

Aber je näher es gegen Lichtmeß geht, wo die Kälte „hinaufzieht", desto leichter wird dem Bauer ums Herz. Der Tag, der zu Weihnachten nur um einen „Muggengamezer"[1], zu Neujahr um einen „Hahnentritt", um Dreikönig um einen „Hirschensprung" gewachsen ist, hat um Lichtmeß um eine „ganze Stund" zugenommen oder, wie eine der poetischen Spielarten heißt:

        Weihnachten um an' Muggenschritt,
        Neujahr um an' Hahnentritt,
        Dreikönig um an' Hirschensprung,
        Lichtmeß um a ganze Stund.

Die Sonne scheint zu Mittag bereits behaglich warm.

---

[1] Das Gähnen einer Mücke, von gamezen = gähnen.

An den günstig gelegenen Hügellehnen leckt sie den Schnee weg und frißt auf den beschneiten Winterkornfeldern „apere" (offene) Flecken aus, auf die man dann, solange der Boden noch gefroren ist, das „Kunter" (Ziegen und Schafe) hintreibt, damit die Saat nicht allzu „wiech", d. h. üppig aufschieße. Gewöhnlich stellt sich auch um diese Zeit der „warme Wind" (Föhn) ein, der in einer halben Stunde mehr ausrichtet, als die Sonne im ganzen Tag. Er fegt von den Bergvorsprüngen und Felsen den Schnee stäubend in die Rünste und Schneelöcher und kehrt den winterlichen Himmel aus, daß er tiefblau wie im Sommer herableuchtet. Freilich ist diese Vorfrühlingsherrlichkeit selten von langer Dauer; bald überzieht sich die Bläue abermals mit Wolken und neues Flockengewirbel überschüttet die Gegend. Aber die Hauptmacht des Winters ist doch dahin und unter Lawinenstürzen im Tal begraben.

Dem Bauer ist das Fest Maria Lichtmeß als allererster Frühlingsanfang ein höchst bedeutungsvoller Lostag, der für die Witterung der kommenden warmen Jahreszeit sowie für das Gedeihen der Feldfrüchte entscheidet. Im Unterinntale sieht man gerne trübes Wetter, denn das Sprichwort sagt:

  Am Lichtmeßtag heiter,
  Trag die „Urätzen" über d' Leiter;
  Am Lichtmeßtag k'hilb (trübe),
  Trag die Urätzen hin, wo d' willst.

Urätzen — ein uraltes, wahrscheinlich gotisches Wort — nennt man nämlich die schlechten Heuabfälle, welche die Kühe im Barren übrig lassen. Ist es nun um Lichtmeß schön, so soll man dieselben auf den Heuboden tragen und für die nächstes Jahr drohende Heunot aufbewahren, im entgegengesetzten Fall aber möge man sie kühnlich auf den Düngerhaufen werfen, weil eine gesegnete Ernte zu erwarten ist. Auch im Hinblick auf den anbrechenden Frühling sieht man an diesem Tage die Sonne nicht gerne:

  Lichtmeß im Klee,
  Ostern im Schnee.

Die Etschländer glauben, daß am Morgen des Lichtmeßtages der Fuchs, Bär oder Dachs zum erstenmal aus seinem Loche krieche. Sieht er bewölkten Himmel, so bleibt er vorne, denn es kommt ein „frühes Jahr"; sieht er aber die Sonne aufgehen, so verkriecht er sich aufs neue für vierzig Tage in seine Höhle. Ganz im Gegenteile hält man in anderen Tälern hellen Sonnenschein als günstiges Vorzeichen für die Heuernte und besonders segenversprechend für den Flachsbau.

Mit dem Frühling beginnt auch das Arbeitsjahr; jeder Bauer denkt daher daran, sich mit frischen Kräften zur Besorgung der sommerlichen Feldarbeiten zu versehen. Lichtmeß ist ihm deshalb der natürlichste Zeitpunkt zur Aufnahme der Knechte und Mägde und vorzüglich in jenen Gegenden von großer Wichtigkeit, wo noch nach gutem alten Brauche der jährliche Dienstwechsel Sitte ist. Hat ein Dienstherr oder ein Dienstbote einen solchen im Sinne, so trifft er beizeiten seine Vorkehrungen. In Südtirol schließt man häufig schon am Kirchweihfeste des verflossenen Jahres den Vertrag durch den sogenannten Leutkauf, zu dessen Bestätigung der Bauer seinem neugedingten Knecht oder der Dirne einen Trunk Wein bezahlt. Im Unterinntal wird das Uebereinkommen durch die „Har", d. i. ein Darangeld von 4—6 Kronen abgeschlossen, welche dann vom Jahreslohne abgezogen werden. Der Dienstbote geht diesen Vertrag viel leichtsinniger ein als der Bauer, weil er weiß, daß, wenn ihn derselbe später reuen sollte, er einfach das Darangeld zurückgeben darf und damit seiner Verpflichtung ledig ist, während sie der Dienstgeber nur mit Einbuße des Geldes lösen kann.

Kommt man nun am Vorabende dieses „Hauptschlenggeltages" in ein Bauernhaus, wo sich wanderlustige Knechte oder Dirnen befinden, so trifft man da eine ungewöhnliche Regsamkeit. Keiner der Scheidenden will sich von seinem Nachfolger etwas Schlimmes nachsagen lassen, sondern jeder tut sein Möglichstes, alles reinlich und in Ordnung zu hinterlassen. Der Knecht putzt den Stall oder was sonst seiner

Obsorge anvertraut war; die Mägde waschen Stubenboden, Tisch und Bänke, Fenster und Milch- und Kochgeschirre. Letztere werden behufs besserer Reinigung zum Dorfbrunnen getragen. Dort finden sich allemal ein paar „Kameradinnen", die ebenfalls morgen „schlenggeln" wollen, und nun geht der Tritschtratsch los. Bauer und Bäuerin dürften wohl selten mit dem zufrieden sein, was da verhandelt wird. Man schimpft herzhaft auf die schlechte Behandlung und Kost und tröstet sich dann mit der schönen Aussicht, daß es im neuen Dienst „viel feiner" sein werde.

Bis Mittag ist man mit der letzten Arbeit, die man im alten Dienstorte zu verrichten hat, oder, wie man im Unterinntale sich ausdrückt, mit dem „Scheidschichtmachen" fertig. Von jetzt an wird Feierabend gelassen und die nötigen Vorbereitungen für den morgigen wichtigen Tag getroffen. Diese gehen vorerst die eigene Person an, die man für diese Gelegenheit in möglichst vorteilhaftes Licht setzen will. Die Knechte waschen sich Gesicht und Hände, was sonst nicht alle Tage vorkommt, kämmen sich die Haare und scheren sich den Bart. Noch länger haben die Dirnen vor dem Spiegel zu schaffen, bis sie endlich im Sonntagsputz dastehen. Es werden nämlich die besten Kleider angezogen, die übrigen Habseligkeiten bindet man in ein Tuch zum sogenannten „Schlenggelpack" zusammen. Derselbe bleibt vorläufig in der Kammer liegen. Zum Abendmahl gibt es zu Ehren der Austretenden die sogenannten Rearkrapfen (von rearen, rören = weinen), in Südtirol „Hußauskrapfen" genannt. Im Unterinntale wird erst am Lichtmeßfeste beim Mittags-schmaus „aussi (hinaus) geküchelt", d. h. es werden Küchel aufgetischt.

Am nächsten Vormittag sieht man das verfügbare Dienstbotenvolk im Festtagsstaat beim feierlichen Gottesdienste. Die Andacht mag wohl bei der Mehrzahl derselben nicht sehr groß sein, denn mancherlei Gefühle durchziehen die Brust: Freude und Bangen, Zorn, Verdruß, kühne Hoffnungen und auch Schmerz, wenn ein Bursche oder eine Dirne weit fort in ein anderes Tal muß und der Schatz zurückbleibt. Desto mehr lassen sich Hausvater und Hausmutter das Beten angelegen sein.

Zu der kirchlichen Feier des Lichtmeßtages gehört nämlich auch die Wachs- und Kerzenweihe, und eine solche mit himmlischem Segen begabte Kerze ist für Haus und Familie von großer Bedeutung. Sie brennt fast bei jedem wichtigen Ereignis, so bei der Kindstaufe, beim „Aufsegnen" der Wöchnerin, beim Versehgang, am Sterbebette und beim Begräbnis. Naht ein Hochgewitter, so entzündet man die geweihte Flamme und hofft dadurch Abwendung der Gefahr. Fromme Leute lassen sie auch jeden Samstag während des Rosenkranzes zu Ehren der Muttergottes brennen. Zum Behufe der Weihe ist in der Kirche ein Tisch hergerichtet, auf welchen jeder der Anwesenden seine Kerze oder seinen Wachsstock legt. Danach ist an vielen Orten Prozession, wobei man entweder bloß in der Kirche oder auch außen um dieselbe herumgeht und Geistlichkeit und Volk die geweihten Kerzen tragen. Der Gottesdienst dauert infolge dieser Zeremonien ziemlich lange, so daß, wenn die Kirchengänger nach Hause kommen, auch allsogleich die Stunde zum Mittagessen schlägt.

Nach demselben wird es mit dem Abschied ernst. Der Bauer holt seine große, rote Brieftasche aus der Kammer, setzt sich mit gewichtiger Miene hinter den Stubentisch und zahlt den Knechten und Mägden ihren Lohn aus. Dabei gibt es nicht selten heftigen Wortwechsel, da beide Teile dem Gelüste nicht widerstehen können, sich ihre gegenseitigen Klagen und Beschuldigungen „zu guterletzt" noch recht tüchtig unter die Nase zu reiben. Im allgemeinen aber verhüllt man die gegenseitige Unzufriedenheit unter ein paar herkömmlichen bäuerlichen Redensarten und scheidet in Frieden. „B'hüt' Gott, nichts für ungut," sagt der austretende Knecht, schwingt seinen Schlenggelpack über die Achsel und macht sich auf die Wanderschaft. Im Oberinntal ist es Sitte, daß befreundete Knechte und Burschen ihn begleiten und ihm den Pack bis zum neuen Bestimmungsorte tragen. Die lebenslustigen Unterinntaler gehen vor allem ins Wirtshaus und vergnügen sich dort mit ihren Kameraden bei Wein und Kartenspiel bis in die Nacht hinein. Für den Rest der Nacht sucht sich jeder einen Unterstand bei Verwandten oder Bekannten, wo er auch seinen Schlenggelpack einstellt. Denn die Gelegenheit, sich ein paar Tage frei zu machen, ist zu verlockend, als daß man sie nicht benützen sollte.

Die Dirnen machen es meist ebenso. Für sie hat die Wanderschaft noch einen besonderen Reiz. Sie bestellen sich nämlich ihren „Bua" als Packträger. An einer bestimmten Stelle unweit des Hauses erwartet sie dieser mit einem Rückkorb oder Handschlitten, übernimmt den Pack, macht vorerst einen kräftigen Zug aus der Schnapsflasche, die ihm das Mädchen anbietet, und trabt dann gemütlich plaudernd neben seiner Geliebten her. Selbstverständlich wird bei jedem Wirtshause eingekehrt und die Schnapsflasche neu gefüllt. Man braucht dieselbe nicht nur zu eigener Stärkung, sondern auch, um sich beim sogenannten „Wegversperren" loszukaufen. Es ist nämlich ein Hauptjux der Burschen, einem solchen Paar mit einer schnell ausgerissenen Zaunlatte oder auch bloß mit den ausgestreckten Armen in den Weg zu treten und die Beiden so lange nicht weiter zu lassen, bis die Dirne die Schnapsflasche aus dem Sacke zieht und sich so von der unliebsamen Sperre und den boshaften Witzen und Bemerkungen loskauft. Endlich gelangt man ans Ziel, sei es der neue Bestimmungsort der Dirne oder nur ein zeitweiliger Aufenthalt, und trennt sich nach einem zärtlichen Abschied.

Am meisten begünstigt der Talgebrauch die Dienstboten der Umgegend Merans. Dort dauern ihre Ferien eine ganze Woche oder noch länger. Der eigentliche „Schlenggeltag" ist daselbst nämlich nicht Lichtmeß, sondern St. Agatha (5. Februar), aber nur dem Namen nach, denn in Wirklichkeit geht dieses Ereignis erst am folgenden „Truhentag" vor sich. Lichtmeß ist also ohnedies Festtag, dann kommt der Blasiustag, wo jeder fromme Hausvater Knechte und Mägde „einblasigen" läßt[1]; auf diesen folgt der „Flick=

---

[1] Es besteht darin, daß der Priester dem vor ihm Knieenden zwei Kerzen kreuzweise unter das Kinn hält. Dadurch hofft man gegen Halsweh gefeit zu sein.

werktag", wo die Dienstboten ihre Kleider flicken, um nichts
Zerrissenes in den neuen Dienstort mitzubringen. St. Agatha
ist wieder ein Bauernfeiertag und am „Truhentag" wird
gewandert. Fällt aber Agatha auf einen Sonntag, so wird
der Truhentag auf den nächsten Samstag verschoben und die
Knechte und Mägde haben die ganze folgende Woche Frei=
zeit. Truhentag heißt der genannte Tag deswegen, weil
die Habseligkeiten nicht in einem Bündel, sondern in einer
Truhe, und zwar durch Pferd oder Ochsen und Wagen weiter
befördert werden. Das gibt eine allgemeine große Schlitten=
fahrt; kreuz und quer sieht man Fuhrwerke fahren, hinter
jedem Schlitten aber folgt in weißer Schürze und Hemb=
ärmeln die Magd, die von Zeit zu Zeit ihrem Kutscher —
dem Knechte des neuen Dienstherrn — mit einer Flasche
„Kerscheler" Gesundheit zutrinkt. Daneben wirft sie wohl
auch einen Seitenblick auf ihre in anständiger Größe prangende
„Truhe", auf welche ein paar Kittel auswendig hinauf=
gebunden sind als prahlerische Aufschrift: „Mein G'wand hat
da drinnen nicht alles Platz."

Fasching.

Wenn jemand der Meinung wäre, die Bewohner der
im Winter weltabgeschlossenen Alpentäler wüßten nichts von
Faschingslustbarkeiten, so befände er sich sehr im Irrtume.
Die Tiroler sind ein lustiges Völklein und trotz ihrer Armut
stets guten Humors, der sich um diese Zeit der bevorrechteten
Tollheit besonders Luft macht. Freilich hat so ein Bergdorf
keinen lusterbestrahlten Salon aufzuweisen; man vergnügt sich
bei Fastnachtsspielen unter Gottes freiem Winterhimmel, und
die Masken tummeln sich statt auf dem Parkettboden auf
Eis und Schnee. Deshalb geht es aber nicht minder kreuz=
fidel zu und in den aufgeführten Schwänken tritt nicht wenig

Mutterwitz zutage, allerdings etwas derb, aber natürlich und dem Volkscharakter entsprechend.

Wie begreiflich, drängen sich die Belustigungen in der letzten Faschingswoche zusammen. Besonders ausersehen für derartige Spektakel sind der „unsinnige Pfinstag" (Donnerstag vor Fasten) und die zwei letzten Faschingstage, welche die bezeichnenden Namen „Freßmontag" und „Speiberchtag" führen. Schon wochenlang zuvor werden die zu veranstaltenden Maskeraden und Aufzüge im Heimgarten besprochen, Rollen ausgeteilt und Beratungen gepflogen, vorzüglich, wenn es gilt, irgend einer unbeliebten Persönlichkeit, etwa einer hochfahrenden Dirne oder bösmauligen alten Jungfer „einen rechten Tuck" anzutun.

Die Vorbereitungen machen oft ebensoviel Spaß als der beabsichtigte Schwank selbst. So ist es z. B. beim beliebten „Blockziehen" im Oberinntal. Dieses Fastnachtsspiel wird gewöhnlich nur dann aufgeführt, wenn während des Faschings niemand im Dorf geheiratet hat, doch ist es auch an manchen Orten, z. B. in Landeck, fast alle Jahre gebräuchlich. Einige Tage vor dem „unsinnigen Pfinstag" gehen die Dorfburschen in die Gemeindewaldung und suchen sich dort den größten und stärksten Fichtenstamm aus, der als „Block" oder „Bloch", wie er auch heißt, den Mittelpunkt des Spieles bilden soll, hauen ihn um und bringen ihn auf den Kirchplatz oder in die Nähe des Dorfes, wo er einstweilen liegen bleibt. Am Spieltag ziehen sie sich dann reine weiße Hemden an, kurze schwarze Lederhosen mit grünen Hosenträgern und weiße Strümpfe, doch keine Joppe. Auf den Hüten stecken Federn und künstliche „Buschen". Auch der „Block" wird mit Bändern, Kränzen und Blumen ausstaffiert. Hierauf laden ihn die Burschen auf einen Wagen oder Schlitten, spannen sich paarweise davor und ziehen das Fuhrwerk unter beständigem Jauchzen und Schreien durch das Dorf. Der älteste Junggeselle geht voraus. Auf dem Blocke läuft mit allerlei wunderlichen Grimassen ein Schalksnarr hin und her, ruft den Begegnenden Spitznamen zu und bespöttelt in Knittelversen das Tun und Treiben der Dorfbewohner, besonders der Mädchen. Um das Gespann tummeln sich andere volkstümliche Masken. Da stolziert ein Türke mit seiner Türkin im grellsten buntfarbigen Kostüm; dahinter schleppt ein Sterngucker in langem Frack ein riesiges Fernrohr. Auch „wilde Männer" sind zu sehen, ganz in behaarte Felle oder in Moos und Baumrinde gehüllt, die eine Art Bärentanz aufführen; ein Klaubauf mit rasselnden Ketten, und Hexen, die womöglich ihren ganzen Anzug verkehrt auf dem Leibe tragen. Ein Barbier läuft alten Jungfrauen nach und will ihnen mit einem hölzernen Rahmmesser den Bart abscheren. Dann kommen Dörcher und Zigeuner, steigen auf Scheunendächer, pflanzen dort „Pfötschen" (Zwergföhren) auf und treiben lärmend Krummschnabelfang, während andere ihrer Spießgesellen in die Häuser schleichen und zu stehlen versuchen. Unbedingt notwendig hiezu ist auch eine Kellnerin, welche den Zuschauern Wein und Schnaps anbietet und dafür reichliches Trinkgeld bekommt. Denn von allen umliegenden Ortschaften, oft mehrere Stunden weit entfernt, strömen die Leute herbei, die Komödie mit anzuschauen. Da und dort wird Halt gemacht, gezecht und gelärmt, während, wo es recht großartig hergeht, die Blechmusik schmettert und die Böller knallen. Zum Schlusse wird der Block öffentlich versteigert und von dem Erlös ein Festmahl im Wirtshaus veranstaltet. Bei Trunk, Musik und Tanz vergnügt man sich bis spät in die Nacht hinein, wozu auch noch häufig eine kleine Rauferei die nötige Würze bietet.

Ein ähnlicher Faschingsaufzug ist das „Grätziehen" im Vinschgau. Die Burschen verkleiden sich nämlich als sogenannte „Schemen" — eine Gattung volkstümlicher Masken, die wir uns später näher besehen werden — und ziehen einen Karren (Grät, Graten) durch das Dorf. Darin sitzen einige ihrer Kameraden als „alte Mädlen" vermummt, die auf dem armseligen Fuhrwerk nach dem Sterzinger Moos geschafft werden sollen, wohin der Volkswitz die alten Jungfern nach ihrem Tode verbannt. Dem Karren folgt eine Schar Masken, welche verschiedene Stände vorstellen. Hinterher aber schleicht das tückische „Krautweibele" und taucht bald hier bald dort auf, daß die Zuschauermenge scheu auseinanderstiebt. Das „Krautweibele" ist indes kein „Weibele", sondern ein Bursch in gewöhnlicher Kleidung, nur daß sein Gesicht ein schwarzes Seidentuch verhüllt und seine Schuhe mit Lumpen umwickelt sind, damit sein Gehen nicht gehört werde. Er trägt in einem Gefäß stinkendes, faules Kraut, mit dem er als Fastnachtsscherz die Begegnenden bewirft. Ländlich, sittlich — appetitlich!

In den Dörfern der Umgegend Innsbrucks führt man denselben Schwank unter dem Namen „Sterzingermooslied" auf. Wir werden ihm im nächsten Abschnitt eine besondere Behandlung widmen. Manche Mythologen finden in den beschriebenen Fastnachtsbelustigungen Beziehungen zur alten heidnischen Götterwelt und zwar zur Göttin der Ehe und Häuslichkeit, Isa oder Frau Eisen, der man durch festliche Gebräuche gleichsam ein Sühnopfer für die Ehelosigkeit darbrachte.

Hingegen ist der weitverbreitete Brauch des Schemenschlagens die zur Faschingsbelustigung umgemodelte Form des alten Schwerttanzes. Am originellsten und ursprünglichsten kann man es noch alljährlich im Dorfe Lans auf dem Mittelgebirge bei Innsbruck aufführen sehen. Die als „Schemen" auftretenden Burschen schmücken sich dazu festtäglich. Sie tragen saubere weiße Hemden und Strümpfe und kurze schwarze Lederhosen. Statt der Joppe werden buntfarbige seidene Tücher kreuzweise über die Achseln gelegt. Die Hüte sind mit Federbuschen und Bändern, oft sogar mit kleinen Spiegeln verziert. Die Mitte des Körpers umschließt ein Gurt, an welchem rückwärts eine ziemlich große Schelle befestigt ist, die bei den Bewegungen der Spieler anschlägt. Das Gehen besteht in einem eigentümlichen taktmäßigen Schreiten, wobei sich der Oberkörper bald auf die eine, bald auf die andere Seite wiegt, sodaß bei jedem Schritt die Schelle hinten anschlägt und ertönt oder, wie die Bauern sich ausdrücken, daß es „bei jedem Schritt einen Schnall tut". Die Schemen- oder Schellenschläger gehen in gleichmäßiger Bewegung, ohne umzusehen, ernst einher, voran der Vorläufer, der mit einem stumpfen Besen den Takt gibt. Auch die

Schellenschläger, welche in der rechten Hand einen Stab oder
einen Fichtenzweig tragen, sowie die Masken, die den Zug
begleiten, müssen den Takt mitgeben, nur eine oder zwei
derselben, welche mit großen Peitschen knallen, sind von diesem
Gesetz der Gleichförmigkeit ausgenommen. In der oberinntalischen Stadt Imst treffen wir das „Schemenlaufen"
(Schömeloofe) noch heute, und zwar mit der Zutat eines
Maskenzuges vermengt, welcher so großartige Ausdehnung
annimmt, daß man eigene „Vorstände" wählt, denen das
Amt obliegt, den Zug wohl zu ordnen und von den Gaben,
welche sowohl die Teilnehmer als die Zuschauer beisteuern,
die Unkosten der Masken zu bestreiten. Schon am frühen
Morgen des zum Schemenlaufen anberaumten Tages wimmelt
die Stadt von Leuten, welche aus den umliegenden Dörfern
und Tälern massenhaft herbeiströmen. Schon um 8 Uhr
vormittags marschiert als Einleitung das „Vigatter" (Ver-
gatterung) auf, eine Musikbande, die aus zwei Trompeten,
zwei Hörnern, einem riesigen hölzernen Baßinstrumente, grellen
Pfeifen und Trommeln besteht, durch die Gassen und läßt
mit ohrenzerreißender Kunstfertigkeit ihren Weckruf ertönen.
Hintendrein fährt ein Wagen oder Schlitten, in welchem
altmodische, aber reich und prunkvoll gekleidete Masken sitzen.
Der Kutscher trägt einen roten, mit Stahlknöpfen besetzten
Rock und eine aufsehenerregende Haarfrisur. Gegen elf Uhr
versammeln sich alle „Schemen" und übrigen Teilnehmer
des Spieles beim Hirschenwirt, dem von Alters her bestimmten
Gasthause der Oberstadt. Nachdem noch vorher die „Spiel-
ordnung" öffentlich verlesen worden, setzt sich der Zug in
Bewegung. Den Anfang machen die originellen Gestalten
der „Kübele Majen". Sie tragen einen Kübel mit Wasser,
aus welchem sie die Zuschauer bespritzen. Kommen sie zu
einem Brunnentrog, so springen sie wohl auch hinein und
schlagen plätschernd um sich, daß mancher Nahestehende eine
unliebsame Taufe empfängt. Als Begleitung haben die
„Kübele Majen" die „Sackner" und „Spritzer", von denen
die ersteren durch ballonartige mit Türkenstroh gefüllte Säcke,
die letzteren durch ellenlange messingene Spritzen die sich

hereindrängende Zuschauermenge in Zaum halten. Nun folgt erst die eigentliche Kerntruppe des Zuges, die „Roller" und „Scheller". Erstere tragen um die Mitte ein Pferdegeröll und auf dem Kopfe einen hohen, mit Spiegeln und Kränzen verzierten „Schein", von dem ein gesticktes weißes Gazetuch über den Rücken herabflattert. Kurze, schön ausgenähte Hosen, weiße Strümpfe und Frauenschuhe vervollständigen den seltsamen Anzug. Das Gesicht deckt eine — Frauenlarve. Die „Scheller" tragen ebenfalls Schellen um die Mitte, oft dreißig bis vierzig, und einen ähnlichen nur noch höheren Kopfputz als die „Roller", dazu eine Männerlarve. Um die Schultern schlingt sich ein rotweißes Tuch. Je ein „Scheller" geht immer mit einem „Roller". An geeigneten Plätzen wird von den „Rollern" und „Schellern" der sogenannte „Kreistanz" aufgeführt, wobei das gleichzeitige Hopsen der Paare natürlich ein gewaltiges Getöse verursacht. Ihnen folgt ein buntes Gemisch von Hexen, Mohren, Türken und Bänkelsängern, welch letztere zum Schlusse ein von irgendwelchem Witzkopf verfaßtes „G'schpiel" vor der schaulustigen Menge aufführen. Meist ist der spöttische Inhalt desselben auf einer vorangetragenen Tafel, „Labara" genannt, auch bildlich dargestellt. Die Nebenfigur des „Rußler", der in seinem Kaminfegeranzug zu den Fenstern einsteigt und den Mädchen das Gesicht anrußigt, glaube ich übergehen zu können. Das Imster „Schemenlaufen", obwohl es manche Züge mit andern Faschingsbelustigungen gemein hat, muß als eines der interessantesten und ältesten Volksbräuche bezeichnet werden.

Im Städtchen Hall steht eine andere Art Faschingslustbarkeit sehr in Ehren. Den Mittelpunkt bildet hier das „Fasserrößl", ein aus Holz geschnitztes roßähnliches Ding. Ein junger Faßbindergesell setzt sich als Reiter darauf und schiebt seinen etwas schwerfälligen Gaul durch die Gassen der Stadt. Ihn begleiten mit Gejohl und Geschell die Schemen oder, wie sie hier heißen, Huttler, die unter Peitschengeknall herumrennen und die Begegnenden mit kotigen Besen tüchtig abkehren. Vor den Wirtshäusern, an denen sie vorbeikommen, wird ihnen Wein und Schnaps geboten. Schließlich

kehrt die wilde Fahrt in eines derselben ein und entzieht sich
den Blicken der Zuschauer. In Thaur, Rum, Arzl, Amras
und wie die Dörfer um Hall und Innsbruck alle heißen,
wird „Huttler gelaufen". Man sieht das Spiel sehr
gerne, denn man glaubt, je größer die Teilnahme an dem=
selben sei, desto schöner gedeihe im folgenden Sommer der
Flachs und der Türken. Dieser Beziehung zur kommenden
schönen Jahreszeit finden wir im Faschings= oder Schemen=
rennen zu Prad noch anderweitig gedacht. Da erscheint
nämlich inmitten der „Schemen" ein Bauer mit einem von
Schimmeln gezogenen Pfluge nebst Ackergeräten und säet
Sägspäne aus. Dabei kommen die gewöhnlichen Späße aufs
Tapet und schließlich wird gezecht. Zahlen muß irgend ein
reicher Bauer, den die Schemen mit einer Schlinge gefangen
und ins Wirtshaus geschleppt haben.

Etwas verschieden von allen diesen Spielen und Auf=
zügen ist das „Faschingerreiten" im Zillertale. Die
berittenen Masken, zwanzig bis dreißig an der Zahl, ver=
sammeln sich an einem der letzten Faschingstage in Gagering,
einem Weiler, eine Viertelstunde vor dem Dorf Fügen. Dann
ziehen sie in selbes ein und verlesen dort den „Faschings=
brief", der ähnlich wie beim „Blockziehen" alle Unziemlich=
keiten und Torheiten, die das Jahr über im Dorfe vorgefallen
sind, dem Publikum kund und zu wissen tut. Der „Faschings=
brief" muß übrigens zuerst dem Gerichte vorgezeigt werden.

Dem oben genannten Schemenlaufen entspricht das
„Perchtenlaufen" im Pustertale. Man unterscheidet die
Vermummten in schöne und „schieche" (häßliche) Perchten.
Erstere sind schön gekleidet, mit Bändern, Borten und ähn=
lichem geschmückt; letztere ziehen sich so häßlich als möglich
an und behängen sich mit Mäusen und Ratten, Ketten und
Schellen. Dazu tragen alle Stöcke in der Hand, welche bei
den schönen Perchten mit Bändern geziert sind, bei den häß=
lichen aber in einen Teufelskopf enden. Auch sieht man
häufig sogenannte „wilde Männer" in ihrer Gesellschaft.
Diese haben eine eigentümliche Schellenspitzhaube auf dem
Kopfe, sind ringsum mit Glöckchen und Rollen behangen und

halten Baumstämme in der Hand. Die Musik ist durch eine
Schwögel, eine Bergzither und ein Alphorn vertreten. Die
ganze Schar stürmt in wildem Lauf durch die Gassen und
kehrt auch in den Häusern ein, wo dann getrunken und
getanzt wird. Dabei suchen die häßlichen Perchten die Zu=
schauer so viel als möglich zu necken. Besonders fällt dieses
Amt dem in ihrer Mitte befindlichen „Aschenschützen" zu,
der den Leuten aus einer Windbüchse Asche und Ruß in
das Gesicht schießt. Haben die Perchten aber einen recht
„auf der Mücke", so fangen sie ihn noch obendrein ein und
tauchen ihn in den Dorfbrunnen. Der Arme kann sich dann
triefnaß und verlacht vom ganzen Publikum wieder nach
Hause trollen. Die schönen Perchten benehmen sich manier=
licher und teilen manchmal Geschenke aus. Im Städtchen
Lienz kommen die Perchten aus mehreren Dörfern zu=
sammen. Der Lärm und das Schellengeklingel lockt alles,
was Beine hat, ans Fenster oder auf die Straße, wo das
tolle Treiben fortdauert, bis es Ave Maria läutet. Da wird
es auf einmal still und die Perchten gehen ruhig heim.
Denn wehe, wenn dieser fromme Gebrauch nicht beachtet
wird! Es mischt sich dann die „wilde Perchta" unter das
Spiel, wie dieses schon oft geschehen sein soll. Die Perchten
tobten dann wie rasend und sprangen über den Brunnenstock.
Dann aber liefen sie scheu auseinander und flüchteten zu den
Häusern, denn sobald sie unter der Dachrinne waren, konnte
ihnen die Wilde nichts mehr anhaben. Oft aber wurde sie
dennoch eines Vermummten habhaft und zerriß ihn in hundert
Stücke. Man zeigt noch einige Stellen, wo einst Perchten
ein also schreckliches Ende fanden. Diese „wilde Perchta"
ist vielleicht nichts anderes als die jetzt zum Gespenst er=
niedrigte altdeutsche Göttin Perachta, deren Name im Perchten=
laufen noch fortlebt.

Alle die genannten Faschingsspiele nehmen indes von
Jahr zu Jahr immer mehr ab, denn die Geistlichkeit, die
ihnen von jeher nicht hold war, führte in den letzten drei
Faschingstagen an den meisten Orten Tirols das „Stund=
gebet" ein, das eine lärmende Lustbarkeit von vornherein

unmöglich macht. Wenn das Volk dennoch zähe an den freilich sehr zusammengeschrumpften Gebräuchen hält, so ist das der Furcht vor einer Mißernte zuzuschreiben, deren Grund man nach altem Glauben in den unterlassenen Fastnachts= belustigungen, besonders dem Perchtenlaufen, sieht.

Zum Schlusse will ich noch der Faschingsgebräuche Südtirols erwähnen, welche sich von den nordtirolischen etwas unterscheiden. Das Schemenlaufen kennt man daselbst nicht, dagegen wird im Etschtale, vorzüglich in Tramin, Neumarkt und Salurn der „Egerthansel" oder „Strohmann" auf= geführt. Derselbe ist eine große Figur, aus Stroh und Lumpen verfertigt, welche von den Burschen auf einer Trag= bahre durch das Dorf getragen wird. Von Zeit zu Zeit halten sie an, besonders vor solchen Häusern, welche der „Chronique skandaleuse" des Ortes ein Kapitel liefern. Einer der Burschen fragt den „Egerthansel" um Neuigkeiten, legt dann sein Ohr an den Mund der Strohpuppe, wie um die Antwort zu hören und gibt diese sodann der lauschenden Menge kund. In Salurn erscheint in Begleitung der Puppe nebst andern Masken ein Kapuziner; welcher auf jedem Platze, wo Halt gemacht wird, aus einer alten Scharteke die Namen aller Jungfrauen mit angefügten Bemerkungen herabliest, was oft zu Balgereien Anlaß gibt. Schließlich beschert man den „Egerthansel" irgend einer unbeliebten weib= lichen Person als Bräutigam, d. h. man hängt ihr denselben nachts über der Haustüre auf. Begreiflicherweise erwarten die Mädchen mit großer Angst den verhängnisvollen Tag und bitten die Burschen schon lange vorher um Schonung. Wer beschreibt aber den Schrecken desjenigen Mädchens, welches am nächsten Morgen den Strohmann, der in der einen Hand ein Wachskerzchen, in der andern einen Pfennig trägt, an ihr Haus genagelt findet! Gewöhnlich trifft dieses Strafgericht eine heiratstolle oder klatschsüchtige alte Jungfer, die sich in der Folge das Ehrabschneiden fernerhin wohl vergehen läßt.

Ins Moos fahren.

Keine ländliche Faschingsbelustigung bringt die Bewohnerschaft eines Dorfes, besonders die weibliche, in größere Aufregung als der Umzug des „Mooswagens", d. h. die derbkomische Darstellung der Überführung der „alten Jungfern" ins Sterzingermoos. Es ist dies jene einsame Moorgegend in der Nähe von Sterzing, welche vor der Austrocknung im Jahre 1877 als ausgedehnter Sumpfboden nur saures Heu für die Rosse lieferte und an lauen Sommerabenden vom kläglichen Gequake vieler Tausende von Fröschen und Kröten belebt war. Dahin nun verbannte zur Strafe der Volkswitz alle jene Jungfrauen, welche in freiwilliger oder unfreiwilliger Entsagung ehelicher Freuden ledig blieben. Heißt es ja schon im alten Schnaderhüpfl:

> Sag Diendl, was tatst denn,
> Wenn mi' treffet 's Los,
> Du müßtest halt wandern
> Ins Sterzinger Moos!

Bekannt ist auch das landläufige Sprichwort:

> Die alten Diendln und die alten Roß'
> Kommen aufs (Sterzinger) Moos.

Damit ihnen die Zeit nicht zu lang wird, werden ihnen verschiedene geistreiche Beschäftigungen zugemutet, so z. B. Haarlinset (Leinsamen) aufstößeln, Bachscheiter reitern, d. h. große Holzscheiter sieben, Ameisen ringeln usw. Ihr Beten besteht in einer herzzerreißenden Litanei, bei der die Vorbeterin singt: „Mi reuts, daß i net g'heirat' hab", worauf die andern antworten: „Mi aa', mi aa'".[1] Das Lamentieren dieser verbannten Vestalinnen soll besonders bei dem dortigen Brücken-

---

[1] Eine Spielart dieses Zwiegespräches lautet:
I bätt' schon längst ein' g'habb (gehabt), g'habb, g'habb,
Wenn i's nur hätt' g'wagg (gewagt), g'wagg, g'wagg u. s. f.

pfeiler sehr groß sein, wo sie eng gedrängt haufenweis beisammen hocken und mit ihren dürren Armen begehrlich nach den vorüberziehenden Fuhrleuten langen, um dieselben zu sich ins „Moos" zu ziehen. Man sieht schon aus dem Gesagten, daß der verblendete Sinn der Dorfburschen alles erdacht hat, was die ruhige Ergebenheit dieser patentierten Eheverächterinnen dem Gespötte preiszugeben und die Berechtigung ihrer jungfräulichen Existenz zu verdächtigen geeignet ist.

Doch nicht genug, daß solche alberne Unwahrheiten im abendlichen Heimgarten offen ausgeplaudert und durch die zuhorchende Kinderwelt der Nachwelt erhalten werden, nicht genug, daß mancher ehrenhaften „übertragenen" Person, die den Lenz des Lebens mit dreißig Jahren bereits überschritten hat, von den Burschen höhnend zugerufen wird, ob sie schon „den Stiftgroschen nach Sterzing geschickt habe, um daselbst einen guten Platz zu erhalten", haben diese wilden Burschen auch noch „ein G'sang" gedichtet, in dem die feierliche Überführung der alten Jungfern ins Sterzinger Moos in dramatischer Lebendigkeit geschildert und dem wiehernden Gelächter der ganzen Dorfbewohnerschaft öffentlich überliefert wird. Dieses berühmte Sterzinger=Mooslied, das als poetische Verklärung des genannten Vorganges gelten kann, begleitet in gewissem Sinn die Handlung des „Spieles" als erläuternder Text, wie wir nun gleich sehen werden. Zu dem Zwecke begeben wir uns auf den großen Dorfplatz, wo die Leute dichtgedrängt die Ankunft des „Mooswagens" spannungsvoll erwarten. Ältere Diendln sind wohl wenige zu erblicken; sie haben sich mit ihrem verbissenen Groll in das Hinterstübchen des Hauses geflüchtet, weil sie doch nicht mit eigenen Augen ihre bis ins kleinste nachgeahmte Persönlichkeit zu den lächerlichsten Situationen und Handlungen mißbraucht sehen wollen. Die Spielbuben haben nämlich mit der Spitzfindigkeit eines Pariser Polizisten sich Kleidungsstücke ihrer „Opfer" zu verschaffen gewußt und Sprechart, Manieren und Gebärdenspiel der letzteren aufs genaueste einstudiert, sodaß man die Gefoppten sofort erkennt. Um die Täuschung noch voll=

ständiger zu machen, verstecken sich die verkleideten Burschen in den Häusern der betreffenden alten Jungfern hinter der Türe, bis der Augenblick ihres Auftretens gekommen ist.

Dies dauert nicht lange.

Schon hört man von ferne das gedämpfte Bumbum und Tschintschin der bäuerlichen Musikkapelle, und nicht enden wollendes Gejubel und Gejohle der freudig erregten Jugend verkündet, daß sich der Zug in Bewegung gesetzt habe.

Er sieht wirkungsvoll genug aus.

Umringt von einem Gefolge als „Aufleger" vermummter Burschen und umschwirrt von einem Haufen abenteuerlicher Masken, kommt langsam der „Mooswagen" angefahren. Es ist ein gewöhnlicher Leiterwagen, mit zwei alten Schindmähren bespannt, welche durch derbe Rippenstöße zu einem halbwegs anständigen Gangtempo angespornt werden müssen. An der Spitze des Zuges auf einem schweren Ackergaul brüstet sich stolz der Hauptmann. Auf dem Dorfplatze angelangt, verliest er mit weithin schallender Stimme den „Befehl". Derselbe besagt, daß der „Verwalter" von Sterzing Holz zur Ausbesserung der schadhaft gewordenen Brücke erbeten habe, daß ihm aber der Bescheid geworden sei, Holz könne man nicht entraten, wohl aber genug alte Jungfern, mit denen er die Brücke ausflicken möge. Nach Kundmachung dieses Schreibens liest er unter steigendem Gelächter der Umstehenden langsam die Namen jener alten Jungfern, welche „aufgeladen" werden sollen.

Nun geht der eigentliche Spektakel los. Sofort stürmen die „Aufleger" in das Haus, wo die erst bezeichnete alte Jungfer wohnt, zerren dieselbe — nämlich ihren verkleideten männlichen Stellvertreter — unter dem Halloh der Zuschauer hinter der Tür hervor und laden sie trotz ihres Widerstrebens auf den Wagen. Dann kommt die zweite, die dritte, die vierte u. s. f. an die Reihe, bis alle aufgeladen sind. Natürlich gibt es hier Abwechslung von komischen Szenen genug. Hier nimmt eine herausgeholte alte Jungfer von den Umstehenden rührenden Abschied und fällt ihnen schluchzend um den Hals, dort wehrt eine andere sich mit allen Kräften gegen die Verpackung, wird aber doch schließlich überwältigt und auf den Wagen geladen. Gewöhnlich ist die letzte diejenige, auf welche die Burschen einen „Hauptpick" haben. Sie muß als „Wiesbaum" dienen. Sind alle aufgepackt, so wird das „Moosg'sang" angestimmt, während die vorgeblichen alten Jungfern unter den geziertesten Gebärden vom Wagen herab begierig nach den Männern langen, ihnen Küsse zuwerfen, die Hände ringen u. s. f., welche Liebesausbrüche von den Umstehenden natürlich mit den derbsten Witzen und Anzüglichkeiten erwidert werden.

Dieses berühmte „Sterzingermooslied", das man in ganz Tirol kennt, wird nach einer sehr einfachen Weise gesungen und lautet:

Buab'n gehts her und laßt enk[1] was sag'n.
Der Befelch der ist kömmen, aufs Moos müß'n mer[2] fahrn,
Wo nehm' mer an' Gratten, der lang ist und broat
Und gar so oft fahrn ist a völlige Noat. [rep.]

Der Verwalter vo Sterzing schreibt außer von Moos
Um a Holz zu der Brugg'n, es versinken ihm d'Roß.
Die Innsbrucker Herrn sein saggerisch kluag:
Holz hab'n s' koans z'graten[3], aber Madlan grad gnuag. [rep.]

Der Verwalter bedankt si' und lacht in sein' Huat:
„Sölli ausg'spearte[4] Hölzer dö höbeten guat,
Dö zahlt ma net teuer, dös ist mir schon recht,
Für's Dutzend an' Sechser bezahl i schon decht (doch)." [rep.]

Die Mauth und das Weggeld ist aa' schon ausg'macht.
Darf Koane was zahlen, sei's Tag oder Nacht.
Kannst überall fahrn, ist ninderst[5] a G'fahr,
Ma verdient si' an' schön Kreuzer, gelts Buab'n, es ist wahr. [rep.]

Wo sein mehrer (mehr) Menscher, bei Berg oder Land?[6]
Es gibt überall Häuf'n, ist a völlige Schand.
Wenn s' junger koan' krieg'n, so ist's um sie gar,
Aft[7] gibts sölli zwungene Betschwestern a(b). [rep.]

---

[1] euch. [2] wir. [3] entraten. [4] ausgetrocknete. [5] nirgends.
[6] Talebene. [7] dann.

Wo heb' mer an¹ aufleg'n, bei Land oder Berg?
Die Großen nach längs und die Kurzen nach zwerch²,
Aft mach' mer a Fuder, guat bund'n muß's sein,
Aft fahrn mer wie's Luder durch d'Ellbögen³ ein. [rep.]

Dö mit dreißig Jahren, dö pack' mer schon all,
Wenn f' da no' koan' hab'n, aft hab'n f' ka Wahl.
Nur auffi auf'n Gratt'n, und wenn sie aa' rert⁴,
So ist decht zum Wenigsten d'Haut eppas⁵ wert. [rep.]

Wo nimmt man an' Wiesbaum? Jtz fallts mer erst ein,
J wißt nirgends koan bessern, * * *⁶ muß's sein.
Dö bind' mer drauf auffi, dö ist g'wiß recht bleischwar,
Da wird's halt aft hoaß'n: Dös Fuhrwerk geht rar. [rep.]

Nach Absingung des Liedes fährt der „Mooswagen" langsam zur Schänke, wo das Fastnachtsspiel bei Musik und Tanz seinen Abschluß findet.

Daß diese öffentliche Verspottung der jungfräulichen Würde gerade nicht dienlich ist, die ohnehin etwas reizbare Natur dieser ländlichen Keuschheitspächterinnen gegen die Dorfburschen milder zu stimmen, ist leicht begreiflich. Auch darf man es ihnen gewiß nicht verargen, wenn ihr giftgeschwollener Busen auf Rache sinnt, und sie darin Erleichterung zu finden glauben, daß sie den „Stiel umdrehen" und ihrerseits den alten Junggesellen ähnliche alberne Geschichten und Narreteien andichten, wie letztere ihnen angehängt haben. Sie verbreiten nämlich mit gewohnter Zungenfertigkeit die Legende, die „alten Buben", das sind solche, die ebenfalls nicht zum Heiraten kommen, müßten in der Floiten und Stilup⁷ Steinböcke salzen, Felsen abreiben, Nebel schöbern oder am Roßkopf⁸ Wolken schieben. Es ist sehr bezeichnend,

---

¹ Heben wir an. ² quer. ³ Die alte Salzstraße durchs Wipptal. ⁴ weint. ⁵ etwas. ⁶ Hier wird der Name eingefügt, z. B. die Klammer Moidl.

⁷ Unwirtliche Seitentäler des hintern Zillertals, in denen vor Zeiten Steinböcke vorkamen und später gehegt wurden, bis Wilderer im Jahre 1706 die letzten wegschossen. Man kann daraus einen Schluß auf das Alter des Liedes ziehen.

⁸ Auch ein Berg im Unterinntal unweit des Sonnwendjoches bei Brixlegg führt diesen Namen.

daß genannter Berg gerade über dem Sterzinger Moos liegt. Im Salzburgischen sollen sich die alten Junggesellen „mii'n Gaubizln" unterhalten, ein Ausdruck, der selbst dem verdienstvollen tirolischen Kulturforscher Peter Moser (Dr. Baldfreund) zu erklären schwer geworden ist. Er hält sie für neckische „Kobolde", es ist aber nichts anderes als unser Kibitz (gavia vulgaris), ein aufgeweckter Vogel, den zu „hüten" allerdings schwer fallen muß[1]. Der Hauptverbannungsort der alten Junggesellen ist das „Peteregg" an der Ellbögnerstraße vor Matrei, wo sie den ganzen Tag „alte Jungfern pantschen" und — das Stück einen Groschen — „Kühe plattern"[2] müssen.

Haben die zart besaiteten Vertreterinnen des kanonischen Alters auf diese Weise für die ihnen von den Burschen angedichteten Torheiten Vergeltung geübt, so versuchten sie auch hinsichtlich des beschämenden Sterzingermoosliedes sich dadurch zu rächen, daß sie den Junggesellen das sogenannte „Peteregg" dichteten, ein Spottlied, das nur eine Nachbildung des Moosgesanges, aber dem weiblichen Tyrtäus nicht sonderlich gelungen ist. Es erzählt „mit wenig Witz und viel Behagen" in zwölf Strophen, daß die alten Junggesellen auf dem Peteregg nicht mehr Platz gefunden, und daß auch der neue Vorschlag, dieselben zur Ausfüllung „alter Löcher und Graben und Bergkluppen" in Tirol zu verwenden, gescheitert sei. Deshalb fällt dem „Verwalter von Peteregg" nach langem Studieren etwas anderes ein. Er erinnert sich nämlich, „daß die Madeln gern Zucker schlecken".

Der Verwalter der setzt si' und schreibt sein Begehrn,
Aus'n ganzen Tirol zu den Zuckerfabrikherrn,
Er macht da a Bittg'such und legt's ihnen aus,
Ob's aus die alten Buab'n kan' Zucker gab' draus?

Die Antwort fällt ganz befriedigend aus, er möge nur einige Fuder bei der nächsten Gelegenheit schicken.

---

[1] Auch in der Schweiz müssen die alten Jungfern „aufs Moos Geibitzen büten".
[2] pantschen und plattern = mit der flachen Hand auf den Alterwertesten schlagen, besonders vom Bestrafen der Kinder.

> Sie wöllens probiern auf seine schöne Bitt,
> Daß's kan' Zucker abgebet', dös glauben sie nit.

Der Verwalter lacht und

> Schickt einige Fuder in die Fabriken aus,
> Da hat's halt an' schneeweißen Zucker geb'n draus.
> Ja nit nur an' weißen, sondern auch honigsüß
> Und itz laufen die Mablen bereits weg ihre Füß,
> Sie laufen und kaufen, kost' er was er will,
> Sie schlecken ja Tag und Nacht grad ohne Ziel.

In diesem Ton geht es noch ein paar Strophen fort. Wirklich jammerschade, daß dieses „Hohelied" der Freuden des Junggesellentums nicht gleich dem Sterzinger=Moosgesang zu dramatischer Vorführung gelangt. An effektreichen Szenen wäre kein Mangel. Es existiert übrigens noch ein zweites „Petereggtied", das die spottweise Klage eines alten Jung= gesellen zum Inhalt hat. Nur eine Strophe daraus als Muster seines hohen Gedankenschwunges:

> Aber Gott soll mir a Weibl derschaffen,
> War ja weit g'scheiter, er konnts ja leicht toan,
> Aber Gott will die Mannerleut strafen,
> Weil sie nit bleiben freiwillig alloan.
> 's Hundert an' Siebner
> Die längigsten Trümmer,
> Kloandürre no' so viel,
> Decht ka Mensch kafen will,
> Dös ist a G'spiel.

Zum Schluß will ich noch bemerken, daß man die Sage vom Sterzingermoos auch in Kärnten kennt; auch soll, wie mir mein verstorbener Freund Hans v. Vintler seiner= zeit mitteilte, ein neapolitanisches Volkslied gleichen Inhalt mit dem Sterzingermooslied haben.

Die Fastenzeit. Der Kas- oder Funkensonntag.

Der Aschermittwoch als Beginn der Bußzeit trifft die mutwilligen Dorfburschen durchaus nicht in fastengemäßer Stimmung. Zwar knien sie beim Morgengottesdienste scheinbar zerknirscht in den Kirchenstühlen und lassen sich vom Pfarrer die Scheitel „einäschern", aber ihre Gedanken sind nicht sowohl mit der kirchlichen Verrichtung, als vielmehr damit beschäftigt, wie sie den am Aschermittwoch üblichen Brauch des „Faschingeingrabens" möglichst aufsehenerregend in Szene setzen sollen.

Diese Sitte, die noch gegenwärtig, wenn auch abgeschwächt, ziemlich im Schwunge ist, geht auf verschiedene Weise vor sich. Im unterinntalischen Dorfe Hochfilzen wird dasselbe durch einen Strohmann dargestellt, den man in den Schnee wirft und darin vergräbt; jetzt tun dies gewöhnlich nur mehr die Kinder. In dem nun mit Innsbruck vereinigten Dorfe Wilten ist der Stellvertreter des Faschings eine — tote Maus, die in tragikomischem Leichenzuge durch die Gasse getragen wird. Dabei sind fünf Burschen beteiligt; der erste trägt eine Art Kreuz voran, der zweite folgt mit einer Laterne, der dritte trägt in einer Drahtfalle die Maus, der vierte hat einen Besen und der fünfte ein Grabscheit. Schließlich wird mit allem Zeremoniell und unter großem Zulauf Schaulustiger die Maus beerdigt. So war es wenigstens vor etlichen Jahren und ist es vielleicht noch heutzutage. An anderen Orten des Inntales ist das „Faschingsuchen" üblich. Am Aschermittwoch laufen die Burschen mit Schaufeln, Pickeln und einer Laterne wie besessen in den Dorfgassen herum, hacken überall den gefrorenen Boden auf, leuchten unter jeden Wagen und in jede Scheune hinein und gehen schließlich ins Wirtshaus. Auch in Alpach scheint früher eine ähnliche Sitte geherrscht zu haben, seit aber das vierzigstündige Gebet eingeführt ist, schickt sich das nicht mehr, nur die Schulbuben werfen einander am

Aschermittwoch in den Schnee und nennen das „Fasching eingraben".

Am allerwenigsten aschermittwochmäßig benahmen sich ehemals die Burschen des lustigen Zillertales, in dessen Dörfern das „Pflugziehen" aufgeführt wurde, ein Brauch, welcher aber jetzt seit ungefähr dreißig Jahren abgekommen ist. Sie zogen nämlich mit großem Hallo einen Pflug durch die Gassen des Dorfes und rannten denselben an allem an, was just im Wege lag. Hier fiel polternd eine Holzlege um, dort krachte eine umgestoßene Tür oder klirrten ein paar Fensterscheiben zum Schrecken der Hausfrau, die den durch die Sitte geheiligten Unfug ruhig erdulden mußte. Als einigen Entgelt durften die Zuschauer etwas vom Pflug entwenden, d. h. wenn sie es unbemerkt zu tun vermochten. Der glückliche Dieb hatte dann das Recht, ins Wirtshaus zu gehen und sich auf Kosten der Pflugzieher so lange gemütlich zu tun, bis diese ihn auslösten[1].

Dieser lärmende Aufzug steht übrigens zum Aschermittwoch in gar keiner Beziehung, er soll vielmehr eine freudige Bewillkommung des Frühlings ausdrücken, wie schon der dabei verwendete Pflug als erstes Ackergerät beweist. Freilich, wenn Ostern früh im Jahre fällt, so merkt man zu Anfang der Fastenzeit von seinem Herannahen kaum mehr als den wachsenden Tag.

Das Landvolk feiert die Wiederkehr der schönen Jahreszeit durch verschiedene Gebräuche. Ein Seitenstück zu dem beschriebenen Pflugziehen ist das im Vinschgau übliche „Langaswecken" (Lenzwecken) um Petri Stuhlfeier (22. Februar). Dabei hängen Buben große Schellen und Kuhglocken an den Hals und laufen unter dem gellenden Rufe: „Peter Langas, Peter Langas!" johlend und schellend durch das Dorf. Als Hauptspaß schleichen sie sich in die Häuser und fangen vor der Stubentür ein entsetzliches Gepolter und Ge-

---

[1] Auch im Kaisertal war früher das Ziehen eines Pfluges durch die beschneiten Fluren üblich; ebenso wird in Kitzbühel ein Pflug durch die Stadt geführt, doch geschieht dies schon am Faschingmontag.

schelle an, daß die Hausbewohner nicht wenig erschrecken. In der Umgebung von Bozen feiert man das Wiedererwachen der Natur durch das „Kornaufwecken" am Kässonntag, d. i. am ersten Sonntag in der Fasten. Abends tragen die Buben große Haufen Stroh und Reisig auf den Wiesen und Äckern zusammen und zünden sie an, wobei sie vorzüglich darauf sehen, daß die Flammen recht hoch auflodern. Wenn nun überall im Tal und auf den Höhen die roten Feuer durch das Dunkel strahlen, so lassen die größeren Burschen ihre Büchsen und Pistolen knallen, während die kleineren mit Schellen und Glocken wie rasend durch das Feld laufen. Das dauert bis gegen Mitternacht. Auch in den deutschen Gemeinden Wälschtirols Palu und Luserna bestehen ähnliche Gebräuche. In ersterem Orte bereiten die Knaben einer jeden Häusergruppe einen großen Strohhaufen und zünden ihn bei einbrechender Dunkelheit an, indes sie mit Schellen und Sensen den größtmöglichsten Lärm machen. In letzterem brennen am letzten Sonntag im März die sogenannten Märzenfeuer, d. h. auf hohen Stangen befestigte Reisigbüschel. Dazu schreien die Kinder und läuten mit Schellen und Glocken. Das „Märzenbrennen" entspricht dem oben erwähnten „Langas"- und „Kornaufwecken". Im Wipptale und im obersten Vinschgau nennt man den Strohbund, den man brennend den Hügel hinabrollen läßt „Wespe". Auch im Ultmertale herrscht ein ähnlicher Gebrauch. Im Etschtal heißt der erste Fastensonntag, wie wir schon hörten, „Käs- oder Holepfannsonntag" und die Feuer, die bei einbrechender Nacht auf allen Hügeln angezündet werden „Holepfannen".

Ihm müssen wir eine besondere Beachtung schenken.

Den Namen hat er von dem großen Käsmarkt, der tags vorher am sogenannten Kässamstag in Bozen, Meran und an anderen Orten abgehalten wird. An diesem Tage bringen nämlich die Bauern der Umgegend ihre Käsevorräte, die sie über den Winter ablagern ließen, in die Stadt auf den Markt, damit sich die ehrsamen Bürgersfrauen für die kommende Fastenzeit „einrichten" können. Er führt auch noch

andere Namen, welche teils die hohe Bedeutung dartun, die
man ihm beilegt, teils von den festlichen Gebräuchen her=
rühren, die man um diese Zeit übt. Zu ersteren gehören
die Namen: Große Fastnacht, Herrenfastnacht, Allermanns=
fastnacht; zu letzteren: Holepfannsonntag, Funkensonntag,
Küchlesonntag und Schafsonntag.

Was nun den Küchlesonntag betrifft, so hat er ohne
Zweifel seinen Namen von den Riesenschichten schmalziger
Küchel, die an diesem Tage vertilgt werden. Sie kommen
abends auf jeden Tisch. Hat man selbst keine im Hause,
so geht man darum betteln. Manche Küchelbettlerin bringt
auf diese Weise eine solche Menge zusammen, daß sie die=
selben im „Ruckkorbe" heimwärts schleppen muß und die
ganze Woche hindurch daran zu zehren hat. Sitte in
allamannischen Bezirken ist auch, daß der Geliebte eines
Mädchens Küchel erhält, zum Dank, daß er es während des
Faschings zum Tanz geführt hat. Hiebei spielt das so=
genannte „Küchlestehlen" eine große Rolle und bildet einen
Hauptspaß der lebenslustigen Burschen. Ebenso bewirtet
man die Hirten, die an diesem Tage „aufgedingt" werden
— daher wohl der Name Schafsonntag — mit Kücheln.
Im Oberinntal werden die „Kasküchel" gebacken. Sie lassen
sich wie Kautschuk halbmeterlang auseinanderziehen und sind
eine recht liebliche Speise für einen, dessen Magen mit Leder
ausgeschlagen ist. Wenn ein Mädchen so einen zähen Teig=
patzen „brühwarm" dreimal ums Haus trägt, so erscheint
ihr im Traum der künftige Bräutigam.

Weit bedeutungsvoller sind Bräuche, welche uns die
beiden anderen Namen „Funkensonntag" und „Holepfanne=
sonntag" erklären. Sie lenken uns zur näheren Betrachtung
jener großartigen Bergbeleuchtung, die am Abend dieses Tages
von der Landbevölkerung veranstaltet wird, so prächtig und
eindrucksvoll, wie sie kein Fürst der Erde bei seiner Huldi=
gung erhalten kann.

Bei einbrechender Dunkelheit entzünden sich auf allen
Höhen unzählige Feuer, die wie Sternlein durchs Tal
leuchten. Sie sind besonders in alamannisch=schwäbischen

Gegenden im Schwung, also in Schwaben, in der Schweiz, Vorarlberg, im obersten Oberinntal und Vinschgau, während im bajuvarischen Gebirge mehr die Sonnwendfeuer üblich sind. Wenn man von einem erhöhten Punkt aus, etwa vom Gebhardsberg bei Bregenz, das Auge über das dunkelnde Rheintal sendet oder von Mariagrün bei Feldkirch, so gewährt dies besonders in lauer Frühlingsnacht einen ganz feenhaften Anblick. Feuer um Feuer loht auf; der Gebirgszug des bayerischen Allgäu bis zum Pfänder, das Liechtensteinsche Hügelland, die St. Galler und Appenzeller Bergkette bis weit ins Glarner und Bündnerland sind mit "Funken" besäet, desgleichen das Vorarlberger Hinterland mit seinen Seitentälern Montafon und Walsertal. Ja, würden wir uns in einem Ballon über den Alpengrat erheben können, so würden wir auch im Oberinntal, an den Flanken des Vinschgaus und im Kessel des Burggrafenamtes diese "Funken" ausgestreut sehen.

Diese "Funken" nun erscheinen, von der Ferne aus betrachtet, nur als kleine Sterne, in Wirklichkeit aber sind es riesige Feuer und bilden den Mittelpunkt des "Funkenbrennens", eines höchst anziehenden und äußerst lebhaften Volksfestes. Der "Funke" besteht in der Regel aus einer schlanken Tanne, die mit Stroh umwickelt und bis weit hinauf mit Reisig und Scheitern förmlich ummauert ist. Am Wipfel trägt sie einen in Lumpen gehüllten Strohpopanz, die "Hexe" genannt. Meist ist diese mit Schießpulver gefüllt. Ringsum steht und lagert das junge Volk, Kinder, Burschen und Mädchen, voll Erwartung, bis der "Funke" entzündet wird.

Jetzt züngelt die Flamme empor, erst klein, dann mit gewaltiger Lohe den Baum umleckend, bis er endlich wie eine Riesenfackel prasselnd und funkensprühend dasteht, die Gegend weitum mit rotem Widerschein erhellend. Jetzt kommt der feierliche Moment — die Flamme ergreift den Wipfel. "Die Hexe brennt, die Hexe brennt!" jubelt alles, und pumps fliegt der Strohpopanz krachend in die Lüfte. Nun geht der Spektakel los, das einem Hexensabbat wie ein

Ei dem andern gleicht. Alles stürzt sich johlend und schreiend
auf den allmählich einbrechenden Holzstoß, reißt die brennenden
Scheiter heraus, schwingt sie im Kreise oder wirft sie als
Flammenpfeile in die Höhe, dabei singt man:

> „Flack (Flamme) us, Flack us!
> Über alle Spitz und Berg us!
> Schmalz in der Pfanna,
> Korn in der Wanna,
> Pflug in der Erda!
> Gott Alls g'rota lot (läßt)
> Zwischet (zwischen) alla Stega und Wega."

Manche binden die brennenden Scheiter an lange Hanfschnüre,
schwingen sie und erzeugen so riesige Feuerräder; Andere
hüpfen im Ringeltanz wie besessen um den Holzstoß. Ist er
niedergebrannt, so beginnt der Sprung über die Flamme.
Einzeln und paarweise, meist Bub und Mädel, springen Hand
in Hand singend durch das Feuer:

> „Untern Kopf, übern Kopf
> Tu i mei Hütl schwingen.
> Madl, wenn d' mi gern hast,
> Mußt mit mir durchs Feuer springen."

So sprang man noch in den verflossenen fünfziger Jahren
über das beim Schlosse Goien, ober Meran, entzündete Feuer.
Je höher der Sprung ist, desto höher wachst im Sommer
der Flachs.

Noch prächtiger gestaltet sich das Schauspiel in jenen
Gegenden, wo beim „Funkenbrennen", beziehungsweise den
„Holzpfannfeuern" zugleich das „Scheibenschlagen" üblich
ist. Im bajuvarischen Unterinntale, Eisak= und Pustertale
ist dieser Brauch längst verschwunden oder, besser gesagt, er
hat sich auf den sommerlichen Sonnwendtag verschoben, hin=
gegen in dem zum Teil alamannischen Oberinntal, in Süd=
tirol und besonders im Vinschgau besteht er noch in voller
Kraft. In letzterer Gegend wird fast in jedem Dorfe
„Scheiben geschlagen", so im Bezirk von Eyrs, Schluderns,
Langtaufers und wie diese Ortschaften alle heißen, ja selbst

die Bewohner höher gelegener Einzelhöfe beteiligen sich daran, wie z. B. die vom Polsterhof bei Schteis und auf dem zu Bürgnis gehörigen Pramajurahof, ebenso die von Muntatschinig, oberhalb Kortsch.

Dieses feurige Spiel beschäftigt die Dorfburschen schon lange vorher. Die Haselstöcke, in Tirol Rodler genannt, zum kunstvollen Hinausschleudern der Scheiben und Scheibchen schneidet man bereits im vorhergehenden Herbste und verwahrt sie den Winter über im Stalle, damit sie recht weich bleiben. Sie haben meist die Länge von $1^1/_2 - 2$ Meter. Die Scheiben selbst werden aus Zirben-, Erlen-, Binsen- oder Birkenholz geschnitten und erhalten in der Mitte ein Loch zum Durchstecken des Haselstockes. Meist werden sie auf diese Weise verfertigt, daß man entweder von einem Ast die Scheibchen herabschneidet und sie durchbohrt, oder daß man einen Ast der Länge nach durchbohrt und dann die einzelnen Scheibchen absägt. Ein Bursch hat oft 20 bis 30 Stück, die er an einem Strick gleich einem Feigenkranze über die Achsel geworfen trägt. Ihre Form ist meist rund, doch hat man auch viereckige, die gegen die Mitte zu etwas verdickt sind. Selbst sechseckige, in Gestalt der Bienenwaben sind üblich. Die Größe schwankt von 3—6 Zentimeter. Die eigentlichen „Kaßscheiben", so benannt vom Kaßsonntag, sind größer und auf einer Seite sternförmig bemalt. Diese werden nicht im Feuer angeglüht, sondern noch vor einbrechender Dämmerung den Mädchen „geschlagen" und von diesen aufbewahrt.

Wenn nun der Abend naht, meist aber schon nach der Vesper, eilt alles, was Beine hat, zum Scheibenbühel oder Scheibenknot hinaus, um dem erwarteten Schauspiele zuzusehen. Diese „Scheibenböden" befinden sich stets außerhalb einer Ortschaft auf einer passenden Anhöhe, am besten mit felsigem Grund. Ist der Boden weich und nicht in der richtigen Steigung, so wird noch eine Scheibenbank oder ein Scheibenstuhl, d. i. ein Brett mit nur zwei Füßen aufgestellt, so daß eine schiefe Ebene entsteht, auf die man die Scheibe zur Verstärkung des Schwingens aufschlagen kann. Im Hintergrunde brennt das Feuer zum Anglühen der Scheiben.

Unten am Bergabhang, oft ziemlich weit entfernt, ist das zuschauende junge und alte Volk gelagert. Wie schon erwähnt, werden zuerst die bemalten Scheiben geworfen und erst bei eintretender Dämmerung die feurigen. Dies geschieht aber so. Ein Bursche nach dem andern macht seine an den Stock gesteckte Scheibe am Feuer glührot und tritt dann an den Rand des Bühels. Hier wird die Scheibe unter dem beständigen Rufe: „I reib', i reib', i reib' . . ." in immer stärkere Schwingungen versetzt und endlich durch schleifendes Aufschlagen auf dem Felsen oder auf der Bank kraftvoll hinausgeschnellt, daß sie in weitem Bogen kreisend und funkensprühend entfliegt. Dabei singt der Bursche je nach der Gegend:

> Die Scheibe, die Scheibe
> Will ich iz treibe,
> Schmalz in der Pfanne,
> Küchle in der Wanne,
> Pflug in der Erd,
> Schaug, wie die Scheib außiröhrt (hinaussaust).

Dann folgt, oft in Verbindung mit dem Verse, der Name deren oder dessen, dem die Scheibe gilt, zum Beispiel:

> Scheib aus, Scheib ein,
> Flieg über'n Rain,
> Die Scheib, die Scheib
> Soll meiner allerliebsten R. sein.

oder:

> O du liebe Scheib'n,
> Wo muß ich dich hintreib'n?
> In die Mittenwalder G'moan,
> I weiß schon, wen i moan.

In erster Linie sind es natürlich die Mädchen, denen die Scheiben geschlagen werden. Je weiter die Scheibe fliegt, desto größer ist die Ehre für den Schläger, aber auch für das betreffende Mädchen. Sie muß ihm dafür zu Ostern ebenso viele gefärbte Eier als Gegengabe bescheren. Wenn viele Scheiben fliegen, so gewährt dies von der Ferne einen ganz zaubervollen Anblick, besonders wenn ein Wasser in der Nähe ist, in dem diese fliegenden Feuerräder sich spiegeln, ehe sie darinnen zischend versinken. Da ist dann des Jubels der Zuschauer kein Ende. Schlimmer verläuft es, wenn „Schimpfscheiben" geschlagen werden, bei denen die Burschen in langen Reimereien ärgerliche oder lächerliche Vorkommnisse des abgelaufenen Jahres behandeln. Da wird dann weder Heiliges noch Weltliches geschont. So wurde im Jahre 1845 in Landeck dem Landrichter P. zur Strafe, daß er den Bauern im Fasching das beliebte „Blochziehen" verboten hatte, ein Sündenregister herabgesagt, das ihn einen andern Wirkungskreis zu suchen veranlaßte. Ist der „Scheibenboden" zu weit und hoch gelegen, so bedienen sich die Burschen wohl auch eines Sprachrohres aus Pappendeckel oder Blech, um ihre Verse verständlich zu machen. So geht es fort bis zum Feierabendläuten.

Beim letzten Schlag des Aveglöckleins tritt die Feier in ein neues Stadium. Da wird nämlich die „Lärmstange" angezündet und dann die „Hexe" oder „Kasfangga" abgelassen. Die „Lärmstange", die dem „Funken" des Rheintals entspricht, besteht aus einer langen, aufrecht stehenden Stange mit einem Querholz. Das Gestell ist von unten bis oben mit Stroh überkleidet, so daß das Ganze einer Figur mit ausgestreckten Armen nicht unähnlich sieht. Der Kopf des Popanz wird durch Zusammenschnüren des Strohbündels hergestellt; sogar die Zöpfe werden mit großer Mühe geflochten. Das Stroh wird von zwei Burschen im Dorfe herum zusammengebettelt. Jeder, selbst der „notigste" Kleinhäusler, gibt gern sein Teil aus Furcht vor einem schlechten Jahr. Das Entzünden der „Lärmstange", beziehungsweise des Popanz, bildet den Höhepunkt der Feier. Sofort flammen überall im Tal, in Laatsch, Schleis, Schluderns, Wald diese Feuergarben auf. Nun wird gejauchzt, gejohlt, gesungen, dazwischen krachen die Flinten, daß alles widerhallt. Fast gleichzeitig wird dann auch die „Hexe" oder „Kasfangga" über die Höhe abgelassen. Diese besteht entweder aus zwei kreuzweise ineinandergesteckten Faßreifen, die mit Stroh

überzogen und mit Pech ausgestopft sind, oder einfach aus
einem pechgesättigten Strohwulst, der durch zwei Reifen zu=
sammengehalten wird. Die erste Art ist kugelig, die zweite
walzenförmig. Daneben hat man noch mit Pech ausgegossene
Holzblöcke, die man hinabrollen läßt. Während nun die
„Lärmstange" mächtig aufloht, wird, wie gesagt, auch die
„Hexe" entzündet und rollt in feurigem Gange, überall
Streifen von brennendem Pech zurücklassend, den Rain hinab.
Dann nimmt das Scheibenschlagen wieder seinen Fortgang,
oft bis Mitternacht. Jetzt zwar erreicht das aufregende
Schauspiel meist schon mit dem Aveläuten sein Ende.

Über die Mitternachtstunde hinaus zu bleiben wagt
man nicht aus Furcht vor dem Bösen, mit dem um diese
Zeit überhaupt nicht zu spassen ist. Beleg hiefür nur ein
paar Beispiele. So schlug einmal in Schönwies ein be=
trunkener Bursche dem Teufel eine Scheibe. Sofort kam
von der andern Seite des Tales ein Reiter auf weißem
Roß herbeigesprengt, ritt zum Feuer und warf die Scheiben
unter Gebrüll stundenweit über die Dörfer und Gehöfte, so
daß man den höllischen Scheibenschläger mit Weihbrunn und
Ciborium zu Leib rücken mußte. Der Bursche aber verfiel
in Siechtum und starb bald darauf. Ähnliches ereignete
sich in Perjen im Oberinntale. Dort schlugen auch die
Burschen auf dem Leitenbichl Scheiben. Einer von ihnen
mußte in einer dringenden Angelegenheit nach Landeck und
legte daher die Scheiben unterdessen beiseite, um sie nach
seiner Zurückkunft allein schlagen zu können. Leider ver=
säumte er sich und kam erst spät nachts wieder zurück. Zu
seinem freudigen Erstaunen bemerkte er schon von weitem,
daß das Spiel noch im besten Gange sei, ja, daß die Scheiben
heute bis auf den fernen Krähberg, also wohl eine Stunde
weit, flogen. Er eilte hinauf, aber wie erschrak er, als er
oben beim Feuer einen einäugigen riesigen Mann mit ge=
waltigen Hörnern antraf, der seine zurückgelegten Scheiben
mit übermenschlicher Kraft hinausschleuderte. Der Bursche
verzichtete auf diese Gesellschaft und eilte nach Hause. Schlimmer
erging es dem Wurzensepp von Langtaufers. Dort wurde

nämlich früher etwas außerhalb des Ortes auf dem sogenannten Endkopf „Scheiben geschlagen". Da frevelte einmal ein Bursche, indem er sagte, er wolle seine Scheibe bis in den Grauner See, der bis zum Fuße des Abhanges reicht, schlagen, „sonst soll sie der Teufel selber hinunter tragen". Kaum gesagt, holte er ihn. Seit dieser Zeit werden die Scheiben nicht mehr auf dem Endkopf, sondern im Langtauferer Tal selbst auf einem Berghang geschlagen. Aus einem ähnlichen Grunde soll auch der „Scheibenboden" von Tschengels gewechselt worden sein, angeblich weil auf dem früheren einmal der „Lorgg" erschienen sei. Dies ist ein tückischer Berggeist, der oberhalb des „Scheibenbodens" seine Behausung hat, die sogenannte Lorggenhütte, zwei riesige in Dachform aneindergelehnte Steinplatten.

Nach dem Scheibenschlagen wählen — so war es wenigstens früher Sitte — die Burschen einen sogenannten Knittelmeister und schwärzen denselben mit Ruß. Er hat die Aufgabe, die Gesellschaft durch verschiedene Späße zu unterhalten. Dafür wird er im Wirtshause auf Gemeindekosten mit Wein, Brot und Käse belohnt. Überhaupt werden oder wurden die Burschen gleich den neuaufgenommenen Viehhirten, dem Kühger, Ober- und Untersenner 2c. an diesem Abend von der Gemeinde bewirtet. In Graubünden bleiben die müden Scheibenschläger nicht im Gasthause vereint, sondern sie schleichen die ganze Nacht einzeln und in Gruppen vermummt zu den Häusern der Mädchen, denen sie flammende Grüße gesendet haben, und bitten mit verstellter Stimme um Kuchen, Äpfel und Nüsse. Dieses Nachspiel hat viel Spaß und Schabernak im Gefolge. Weigern sich die Mädchen, das Haus zu öffnen, so wird mit den Scheibenstöcken so lange an die Fensterläden getrommelt, bis sie sich öffnen. Dieses Schlagen an Scheunentore und Haustüren hat sich auch im Vinschgau bis auf die Gegenwart als unverstandener Brauch erhalten.

Es mag jedenfalls bei dieser nächtlichen Feier früher viel Unfug mitgelaufen sein. Wenigstens klagt schon der alte Imster Dekan Eggenstain im Jahre 1631, daß daselbst

„amb Sonntag in der Fasten etliche Scheiben schlagen im namen des Teufels mit großer Ergernus, Insolenz und Geschrai". Ausartungen, sowie nicht minder die Feuergefährlichkeit des Scheibenschlagens haben diesen Brauch in manchen Tälern, z. B. Lechtal, Außerfern, Kalterer Gegend, teils ganz verdrängt, teils abgeschwächt. Die Verordnungen dagegen reichen weit zurück. So wurde es bei Innsbruck bereits 1560 verboten. Wie lange noch und es wird dieser schöne Brauch gleich anderen untergegangenen nur mehr in der Erinnerung des einen oder anderen alten Mannes leben, der in der Jugend seiner Herzallerliebsten die Scheibe geschlagen hat.

So reich nun der Beginn der Fastenzeit an echt volkstümlichen, meist im heidnischen Glauben der Vorzeit wurzelnden bäuerlichen Bräuchen ist, so nüchtern und farblos gestaltet sich, wenn wir von der Karwoche absehen, ihr weiterer Verlauf. Das Fastenpatent tut dem Bauern nicht weh. Fleisch kommt ohnehin selten auf seinen Tisch und einen stärkeren Abbruch von Nahrung verbietet schon die in den März fallende schwere Frühlingsarbeit. In früheren Zeiten wurde es in dieser Hinsicht allerdings strenger genommen und noch herrscht in manchen alten Häusern die patriarchalische Sitte, sich während der ganzen Fastenzeit des Fleischgenusses zu enthalten. Sehr fromme Leute versagen sich selbst das Tabakrauchen bis zum Karsamstagabend. Ein origineller Brauch herrscht oder besser gesagt herrschte in vielen Ortschaften des Oberinntales am Josefitag (19. März). An diesem Landesfesttage setzt sich Bauer und Gesinde im Festkleid früh morgens an den großen Eßtisch. Die dampfende Suppenschüssel wird hereingetragen; man betet, wünscht sich gesegnete Mahlzeit und ergreift die Löffel. Aber in dem Augenblicke, als man anpacken will, nimmt die Bäuerin dem eßlustigen Kreise die Suppenschüssel „vor der Nase weg" und trägt sie in die Küche. Die Leute müssen nun fasten bis zum Sonnenuntergang. Sobald aber die letzten Strahlen die Bergspitze röten, fängt es in der Küche an zu prasseln und zu schmoren. Da kocht die Bäuerin eine riesige Schüssel voll Bretzensuppe, gut geschmalzen und mit Käse, Mohn oder Honig übergossen. Für das religiöse Bedürfnis der Bauern sorgen verschiedene Andachten, Predigten und Rosenkränze, die besonders beim frommen Stamme der Oberinntaler im Brauche sind.

Sehr beliebt ist auch der Besuch der sogenannten Kalvarienberge. In der Nähe des Ortes von einem Hügel oder Felsvorsprung blinkt das kleine Kirchlein herunter, zu dem ein Zickzackweg mit den Stationenbildern oder Kapellen hinanleitet. Solche Kalvarienberge trifft man fast bei jeder größeren tirolischen Ortschaft. Sie bilden oft eine reizende Zier der Gegend; ich erinnere nur an den von Imst, Zirl, Arzl, Taur, Bozen 2c. An schönen Fastensonntagen nun wimmelt es von Besuchern, die einzeln und in Gruppen die Anhöhe hinaufklimmen, um vor den Stationenbildern ihre Andacht zu verrichten. Am Wege kauern Bettler und Bresthafte, die das Mitleid der frommen Waller in Anspruch nehmen. Im Kirchlein selbst trifft man gewöhnlich einen sogenannten heiligen Ölberg, Christus im Garten von Getsemane, vorn die schlafenden Jünger, im Hintergrunde die nahende Schergenrotte mit Judas an der Spitze. Manche dieser meist plastischen Darstellungen sind nicht ohne künstlerischen Wert, die meisten allerdings von entsetzlicher Plattheit, worüber sich jedoch der fromme Sinn des Volkes nicht im geringsten ärgert. Eine gewöhnliche Sitte, richtiger Unsitte der Wallfahrer ist es, bei jenen Stationenbildern, welche Christus in den Händen der peinigenden Juden darstellen, letztere auf barbarische Weise zu verstümmeln oder zu verunreinigen, um so ihrem Ingrimm gegen die Henkersknechte des Heilandes Luft zu machen.

Nach dem Besuch des Kalvarienberges sind natürlich die Wirtshäuser überfüllt. An manchen Orten gibt es auch während dieser Zeit sogenannte Fastenkrippen, zu denen das andächtige Volk zieht. Sie werden am Ende des Faschings errichtet und bleiben bis zum Palmsonntag stehen, wo sie dann das heilige Grab ablöst. Berühmt ist die Fastenkrippe in dem oberländischen Dorfe Zirl, wo unter

anderem der hinter dem Judas stehende Teufel in Frack und
Zylinder der tiefgewurzelten Abneigung des Landvolkes gegen
die „Herrenleut" kräftigen Ausdruck verleiht.

Die Frühlingsboten im Sprichwort.

Kaum hat die lebenspendende Sonne am 21. Dezember
die winterliche Wende überschritten, so richtet sich das sehn-
süchtige Auge des Menschen schon dem nahenden Lenz entgegen und späht nach den ersten Regungen desselben. Besonders der Alpler, den der grimmige Tyrann Winter so
lange in Bann hält, achtet mit scharfem Sinne auf das
leiseste Zucken des wiedererwachenden Naturlebens; kein noch
so unbedeutender Zug entgeht ihm, und jeden begrüßt er
jubelnd und kleidet ihn in passende sprichwörtliche Bezeichnung.

Seine erste Beobachtung gilt dem wachsenden Tage;
ist ja in der Tat diese tröstliche Erscheinung das früheste
Kennzeichen, daß es wieder dem Frühlinge zugeht. Freilich
erweitert sich die Sonnenbahn anfänglich kaum merklich, so
daß das Wachsen des Tages nahezu verschwindend ist und
erst gegen Lichtmeß augenfällig wird; aber der Sinn des
Alplers spürt es doch und verleiht den einzelnen Stufen
desselben ebenso treffenden als originellen bildlichen Ausdruck. Wir haben schon im Abschnitte „Lichtmeß" den weitverbreiteten Spruch gehört:

> Weihnachten wachst der Tag um an' Muggengamezer,
> Neujahr um an' Hahnentritt,
> Dreikönig um an' Ochsenschritt,
> Lichtmeß um an' Hirschensprung.

Eine wirklich ganz klassische Stufenleiter. Kann das kaum
merkbare Wachsen des Tages bezeichnender ausgedrückt werden
als durch das Gamezen (Gähnen) einer Mücke? Dann

folgt der schon größere Hahnentritt, der stärker ausschreitende Ochsenschritt (Spielart: Mannschritt) und endlich um Lichtmeß der weitausgreifende, das nun eintretende rasche Wachsen des Tages verbildlichende Hirschensprung, oder, wie die entsprechende blasse Kalender-Lesart sagt: „Lichtmeß um eine ganze Stund'."

Aber so gering auch die zunehmende Kraft der Sonne im Jänner ist, so übt sie trotzdem schon die belebende Wirkung auf die vom Winter umschlossene Natur. Wie die Vögel schon um die Zeit der winterlichen Sonnenwende zu singen beginnen, welche Wahrnehmung jeder machen kann, der Zimmervögel hält, so merkt den eingetretenen Umschwung auch der Baum und das zarte Pflänzchen. Schon um Sebastian (20. Jänner), wo die Kälte bekanntlich am größten ist, aber auch zugleich „bricht", heißt es:

> Sebastian
> Läßt den Saft in die Bäume gan,

oder wie der Kärntner sagt:

> Sebastian
> Fangt der Baum zu wachsen an.

Ja, die Südtiroler haben es leicht. Im tiefern Süden ist um diese Zeit der größten Kälte schon der helle Frühling angebrochen, der seine duftenden Sterne in die Matten stickt:

> San Sebastiano
> Colla viola in mano.

Bei uns jedoch im kalten Norden blinkt noch überall der eisige Glast des Winters, nur die Waldvögel, wie in angeborenem Vorgefühle des nahenden Lenzes, jubilieren ihre Brautlieder. Nach dem Glauben der Wipp- und Eisaktaler sowie der Etschländer heiraten am Agnestage, d. i. am 21. Jänner, die Vögel; im Inntale läßt man dieses freudige Ereignis erst zwei Tage später, um Maria Vermählung, eintreten, zu welcher Grenze wohl auch der Name des Festes beigetragen haben mag. Jedenfalls soll am Vinzenziustage (22. Jänner) der Boden schon so viel auffrieren, daß die Böglein ihren Durst löschen können. Dieses zarte Sprichwort hat für Südtirol, wo es umläuft, seinen guten Sinn. Denn um diese Zeit soll die Erdscholle der Weinberge schon so weit trocken sein, daß sie sich „rührt". Der Etschländer wünscht daher an diesem Tage warmes, sonniges Wetter, eingedenk des Spruches:

> Vinzenz Sonnenschein
> Bringt viel und guten Wein.

Ein besonders wichtiger Wendepunkt zum Besseren ist der 25. Jänner. Zwar heißt es von ihm:

> Paul Bekehr,
> Der halbe Winter hin, der halbe her,

woher er auch den Namen „Halbwintertag" hat, aber die tröstende Spielart lautet:

> Paul Bekehr
> Dreht sich das Würzel um in der Erd',

zum Zeichen, daß sich nun auch im kalten Norden der Boden „rührt". Noch eine frohe Botschaft verkündet dieser Tag, nämlich:

> Paul Bekehr
> Bringt die Lichtmeß fertig daher.

Was aber das für den Bauern zu bedeuten habe, belehrt uns der auf den 3. Februar fallende St. Blasiustag, denn:

> Der heilige Blasius
> Macht den Winter lus.

Mit dem freundlichen Feste Maria Lichtmeß oder, wie es ursprünglich hieß, Lichtmissen, ist der Lenz auf der ersten Stufe seiner Siegeslaufbahn angelangt. Die Hauptmacht des Winters ist nun gebrochen. Der Tag wächst bereits um eine Stund', so daß es nicht umsonst heißt:

> Lichtmiß! bei Tag iß
> Und das Spinnen vergiß.

Das heißt, von diesem Tage an wird das Früh- und Nachtmahl nicht mehr bei Licht eingenommen, ebenso hört das Schnurren der Spinnräder in der Stube auf. Die Tätigkeit der Hausbewohner richtet sich schon teilweise nach außen auf die Vorbereitungen zur Frühlingsarbeit. Um diese Zeit „zieht auch die Kälte hinauf", es wird im Tale herunten warm und die Sonne hat bereits Kraft.

Als ersten Frühlingstag eigentlichster Art sieht hingegen das Alpenvolk erst den 22. Februar an, auf den das Fest Petri Stuhlfeier fällt. An diesem Tage sind auch schon die Finken angelangt und singen ihr:

> Zi — zi zi Bräutigia, Bräutigam zieh,
> Sollst Hochzeit halten und kommst[1] nie.

Er hat besonders für Südtirol Wichtigkeit. An diesem Tage geht man nämlich zum ersten Male in den Weinberg arbeiten. Von nun an erhalten auch die betreffenden Dienstleute ein Krüglein mehr Wein, daher auch der scherzhafte Beiname des Heiligen: Peter Pitterle oder richtiger geschrieben: „Bütterle", weil der Wein den Arbeitern in einem flaschenähnlichen Gefäß, Bütterle genannt (Verkleinerungswort von Butte), mitgegeben wird. Mit dieser Erklärung dürfte der „rätselhafte" Beiname des Heiligen, der den Mythologen so viel Kopfzerbrechen machte, hoffentlich endgültig gelöst sein. Von nun an geht es rasch dem Frühling entgegen:

> Matheis (25. Februar)
> Brichts Eis,

und

> Kunigund (3. März)
> Macht warm von unt'

sagen deutlich, daß der winterliche Eispanzer gebrochen und die Erde die belebende Wärme der Sonne in sich auf-

---

[1] Spielart: gehst.

genommen habe. Es ist auch höchste Zeit, denn mit dem letztgenannten Tage sind wir bereits in den März und damit in die Frühsaison des eigentlichen Lenzes eingerückt. Einen Hauptabschnitt desselben bildet der berühmte Gregoritag (12. März), von dem es heißt:

> Gregori macht
> Den Tag gleich der Nacht.

Dieses seltsam klingende Sprichwort versetzt uns mit einem Schlage fast um ein halbes Jahrtausend zurück, nämlich ins 16. Jahrhundert, zu welcher Zeit die Tag= und Nachtgleiche nicht wie gegenwärtig auf den 21., sondern wirklich auf den 12. März fiel. Im Kalender war freilich auch damals das Äquinoktium am 21. März eingezeichnet. Während es aber jetzt tatsächlich an diesem Tage durchschnittlich eintritt, fiel es vor der durch Gregor XIII. unternommenen Kalenderreform in je 128 Jahren um einen Tag früher und war im 16. Jahrhundert bereits zum 12. März vorgerückt[1]. Es darf uns daher nicht wundern, daß wir an diesem Tage, als dem Verkünder des nahenden Lenzes, eine Anzahl von Belustigungen und Vorgängen antreffen, welche sämtlich den Kampf des Frühlings mit dem Winter und den schließlichen Sieg des ersteren zum Inhalte haben[2].

Dieser Gregoritag ist auch ein Hauptlostag für den Bauern, besonders hinsichtlich des Windes:

> Gregoriwind
> Geht, bis Jörgen kimmt.

Mit dem „Gregoritag" tritt nämlich gewöhnlich ein sehr scharfer Ostwind ein, der bis zum Georgitag (24. April) weht. Der Landmann sieht ihn gern, weil er dem zu sehr austrocknenden „warmen Wind" (Scirocco = Föhn) die Stange

---

[1] Das Sprichwort verrät uns zugleich die Zeit seiner Entstehung.

[2] Sie sind in meinem nunmehr vergriffenen Buche: Das Tiroler Bauernjahr (Innsbruck, Wagner. 1899), Seite 21 ff. beschrieben.

hält und die zu rasche Entwicklung des Pflanzenwuchses hemmt. In früherer Zeit stieg man sogar auf die Bäume, um das ersehnte Eintreffen dieses Windes zu erhorchen. Zu den beliebtesten Frühlingsbotinnen gehört zweifellos die heilige Gertrud, deren Fest auf den 17. März fällt. Mit diesem Tage ist das winterliche Stubenhocken endgültig vorbei, denn:

> Gertraud mit der Maus
> Treibt die Spinnerinnen aus.

Dementsprechend findet man diese Heilige schon in den ältesten Bauernkalendern mit einem Spinnrocken abgebildet, an dem zwei Mäuse hinauflaufen. Das obige Sprichwort bezieht sich übrigens nicht so sehr auf das Spinnen als solches, das ja schon zu Lichtmeß eingestellt wird, sondern will nur sagen, daß mit diesem Tage die winterliche Arbeit im Hause aufhöre und die außer dem Hause, nämlich die Feldarbeit, beginne. Daher auch der Satz:

> Gertraud
> Lauft die Maus
> Go (gegen) Feld aus.

Noch deutlicher spricht sich dies in einem anderen Sprichwort aus:

> Gertraud
> Führt die Kuh zum Kraut,
> Das Roß zum Zug,
> Die Bienen zum Flug.

Das heißt, das Grünfutter beginnt bereits zu sprossen, und das Pflügen der Äcker nimmt seinen Anfang. Zugleich beginnen auch die Bienen ihren Ausflug. Darum herrscht auch an vielen Orten die Sitte, an diesem Tage die Bienenstöcke aufzustellen. Um diese Zeit ist auch der Boden schon durchwärmt und die Erddämpfe gehen, oder, wie der Älpler in seiner kräftigen bildlichen Ausdrucksweise sagt:

Gerd (Gertraud)
Steckt den Brand in die Erd'.

Aber auch die Hausfrau bekommt zu tun. Gertraud war nämlich nach der Überlieferung die erste Gärtnerin und ist so die Patronin des bäuerlichen Hausgartens. Deshalb will es der Brauch, daß jede ordentliche Bäuerin am St. Gertraudentag mit „Garteln" beginne, d. h. ihr Krongut, den Hausgarten, bestelle, damit die Schwalben, die lieben Hausgenossen, bei ihrer Rückkehr alles in schönster Ordnung finden. Diese Vordertruppe des Frühlings rückt am 25. März ein:

Maria Verkündigung
Kommen die Schwalben wiederum.

Sind aber einmal diese da, dann ist auch Ostern nicht mehr weit, wenn nicht der seltene Fall eintritt, daß die beiden Festtage zusammentreffen.

Der Palmsonntag.

Der Palmsonntag, welcher die ernste und geheimnisreiche Karwoche einleitet, gehört zu den beliebtesten Tagen des bäuerlichen Festkalenders. Den Mittelpunkt der kirchlichen Feier bildet bekanntlich die Weihe der Palmen und die sich anschließende Prozession, welche den Einzug Christi in Jerusalem darstellen soll. Auf diesen Umzug freut sich besonders die männliche Jugend, denn was den Mädchen das Kranzaufsetzen am Fronleichnamstage, das ist den Buben das Palmtragen.

Die Palmen, welche von jung und alt getragen werden, sind nach den Gegenden verschieden, wie auch die Weihe derselben nicht überall mit der gleichen Feierlichkeit vor sich geht. Im tieferen Etschtal und im Burggrafenamte hat man meist nur einfache Ölzweige, sowie Zweige der Sal= oder

Palmweide (Salix caprea) mit den silberweißen wolligen Blütenkätzchen. Erstere kauft man beim Krämer oder von den Welschen, welche sie um diese Zeit in ganzen Ladungen auf ihren zweiräderigen Karren vom Süden zuführen, letztere läßt man von den Kindern im nahen Rain oder Wald schneiden. Gewöhnlich aber befindet sich im Hausgarten des einen oder anderen Gehöftes ein veredelter Weidenstrauch oder „Palmstock" gepflanzt, von dem die Hausgenossen und Nachbarn ihren Bedarf holen. Macht man größere „Palmbüschel" oder „Palmbesen", wie es in Pustertal, Kärnten und Steiermark der Fall ist, so werden zu den Palmkätzchen auch Kranewit= und Sävenbaumzweige gebunden; denn diese dürfen nach altem Glauben nicht fehlen. Alte Weibchen binden wohl auch noch allerlei vornehme Kräuter dazu, wie z. B. Wermut, Wohlgemut und Rauten, dann die altheilige Mistel und die Zweige der hochverehrten Haselstaude. In der Gegend von Salurn werden auch Stechpalmzweige, sogenannter „wilder Lorbeer", dazu gegeben. Im Eisaktale, auf dem Mittelgebirge von Kastelrutt besteht der „Palmschab" aus einem Weidenbäumchen, von dem man die unteren Äste weghackt und die oberen zu einem „Schab" (Schaup) zusammenbindet. Die schönsten Palmen hat man im Inntal, besonders im oberen, sowie in rein alamannischen Alpengebieten. Auch die in der Gegend von Sterzing sind reich geschmückt. Deshalb trägt auch die Feier der Palmweihe in diesen Bezirken einen äußerst heitern und malerischen Charakter.

Die Palmen bestehen hier aus einer langen mit einem Seidenband umwickelten oder blau oder rot spiralförmig bemalten Stange, nach ererbtem Brauche von entrindetem Haselholz. Der obere Teil ist mit Buchszweigen umwunden. Am abwärts gebogenen Wipfel bilden Weidenruten nebst den Zweigen des Sävenbaumes und der Stechpalme einen Büschel. Vom Grün bekommt man indes wenig zu sehen, denn Goldflitter und buntfarbige rauschende Seidenbänder und Schleifen bedecken es vom Gipfel bis zur Mitte. Meist baumeln auch kleine Bretzeln, die für diesen Zweck eigens gebacken werden, rotbackige Äpfelchen, Skapuliere und Amu=

lette zwischen dem flatternden Schmucke. Die größeren Burschen tragen „Palmlatten", sehr hohe Stangen, die an der oberen Hälfte mit Buchs und Efeugewinden verziert sind. Den Hauptprunk aber bildet das sogenannte „Zwift", das der Palmstange oder „Palmlatte" aufgesetzt wird und wie eine riesige Hahnenfeder herabnickt. Es ist dies eine möglichst lange und starke Gerte von der Weide, meist aber vom „Pfroslen"- oder Wildrosenstrauch, der besonders im Oberinntal häufig vorkommt. Diese Rute wird zuerst im Wasser erweicht, dann, oft mittels eines darangehängten Steines gebogen, so daß sie, wenn sie trocken ist, die krumme Form behält. Dann wird sie an beiden Enden mit Buchs und Palmkätzchenbüschen versehen und mittels schmaler gespaltener Weiden „Erdboom" (Efeu) mit einzelnen Blättchen umgebunden. Dieses tief herunterhängende schwankende „Zwift" verziert man dann mit Äpfeln, Bretzeln und bunten herabfallenden Bändern. „Wie schöner er hängt, desto mehr gilt er."

Die größte Sorgfalt wird jedoch auf den „Gemeindepalm" verwendet, welcher der Stolz der Burschen ist und wobei die Dörfer, die zur selben Gemeinde gehören, miteinander wetteifern, wer den größten Palm zur Weihe bringt. Schon einige Wochen vorher wird von den Burschen ein möglichst langer und dünner Föhren- oder Fichtenstamm im Walde ausgesucht, entästet und geschält und an der Sonne vorsichtig getrocknet, damit er sich nicht krümme. Oft werden sogar zwei oder drei solcher Stämme aneinander gefügt, um einen recht hohen Palm zu bekommen. Dann wird er unter Jubel ins heimatliche Dorf getragen und mit einem riesigen „Zwift" geschmückt.

Die Palmen überhaupt, und vor allem der „Gemeindepalm", haben eine bedeutende Höhe und das Tragen derselben erfordert eine große Stärke, besonders wenn es aufwärts geht oder der Wind das schwankende „Zwift" oder den Palmwipfel hin- und hertreibt. Deshalb wird zum Tragen desselben der stärkste Bursch ausgesucht und selbst diesem rinnt der Schweiß in hellen Tropfen herab. Es ist auch

leicht begreiflich, wenn man bedenkt, daß manche dieser Palmen
bis zur Decke der Kirche reichen, ja, der „Gemeindepalm"
sich nicht selten über das Kirchendach biegt. Gewöhnlich
gehen drei bis vier Kameraden nebenher, welche den Träger
ablösen und unterstützen, damit der Palm nicht zum Gelächter der ganzen Gegend umkippe. Denn dies ist für ein
Dorf die größte Schande und der unglückliche Träger bringt
den Spottnamen „Palmesel" nicht mehr vom Halse.

Schon geraume Zeit vor dem Gottesdienste ist es in
der Dorfgasse lebendig. Vom kleinsten Knirps in den ersten
Höslein, der vom Göt (Pate) geführt zur Kirche trippelt,
bis zum hochgewachsenen Burschen trägt jeder stolz seinen
Palm zur Weihe. Das ist ein Gewühl der gaffenden und
flüsternden Jugend, ein Streit und Wetteifer, wessen Stange
höher, wer den größten und schönsten Palm trage, also „Palm-
robler" sei oder, wie es im Oberland heißt, den „Prost"
habe. Um dies zu erproben, werden die Palmen nebeneinander
an die Kirchenmauer oder an das Wirtshaus gelehnt, wohl
auch auf die Erde gelegt, um zu messen, wer den ersten,
zweiten, dritten bis sechsten „Prost" habe.

Endlich läutet die Glocke und alles drängt sich zur
Kirchentüre hinein. Die großen Palmen hineinzutragen ist
oft eine schwere Sache. Aber auch drinnen in der Kirche
braucht es lange, bis Ruhe wird, denn der Wettstreit wird
drinnen noch fortgesetzt, und nach alter Sitte schlagen die
Burschen ihre Palmen mit den „Zwiften" zusammen, vorzüglich um die Bretzeln einander herabzuhacken. — Die
gottesdienstliche Handlung beginnt, den Einzug in Jerusalem
darstellend. Wie ein wandelnder Wald wogt die rauschende
und schwankende Palmprozession durch und um die Kirche.
Weit schöner noch ist dieser Vorgang dort, wo die Weihe,
wie es früher fast überall üblich war, von der Kirche entfernt im Freien auf einem Hügel, meist dem Kalvarienberg,
vorgenommen wird, wohin die Prozession in langem bunten
Zuge wandelt. So ist es z. B. noch in Imst, wo die
Palmprozession einen rührenden Eindruck macht. Alles zieht,
die Weiber mit den Kindern auf den Armen, die Palmen

und Ölzweige in den zarten Händchen tragen, hinauf aufs „Bergle" (Kalvarienberg), wo früher beim sogenannten Palm= kappele die Weihe vorgenommen wurde. Da soll es sich auch einmal ereignet haben, daß ein riesiger Palm von der Reitermühle, also vom Tale aus, bis hinauf zur „Palm= kapelle" gereicht und mit dem „Zwift" dem die Weihe vor= nehmenden Priester um den Kopf gebaumelt habe.

Bei dieser Prozession in Imst wurde auch noch vor nicht so langer Zeit auf einem ziehbaren Wagengestell ein Christusbild, auf einem geschnitzten Esel sitzend, in blauem Mantel mit dem Ölzweig in der Hand mitgeführt. Hiebei ereignete sich einmal in grauer Vorzeit ein Zwischenfall, der den Imstern den Spitznamen „Suppenburger" eintrug. Als sie nämlich am Palmsonntag den hölzernen Esel mit Christus „übers Bargle" hinaufzogen, während Bürgermeister und Magistrat voll Würde hinterher schritten, geschah es, daß der Palmesel „derletzget" (beschädigt) wurde, d. h. daß ihm ein Fuß auskegelte und in tollen Sätzen „übers Bargle" hinab= kollerte. Unten stehen ein paar Häuser und da wollte es der Zufall, daß der Fuß durch einen Schornstein herab gerade in einen Suppentopf fiel. Die Kunde von diesem Ereignis verbreitete sich blitzschnell in Imst, und bald kam die ganze Stadt, um von der „geweihten" Suppe zu holen. Seit dieser Zeit heißen die Bürger von Imst die „Suppen= burger". Nun, die wackern Imster haben in Kunst und Wissenschaft so Erkleckliches geleistet — es sei hier nur auf die Bildhauer Xaver und Franz Xaver Renn, auf des letzteren Schüler Professor Herm. Klotz, auf Grissemann und Christ. Plattner, auf die Maler Mages, Wittwer, Stadler und Thomas Walch, von Gelehrten und Schriftstellern auf den Germanisten, Universitätsprofessor Josef Schatz, den verdienst= vollen Erforscher der Tiroler Mundarten, auf den Volks= geschichtenschreiber Karl Deutsch 2c. verwiesen — daß sie das ihnen aufgedichtete Schildbürgerstückchen, wie es in anderer Form fast jeder tirolischen Ortschaft anklebt, leicht verschmerzen können.

Diese Sitte des Palmeselumzuges war früher allgemein

verbreitet, wie sich aus der Überlieferung feststellen läßt.
So wird dieser Umzug in Bregenz schon 1445 erwähnt;
ebenso kommt der Palmesel in Hall schon im 16. Jahr=
hundert vor und wurde noch in den fünfziger Jahren in
feierlicher Prozession um die Kirche geführt. Auch in Brixen,
Sterzing und Schlanders war er im Schwange. Mit be=
sonders lebhafter Darstellung wurde der Umzug des Palm=
esels bis in die dreißiger Jahre zu Lienz im Pustertale
gefeiert. Da zog nach der Palmenweihe Christus, auf dem
Palmesel sitzend, vom Meßner und acht Ministranten be=
gleitet, durch die Gassen der Stadt, umwogt von der Menge
jubelnder Kinder und andächtiger Weiber, die den blauen
Rock Christi küßten. In jedes Haus kehrte er ein. Dort
wurde ein Lied angestimmt und dann flossen die reichlichen
Gaben an Lebensmitteln, Brot, Flachs ꝛc. in den Sack des
glücklichen Meßners, für den dieser Umzug eine Art Zufalls=
gebühr bildete. Der Umstand, daß bei dieser Art von Palm=
prozession viel Unfug einriß, mag mit dem Entschwinden des
naiven Sinnes für derlei bildlich dramatische Darstellungen
biblischer Vorgänge das Fallenlassen dieses schönen Brauches
veranlaßt und beschleunigt haben [1].

Gegenwärtig wird der Umzug mit dem Palmesel in
den Alpenländern meines Wissens nur mehr im Dorfe Taur
bei Hall gehalten, wo man vom genannten Orte zum Taurer
Schloß hinaufzieht, von dort zum Dorfe Rum absteigt und
dann wieder nach Taur zurückkehrt. Wir wollen den Vor=
gang näher besichtigen. Nachdem am Palmsonntag vormittags
die Palmweihe stattgefunden hat, setzt sich der Palmesel mittags
Punkt zwölf Uhr in Begleitung einer großen Volksmenge
unter Glockengeläute von der Pfarrkirche in Taur aus in
Bewegung. Der Zug sieht merkwürdig genug aus. Zuerst
erscheint, gezogen von 26—30 Kindern, die wie an einer
Strickleiter paarweise hinter einander angespannt sind, auf
vierräderigem niederen Wagengestelle Christus, auf dem Esel

---

[1] Über den „Palmesel" vergleiche man den gediegenen Auf=
satz von Richard v. Strele in der Zeitschrift des D. und Ö. Alpen=
vereins vom Jahre 1897, Seite 135 ff.

sitzend, fast in Lebensgröße aus Holz geschnitzt. Er ist mit
einem wirklichen braunroten Rocke bekleidet, der Mantel
darüber ist hochrot. Seine Linke trägt einen Palmzweig,
die Rechte hält er segnend erhoben. Hinter dem Palmesel
folgen Knaben mit buntgeschmückten Palmen und blühenden
Palmweidenzweigen (Salix caprea), dahinter kommen die
ernsten Männer, darauf der Priester mit dem Kreuzpartikel
in der Hand. Dieser bunte Zug der Palmträger und Beter,
der die frischgrünen Hügel hinanwallt, während ringsum das
erneute Leben aus tausend und tausend Knospen bricht und
oben im Blau die ersten Lerchen trillern, hat für den Be-
schauer etwas ungemein Anregendes und Poetisches. Oben
unweit des Taurer Schlosses wird der Palmesel im einsamen
St. Romedikirchlein eingestellt und der Meßner singt mit
den zwei Ministranten das Salve regina. Hierauf erteilt
der Priester den Segen und der Zug bewegt sich wieder in
der gleichen Ordnung unter lautem Beten der Menge gegen
das Dorf Rum hinab. Unten ist schon alles in freudiger
Erwartung. Die Hügel und Raine am Wege, woher die
Prozession kommt, sind mit Gruppen von Leuten, Burschen
und Mädchen im Sonntagsschmuck, malerisch besetzt. Sobald
man den Zug erblickt, geht man ihm mit wehenden Palmen
in Begleitung des Priesters von Rum entgegen; unter Glockengeläute hält die Prozession in Rum ihren Einzug. Während
nun in der Kirche ein deutsches geistliches Lied gesungen und
der Segen erteilt wird, geht es vor dem Schulhause kunterbunt zu. Darin stehen nämlich zwei große Säcke mit Bretzen,
welche nach der Andacht unter die „Zieher" und andere
Kinder im Schulzimmer zur Verteilung kommen sollen. Endlich öffnet sich die Tür und wie ein entfesselter Strom drängt
sich der Haufen der „Eselzieher" und der übrigen Dorf-
rangen in die große Schulstube, wo die Abfütterung vor
sich geht. Nach diesem äußerst possierlichen Zwischenspiel
ordnet sich der Zug aufs neue und kehrt in der gleichen
Weise nach Taur zurück.

Ich habe mir Mühe gegeben, etwas über den Ursprung
dieser Bretzenspende zu erfahren, da dieselbe auch an anderen

Orten, so z. B. im schwäbischen Altenrieth, vorkommt, hörte aber bloß, daß sie seit Menschengedenken bestehe und in früheren Zeiten durch Baron Sternbach, der das Pfandgericht Taur besaß, durch den Bauer Faistenberger und durch die Gemeinde Rum infolge eines „Onus", das auf ihrem Zehentbezuge gelastet habe, geleistet worden sei. Wirklich erzählte mir ein alter Taurer, daß er sich noch gut erinnere, wie der Knecht des Faistenberger an der sogenannten Klause unterhalb des Schlosses mit einem Bretzensack gestanden sei, um die „Palmzieher" zu stärken; auch habe der Lehrer damals als Organist und als Lehrer ebenfalls je 12 Bretzen bekommen, überdies 24 Kreuzer Reichswährung für jede dieser Prozessionen. Von dieser löblichen Sitte ist man jetzt leider abgekommen und der Bretzen, deren Verteilung gegenwärtig nur mehr eine milde Gabe für die Kinder ist, werden auch immer weniger. Ebenso hat die Beteiligung der Mädchen an der Zugtätigkeit, was sich allerliebst ausnahm, angeblich wegen Streitigkeiten zwischen den beiden Geschlechtern aufgehört. So bröckelt Steinchen um Steinchen von diesem schönen Brauche, bis er endlich ganz verschwindet, wie es an den anderen Orten, wo früher derartige Umzüge stattfanden, der Fall war.

Dieser Palmumgang von Taur ist übrigens auch noch in anderer Hinsicht interessant, weil wir darin noch eine alte christianisierte „Flurbegehung" oder Flurprozession haben, bei welcher durch Umzug um die Felder und Palmung der Segen des Himmels herabgefleht wurde. An allen übrigen Orten begnügt man sich mit der einfachen Einsegnung der Palmen, die oft erst nach Evangelium und Predigt stattfindet. Nebst den Knaben und Burschen bringen aber auch die Erwachsenen Weiden- und Ölzweige oder auch Palmbüschel, jedoch ohne Schmuck mit zur Kirche. Auf diese geweihten Palmbüschel setzt man großes Vertrauen und glaubt sich durch sie gegen alle möglichen Unglücksfälle, gegen Viehseuchen, Feuer und besonders Gewitterschäden gefeit. Zieht im Hochsommer drohendes Wettergewölk am Himmel auf, o wirft die gläubige Hausmutter etwas vom „Hauspalm"

in die Herdflamme, dazu Taubnesseln, damit der Rauch
letzterer den bösen Wetterhexen in die Nase steige und jedes
derartige Unheil abwende. Daher „palmt" man auch alles,
Haus, Dachboden, Stall und Tenne, Garten und Felder,
d. h. es werden überall solche Zweiglein nach bestimmter
Vorschrift aufgesteckt und eingegraben. Damit aber die Weihe
wirksam sei, müssen auch Karsamstagskohlen dazu kommen.
Das Geschäft des „Palmens" wird daher erst in den zwei
Osterfeiertagen vorgenommen.

Im Eisaktal wird der Öl- oder Palmzweig hinter die
Füße des Christusbildes in der Eßstube gesteckt, wo er bis
zum andern Jahr bleibt; im Pustertal hängt man ihn in
den Hausgang. Im Unterinntal wird der „Palmwedel" am
Dreikönigstag an den Stall genagelt. Überhaupt bleibt der
„Palm" wenigstens eine Woche im Hause. Der große Palm
aber, den der Sohn des Hauses getragen, wird zuerst des
Blätterschmuckes entledigt und dann durch ein Loch in der
Tenne wagrecht hinausgesteckt. Geht man um die Osterzeit
durch eine unter- oder oberinntalische Dorfgasse, so sieht man
überall an den Tennen die Palmen heraushangen. Dort
bleibt er das ganze Jahr, bis Wind und Regen zuletzt nur
die nackte Stange übrig lassen. Die wird dann wohl auch
für die künftige Palmweihe aufbewahrt. Der Gemeindepalm
aber wird, wenn er den „Prost" hat, stolz auf dem Dorfplatz aufgepflanzt und bleibt da einige Zeit lang stehen.

Daß sich an den Palmsonntag allerlei abergläubische
Bedeutung knüpft und den geweihten Palmen Kräfte zugemutet werden, die über den Machtbereich des Segens
hinausgehen, darf beim Alpenvolke, selbst gegenwärtiger Ge-
schlechtsfolge, nicht befremden. So bewirkt Weizen, den man
in einem Säckchen in den Palm steckt und dann den Hennen
zu fressen gibt, daß sie weder der Geier verträgt, noch der
Fuchs frißt. Dasselbe vermag ein Palmzweiglein, das man
ins Loch steckt, durch das die Hennen ein- und ausspazieren,
oder wenn man mit einem solchen Zweiglein dreimal ums
Haus läuft. Mit einer geweihten Palmrute kann man, wie
der Wipptaler sagt, auch Diebe „stellen" und das gestohlene

Gut wiederbringen machen. Allgemein ist der Glaube, daß das Verschlucken von drei Palmkätzchen — wünsche guten Appetit! — den an Halsweh Leidenden zeitlebens von seinem Übel befreie. Wirklich ist diese ganz unsinnige Sitte nicht nur in Tirol, sondern besonders in Kärnten sehr verbreitet und es wird daselbst, wie Lexer berichtet, wenn auch nicht drei, so doch „wenigstens ein Palmkätzchen von jeder Person verschluckt." Von großer Wichtigkeit ist den Bauern ferner das Wetter am Palmsonntag, denn eine alte Bauernregel sagt:

Schneit's am Palmsonntag in die Palmen,
Schneit's später in die Garben,

und:

Wenn's schneit in die Palm',
Schneit's die Küh' von der Alm,

d. h. dann muß das Alpenvieh oft schon während des Sommers in die tiefer gelegene „Schneeflucht" getrieben werden.

Die Karwoche.

Auf die fröhliche Palmsonntagfeier folgen zwei stille Tage, welche sich durch keinerlei Gebräuche auszeichnen. Nur im oberinntalischen Dorfe Zirl beflissen sich noch vor beiläufig sechzig Jahren die „Manderleut" einer eigentümlichen Andacht. Sie zogen nämlich am Montag, Dienstag und Mittwoch abends von 8 bis 9 Uhr ein großes, sehr schweres Kreuz, das der Meßner angefertigt, auf den Kalvarienberg. Damit sich aber keiner dieser gottesfürchtigen Handlung rühmen könne, erschienen alle Teilnehmer unkenntlich vermummt. Der „krumme" Mittwoch[1] ist ein böser Tag,

---

[1] Richtigere ältere Form „Grump=Mittich"; er hat seinen Namen vom Gerumpe (rumpeln = Lärm, Getöse machen), da an diesem Tage bei der abendlichen Trauer= oder Rumpelmette (Pumpermette) das erstemal mit den „Ratschen" gerumpelt oder „gedammert" wird.

denn an demselben hat sich einst der Verräter Judas erhängt
und zwar, wie die Südtiroler behaupten, an einer Rebe.
Sie hüten sich deshalb sehr, an diesem Tage die Reben zu
beschneiden, weil dies deren völliges Verderben zur Folge
haben würde. Gegen den Verräter Judas richtet sich überhaupt der ganze fromme Unwille des Volkes. So wird an
den letzten Tagen der Karwoche an manchen Orten die
„Dammermette" in der Kirche gefeiert. Dabei werden eine
Anzahl Schlegel hinter dem Altare versteckt gehalten, bis die
letzte Kerze verlöscht ist. Hierauf holt sich jeder einen oder
zwei derselben und nun geht das „Dammern" (Klopfen,
Hämmern) los, welches die Entrüstung über die böse Tat
des Judas ausdrücken soll.

Der freundlichste Tag, der Lichtpunkt in der ganzen
ernst-düsteren Karwoche ist der Gründonnerstag. Schon
der Name mahnt an die schöne Frühlingszeit, an das erste
Grün, das in Feld und Wald zu sprossen beginnt. In
Tirol heißt er „Weihenpfinstag" und gilt als sogenannter
halber Feiertag, an dem man sich von allen schweren Arbeiten enthält und nur kleine häusliche Geschäfte verrichtet.
Man besucht fleißig die Kirche, in der bekanntlich die Ein-
setzung des Altarsakramentes gefeiert wird. Der Seitenaltar, auf dem das „höchste Gut" dem gläubigen Volke zur
Anbetung ausgesetzt ist, prangt in grünem Schmucke. Tannen-
zweige und Gewinde beleben die dunkle Verhüllung, der
Widdumgarten liefert seine sämtlichen „Büschelstöcke",
zwischen denen sich die steifen Pyramiden der künstlichen
Blumen seltsam ausnehmen. In der Mitte thront, von
Lichtern umflimmert, die Monstranz. Kommt man nach ver-
richteter Andacht nach Hause zum fasttäglichen Mittagstisch,
so trifft man auch hier das junge Grün vertreten durch
Salat und Schmalzkrapfen mit Spinat gefüllt. Die
Aussicht auf den morgigen strengen Fasttag läßt jeden tüchtig
zugreifen. Doch wo bleibt heute die Bäuerin? Schon
richtig! Die sitzt draußen hinterm Herd und verzehrt in
Einsamkeit ihre Krapfen. Das hat seinen guten Grund.
Es sind nämlich zufällig zwölf Tischgenossen; die Zwölfzahl

ist aber am heutigen Tage verpönt und gemieden, denn sie erinnert an die Versammlung der Apostel beim Abendmahle, worunter sich der Verräter Judas befand. In der Gegend von Innsbruck glaubt man sogar, wenn einer aus dem Kreis von Zwölfen das Salzfaß umschüttet, er samt Haut und Haar vom Teufel geholt werde. Der Nachmittag vergeht nach nochmaligem Kirchenbesuche in feiertäglicher Ruhe. In Alpach und Wildschönau, in den Bergdörfern ober Klausen, sowie an vielen Orten des Eisak- und Etschtales geht man abends bei gutem Wetter „baumbeten". Man begibt sich nämlich hinaus auf das Feld oder in den Obstanger, kniet unter einem Baume nieder und betet da mit ausgespannten Armen zur Erinnerung an das „Angstgebet Christi" unter den Ölbäumen. Die Umgebung ist allerdings danach angetan, zur Andacht zu stimmen. Auf den schneebedeckten Bergkuppen verglüht das Abendrot; ringsum ist alles still, magisches Dämmerlicht umspinnt die Höfe und Hütten im Talgrunde, die sprossenden Wiesen und die knospenbesäten Bäume.

Für den Bauer hat der Zeitpunkt noch eine besondere Wichtigkeit. Er glaubt, erst der „Weihenpfinstagsegen" erwecke die schlafende Natur zu neuem Leben. „Schau nur aufsi (hinaus) Bua," belehrt der Vater seinen lauschenden Sohn, das Grün ist die G'segnblüah (Segensblüte), heut wird die ganze Natur g'weiht, sogar 's Da in der Henn' kriegt den Segen." Darum ist aber auch ein „Grünbonnerstagsei" ein ganz anderes Ding, als ein gewöhnliches. Im Pustertal verwahrt man es bis zum Ostersonntag, läßt es in der Kirche weihen und wirft es dann übers Hausdach. An der Stelle, wo es niederfällt, gräbt man es ein, damit so Unglück und Blitzstrahl vom Hause abwende. Dabei belächelt man geringschätzig die „herrische" Neuerung des Kupferdrahtes, den einer der „g'studierten" Dorfhonoratioren hat anbringen lassen. Im Unterinntal kennzeichnet man ein an diesem Tage gelegtes Ei und verwahrt es bis zum Ostersonntag des nächsten Jahres, wo es dann mittags verzehrt wird.

Am Karfreitage, als am Todestage des Heilandes, sind auch die geringfügigsten Vorgänge von Bedeutung. Frühmorgens späht der Hausvater vor allem, ob nicht Reif auf den Feldern liege. Man sieht das sehr gerne, denn man glaubt, es könne dann für dieses Jahr den Früchten kein Frost mehr schaden. Hierauf geht er hinaus auf den Anger und schlägt die Obstbäume mit einem Schlägel, denn dadurch soll ihre Fruchtbarkeit verdoppelt werden. Will man junge Pflanzen in die Gartenbeete setzen, so ist heute der beste Tag dazu; schneidet man aber Unkraut ab, wobei man freilich die rechte Losstunde treffen muß, die niemand genau weiß, so verdirbt es samt den Wurzeln. Auch erwächst durch den Karfreitag einer Gattung von Wundermitteln gefährliche Mitbewerbung, ich meine nämlich den verschiedenen Haarwuchsölen und Pomaden, denn man braucht sich einfach an diesem Tage die Haare schneiden zu lassen, dann verwandelt sich das spärlichste Haarstoppelfeld binnen kurzer Zeit in einen Lockenkopf. Waschen soll man sich heute an einem Bach oder wenigstens mit Bachwasser zum Andenken, daß Christus in dieser Nacht von den Juden durch einen Bach geschleppt wurde. Mit dem Morgenimbiß, sowie mit dem Mittagsmahl sieht es karg aus, denn jeder fromme Christ tut sich am Karfreitag einen besonderen „Abbruch". Doch nimmt man es mit dem Fasten jetzt nicht mehr so strenge wie in früherer Zeit, wo man oft bis zum Aufgang der Sterne keinen Bissen genoß. Ein Rausch aber gilt an diesem Tage heiliger Trauer, an dem, wie der Volksglaube sagt, selbst die Sonne aus Betrübnis nicht scheint, für eine so himmelschreiende Sünde, daß sie erst durch dreimaliges Beichten gesühnt werden kann.

Sind die häuslichen Morgengeschäfte abgetan, dann rüstet sich alles zum Kirchgang. Hiebei ist es an vielen Orten Tirols und Vorarlbergs Sitte, daß man der allgemeinen Trauer durch Anziehen von dunkeln Kleidern Ausdruck verleiht. Der Weg ist heute belebt wie niemals sonst im Jahre; den ganzen Tag über eilt Alt und Jung in das Gotteshaus, um das „Heilige Grab" zu besuchen. Wir wollen uns jener stämmigen Bäuerin, welche „die Beten" (Rosenkranz) in der Hand, gefolgt von Kindern und Gesinde, der Kirche zuwandert, anschließen und die Herrlichkeit, mit welcher der kindliche Sinn des Volkes die Ruhestätte des Erlösers ausgeschmückt hat, näher in Augenschein nehmen. Magisches Dunkel empfängt uns beim Eintritt in die geweihten Räume. Über Fenster und Türen spannt sich schwarzer Flor, nur der Hochaltar mit dem heiligen Grabe strahlt in bunter Farbenpracht. Oft jedoch ist die Tiefe des Presbyteriums vom Schiff der Kirche durch eine dunkle Gardinenwand als Symbol des Tempelvorhanges abgesperrt und davor das Grab aufgebaut.

Dieses stellt eine Felsengrotte dar, in welcher, gehüllt in ein weißes Tuch, der „Heilige Leichnam" ruht. Ein paar Schritte davor, gewöhnlich auf den Stufen, welche zum Grabe führen, stehen zu beiden Seiten die lebensgroßen Figuren der zwei Wächter, Kriegsknechte mit Helm, Schild, Hellebarden und grimmigen Gesichtern. Um die Grotte aber blüht und duftet ein ganzer Garten von Blumen und grünen Gewächsen, zwischen denen unzählige Lichter und bunte Glaskugeln funkeln. Im Hintergrunde erblickt man den Berg Golgata mit dem leeren Kreuz, auf dem ein weißes Tuch hängt; darüber in den Wolken schweben weinende Engel, welche die Marterwerkzeuge halten. Den ganzen Aufbau schließt im Vordergrunde gewöhnlich ein Gitter ab. Vor demselben knien fromme Weiber, emsig die Perlen des Rosenkranzes durch die Finger schiebend; dahinter stehen ernsten Angesichts die Männer; flüsternd und staunend drängen sich die Kinder vor, die sich an den leuchtenden Farben der Glaskugeln nicht satt sehen können.

Nach verrichtetem Gebete begibt sich jedermann zur „Marter". So heißt nämlich das Kruzifix, das zur allgemeinen Verehrung auf den Stufen liegt. Die Andächtigen werfen sich davor auf die Knie und küssen die „heiligen fünf Wunden", die oft vom vielen Berühren mit Lippen und Händen ganz braun aussehen. Damit aber auch das „liebe Vieh" vom Segen der heiligen fünf Wunden einigen Gewinn

habe, bringen Hausväter oder Hausmütter einen Ring aus
Holz mit und streichen mit demselben über die „Marter".
Durch diesen Ring treibt man, richtiger gesagt, trieb man
das junge Vieh und das Geflügel, damit ihm weder Hexen
noch Fuchs und Geier schaden können. Zum gleichen Zwecke
bäckt man auch aus allerlei Bestandteilen „Marterbrote" und
gibt davon dem Vieh zu fressen. An vielen Orten des Inntales ist es Sitte, Mais und Getreide über das liegende
Kruzifix zu schütten. Davon nimmt man dann ein paar
Hände voll mit und legt dies in den Getreidekasten, damit
der ganze Vorrat dadurch gesegnet werde. Auch gibt man
acht, von welcher Getreideart am meisten auf dem Christus-
bilde liegen bleibt, weil diese im künftigen Sommer am besten
gedeiht. Das übrige ausgeschüttete Korn ist ein Almosen
für den Küster, der sich das Mischmasch mit etwas Staub
gewürzt, zusammenkehren mag.

Dieser Brauch leitet uns auf eine Nachtseite der schönen
Karfreitagsfeier, nämlich auf den Bettel. Derselbe ist an
diesem Tage von der löblichen Polizei gestattet und wird
deshalb in großartigem Maßstabe betrieben. Ganze Karawanen scheltender Weiber und zerlumpter frecher Fratzen
ziehen von Haus zu Haus und pflanzen sich so unverschämt
vor die Türen, als kämen sie, um eine schuldige Steuer ein-
zufordern. Sie erhalten auch wirklich reichliche Gaben, denn
jedermann ist froh, die zudringlichen Gäste los zu werden,
deren böses Maul man förmlich fürchtet.

Am Karsamstag in der Früh wird die kirchliche
Handlung der Feuerweihe vorgenommen. Sie geht jedoch
nicht in der Kirche vor sich, sondern auf dem Friedhofe, der
in den Dörfern rund um das Gotteshaus gelegen ist. Daselbst wird zumeist aus alten Grabkreuzen ein Scheiterhaufen
aufgeschichtet. Der Priester erscheint im Ornate (Albe, Stola
und Pluviale, und zwar in blauer, bezw. violetter Farbe),
gefolgt vom Meßner. Letzterer schlägt Feuer, zündet den
Holzstoß an und der Priester spricht die üblichen Segnungen
darüber. Bis jetzt verhielt sich die Menge in andächtiger
Stille, kaum aber kehrt ihr der Geistliche den Rücken, so

geht ein höchst unkirchliches Treiben los. Alles drängt sich zum glühenden Kohlenhaufen und fällt darüber her, als wäre es eitel Gold; der kriegt einen Rippenstoß, jener eine Ohrfeige, daß ihm der Kopf saust und er gar nicht merkt, wie ihm der pfiffige Täter unterdessen das schönste Scheit vorwegnimmt. Die Burschen wollen es beim „Holzrauben" einer dem anderen zuvortun. Endlich hat jeder sein Scheit erobert und trägt es im Triumph nach Hause. Auch von dem an diesem Tage geweihten Taufwasser nimmt die Hausmutter eine Flasche voll nach Hause.

Was nun die Karsamstagskohlen betrifft, so sind diese allerdings von einem Werte, von dem wir ungläubige Städter keine Ahnung haben. Lieber Himmel, was besitzen sie nicht für Wunderkräfte! Vor allem müssen die Kohlen brennend heimgebracht werden, damit an ihnen das „neue Feuer" angezündet werden kann. Die Herdflamme soll nämlich in einem rechten Bauernhause das ganze Jahr hindurch nicht ausgehen, eine Sitte, die ehemals aus leichtbegreiflichen Gründen streng eingehalten wurde. Am Karsamstag jedoch löscht die Hausfrau vor dem Kirchgange jedes Fünkchen sorgfältig aus, um an den von der Feuerweihe mitgebrachten Kohlen das neue Feuer anzufachen. Die übrigen Kohlen haben mannigfache Bestimmungen. Da der Bauer bekanntlich an das „liebe Vieh" in erster Reihe denkt, so ist es sein wichtigstes Geschäft, ein Stück Kohle unter der Stalltüre zu vergraben, alsdann kann die Macht der schlimmen Hexen nicht über die Schwelle hinein. Ein zweites Stück wird nebst einem Palmbüschel in die Mitte und an die Ecken des Ackers gesteckt, um das Ungeziefer zu vertreiben und den Hagelschlag abzuwenden. Was von den Kohlen noch übrig bleibt, verwahrt man sorgfältig für besondere Fälle. Wenn z. B. im Sommer ein drohendes Gewitter heraufzieht, so holt die Hausmutter Karsamstagskohlen aus dem Kasten und wirft sie nebst anderem Geweihten in die Herdflamme, damit das „wilde Feuer" nicht in Haus oder Tenne einschlage. Aus dem Umstande, daß die Feuerweihe an manchen Orten „Judasverbrennen" heißt, können wir schließen, daß ehemals eine wirkliche Puppe aus Stroh und Lumpen verbrannt wurde, unter der man sich den Verräter Judas dachte, wie das in Bayern und Schwaben allenthalben geschieht. Diese Sitte hängt vielleicht mit dem Kulte unserer heidnischen Vorfahren zusammen und die Mythologie hat nachzuweisen gesucht, daß unter dem verbrannten Popanz eine ehemalige Gottheit versteckt sei. Es spukt allerdings noch ein Stück Heidentum in manchen Gebräuchen und Meinungen der Karwoche. Ein alter Glaube sagt, daß man mit einer am Karfreitag geschnittenen Wünschelrute Gold und Schätze in Fülle heben könne, allein wer wollte solchen Frevel wagen? Die Mädchen des Eggentals wissen ein Zaubermittelchen, um in einem heimlich geliebten Burschen gleiches Liebesfeuer zu entzünden. Dasselbe besteht aus einem am Karsamstag bei geweihtem Feuer und zwar auf dem Friedhofe rotgesottenen Ei, welches dem Betreffenden zum Geschenk gemacht wird. Doch das Geschäft des Kochens läßt sich leider schwer unbemerkt bewerkstelligen. Darum ist es am besten, die vergeblichen Wünsche nach Gold und Liebesglück im großen Spülkessel zu ertränken, der unter Mitwirkung des Besens am Karsamstag eine bedeutende Rolle spielt. Am Ostersonntag muß nämlich das ganze Haus im spiegelblanken Festkleide prangen, und hat man auch schon während der Woche das hauptsächlichste geputzt und gescheuert, so bleibt doch am letzten Tage noch genug zu schaffen. Da heißt es, sich tummeln, damit man bis zur nachmittägigen Auferstehungsfeier fix und fertig werde.

Die hellen Kirchenglocken ertönen dazu nach dreitägigem Schweigen zum ersten Male. Es wird nämlich vom Gottesdienst am Gründonnerstag angefangen nicht geläutet, sondern mit einer hölzernen Vorrichtung, der „Karfreitagsratsche", geklappert (geratscht). Die Glocken sind nach Rom zum Heiligen Vater gezogen, sagt das Volk, und kehren erst zur Auferstehung zurück. Paßt nun die Stille vortrefflich zur ernsten Feier des Heiligen Grabes, so ist besagtes „Ratschen" geradezu eine Folter für zivilisierte Ohren, so daß der Klang der Osterglocken schon deshalb allein eine freudige Stimmung erweckt. Auf das erste Glockenzeichen eilt alles zur Kirche, denn man will nebst der Andacht auch einen „guten Platz", um „unsern Herrn aufsteigen" zu sehen. Der Priester betet zuerst die vorgeschriebenen Psalmen und Gebete, dann singt er mit erhöhter Stimme: „Christus ist erstanden. Alleluja!" Im selben Augenblick versinkt der Leichnam im Grabe, der dunkle Vorhang dahinter reißt und über dem geschmückten lichterstrahlenden Hochaltar des sonnigen Presbyteriums erscheint der Auferstandene als Sieger über Tod und Grab mit dem Purpurmantel und weißroter Osterfahne. Zugleich schmettern vom Chore die Posaunen, die Orgel fällt ein und in die Jubelklänge des Te Deum laudamus mischt sich das Geläute aller Glocken. Väter und Mütter heben ihre kleinen Kinder empor; die größeren klettern auf die Stühle: „Hast ihn gesehen?" flüstert eines dem andern zu.

Mit dem Heimgehen hat man es nicht gar eilig, denn es ist ja Feierabend. Man schaut sich gemütlich nach seinen Bekannten um, schüttelt sich die Hände und wünscht einander gute Feiertage. Selbst die rührige Hausfrau macht heute bei der Nachbarin ein Ständchen, sie kommt dennoch früh genug zum Abendkochen. Die Männer besprechen die nächstens vorzunehmenden Frühlingsarbeiten, die jungen Burschen und Dirnen aber schäkern und necken sich und stecken dann wieder heimlich wispernd die Köpfe zusammen wegen der roten Ostereier mit den anzüglichen Verslein darauf, die sie morgen auszuteilen gedenken. Hat man sich ausgeplaudert, so begibt man sich nach Hause zum kräftig zubereiteten Abendessen. Fleisch kommt heute noch nicht auf den Tisch; der duftende Braten erscheint erst morgen beim Ostersonntagsmahl, zu welchem schon heute umfassende Vorbereitungen getroffen werden.

Während dessen dämmert draußen die frühlingslaue, mondhelle Osternacht, nach der Christnacht die hochheiligste im Jahre, ebenso reich wie diese an Geheimnissen und Wundern. Doch ist es nicht geraten sich um die Mitternachtsstunde draußen herumzutreiben, denn Meister Bocksfuß lauert mit allerlei berückenden Gaben auf begehrliche Menschenkinder, um sich dieselben schließlich mit der armen Seele des Betreffenden bezahlen zu lassen. Deshalb sieht ein christlicher Familienvater darauf, daß alles bei Zeiten in den Federn liege, um am fröhlichen Ostersonntagmorgen desto hurtiger wieder herauszuschlüpfen.

Ostern.

Die stille heilige Osternacht ist vorüber und der Festmorgen bricht an. Wenn Ostern später im Jahre fällt, so erblickt man bereits überall die Vorboten des nahenden Frühlings. Lichtblau und duftig wölbt sich die Himmelsdecke über den Kuppen und Spitzen, auf denen das Gold der Frühsonne glänzt. Der Hermelinmantel der Berge ist schon arg schabhaft geworden, überall blickt das dunkelgrüne Tannengewand hindurch, während einzelne weiße Schneelappen bis zum Fuße hinabhangen. Laubbäume und Gesträuch sind noch kahl, aber auf den sonnigen Halden sproßt schon das junge Grün, aus welchem Hunderte von blauen und roten Anemonen und weißen Gänseblümchen hervorlugen. Auch auf den Feldern im Tale beginnen schon die Frühlingsarbeiten, wie das braune, frischgepflügte Erdreich zeigt, von dem sich die grünen Winterkornäcker wie viereckige Teppiche abheben. Heute aber stört kein Pflug oder Düngerwagen die feierliche Sonntagsruhe, nur die langgezogenen Klänge der Kirchenglocken hallen durch die frische Morgenluft.

Desto lebendiger ist es schon in aller Frühe in den Bauernhäusern. Wer wollte lang in den Federn liegen bleiben an einem solchen Festtage, den sogar die alte Sonne bei ihrem Aufgange mit drei Freudensprüngen begrüßt? Und das muß wahr sein, wenn auch die Astronomen von besagtem Tänzlein nichts wissen, denn der achtzigjährige „Nähndl" hat es erst gestern mit vielen Beteuerungen bekräftigt und dabei das gottlose junge Volk ausgezankt, das

nichts mehr glauben wolle. Der Hans und die schmucke
Moidel schauen deshalb wirklich beim Aufstehen mit zweifelndem
Blick nach der östlichen Himmelsgegend. Aber das Wunder
will sich nicht sehen lassen, vermutlich weil die leichtsinnige
Jugend dessen gar nicht würdig ist. Die Moidel wiederholt
sich soeben im Stillen ein Ostereiverslein, welches ihrem An-
beter baldige Erhörung verheißt, und Hans hat den Kopf
voll von den lustigen Osterspielen, die Montags und Diens-
tags ausgeführt werden sollen.

Unterdessen eilt die fromme Hausmutter hinab in Küche
und Keller, nimmt einen Handkorb hervor und bepackt ihn
mit allerlei Lebensmitteln: Duftendem Schinken, kaltem Braten,
Eiern, besonders den am Gründonnerstag gelegten, und Osterbrot, „Jochaz" genannt. Dies alles schleppt sie sodann zur
Kirche, um es weihen zu lassen, damit die Seele beim Oster-
mahl nicht Schaden leide. Dieses gipfelt in dem Braten,
der nach der vierzigtägigen Fasten doppelt gut mundet. Als
Schaustück prangt auch ein Osterlämmchen auf dem Tische,
zierlich aus Butter gearbeitet, mit rotem Bändchen um den
Hals und einer Osterfahne an der Seite.

Während aber die Erwachsenen sich die guten Bissen
trefflich schmecken lassen, wollen die Kinder nicht recht zugreifen. Die kleinen Schelme wissen ganz gut, welche Leckereien heute noch ihrer warten. Sie gehen nämlich nachmittags „österlen", d. h. die „Taufgodel" hat sie auf eine
„Merende" (Jause) eingeladen. Schon am „Weihenpfinstag"
hat sie zu dem Zwecke Eier rot gefärbt und mürbes Brot
gekauft. Letzteres wird in verschiedener Form gebacken; die
Knaben bekommen Hirsche oder Hasen, die Mädchen Hennen.
Festlich herausgeputzt, mit freudegeröteten Wangen und
leuchtenden Augen erscheinen die kleinen Gäste. Die „Godel"
führt sie an den sauber gefegten Tisch, von welchem den
Leckermäulchen allerlei Näschereien entgegenlachen: Kuchen,
Krapfen mit süßer Fülle, Hasenöhrlein, Äpfel und Käsküch-
lein. Die Krone aller dieser Köstlichkeiten aber ist das
blendendweiße „Neuschmalz", das auf einem zierlichen, alt-
modischen Zinnteller in der Mitte der Tafel prangt. Diese

kalte Speise wird aus Milch, feinem Weizenmehl und Butter gekocht; oben auf dem weißen Brei fließt goldgelber Honig herum. Bald schnabulieren die Kleinen mit vollen Backen und wenn die Mäulchen einmal leer stehen, so plappern sie ganz aufgeregt vor Festfreude der „Godel" von allen möglichen wichtigen Dingen vor, so daß selbst dieser das Herz aufgeht, wenn sie die beneidenswerten, unschuldigen Erdenwürmlein ansieht, die noch „über jedes krumme Hölzchen lachen" können. Zum Schluß packt sie den Kindern noch die roten Eier in ein Körbchen und hängt ihnen die Brothähne und Hennen an den Arm, die oft so groß sind, daß die Kleinsten daran zu tragen haben. „Wie werden Vater und Mutter und die Kameraden schauen," denkt sich jedes der Beschenkten; fast vergessen sie der guten „Godel" zu danken, so eilig haben sie es nach Hause, um die vielen, schönen Sachen herzuzeigen.

Dort wird sogleich das „Eierpecken" versucht, ein Spiel, darin bestehend, daß mit der Spitze des einen auf jene des andern Ostereies gepickt wird. Das zerbrochene Ei gewinnt der Besitzer des ganz gebliebenen. Die Buben unterhalten sich nebstdem mit dem „Eierkegeln", einer Art Kegelspiel. Sie legen nämlich ein Brett schief und lassen einer nach dem andern ein Ei hinunterlaufen. Wenn ein späteres Ei an ein schon unten liegendes anprallt, so wird dieses vom Besitzer des ersteren gewonnen. So sah ich es noch an den letzten Ostern in Gufidaun oder Klausen. Vom Beschenken mit Ostereiern, das einen Hauptspaß der erwachsenen Jugend, besonders der Liebesleute bildet, soll später ausführlich die Rede sein, hier sei nur bemerkt, daß die Ostereier schon manches Paar zusammengebracht haben, daß aber auch oft eine Dirne oder ein Bursche diese Gelegenheit benützt, um dem bisherigen Schatz den Laufpaß zu geben.

Gesetzte Leute jedoch, die längst in den ruhigen Hafen des Ehestandes eingelaufen sind, ich meine die ehrsamen Hausväter und Mütter, besorgen am Ostersonntag und Montag das Geschäft des „Palmens". Man steckt nämlich

kleine Palmzweige, die am Palmsonntage nebst Karsamstags=
kohlen, welche an diesem Tage bei der Feuerweihe geweiht
wurden, auf die Äcker und zwar in die vier Ecken und in
die Mitte derselben. Später beim Pflügen legt man drei
kleine Kreuze aus Palmzweigen in die erste Furche. Nach
dem Palmen der Äcker nimmt man das gleiche in Haus, Stall
und Tenne vor, damit wie das schädliche Ungeziefer und der
Hagelschlag von den Feldern, so auch Viehseuchen, Krank=
heiten, Blitz und Feuersbrunst und vor allem die bösen
Hexen, welche bekanntlich aus Privatvergnügen ihren Mit=
menschen derlei Schädlichkeiten anwünschen, von Haus und
Hof fernbleiben mögen. In bezug auf die Feuersgefahr
wäre oft wirklich ein schützender „Palm" wünschenswert,
denn wenn man sieht, wie leichtsinnig die Burschen und
Knechte mit den brennenden Tabakspfeifen im Munde zwischen
den Heu= und Strohschobern in der Tenne herumhantieren
und sich oft gleich darauf ebenso sorglos schlafen legen, so
möchte es einem kalt über den Rücken laufen. Aber wie
gesagt, gegen das Feuer schützt ja der „Palm" und wenn
es der nicht tut, so tut es doch der heilige Florian, der
alle Abende nach dem Rosenkranz deshalb einen Extravater=
unser kriegt.

Ist der Hausvater mit dieser frommen Arbeit zu Ende,
so mahnt ihn die Bäuerin, die für ihre Hühner und Gänse
einen Überfall des Fuchses fürchtet, einen geweihten Palm=
zweig um Haus, Hofraum und Feld herum auf dem Boden
nachzuziehen, denn sie weiß aus Erfahrung, daß dann das
Teufelsvieh keine Gewalt über das Geflügel hat. Das
„Palmen" darf beileibe nicht verschoben, sondern muß am
Ostersonntag, höchstens allenfalls noch am Montag vor=
genommen werden, wenn es nicht seine ganze Kraft verlieren
soll. Beweis dafür ist der Homeier Tonl. Der war auch
so einer von den Aufgeklärten, machte sich lustige Feiertage
und ließ das Palmen eine ganze Woche anstehen. Was
geschah? Im Sommer darauf kam ein Hagelschlag und traf
„akkurat" des Tonl noch ungeschnittene Kornfelder am
allerärgsten.

Abgesehen vom Palmen verläuft der Ostersonntag ziemlich ruhig. Die rechte Osterfreude bricht noch nicht durch, dazu ist der Tag zu heilig. Desto lustiger geht es allerorten am Ostermontag her. Die Städter gehen in förmlichen Karawanen „nach Emaus", d. h. sie machen nach altem Brauch pflichtschuldigst eine Landpartie. Die Annehmlichkeit ist dabei nicht allzugroß, denn in den Wirtshäusern trifft man überall tabakqualmende Bauern, die sich einen guten Tag antun. Sind diese in die rechte höhere Stimmung gebracht, so wirft einer das zündende Wort ins Gerede, der Streit beginnt und nun geht die Keilerei los, denn, „wo nicht gerauft wird, da ist's gar nicht lustig." Schließlich fliegen die Besiegten mit blauen Augen und blutenden Nasen zur Wirtshaustür hinaus.

Eine minder handgreifliche Unterhaltung sind die Bauernkomödien, welche als „Osterspiele" an manchen Orten aufgeführt werden. Der Stoff ist eine Legende oder eine Rittergeschichte, möglichst schauderhaft und rührend mit verlockendem Titel, z. B. „Das Blutgericht in der Totenkapelle um Mitternacht" oder: „Was auch die Unschuld leiden muß, die Bosheit fällt durch einen Schuß." Der Dialog bewegt sich in hochtrabenden Alexandrinern. Diese Bauernkomödien mit ihrem „Genius" und ihrem unvermeidlichen „Bösewicht" sind so einzig in ihrer Art, daß wir sie später eingehender behandeln werden.

Zum Schlusse seien noch zwei auf Ostern bezügliche Prophezeiungen erwähnt, die im Munde des Volkes leben. „Wenn," so wird versichert, „Markus auf Ostern, Antonius auf Pfingsten und Johannes auf Fronleichnam fällt, so wird ein Wehgeschrei erheben die ganze Welt," ein Spruch, den das Jahr 1848, wo Markus auf den Osterdienstag fiel, zu bestätigen schien. Allerdings traf der Spruch im Jahre 1852, wo, glaube ich, das Fest dieses Heiligen sogar auf den Ostermontag kam, nicht zu, aber da wird schon etwas „gehapert" haben in der himmlischen Maschinerie. Die andere Prophezeiung knüpft sich an das Bild des auferstandenen Christus. Dieser weist nämlich mit dem Zeigefinger der rechten Hand gen Himmel, die andern Finger sind geschlossen.

Die Jünger wollten einst, so erzählt die Legende, den Herrn
ausforschen, wie lange die Welt noch stehen werde. Er erwiderte: „Tausend und" — allein da verstanden sie nicht,
ob er sagte: „und immer tausend" oder „und nimmer tausend".
Deshalb hat der Heiland außer dem Zeigefinger alle geschlossen zum Zeichen, daß die fragliche Zahl darunter verborgen liege.

Ostereier und Ostereierspiele.

Der Gebrauch, sich gegenseitig mit Ostereiern zu beschenken, ist, wie bereits erwähnt, auch in Tirol allgemein
üblich. In vielen Gegenden erhalten der Pfarrer, der
Meßner und der Schullehrer Ostereier als Abgabe, entweder
in wirklicher Gestalt oder in Geld unter obigem Namen.
Meistens werden dieselben von Haus zu Haus eingesammelt.
Von der Hochhaltung der „Gründonnerstagseier", also solcher,
welche am „Weihenpfinstag" gelegt wurden, haben wir schon
bei Beschreibung der „Karwoche" gehört. Ebenso werden
am Gründonnerstage die Ostereier gefärbt und gesotten, mit
denen sich dann die Hausgenossen beschenken. Gewöhnlich
sind auf den roten Grund mit Scheidewasser Blumen,
Osterlämmchen oder lehrreiche sowie komische Sprüche, meist
in haarsträubender Rechtschreibung darauf gezeichnet. Größere
Bedeutung gewinnt das gegenseitige Beschenken mit Ostereiern bei der reiferen Jugend, weil dabei die Liebe eine ausgezeichnete Rolle spielt und manches Herzensglück durch Ostereier und deren Verse geschaffen oder zertrümmert wird. Es
beschenken sich sowohl Burschen und Diendlen, die bloß miteinander bekannt sind, als solche, zwischen denen ein „Dechtl-
mechtl" oder ein bereits erklärtes Liebesverhältnis besteht;
die Ostereierverse sind daher eine willkommene Gelegenheit,
die eigene Gesinnung dem andern merken zu lassen. Ich will
nur eine kleine Blütenlese dieser bäuerlichen Verliebtheit

hieherseten und zwar, um den Duft der Ursprünglichkeit nicht
zu verwischen, wörtlich, wie ich sie mir abgeschrieben. Häufig
ist es bloße Höflichkeit und Aufmerksamkeit, hinter der sich
die erste schüchterne Annäherung verbirgt:

> Ich wünsch' gute Ostern
> Und viel der guten Zeiten,
> Ein ring's (leichtes) Gemüth, ein frisch Geblüt
> Und Glück von alten Seiten.

> Rosen, Dulben, Nelken,
> Und alle Blumen welken,
> Nur dein Glieck alein
> Soll stets blihend sein.

> Ich gebe dir ein Ostereu,
> Zu ein Angedenken,
> Und wenn du es nicht willst,
> So kannst du es verschenken.

> Ich bin ein frischer Jeger
> Beim Kaiser Regamend
> Und hab mir mit schüsen
> Mein Ratz'n verbrend.

> Ich bin eine Kellerin vir jeder man,
> Der Ist und Trinkt und zalen kann.

> Wir wünschen dir zum Osterfest
> Ein Dußend Eir im Vogelnest.

> Hier geb ich dir ein Osterei,
> Unser Henn hat zweierlei:
> Ein solches für den guten Freund,
> Eins dem, der es nicht redlich meint.

Bei einem anderen Paare ist das Verhältnis schon weiter
vorgeschritten:

> Freindschaft habe ich dir versprochen,
> Und noch nie mein Wort gebrochen,
> Zum Zeichen meiner Treu
> Schenke ich dir ein Osterey.

Ich liebe den Wein,
Das Medchen vor allen,
Weil sie mir alein
Zum besten Gefallen.

Was ich hab, das geb ich dir,
Vieles hab ich nicht,
Nimm dies als kleine Gabe hin,
Als ein Vergißmeinnicht.

Ein Hütchen, ein Stübchen,
Darinnen ein Liebchen,
Wäre der Platz auch noch so klein,
Für zwei Liebchen würde er groß genug sein.

Ein treues Herz das hab ich schon,
Das will ich dir auch schenken,
Schön und reich das bin ich nicht,
Das macht dir kein Bedenken.

Die Lieb' ist groß, die Gab' ist klein,
Damit sollst du zufrieden sein.

Mein Herz das brend wie eine Glud,
Möcht wissen, was das deine thut.

Du talgater Bua,
Kommst vor fragen nit dazu.
Wenn d' a Bußl willst haben,
Mußt mi nit so lang fragen.

Flig hin, du schönes Ey
Zu meinem Schatz ins Haus,
Frag, was er hat im Sinn,
Richte den Gruß fein aus.

Willst du mich herzlich lieben,
So stell es heimlich an,
Damit, was wir uns denken,
Niemand errathen kann.

Bleib heimlich du der Meine,
Genug, daß ich es weiß,
Ich bleibe stets die deine,
So war ich Rosa heiß.

Geh i oft a no schützen,
Thu i öfter an Schuß,
Geh i öfter zum Dienal,
Krieg i öfter an Kuß.

Lieben und geliebt zu werden,
Ist die größte Freid auf Erden.

Lieben und nicht (nichts) haben,
Ist herter, als Stein graben.

Auf die Zärtlichkeit folgt Schmollen, Eifersucht, Klagen über Untreue; manche Anfrage wird gleich anfangs mit kühlen Worten oder mit herbem Spott zurückgewiesen:

Ja, ja und na, na
I möcht und i muß,
Ist oft dein ganzer verliebter Diskurs.

Ich hätte schon einen andern kriegt,
Wär ich ach! nicht in dich verliebt.

Mennertreu und Rosenbleter
Gleichen den Aprüll Weter.

Wenn ich deiner soll vergesen,
Soll mich gleich der Wauwau fresen.

Halbs Zinn und halbs Blei,
Und halbs lieb i di treu,
Und halbs lieb i di falsch
Und i sag dir nit alls.

Dein Liebe halte ich für gering,
Sie flattert ja herum wie Schmetterling.

Etwas hab ich auf dem Herzen,
Was ich vertraue diesem Ey:
Es macht mir gar so große Schmerzen,
Daß du liebest unser zwey.

Daß ich dich gern hab,
Das ist kein Zweifel,
Das du oft andere hast,
Das ist der Teufel.

Ich liebe dich in der beſtendigkeit,
Von 11 Ur bis es 12 Ur Leit.

Die Freundſchaft iſt ewig,
Die Liebe vergeht,
Darum laſ mich welen,
Was ewig beſtet.

Einen Jüngling lieb ich, wenn ich muß,
Aber nicht einen alten Sindicus.

Ich liebe dich mit einer Treu,
So kugelrund wie dieſes Ei.

Ich bin verliebt bis in den Toth,
Aber nicht in dir, du ſchwarze Krot.

Auch für fromme Seelen iſt durch erbauliche Sprüche ge=
ſorgt, z. B.:

Willſt du mit Jeſu Roſen brechen,
So achte nicht das Dornen ſtechen.

Der Vorrat an ſolchen Oſtereiverſen iſt unerſchöpflich, und
ſollte er einmal ausgehen, ſo greift man zum nächſten paſſenden
Schnadahüpfl, wie: A Büchſerl zum Schießen ꝛc. oder zu
einer bekannten Liederſtrophe, z. B.: A Buſſerl iſt a g'ſpaſigs
Ding uſw.

Die Oſtereier geben auch Veranlaſſung zu mancherlei
Beluſtigungen. Ein ſehr beliebtes derartiges Spiel iſt das
„Eierklauben", wie es im Oberinntale nächſt dem Dorfe
Zams ſtattfindet. Die Dorfburſchen betteln ſchon am Tage
zuvor von allen Bäuerinnen eine tüchtige Anzahl Eier zu=
ſammen. Dieſe tragen ſie am Oſterdienstag, an dem ge=
wöhnlich das Spiel abgehalten wird, in einem Korbe auf
eine weite freie Wieſe unfern des Dorfes. Dort werden
auf einem runden, mit einer Schichte Sand bedeckten Platze
die Eier, 170—175 an der Zahl, derart hingelegt, daß
jedes fünf Schuh vom andern entfernt iſt und auf je zehn
ein gefärbtes kommt. Der Korb ſteht daneben. So lang
als an dieſem Tage dünkt wohl keinem je der Nachmittags=

rosenkranz, denn beim letzten Segengeklingel ist schon die
ganze Kirche leer und alles eilt, so schnell es die Füße er=
lauben, auf den Spielplatz, wo sich bereits eine unabsehbare
Menge Zuschauer von allen umliegenden Ortschaften ein=
gefunden hat.

Endlich kommt die Spielgesellschaft selbst, welche oft
aus einigen achtzig Köpfen besteht. Sie ist in zwei Heer=
lager geteilt, an deren Spitzen sich einerseits zwei Schnell=
läufer, andererseits der „Eierklauber" befindet. Die Übrigen
erscheinen in einem Aufzuge, als gälte es noch einmal Fast=
nacht zu halten. Türken, Mohren, Zigeuner, Dörcher, Hexen,
wilde Männer usw. in den seltsamsten Verkleidungen, welche
die bäuerliche Phantasie aufbieten konnte, sieht man da in
brüderlicher Eintracht mitsammen verkehren. Den Haupt=
gegenstand der Aufmerksamkeit bilden jedoch die Schnelläufer
und der Eierklauber. Alle drei sind sehr leicht gekleidet,
mit Blumen und Bändern geschmückt und um die Mitte fest
geschnürt, um sich, wie sie sagen, vor Rücken= und Seiten=
stechen zu bewahren.

Ist nun die ganze Spielgesellschaft auf dem Platze ver=
sammelt, so gibt der „Herold" zur bestimmten Stunde das
Zeichen zum Anfange und der Wettkampf beginnt. Während
der Eierklauber jedes Ei einzeln auflesen und in den Korb
legen muß, wobei er nur drei Eier zerbrechen darf, eilen
die Läufer über die Zamser Innbrücke nach Lötz, Perjen
(Ortschaften im Oberinntale), über die Purschler Brücke nach
Landeck und von da wieder nach Zams zurück zum Eierkorbe.
Auf der Hälfte des Weges rasten sie einen Augenblick, um
eine „Halbe" Wein zu trinken. Dieses angestrengte Laufen
und schnelle Trinken ist begreiflicherweise sehr schädlich. So
ereignete sich vor beiläufig 60 Jahren in Starkenbach der
Fall, daß ein Läufer auf der Hälfte der Bahn beim Wein=
trinken wie tot umfiel und einige Wochen darauf starb.
Langt ein Läufer eher, als das letzte Ei im Korbe liegt,
auf dem Kampfplatze an, so hat seine Partie gewonnen und
die andere muß die Kosten des Spieles und des darauf
folgenden Festmahles bestreiten; wird aber der Eierklauber

früher fertig, so tritt der entgegengesetzte Fall ein. Stürmischer Jubel und Beifall der Zuschauermenge begrüßt den Sieger. Auch werden auf den mutmaßlichen Ausgang des Spieles häufig Wetten gemacht. Obwohl der Weg nach Landeck über eine Stunde beträgt, gewinnt doch meistens einer der Läufer den Vorsprung, denn das Auflesen der 175 Eier, ohne sie zu zerbrechen, ist eine äußerst langsame Arbeit.

Damit ist aber das Schauspiel nicht zu Ende, sondern es fängt erst recht an. Unter den Türken befindet sich einer, der sich vermöge seines abenteuerlichen Anzuges als Sultan kennzeichnet. Dieser tritt nun mit majestätischem Schritte in die Mitte des Platzes und frägt die ihn umgebenden Masken mit erhobener Stimme: „Sagt an, was gibt es Neues in Zams, Landeck, Fließ, Grins, Stanz und Schönwies?" Auf diese Frage treten die „Spieler" einer nach dem andern vor und erzählen. Wer nun das Jahr hindurch einen dummen oder boshaften Streich gemacht, jemanden betrogen oder eine heimliche Liebschaft „angebandelt" hat, dem wird die Hölle heiß gemacht. Alles kommt da ans Licht, denn die Burschen haben sich schon lange die größte Mühe gegeben, es auszuspionieren. Es gibt arge Witze und nicht endenwollendes Gelächter. Schließlich marschiert die spielende Gesellschaft mit zahlreichem Gefolge ins Wirtshaus. Dort bäckt die Frau Wirtin aus den 175 Eiern einen riesigen Pfannkuchen, der gemeinschaftlich verzehrt wird. Bei Wein und Tanz vergnügt man sich dann, bis der helle Morgen durch die Fenster scheint. Beim sogenannten Tschallener, einem Bauernhause in Telfs, soll sich noch ein altes, ohne Zweifel auf diese Sitte bezügliches Gemälde befinden, das einen Mann darstellt, der auf einem Korbe sitzt und dem kritischen Geschäfte des Eierlegens obliegt.

Der meiste Schabernack aber wird beim „Ostereierfahren" verübt, einem Brauche, der fast in ganz Tirol, besonders im Ultner- und Wipptale, am Ostermontag nachts zur Ausführung gelangt. Wie er zu dem Namen kommt, dürfte schwer zu ermitteln sein, da die Ostereier, wenigstens gegenwärtig, damit in gar keiner Verbindung stehen. Das „Ostereierfahren" hat keinen geringeren Zweck, als durch unerklärliches Verrücken und Verstellen von allen möglichen Gerätschaften und Gegenständen sämtliche Inwohnerschaft des Dorfes an der Verläßlichkeit ihrer fünf Sinne zweifeln zu machen. Die Ausführung dieses Possenspiels liegt den Burschen des Dorfes ob. Zu diesem Behufe versammeln sich dieselben schon tags vorher und durchforschen mit der Nase eines Geheimpolizisten unbemerkt alle Häuser und Städel, um Wohnungs= und Ackergerätschaften u. dgl. ausfindig zu machen. Schon dieses ist keine Kleinigkeit, denn erstens verräumt und versperrt der Bauer, den der Schabernack der früheren Jahre klug gemacht hat, alles, was sich nur immer verbergen läßt, und dann wollte ich, es keinem solchen Auskundschafter geraten haben, sich bei seinem heimlichen Geschäfte ertappen zu lassen. Trotzdem fällt die Inspizierung in der Regel gut aus, zum Glücke der Hausbewohner, da im entgegengesetzten Falle der Mutwille der Burschen sich am Niet= und Nagelfesten außerhalb des Hauses vergreift.

Nachts nun, wenn sich der Schlummer über das Dorf ausbreitet, geht in größter Stille die koboldartige Tätigkeit der Burschen an. Die einen schlüpfen gleich Katzen durch irgend eine Dachluke in das Haus oder in den Stadel und reichen ihren Kameraden ausgehängte Wagendeichseln, Eggen, Karren, Dreschflegel, Worfeln, Flachsbrecheln und ähnliches heraus. Diese Gerätschaften werden dann eiligst auf die umliegenden Felder verschleppt und zerstreut, meistenteils noch in ihre Bestandteile zerlegt und untereinander in die widersinnigste Verbindung gebracht. Andere haben unterdessen einen großen Düngerwagen, den der Bauer im Vertrauen auf seine Schwere vor dem Stalle stehen ließ, im Nu abgeladen, in seine Teile zerlegt, diese auf das Dach geseilt, oben wieder zusammengefügt und neu beladen, sodaß der schlaftrunkene Besitzer am Osterdienstagmorgen das seltsame Vergnügen hat, seine gigantische Parfümdose hoch oben auf dem Dachfirst paradieren zu sehen. Daß der Geoppte beim schwierigen Herunterschaffen der Last den Störenfrieden gerade

kein „Herr verzeihe ihnen" betet, darf man ihm wahrlich
nicht verübeln. Noch ärger wird gehaust, wenn es den
Spitzbuben gelingt, in einen Viehstall sich einzuschmuggeln,
zu welchem Zwecke sich oft schon Tags vorher ein Bursche
unbemerkt in den Stall schleicht und nachts das Pförtchen
öffnet. Da sucht umsonst am frühen Morgen die Dirne den
dreibeinigen Melkstuhl und die Melkkübel, und die un=
geduldigen Kühe mit den milchstrotzenden Eutern stampfen
und brüllen, sodaß einer besorgten Melkerin das Herz brechen
könnte. Was soll der Lärm? Im großen Dorfbrunnen
stehen schon seit drei bis vier Stunden die Melkkübel unter
den frischen Wasserröhren, daß sie gewiß im ganzen Jahr
nie so sauber gewaschen waren. Und damit der doppelte Weg
erspart sei, schwimmt auch das Butterfaß im Trog daneben, und
sieh da, zu oberst auf der Brunnensäule hat St. Florian
über dem Helm noch den großen Milchhafen als Überhaube.

Doch das sind nur Kleinigkeiten, nur der Spuk, der
am meisten in die Augen springt. Erst nach und nach ent=
larvt sich die Tragweite der nächtlichen Frevelei. Vor der
Kirche steht eine ganze Schanze, eine Riesenbarrikade von
Wagen, Gartentüren, Heimgartbänken, kurz von allem nur
erdenklichen Dorfhausrat. Noch nicht genug. Dem Mair
Much (Michel) fehlt sein neuer Ulmerkopf, der Nazenbauer
schnüffelt mit seiner Granatnase nach allen Himmelsgegenden
um sein hochrotes Regendach — denn ein rechter Tiroler
Bauer trägt auch beim schönsten Sonnenschein sein hochrotes
Leinwand=„Amprell" unter dem Arm — und der Nachbar
Josef flucht schon eine gute Weile in den Morgenwind, denn
seine „Gscheckete" ist nicht mehr im Stall. Die Häuserin des
Herrn Kuraten, die gute alte Margareth, geht noch vor der
Frühmesse „auf ein Sprüngl" in den Gemüsegarten, um
jungen Nesselsalat für Mittag auszuziehen und einzuwässern,
denn das ist dem Hochwürdigen seine Leibspeise. „O du blutiger
Heiland!" schreit sie auf und macht einen „Hupfer". Da
ruht Nachbar Josefs „Gscheckete" wiederkäuend mitten in den
zerstampften und zerfressenen Salatbeeten und schaut der
Widdums=Potentatin dankbarfromm ins verzweifelte Antlitz.

Trotz dieser und anderer Streiche und Unbequemlichkeiten
ist der Schwank beim Landvolke dennoch ziemlich wohl ge-
litten, vorzüglich deshalb, weil erheblicher Schaden selten zu-
gefügt wird und sich der ganze Nachteil der ins Mitleid Gezogenen schließlich auf die Mühe beschränkt, die ihnen das
Zusammensuchen und Zusammenfügen der verlegten und zer-
legten Gegenstände verursacht.

¶ ¶ Die folgenden Tage der Osterwoche weisen in kirchlicher
und volkstümlicher Hinsicht nichts bemerkenswertes auf.

Maifeier.

Von der volkstümlichen großen Feier, welche einst den
Eintritt des schönen Mai begleitete, haben sich in Tirol und
Vorarlberg nur wenige Reste erhalten. Sieht man von dem
Ohrenschmaus des „Butterausschnöllens" und dem in Abnahme begriffenen „Madlen baden" ab, welche beiden Bräuche
im Burggrafenamte und mittleren Vinschgau üblich sind, so
bleibt eigentlich nur mehr für die Erwachsenen das Setzen
des Maibaumes und für die Kinder das Verfertigen von
Maienpfeifen.

Aber auch von diesen beiden Bräuchen hat der erstgenannte als eigentlicher „Maibaum" seine ursprüngliche
Bedeutung fast verloren und dient meist anderen Zwecken.
Als Vertreter des Wonnemonats kommt er, so viel mir
bekannt, nur noch vereinzelt in manchen Bezirken des Unterinntals, so im Sölltal (Söll-Landl), im Brixental und Joch-
bergertal vor. Dort wird noch nach alter Sitte am Vorabend des 1. Mai von den Burschen im Gemeindewald eine
Fichte gefällt, bis auf ein kleines Stück Wipfel („Kopf")
entästet, entrindet und dann auf dem Dorf- oder Kirchplatze
aufgestellt. Auch Zierrat findet sich hie und da angebracht,
mitunter eine Inschrift. So fand ich vor Jahren in
Ellmau einen Maibaum mit der herausfordernden Schrift:

Ein schöner Baum, ein Riesenheld,
Am 1. Mai hieher gestellt,
Den Nachbarsgemeinden zum Schrecken und Verdruß,
Mein Kopf baßt (!) gut für Herkulus.
Ich werde alle die zerschlagen,
Welche gegen mich keine Ehrfurcht haben.

Eine ähnliche Inschrift zeichnete ich mir im Mai 1908 in Gundhabing unweit Kitzbühel auf. Sie lautet:

> Am 1. Mai bin ich erwacht
> Als Sieger über Dörferschaft,
> Manchen Burschen zum Verdruß
> Steh ich hier als Herkulus.

Der Ausdruck „den Nachbargemeinden", beziehungsweise „manchen Burschen zum Schrecken und Verdruß" hat einen guten Sinn, wenn man bedenkt, daß es für die Burschen jenes Nachbardorfes, mit dem sie in Fehde liegen — und diese Gegnerschaft kommt fast bei jeder Gemeinde vor — ein Hauptspaß ist, den Maibaum nächtlicherweile, wenn anders möglich, zu stehlen, oder doch wenigstens durch Absägen des „Kopfes" zu verstümmeln und so das betreffende Dorf dem allgemeinen Spotte preiszugeben. Deshalb wird auch der Baum von den Burschen scharf bewacht und der heranschleichende freche Räuber durch Schüsse, allerdings nur von Erbsen, verscheucht. Sogar Eisen wird in den Baum eingeschlagen, um das Absägen durch die Burschen unmöglich zu machen. Aus solchen Anlässen entstanden schon oft böse Raufhändel, die sogar mit Totschlag endeten, wie z. B. im Jahre 1899 in Aurach, wo die Burschen des Unterdorfes den von den Burschen im Oberdorfe aufgestellten Maibaum geraubt und in ihr Revier versetzt hatten.

Weit zahlreicher sind die Maibäume, welche zur Ehrung eines neuen Gemeindevorstehers, welche Wahl häufig in den Mai fällt, vor dessen Hause aufgepflanzt werden. Diese Sitte ist vorzüglich in Vorarlberg verbreitet, besonders im Rheintal und im innern Walgau. Ich traf solche in Gisingen, zu Schwarzenberg im Bregenzerwald, in Außerbraz,

Thüringerberg, Bürserberg, zu Sonntag im großen Walsertal usw. Der bis gegen den Wipfel entschälte Fichtenbaum ist meist mit Tarwinden, Kränzen und in Abständen beiderseits angebrachten Fähnchen aufgeputzt. Hie und da prangt auch auf einer Tafel der Name des Vorstehers. So stand bei dem in Sonntag (1885) auf einem Schild: Gemeindevorstehung Christ. Nigsch. Der neue Vorsteher, dem der „Maie" gesetzt wird, muß natürlich blechen, und zwar nicht wenig. Oft betragen die Kosten einer solchen Ehrung hundert Kronen und mehr. Der „Maie" bleibt stehen, bis ein neuer Vorsteher gewählt wird; fällt die Wahl wieder auf den selben, dann wird der alte Baum abgeholzt und ein neuer gesetzt. Hiebei krachen die Böller und wirbelt die Trommel und des Jauchzens ist kein Ende. Dafür bekommen die Burschen ein Mahl, Wein, Bier und Kaffee. Einen solchen „lustigen" Maibaum traf Ludwig Steub anfangs der vierziger Jahre des letzten Jahrhunderts vor dem „hölzernen Gasthöfchen" in Damüls, „als wenn's da je zuweilen hoch herginge". Der Verfasser der „Drei Sommer in Tirol" wußte nicht, daß dieses „Gasthöfchen", das ich gar wohl kenne, zugleich Wirtshaus, Schulhaus und Gemeindestube sei. Letzterer Bestimmung verdankte der damalige „Maie" seine Aufstellung. Man trifft solche Maibäume allerdings auch vor Wirtshäusern; in diesem Falle dienen sie gewöhnlich als Zugmittel dem bäuerlichen Klettersport und sind dementsprechend mit Eßwaren und andern Gaben am Wipfel geziert als Preis für den, der imstande ist, den glatten Stamm hinan zu klimmen und sie herabzuholen.

In Tirol werden die meisten Maibäume den Geistlichen errichtet, sei es zur Feier der Ankunft eines neuen Pfarrers, sei es zur Primiz oder Sekundiz eines Priesters. So errichteten z. B. die Burschen von Mathon in Paznaun am 15. April 1905 zur Ankunft des neuen Kaplans Zuber einen 23 Meter hohen „Maien". In Heiterwang traf ich am 9. September 1898 einen Maibaum, den ein Kelch auf einem Gebetbuche zierte und der vor dem Geburtshause des Primizianten Schumacher prangte. Außer Bändern und

Tannengewinden trug er auch einen geschmückten Wipfel.
Der Vater des Primizianten hatte ihn spendiert und die
„Buben" hatten ihn gesetzt. Einen andern fand ich vor
Jahren in Außerfern. Er war ebenfalls geschält, mit Bändern
und Kränzen geziert und trug einen Schild mit dem Namen
desjenigen, der die Sekundiz feierte. Auch bei anderen festlichen Gelegenheiten werden Maibäume gesetzt, so im September 1898 in Schlitters anläßlich des nahenden Kaiser-
jubiläums.

Man sieht aus alledem, der Maibaum hat nicht mehr,
wie in alter Zeit, die Feier des 1. Mai zum Inhalt, wo
man um ihn den Reigen tanzte und ihn beim Kampfspiele
„Sommer und Winter" umritt, sondern dient nunmehr verschiedenen Zwecken. Eine verblaßte Erinnerung an die meist
allgemein üblichen „Mairitte" hat sich im „Antlaßritt" im
Brixentale erhalten, bei dem am Fronleichnamsnachmittage
die mit „Maien" versehenen Reiter auf geschmückten Pferden
die Maibäume von Westendorf, Brixen und bei der Klausen-
kapelle umreiten.

Nur die Kinder, in deren Spiel, Brauch und Sang
uns so viel erhalten blieb, was im Wechsel der Zeiten allmählich abkam, haben dem Mai die volle Treue bewahrt
und feiern den Eintritt desselben wie vor tausend Jahren
allüberall mit ihren selbstverfertigten „Maienpfeifen".
So eine Maienpfeife zu machen ist aber auch ein Kunststück
und deren Verfertigung erfordert ebensoviel Geschicklichkeit
als Geduld. Man verwendet bekanntlich dazu entweder
Erlen oder noch häufiger die Bachweide (salix caprea) und
zwar solange sie noch in Saft ist; am besten, sagt man,
gelingt das „Ausziehen", ehevor die Palmkätzchen zum Vor-
schein kommen. Zuerst macht man in das abgeschnittene
Stämmchen, das womöglich ohne „Augen" sein soll, in der
Länge der Pfeife zwei Ringe und schält außerhalb dieser Ringe
die Rinde ab. Dann dreht man das Messer um, faßt es
mit Daumen und Zeigefinger an der Klinge und klopft mit
dem flachen Messerrücken das stehengebliebene Stück Rinde
auf dem Knie so lange ab, bis sie sich vom Holz löst, oder,

wie man sagt, bis die Pfeife sich „mait". Das dauert nun oft ziemlich lange und wir begreifen, daß dem Jungen schließlich die Geduld ausgeht und seine Liedchen, mit denen er die Klopfarbeit begleitet, den liebkosenden Charakter all= mählich verlieren und in Drohungen übergehen.

Diese Begleitliedchen, welche im höchsten Norden, wie im Süden, so weit die deutsche Zunge klingt, mit eintöniger Stimme gesungen werden, haben fast durchgehend den gleichen Inhalt, was für das hohe Alter derselben spricht. Richard v. Strele hat in einem Feuilleton der „Frankfurter Zeitung" vom Jahre 1892 No. 133 unter dem plattdeutschen Titel „Sappholt" (Saftholz) sehr interessante Aufschlüsse über diese Liedchen, über ihre Verbreitung und Bedeutung in der Literatur gegeben und auch verschiedene solcher Reime mitgeteilt. Ich will sie um einige, die ich teils selbst in Tirol und Vorarlberg sammelte, teils von Freunden erhielt, vermehren. Eines aus dem Sarntale lautet:

> Mai'n, Mai'n pfeif,
> Das Korn ist noh net reif,
> Zuich der Katz den Balg o (ab);
> Geaht sie über die Schober=Alb o (hinab)
> Geaht sie über die Brunner=Alb o,
> Geaht sie über an' Reanl (Rain) o,
> So schnipet (bricht) sie ihr Beanl (Beinlein) o.

Dieses der „Katz den Balg abziehen" kehrt in vielen Liedchen wieder, so auch in einem aus Kals, das mir der Nachtwächter von Windisch=Matrei, Gg. Wibmer, im Jahre 1881 mitteilte

> Pfloite (Flöte), Pfloite, mai' dih
> Oder ih derschnei' dih
> Wirf dih auf'n af's Melcha=Dachl,
> Fallste achen (hinab) ins Plumperbachl;
> Eard'n drauf, Stoan drauf,
> Katznhäutl obendrauf.

Ganz ähnlich lautet das vom Schulrat Prof. Dr. Val. Hintner in seinen „Beiträgen zur tirolischen Dialektforschung" S. 155 mitgeteilte, mit dem Schlusse:

Dido, dido
Zoich der Katz'n 'in (den) Balk o!

Dieses angedrohte „Balgabziehen" und „auf das Dach werfen" wird mit den traurigen Folgen breit ausgemalt. Die Katze bricht sich beim Sturz entweder das Bein oder sie wird in den Bach fallen und der trägt sie von Ort zu Ort weiter, so daß sie nicht mehr heimfindet. Die unfreiwillige Wasserfahrt behandeln vorzüglich zwei Maienliedchen aus Unterpustertal, welche ich der Güte des Herrn Gutsbesitzers Josef Stemberger in Bruneck verdanke.

 Moja, Moja pfeife,
 Die Katze hat die Sch . . ße.
 Geht se auffe af's Müllerbach,
 Fallt se og'n (hinab) in Blindenbach;
 Rinnt se fort nach Stegen,
 Laßt a Katzl wägen;
 Rinnt se fort nach Weißenstoan,
 Kimmt se in der Nacht um Zwölfe hoam:
 Was werd eppa (etwa) die Muitter sag'n?
 Haar aus, Haar aus!
 Reiß der Katz den Balg aus!

Noch weitläufiger ist die andere Fassung:

 Moja, Moja pfeife,
 Die Katze hat die Sch . . ße,
 Geht auch'n (hinauf) af das Müllerbach,
 Da fallt se och'n in groaß'n Bach;
 Noar (nachher) rinnt sie af Lorenzen,
 Die Tell'r zi schwänzen;
 Noar kimmt se af Pfalzen,
 Die Suppe zi salzen;
 Noar rinnt se af Brixen,
 Die Stiefel zi wichsen[1];
 Noar rinnt se af Klausen,
 Die Gitschen (Mädchen) zi lausen;
 Noar rinnt se af Boazen,
 Um an' Kreuzer Kloazen (gedörrte Birnschnitze);
 Noar rinnt se af Weißenstoan
 Und um Zwölfe die Nacht kimmt se hoam.

---

[1] Nämlich den geistlichen Herren der Bischofsstadt.

Dieses Liedchen ist so lang, daß wir hoffen dürfen, es habe sich endlich die Rinde vom Holze gelöst, nachdem sie der Junge noch mit der „befeuchteten" Hand aus Leibeskräften zu drehen gesucht, auf dem Knie „genudelt" und dazwischen hinein wieder geklopft hat. Das Herausziehen des Holzes muß vorsichtig gemacht werden, besonders wenn sich, wie es bei größeren Pfeifen der Fall ist, Astaugen daran befinden; denn die Rinde reißt leicht, und dann war die Mühe umsonst. Das herausgezogene Holz wird schnell wieder hineingesteckt und oben glatt abgeschnitten. Dann wird beim Mundstück das Schalloch ausgeschnitten, das Holz wieder herausgezogen und aus dem obersten Stück desselben das halbierte Zäpfchen fabriziert und eingefügt. Nun ist die Maienpfeife fertig. Das übrig gebliebene Holz steckt man unten mehr oder weniger weit hinein, je nachdem man einen helleren oder tieferen Ton erzeugen will. Man macht auch große Pfeifen, wobei oft zwei Buben beim „der Katz den Balg abziehen" zusammen helfen, welches Verfahren nicht selten, wenn der eine an der Rinde dreht und der andere am Holze zieht, zwei unfreiwillige Purzelbäume zur Folge hat. Solche große Pfeifen werden indes meist aus Hollunderzweigen gemacht und mit Löchern versehen; sie tönen tief wie eine Orgel. Will man einen zitternden Ton erzeugen, so schürft man die Pfeife inwendig mittelst eines Drahtes. Zum Schlusse will ich noch ein Maienliedchen anfügen, das mir „zu guter Letzt" vom wackern Schäflewirt in Feldkirch, Herrn Ant. Weinzierl, zugeschickt wurde. Es klingt zwar nicht sehr ästhetisch, aber wer wird naivem Kindermund etwas verübeln:

   Pfifa, Pfifa g'roth, (gerate)
   Bis der Bock in Stall goht,
   Bis er Gägele falla lot (läßt).

Die drei Eismänner.

Unter allen Wetterherren und Wetterfrauen, welchen der Landmann Einfluß auf die Witterung und damit auf das Gedeihen seiner Feldfrüchte zuschreibt, gelten die sogenannten „drei Eismänner" als die gewaltigsten und gefürchtetsten[1]. Es sind dies die drei Kalenderheiligen Pankratius, Servatius und Bonifazius, die auf den 12., 13. und 14. Mai fallen. Was ist gegen die Macht dieser „drei Azi", wie sie das Volk auch nennt, die Gunst oder Ungunst des „Heunässers" Medardi (8. Juni) und seiner Helfershelferin, der „nassen Gret" (20. Juli), was der Jagdherr Egydi, der die Witterung des ganzen September in der Tasche trägt; was die hochverehrten „Wetterherren" Johann und Paul (26. Juni) und der kettenumgürtete Roßpatron Lienhard, den die Bauern schon längst gern an die Stelle des lieben Herrgotts gesetzt hätten, „weil er doch auch was vom Vieh verstünde". Ja selbst der gewaltigste aller Wetterherren, der Ifinger Heilige Oswald, der noch im Namen das Erkennungszeichen des allwaltenden Asenhauptes Wodan trägt und dessen Ansehen so groß ist, daß an seinem Tage in der Meraner Gegend das Arbeiten auf dem Felde bei Strafe verboten ist — sein Nimbus erblaßt vor der kalten Majestät der „drei Eismänner", welche als heimtückische Nachhut des verjagten Winters in der blühenden Herrschaft des siegreichen „Maien" zurückgeblieben sind.

Ihr Name schreibt sich von der kühlen, ja oft eiskalten Witterung her, die um diese Zeit gewöhnlich herrscht, und deren Entstehungsgrund noch immer nicht vollständig aufgehellt ist. Gemeiniglich wird dieser Kälterückfall den Eis-

---

[1] Da ich diesen Gegenstand in meiner Arbeit über „Die Wetterherren und Wetterfrauen in den Alpen" (vergl. Zeitschrift des D. und Ö. Alpenvereins v. J. 1906) bereits ausführlich behandelt habe, kann ich mich, wie auch bei ein paar folgenden, kürzer fassen.

massen zugeschrieben, die im Mai von den Polargegenden gegen Süden treiben und durch ihr Schmelzen die Temperatur herabdrücken. In Norddeutschland heißen sie die „drei kalten Herren" und sind ebenfalls wegen ihres „frostigen" Hofstaates das Schreckgespenst des Landmanns und des Weinbauers. Mit kummervoller Miene wartet er, bis diese drei gefährlichen Tage vorbei sind, und sieht lieber den Himmel umwölkt oder das Tal voll Regen, als jene sternhellen, aber kalten Nächte, welche seine Jahreshoffnung mit dem verderblichen Reif umspinnen. Besonders im Süden der Alpenländer, wo die Rebenhügel um diese Zeit in voller Pracht stehen, sind diese „drei Azi" für den Bauer Gegenstand größter Aufmerksamkeit. Nacht für Nacht wird gewacht und gespäht, ob nicht die schützende Wolkenhülle plötzlich aufreiße und Frost eintrete.

Ist dies der Fall, so ist der Landmann auf den ersten Lärmruf aus den Federn, um dem grimmigen Blütenfeinde entgegenzutreten. In Steiermark wird die Gefahr durch Schießen angezeigt, in Südtirol und an anderen Orten durch Geläute von den Türmen. Wenn die hundert Zentner schwere Glocke von St. Paul, auf dem südlichen Mittelgebirge von Bozen, ihren weithin hörbaren Warnungsruf durch die Nacht sendet, dann beginnt in den gesegneten Weingeländen von Kaltern und Eppan und im Talkessel von Bozen ein reges Leben. Es geht das „Rauchmachen" an. Hiezu dienen die Abfälle der Reben, die man vom letzten Herbst und Winter vom „Rebschneiden" her hat, sowie das alte Wurzelwerk derselben. Diese bereits vorbereiteten Bündel, sogenannte „Rebschab" (Schaub) werden entzündet, damit der dicke Rauch, der sich aus diesem schlechten Brennmaterial entwickelt, über die Rebenhügel hinstreiche und die Pflanzen schütze. In Meran macht man sogenannte Schwelhaufen, das ist grünes Holz, das man in Brand setzt und durch daraufgeschüttete Erde noch langsamer zum Verbrennen bringt. Die Steiermärker und Kärntner haben ein ähnliches Verfahren; sie nennen es „Reifbrennen" oder „Reifheizen".

Am verbreitetsten ist die Sitte des Reifheizens im

Pinzgau. Sie besteht dort seit Jahrhunderten mit eigenen Vorschriften und Gesetzen für die Dawiderhandelnden. Der Aufruf zum „Reifheizen" wird „rottenweise", das ist nach Ortschaften, angesagt und um zehn Uhr nachts von allen Türmen durch ein förmliches Sturmläuten das „Brandzeichen" gegeben. Wer mit diesem Brauche nicht bekannt ist, glaubt inmitten eines Volksaufstandes zu sein. Sofort eilt jeder Hausbesitzer und Bauer auf die Felder und macht in richtiger Entfernung vom Gehöft aus dem mitgenommenen Holze Feuer an. Dieses wird mit altem Klaub- und Zaunholz, mit „Boschach" (Reisig), faulen Holzspänen, kurz mit allem, was Rauch macht, teils unterhalten, teils gedämpft. Bald umhüllt das Tal eine einzige Rauchdecke, der schirmende Mantel gegen den versengenden Sonnenstrahl des Morgens. Gewöhnlich weiß man mit ziemlicher Sicherheit die Zeit der Gefahr. Wenn im Mai längere Zeit schlechte Witterung eintritt, sodaß es auf den Bergen tief herab schneit, dann hellt sich leicht der Himmel abends oder über Nacht auf. Am meisten gefürchtet ist vom Volke der nach Mitternacht fallende sogenannte „kühle Tau", der sich in kleinen Eiszäpfchen an die Halme und Blüten hängt und den Kuß der Morgensonne nicht aushalten kann.

Sind aber einmal diese drei Tage überstanden, dann ist auch die Besorgnis des Landmanns vorüber. „Vor Servaz kein Sommer, nach Bonifaz kein Frost," sagt die Bauernregel. Leider ist dieses Sprichwort nicht immer verläßlich und der Volksmund läßt nicht umsonst jeden der drei Eismänner noch einen Sohn und einen Enkel haben, was so viel heißt, daß erst nach weiteren sechs Tagen der gefährliche Zeitpunkt zu Ende sei. Ich erinnere mich noch mit Wehmut an jene verderbenschwangere Nacht des 20. Mai 1876, welche mit einem Schlag fast den ganzen Blütenstand Steiermarks vernichtete. Kurz vorher war ich über die herrlichen baumübersäeten Gelände von St. Oswald wie durch einen Wald riesiger Blumensträuße hingegangen und hatte mich an der zauberischen Blütenpracht dieses Naturparkes erfreut. Nun folgten mehrere Regentage und am 20. Mai zog plötzlich

eine unheimliche eiskalte Sternennacht herauf. Der folgende
wolkenlose Maimorgen sah nur verbrannte Bäume und traurig
blickende Menschen. Die „Gfrier" ist d'rüber gekommen,
sagen die Bauern.

Um sich gegen solche Rückfälle möglichst zu sichern, haben
die klugen Etschländer sich noch einen eigenen Patron und
Wetterherrn für ihre Weingüter ausgesucht, nämlich den
heiligen Urban (25. Mai). Ein echter Weinbauer feiert
diesen Tag durch Festgewand und verschiedene Andachten.

St. Urban
Ist der recht' Mann.

Sein Bild wird als sogenanntes „Ferkulum" (Traggestell),
das entweder mit wirklichen Trauben, falls man noch solche
vom Vorjahr bekommt, andernfalls mit künstlich fabrizierten,
im feierlichen Zuge herumgeführt. Auch bei der Fronleichnamsprozession im Dorfe Tirol zieht St. Urban mit
und wird zum Zeichen der besonderen Verehrung eigens noch
um den sogenannten „Segenbüchel" herum in die Kapelle
getragen. An diesem Tage soll auch Flachs und Hanf ge-
säet werden.

Bittage.

Der Mai ist ins Land gezogen mit all seiner Pracht
und Herrlichkeit. Die Berglehnen und Höhen überzieht saf-
tiger Grasteppich, aus dem dunklen Tannenwalde leuchten
die hellgrünen Birken und die weißen Gebirgskämme und
Kuppen zeigen bereits arge Risse, ein Werk der mutwilligen
Frühlingssonne, die vom blauen Himmel recht schadenfroh
darauf herunterlacht. Auch das Tal prangt ihm zu Ehren
im schönsten Schmuck. Das Winterkorn ist bereits so hoch,
daß sich „ein Rabe darin verstecken kann", das „Langeskorn"
(das im Lenz gesäte Getreide) „spitzt" schon und überspinnt

mit den aufsprießenden Maispflänzchen die braunen Acker=
flächen wie mit einem grünen Schleier. Daneben dehnt sich
die Wiese, in deren üppigen Sammet tausend gelbe Schlüssel=
blumen und blaue Vergißmeinnicht eingestickt sind, während
die Kirsch= und Apfelbäume an Zäunen und Rainen in
weiß und sanftroter Blütenfülle emporstreben. Dazwischen
zwitschert und schreit der sanglustige Schwarm der wieder=
gekehrten Zugvögel, die im laubigen Geäste ihr luftiges
Sommerquartier aufgeschlagen. Auf sonnenwarme Mittags=
stunden folgen Nächte voll berauschenden Blütenduftes. Ein
blauer Tag reiht sich an den andern.

Da beginnt allmählich das frische Grün der Wiesen
gelb zu werden, die Gräser wollen nicht mehr in die Höhe
wachsen und an besonders sonnigen Stellen zeigen sich ver=
brannte Flecken. Wenn nun gar der austrocknende Süd=
wind kommt und von den brüchigen Erdschollen der Äcker
den Staub aufjagt, so zieht sich das Gesicht des Bauern
gewaltig in die Länge, denn es heißt:

> Mai kühl und naß
> Füllt dem Bauern Scheuer und Faß.

Ängstlich späht er hinauf zum „Wetterloch", ob sich nicht
Gewölk ansammle, oder schaut, ob das „Wettermannl" —
Felspartien, die bei kommendem Regen schwarz werden —
nicht das sehnlichst erwartete Naß bringe. Umsonst. Ein
Trost ist nur dies für ihn, daß die ganze Gemeinde seine
Sorge teilt und alsbald darauf bedacht ist, mit vereinten
Kräften dem Übel abzuhelfen.

Eines schönes Sonntags nach dem Frühgottesdienste
trifft der Vorsteher verabredetermaßen mit einem Mitgliede
des Gemeinderats auf dem Kirchplatze zusammen und beide
machen sich bedächtig auf den Weg zum Widdum. Die
Klingel ertönt, die Haustür öffnet sich und die Lisel, die
alte „Häuserin", steckt ihre spitze Nase heraus. „Wir hätten
ein Wörtel mit dem Herrn Pfarrer zu reden", lautete die
Anfrage. „Werd's dem Hochwürdigen gleich sagen, das

Essen ist so noch nicht fertig," brummt die Lisel und eilt in den Garten.

Draußen unterm Blütendach eines Kirschbaumes sitzt der geistliche Herr. Er ist soeben heimgekommen, hat sich den Schweiß der Tageshitze und Sonntagspredigt von der Stirne getrocknet und ein altes Brevierbüchlein aufgeschlagen. Auf die Meldung der Lisel begibt er sich in den Hausflur und führt die Bauern hinauf in das freundliche Zimmer im ersten Stock. Er hat das Anliegen, das ihm die zwei Vertreter der Gemeinde jetzt vortragen, schon vorher erraten. „Und drum tät' halt die Gemeinde schön ersuchen, daß sie morgen „mit dem Kreuz" nach Absam um Regen bitten gehen darf", schließt der Vorsteher seine Rede.

Der Pfarrer macht ein eigentümliches Gesicht. Er hat bereits während des Vortrages nach dem Fenster geschielt und dabei einen Blick über den an der Wand hängenden Barometer gleiten lassen. Kein Wölkchen am tiefblauen Himmel, das Quecksilber auf dem höchsten Stand. Wenn aber der Regenbittgang ohne Erfolg bleibt, dann ist es aus mit dem Kredit des himmlischen Vaters und auch mit seinem. „Lieber Vorsteher" beginnt nach einem Räuspern der Hochwürdige, „der fromme Sinn und das Gottvertrauen meiner anvertrauten Schäflein freuen mich wirklich von Herzen — aber ich meine doch, die Not ist noch nicht gar so arg — und man soll auch nicht „unehr"[1] sein gegen den lieben Herrgott und die göttliche Gnade nicht herausfordern. Wollen wir also noch ein paar Tage zuwarten, dann kann immerhin „mit den Kreuzen" gegangen werden, ich werde euch den Zeitpunkt zu wissen machen."

Ein, zwei, vier Tage vergehen. Am fünften Abends wollen der Lisel die Hennen lang nicht „aufsitzen", auch das Quecksilber im „Wetterglas" hat einen kleinen Ruck gemacht. „Jetzt mag's geschehen", denkt sich der Pfarrer und legt sich zur Ruhe. Am andern Morgen nach der Messe besteigt er die Kanzel und verkündet der harrenden Gemeinde, daß

---

[1] unziemlich, eigenmächtig.

morgen fünf Uhr früh der Bittgang stattfinde. Und siehe des Himmels Segen ruht sichtbarlich über dem Vorhaben der frommen Gemeinde, ja er kommt demselben fast zuvor, denn am Bittgangmorgen ist das Firmament bereits mit Regenwolken überzogen, so daß jeder der andächtigen Kirchfahrer das rote „Amprell" aus dem Winkel sucht, und kaum ist die Prozession am Ziele, so fängt es zu „platschen" an, daß es eine wahre Freude ist.

Diese Bittprozessionen, sowie überhaupt die meisten „Kreuzgänge" beginnen schon sehr früh, etwa um halb fünf Uhr morgens. Um diese Stunde begeben sich alle, die mitgehen wollen, in die Kirche. Hier liest der Priester entweder gleich die Messe, oder er spart sich dieselbe auch für das Ziel der Wallfahrt und erscheint sogleich im weißen Chorrock mit blauer Stola, begleitet von zwei lichtertragenden Ministranten. Nun nimmt der Meßner das in der Mitte der Kirchenstühle aufgesteckte Kreuz zur Hand; die Buben folgen mit kleinen Fahnen, wenn solche mitgenommen werden. Es ordnet sich rasch der Zug; voran das Kreuz, dann der Geistliche und hierauf Paar um Paar der lange Zug der Beter, erst die Männer, dann die Weiber. Die Kinder laufen mit, es geht überhaupt alles, was gesunde Füße hat oder nicht als notwendige Haushut daheim bleiben muß. Der Priester betet den Rosenkranz vor, die hinterdreingehende Gemeinde antwortet, wobei oft ein unerträgliches Geschnatter zutage kommt. Durch die Dorfgasse geht es hinaus in die Felder, oft drei bis vier Stunden weit, einer fernen Ortschaft zu, wie z. B. vom Tale Selrain nach Innsbruck. Dort hat der Meßner schon lang auf die Kommenden geharrt und begrüßt sie, sobald sie ihm in Sicht kommen, mit dem Geläute aller Glocken. Der Zug umgeht erst einigemale die Kirche und tritt dann in dieselbe ein, um die Messe zu hören, oder sonst ein Gebet zu verrichten. In größeren Ortschaften, wo die Bittgänge besonders feierlich begangen werden, wird auch Amt und Predigt abgehalten. Nach dem Gottesdienste zerstreut sich die Menge und sucht vor allem ein Wirtshaus auf, um die hungrigen Mägen zu erquicken.

Da geht es oft ganz lustig her, besonders wenn mehrere Bittgänge zusammentreffen.

Nachmittags wird der Heimweg angetreten. Dabei herrscht wenig Ordnung und noch weniger Andacht. Mancher der frommen Wallfahrer hat sich den Roten gar zu gut munden lassen und ist ganz weltkindmäßig beduselt, sodaß er sich in bedenklichen Schneckenwindungen bewegt. Die Inzinger sollen sogar einmal im Rausch das Kreuz vergessen haben. Überhaupt erzählt man sich von diesen Bittgängen eigentümliche Dinge, so z. B. die wunderliche Geschichte von den „Staner Fackeln"[1]. Im unterinntalischen Dorfe Stans erwartete man nämlich einen Wallfahrtszug aus einem Nachbardorfe. Um die Nahenden rechtzeitig mit Glockenklang zu empfangen, war einer „auf die Paß'" geschickt. „Jetzt kommen sie, jetzt kommen sie," hieß es alsbald und die Glocken läuteten, daß fast die Stränge rissen. Doch, o weh, es war ein Schweinetrieb, die Stanser hatten die „Fackeln" eingeläutet. Von dieser Zeit an führten sie den Spottnamen „Staner Fackeln", der ihnen manchen Ärger eintrug. Einmal trafen sie bei einem Bittgange mit den Vompern zusammen, die ebenfalls mit dem Kreuz nach demselben Orte gewallfahrtet waren. Die Vomper hatten es schon lange scharf auf die Stanser und streuten ihnen, um sie recht zu ärgern, Türkenkörner auf den Weg, wie man beim Schweinetreiben zu tun pflegt. Die Stanser aber waren auch nicht faul und schimpften die Vomper mit ihrem Übernamen „Rangger" (Maikäfer), der diesen wegen eines ähnlichen Lalenburger=Stückleins anhing. Der Streit entbrannte immer hitziger und schließlich erwuchs aus dem Bittgange eine allgemeine Keilerei, wobei sie auch mit den vorgetragenen „Herrgöttern" zusammenschlugen.

Außer den Bittgängen um Regen oder auch um schönes Wetter, wenn solches dringend gewünscht wird, welche Umzüge sich natürlich weder an Zeit und Ort binden, sondern nach dem jeweiligen Gutachten der Dorfvertretung angeordnet

---

[1] der, die und das Jack = Schwein.

werden, gibt es auch solche, die alljährlich an bestimmten Tagen abgehalten werden. Die Reihe derselben eröffnet die Prozession am St. Markustage (25. April). Dieselbe soll uralt sein. In manchen Alpengegenden glaubt man sogar, daß sie bereits in vorchristlicher Zeit bestanden habe, was naive Bauerngemüter durch die Behauptung bekräftigen, daß Christus selbst, als er noch auf Erden wandelte, diesem „Kreuzgang" gegen den „Abfraß" beigewohnt habe. Im Ötztale sucht man bis Georgi (24. April) mit dem Anbauen aller Feldfrüchte fertig zu sein; am Sonntag darauf bewegt sich dann eine feierliche Prozession durch die Felder. Dabei trägt man Kreuze und Fahnen und der Ortsgeistliche liest an schön verzierten Altären die vier Evangelien, wie bei der Fronleichnamsprozession. Brücken, Muhrraine und andere gefährdete Orte werden besonders gesegnet. Auffallend ist, daß hiebei neben den Altären Kranewitfeuer[1] entzündet und brennend erhalten werden, bis das Evangelium vorbei ist. Die Ötztaler sind aber mit diesem Hauptbittgange nicht zufrieden, sondern veranstalten noch einige Samstage hindurch einen solchen auf eigene Faust, d. h. ohne Geistlichen. Dabei geht man zu irgend einer nahen Kapelle und später in die Kirche zum Rosenkranz. An vielen Orten findet um Kreuz-Erfindung (4. Mai) eine Prozession statt. Den Schluß dieser allgemeinen Bittzeit im Frühling machen die Kreuzgänge in der „Bittwoche", d. i. am Montag, Dienstag und Mittwoch vor Christi Himmelfahrt.

Christi Himmelfahrt und Pfingsten.

Das Fest Christi-Himmelfahrt bildet eigentlich erst den vollständigen Schluß der Osterzeit; denn während der fünf seit dem Osterfeste verflossenen Wochen steht auf dem Altare der Dorfkirche noch immer der „Auferstandene", bis er am

---

[1] Kranewit = Wacholder (juniperus).

„Auffahrtstage" in einer der Karsamstagszeremonie ähnlichen Feier unter Sang und Klang zum Himmel emporsteigt.

Diese Himmelfahrt wird an vielen Ortskirchen bildlich dargestellt, d. h. man zieht ein Christusbild empor und läßt es durch eine Estrichlücke verschwinden, eine Hauptfreude für alle Kinder.

Zur Mittagszeit, gewöhnlich um 12 Uhr oder 1 Uhr, ruft das Geläute aller Glocken die Andächtigen in die Kirche; wer aber einen „guten Platz" haben will, wo man „etwas sieht", mag sich schon eine geraume Weile früher auf die Beine machen. Manche wohlstehende Bäuerin gibt auch einem armen Weibe einen „Sechser" und läßt für sich und das Hansele oder Moidele einen Platz aufbehalten. Die bezahlte Beterin pflanzt sich dann recht breit in einen Stuhl und legt rechts und links neben sich ein Gebetbuch, um zu zeigen, daß diese Plätze ebenfalls in Beschlag genommen seien, zu nicht geringer „Galle" minder begünstigter Kirchenbesucher. Nach und nach wird die Kirche zum Erdrücken voll, sämtliche Kinder des ganzen Tales, die sonst nicht regelmäßig zum Gottesdienste kommen, sind heute gegenwärtig und sitzen oder stehen erwartungsvoll auf Stühlen oder erhöhten Plätzen. Alle Blicke schauen nach dem weißüberdeckten Tische, der gerade unter einer Öffnung des Kirchenplafonds aufgestellt ist. Ein hölzernes Bild des auferstandenen Heilands, von Engeln umgeben, steht darauf.

Unterdessen brennt die Mittagssonne glühend durch die Fensterscheiben und erzeugt, verbunden mit der Ausdünstung der Menschenmenge, eine drückende Schwüle in dem engen Raume. Die dicke Sternwirtin wischt sich „einmal ums andere Mal" den Schweiß vom Gesichte, da und dort hört man das Lallen eines Kindes, dem es unbehaglich wird — endlich erscheinen die Geistlichen in weißem Chorrock, begleitet von Ministranten und schreiten auf den Tisch zu. Der Priester segnet und weiht nun das Christusbild, hebt es empor und unter Orgelton und Glockenklang schwebt es langsaman einem Strick mit den begleitenden Engeln aufwärts. Die Kinder gaffen sich fast die Äuglein aus und

auch das erwachsene Volk folgt mit aufmerksamen Blicken
der Figur, um zu spähen, wohin dieselbe vor dem Ver=
schwinden das Antlitz wende. Diese Himmelsgegend gilt
für den beginnenden Sommer als diejenige, von der alle
bösen Donner= und Hagelwetter kommen.

In Reit bei Rattenberg hatte ehemals der aufgezogene
Heiland einen Apfelbaumast in der Hand, an dem Apfel
und Bilder hingen. Während er aufstieg, kamen ihm von
oben herabschwebend zwei Engel entgegen. Sobald er in
der Öffnung an der Decke verschwunden war, wurden aus
derselben Bildchen und Äpfel in die Kirche herabgeworfen,
welche von den Glücklichen, die sie erhaschten, als geweiht
und wunderkräftig lange aufbewahrt wurden.

Eine interessante Beschreibung der einstigen Himmel=
fahrtsfeier gibt uns P. Cölestin Stampfer in seiner „Chronik
von Meran". In der Kirchenordnung der St. Nikolaus=
Pfarrkirche vom Jahre 1559 heißt es nämlich vom Himmel=
fahrtsfeste: „früh umb 5 Uhr zeuch Wasser aufen auf die
Kürchen ain Yhrn voll und die Engelen, darnach die Sayler
aufen zu der Auffahrt. Und nach Essens nimb 2 Stattlen
mit Oblat, ain groß und ain kleine für die Schüeler, die
anderen für Pauren. Umb 2 lait zamen, so mueß man die
Engelen aber lassen auf und Nider, und Ablat aherwerfen
und Feuer, darnach Wasser darauf ahergießen, darnach gehen
die Pueben mit Stangen ausen, darnach die Prüester mit
Khormäntlen." Alle diese zogen hinab zum St. Nikolaus=
altar, bei welchem die Non bis zum Kapitel gesungen wurde.
„Wann sy gar gesungen, so müssen die Khnaben voran geen
mit stangen zum weichprunstain und undtern Loch, das ain Pankhl
da sey, so stellt der verkhinder unsern Herrn darauf. Und
so sy die Respons haben gesungen, so hebt man unsern Herrn
3 mal auf, und die Engelen Immerdar auf und nieder; so
unnser Herr aufen Ist, so zintet man werch an, werfen aher
Oblat und Kösten und giesen. Darnach trag ain Tuech auf
auf die Kanzl und so predigt man."

Statt der etwas gefährlichen Himmelsflammen, die man
mit Wasser mühsam löschen mußte, fällt im Dorfe Arzl bei

Innsbruck ein Regen von „Büscheln" (Blumensträußen) auf die Köpfe der Andächtigen herab. Die Kinder heben dieselben auf und tragen sie nach Hause. Rührend und sinnig ist die Feier in Wattens im Unterinntale, wo jedes der Kleinen ein Kränzchen mit in die Kirche bringt. Wann dann die Engelschar tief herabgelassen wird und den Heiland umkreist, so langen sie mit ihren Ärmchen danach und hängen ihre Gabe an einen Arm, Fuß oder Flügel der tanzenden Himmelsgeister. Der große „Buschen", den der „Auferstandene" nebst der weißroten Osterfahne in der Hand hält, ist ein Geschenk der Frau Wirtin, die sich diese Ehrenpflicht nicht nehmen läßt. Er wird mit hinaufgezogen und dann von den zwei Burschen, welche die kunstgerechte Auffahrt besorgen geteilt. Diese sind darauf nicht wenig stolz und brüsten sich damit auf dem Dorfplatze.

Schlimm soll es bei der Auffahrtsfeier einmal den Hallern ergangen sein. Als nämlich das hölzerne Bild bei Trompeten- und Paukentusch emporkreiste, riß das Seil und — o Schreck! die Gestalt lag in Stücke zerbrochen auf dem Steinboden der Kirche. „Auffi (hinauf) muß er" denkt sich der im Estrich hantierende Meßner, läuft schnell in die Sakristei um einen Kübel, gibt die Stücke hinein, bindet das Seil daran und läßt vor den Augen der freudig bewegten Menge den Herrgott im Kübel gen Himmel fahren. Von dieser Zeit an führen die Bewohner der Stadt Hall den Spottnamen „Haller Kübel".

Der Auffahrtsfeier geht im Dorfe Schlanders in Vintschgau eine Prozession voran, bei der man das Bild des Heilandes auf einer „Fetkel" (Trage) durch das Dorf trägt, wohl um Gedeihen für die wachsende Saat zu erbitten. Für das irdische Wohl der Menschen aber scheint man diese Zeit als nicht günstig zu betrachten; der Volksglaube sagt, ein da getrautes Paar müsse bald sterben. So prophezeit man wenigstens in Obernberg (Wipptal).

Pfingsten, das Fest der Freude, wie es Uhland nennt, ist in Tirol ärmer an Gebräuchen, als man erwarten möchte. Der Vorabend wird durch eine tüchtige Portion „Maibutter"

gefeiert, welche als besondere Köstlichkeit auf den Nachttisch
kommt. Diese Maibutter — geschaumtes Obers oder halb=
geschlagene Butter mit Zucker und Zimmt bestreut — ist eine
beliebte Leckerei der Städter, deren man an schönen Tagen
ganze Züge meistens aus Personen weiblichen Geschlechtes
und Kinder bestehend, nahen Dörfern und Gehöften zu=
wandern sieht. Die Bauersleute selbst tun sich nur einmal
mit dieser schaumigen Speise gütlich und zwar, wie bereits
gesagt, am Pfingstsamstag. Nach dem Nachtessen gehen die
Burschen der Meraner Gegend „Maibutter ausschnöllen",
d. h. sie knallen mit großen Peitschen um die Wette, oft
bis gegen Mitternacht. Dieses Peitschenknallen scheint ein
Ueberbleibsel der ehemaligen Pfingstritte zu sein, jenes beliebten
Frühlingsfestes, welches einst in ganz Deutschland mit
großer Pracht unter Beteiligung von Jung und Alt aller
Stände gefeiert wurde. Heutzutage finden nur mehr in
Schwaben Pfingstritte statt, freilich jenes mittelalterlichen
Glanzes entkleidet. Tirol, sonst ein wahres Schatzkästlein
für derartige alte Bräuche, weiß nichts davon, ebensowenig
vom Tanz um den Maibaum und von der Maikönigin.
Statt die Häuser geliebter Mädchen mit grünen Birken zu
verzieren, wie es in Norddeutschland Sitte ist, machen sich
die Tiroler Burschen am Pfingstsonntag, ähnlich wie am
Ostermontag, einen Spaß ganz anderer Art, der übrigens
jetzt auch schon ganz abgekommen ist. Sie verüben nämlich
allerlei Bubenstreiche, stecken z. B. einen Rauchfang voll
langer Stangen, hängen ein Schaff voll Wasser ober der
Haustür auf, so daß der Bauer, wenn er in der Frühe
ahnungslos herauskommt, über und über begossen wird, oder
leiten gar den Brunnen ins Haus, daß dieses voll Wasser
steht. Nicht wahr, recht gemütlich! Das Spätaufstehen
am Pfingstsonntag gilt wie überall so auch in Tirol als
Schande. Jeder eilt aus den Federn zu kommen; der Un=
glückliche, dem es passiert der letzte zu sein, wird als „Pfingst=
dr...." oder „Pfingstknödel" den ganzen Tag über aus=
gelacht und verspottet. An andern Orten heißt der Betreffende
„Pfingstzol", was mit dem erstgenannten Ehrentitel ziemlich

aufs Gleiche herauskommt. Sogar das Wirtshaus verwandelt sich für den armen Ertappten zum Fegefeuer, obwohl es sonst dort besonders lustig zugeht. Um Pfingsten gehen nämlich die Bauern allenthalben dorthin, wo ein guter Tropfen fließt. Bringt es als großer Lostag einen blauen Himmel, so trägt es schon ein paar Halbe Roten, denn das schöne Wetter verspricht eine gesegnete Ernte. Ein regnerischer Pfingstsonntag hingegen verregnet, wie das Sprichwort sagt, die halbe Nahrung und verbirbt noch dazu den Naschmäulern die „Schnabelweide", das sind Erdbeeren „Moosbeeren", und Kirschen. Unter so bewandten Umständen begnügt man sich denn, einige „schofle" Krügel Bier zu trinken.

Die kirchliche Feier des Pfingstfestes besteht außer dem vormittägigen, mit besonderem Pomp abgehaltenen Gottesdienst in einem Vorgange, welcher der oben beschriebenen Himmelfahrt etwas ähnelt. Es wird nämlich die Herabkunft des „heiligen Geistes" ebenfalls bildlich dargestellt. Wie bereits gesagt, befindet sich in der Decke der meisten Dorfkirchen eine runde Öffnung, das sogenannte „Heiliggeistloch", und durch eben dieses wird am Pfingsttage der „heilige Geist" herabgelassen. Unter letzterem versteht man ein hölzernes Rad von ungefähr 46 cm im Durchmesser, an dessen unterer vergoldeter Fläche die Taube mit ausgespannten Flügeln angebracht ist, gewöhnlich das Erzeugnis eines Dorfgenie's oder eines Schnitzkünstlers aus dem Grödner Tale oder aus Fassa, deren Bewohner sich mit dieser Beschäftigung manches Stück Geld verdienen. An den vier Hauptstrahlen sind große Rauschgoldbüschel befestigt. Während nun auf dem Chore das „Veni creator spiritus" in klassischem Latein oder in schulgerechter Uebersetzung abgesungen wird, richten sich aller Augen nach der bedeutungsvollen Estrichlücke. Endlich öffnet sich dieselbe und der „heilige Geist" wird sichtbar. Langsam senkt er sich nieder, wobei das Seil, das ihn hält, in eine kreisende Bewegung gesetzt wird. Diese vergrößert sich natürlich, je tiefer die Taube sinkt, bis sie endlich unmittelbar über den Köpfen der andächtigen Menge hinschwebt. Das kunstgerechte „Herabwerfen" oder Schwingen des „heiligen Geistes" ist nicht so leicht, als man denken möchte, sondern erfordert eine eigene geschickte Handbewegung, die der Meßner schon lange vorher einübt, um bei diesem Ehrenamte würdig sich auszuzeichnen.

In früherer Zeit stellte man die Sache noch anschaulicher dar, indem man eine wirkliche Taube durch die Lücke herausließ, die sich dann in natürlichem Antrieb auf oder hinter den Hochaltar flüchtete. Aus welchem Grunde man diese Darstellungsweise für nicht mehr zeitgemäß hielt, verschweigt die Geschichte; genug, man ist davon abgekommen. Aber ein ergötzliches Histörchen erzählt man sich noch davon, für das die armen Stilfser den Sündenbock abgeben müssen. Es war Pfingsttag und die andächtige Menge gaffte schon lange mit offenem Munde nach der bewußten Plafondöffnung. Schon war gewiß zum sechsten Male das bekannte Lied gesungen worden:

> Komm, Komm,
> Komm, Heiliger Geist,
> Mit deinen sieben Gaben all,
> Bewahr' uns vor dem Sündenfall.

Umsonst! Der „heilige Geist" wollte nicht erscheinen. Schon ging ein äußerst bedenkliches Murren durch die harrende Gemeinde. Endlich öffnete sich die Lücke, aber, o weh, statt der Taube steckte der Meßner seinen bärtigen Kopf heraus und rief mit angsterstickter Stimme:

> „Singt it (nicht)
> Er kimmt it,
> Die Katz hat'n g'freßa."

Mag nun dieser beklagenswerte Fall sich ereignet haben oder nicht, sicher ist jedenfalls, daß wir in so schnurrigen Überlieferungen keineswegs eine Mißachtung der Religion und der kirchlichen Gebräuche, sondern nur Ausflüsse des derben Volkshumors und der angeborenen Spottsucht des Tirolers zu erblicken haben, welche selbst das, was ihm sonst das Heiligste ist, in ihren Kreis zieht.

Auffahrt zur Alpe.

Wenn die Speiern[1] und Schwalben ins Dorf kommen, hört man schon allenthalben singen:

> „Jetzt kommt bald die schöne Frühlingszeit,
> Wo man d'Küh'le auf d'Alm auffi[2] treibt".

oder weil diese festliche Auffahrt gewöhnlich am Veitstag (15. Juni) stattfindet:

> „Veitstag bricht an,
> Wo man auf d'Alm fahren kann."

Allmählich fangen die Auen und Wiesgründe voller und üppiger zu grünen an, die Saat sprießt und in den blühenden Obstbaumgärten schlagen die muntern Finken. Da kommt eines schönen Tages der Alpenhirt, der während des Winters bei einem Bauer Fütterer gewesen, läßt die Kühe aus dem Stall und treibt sie zum erstenmale auf die Gemeindeplätz=Atzungen zur Weide.

Ein solcher erster Viehaustrieb ist natürlich ein Fest für das ganze Dorf, vorzüglich aber für die Buben, welche von diesem Ereignis schon den halben Winter hindurch phantasiert haben. Die Kühe, der langentbehrten Freiheit froh, setzen in mutigen Sprüngen schellenklingend durch das Dorf und, sind sie erst auf der freien Wiese draußen, so senkt jede kampflustig ihre Hörner und mißt ihre Stärke mit der andern. So ein Zweikampf ist nun jedesmal ein Hauptspektakel für die Jungen. Der Sepp prahlt mit seiner Braunen, der Jörgl aber will es nicht gelten lassen und wettet sogar den neuen Silbersechser, den er erst vorigen Sonntag vom „Göth" (Paten) bekommen, daß seine „Tscheckete" den „Stafel" (Sieg beim Zweikampfe) haben werde. Nun wird hin= und hergestritten, Parteien bilden sich und der glückliche Besitzer der

---

[1] Spierschwalbe (hirundo apus).
[2] Aufhin = hinauf.

siegenden Kuh läßt sich von seinen Kameraden bejubeln und beneiden, wie ein Feldherr nach gewonnener Schlacht, während jener, der die Wette verloren, ein essigsaures Gesicht schneidet. Indes die erlittene Schmach ist bald wieder vergessen und wenn es gilt, ein lustiges Spiel oder einen tollen Streich auszuführen, so ist die ganze Rotte einträchtig dabei. Da werden Vogelnester gesucht und ausgenommen, der Kuckuck nachgeäfft, dann wieder mit Steinen „gewatschelet" und wie diese ländlichen Bubenvergnügen alle heißen. Zur Abwechslung zieht ein Hungriger sein Stück Schwarzbrot aus dem Sack und beißt herzhaft hinein; es schmeckt trefflich, besser als fette Nudeln und Nocken, mit welchen sich unterdessen Eltern und Geschwister beim heimatlichen Mittagstisch gütlich tun. Erst abends kehren die Buben mit Hirt und Heerde heim, wobei sie dem ersteren noch fein ordentlich die Kühe nach Hause treiben helfen. Es gewährt ein recht hübsches Bild, wenn eine solche Rinderheerde mit Schellenklang, gefolgt vom Hirten und den barfüßigen jauchzenden und schnalzenden Jungen in das friedliche Dorf einzieht, während die Männer und Burschen plaudernd und pfeifenschmauchend auf den Hausbänken sitzen, um nach der Tagesarbeit Rast zu halten. Die Ankömmlinge bringen natürlich einen Heidenappetit mit. Die Buben stürmen in die Küche und erbetteln von der Mutter einen frischgebackenen „Küchel"; der Hirt setzt sich an den Stubentisch, wo alsogleich die dampfende Suppenschüssel aufgetragen wird. Er bekommt nämlich nach der „Rod" (Reihe) bei den Bauern die Kost.

So geht es einige Wochen fort. Immer heller und verlockender leuchten die Mähder und Almplätze von den Bergen herunter, bis endlich der ersehnte Tag der Almauffahrt heranrückt.

Unterdessen wird auf der Alpenhütte alles zum Empfang der zwei- und vierbeinigen Gäste hergerichtet. Im Oberinntal, wo es größtenteils Gemeindealpen gibt, nimmt man die Sache besonders genau. Die Gemeinde entsendet eine Kommission, an ihrer Spitze den „Bergmeister", der die ganze Almwirtschaft zu überwachen hat, zur Besichtigung aller

Räumlichkeiten und Vorrichtungen. Da werden die Zäune, die sich um den Hag herum oder an anderen gefährlichen Stellen befinden, sorgfältig ausgebessert, die Geräte und Milchgeschirre geordnet und in gehörigen Stand gesetzt. Ferner düngt man die sogenannten Nachtgampen mit dem Mist, der vor der Almhütte oder, wie man in jener Gegend sagt, „Taie" aufgeschichtet liegt. Ein Mann, derselbe, welchem später das Amt eines „Grashirten" obliegt, bleibt schon jetzt auf der Alpe, um Holz herbeizuschaffen und das „Geziefer" (Ziegen und Schafe) von den Grasplätzen fernzuhalten.

Am Vorabend des Veitstages endlich begibt sich der Bergmeister auf den Kirchplatz, wo der tägliche Abendrosenkranz die Dorfbewohner versammelt und kündigt kurz und bündig an: „Morgen früh fahrt man ab." Nun gibt es in jedem beteiligten Hause Arbeit in Hülle und Fülle. Vor allem packt die Hausfrau die Lebensmittel für die Sennleute in einen Korb oder Sack. Es besteht nämlich die Vorschrift, daß jede Partei ein nach der Anzahl der Kühe berechnetes Anteil von Mehl, Brot, Salz und Hülsenfrüchten zur Verköstigung des Sennvolkes auf die Alpe schaffen muß. Diese Versorgung mit Zehrbedarf geschieht zweimal, am Tage der Auffahrt und später beim ersten „Abtragen", d. h. wenn der erste Teil des Alpennutzens in das Tal geschafft wird. Auch die Buben machen sich mit ungewohnter Geschäftigkeit zu tun. Sie suchen auf der Bodenkammer die Stricke und großen Kuhschellen (Klumpern) zusammen und lärmen damit Tür aus, Tür ein. Schöne „Klumpern" zu haben, ist der Stolz des Besitzers. Der Bauer aber geht in den Stall, wo seine lieben Kühe zum letztenmal der Nachtruhe pflegen und gibt ihnen die „Mieth" zu fressen, d. i. geweihtes Mehl mit Salz vermengt, damit sie auf der Alpe kein Unglück treffen möge.

Ähnlich, nur viel großartiger, sind die Vorbereitungen zur Auffahrt im wohlhabenden und vielgesegneten Unterinntal, wo fast jeder bessere Bauer seine eigene Alpe besitzt und einen Stolz darein setzt, sein lebendes Kapital in würdiger Weise aufmarschieren zu lassen. Wollen wir die Auffahrt mit ansehen, so müssen wir uns mit den Andern zeitig zu Bett begeben. In der Kammer, wo Bauer und Bäuerin schlafen, ist so schon alles dunkel, auch bei den Dirnen und Knechten rührt sich keine Maus mehr; nur am äußersten Fenster, wo die schmucke Burgel ihre „Liegerstatt" hat, wispert und pispert es noch eine gute Weile.

Ein herrlicher Junitag dämmert durch das Tal herauf. Reine kühlende Lüftchen streichen über das tauige Gras und am blaugrauen wolkenlosen Himmel steht noch der glänzende Morgenstern. Schon vor dem ersten Hahnenschrei spürt man im Hause eine gewisse Lebendigkeit. Durchs Küchenfenster leuchtet heller Schein und aus dem Schornstein wirbelt dichter Rauch mit kleinen Fünkchen, die wie Johanniskäferchen über das Dach fliegen. Die Bäuerin steht am Herd und kocht das Beste, das sie hat, nämlich Küchel, wie solche sonst nur der Kirchtag bringt, und die köstlichsten Nocken. Der Bauer zieht zu Ehren des Tages bessere Kleider an und eilt mit leuchtendem Gesicht zum Stalle, um beim Vieh nachzusehen. Hier geht es ebenfalls schon laut und geschäftig. Die Kühe werden beim Scheine der Laterne gemolken und die großen Glocken und Schellen mit den prächtigen Riemen in Bereitschaft gestellt. Vor dem Hause steht das „Almwagerl", auf dem sich die verpackten Lebensmittel, Almgeräte, auch Kleider, Decken und dergleichen für die Sennleute befinden.

Unterdessen sind ein paar Stunden vergangen, die Sonne strahlt in goldener Pracht am östlichen Himmel und die Kirchturmuhr schlägt die sechste Morgenstunde. Nun setzt sich der Bauer samt seiner ganzen Familie, der Senn, die Hirten und jene Knechte, welche die Heerde der größeren Sicherheit halber begleiten müssen, an den großen Stubentisch zum Ausfahrtsfrühstück, bei dem nebst den benannten Kirchtagsspeisen noch rahmige Milch mit — was eine Seltenheit ist — weißen Semmeln aufgetischt wird. Zum Schluß macht jeder einen tüchtigen Zug aus der gefüllten Schnapsflasche. Hierauf wird Abschied genommen. Die Bäuerin und die Töchter des Hauses verehren den Almfahrern riesige „Reisebüschel" von Frühlingsblumen oder gar Rosmarinsträußchen, dort und da mit „Taglgold" (Büchelgold) beklebt, zu welchen in Ermangelung natürlicher künstliche Röschen, „Wienerröslen" genannt, gebunden sind und schmücken ihnen damit die Hüte. Darauf drückt man sich mit einem herzlichen „Wünsch' Glück und b'hüt' Gott so" die Hand. Der Stall wird geöffnet, die Kühe springen mit lautem Schellengeklümper und Glockengetön heraus und der Zug setzt sich in Bewegung. Bauer und Bäuerin bleiben unter der Haustüre stehen und schauen den Scheidenden nach, bis sie dem Auge entschwinden.

Dem Zuge voran schreitet als Führer pfeifend und jodelnd der Senn. In der Rechten hält er einen künstlich geschnitzten Bergstock, auf dem Rücken trägt er eine Kraxe, auf der das schön bemalte „Trücherl" prangt, welches seine Habseligkeiten birgt. Hinter ihm geht die schöne „Leitkuh", welche schon ein paarmal auf der Alpe war, daher den Weg kennt. Ihr folgen die Milchkühe nebst einem oder zwei Stieren. Sie alle haben gestickte Riemen um den Hals, an denen tönende Glocken oder große „klumpernde" Schellen baumeln. Die Stiere müssen nebstdem die Ketten tragen. Hierauf kommt das Galtvieh, Kälber, Schafe und Ziegen, welche ein beigegebener Knecht in Zucht und Schranken halten muß, dann die grunzenden Schweine und endlich zum Schluß das wohlbepackte Almwagerl. An manchen Orten machen die Ziegen den Anfang des Zuges, weil sie gerne voran sind und sehr schnell gehen. Die Ordnung wird streng eingehalten, nur der muntere Spitz hat davon Erlaß und schnobert bald links bald rechts herum. Oft begleitet der Bauer mit seinen Buben das Vieh noch eine Strecke, bis der eigentliche Alpenweg beginnt, wo er Abschied nimmt und seinen Schatz noch besonders eindringlich der Obsorge empfiehlt. "Schaugt's ma", sagt er, „daß All's wieda g'sund hoam kimmt".

Sobald man aus dem Bereich der Wohnungen gekommen ist, nimmt man dem Alpenvieh die schweren Glocken ab. Gewöhnlich werden sie in einem bekannten Hause bis zur

Rückkehr zur Verwahrung gegeben. Die kleinen Schellen aber behält man. Von da an bewegt sich der Zug freier, der Senn sieht nicht mehr so genau auf Ordnung, und hält an geeigneten Stellen öftere Rast.

So gelangt man endlich auf die „Vorasten" und „Niederleger", wo das Vieh die ersten Wochen der Almzeit zubringt, bis es mit dem Fortschreiten des Pflanzenwuchses zu den oberen Almen, den sogenannten „Hochlegern" aufrückt. Es sind nur ein paar niedrige Hütten von Holz, manchmal auch von Stein, mit kleinen Fensterchen und einem Dach von großen Schindeln mit Steinen beschwert. Die Tür ist mit ein paar Brettern notdürftig geschlossen, denn hier gibt es keine Schätze zu stehlen. Neben der Hütte befindet sich oft ein umzäunter Platz für Schweine oder Kleinvieh und nicht weit davon ein Brunnen mit weitem Trog zur Tränke. Ebenso einfach ist auch die Einrichtung der Alpenhütte, die oft kaum so hoch ist, daß man aufrecht darin stehen kann. In einer Ecke liegt die Herdgrube mit einem beweglichen Tragbalken zum Aufhängen des Käsekessels. Einige Gestelle, auf denen der Senner die Käseformen zurecht legt, ein Pfannenholz mit ein paar rußigen Pfannen, ein notdürftig gezimmerter Tisch, mit Sitzbank — das ist die ganze Einrichtung. Mehr Sorgfalt wird auf den Milchkeller verwendet; er ist der Stolz des Senners. Oft befindet er sich halb in den Boden eingegraben, oft sprudelt auch eine frische Quelle darin, die immer Kühlung verbreitet.

Das sind nun freilich die Sennhütten einfachster Art, gewöhnlich auf Kleinalmen, die nur den Auftrieb einer beschränkten Anzahl von Kühen gestatten. Auf großen Nieder- und Hochlegern befindet sich oft eine ziemliche Reih von Hütten, besonders auf den großen Gemeinde- und Gesellschaftsalpen des Unterinntals und Pustertals. So hat z. B. die Hochlizum auf dem breiten Kar zwischen Wattental und Lavis zehn Kaserhütten, zwanzig Viehhäge und zehn bis zwölf Sauhäge. Nicht weniger wird die große Zemm im Achental besitzen. Diese Hütten bilden oft ein förmliches Alpendorf, das auf der grünen Matte ganz malerisch daliegt, vorzüglich

wenn eine Kapelle oder ein altes Wetterkreuz als Staffage
dient. Eine solche Ansiedlung, mitten hineingestellt in die
großartigste Alpenlandschaft, ist der „Nenzinger Himmel" in
Gamperdona, einem Seitentale des vorarlbergischen innern
Walgau. Freilich weiden auf den saftreichen „Pleißen" und
Triften anderthalbtausend Stück Vieh.

Wir können von der Alpe nicht Abschied nehmen, ohne
zuvor noch der „Almsprüche" zu gedenken, welche an der
Innen= oder Außenseite mancher Sennhütte angebracht sind.
Leider ist auch diese Sitte, gleich den Hausaufschriften, dank
der immer mehr um sich greifenden Niederreißungswut gegen
alles Hergebrachte im Absterben begriffen und man muß
jetzt schon froh sein, wenn man bei derlei Nachfragen vom
betreffenden Sennen nicht ausgelacht wird. Diese Sprüche
sind nicht immer durch die Schrift festgenagelt, sondern
laufen häufig nur so im Volksmund um; wo sie erhalten
sind, findet man sie entweder über der Eingangstür oder
an einem Pfahl oder innen, gewöhnlich an der Tür zum
Milchgaden. Meistens enthalten sie eine zutreffende Charak=
teristik der Lage und Gegend, in der sich die Alpe befindet,
oder sie berichten oft mit Lob oder beißendem Spotte von
dem reicheren oder geringeren Erträgnis derselben. So
heißt es von der herrlichen Alpe Klausen in Brandenberg:

> In der Klausen
> Thut der Kübel brav sausen.

Den gleichen Spruch führt die Alpe Klausen im Zemmgrunde.
In diesem reizenden Seitentale des Zillertales hat fast jede
Alm ihren Denkspruch. Zuerst kommt Kaselar:

> Z'Kaselar wär 's schon fein,
> Wenn man nit müßt' tragen
> Das Schmalz von außen herein.

Den Grund des Spottreimes auf diese Alpe, die ohnehin
schon einen etwas bedenklichen Namen führt, werden wir
gleich hören. Nach kurzem Wege kommen wir nach Breit=
lahner. Auf dieser Alpe, die den Spruch führt:

Breitlahner,
Schottensamer[1],

weil sie wegen ihrer schlechten Weide wenig Butter aber desto mehr Schotten erzeugt, befindet sich die Hauptniederlage der Älpler in der Zemm, d. h. von allen acht Alpen in diesem Tale, darunter Schwarzenstein, Waxegg, Grawand, fließen hier die Erzeugnisse an Butter, Käse und Schotten zusammen. Die Melker oder Hirten tragen gewöhnlich jeden zweiten oder dritten Tag die Vorräte der letzten Tage dahin. Von da werden sie durch einen eigenen Träger ins Tal befördert, d. h. der Käse; denn Butter und Schotten wurden wenigstens früher schon von der Alpe aus weiter verkauft. Dieser eben genannte Umstand gab auch Veranlassung zum Spruche der zweitnächsten Alpe, nämlich Grawand. Er lautet:

Z'Grawand
Ist der Schinder bei der Hand.

Der Grawander „Schinder" ist nämlich der steile Bergrücken, der genannte Alpe von Breitlahner trennt und über den die Melker, wie wir hörten, jeden zweiten Tag die Last dahin bringen müssen. Nimmt man das Erträgnis von beiläufig dreißig Kühen, so wird von einem Zentner nicht viel fehlen, den sie zu schleppen haben, und man begreift, warum diese steile Anhöhe „Schinder" heißt und warum die Älpler von Grawand ihn in ihrem Denkspruche verewigten. Dann kommt die Alpe Waxegg:

Z'Waxegg
Gibt's kleine Butter
Und große Schotten.

Der gleiche Grund wie bei Breitlahner. Die Alpe Schwarzenstein, die höchstgelegene des Zemmgrundes, hat den Denkspruch:

---

[1] samen entweder langsam rühren oder auf Saumtieren fortschaffen, saumen.

> Z'Schwarzenstein
> Kleine Wadel, große Bein
> Und Enkel (Knöchel) wie die Zentnerstein.

Man sieht, bloß der Zemmgrund gibt schon eine ganz einträgliche Lese von derlei Sprüchen. Von der Alpe Schönbichl im Schartental geht der Spruch:

> Z'Schönbichl ist den Kühen wohl
> Und wohl aa' dem Kübel,
> Den Melchern aber übel,

weil die Weide gut ist, die Melker aber viel Arbeit haben. Ebenso heißt es von der Alpe Sattl:

> Auf Sattl
> Gehn d'Melcher sell (selbst) mit der Gschpattl (Schachtel).

Sonst pflegen Bettler, die die Almen abstreichen, in Schachteln ihr Erbetteltes zu sammeln. Noch einen aus der Floite im hintern Zillertal will ich hersetzen:

> Farbeneben
> Haben s' die Muspfannen vergeben,
> Aft (nach, hinter) Gunkl
> Haben sie s' wieder 'fund'n.

Auf welches denkwürdige Ereignis sich dieser Spottreim bezieht, konnte ich nicht ermitteln.

Mit solchen Denksprüchen sind sehr häufig auch die innern Räume der Sennhütte verziert, sowie auch mit andern, die religiöser Natur sind, z. B.:

> Dem Senn und Vieh auf Wegen
> Gibt Gott der Herr sein' Segen.

oder:

> Der Herr laßt wachsen für das Vieh
> Das Gras auf hohen Bergen,
> Es muß auch hier auf dieser Alp
> Viel Vieh erhalten werden.

Gerade vielsagend ist dieser Reim nicht, oder:

Gesundes Vieh und gute Weid'
Gibt schweren Kas und viele Freud'.

oder:

Man sammelt einen schönen Nutz (Alpennutzen)
In dieser Vorratskammer,
Bewahre sie, o großer Gott,
Vor Einbruch, Feuer, Jammer.

Diese aufgezählten Denksprüche der Alpen ließen sich leicht fast ins Hundertfache vermehren, wenn sich mancher Alpenbummmler die Muße nehmen wollte, bei seinem Aufenthalt auf der Alm sich um noch etwas anderes, als um Nocken und um die Waden der Sennerin zu interessieren.

Das Fronleichnamsfest.

Der heilige Bluts- oder Antlaßtag, wie in Tirol das Fronleichnamsfest genannt wird, bringt schon ein paar Wochen vorher die Dorfbewohner, besonders die Jugend, in Aufregung. Was die Mädchen betrifft, so liegt ihnen vorzüglich der Putz am Herzen. Da wird das schmucke „Korsetl" probiert und dutzendmal das Halstuch herumgelegt, ob es wohl schön dazu passe, dann das weiße Musselinfürtuch sauber gewaschen, gesteift und geplättet. Die Burschen aber putzen ihre Gewehre und üben sich jeden Feierabend mit großem Eifer ein, denn die Schützenkompagnie nebst Musikbande bildet einen Glanzpunkt des „Umgangs". Deshalb hört man in stillen Abendstunden häufig musizieren; hier in der Stube probiert ein Flötenbläser allerlei mögliche und unmögliche „Passagen" für den neuen Festmarsch, während aus dem Nachbarhause energische Trompetenstöße dazwischen schmettern. Unter solchen Vorbereitungen naht endlich der Vorabend des Festes.

Um 12 Uhr mittags verkünden Böllerknall und die langgezogenen Klänge der Kirchenglocken den Feierabend. Die

Feldarbeit ruht, aber die fleißigen Dirnen haben noch lange
zu schaffen, bis das Innere des Hauses, sowie der Platz
vor den Türen und die Gassen, welche die Prozession durch=
zieht, sauber gekehrt sind. Unterdessen holen die Burschen
Birkenbäume aus dem Walde und pflanzen sie als Spalier
zu beiden Seiten der Wege auf. Auch die Düngerhaufen
werden mit grünen Zweigen zugedeckt. Während der Arbeit
fliegt wohl auch mancher banger Blick zum Himmel und
betrachtet die aufsteigenden Wolken, welche in ihrer Tücke
das ganze schöne Fest zunichte machen können. Doch „der
heilige Antonius wird schon helfen," denkt sich das kleine
Lisele, das heuer zum erstenmale „Kranz aufsetzen" darf, und
betet zu obigem Heiligen nach dem Rosenkranz noch ein besonderes
Vaterunser, wie sie es noch nie so inbrünstig gebetet hat.

Und siehe, ihr Vertrauen hat sie nicht getäuscht. Wie
sie beim Böllerdonner, welcher den Anbruch des Festtag=
morgens verkündet, die schlaftrunkenen Äuglein aufschlägt,
acht sie der klare lichtblaue Frühhimmel an. Nun beginnt
das „Schröckläuten". Die kleinste Glocke fängt an, dann
verstummt sie, und es folgen stufenweise die größeren, bis
endlich alle zusammenklingen. Dieses eigentümliche Geläute
dauert wohl eine Stunde. Nach und nach wird begreiflicher=
weise alles wach und schlüpft aus den Betten. Die Haus=
geschäfte werden flink abgetan, das Vieh versorgt und die
Frühsuppe gegessen. Die Mädchen eilen in ihre Kammer,
schmücken und frisieren sich trotz einer Stadtschönen; die
Burschen, welche heute als Schützen ausrücken, versammeln
sich allmählich in festlicher Schützentracht auf dem Kirchplatze.

Um drei Viertel auf acht Uhr läutet die Glocke „das
Erste" zum feierlichen Gottesdienst und nun strömt Groß
und Klein der Kirche zu, um dem Hochamte beizuwohnen.
Ist dasselbe vorüber, so setzt sich die Prozession in Be=
wegung. Wir wollen uns zu jener Hausecke stellen, wo
unterschiedliches Landvolk steht, um sich nach und nach dem
Zuge anzuschließen. Der Prozession voran wird ein Kreuz
getragen. Hinter demselben geht ein Knabe in gesticktem,
schimmernden Kleide mit einem Stabe, der in ein Kreuz

ausläuft; er soll einen Schutzengel vorstellen. Ihm folgen die Schulknaben, vom Schullehrer geführt und mit helltönenden Kinderstimmen den Rosenkranz betend. Dann kommen die ehrsamen Junggesellen um die „Bubenfahne" geschart. Vier aus ihnen tragen das Standbild des Schutzengels oder des „Guten Hirten". Ihnen schließen sich die Ehemänner an mit dem Bildnisse ihres Patrons, des heiligen Josef. In ihrer Mitte befindet sich auch oft der heilige Isidor, der besondere Schutzpatron der Landleute, aber nicht aus Holz, sondern aus Fleisch und Blut von einem Knaben dargestellt. Er trägt einen grünseidenen Hut mit breiten, aufgestülpten Krempen, einen roten Rock von feinem Tuche, erst kürzlich beim „Lunger" in Innsbruck gekauft — die Elle hat drei Gulden gekostet —, kurze Lederhosen, weiße Strümpfe mit roteingenähten Zwickeln und weitausgeschnittene Schuhe mit silbernen Schnallen. In der Rechten hält er eine Schaufel als Sinnbild des Ackerbaues. Inzwischen folgen auch die verschiedenen Zünfte und Bruderschaften mit ihren flatternden, goldverbrämten Kirchenfahnen. Jetzt aber erscheint die Krone des ganzen Zuges, nämlich die Kranzjungfrauen.

Die ersten Paare derselben sind kleine Schulmädchen, ganz weiß gekleidet, Lilienstengel oder Schäferstäbe in der Hand. Der Anzug der Erwachsenen ist je nach der Taltracht sehr verschieden, aber fast überall äußerst kleidsam. Im Oberinntal z. B. ziert das breite Haargeflecht ein kleiner runder Kranz „das Krönl", mit allerlei Blümchen von Flittergold geschmückt oder auch nur aus einfachem frischen Grün gewunden. Um den Hals schlingt sich ein feiner Seidenflor von schwarzer Farbe, der vorn übers Kreuz läuft. Schneeweiße Hemdärmel mit breiten Spitzen, ein lichtfarbiges Mieder, ein mit Blumenstickerei gezierter seidener Brustfleck, der durch einen blauen im Zickzack laufenden Schnürriemen zusammengehalten wird, ein faltenreicher, violettroter Kamelotrock[1], ein schöngesticktes Fürtuch von Musselin

---

[1] franz. camelot, Kämmel, ein in früherer Zeit beliebter Kleiderstoff. Vergl. Schmeller, Bayerisches Wörterbuch. 2. Aufl. I. Seite 1243.

oder Leinen, weiße Strümpfe und hübsche Schuhe vollenden
den Anzug. Vier aus der anmutigen Schar tragen das
Bildnis der unbefleckten Gottesmutter. Dasselbe ist meistens
aus Holz geschnitzt und mit steifen, gold= und silbergestickten
Gewändern angetan. Das Amt einer Trägerin gilt als
große Ehre und Auszeichnung, denn nur die sittsamsten Jung=
frauen werden dazu gewählt, was zugleich auch eine Auf=
munterung für die Zukunft ist.

Nicht minder glücklich dünkt sich jenes Mädchen, welches
die heilige Notburga, eine der Hauptschutzpatrone des Landes,
vorstellen darf. Ihr Kostüm ist zu hübsch, als daß wir es
nicht näher besehen sollten. Das Mieder ist von rotem Seiden=
stoff, darüber ragen die weißen Spitzen des „Gollers"; weiter
trägt sie einen gelben, blau verschnürten Brustfleck, ein rotes
Röckchen, weiße Strümpfe mit rot ausgenähten Zwickeln und
grünseidene Schuhe. Die blonden Zöpfe hält eine silberne
Haarnadel. In der heraufgeschlagenen weißen Schürze trägt
die Heilige Kuchen, Weißbrot und eine Flasche, in der rechten
Hand hält sie eine Sichel und ein Bündel Ähren. An der
Seite der Kranzmädchen geht auch gewöhnlich als eine Art
Gardedame die bejahrte Vorsteherin des Jungfrauenbundes,
welche den Ehrentitel „Abessin" (Abtissin) führt.

Nach den ländlichen Schönheiten folgt, den schmetternden
Festmarsch blasend, die Musikbande und eine Abteilung Schützen.
Letztere bilden entschieden den zweiten Glanzpunkt des Festes,
und ich wollte wirklich den frommen Jungfrauen ein ver=
stohlenes Zurückschielen nach den schmucken stattlichen Burschen
nicht allzu sehr übelnehmen. Der kleidsame Schützenhut mit der
blutroten Nelke und dem Rosmarinzweig neben der kecken
Spielhahnfeder, die graue Lodenjoppe, die gestickte Bauch=
binde, die kurzen Hosen und die blühweißen Strümpfe an
den strammen Waden stehen ungemein gut. Inmitten des
Trupps stämmiger Gebirgssöhne schreitet auch ein hagerer
ältlicher Junggeselle. Die zuschauenden Dirnen neben mir
kichern leise und stoßen sich: „Schau doch den langen Blasi
mit seinen ausgestopften Waden an!" flüstert eine der andern zu.

Zu weiteren boshaften Bemerkungen ist nicht Zeit, denn.

schon kommt die Kirchenmusik, Sänger, Trompeten und Pauken und dahinter das „Allerheiligste", vom Herrn Pfarrer getragen, unter dem geschmückten „Traghimmel". Kleine weißgekleidete Mädchen und Ministranten mit Schellen umgeben dasselbe. Hierauf folgt wieder eine Abteilung Schützen und den Schluß macht die endlose Reihe des andächtigen Weibervolkes.

So bewegt sich die Prozession durch die Hauptgassen des Dorfes hinaus in die Felder. An geeigneten Stellen sind Altäre errichtet. Diese bestehen aus einem Holzgerüst, das mit bunten Teppichen und Heiligenbildern behangen und mit Laubgewinden, Blumensträußen und Lichtern geschmückt ist. Hier hält der Zug still, der Priester mit dem „Altarssakrament" tritt an den Altar und singt das Evangelium, auf das der Chor der Kirchensänger antwortet. Dann gibt die Klingel das Zeichen zum Segen, und die Menge sinkt in ehrfurchtvoller Stille auf die Knie. Doch kaum hat der Priester mit feierlichem et maneat semper die letzte Himmelsgegend gesegnet, so ertönt auch schon der laute Ruf des Schützenhauptmanns: „Richt=Euch!" Die Hähne knacken. „Man wird die „generalische Scharsche" machen, schlagt an, hoch! Feuer!" Ein Blitz und die Schießprügel erknattern, daß die blauen Rauchringe weithin über die grünen Kornfelder fliegen, während von ferne Böllerdonner den Festgruß zurückgibt. Die kleinen Kinder schreien, der lange Blasi richtet sich seine geschundene Backe wieder ein und das Beten beginnt wieder. Pum, pum, tschin=tschin=tschin, fällt die türkische Musik ein, der Zug ordnet sich und setzt unter den Klängen des flotten Spingeser Marsches seinen Weg fort.

Es ist wirklich eine wunderliebliche poesievolle Szene, die sich dem Auge darbietet. Der lange Zug der Beter mit den bunten wehenden Fahnen und bekränzten Bildern, die blitzenden Gewehre und die malerischen Schützentrachten, die weißgekleideten Kinderscharen und die bekränzten frischrosigen Mädchenköpfe; diese ganze Staffage hineingestellt in die grünen Wiesen und reifenden Kornfelder, dahinter der dunkle Wald, und darüber der tiefblaue Sommerhimmel, in dem die Lerchen trillern, bis sie das Krachen der Böller und Gewehrsalven verscheucht, — alles dies macht auf den unbefangenen Beobachter einen ergreifenden Eindruck. Auf dem Lande hat ein solcher Bittgang um himmlischen Segen für die Feldfrüchte weit größeren Sinn als in den Städten. Die Natur steht auf dem Gipfelpunkte ihrer Entfaltung; des Landmannes ganzer Reichtum liegt außen und nicht Schloß und Riegel vermag die Gefahr abzuwehren, die mit jedem aufsteigenden Gewitterwölkchen droht, welches aus seinem Schoße den vernichtenden Hagel entladen kann. Das „a fulgure et tempestate" des Priesters ist zugleich das heiße Gebet jedes Einzelnen, während in der Stadt mehr der Pomp zur Geltung kommt.

Nach vollendetem, oft zwei Stunden langem Rundgange kommt die Prozession zum letzten Altar, der sich gewöhnlich in der Nähe der Kirche befindet. Nach gelesenem Evangelium kehrt der Priester in dieselbe zurück und erteilt dem Volke den letzten Segen, während auf dem Kirchplatze die Gewehr- und Böllersalven donnern. Dann spielt die Musik noch einen Marsch und die Feierlichkeiten sind beendet. Die Menge zerstreut sich hierhin und dorthin nnd verliert sich teils in die Häuser des Dorfes, indes die Bewohner entfernter Höfe in malerischen Gruppen durch Wiesen und Felder ihrer Heimat zuwandern.

Nachdem man so den ganzen Vormittag bei Gottesdienst und Gebet zugebracht hat, ist es allerdings nicht mehr als billig, wenn man sich nachmittags dafür gehörig erquickt. Dies geschieht durch die Sitte des „Kranzeinweichens". Man führt nämlich die Kranzjungfrauen ins Wirtshaus und setzt ihnen da Wein, Kaffee und Braten vor. Bei den Erwachsenen tut es der Liebhaber, bei den Kleinen oder bei solchen, deren Herz von Minne noch nichts weiß, tun es die Eltern. Zur Gesellschaft gehen auch Brüder, Schwestern, Vettern, Basen 2c. mit, und da die ledigen Männer ohnedies fast jeden Sonntagsnachmittag bei Trunk und Spiel verbringen, so kommt es, daß am Nachmittag des Fronleichnamsfestes die Häuser des Dorfes sämtlich leer, die Wirtsgärten und Stuben aber gedrängt voll sind. Auch die Musikbande hat sich wieder eingefunden und gibt, angefeuert vom roten Rebensaft, den ihnen die Frau Wirtin spendet, einen

Hopfer um den andern zum Besten, so daß es den sittigen Kranzjungfern verlockend in die Füße fährt. Aber leider schickt sich das Tanzen heute nicht; die Sitte will vielmehr, daß alles, bevor noch die Nacht einbricht, wieder zu Hause sei. Nur die fidelen Burschen und Zechbrüder halten aus, oft so lange, bis die Hähne krähen und der Morgen über die Jöcher dämmert. Am Schluß der Fronleichnamsoktave, d. i. am darauffolgenden Donnerstag, wird gewöhnlich eine Nachfeier abgehalten, welche in einer kleineren weniger festlichen Prozession besteht und für's Auge nichts sonderlich Interessantes bietet.

Desto merkwürdiger ist der „Antlaßritt" im Brixentale, der am Nachmittag des Fronleichnamsfestes stattfindet. Eine Schaar Bauern aus den Dörfern Brixen, Kirchberg und Westendorf, in ihrer Mitte der Dechant von Brixen, reiten nämlich am genannten Tage auf ihren Rennern, richtiger Ackergäulen, laut betend und singend zu einer alten Kapelle, dem sogenannten Klausenkirchlein. Dasselbe ist beiläufig eine Stunde von Kitzbühel entfernt. Dort hält der abenteuerliche Zug an, der Dechant steigt ab und liest die vier Evangelien. Hierauf kehrt die seltsame Reiterprozession auf dem gleichen Wege in ihre Heimat zurück. Über den Ursprung des Gebrauchs erzählt die Sage folgendes: Zur Zeit des dreißigjährigen Krieges bedrängten die Schweden auch das Brixental. Die Bauern, besorgt für Haus und Feld, bestiegen ihre Rosse und zogen kecken Mutes dem Feind entgegen. Wirklich gelang es ihnen, die Schweden nach einer blutigen Schlacht bei Klausenbach gänzlich in die Flucht zu schlagen und den schlimmen Feinden eine derartige Furcht einzuflößen, daß sie sich das Wiederkommen für immer gesagt sein ließen. Zum Andenken an diese glänzende Waffentat der Brixentaler erbaute man die Kapelle, über deren Portal noch die Inschrift zu lesen ist:

„Bis hieher und nicht weiter
Kamen die schwedischen Reiter."

Auch gelobte man zum Danke für die Abwendung der Kriegsgefahr alljährlich eine Prozession in obiger Weise abzu=

halten, welchem Versprechen noch immer treu nachgekommen wird. Über diesen „Antlaßritt" der Brixentaler wird in den „Neuen Wanderungen in Tirol und Vorarlberg" ausführlich die Rede sein.

Sonnwendfeier.

Wenn das Volk den Ausdruck „Sonnwend" gebraucht, so meint es nie den 21. Juni als den Zeitpunkt des höchsten Sonnenstandes, sondern stets den drei Tage später einfallenden Johannistag (24. Juni); und zwar muß diese Gleichstellung in sehr frühe Zeit zurückreichen, da wir sie in Tirol und Vorarlberg wie in Deutschland von altersher finden. Im oberen Etschtale heißt daher der dem Volke so wichtige Tag geradezu „Johannissunnawendt". Dieser Anlehnung der altheidnischen Sonnwendfeier an den christlichen Heiligen ist es zu verdanken, daß sich wenigstens ein Rest jener ehrwürdigen Gebräuche und abergläubischen Vorstellungen, welche die einstmalige Begehung dieses Festes begleiteten, unter dem Deckmantel der „Johannisfeier" bis auf die Gegenwart erhalten hat. Dies gilt vor allem von der dem Johannistag vorausgehenden „Sonnwend"= oder „Johannisnacht".

Gleich der Christnacht umwebt auch die Nacht vom 23. auf den 24. Juni ein geheimnisvoller Zauber. Die Zukunft ist erschlossen, die Natur läßt in ihre Tiefen schauen und offenbart wundertätige Kräfte, die sie durch gewisse Pflanzen den Menschen dienstbar macht. So „blühen" in der Johannisnacht nach weitverbreitetem Glauben die Schätze. Es blühen aber auch die Farren (Farne) und werfen ihre Samen ab. Wer nun mit einer Farrenblüte in der Hand um die zwölfte Stunde auf das Joch steigt, sieht eine Goldader. Der Samen der Farren aber besitzt die köstliche Eigenschaft, daß er, zum Gelde gelegt, dieses nie weniger werden läßt, so viel man auch davon wegnimmt. Um diesen Farrensamen zu gewinnen, muß man vor Sonnenuntergang ein

Papier oder noch besser ein Kelchtüchlein um das Farrenkraut
herumlegen. Während der Nacht fällt dann der Same darauf.
Morgens kann man ihn holen, doch muß dies vor Sonnen=
aufgang geschehen, nachher verschwindet er wieder[1]. Dieser
Farrensamen hat noch andere geheimnisvolle Kräfte; so ver=
treibt er, wenn man ihn in die Schuhe gibt, die Müdigkeit;
auch unsichtbar soll er machen.

Für Liebende und Heiratslustige ist diese Nacht besonders
bedeutungsvoll, denn sie verschafft ihnen verschiedene Zauber=
mittel, den Zukünftigen zu erschauen. Das Mädchen braucht
nur am Johannisabend während des Feierabendläutens mit
der rechten Hand einen grünen Kranz zu winden, ohne ihn
über einen Bach oder eine Türschwelle zu tragen, und nachts unter
den Kopfpolster zu legen, dann erscheint ihm im Traume das
Bild des Geliebten. Derselbe Glaube herrscht auch im Sarntal
(Aberstückl), nur ist es da erstlich ein bestimmtes Kraut,
„Gochal"[2] genannt, das hiezu genommen werden muß, und
dann muß das Mädchen es mit der linken Hand auf dem
Rücken zu einem Kränzlein winden, hierauf sofort nach Hause
laufen, aber ja nicht den Fuß über eine „Giß" (Bach) oder
Schwelle setzen. Und das muß alles während des „Feirum"
(Feierabend)=Läutens geschehen, das der Meßner an diesem
Tage absichtlich, wie wir hören werden, sehr kurz abtut.
An noch schwerere Bedingungen war das Erschauen des Ge=
liebten in Welschnofen geknüpft, wie Joh. Adolf Heyl in
seinem Sagenbuche erzählt. Da wurde in früheren Tagen
zu einer beliebigen Zeit Feierabend geläutet, oder, wie es an
diesem Abend Sitte ist, ähnlich dem Sturmläuten „geklenkt".
Das ledige Weibervolk mußte deshalb sehr acht haben, um
die kurze Zeitspanne des Läutens nicht zu versäumen, beim

---

[1] Zu dieser abergläubischen Vorstellung haben ohne Zweifel
die an der Unterseite der Farrenblätter sitzenden Fruchthäufchen,
die aufgeklebten Miniaturmünzen gleichen, Veranlassung gegeben.

[2] Gochal ist nach Vermuten des Herrn Dr. Otto Rudl, prakt.
Arztes in Sarnthein (nunmehr in Bozen) anagallis arvensis,
Gauchheil; die Eingeborenen bezeichneten ihm allerdings die Schaf=
garbe (achillea) als die darunter zu verstehende Pflanze.

ersten „Klenker" sofort eine „Schmelche" (Schmiele) pflücken
und daraus ein Kränzlein formen. War es gemacht, so
durfte sie es mit der Hand nicht berühren, sondern sie mußte
ein Holz spalten, das Kränzlein hineinpressen und heimtragen.
Unter das Kopfkissen gelegt, offenbarte es ihr den einstigen
Bräutigam. Da machen es die klugen Pustertalerinnen in
Oberlienz einfacher. Sie werfen während des Aveläutens
Kränze auf die Bäume. Deren Kranz in den Ästen hängen
bleibt, heiratet noch in diesem Jahre.

Dieses oben angeführte kurze Feierabendläuten hat übrigens,
wie bemerkt, seinen ganz besonderen Grund. Während des
Läutens sammeln nämlich die Hexen Zauberkräuter für ihre
„Schauerbollen". Für diese Blocksbergkandidatinnen ist Sonn=
wend überhaupt eine schlimme Zeit, da die geplagten Menschen=
kinder am Sonnwendtage all ihre Tücke zu erkennen und
sich vor derselben zu schützen vermögen, was natürlich der
Hexe gar übel bekommt. Wenn die Kühe keine Milch geben
wollen und man glaubt, es sei eine Hexe daran schuld, so
legt man einen Kranz „Wehdorn" in den Kübel, darein man
die Milch melkt, und hängt ihn dann in den Rauchfang.
So muß nun die Hexe mit dem Kranz bei lebendigem Leibe
verdorren. Um inne zu werden, wie viele von den holden
Wesen sich im Dorfe befinden, braucht man nur ein Stück
Holz, das ein Loch hat, aus einem Baum zu schneiden und
am Johannistag beim Gottesdienste durch diese seltsame
Brille zu schauen. Dann sieht man alle Hexen während der
Wandlung zum Opfer gehen. Weibspersonen können die gleiche
Wirkung auch mit einem frischgepflückten vierblätterigen Klee
erzielen, den sie sich in die Zöpfe einflechten. Sie erblicken
dann beim Orate fratres alle Hexen, wie sie mit häßlichen
Gesichtern und die Köpfe mit Bienenkörben bedeckt, gegen
die Kirchentüre gewendet erscheinen.

Als Hauptmittel gegen den Zauber dieser Unholdinnen
und ihres höllischen „Bündners" gilt das Johanniskraut
(Hypericum perforatum), vom Volke nicht ohne Grund Teufels=
flucht genannt. Es wird auch gegen Blitzschlag an das
Fenster gesteckt. Um die drohenden Hochgewitter, die um

diese Zeit besonders gefährlich sind, abzuwenden, haben sich in Tirol und Vorarlberg manche Bräuche erhalten, wenn auch deren ursprüngliche Bedeutung allmählich schwindet. So windet man am Johannisabend in Vorarlberg, besonders in Montafon, die sogenannten Maienkränze, tiefer im Tale „Johanniskränze" genannt. Sie haben bisweilen die Gestalt eines Herzens oder Kreuzform. Die Blumen hiezu, sogenannte Johannisblumen (Margariten), werden von den Kindern auf den Wiesen gepflückt und man glaubt, daß sie in der Nacht vom heiligen Johannes gesegnet werden. Die daraus gemachten Kränzlein hängt man an Türen und Scheunen als Schutz gegen Blitz und anderes Unheil auf. Der gleiche Brauch herrscht auch im Pitztal, nur werden da drei Kränze, jeder aus einer anderen Blumenart, gewunden und zum selben Zweck an die Türen gehängt.

Schaut in diesen Blumenspenden schon der Opfergedanke durch, so tritt er mit voller Deutlichkeit bei einem anderen Brauche hervor, der ähnlich wie am Christabend, auch am Sonnwend- oder Johannisabend bis vor einem Menschenalter noch geübt wurde und vielleicht in manchem abgelegenen Talwinkel noch geübt wird. Es ist das „Füttern der Elemente". Unsere alte Magd aus Mariatal bei Brixlegg erzählte mir, sie „wisse noch wie heut", wie ihre Mutter am Sonnwendabend etwas vom Nachtessen in den Bach geschüttet, etwas ins Feuer geworfen, etwas in die Erde vergraben und Mehl in die Luft gestreut habe, so daß es der Wind forttrug. Wenn ich nicht irre, hat Professor Peter Moser, dem die tirolische Sittenforschung so viel verdankt, zuerst auf diesen urheidnischen Opferbrauch aufmerksam gemacht. Er gehört zu den wertvollsten Resten altgermanischen Naturkultes. Interessant ist auch der Brauch, an diesem Abend Küchel von dreierlei, siebenerlei, ja sogar neunerlei „Fülle" zu backen, also Brennessel-, Salbei-, Holderküchel usw. Bei letzteren wird die duftende Holunderblüte in den Teig getunkt und in Schmalz herausgebacken.

Der eigentliche und schönste Sonnwendbrauch ist wohl das Entzünden von Bergfeuern, den sogenannten Sunnawend-

oder Suwendfeuern, am Vorabend des Johannistages. Ich habe im folgenden natürlich die volkstümliche, vom Landvolk begangene Feier im Auge, nicht jene, die uns Deutschen in Oesterreich seit einigen Jahrzehnten zum flammenden Symbol völkischer Zusammengehörigkeit und deutscher Gesinnung geworden ist. Sonnwendfeuer ersterer Art kennt man nur in Gegenden bayerischen Stammes, oder in solchen Gebieten, die wenigstens stark mit bayerischem Blute vermischt sind. In schwäbisch-alamannischen Gegenden, wie in ganz Vorarlberg, im Vinschgau, im Burggrafenamt, in den westlichen Teilen Oberinntals mit seinen Seitentälern Paznaun, Stanzertal 2c. kennt man die Sonnwendfeuer nicht, hier sind an deren Stelle die zu Ehren des erstarkenden Sonnenlichtes am „Kas"= oder „Küchlesonntag" entzündeten „Funken" oder „Holepfannfeuer" getreten, von denen wir beim Abschnitt „die Fastenzeit" ausführlich gesprochen haben. In Tirol ist das Hauptgebiet der Sonnwendfeuer das ganze Unterinntal mit seinen Seiten= und Paralleltälern (Brixental 2c.), ferner das ganze Sill= und Eisaktal und das ganze Pustertal mit den Seitentälern Tauferertal, Iseltal 2c. Sie tragen im Volke noch jetzt allseits den überkommenen altehrwürdigen Namen „Sunnawend"= und „Suwendfeuer", wenn sie auch am Vorabend des Johannistages (24. Juni) entzündet werden. Daneben kommen wohl auch in der Kitzbüheler Gegend die Ausdrücke „Johannisfeuer" und „Johannisbrennen" vor.

Welch schönen Anblick in heiterer Juninacht die durch's ganze Tal an den dunkeln Bergwänden und Jöchern zerstreuten Feuer gewähren, weiß jeder, der dieses erhebende Schauspiel von einem günstigen Platze aus ansieht. Besonders der Blick in einmündende Seitentäler, z. B. von Bruneck ins Tauferertal, ist bezaubernd. Auf den Jöchern werden die Feuer im Unterinntal meist von den „Albingern" (Almleuten — Sennern) entzündet. So konnte man noch in den Fünfzigerjahren des letzten Jahrhunderts auf den Spitzen des Sonnwendjoches stets zwei mächtige Feuer sehen; es ist auch nicht unwahrscheinlich, daß dieser herrliche Berg gleich der „Suwendalm" im Spertental davon den Namen hat.

Auf den Vorbergen und an näher dem Talboden gelegenen Höhen besorgen das Anzünden die Dorfburschen. Bei eintretender Dämmerung, meist schon früher, kann man im Unterland ganze Rudel von „Buben" und „Diendl'n" auf die Anhöhen ziehen sehen. Da wird nun zuerst Holz gesammelt, besonders Staudenwerk und halbdürres Reisig nebst grünen Ästen, die man von den Tannen herabreißt, kurz Zeug, das viel Rauch gibt. In manchen Bezirken Unterinntals, besonders im Alpachtale, Brixen- und Leukentale, herrscht nämlich die eigentümliche Sitte „Suwendraach" zu machen. Zuerst wird allerdings ein Feuer angezündet. Ist der Holzhaufen ziemlich herabgebrannt, dann springt alles, Buben und Mädeln, hintereinander über die Glut, das sogenannte „Kittelverbrennen". Dabei wird gejuchezt, gelacht und gescherzt. Dann aber dämpft man die Flamme und sucht durch darübergeworfene Tannenzweige möglichst viel Rauch zu erzeugen. Je höher und gerader aufsteigend die Rauchsäule ist, desto mehr gilt sie. Auf diesen uralten heidnischen Brauch, der auf die dem Sonnwendbrauche zugeschriebene reinigende Kraft zurückzuführen ist, hat ebenfalls Prof. Peter Moser die Mythologen zuerst aufmerksam gemacht.

Wo hingegen nur das Entzünden von Feuern üblich ist, wird auf die Höhe der Flamme Gewicht gelegt, was oft zu Eifersüchteleien der Nachbardörfer, aber manchmal auch zu Feuersgefahr Veranlassung wird. So kam im Jahre 1887 am sogenannten Heimköpfl in der Nähe der Neunspitze im Kaisergebirge ein Waldbrand aus. An manchen Orten des Unterinntales, z. B. in Wattens, ist oder war wenigstens früher das „Lutherverbrennen" üblich, wobei eine aus Stroh und Lumpen verfertigte Figur auf einem Karren durch's Dorf geführt und dann am Sonnwendfeuer verbrannt wurde; an anderen Orten, z. B. Kundl, wurde dieses Verfahren mit Luthers „Kathai" (Katharina) vorgenommen. In der Regel wird das Sonnwendfeuer früh gelöscht, aber es gibt Täler, wo, wie z. B. im Wipptal, die Burschen bei ihren auf den Hügeln entzündeten Feuern die ganze Nacht juchezen und singen.

Die früher im Lüsenertale bei Brixen übliche Sitte, daß die Burschen mit Trommeln und Pfeifen auf einen Hügel unter Huben zogen, dort ein Feuer entzündeten und brennende Reife über den Wald hinabwarfen, (Heyl, Sagen, S. 758) leitet uns zu jenem prächtigen Schauspiel des „Scheibenschlagens", welcher Brauch einen ergänzenden Bestandteil des Entzündens der Sonnwendfeuer mit dem Sprung über die erlöschende Flamme bildet, jetzt aber leider in Tirol, wie es scheint, wenigstens als Sonnwendbrauch im Untergange begriffen ist. Geübt wird er, wie ich höre, noch im Iseltale. Möglich, daß er sich auch noch in anderen Seitentälern des Pustertales, etwa in der Luggau, erhalten hat; meine diesbezüglichen Anfragen blieben bisher unbeantwortet. Der Vorgang des „Scheibenschlagens" ähnelt ganz dem gleichnamigen im Vinschgau am „Kas"- oder „Scheibensonntag", d. i. dem ersten Sonntag in der Fasten. In Vorarlberg, wo es im großen Walsertale am „Funkensonntag" ebenfalls im Schwunge war, ist es bereits abgekommen. Die Scheibchen sind aus Buchen-, Erlen-, hie und da auch aus Zirbenholz und haben in der Mitte ein Loch. Jeder Bursche trägt 20 bis 30 derselben an einem Spagat um die Achsel gehängt; dazu hat er einen meist über meterlangen, biegsamen Haselstock. Nachdem die Scheibchen am Feuer glühend gemacht worden, werden sie mittels des Stockes in immer größeren Kreisen geschwungen, dann auf der schräg aufgestellten „Scheibenbank" oder auf dem harten Boden aufgeschlagen und so „hinausgetrieben". Während des Schwingens schreit der Scheibenschläger mit weithin schallender Stimme einen Reimspruch auf die Person, dem die Scheibe gilt, z. B.:

> Ho! Die Scheib'n schlag i zu n an' guat'n Anfang
> Und zu n an' guat'n Ausgang
> Die Scheib'n g'hört (der oder dem).

Gleich Glühkäferchen fliegen die Scheiben, eine nach der andern in die dunkle Nacht hinaus, erst hoch im Bogen sich hebend, dann in immer rascherem Falle zutal sich senkend. Je höher die Scheibe steigt, desto mehr wird sie vom unter der Anhöhe stehenden Volke bejubelt, oder auch — belacht, wenn der schlagende Bursche einen recht witzigen Spruch losläßt. Denn oft werden hiebei lange Stichelreime hergesagt, welche ähnlich den Reimen der Haberfeldtreiber lächerliche Vorkommnisse der Dorfbewohner geißeln. Auch sogenannte „Schimpfscheiben" werden gleich wie am Kaßsonntag von den Burschen geschlagen, für mißliebige Persönlichkeiten, besonders für hoffärtige, trutzige „Gitschen". So dauert das lärmende Schauspiel oft einige Stunden lang, bis die Burschen singend und johlend ins Dorf zurückkehren, wo sie daheim Küchel und Schnaps erwarten, wenn sie es nicht vorziehen, im Wirtshaus den Sonnwendabend zu beschließen.

Der darauffolgende Sonnwend- oder Johannistag bietet nicht viel Merkwürdiges. Er gilt als halber Bauernfeiertag, oder, wie man im Unterinntale sagt, als „schlechter" Feiertag, an dem man nur kleine Geschäfte abtut und die strenge Arbeit ruhen läßt. Nur wenn dem Heu Gefahr droht, wird dieses eingeführt. Sonst gilt an manchen Orten, z. B. in Obernberg, der Bauernspruch: „Wenn man vor Johanni Heu („Sonnwendheu") ins Haus bringt, so kommt man mit ihm nicht aus". Daß es bei einem so wichtigen Zeitabschnitte, wie Sonnenwende es ist, an Wetterregeln nicht fehlt, ist selbstverständlich. Bemerken will ich noch zum Schluß, daß man an manchen Orten aus der Asche der Sonnwendfeuer eine Lauge macht, mit der man den Kühen, welche mit der Läusekrankheit behaftet sind, die Haut abwäscht.

Wetterläuten und Wetterschießen.

Wenn in Tirol im Hochsommer die Leute auf dem Felde Korn schneiden und es macht über ihren Köpfen im Gewölke einen „Brummer", so mag es wohl sein, daß eine der Schnitterinnen sich mit der Schürze den Schweiß abwischt und aufschauend meint: „Hoi, unser Herrgott tut Korn

führen!" und wenn gerade um dieselbe Zeit die Bäuerin am
Herde Nocken kocht, so sagt sie gewiß zum kleinen Tunichtgut
an ihrer Schürze: "Hörst, Seppele, die Engel Kegel scheiben!"
In der Schweiz "rollt Gott Vater Brenta (flache Milchgefäße)
über b'Kellerstiega", in Mittelkärnten "schüttet der Himmel=
tatte Korn in den Grant" (Getreidekasten), während er im
Mölltale "Heu über die Tennenbrücke führt". Schlägt der
"Wetterstrahl" gar ein, so ist die "Tennenbrücke gebrochen".

Solche und ähnliche Äußerungen, die auf die altheidnische
Vorstellung vom Donnerwagen Thör's und seinem nieder=
schmetternden Streithammer Mjölnir (Zermalmer) zurückgehen,
gebraucht indes das Volk gewöhnlich nur dann, wenn untertags
ein harmloses vereinzeltes Donnern sich hören läßt. Ganz
anders urteilt es vom eigentlichen Gewitter, ich meine von
jenen durch wochenlange Schwüle gezeitigten, von zündenden
Blitzen, orkanartigem Sturm, Schauer und Wolkenbrüchen
begleiteten, meist nächtlichen "Hochwettern", die oft stunden=
lang über dem Tale lagern, die Nacht zum Tage erhellen,
die stärksten Bäume entwurzeln und den Wildbach entfesseln,
so daß der geängstigte Landmann glaubt, der jüngste Tag
sei über die Gegend hereingebrochen. Man muß eine solche
Gewitternacht in einem Hochtale mitgemacht haben, um die
ganze Furchtbarkeit dieser Naturerscheinung zu begreifen.

Was Wunder, wenn der Bauer mit Bangen die pech=
schwarzen Wolkenballen an den Bergkämmen sich sammeln
und dumpfrollend nahen sieht, besonders wenn sie aus einer
Gegend kommen, die als böser Wetterwinkel verschrien ist.
Daher findet man an vielen Orten, vorzüglich auf weithin
schauenden Bergrücken, von denen die Wetter gern herziehen,
Wetterkreuze und Wetterkirchen errichtet, welche die Gefahr
abwenden sollen und die von Zeit zu Zeit neu eingeweiht
werden müssen, damit sie ihre Kraft nicht verlieren. Solche
sind z. B. die St. Peter= und Paulskirche von Tall bei
Schönna, die Oswald=Kapelle am Ifinger, die St. Vigili=
kirche über Marling, welche den betreffenden hochverehrten
Wetterheiligen geweiht sind. Erstgenannte Heiligen, nämlich
Peter und Paul, sind so berühmt, daß sie in früherer Zeit

geradezu „Wetterherren" genannt und am 29. Juni, ihrem
Gedenktage, durch feierlichen Umzug geehrt wurden. Auch
as St. Helena-Kirchlein über St. Pankraz in Ulten und
„St. Kathrin' in der Scharten" bei Hafling gelten als wetter-
bannend. Die gleiche hohe Verehrung genießt St. Ursula
auf dem heiligen Bühel von Platt im Pfeldersertal. Daher
heißt es von ihr im Volksmund:

> St. Ursula auf der Platt,
> St. Kathrin in der Schart,
> Und St. Vilg'n (Vigil) auf'n Joch
> Halten alle Wetter auf
> Und treiben die Hexen in's Loch.

Daraus kann man auch ersehen, wem man die Unwetter zu
verdanken hat. Wem anders als den bösen Hexen, welche
die Wolken zusammenschieben und den Schauer machen.
Wers nicht glaubt, braucht nur einige Hagelbollen auseinander zu brechen, dann wird er im einen oder andern
gewiß Hexenhaare finden. Das „Dietenheimer Moidele" hat
mir selbst gesagt, daß sie einmal gesehen habe, wie auf dem
Berge oben ein altes Weiblein in altmodischer Tracht Arbesen
(Erbsen) aus einem Säcklein ausgestreut habe. Als sie die
Alte anrief, war sie verschwunden. Kurze Zeit darauf fing
es zu schauern an, daß es ein „wahres Elend" war.

Um die Macht dieser Unholdinnen zu brechen, trifft der
Bauer in den Alpen verschiedene Vorkehrungen[1]. In Steiermark, vorzüglich im Luttenberger Bezirke, wo die schönen
Weingelände liegen, wird meist geschossen, und zwar mit geweihtem Pulver. Es gibt da eigene Wettertürme. Ein solcher
steht z. B. rechts am Weg zum Schöckl. Der Einzelbauer
schießt vor seinem Hause mit Flinten in die Wetterwolken.
Auch auf dem Kitzbüchler Horn war das „Wetterschießen"
früher im Schwange, ebenso noch gegenwärtig in der Scharnitz und in der Wildschönau. An ersterem Orte schießt man
in ein Faß, an letzterem wird von einem hochgelegenen Bauern-

---

[1] Vergl. meinen obengenannten Aufsatz „Wetterherren 2c."
Seite 107 ff.

hofe, von dem man weit aussieht, wenn Gefahr droht, durch einen Böllerschuß das Zeichen zum Wetterläuten gegeben. In Tirol ist sonst fast allgemein das „Wetterläuten" üblich, das man als tiefeingewurzelten Landesbrauch bezeichnen kann. Man erinnere sich, welchen Sturm das Verbot dieses törichten Brauches durch die bayerische Regierung im Jahre 1809 hervorgerufen hat.

Sobald daher ein drohendes Hochwetter im Anzuge ist, mag es bei Tag oder bei Nacht sein, ertönt von Ort zu Ort das Wettergeläute, das den Priester und das Volk in die Kirche ruft. Der Priester in Chorhemd und Stola setzt das „Sanktissimum" aus und liest die vier Evangelien oder wenigstens ein kurzes Gebet, den „Wettersegen". Wenn man dem Geistlichen, während er den Segen gibt oder beim Hinausgehen, auf die Schuhe tritt, dann kann man die Hexen um den Turm herumfliegen sehen.

Nicht jeder Geistliche ist zum Wettersegnen gleich geeignet. Besonders sind die Franziskaner und Kapuziner als „wetterg'rechte" Leute geschätzt, d. h. als solche, die das Unwetter abzuwenden verstehen. In manchen Gegenden, z. B. in Unterinntal, wird nach dem abendlichen Ave-Maria-Zeichen nicht mehr wettergeläutet; gemeiniglich aber läutet man, so lange Gefahr vorhanden ist, und zwar muß, wenn es etwas helfen soll, in allen Dörfern zugleich geläutet werden. In den meisten Kirchen befindet sich eine eigene Wetterglocke, die gewöhnlich schon durch die Inschrift ihren Beruf offenbart. So stehe, sagt man, auf der Wetterglocke von St. Pauls:

> Anna Maria heiß ich,
> Alle Wetter weiß ich,
> Alle Wetter vertreib ich,
> In St. Pauls bleib ich.[1]

Die vom berühmten Salzburger Glockengießer Gugg 1770 gegossene große Glocke in Bramberg im Oberpinzgau trägt am Kranze die Inschrift:

---

[1] Vergl. meine „Wanderungen in Tirol und Vorarlberg". II. Bd. Seite 217.

> Die lobelich Pfarrersgemein
> Ließ mich zum Opfer gießen,
> Die Himmels Kinigin
> Fallet vor Gott zu Fießen,
> Wan Pliz und Dunner Knall
> Der Schauer trohet an,
> Gibt diesen Clan (Klang?) die Sterk,
> Das ers vertreiben kann.

Ähnlich heißt es auf der berühmten Brixener Wetterglocke:

> Ich weck' den Geist zur Schuldigkeit,
> Ich sing' den Leib zur Ruh',
> Ich tön' durch Licht und Wolkenstreit,
> All' Übel fernen thu.

Manche dieser Wetterglocken genießen von Alters her einen großen Ruf. So die eben genannte alte große Glocke von Brixen im Tale, der „Brixener Stier" genannt, das „Hündl" auf der Salve, die „Itterer Katze", die „Heidin" in Alpach. Sehr berühmt ist auch der „Schwazer Besen", die majestätisch klingende, von Peter Löffler anno 1503 gegossene Schwazer Glocke. Darum heißt es im Volke:

> Wenn der „Schwazer Besen" kehrt
> Und der „Brixner Stier" plärrt
> Und das „Salvenhündl" kallt (bellt),
> Aft (dann) haben d'Wetter kan' G'walt.

Nicht minderen Ansehens erfreut sich die Wetterglocke von Oetz. Als sich ein Bauer einmal bei einem herannahenden Unwetter auf der Acherberger Alm befand und sich ängstigte, daß nun alles zu Grunde gehen werde, hörte er deutlich, wie eine Hexe zur anderen sagte: „Schuib, schuib" (schieb'), worauf die andere erwiderte: „I derschuib's numma (nimmer), der Ötzer Stier brüllt." Am meisten gefürchtet von den Hexen ist aber die uralte Hexenglocke von Wald in Ober-Pinzgau mit der rätselhaften, noch unentzifferten Inschrift:

> † Grion. Habrg. Kl. Acla Ihs
> Sohs. Les. Aars.

Diese altbewährte Wetterbannerin ist den Hexen so verhaßt,
daß diese vor Wut ganze Stücke vom unteren Rande mit
ihren Zähnen abgebissen haben, wie noch zu sehen ist. Das
Gleiche erzählt man von der früher erwähnten „Heibin" in
Alpach, die darum auch „Hexin" genannt wird.

Übrigens kommt es auf das Läuten als solches sehr
viel an. Das Wetterläuten ist ein ganz anderes als das
gewöhnliche. Im Eisaktale gibt man den sogenannten „Wetter-
streich", d. h. man läßt die Glocke in drei Absätzen anschlagen.
Während dieser drei Ruhepausen müssen die Hexen ersticken,
und zwar um so sicherer, je länger man die Pausen macht.
Noch besser ist es, wenn es gelingt, die Glocke zu „stellen",
so daß sie fast überschlägt, denn in diesem Falle muß die
Hexe den Atem so lange „verhalten", als die Glocke steht,
und wenn dies zu lange dauert, platzt sie und fällt tot herab.

Daß zur rechten Zeit wettergeläutet wird, ist Sache
des Meßners. Deshalb schaut die Gemeinde, daß sie einen
Mann erhält, der rechtzeitig läutet und sich überhaupt mit
dem Wetter gut auskennt. Er muß achtsam sein und selbst
durch den Graus einer Wetternacht sich nicht abschrecken lassen,
seiner Pflicht nachzukommen. Als Muster eines solchen
pflichteifrigen Mannes kann der verstorbene Meßner von Ötz
gelten, der manche Nacht sogar auf dem Friedhofe schlief,
um bei drohendem Gewitter ja das Läuten nicht zu versäumen.
Dafür erhält der Meßner im Herbst als Lohn von jedem
Bauer das „Wetterkorn" oder „Läutkorn", auch „Wetter-
garbe" genannt, wenn es, wie in manchen Orten Unterinntals
üblich, in natura gegeben wird. An größeren und wohlhabenden Ortschaften macht die „Läutgarb" ziemlich viel aus.
So holt sich in Kirchberg im Brixental der Meßner, beziehungsweise Lehrer, mit der Kraxe von Haus zu Haus
seine Roggengarbe ab und läßt dann das gesammelte Korn
von seiner Tochter in einem Wägelchen heimführen. Im
Pustertale gibt man dem Meßner 20 Staar ($1/7$ bayerische
oder $1/2$ Wiener Metzen) Gerste; im Oetztal erhält er abwechselnd einen Metzen Gerste und einen Metzen „Türken"
(Mais) oder zwei Metzen von derselben Sorte; an anderen

Orten, z. B. in Alpach, erhält er bei der „Läutkornsammlung" von den Bauern Milch, Butter, Käse, so viel als „der gute Wille ist", in der Wildschönau Brot als „Leutlaib".

Mit dem „Wetterläuten" und „Wettersegnen" sind indes die bäuerlichen Vorkehrungen gegen drohendes Gewitter nicht abgeschlossen. Während der Klang der Glocken durch das Rollen des Donners tönt, ist die Bäuerin nicht müßig gewesen. Sie hat auf dem Herde Glut entfacht und wirft nun in dieselbe Palmkätzchen und andere während der Zeit der Dreißigen gepflückte Weihekräuter. Auch von den am Karsamstag bei der Feuerweihe geraubten Kohlen werden, wie wir oben hörten, einige hineingeworfen. Im Unterinntal (Brixental) entzündet man die „Wetterkerze", ein schwarzes Wachskerzlein mit eingegossenem Muttergottesbild, kniet um sie herum und betet den sogenanten „kurzen schmerzhaften Rosenkranz", auch Holzknechtrosenkranz genannt. Im Pustertale machen die Kapuziner das sogenannte Kapuzinerpulver. Das wird, wenn ein Gewitter im Anzug ist, ebenfalls auf die Glut geschüttet. Der geweihte Rauch, der durch den Kamin steigt, beißt die Hexen in die Augen, so daß sie auf ihren Besen eiligst die Flucht ergreifen. Gegen den Schauer gibt es noch ganz besondere kirchliche Mittel, die in „Schauermessen", d. i. gesungenen Ämtern bestehen, bei denen die zu Lichtmeß geweihten Schauerkerzen während der Wandlung angezündet werden. Der Freitag nach Christi Himmelfahrt heißt daher der „Schauerfreitag".

Der Frauendreißigst.

Der „Frauendreißigst" oder die sogenannten „Dreiß'gen", wie man die Zeit zwischen dem „hohen" oder „großen Frauentag", d. i. Maria Himmelfahrt (15. August) und dem „kleinen Frauentag", d. i. Maria Geburt (8. September), nennt, zählen beim tirolischen Bauern zu den wichtigsten Festzeiten des Jahres. Gleichwie um Sonnwend glaubt man, daß in diesen Tagen ein dreifacher Segen auf Tieren und Gewächsen ruhe, vorzüglich auf jenen, welche den Menschen nützlich sind, weshalb auch deren heilsame Wirkung um das dreifache erhöht sei, während andererseits alle giftigen Tiere und Pflanzen keinen oder doch nur geringen Schaden zu bringen vermögen. Daher ist es die angelegentlichste Sorge jeder Bäuerin, einen oder mehrere solche Sträuße zu sammeln oder durch Kinder und Dirnen sammeln zu lassen. Dazu gehören außer jenen Blumen und Kräutern, die man zu Tee und Medizinen braucht, noch eine gewisse Anzahl anderer, welche aus irgend einem Grunde von altersher im Geruche der Heiligkeit stehen. Es sind vor allem Himmelbrand, Frauenschuh, Wegwart, Mohn, brennende Lieb, Rauten, Johanniskraut, Wermut, Wohlgemut, Mutterkraut, Sinngrün, Tausendgulbenkraut und das heilige Karbendelkraut (thymus serpyllum), von dem die Legende erzählt, daß sich die Muttergottes, als sie „übers Gebirg" zu Elisabeth ging, darauf niedersetzte, weswegen die Pflanze mit dem „Schreibnamen" Marias Kar=ben=del benannt worden sei. Auch Donnerkugeln (Stechapfel) und „Baslgoam" (basilicum), Edelweiß, Sonnenblumen, gelbe Ringelblumen und dergleichen werden dazugebunden.

Das Sammeln beginnt schon am Vorabend des Maria Himmelfahrtsfestes nach dem Feierabendläuten, das an solchen Tagen schon um zwölf Uhr mittags geschieht, denn da fängt nach der Volksmeinung bereits der Feiertag an. Kinder, Mädchen und Weiber machen sich auf den Weg, durchstreifen Wiesen und Wälder und füllen ihre Schürzen oder Körbe mit diesen Wunderkräutern. Besonders haben es die alten Weiblein geschäftig, die gern „doktern", und lassen sich keine Mühe verdrießen, die nötigen Pflanzen herbeizuholen, aus welchen sie dann die Salben und Mixturen für ihre Hausapotheke brauen. Von den Almen und Bergmähdern, besonders von der Seiseralpe, bringen die Senner und Mäher ganze Ladungen solcher duftender Kräuter herab. Diese gesammelten Kräuter und Blumen werden nun in „Büschel" zusammengebunden, oder in Körbe gegeben, um sie am darauf=

folgenden Maria Himmelfahrtstage von dem Priester weihen
zu lassen. Die Einsegnung geschieht gewöhnlich in der Kirche,
hie und da auch vor der Kirche oder in der Totenkapelle,
wie zum Beispiel in Ötz und Untermieming, und zwar meist
vor dem Festgottesdienste. Die Weiber bringen ihre Büschel
oder gefüllten Körbe und stellen sie auf das „Speisgatter"
(Kommunionbank) oder auf die Stufen, falls die Weihe,
wie es häufig der Fall, vor dem Seitenaltare vor sich geht.
Alle da unterzubringen, ist oft schwer, denn man schleppt
besonders von den größeren Bauernhöfen die Kräuter in
umfangreichen, oben mit großen Blumen verzierten Trag=
körben herbei. Auch in Navis, wo die Feier überhaupt einen
äußerst erbaulichen Charakter trägt, sind die niedlichen Körb=
chen mit Bändern und Rosen geschmückt, sodaß die ganze
Kirche von Blumenduft erfüllt ist. Nach der Weihe, welche
aus den üblichen Gebeten und der Besprengung mit Weih=
wasser besteht, eilt man nach Hause, wo die „Weihbuschen"
meist ins „Unterdach" zum Ausdörren gegeben werden.

Bemerken will ich hier noch hinsichtlich der Weihe, daß
es den Bauern durchaus nicht gleichgültig ist, von welchem
Priester die Weihe vorgenommen wird. Man traut in dieser
Beziehung den P. P. Franziskanern und Kapuzinern einen
ganz besonders „kräftigen" Segen zu und macht stundenweite
Wege, um ein solches Kloster zu erreichen. Auch das Prämon=
stratenserstift in Wilten und die Pfarrkirche daselbst erfreuen
sich diesbezüglich eines bedeutenden Zulaufes, und am Morgen
des Marienfestes kann man ganze Karawanen von Weibern
mit Büscheln auf den Armen von den Dörfern des Mittel=
gebirges herabsteigen sehen. Übrigens wird in beiden ge=
nannten Kirchen die „Büschelweih" nicht um Maria Himmelfahrt,
sondern erst um Maria Geburt, also am 8. September, vor=
genommen. Dies ist auch in ganz Unterinntal und Brixental
der Fall, obwohl sie nach dem kirchlichen Rituale am erst=
genannten Frauentage stattfinden sollte. Doch entspricht diese
Verschiebung dem Wunsche vieler Landleute. Sie haben so
die ganze Zeit der „Dreißgen" Muße, die heilsamen Blumen
und Kräuter zu sammeln, wenn auch der Blütenstand mit

der vorrückenden Herbſtzeit täglich kleiner wird und man dann
häufig Gartenblumen, beſonders Georginen und Aſtern, ver=
wenden muß, welche „die Weih' nicht annehmen". Dafür
hatten ſie früher reichlich Gelegenheit, die berühmten „Dreißgen=
Höppinnen", das ſind die während dieſer Zeit unterkommenden
Kröten zu fangen, wobei man beſonders einer gefleckten Art
nachſtellte. Man ſpießte ſie bei lebendigem Leibe auf und
ließ ſie auf dem Dache von der Sonne ausdörren. Dann
nagelte man ſie an die Türen der Ställe und Sennhütten
als Schutz gegen Hexerei; auch anderen abergläubiſchen Un=
fug trieb man mit ihnen, wie wir gleich hören werden. Zu
dem Zwecke praktizierte man ſie heimlich ſogar in die „Weih=
büſchel", um durch die Einſegnung ihre Wirkung zu ver=
ſtärken. Doch geſchieht letzteres wohl ſelten mehr. Das Volk
ſcheint ſelbſt zu fühlen, daß es ſich damit zu tief in das
finſtere Gebiet des Aberglaubens verirrt und hat deshalb
auch manche Pflanzen, ſo die Alraunwurzeln, die Doppel=
wurzel der Veitsblume (Brunelle), ſowie den Beifuß, eine
Wermutart, die man ehedem acht Tage vor oder nach
Bartelmä ausgrub und zu allerlei unſinnigen Schwarzkünſten
gebrauchte, aus den Weihebüſcheln verbannt. Auch die
„vürnehmſte" Blume „Oahaggen" (Einhaken), ein von Sen=
nern ſehr geſchätztes „Läuſekraut" (rotblühende Pedicularis)
wird nicht dazugegeben, weil man glaubt, ſie beſitze alle
himmliſchen Gaben und Gnaden ſchon ohnehin.

Was nun die Verwendung der geweihten Kräuter, be=
ziehungsweiſe gewiſſer heiliger Tiere der Dreißgenzeit betrifft,
ſo iſt dieſe eine ziemlich mannigfaltige. Erſtere werden, wenn
ſie gedörrt ſind, zum Teile zerrieben und ſo aufbewahrt.
Wenn Blitz und Hagelſchlag droht, dann holt die Haus=
mutter Weihekräuter vom Eſtrich und wirft ſie mit einigen
Palmkätzchen in die Herdflamme. Im Eggental, wo die
gedörrten Kräuter in einer „Ziſten" (Tragkorb) verwahrt
werden, geſchieht dies in einer auf die Schwelle der Haus=
türe geſtellten Glutpfanne und „ſofort hört der Hagel auf
und geht in Regen über". So erzählte mir die alte
Mehlwürmerverkäuferin unter den Lauben in Innsbruck,

eine geborene Eggentalerin. Noch wirksamer ist es, wenn man, wie wir schon im vorherigen Abschnitt hörten, etwas „Paterpulver" dazu gibt, das ist das Pulver, das die Kapuziner beim „Buttersammeln" am St. Ulrichstag den Bäuerinnen als Entgelt zurücklassen. Auch bei dem üblichen „Räuchern" in den drei „Rauchnächten" wird solches „g'weihtes Kraut" verwendet und ebenso dem Vieh am heiligen Abend davon zu fressen gegeben. Daraus erklären sich die großen Mengen von Blumen und Kräutern, die man besonders im Unterinntal und Brixental in Körben zur Weihe trägt. Erkrankt ein Stück Vieh, so mengt man ihm natürlich solches Krautwerk unter das Futter.

Aber auch wenn eine Person im Hause krank ist, erhält sie zu allererst einen Tee aus geweihten Dreißgenkräutern und hilft das nicht, so schüttet man wohl etwas Pulver von gedörrten „Höppinnen" in die Medizin; dann wird der Leidende unfehlbar gesund, es müßte denn sein, daß „seine Zeit aus wäre", in welchem Falle nach weitverbreitetem Glauben kein Arzt und überhaupt nichts mehr helfen kann. Das Krötenpulver gilt auch als besonders heilsam für die „Wildnis" (Rotlauf). Wenn weiters die Bäuerin mit dem Butterschlägeln nicht zustande kommt, woran meist eine sogenannte „Butterhexe" schuld ist, so streut sie etwas von diesem Pulver in den Kübel und siehe — die Butter gerät. Guten Appetit dazu!

Zu den Tieren, denen die Dreißgenzeit besonderen Wert verleiht, zählt auch das Wiesel oder Harmele. Es ist nach der Volksmeinung eines der gefährlichsten Tiere, da es den Menschen nicht nur giftig „anbläst" und „anpfeift", sondern ihm wie der Blitz mitten durch den Leib fährt. In der heiligen Dreißgenzeit aber verliert es sein Gift und läßt sich gefahrlos einfangen und ausbalgen. Fell und Fett gelten als gesuchtes Heilmittel für Kühe, denen man das kranke Euter damit einreibt. Sehr geschätzt sind endlich, wie jede Hausfrau weiß, die sogenannten „Dreißgeneier", das sind die während dieser Zeit gelegten Eier. Man rühmt ihnen nach, daß sie nicht faulen und behält sie deshalb für den Winter, in dem die Hennen weniger Eier legen, mit dem „Gupf" in Sand gesteckt auf. Aus alledem sieht man, welch wichtige Zeit die Dreißgen für Menschen und Vieh sind. Jetzt hat sich von den vielen abergläubischen Vorstellungen und Bräuchen, die sie begleiteten, viel verloren und auch die „Kräuter"- oder „Büschelweihe" am „großen Frauentag" hat viel von ihrer früherer Bedeutung, die man ihr beimaß, eingebüßt, besonders in der Stadt, wo man ohnehin die Kräuter, die einstmals unter gewissen Formalitäten und frommen Sprüchen gepflückt und gesammelt werden mußten, gleich den Palmzweigen am Markte zu kaufen bekommt.

Sennerbelustigungen und Almfeste.

Das Leben der Senner und Hirten in ihren einsamen Hütten hoch oben im luftigen Alpenreviere verläuft nicht so still und einförmig, wie mancher glauben möchte. Mit den Neuigkeiten und dem Dorfklatsch bleibt man beständig auf dem Laufenden durch den Geißbuben, der tagtäglich um die Mittagszeit mit seiner bimmelnden Herde vom Tale heraufsteigt und stets freudig bewillkommt wird. Der Senner frägt ihn um dies, der Kuhhirt um jenes, und der Bube erzählt mit geschwätziger Zunge, läßt auch mitunter seine Phantasie walten, in der Hoffnung, dafür eine fettere Butterschnitte zu bekommen. Der „Galterer" aber, ein stämmiger Bursche, zieht den Geißhirten gelegentlich zur Seite und gibt ihm einen Gruß auf an die Lisel, seinen Schatz. Der Sonntag unterscheidet sich auf der Alm allerdings wenig von den Werktagen. Die Arbeit bleibt dieselbe, Predigt und Amt gibt es da heroben nicht, folglich auch kein „Standerl" auf dem Kirchplatze, kein Diendlenmustern und Diendlennecken beim Nachhausegehen; die Dorfkegelbahn, der Schießstand und die Wirtshausstube werden leider ebenfalls vermißt.

Das Einzige, was einen Sonn- oder Feiertag kenntlich macht, sind die Besuche, die sich die nachbarlichen Almleute gegenseitig abstatten, wenn die Hütten nicht allzuweit von einander entfernt liegen, oder ein solcher aus dem Tale, sei es nun ein Wilderer, Jäger oder sonstiger Bekannter. Da wird dann im lustigen Heimgart eingebracht, was man die Zeit über versäumt, und oft findet die Mitternachtsstunde die Versammlung noch um das Feuer in der Herdvertiefung sitzen, während dicke Wolken Tabakrauches durch die Spalten und Lücken der Hütte qualmen.

Am fröhlichsten geht es dort zu, wo Sennerinnen sind, wie es z. B. im Oberinntal noch häufig der Fall ist. Da verwandelt sich die Sennstube schnell in einen Tanzsaal; flink schwingen sich die Dirnen im Kreise, während die Burschen schnalzen und jauchzen und mit den schweren Schuhen auf den rauhen Holzboden stampfen, daß man fast den frischen „Ländler" der Zither nicht mehr hört. Eine solche Szene hat Defregger in seinem Meisterbilde „der Tanz auf der Alm" dargestellt. Ein weißbärtiger Alter, vermutlich einst ein flotter, gerngesehener Tänzer, durch die Zithertöne erinnerungsselig gestimmt, hat ein hübsches dralles Diendl zum Tanz aufgefordert. Lachend folgt ihm das Mädchen und wirft dabei einen beschwichtigenden Blick auf den herausfordernd dastehenden Kühbuben, ihren Schatz, zurück, als wollte sie sagen: „Geh', laß ihm die Freud', dem alten Narren."

Aber auch die Mannsleute unter sich lassen sich die Zeit nicht lang werden. Die flinken kräftigen Burschen haben eine Menge Spiele erfunden, größtenteils gymnastischer Natur, um ihre arbeitsfreien Stunden auszufüllen. Die frische, prickelnde Bergluft muntert sie auf, ihre Stärke und Gewandtheit im Robeln zu erproben, das auch in allen Arten versucht wird. Sehr beliebt ist ferner das „Hackeln" mit den Fingern und der sogenannte „Duxerschub", wobei sich die Gegner mit den Fäusten gegen einen Tisch oder eine Bank hinschieben. Das Schlimmste, was einem Hirten passieren kann, ist das „Hosenabziehen" und Davonjagen, das früher häufig vorkam. Diese Schmach wird dem Betreffenden sein Lebenlang nicht vergessen, sodaß schon mancher, um den Spöttereien zu entgehen, weit weg einen Dienst suchte. Es werden auch Wetten angestellt, ob einer oder mehrere imstand seien, einem die Hose abzuziehen.

Ein besonders scharfes Auge haben die länger Dienenden auf den neu Eintretenden. Steht er im Rufe, boshaft oder stolz zu sein, so wird ihm durch allerlei Neckereien „das Gesims abgekehrt". Es werden z. B. Steine glühend gemacht und irgendwo aufgelegt, wo er sich darauf setzen muß oder sie angreift und sich elendiglich brennt. Der Scharfsinn der übermütigen Burschen ist erfinderisch genug in solchen Bosheiten.

Nebstdem gibt es noch manche andere, friedliche Spiele. Da ist z. B. das sogenannte **Längschlagen** oder **Längenabschlagen**. Es besteht in der Fertigkeit, hoch aufzuhüpfen und mit den Füßen ein gewisses Ziel zu erreichen. Ein gewandter Längschläger steckt sich dasselbe sogar in Mannshöhe oder noch höher. Der „Kögele Franz" Senner auf der Lavasalm, hat im Jahre 1824 auf dem Überboden des Neuner zu Innerriß die „Länge abgeschlagen", wo man noch heute die Eindrücke der Schuhnägel sehen kann[1].) Manche gibt es, welche rückwärts die „Länge abschlagen", was unglaublich erscheinen möchte. Vor mehreren Jahrzehnten produzierte sich der Alpler „Adler" von Weer auf der Alpe Pletzboden im Bächental (bei der Riß) und berührte rückwärts ausschlagend mit den Füßen den Ueberboden, überholte also die vorgesteckte Mannslänge.

Eine weitere Übung körperlicher Gewandtheit ist das „**Stieglhupfen**". Man steckt 1³/₄ Meter hohe Stangen mit „Zanken" oder „Zaunlatten" in den Boden und springt mit oder ohne Anlauf darüber; auch Heustiegel überspringt man gern, am häufigsten aber Zäune, und zwar nicht etwa niedere Planken, sondern solche, wo die Zaunstäbe verschränkt über Kreuz eingeschlagen sind und oben spitzig auslaufen, so daß der Fehlende leicht gespießt werden könnte. Von solchen kecken Springern erzählt sich das Volk ganz unglaubliche

---

[1] Mitteilung J. N. Ritter v. Alpenburgs.

Geschichten. So soll der „Schmiedenbub in der Higna", Hans Raschberger über einen 1³/₄ Meter hohen Zaun gesprungen sein, der an einem Abhange stand. Von oben herab war es freilich ein Leichtes, aber er machte den Sprung auch von unten hinauf gegen den Berg zu, was ihm keiner nachmachen konnte [1]. Ein berühmter „Stieglhupfer" war der Fütterer Paul Hechenblaikner zu Reiterberg. Sein Meisterstück machte er einstmals im Zorn. Beim Stalle war eine Wiese, dann ein 1½ Meter hoher Speltenzaun, dann ein Weg, welcher über 2½ Meter breit war, und endlich kam wieder ein solcher Zaun, so daß also der Weg von beiden Zäunen eingeschlossen war. Einmal kam dem Paul ein „Galtling" [2] ins Roggenfeld, welches jenseits der Straße lag. Voll Unwillen lief er gegen den Weg hin, sprang in der Wut über beide Zäune zugleich, fuhr auf das Tier wie ein Geier los und riß es beim Schweife zu Boden. Noch immer bewundert man die Stelle und Pauls Heldentat, der selbst längst in der kühlen Erde ruht. Dieser kühne Springer wurde indeß noch von einem unterinntalischen Senner übertroffen, der einmal vierzehn nebeneinandergestellte, je einen Fuß breite Bänke übersprang. Wie viel übrigens zu all diesen Turnübungen die Sage hinzugedichtet, wollen wir dahin gestellt sein lassen. Die Älpler setzen auf das Springen vorzüglichen Wert, und nicht mit Unrecht, da sie sich hiedurch an gefährlichen Stellen im Gebirge oft vor Unglück retten.

Auch im **Werfen** gibt es unter den Almleuten merkwürdige Künstler. Man wirft die Steine mit der bloßen Hand; mit der Schleuder will man es nicht recht gelten lassen. Hierzu werden die höchsten Fichtenbäume als Ziel gewählt, welche mancher mit Leichtigkeit überwirft. Sind die Hirten zu solchen Kraftäußerungen zu bequem, so haben sie dafür Ersatz in den Kämpfen der „**Stech**=" oder „**Hagmairkühe**". Der eine wettet auf den Sieg der braunen, der andere auf den der scheckigen, und Jubel und Beschämung begleiten den endlichen Schluß des Hörnerturniers. Ferner

---

[1] Ebendaher. [2] Nicht milchgebendes Rind.

unterhalten sich die Älpler gern mit „Watschelen", ei[nem]
Kugelspiele, mit Wettlaufen und mit Peitschenschnalzen, [das]
mancherorts zu einem förmlichen Konzert ausgebildet w[ird.]
Ein besonderes Vergnügen gewährt den Hirtenbuben [das]
Baumschwingen. Sie klettern auf die höchsten Gi[pfel]
der Bäume, vorzüglich der elastischen Lärchen, und schau[keln]
sich um die Wette darauf hin und her. Man sieht, es fe[hlt]
den Sennern und Hirten nicht an Unterhaltung, um [die]
Einförmigkeit ihrer Tage zu würzen. Und erst, wenn S[en]nerinnen in der Hütte schalten und walten! Wie romanti[sch,]
wenn der Liebste, in Gestalt eines kecken Wildschützen, [an]
schönen Sommerabenden bei seinem Diendl fensterlt! We[nn]
es auch nicht immer so poetisch zugeht, wie die Dorfgeschich[ten]
es malen, und manche Sennerin eine dürre alte Schach[tel]
ist, in die sich kein Jochspatz mehr verguckt, so ist es d[och]
in anderen Fällen gar nicht ohne.

Zu all dem bereits erwähnten Zeitvertreib komm[t]
sodann noch die eigentlichen Alpenfeste, religiöse und weltlic[he,]
welche die Reihe der Arbeitstage unterbrechen. Die ernste[ste]
dieser Feierlichkeiten ist wohl der „Alpensegen". G[e]wöhnlich findet er einige Tage nach dem Viehauftrieb sta[tt.]
Ist ein „Bergmeister" da, wie im Oberinntal, so begibt si[ch]
dieser zum Pfarrer mit der Bitte um die Einsegnung, i[m]
Unterinntal bittet der Bauer, dem die Alpe gehört, um d[as]
„Benedizieren". Meist geht der Pfarrer nicht selbst, sonde[rn]
schickt den Kooperator, weil der jünger ist und deshalb leich[ter]
steigen kann. So macht sich nun der Pfarrer mit de[m]
Ziborium und der Meßner mit Weihwedel und Weihwass[er]
früh Morgens auf den Weg zur Alpe; auch der Alpenb[e]sitzer und anderes Volk schließt sich an, im Oberinntal ge[ht]
der Berg= oder Alpmeister mit. Unterdessen haben die Sen[n]leute oben an einem passenden Platze ein Kreuz errichte[t,]
falls nicht vorher eines vorhanden war, und dasselbe m[it]
Alpenblumen und grünen Gewinden hinreichend verzier[t.]
Kommt nun der Geistliche angestiegen, so hält er erst, b[e]sonders wenn der Weg weit und beschwerlich war, eine kur[ze]
Rast. Währenddem wird das Vieh in den Hag getrieb[en.]

und lagert sich brüllend und schellend um die Hütten. Nun werden auch die Lichter angezündet, der Meßner hängt dem Geistlichen die Stola um und die Einsegnung der Alpe und des Viehes beginnt. Nach den üblichen Gebeten und Beschwörungsformeln nimmt der Priester den Weihwedel und besprizt damit die Alm nach allen vier Himmelsgegenden, sowie die Herde. Auch die Sennhütte und der Milchgaden wird wacker eingesegnet nebst dem Melk= und Treibkübel, ebenso die Liegerstatt der Almleute, damit alles Böse fernbleibe.

An manchen Orten, vorzüglich auf großen Almen, werden an vier Punkten die Evangelien gehalten und die Sennleute beichten und kommunizieren. Doch ist dieser lettere Brauch nicht beliebt und die Hirten suchen sich durch verschiedene Ausflüchte davon loszumachen. Bei dieser Einsegnung wird selbstverständlich besondere Berücksichtigung jenen Gegenden und Örtern geschenkt, die seit Jahrhunderten in unheimlichem Geruche stehen, so dem Hexenbühel, dem Geisterschroffen, dem Norggenloch und wie die Schlupfwinkel dieser gebannten Geister und Spukgestalten heißen mögen. Ist die Einsegnung in allen ihren Teilen vollendet, so nimmt der Geistliche in der Sennhütte ein kleines Mahl ein und steigt dann wieder ins Tal hinab. Der Lohn für seine Bemühung ist nicht gar groß, zwei bis vier Kronen, selten mehr.

Man darf übrigens nicht glauben, daß diese Einsegnung dem Senner genüge. Beileibe! Es gibt im Almleben eben Dinge und Vorkommnisse, gegen die der kirchliche Segen zu schwach ist, Plagegeister des Viehes, des Senners und der Sennerin, gegen welche es kräftigere Mittel anwenden heißt als Kreuzschlagen und Weihwassersprengen. Der Senner hat deshalb vom Tal herauf vor der Abfahrt verschiedenes geweihtes Zeug mit sich genommen, womit er sofort, wenn die Herde aufgetrieben ist, Hütten und Gehege gegen den Einfluß böser Geister und neckischer Kobolde sichert. Fürs erste werden Büschel geweihter Kräuter, als Meisterwurz, Rhabarber und andere alterprobte Pflanzen, die in der Zeit der heiligen „Dreißigen" gesammelt und am „großen Frauentag"

geweiht wurden, unter die Türschwelle gesteckt, ebens
Stück vom „Palm" oder auch ein sogenanntes Brevl, n
man vom Franziskanerpater für Geld und gute Worte e
So kommt keine Hexe in die Hütte. Zur größeren Sich
wird über der Türe noch ein kreuzergroßer sogenannter
diktenpfennig angenagelt. Auch in den vier Ecken
Stalles werden heilige Kräuter eingegraben; überdies
der Stall noch mit „Dreißgenkräutern" ausgeräuchert.
trotz dieser Vorkehrungen, man sollte es nicht glauben, ko
auf der Alpe Spukgeschichten vor, die dem Senner die
zu Berg stehen machen und die Sennerin, falls diese
Milchwirtschaft unter sich hat, zur Verzweiflung br
können. —

Die Sennleute haben auch Feste ohne dienstlichen
geschmack, wo sie sich nur der volkstümlichen Lustigkeit
geben. Ein solches ist der Alpenkirchtag. Einmal wäh
des Sommers, meistens nicht lange vor der Abfahrt,
dort, wo mehrere Alpen in der Nähe sind, ein „Kirch
gehalten. Das Festmahl wird aus dem Besten zuber
was man hat. Den Kirchtagsbraten liefern ein paar Sc
die zerstückt in riesigen Pfannen schmorend auf dem T
prangen, daneben ein paar Flaschen Enzianbranntwein,
man sich aus der naheliegenden Brennerei (Enzianhütte)
Alle Älpler der Umgegend kommen da zusammen, ein Zi
spieler macht zum Tanz auf, ein anderer pfeift dazu;
bald dreht sich alles im lustigen Reigen. Sind keine Di
da zum Tanz, so binden sich die Jungen um den
ein Tuch und stellen so Mädchen vor. Mancher
sich dabei recht komisch zimpferlich zu geberden. Dazwi
wird wieder dem Glase zugesprochen, oder man veranst
allerlei Narrenspossen. Ältere Leute, die an dem t
Treiben nicht teilnehmen wollen, setzen sich zu dem bestä
flackernden Herdfeuer, stopfen sich ein Pfeifchen und sch
gemütlich plaudernd zu. Das Bild gestaltet sich oft male
genug, besonders wenn die Nacht hereinbricht und be
einer Wandritze steckende, flackernde Kienspan mit seinem
Lichte die Gruppen bestrahlt. Das fröhliche Fest dauert

wöhnlich die ganze Nacht hindurch, bis der herrliche Herbst=
morgen über die Bergspitzen heraufdämmert. Dann gehen
die fremden Senner und Hirten ihrer heimatlichen Alm zu.
Oft wird das Fest von dem Senner einer andern Alpe
erwidert. So fanden z. B. früher im Wattental drei solcher
Kirchtage statt, einer übermütiger als der andere. Aber die
Zeiten sind schlechter geworden; deshalb schraubte man die
Lustbarkeit zuerst auf eine einmalige Feier herunter und ließ
sie endlich ganz eingehen. Gewöhnlich ist sie jetzt nach dem
Abzuge ins Tal verlegt. So kann man den Almerkirchtag
noch alljährlich in seiner ganzen Urwüchsigkeit beim Pfandler
in der Pertisau sehen. Dagegen wird noch fast überall vor
der Abfahrt die sogenannte „Schoppwoche" gehalten,
welche mit der sogenannten letzten Gru=Nacht (Ka=Ruh=Nacht?)
die höchste Stufe des Vergnügens und damit den Abschluß
erreicht.

An den letzten paar Tagen des Aufenthaltes auf der
Alpe wird nämlich nicht mehr „gekast" und „gekübelt", d. h.
weder Käse noch Butter bereitet, sondern nur gegessen, ge=
trunken, getanzt und gejubelt. Dazu finden sich bekannte
Burschen und Dirnen von anderen Almen und aus dem
Tale ein, Zitherweisen und Jodler erklingen, die Schnaps=
flasche kreist, ein Scherz, ein Schabernak reiht sich an den
andern, so daß sich die „Schoppwoche" und die „Gru=Nacht"
zu einem Feste gestalten, dem an ungebundener Fröhlichkeit
keines unten im Tale gleichkommt. Die einzige Arbeit,
welche das lustige Treiben unterbricht, ist die Zubereitung
des Kränzeschmuckes für die Almkühe, welche Beschäftigung
ebenfalls Stoff genug zum Lachen gibt. Dann geht es
wieder los das älplerische Bacchanal, bis der Morgen der
Abfahrt graut.

Die Herabschaffung des Alpennutzens, Almrai[tt]

Während das Alpenvieh und der Kuhhirt mi[t Sang]
und Klang in das heimatliche Dorf einziehen, st[ehen die]
Almhütten keineswegs verlassen. Das übrige Senne[reivolk]
ist gewöhnlich noch oben geblieben, um im Verein [mit den]
Besitzern aus dem Tale und deren Knechten die Herab[schaffung]
und Verteilung des **Alpennutzens** zu bewerkstelligen. [Von]
letzterer kann natürlich nur bei solchen Alpen die Red[e sein,]
auf denen sich das Vieh mehrerer Bauern, ja oft [einer]
ganzen Gemeinde befindet, wie dies in Oberinntal und [über]
haupt in jenen Tälern der Fall ist, wo der Einzel[ne zu]
wenig begütert ist, um einer eigenen Alpe zu bedürfen. [So]
aber ein wohlhabender Bauer eine alleinige Alpe besitzt, [be]
fördert er das Erträgnis zu Tal, wie und wann es i[hm]
eben taugt, um es nach Willkür und Bedarf entwed[er zu]
verkaufen oder in der eigenen Wirtschaft zu verbrau[chen.]
Gewöhnlich wird in solchem Falle mehrmals während [des]
Sommers Käse und Butter mittelst „Kraxen" (Tragges[tell)]
heruntergebracht, so daß man bei der Heimkehr nur d[as]
kleine „Almwagele", das beim Aufzuge zur Hinaufscha[ffung]
der nötigen Gerätschaften und Lebensmittel diente, mit [dem]
„Almnutzen" zu bepacken braucht, um es zugleich mit d[er]
Herde abziehen zu lassen. Wenn man mehr Erzeugnis [zu]
sammenkommen läßt, fällt die Fuhr natürlich größer [aus.]

Etwas umständlicher wird die Sache natürlich auf j[enen]
Alpen, wo man von einem oder mehreren Bauern „Le[hn]
kühe" aufnimmt. Es geschieht dies überall, wo der Al[pen]
besitzer zu wenig eigenes Vieh hat, um seine Gründe da[mit]
abzuweiden. Der Vertrag wird auf verschiedene Weise [ge]
schlossen. Der Alpenbesitzer zahlt z. B. dem Vieheigentü[mer]
für eine Lehnkuh 14—20 fl. (28—40 Kron.) Mietg[eld]

---

[1] Unter teilweiser Benützung der mir von Joh. Nep. Ri[tter]
v. Alpenburg und Stud. Bibliothekar A. J. Hammerle s. Z. [ge]gebenen schriftlichen Mitteilungen.

Als Entgelt dafür fällt ersterem alle Milch, die sie gibt, sowie die Butter, der Käse und die Schotten, kurz alles zu, was er daraus gewinnt. Häufig bezahlt er ihn aber nicht in Geld, sondern gibt für eine Kuh beiläufig 15—20 Pfund Butter und etwa 20 Pfund Käse. Diesen Brauch findet man häufig im Zillertal und Dux. Übrigens hängt die Bezahlung einerseits sehr davon ab, ob die Kuh früh- oder spätträchtig oder ganz „leer" ist, da letztere natürlich mehr Milch liefern kann als erstere, und andererseits, ob eine Alpe gut oder mittelmäßig ist. Der Eigentümer der Alpe muß entsprechend mehr zahlen, wenn die ungünstige Lage eine frühe Abfahrt nötig macht. Oder man bedingt beim Schlusse des Vertrages keine bestimmte Summe, sondern trifft das Übereinkommen nach der „Milchprobe".

Am Jakobstag (25. Juli) kommt der Eigentümer der Milchkühe auf die Alpe und melkt dieselben abends. Die Zahl der Pfunde Milch, welche sie geben, wird aufgemerkt und zu jener vom Morgen hinzugerechnet. Aus der herauskommenden Summe wird nun das arithmetische Mittel gezogen: von jedem vierten Pfund, das in diesem Ergebnis steckt, gibt der Mieter dem Eigentümer der Kühe die ausbedungene Summe.

Beide Arten des Vertrages haben ihre Schattenseiten, indem sie der Übervorteilung, obwohl das selten vorkommt, genug Spielraum lassen. Will z. B. der Besitzer der Kühe den Eigentümer der Alpe aus irgend einem gehässigen Grunde schädigen, so braucht er nur seine Kühe vor der Auffahrt weniger milchgebend zu machen. Als bekanntes Mittel, dies zu bewerkstelligen, gilt die Fütterung mit Roggenstroh, unter das man Asche mengt, obwohl eine solche Vornahme für's erste dem Tiere schadet und dann meistens auch die gewünschte Wirkung verfehlt, falls nicht überhaupt ein Abbruch der Nahrung damit verbunden ist. So erlitte der Alpenbesitzer allerdings durch das geringere Milchergebnis Schaden, während der boshafte Eigentümer der Lohnkühe dessenungeachtet die volle Summe erhielte.

Aber auch im zweiten Falle, wo der Mietzins nach

der Menge der Milch bemessen wird, kann der Alpenbesitzer bedeutend zu kurz kommen, da die Menge des täglichen Milchgewinnes sehr von der Witterung abhängig ist. Es darf also nur am Jakobitag, wo die Messungen stattfinden, gemäßigt warmes Wetter sein, so daß die Kühe sehr gut „milchen", so wird der Mieter viel Zins zahlen müssen, und wenn dann in der übrigen Alpenzeit die Witterung größtenteils ungünstig, stürmisch oder zu heiß ist, so zieht er aus den Kühen nicht den Nutzen, welcher der zu leistenden Zahlung entspricht. Aber auch der Eigentümer der Lehn=kühe kann leicht vom Alpenbesitzer, der die „Triebe" auf seinen „Legern" gut kennt, betrogen werden, wenn nämlich dieser die Kühe am Messungstage auf schlechte Weideplätze führt, so daß sie wenig Milch geben und er deshalb wenig zu zahlen braucht.

Außer der angeführten gibt es noch verschiedene Be=rechnungsweisen des Zinses. So wird, wenn die Kuh 8 Pfund Milch täglich gibt, die Hälfte dem Alpenbesitzer für's Gras und Futter überlassen, die andere Hälfte der Milch dem Kuheigentümer als Alpennutzen angerechnet und zwar in Geld. Auf andern Alpen werden dem Kuhbesitzer für je 3 Maß Milch 5 Pfund Butter und 5 Pfund Käse als Alpennutzen ausgefolgt. Auf noch anderen läßt sich der Alpen=besitzer für die Weide per Stück ein Bestimmtes, z. B. 14 Kronen „Grasgeld" für die ganze Almzeit bezahlen und kümmert sich um nichts weiter. Der Almnutzen wird im Ganzen an die Besitzer der Lehnkühe ausgefolgt, welche denselben dann nach Verhältnis unter sich verteilen. Im Pustertal gibt man statt des „Grasgeldes" Getreide. Der Alpennutzen heißt dort nämlich „Almtrad", obwohl er natürlich nicht aus Getreide, sondern aus Käse und Butter besteht. (Trad = Treid, von tragen, wie Getreide mittelhochdeutsch: Getregede, was man oder der Boden trägt; Bodenerzeugnis).

Auf großen Gesellschafts= und Gemeindealpen, wo jedes Gemeindeglied gleiches Recht hat, sein Vieh aufzutreiben, kommen die Interessenten während des Sommers öfter —

meistens dreimal — zusammen[1]). Das erstemal geschieht es fünf Wochen nach dem Auftriebe. Während dieser Zeit hat der Senn schon einigen Nutzen zusammengebracht, welcher dann nach Verhältnis der Milch verteilt und von den Kuhbesitzern heimgetragen wird. Zuweilen verkauft man Butter und Käse von der Alm fort an Butterträger, wovon das gelöste Geld beim Senn bis zur „Almraitung" aufbewahrt bleibt. So ist es z. B. auf der Höttinger und Mutterser Alpe in der Nähe von Innsbruck. Eine seltsame Einrichtung herrscht in der Alpe Tarrenton unter den Abhängen der Heiterwand nördlich von Tarrenz, wo sämtliche während der Almzeit gewonnene Butter, statt sie in Kugeln zu formen, zu einer Masse zusammengeworfen wird, so daß bis zur Abfahrt ein förmlicher Berg von sieben oder mehr Zentnern daraus erwächst.[2]

Besonders genau nimmt man es mit der Alpenwirtschaft im Oberinntale, indem man zur Aufsicht über dieselbe einen eigenen „Bergmeister" bestellt. Zwei Wochen nach der Auffahrt ist der erste „Zoontag", sechs Wochen darauf der zweite. Zum wichtigen Geschäft des „Zoonens", d. i. der Milchmessung kommt der „Bergmeister" mit mehreren Viehbesitzern vom Tale herauf. Jede Kuh muß in ihrer Gegenwart „sauber" gemolken werden, wobei nichts verschüttet werden darf. Dann wägt der „Bergmeister" die Milch — die der zusammengehörigen Kühe natürlich zusammen — und setzt die Zahl des Gewichtes gewissenhaft auf seine Liste, nach welcher dann zur Zeit der Herabschaffung des Alpennutzens der Anteil eines jeden Bauern an Butter, Käse und Zieger verhältnismäßig bestimmt wird. Man rechnet dabei nach „Malchen" (halben Pfunden), deren zwölf eine „Schlutte" ausmachen. Die größte Milchmenge, die eine Kuh „per Tag" gibt, sind zwei Schlutten, mittlere Milchkühe geben eine „Schlutte",

---

[1] In Oberinntal zweimal.
[2] Sonst wird im Oberinntal, so viel mir bekannt, die Butter im Keller auf Brettern in kugelförmigen Knollen, sogenannten „Butterstöcken", jeder im Gewichte von 50—100 kg, aufbewahrt.

schlechtere unter einer; weniger als drei „Malche" werden gar nicht mehr beachtet.

Der „Bergmeister" muß nicht nur beim Milchmessen, sondern auch beim Hüten und zwar am Meß- und am Vortage dabei sein, damit die Hirten die Kühe nicht etwa betrügerischer Weise hin und her oder auf schlechte Weideplätze treiben und so die Milchbildung vermindern, während die „Zoonweide" von Rechts wegen die schönste Alpenmatte sein soll. Den Sennleuten ist es nämlich sehr erwünscht, wenn der „Zoon" klein ausfällt, weil es ihnen dann möglich ist, bei der Verteilung des Alpennutzens für die „Malch" mehr zu geben, als ihre Alpennachbarn, und so für geschickter zu gelten als diese. Manche „Rechtsennin" — in Oberinntal besorgen nämlich Dirnen das Oberamt in der Alpenwirtschaft — sinnt und denkt nichts anderes, als wie sie eine verhaßte Nebenbuhlerin zu überflügeln vermöge; Neid und Ehrgeiz läßt sie nachts nicht schlafen und treibt sie nicht selten zu unehrlichen Mitteln, um ihre Leidenschaft zu befriedigen. Ein solcher Sieg erregt großes Aufsehen im Dorf, ja sogar ganze Ortschaften brüsten sich damit, bei der Teilung des Alpennutzens mehr bekommen zu haben als andere. Den Unterliegenden wird zum Spotte am Vorabende des Kirchweihfestes mit Schwärze eine Geige an die Front des Hauses gemalt; auch Spottreime werden darunter geschrieben, die unter großem Gelächter durchs ganze Dorf und dessen Umgegend die Runde machen. Solche „Geigen" kann man fast an jedem zweiten Hause sehen. In Fließ, südwestlich von Landeck, fand ich im Spätherbst 1907 noch eine Geige aus dem Jahre 1895 stehen, daneben den Spottreim: „Wegen mangel an Blatz kommt die Mühlbacher Geige auf den Platz. 1895."

Hat nun der „Bergmeister" alles in Ordnung befunden und die einzelnen Milchgewichte genau aufgemerkt, um den Bauern im Tal Rechenschaft geben zu können, so verzehrt er mit seinen Genossen ein tüchtiges Rahmmus, das ihm die Sennerin gekocht hat, und kehrt dann wieder heim. Ungefähr sechs Wochen darauf wird, wie bereits gesagt, das zweitemal „gezoont", das drittemal fällt mit der Abfahrt zusammen[1]. Da entfaltet sich oben auf den einsamen Alpenhütten ein ungewohntes Leben. Schon am Tage zuvor zieht das halbe Dorf mit Körben und Kraxen auf die Alpe, um den Alpennutzen, den „Zien", wie der Oberinntaler, oder das „G'schaffet", wie der Vintschgauer sagt, herabzuholen. Weil die „Kaser" (Almhütte) nur für wenige Raum bietet, so lagert man in der Nacht im Freien und zündet, um sich zu erwärmen, große Feuer an. Geschlafen wird natürlich selten, desto mehr gescherzt, gejubelt und der Schnapsflasche zugesprochen. Die Erlebnisse des heurigen Alpenjahres bieten Stoff genug zum Meinungsaustausch, besonders vermögen die Sennleute kaum alle Fragen über die Schwarze, Braune oder „Tscheckete", die ihrer Obhut anvertraut waren, zu beantworten. Alle Ereignisse werden bis in's einzelnste erörtert, wobei oft das Sennerlatein dem berüchtigten Jägerlatein erfolgreich die Stange hält.

Der folgende Morgen bietet ein bewegtes Bild. Während das Alpenvieh, geführt vom Kuhhirten, mit Glocken- und Schellenklang talwärts zieht, sind die Leute in der Hütte vollauf beschäftigt, den „Alpennutzen" zu teilen. Die Kraxen lehnen um die Sennhütte herum. In derselben steht eine Gruppe von Leuten um das lodernde Kesselfeuer, andere essen eine warme Milchsuppe. Die Sennerinnen sind bei diesem Anlasse in blühweißen Hemdärmeln und Fürtüchern sauber herausgeputzt. Unterdessen machen ein paar praktische Männer im Keller den Überschlag, wie viel Käse und Zieger es auf die „Schlutte" treffe. Nach diesem Maße wird verteilt. Trifft es für einige Eigentümer keine Schlutte „Zoon", so müssen diese die Unterteilung selbst fortsetzen; denn der „Alpmeister" unter

---

[1] Das „Zoonen" ist in Oberinntal jetzt sehr in Abnahme gekommen. Heute wird meistenteils die Milch jeder einzelnen Kuh zweimal in der Woche morgens und abends gemessen und die Anzahl der Liter, auch halben Liter, in ein Verzeichnis eingetragen. Hieraus wird die „Wochenmilch" berechnet, diese mit der Anzahl der Wochen multipliziert und so das Ergebnis gefunden. Zu beachten ist hier, daß die Kühe in strenger Ordnung gemolken werden, also in der gleichen Reihenfolge am Abend wie am Morgen.

Beiziehung von zwei bis drei Männern aus dem „Senntum"[1]
gibt die ganze „Schlutte" heraus und kümmert sich nicht weiter
darum. Einer der Betreffenden schneidet also den Käslaib
in Halbe, Drittel oder Viertel, steckt ein Messer zwischen die
Teile, fragt seinen Gegenmann: „Ruck' oder Schneid'?" und
gibt ihm dann den verlangten Teil. Die Butter aber wird
bis auf halbe Viertelpfunde berechnet und ausgewogen. Dem
„Bergmeister" wird für seine Bemühungen der Nutzen einer
„Schlutte" zuerkannt.

Es dauert ziemlich lange, bis man mit allem im
Reinen ist, ja die Teilung gestaltet sich an manchen Orten
zu einem förmlichen Markt, da man den Alpennutzen gegen=
seitig kauft und verkauft. Vorzüglich suchen die Senner, die
nebst dem bedungenen Lohn noch einen Anteil am „G'schaffet"
haben, ihr Betreffnis an den Mann zu bringen. Endlich ist
man in Ordnung und es wird aufgepackt. Man benutzt
zur Überführung Kraxen und sogenannte Protzwägen, das
sind eine eigene Art von Schleifwägen, bestehend aus einem
zweiräderigen Vordergestell mit zwei Baumstämmen, die nach=
schleifen. Darauf liegen die „Bögen", Körbe aus grobem
Weidengeflecht, in welchen die Butterkugeln und Käslaibe
aufgeschichtet werden. Diese Protzwägen, mit Ochsen oder
Kühen bespannt, eignen sich sehr gut für die abschüssigen,
holperigen Alpenwege, aber nur dort, wo von solchen über=
haupt noch die Rede sein kann. Wo aber die Almen, wie
viele im rauhen steinigen Oberinntal, wie grüne Oasen von
starren, steil abfallenden Felswüsteneien umgeben sind, kann
die Herabschaffung nur auf äußerst mühevolle und gefährliche
Art mit Tragkörben und Kraxen bewerkstelligt werden.
Es ist wahrlich keine Kleinigkeit, die schweren Trachten von
oft zwei Zentnern da herunterzubringen.

Ist alles aufgeladen, so setzt sich der Zug in Bewegung.
Die Protzwägen sind mit Zirbelnußzapfen, sogenannten Pföt=
scheln, grünen Zweigen und mit Blumensträußen geziert, die
man vom Dorf mitgenommen. Unter Jodeln und Jauchzen

---

[1] Der Senntum, eigentlich die vereinigten Nutznießer, an die
die Butter nach Betreffnis abgegeben wird.

geht es die schmalen, beschwerlichen Pfade hinab. Wo der Weg besser fahrbar wird, stehen Leute aus dem Dorf mit Karren, um die Kraxenträger abzulösen. Je mehr man sich dem Dorfe nähert, desto mehr Leute versammeln sich zum Willkomm. Die Kinder gehen ihren Angehörigen oft weite Strecken entgegen. Dann wird eine kurze Rast gemacht und die hungrigen Mägen werden mit Butterbrot, Käse und Zieger erfreut. Hierauf geht der Zug wieder weiter ins heimatliche Dorf. Da läuft alles was Füße hat, die Kommenden zu begrüßen. Besonders findet sich Bettelvolk von weit und breit ein, denn es erhält einen eigenen Anteil am „G'schaffet", talergroße Butterknollen, die eigens zu diesem Zwecke bereitet worden sind.

Nicht immer findet jedoch die Verteilung des Alpennutzens schon oben auf der Alpe statt. In manchen Gegenden, z. B. in Unterinntal, wird der sämtliche Vorrat im Ganzen herabgeschafft und erst unten verteilt. Dies geschieht am Rosenkranzsonntag (anfangs Oktober), an welchem Tage auch zugleich die „Almraitung" abgehalten wird. Die Eigentümer des Alpenviehes versammeln sich in einer großen geräumigen Bauernstube, z. B. der Meßnerstube, um da zu berichten und zu beraten. Obmann der Versammlung ist derjenige Bauer, der die meisten Grasrechte hat. Vor allem wird der Lohn des Senners, der Hirten, des Putzers, Galterers und wie die Alpenbediensteten alle heißen, bestimmt und ausgezahlt, dann werden alle Unkosten, Steuern, Verbesserungen 2c. zusammengezählt, auf jeden „Interessenten" nach Verhältnis verteilt, und jeder berichtigt „das ihm Zufallende. Wenn man mit dem Hirten besonders zufrieden war, gibt man ihm ein Trinkgeld und stellt ihn gleich für's nächste Jahr wieder an, im andern Falle wählt man einen neuen. Auch das übrige Sennvolk wird jetzt schon gemeinsam bestellt und der Lohn bedungen, da man sich in den abgeschlossenen Tälern und Berghöfen oft den ganzen Winter nicht sieht. Bei großen Gesellschaftsalpen, wo mehrere Kaser (Hütten) stehen, stellen sich die verschiedenen Anteilberechtigten ihre Senner und Hirten auf eigene Faust an, daher kommen bei der „Almraitung" nur die untergeordneten gemeinsamen Bediensteten, wie der Galterer, Putzer ꝛc. zur Verrechnung.

An jenen Orten, wo die Verteilung des Alpennutzens gleich oben auf der Alpe stattfindet, verschiebt man die „Almraitung" meist bis in den Winter. Im Oberinntal führt dabei der „Bergmeister" den Vorsitz, der dann sein Amt niederlegt. Als Belohnung erhält er gegenwärtig den festgesetzten Betrag von 40—60 Kronen. Den Schluß der Versammlung bildet überall ein ländliches Mahl, bei dem auch Alpenkäse, der eigens bei der Teilung bei Seite gelegt wurde, auf den Tisch kommt. Die heiteren Unterinntaler fügen, nachdem sie Vormittags in Gemeinschaft dem Gottesdienste beigewohnt haben, dem Feste noch einen lustigen Tanzabend hinzu. Senner und Hirten sind da die Löwen des Tages und ich wollte es keiner Dirne raten, einem von ihnen beim Tanzen einen Korb zu geben. So etwas wird der „hoachen Menschin" nie verziehen, sondern bei allen Gelegenheiten, wie Fastnachtspielen und dergleichen, unliebsam unter die Nase gerieben.

Auf der Atze.

Wenn das Vieh von der Alpe heimgekehrt ist, so bleibt es noch nicht ein für alle Mal in den Stall eingeschlossen, sondern wird ein paar Wochen hindurch auf die Talwiesen zur Atze hinausgetrieben, um dort den „Povel", d. i. den dritten nach dem Grummet sprossenden Graswuchs abzuweiden. Das ganze Tal scheint durch die überall herum zerstreuten Herden, die teils friedlich grasen, teils lustig klingelnd herumspringen, in eine einzige große Alpenflur verwandelt. Das Geschäft des Hütens versieht nur selten und bei einer sehr zahlreichen Herde der Senner in Person. Gewöhnlich liegt es den Buben ob, die ihren größten Stolz darein setzen und sich auf diese lustige Zeit, wo sie unbeobachtet auf dem Felde draußen ihre eigenen Herren spielen können, schon lange vorher freuen. Beiläufig um acht Uhr morgens wird der Stall geöffnet und das Vieh herausge-

lassen. Früher ist es nicht ratsam, weil da noch der den
Kühen schädliche Reif auf dem Grase liegt, welcher womöglich
zuerst durch die Sonne aufgetrocknet werden soll. Hinter
der Herde schreitet im stolzen Bewußtsein seiner Wichtigkeit
der junge Hirt, begleitet von kleineren Brüdern oder Nach=
barskindern, die selbst nichts zu tun haben. Er trägt einen
schön gebrannten Haselstock, an dessen oberem Ende nach
altem Brauch ein Kreuz eingeschnitten ist, und die unver=
meidliche „Geisel" (Peitsche) in der Hand; die Füße bleiben
entweder bloß oder stecken in kleinen, wohlbenagelten und
beschienten „Knoschpen" (Holzschuhen). Bei schönem Wetter
geht er in Hemdärmeln, bei Regen schützt ihn ein umge=
hängter Kornsack vor Nässe. Auf dem Kopfe sitzt ein alter Filz=
hut, dem Sturm und Wetter eine unbeschreibliche Pilzform ge=
geben, mit einer krummen, dem Haushahn ausgerupften Feder.

Ist der Bube noch ein Anfänger im Amte, was man
ihm an seiner etwas weniger kecken Miene gleich ansieht, so
geht die ersten paar Male der Vater mit ihm. Er zeigt
ihm, wie er das Vieh zu lenken und auf dem rechten Wege
zusammenzuhalten habe, und gibt ihm, auf dem Mahde an=
gelangt, die nötigen Verhaltungsmaßregeln und Lehren.
„Siehst jetzt, Bua", ermahnt der Vater den lauschenden
Sohn, „schau her, das ist das „G'mark", darüber darfst du
kein Stück hinauslassen, damit es nicht in des Nachbars
Mahd hineinkommt. Schlag oder wirf aber nicht mit dem
Stock nach dem Schweif, sonst könntest du dem Tier das
Schweifbein einschlagen und es wäre „tadelhaftig" und un=
verkäuflich. Wir haben „toll Ötza" (viel Weide) heuer",
unterbricht der Alte wohlgefällig seine Belehrungen, „du
kannst lang herausfahren, Bua! Auch nicht „stechen" darfst
du die Kühe lassen, da mußt du geschwind hinzulaufen und
sie auseinander treiben; besonders gib mir auf die „groa=
neten" (trächtigen) Acht, daß sie nicht fallen und dann „hin=
schwingen" [1]. Wenn du wissen willst, ob eine Kuh voll
(satt) ist, mußt du auf diese Gruben schauen, die sie ober

---

[1] hinschwingen = eine Fehlgeburt machen.

der „Wampe" vor diesen aufstehenden Knochen haben. Wenn du von der Grube an der linken Seite beinahe nichts mehr siehst hat die Kuh genug, auf der rechten Seite jedoch muß immer noch eine Grube bleiben; wenn das nicht mehr der Fall wäre, so wäre sie schon zu voll und könnte leicht „der= schnöllen". Wenn der Wind geht oder wenn irgendwo noch „Haar" (Flachs) im Grase ausgebreitet liegt und überhaupt Nach= mittags, wo das Gras trocken ist, mußt du noch mehr aufpassen."

Man sieht, das Viehhüten ist eine heikle Sache, sonderlich für ein so leichtsinniges Bubengemüt, das, sobald der Vater den Rücken kehrt, die guten Lehren über tausend Tollheiten vergißt. Es ist dabei nur zu verwundern, daß nicht öfter ein Stück „zu voll" wird. Der Bauer hat zwar ein Mittel dagegen, welches stark an die Kuren des Doktor Eisenbart gemahnt, es geht dabei der armen Kuh nicht selten ans Leben. Er sticht nämlich mit einer eisernen Spitze, die genau in eine Röhre paßt, der Kuh in den Bauch und läßt so die blähende Luft entweichen. Meistens glückt es, verfehlt aber der Operateur die rechte Stelle oder läßt sich die Kuh während der Behandlung auf den Boden nieder, was die Umstehenden mit allerlei Werkzeugen zu verhindern suchen, so ist sie rettungslos verloren.

Doch was denkt der lustige Hirtenjunge an derlei schlimme Möglichkeiten! Dem ist so wohl „wie dem Vogel im Hanfsamen", besonders wenn er die goldene Freiheit da draußen schon öfter gekostet und in allen Spitzbübereien eine gewisse Fertigkeit erlangt hat. Allein ist er selten, ent= weder befinden sich auf den angrenzenden Wiesen ebenfalls Hirtenbuben oder er hat ein paar Geschwister oder Kameraden bei sich. Da wird dann abwechselnd einer zum Hüten be= stellt, während sich die andern ungehindert herumtreiben. Erstlich werden Wassersteine herbeigeschleppt, zusammengestellt und in diesem nun höchst einfachen Herde mit ein paar Reisern ein Feuer angemacht. Indessen suchen die übrigen Buben das nötige Holz, wobei sie sich nicht selten an morschen Zäunen vergreifen, was ihnen, wenn sie der Besitzer erwischt, auch gelegentlich tüchtige Ohrfeigen einträgt. Das schmeckt

freilich etwas bitter, aber es kommt nicht oft vor, denn die
Buben haben bereits eine ziemliche Erfahrung. Aber nicht
bloß dürres Holz, sondern ganz vorzüglich Erdäpfel und
Rüben, die von den verschiedenen Äckern ringsum gar ver=
lockend herüberwinken, werden mitgenommen. Da steckt sich
jeder Hut und Taschen voll und legt die erbeuteten Früchte
in die Asche zum Braten. Das schmeckt dann königlich.
Dabei werden natürlich die Hände voll Ruß und um den
Mund bildet sich ein ganz anständiger schwarzer Bart. Trifft
man etwa gar im Vorbeigehen einen Apfelbaum, welches
Fest für die Naschmäuler! Auch Haselnüsse werden oft ins
Feuer geworfen, die mit lautem Knalle zerspringen. Das
ist aber noch alles nichts gegen den Hochgenuß des Rauchens.
Zu Hause geht es noch nicht an, denn der Vater macht ein
böses Gesicht dazu, aber hier draußen, wer wollte es ver=
bieten? Stolz zieht der Junge seine kleine, selbst „zusammen=
gepaschgelte" Pfeife aus der Tasche und stopft sie mit Kraut,
freilich nicht mit Tabak, denn der ist nicht leicht zu bekommen,
sondern mit dürrem Weinrebenlaub, Erdäpfelkraut, Heu=
blumen oder gar mit Kranewitrinden (Wacholderstrauch=
rinden). Es ist zwar kein Havannaduft, der da der Pfeife
entströmt, aber der junge Raucher bläst doch so behaglich die
blauen Wolken in die Luft, wie ein eingefleischter Türke.
Ein anderer zündet sich wohl zwanzig Mal am Feuer die
Zigarre an, die einmal nicht brennen will; leicht begreiflich!
sie besteht eben nur aus einem „Hunaf"= (Hanf=) Stengel, fast
länger als der Bube selbst, mit welchem er würdevoll einherspaziert.

Endlich verleidet den Buben auch das Rauchen und sie
suchen sich eine andere Unterhaltung. Sie gehen am „Marche"
auf und ab und fordern mit einem Schnaderhüpfl ihre Nach=
barn zum Streit heraus. Jeder rühmt seine Kühe als die
schönsten, seine Geisel als die beste. Um letzteres recht zu
zeigen, steigt oft einer auf ein „Köfele" (kleiner Hügel) und
fängt an, nach beiden Seiten hin zu schnalzen. Das läßt
sich sein kleiner Nachbar nicht umsonst gesagt sein, sondern
beginnt ebenfalls seine Geisel zu schwingen. Dabei halten
die beiden einen gewissen Takt ein, was man im Zillertal

"pöchen"¹ nennt. Auch der „Kreuzschnall" ist eine eigene künstliche Art des Peitschenknallens. Zum Schlusse gibt es meist eine Balgerei, jeder glaubt es nämlich besser zu können.

Plötzlich aber schreit einer auf: „das Vieh im Schaden!" und beide rennen davon, denn es gilt die Kühe aus den fremden Feldern, wohin sie während des Streites ihrer Hirten gerieten, zurückzutreiben. Alle Feindschaft und aller Hader ist bei dem Zwischenfall verflogen. Doch ist man dadurch etwas gemäßigter geworden und verlegt sich auf ruhigere Beschäftigungen, z. B. auf das Verfertigen von sogenannten „G'schlageln" oder „Sprenghäuseln" zum Vogelfang. Dieselben werden unter einer Staude ein wenig eingegraben, „aufgerichtet" und als Köder Hanfsamen, Kürbiskerne oder auch auf einem Dorn lebendig gespießter Wurm hineingegeben. Auf diese Weise fangen die Buben Spiegelmeisen, Schwarzplatteln, Rotköpfeln usw. Besonders gern hat man die letzteren, denn ein alter Glaube schreibt ihnen eine segenbringende Kraft für das ganze Haus zu. Man läßt sie gewöhnlich den Winter über in der Stube frei herumflattern und schenkt ihnen im Frühjahr wieder die Freiheit. Bei all diesem mannigfachen Zeitvertreib vergehen den Hirten die Stunden wie Augenblicke, und sie würden wohl die Heimfahrt versäumen, wenn sie nicht der hungrige Magen an das Mittagmahl erinnerte.

Beiläufig gegen elf Uhr treiben sie die Kühe nach Hause in den Stall, wo diese bis Nachmittags 2 Uhr oder bis 3 Uhr verbleiben. Während dessen hat der Hirt freie Zeit, es sei denn, daß er der Mutter Holz für die Küche richten muß. Im andern Falle benützt er diese Erholungsfrist häufig, um Stiele für seine Geiseln zu holen. Dazu werden die Gipfel junger Lärchen- oder Fichtenbäume, manchmal auch solche von Kranewitstauden verwendet. Zu den „Tuschgeiseln" aber, langen Peitschen, wie sie die „Albeler" (Alpler) haben und welche mit beiden Händen geschwungen werden, müssen die Stöcke kurz und „zügig" sein, weswegen man

---

[1] wohl = pochen, trutzknallen.

gewöhnlich ein paar Weidenruten zusammendreht. Draußen auf der Weide flechten sich dann die Buben die Schnüre, zu denen sie bei Gelegenheit des Brechelns den Hanf oder Flachs genommen haben. Oft reißen sie auch während des Hütens den Kühen Schwanzhaare aus, um daraus ihre „Geiselschmitze" zu verfertigen. Zuäußerst an dieselbe wird noch ein seidener „Tschopfe" oder „Pfotschen" befestigt. Trotz all diesem verwendeten Fleiß knallen aber die Geiseln noch keineswegs recht; sie müssen nun erst mit Lärget (Baumharz) geschmiert und „gewichtig" gemacht werden. Um dieses zu gewinnen, haben die Buben schon im Frühjahre „Lärgetkästen" in die jungen Stämme gehauen, leider zum Verderben der Bäume, die mit dem Safte ihr ganzes Herzblut verlieren, denn bis zum Herbste sammelt sich eine ansehnliche Menge im Behältnis. Im Pustertal sind diese Geiseln noch mehr im Schwange und das Knallen, oder wie man es dort nennt, das „Krachen" damit bildet eine beliebte Belustigung nicht nur der Hirten, sondern überhaupt der Burschen. Zur Zeit des Weidehütens hört man besonders Samstag und Sonntag Abends von allen Seiten taktmäßiges Peitschenknallen, das den eigentümlichen Namen „Buendreschen" (Bohnendreschen) führt. Sogar Männer halten mit, ein Dorf „kracht" dem andern zum Trutz mit dem Spruch: „Hoi Trutz, dei Goasel kracht nix nutz!" Doch, wie gesagt, nur zur Zeit des „Weidehütens" ist dieses Spiel beliebt und erlaubt; wer es früher zu tun wagt, dem wird die Geisel abgeschnitten; man glaubt nämlich, es werde dadurch das Heidekorn verdorben.

Kehren wir nun zu unserem Hirtenjungen zurück.

Nachmittags bleibt er mit seiner Herde etwa bis sechs Uhr auf der Weide, denn der Abend beginnt bereits frühe zu dämmern. Oftmals ist indes der Weideplatz zu weit vom Hause entfernt, um täglich zweimal aus- und einzutreiben. In diesem Falle hängt der Hirt das Vieh bei der auf dem Mahde befindlichen „Pille" (Heustadel) an und geht unterdessen nach Hause zum Mittagessen oder er nimmt sich letzteres in einer Büchse von Holz oder Blech schon in der Frühe mit. Gewöhnlich bäckt die sorgsame Mutter ihrem Sohne schmalzige Küchel oder Krapfen, welche ihm auch kalt ganz gut munden. Langeweile plagt ihn auch dann nie, wenn er den ganzen Tag draußen zu bleiben hat.

Außer obigen Beschäftigungen und Vergnügungen gibt es ja noch zahlreiche Bubenspiele, eines lustiger als das andere, die er mit seinen Kameraden aufführt, und ist die Schar des Laufens müde, so geht es wieder an ein Geisel=schnalzen, Singen und Jauchzen, daß es weithin ins Dorf und durch das Tal zu hören ist und ein etwa des Weges kommender Wanderer seine Freude an dem fröhlichen Treiben haben kann.

Anders ist es freilich, wenn rauhes, naßkaltes Wetter einfällt. Da ist keinem der Buben etwas am „Ausfahren" gelegen, sondern jeder möchte das unliebsame Geschäft auf andere Schultern schieben. „Ich fahre heute nicht," schreit der Hans; „und ich auch nicht," brummt der Seppl, „ich bin jetzt immer gefahren, jetzt trifft's dich." Nicht selten muß der Vater mit dem Stock einschreiten und Ordnung machen. Es ist an solchen Tagen aber auch wirklich un=lustig auf dem Felde draußen. Man kann nicht recht spielen, nicht rauchen und das Feuer will nicht brennen, was doch sehr angezeigt wäre, denn der kühle Wind streicht unangenehm durch die feuchten Kleider. Die Kameraden haben den Hirten auch im Stich gelassen und sind zu Hause geblieben; was Wunder, wenn den Verlassenen schmerzliches Heimweh befällt, und ihm, je nach der Gemütsart einen den Erwachsenen ab=gelernten Fluch auf die Lippen oder die Tränen in die Augen drängt. Doch die Not macht erfinderisch. Wenn es dem Buben allzu langweilig wird, so macht er die Kühe „bisen". Wenn man nämlich den Laut der Bremsen nachahmt, so fangen die Kühe aus Furcht davor zu laufen an.

Das tut nun der pfiffige Junge. In wildem Laufe, den Schwanz in die Höhe haltend, rennen die Kühe dem heimatlichen Stalle zu, hintendrein der Bube, der sich schreiend und fluchend den Anschein gibt, als wolle er die Herde auf=halten, sich insgeheim aber ob der gelungenen List ins Fäust=

chen lacht. Zwar der Vater empfängt die frühen Ankömmlinge mit gefalteter Stirne; er kennt das Ding aus Erfahrung und hat seinen schlauen Sohn längst durchschaut, aber was tut das? Nachmittags muß doch der jüngere Bruder Seppl „fahren" und bis morgen kann ja die Sonne wieder scheinen. Das lustige Leben auf der Ätze wird noch wochenlang fortgesetzt, bis das letzte Gras abgeweidet ist und der erste Schnee gebieterisch zum Daheimbleiben nötigt.

Die Poesie der Dreschtenne.

Wenn wir in den Oktobertagen durch ein Gebirgsdorf gehen, so hören wir immer seltener jenes anheimelnde helldumpfe Gehämmer, jenen „süßen Melodientakt der Tennen", wie es Hermann v. Gilm so bezeichnend nennt. Statt dessen martert unser Ohr das eintönige Gepolter der Dreschmaschine, die, von keinem Pulsschlag emsiger Arme belebt, in mechanischer Gleichförmigkeit die Menschenarbeit verrichtet. Für den Bauer ist dieses Ersatzmittel allerdings erwünscht, besonders seit die Hilfskräfte so selten und kostspielig geworden sind, aber der mit fühlendem Sinn betrachtende Freund von Land und Leuten ist dadurch um ein reizendes Stück Poesie, der Baum des Volkslebens um einen vollen Ast ärmer geworden. Denn um den Vorgang des Dreschens, wo es noch in althergebrachter Weise geübt wird, schlingt sich ein ganzer Kranz von ernstheiteren Gebräuchen, die mit ihren Wurzeln noch ins graue Altertum zurückreichen.

Welch liebliches Bild bietet sich dem Auge, wenn wir aus dem offenen Scheunentor die Knechte und Dirnen mit den wuchtigen „Drischeln" in den Armen staubumwirbelt im „Tennen" hantieren sehen, und hören, wie sich Scherz und helles Gelächter mit dem taktmäßigen Gehämmer der niederfallenden Streiche vermengt. Vom Dreschen selbst weiß der Städter sogar in Gebirgsgegenden in der Regel so wenig, als von den andern bäuerlichen Arbeiten, z. B. vom Pflügen, Säen, Mähen, Heuen ꝛc. Alle diese Gegenstände und Verrichtungen sind ihm nur der Jahr für Jahr wiederkehrende belebte und unbelebte Aufputz der Gegend bei seinen Ausflügen aufs Land, weiter nichts. Und doch bieten Pflug und Dreschflegel, Sense und Sichel, und was sonst noch zum sogenannten „Arbeitsplunder" des Bauern gehört, gleich den entsprechenden Ackerbestellungs- und Erntegebräuchen eine Fülle der anregendsten Beobachtungen für den Sittenmaler und Volksschilderer. Man glaubt gar nicht, welche Mannigfaltigkeit je nach der Landschaft in diesen scheinbar unbedeutenden Dingen steckt und welche Schlüsse auf die Herkunft und Stammeszugehörigkeit sich daraus ziehen lassen. Oder ist es, um bei unserem Gegenstand zu bleiben, nicht interessant, wenn das breite, der Hereinflutung des Bayernstammes ganz offen liegende Zillertal ganz andere Dreschflegel, andere Namen hiefür und zum teil eine andere Dreschmethode aufweist, als das Unterinntal. Dort besteht nämlich der „Bengel", wie der Drischel im Zillertale heißt, aus einem beinahe meterlangen walzenförmigen Kolben aus Ahornholz, „Treml" genannt, in den stumpfwinklig ein meterlanger, etwas biegsamer Stock fest eingefügt ist. Während also sonst der „Flegel" oder „Schwengel" am langen Stiel mittels der ledernen „Haubenbänder" lose hängt, so daß er frei schwingen kann, sitzt er im Zillertal fest und die Schwingung wird durch den biegsamen, etwas gekrümmten Stock bewerkstelligt. Auch für die Art des Dreschens haben die Zillertaler eine eigene Benennung. Wenn nämlich jeder nach der Reihe seinen eigenen Streich macht, so nennen sie das „Bengeln", wenn aber nur abwechselnd bald die eine Hälfte der Drescher zusammen einen Streich macht, dann die gegenüberstehende, so heißt das „Trotten". Wer nun dem Typus der Zillertaler und anderen Eigentümlichkeiten derselben in Brauch und Sitte nachspürt, wird bei diesen Talbewohnern ganz deutlich neben dem helleren bajuvarischen Stamme noch einen dunkeln, vielleicht ursprünglich romanischen, herausfinden, mit dem sich ersterer vermischte und von dem er Verschiedenes, darunter auch den

„Bengel" übernahm. Doch wohin gerate ich! Wir treiben volkstümliche Kleinkrämerei, während uns das Riesenhackbrett der Tenne seine Stücklein zum Besten gibt. Hörst du: Tiktaktak, Tiktaktak! Wie viele Drescher sind? Drei! Willst du auch den Text dazu haben, er lautet in Tirol:

> Stich Hund ab, stich Katz ab,
> Häng d'Haut auf.

Oder wie es in Oberösterreich und Salzburg heißt:

> Stich Katz ab,
> Laß's Fleisch da.

Hiebei ist „Stich Hund ab" 2c. als Daktylus ($-\smile\smile$) zu zählen.

Noch deutlicher zeigt sich der Rhythmus, wenn wir das den Dreschtakt wiedergebende Steirersprüchlein, das Rosegger in seinem trefflichen „Volksleben in Steiermark" mitteilt, damit vergleichen:

> Hund ist todt,
> Hund ist todt,
> 's thät uns a
> Drescher noth.

Man merkt schon, es steckt in den Versen, besonders im letzten, auch eine kleine Beigabe von Spott auf den „notigen" Bauer, der nur drei Drescher für sein Korn braucht. Bei vier Dreschern lauten die Verse:

> Steigen d'Hund in Dach,

oder nach Rosegger in der Steiermark:

> Schlagt ma 's Körndl
> Lüfti(g) außa,
> Thoan die Drischln
> Lusti(g) klesch'n.
> Sull'n die Körndln
> Paarweis springen,
> Müaß'n Buab'n und
> Menscha dresch'n.

In Oberösterreich heißt es, wenn vier dreschen:

> San Hund im Dach,
> Jag's aber (herab) da.

Bei fünfen sagt man im genannten Landesteil:

> Sein Hund im Sumpa (Korb).

Wenn sechse dreschen, haben wir den vollständig raschen Ländlertakt, so daß man, wie beim Schnaderhüpfl, darauf tanzen könnte. So im Inntal:

> Stich Hund ab, stich Katz ab, häng Haut auf.

Inhaltsvoller sind die Verse in Gmunden, wo es heißt:

> A Schüssel voll Krapfen,
> I mag's net dertappen,

oder an anderen Orten Oberösterreichs und Steiermarks:

> Bäurin, koch Krapfen,
> Sechszipfede Zupfen,
> Die beanggeb'n, baucheb'n
> Körndln thoan hupfen.
>
> (Rosegger.)

Dieses Hüpfen der Körner ist für die Güte des Getreides maßgebend. Der Roggen muß beim Dreschen „singen", d. h. er muß so dürr sein, daß die Körner in die Höhe springen und beim Niederfallen auf den eschenen Tennenboden gleichsam tönen. Was nun aber die Krapfen betrifft, auf welche das Sprüchlein anspielt, so hat es damit seine guten Wege. Wohl wird den Dreschern schon während der schweren Arbeit fünf- bis sechsmal des Tages mit Knödeln, Nocken Küchln ꝛc. aufgewartet, und zwar mit einer Schüssel voll, daß sich der Tisch biegen könnte, und so fett, daß alles in Schmalz förmlich schwimmt, aber die Hauptmahlzeit wird erst nach der vollständigen Beendigung des Dreschens, das bei großen Bauern oft eine Woche dauert, meist abends abgehalten.

— 159 —

An diesen den Magen betreffenden Schlußakt des Dreschens, sowie schon an die Bearbeitung der letzten Lage Getreides knüpft sich nun eine Reihe von Gebräuchen, die ihrem Kerne nach mit den ältesten Vorstellungen unserer heidnischen Vorväter zusammenhängen und uns die scheinbar ganz bedeutungslosen Texte der oben angeführten Dreschersprüchlein als sehr inhaltsvoll erscheinen lassen [1]. Gleich wie beim Schneiden des Kornes um die letzte Garbe, so dreht sich der Schwank hier um den letzten Drischelschlag. Man denkt sich nämlich nach altem Glauben in den wogenden Halmen der Kornfelder ein dämonisches Wesen, den Kornhund oder Kornwolf, verborgen, der nun mit der letzten Garbe gefangen und mit dem letzten Drischelschlag getötet wird. Dieser zweifelhaften Ehre samt den sich daran schließenden unangenehmen Folgen zu entgehen, hütet sich jeder Drescher auf das Sorgfältigste. Doch das ist schwer, wenn auch jeder mit größter Aufmerksamkeit auf den „Tennenmeister", der durch den „Vorschlag" den Gang des Dreschtaktes markiert, heimlich hinüberschielt. Denn dieser erhebt beim Dreschen der letzten „Schanze", die bereits ausgedroschen auf der Tenne liegt, plötzlich den Flegel. Wer alsdann noch einen Streich macht, der hat den „Hund" erschlagen.

Nun gibt es ein wahres Faschingskunterbunt. Unter Lärm und Gelächter wird der Unglückliche gleich erfaßt. Während die einen ihm mit „wiechem" (fettem) Ruß tüchtig das Gesicht einreiben, binden andere drei Kränze aus Stroh und setzen ihm dieselben auf. Ein Strang kommt um den Kopf herum, zwei andere werden in Kreuzesform darüber gewölbt und zur Vervollständigung der Narrenhaube noch mit roten Bändern durchflochten. Hierauf setzen die übrigen Drescher den Gefoppten auf einen Wagen oder Karren und ziehen ihn jauchzend durch das ganze Dorf, wo natürlich alles aus den Häusern läuft, um die Komödie anzusehen.

---

[1] Vergl. des Verfassers „Der heber gât in litun. Ein Erklärungsversuch dieses althochdeutschen Gedichtes" (Innsbruck, Wagner. 1873) und „Das Sautreiben. Ein Erklärungsversuch dieses Kinderspieles" (Ebenda. 1894).

Neben dem armen Sünder sitzen zwei seiner Kameraden, die ihn mit lächerlichen Ehrenbezeugungen überhäufen, was stets großen Jux macht. Schließlich geht es zum Mahl. Man führt den „Drischelkönig" zum Ehrenplatz, vor welchem zwei Teller stehen. Auf dem einen liegen die besten Bissen, auf dem zweiten — Hennenmist, daneben Messer und Gabel. Neues Gelächter bricht los und eine Flut von derben Witzen überschüttet auf's Neue den Helden des Tages, bis ihm endlich der Strohkranz herabgenommen wird. So ist es, oder vielmehr war es im Oberinntal, denn die neueste Zeit verwischt immer mehr alle derartigen Gebräuche, obwohl sie einst überall im Schwung waren, in jedem Tale, ja in jedem Dorfe mit verschiedenen Abänderungen.

In Mühlau bei Innsbruck bekam, wenn ein Weibsbild den letzten Drischelschlag machte, dasselbe den schmeichelhaften Titel: Sau. Man flocht ihr ebenfalls einen Kopfschmuck aus Stroh und roten Bändern und führte sie in diesem Putz durch das Dorf, doch mit dem Unterschiede, daß man zum Schluß in ein Wirtshaus einfiel und dort bei Zitherklang nach Herzenslust tanzte. War der Betreffende ein Bursche, so würgten ihn die Dirnen mit einem Strohband und malten ihm mit Ruß einen tüchtigen „Ratzen" unter die Nase. Im Eisaktale ist dagegen die Sitte umgekehrt. Derjenige, der den letzten Schlag tut, läuft, ein Strohband versteckt haltend, zur Bäuerin, würgt sie und schreit: „Ob die Küchel außerkommen oder nit!" Am nächsten Samstag, der gewöhnlich der folgende Tag ist, erscheint dann wirklich die geforderte Speise.

Maisernte — Türkenausbratschen.

Ende September oder anfangs Oktober, an vielen Orten auch später, je nach der wärmeren oder rauheren Lage des Tales und der Gunst der Witterung, wird der türkische

Weizen (Mais), in Tirol gemeiniglich Türken genannt, eingeführt, und wer ein Freund der schönen Natur ist, freut sich darauf, denn die lang sich dehnenden, dürren, schmutziggelben Maisfelder geben der Gegend ein trostloses Aussehen. Überdies kann man sich der Hoffnung überlassen, daß mit der Zeit seines Einbringens zugleich der orkanähnliche nervenangreifende Südwind (Föhn), um diese Zeit nicht ohne Grund „Türkenreifer" genannt, allmählich sich „ausgeht" und jenen milden, wolkenlosen Herbsttagen den Platz räumt, die diese Monate zu den schönsten des Jahres machen.

Mancher Kleinbauer freilich, besonders des armen Oberinntales, kann mit der Einheimsung nicht so lange warten. Seine „Alte" hat ihm nämlich bereits die unliebsame Meldung gemacht, daß kein Mehl mehr im Kasten sei, die Kinder aber schreien nach Brot. Er geht deshalb oft schon vor Michäli (29. Sept.) hinaus auf den Acker und späht, ob die „Bratschen" oder „Flitschen", die den Kolben umhüllen, anfangen gelb zu werden. Ist das der Fall, so holt er freudig seine Sichel, schneidet seine ersehnten Türkenerstlinge ab und zieht sie auf einem Karren nach Hause. Dort macht er sich gleich mit Weib und Kind daran, die Kolben „auszubratschen" und die Körner „abzuribbeln", welche dann auf Leintücher ausgebreitet und in der Sonne gedörrt werden, damit sie sobald als möglich zum Müller wandern können.

Wenn man zu dieser Zeit die Dörfer Oberinntals durchwandert, kann man an sonnigen Stellen oft ganze Reihen solcher mit Türkenkörnern belegten Tücher sehen. Allerdings geben diese halbreif abgenommenen Früchte, die wohl zusammenschrumpfen, aber nie völlig austrocknen, ein schlechtes Mehl, aber es ist doch besser als gar keines und als Hunger leiden.

Anders ist es bei wohlhabenden Bauern, welche die Zeit der Reife ruhig abwarten können, da sie gewöhnlich noch vorjährigen Vorrat im Speicher (Getreidekasten) liegen haben. Nur muß gesorgt werden, daß nicht unberufene Gäste mit der Einheimsung zuvorkommen. Das sind nämlich die Vögel, besonders die „Hätzen" oder „Gratschen" (Krähen). welche den reifenden Türken übel zurichten. Sie reißen die

Kolben vom Stengel und lassen sie ganz oder halb von den
Körnern entblößt liegen. Deshalb sieht man auf allen Äckern
Vogelscheuchen von mannigfacher Gestalt. Oft behängt man
eine Stange mit Tuchlappen, die vom Winde hin und her
getrieben werden, oder steckt eine tote Krähe hinauf zum
warnenden Beispiel für ihre Kameraden, oft verfertigt man
einen Strohmann, zieht ihm Hemd, Hosen und Jacke an,
setzt ihm einen alten Hut auf und gibt ihm mit einer Büchse
die Stellung eines zielenden Jägers. Wo es angeht, setzt
man die Schreckgestalt sogar durch Wasserkraft in Bewegung.
Aber das freche Diebsgesindel hat nach einigen Tagen den
ganzen Witz los und der alte Tanz geht von neuem an.
Nicht selten trifft man in hohlen Bäumen einen förmlichen
Speicher von Körnern, welche die schlauen Vögel für den
Winter nach und nach angelegt haben.

Ist nun der größte Teil des Türkens reif geworden,
so nimmt der Bauer mit den Knechten und Mägden die
scharfgewetzte Sichel zur Hand und geht hinaus auf das
Feld. Während die Knechte die reifen Stengel abschneiden
und zu Haufen zusammenwerfen, reißen die Dirnen die
Kolben herab und legen sie ebenfalls wieder zu besonderen
Häufchen. Abends holt man Roß und Wagen und ladet
die Kolben auf. Dabei gibt man sich viele Mühe und lehnt
Kolben an Kolben schön dicht aneinander im Wagen auf.
Man tut dies, teils um mehr Platz zu gewinnen, teils um
die Körner nicht abzustreifen. Die Stengel (Türkenstroh)
werden zu großen Bündeln zusammengestellt und mit einem
Strohseil gebunden. Diese „Pfaffen" werden im Unterinn=
tale sogleich in den Stadel geführt, im Oberinntale hingegen
läßt man sie den ganzen Winter über draußen und holt sie
nach Bedarf. Wo Futtermangel ist, schneidet man sie zu
„G'sot" und gibt sie den Pferden und Kühen, sonst aber
verwendet man sie zu Streu. — Man leert nie den ganzen
Acker auf einmal, sondern läßt stets die minder reifen Stengel
stehen, auch führt man nicht mehr als drei Fuder an einem
Tage ein, da man damit für ein paar Abende zum „Aus=
bratschen" genug hat.

Dieses „Ausbratschen" oder „Ausließchen"[1], das in der teilweisen Reinigung der Kolben oder Tschurtschen von der dürren Blätterhülle besteht, ist wegen den damit verknüpften ländlichen Belustigungen nicht ohne Interesse. Man nimmt diese Art Arbeit nachts in der Tenne vor. Tags vorher schickt man die Kinder in die Nachbarhäuser, um zu der Arbeit einzuladen, bei welcher man sich gegenseitig Aushilfe leistet. Die Hausbewohner fangen schon frühzeitig damit an, später kommen die Gäste, bei denen vor Allen die lustigen Burschen und Mädchen stark vertreten sind. Die benützen meistens diesen Anlaß zu einem schon vorher verabredeten Stelldichein mit ihren Liebsten und setzen sich auch ungeniert paarweise zusammen.

Um acht Uhr ist die Arbeit bereits in vollem Gange. Das Scheunentor ist dabei geschlossen, um Unberufene fernzuhalten, aber durch die Ritzen und Lücken der matt erleuchteten Tenne hört man die hin- und herfliegenden Scherzreden, unterbrochen von derben Witzen, denen schallendes Gelächter folgt, oder von Zeit zu Zeit ein klingendes Schnaderhüpfl, sodaß mancher draußen Vorübergehende stillsteht und dem ungewohnten Lärm lauscht. Die Leute, oft zwanzig und mehr an der Zahl, sitzen auf zwei parallel laufenden Bänken, welche durch lange, auf niedere Pflöcke gelegte Bretter gebildet werden. Die Kolben liegen hinter dem Rücken der Arbeiter in großen Haufen aufgeschichtet. Manchmal sitzt man auch im Kreise um die in der Mitte der Tenne befindlichen Kolben herum. Aus dem Heustocke ragen ein paar Heugabeln heraus, auf denen Laternen hängen, welche den Raum notdürftig erhellen. Die Arbeit selbst ist nicht gar so leicht, als man sich vorstellen möchte, und erfordert starke Hände und Aufmerksamkeit. Die Kolben werden nämlich der Reihe nach genommen, mit einem kühnen Riß ihrer dürren Umhüllung entledigt und nebenan gelegt. Die zwei stärksten „Flitschen" läßt man daran, um mehrere Kolben zusammen-

---

[1] Auch Türkaustschillen von Tschille = Hülse, Schale (Vinschgau); T. ausmachen.

zuknüpfen. Diese anstrengende Arbeit fällt dem sogenannten „Aufbinder" zu. Man teilt es gewöhnlich so ein, daß je vier „Ausbratscher" einem „Aufbinder" Arbeit geben. Letztere sitzen meist zuoberst in der Reihe der Arbeitenden und erhalten von den hin und her gehenden Kindern die ausgebratschten Kolben. An manchen Orten gehen sie auch selber während des Bindens in der Tenne auf und ab. Man wählt dazu starke Leute, denn ihr Geschäft ist, wie gesagt, äußerst ermüdend, obwohl es nur darin besteht, fünf bis sechs Kolben mit einem eigenen Knoten zusammenzuknüpfen.

Der ganze Vorgang des „Ausflitschens" gibt schon an und für sich Stoff genug zu munteren Späßen, deren Zielscheibe, wie sich von selbst versteht, vorzüglich die Verliebten sind. Wird z. B. ein Kolben gefunden, an dem einer oder zwei kleinere angewachsen sind, die man „Zukindln" heißt, so wird dieser gewiß auf schlaue Weise dem betreffenden Mädchen in die Hände gespielt, was natürlich zu erneuten derben Witzen Anlaß gibt. Dazwischen werden Lieder gesungen, Schwänke und mit besonderer Vorliebe recht gruselige Geistergeschichten erzählt. Diese letzteren sind den Dirnen gar nicht zuwider, denn so voll Gruselns, wie sie sind, fürchten sie sich und getrauen sich um Alles in der Welt nicht allein nach Hause zu gehen, sondern müssen einen Begleiter, einen sogenannten „Grausknecht" haben, der sie sicher heimgeleitet. So geht die Arbeit, angefeuert durch das Schnapsfäßchen, welches von Zeit zu Zeit die Runde macht, rüstig vorwärts. Nicht selten hat der männliche Teil der Gesellschaft nebenbei die Pfeifen im Munde — ein gefährliches Ding hier in nächster Nähe von Heu und Stroh! Der Bauer ist aber in diesem Punkte ganz unbegreiflich sorglos und wird selbst durch Schaden nicht klug.

Die schlechten oder abgebrochenen Kolben kommen als „Brocktürken" in einen eigenen Korb und werden dann an einem sonnigen Orte auf dem Boden oder auch im Ofen gedörrt oder man schenkt sie bei reichen Bauern den Armen. Die schönsten und größten Kolben kommen ebenfalls beiseite und werden als „Samtürken" für das kommende Jahr aufbewahrt. Vorerst aber sucht man aus ihrer Menge noch zwei der allerschönsten heraus und hängt sie als Zeichen des Dankes an die Arme des Christus=Bildes, das die Stubenecke ober dem Eßtisch ausfüllt. Besonders gern nimmt man dazu die selten vorkommenden roten Türkenkolben. Auch in den Kapellen an Wegen und Feldern sieht man oft deren an dem Querbalken des Kruzifixes hängen.

Das „Türken=Ausbratschen" dauert gewöhnlich bis gegen Mitternacht, wo der bestimmte Vorrat erschöpft ist. Dann wird, so gut es geht, Frucht und Hülle beiseite geräumt und die Hausfrau erscheint mit Obst und Schnaps zur Erquickung der Arbeiter. Arme Leute geben Milch und Kartoffeln. Nun beginnt erst die allgemeine Heiterkeit. Aus einer Ecke erklingt die Zither und bald dreht sich Paar um Paar im lärmenden Dreischritt. Helles Jauchzen und Gestrampfe der Tanzenden durchhallt den Raum und hält trotz des Staubes oft an, bis der Morgen durch die Lücken hereindämmert. Dann endlich macht man sich auf den Heimweg, wobei die Burschen ihre furchtsamen „Dirndln" begleiten. Wir wollen den glücklichen Pärchen nicht nachschauen, die oft sehr zärtlich werden. Wenigstens sagte mir einmal ein Pfarrer aus dem lebenslustigen Unterinntale, daß er die Zeit des Bergmahdes und des „Türkenbratschens" im Beichtstuhle recht wohl merke.

Am anderen Tage werden die Kolbenbüschel aufgehängt und zwar entweder unter das Dach oder auf dem Söller herum. Oft sind auch auf der sonnigsten Seite des Hauses eigene Gehänge dafür angebracht. Man biegt dabei die eine Hälfte der Kolbenbüschel nach rückwärts und die andere Hälfte, natürlich die schönere, nach vorn. An manchen Orten hat man gedeckte Dörrgehänge neben dem Hause, an anderen sieht man Vorrichtungen gleich riesigen, auf Pfählen stehenden Vogelkäfigen, aber mit festem Dache, in welche die Kolben zum völligen Austrocknen hineingegeben werden. Besonders hübsch nimmt es sich aus, wenn man durch ein stattliches

Dorf wandert, dessen Häuser alle wie eingemauert in Türken erscheinen, in welche gelbe Wandverzierung oft ein Kreuz von roten Kolben ganz geschmackvoll eingefügt ist.

Flachsbau und Flachsbrecheln.

Der Anbau des Flachses spielt in Tirol, besonders in einzelnen dazu vorzüglich geeigneten Gegenden, wie im Oetz- und Pitztal, Leutasch, Axams, Wiesing, Welsberg, eine große Rolle. Der Lein ist das Sorgenkind des Landmannes; kein anderer Gegenstand des Feldbaues erfordert vom ersten Keimen an so viel Mühe und aufmerksame Pflege, und ist er auch glücklich unter Dach und Fach gebracht, wie vieler Hände Arbeit braucht es noch, bis die Ballen schneeweißen Gewebes im Kasten ruhen! Gewöhnlich liegt das vorjährige Linnen noch auf der Bleiche, während daneben schon die junge Saat sprößt und blüht. Weil aber die Gewinnung und Zubereitung dieses edlen Gewächses so innig mit dem Bauernleben verwachsen ist, und tief, wie die keines anderen in Familie und Häuslichkeit eingreift, so darf es auch nicht wundernehmen, daß eine Menge interessanter Gebräuche alle Vorkommnisse der Verarbeitung begleitet und ein ganzer Kranz der lieblichsten Sagen dieselbe mit einer höheren Weihe, mit einer gewissen poetischen Verklärung umgibt.

Die Kunst des Flachsbaues ist nämlich nach dem frommen Volksglauben keine menschliche Erfindung, sondern eine wundersame Gabe der „Saligfräulein", die einst in grauer Vorzeit von ihren schimmernden, unterirdischen Felspalästen niederstiegen und die unwissenden Menschen belehrten. Diese wohltätigen Wesen, die man sich als wunderschöne Jungfrauen mit wallendem Flachshaar und Augen blau wie die Flachsblüte dachte, sind die besonderen Hüterinnen und Schützerinnen dieser Pflanze. Die Bewohner des flachsreichen Ötztales wissen noch viel davon zu erzählen, wie „Saligfräulein" einst

den Dirnen beim Jäten halfen und dann wieder ihrerseits
bei ihnen Schutz suchten vor der Verfolgung ihrer Feinde,
der „wilden Männer". Wenn dann der üppig aufgesproßte
Lein in Blüte stand, und die grünen Fluren mit blauen
Streifen durchzog, erschien in goldener Morgenfrühe die ganze
holdselige Schar und schritt, geführt von ihrer Königin Hulda,
durch die Felder, Kraut und Blüten segnend. Auch später
versagten die „Saligen" dem Lein nicht ihren ersprießlichen
Schutz. Sie erschienen oft zu freundlichem Besuche in den
traulichen Spinnstuben, vorzüglich in der heiligen Zeit der
Zwölften, das ist vom Weihnachtsabend bis zum Drei=
königstage.

Zur Zeit der Abenddämmerung, nach dem Ave=Maria=
Läuten, wenn alle Hausbewohner fröhlich und fleißig im
Heimgarten versammelt waren und allwärts die Räder schnurrten,
öffnete sich plötzlich leise die Tür und herein traten zwei
wunderholde, flachshaarige Mädchen. Sie grüßten schweigend,
setzten sich sittiglich neben die andern auf die Bank, stellten
ihre kunstvoll gearbeiteten Rädchen vor sich hin und bald
floß der Faden von ihren emsigen Fingern, so rein und fein
wie gesponnenes Gold. Dabei sprachen sie kein Wort, nur
wenn einer zufällig der Faden riß, sagte sie leise zur anderen:
„Faden ab", worauf diese antwortete: „Knüpf' an", und
dann schnurrten die Rädchen wieder lustig weiter. Hatten
sie einige Spulen voll, so haspelten sie das Garn in Stränge,
betrachteten wohlgefällig das schöne Gespinnst, lächelten noch
allen einen freundlichen Gruß zu und verschwanden in der
dunklen Winternacht. Die Hausfrau aber fand nach solchen
himmlischen Besuchen nicht selten einen Garnknäuel in ihrer
Lade, der die wunderbare Eigenschaft besaß, daß er nie aus=
ging und deshalb dem ganzen Hause zu Glück und Wohl=
stand verhalf.

Die Aussaat des Leins fällt in den April oder Mai,
der alten Bauernregel zufolge auf den St. Urbanstag (25. Mai).
Ein paar Wochen darauf wird er gejätet, d. h. von dem
zwischen den jungen Sprossen wuchernden Unkraut befreit.
Zur Sonnwendzeit steht er in seinem vollsten Blütenschmucke.

Wie zartblaue Bänder ziehen sich die leuchtenden Flachsfelder die grünen Abhänge hinan, für das Auge ein äußerst lieblicher Anblick. Von nun an braucht derselbe eine zeitlang keine Pflege mehr, als welche die liebe Sonne ihm zukommen läßt, die ihn bis Mitte August oder, mit den Bauern zu sprechen, zwischen „Lorenzi und Bartlmä" zur Reife bringt. Um diese Zeit beginnt das „Ausziehen" und „Aufstiefeln" des „Haars", wie der Lein in Tirol allgemein genannt wird, vorausgesetzt, daß das Wetter trocken ist. Man legt ihn zuerst in kleinen Büscheln, „Boasen" oder „Stiefel" genannt, kreuzweis über das Feld und „stiefelt" (schichtet) dann diese um Stangen zu Schöbern auf.

An manchen Orten, z. B. in dem schon mehrfach erwähnten Ötztal wird er gleich nach dem Ausziehen „geriffelt", d. h. des Samens entledigt und unmittelbar darauf „gebreitet". Gewöhnlich aber läßt man die Schöber drei, vier Wochen lang auf dem Felde stehen. Hat der Lein dann die gehörige Dürre, so wird er in die Tenne geführt und wie das Getreide gedroschen, um den Samen zu gewinnen. An diese Arbeit knüpft sich ein interessanter Gebrauch. Der letzte Drischelschlag spielt wie bei der Bearbeitung des Weizens und Roggens auch hier die Hauptrolle, so zwar, daß auf denselben ein Preis gesetzt wird. Man flicht nämlich den sogenannten „Haarer", d. s. zwei Kränze aus Stroh, von denen der eine senkrecht in den anderen gesteckt wird, was beiläufig die Form einer Laterne ergibt. Diesen „Haarer" hängt man in der Tenne ober den Dreschern auf und legt verschiedene kleine Geschenke hinein, wie Hals- oder Sacktücher, eine Schürze, Äpfel, Krapfen und vor allem eine Flasche Schnaps. Wer nun den letzten „Drisch" tut, d. h. zum letztenmal mit dem Flegel auf die letzte Bodenlage des auszudreschenden Flachsvorrates schlägt, der wird unter lautem Halloh mit dem Spottnamen „König" begrüßt und ihm der „Haarer" samt Inhalt als Geschenk überreicht.

Nach dieser scherzhaften Unterbrechung der Arbeit geht es ans „Reitern". Der ausgeschlagene Same wird zusammengekehrt, in „Reitern" (Körbe) gegeben und durch tüchtiges

Durchschütteln von den großen Hülsen befreit, dann in einer Windmühle „aufgemahlen", d. h. ausgeblasen, Vorgänge, wie sie bei der Kornernte üblich sind. Schließlich seiht man den Samen, um ihn recht rein zu bekommen, noch einmal durch ein enges Sieb. Die Hülsen führen den seltsamen Namen „Bollum"[1] und werden, nachdem sie gemahlen worden, als Futter für Schweine, Hennen und das „Zügelvieh", d. h. für die Kälber verwendet. Die Stengel aber, der eigentliche „Haar", werden wieder auf die Äcker hinausgeführt und dort „gebreitet". Dieses ist eine heikle Arbeit, denn die Schichten dürfen nicht zu dünn liegen und nicht zu dicht, sondern gerade so, „daß Sonne und Mond durchschaut". Auch mit dem Wetter ist es eine schwierige Sache; man wünscht weder zu viel austrocknenden Sonnenschein, noch anhaltenden Regen, sondern beides hübsch abwechselnd, damit der Flachs in gehörigem Grade „reaßen", d. h. in Fäulnis übergehen könne. Mit scheelem Gesichte begrüßt man heftig wehenden Wind, der die Stengel, wie man sich leicht denken kann, in Unordnung bringt und weit herum zerstreut, weshalb man oft die Zeilen des ausgebreiteten Leins mit Fäden überspannt und befestigt sieht. Ist er endlich genügend „gereaßt", was je nach der günstigen oder ungünstigen Witterung kürzer oder länger dauert, so wird er mit Rechen „aufgelupft" (gelüftet), um gut zu trocknen, dann „aufgenommen", d. h. aufgeladen und zur Brechelgrube zum „Grummeln", in Unter- und Mittelinntal „Grammeln", geführt[2].

Dieses Geschäft wird übrigens auch oft verschoben, wenn man gerade Nötigeres zu tun hat. Gewöhnlich fällt es in die Mitte des Oktober, um den Kirchtag herum. Da

---

[1] Zu Bolle = Samenkapsel gehörig. Bollen heißen auch die Bälge des Schwarzplentens.

[2] In manchen Gegenden, so in Vinschgau und im oberen Ötztal (Lengenfeld) wird der „ausgezogene und „geriffelte" Flachs auf eine von der Witterung weniger abhängiger Weise zum „Reaßen" gebracht, indem man ihn durch eine Woche in eine Grube legt, diese mit Brettern zudeckt und Wasser hineinleitet. Nach Ablauf dieser Zeit wird er herausgenommen, um durch etwa acht Tage „gebreitet" zu werden, und kommt dann zum „brechete".

wandert in einer heiteren Nacht, noch vor dem Morgengrauen, die „Grummelfuhr", so heißt nämlich die ganze Arbeiter=
gesellschaft, hinaus zur „Brechelgrube". Diese ist ein länglich viereckiger, halb in den Boden versteckter, gemauerter Ofen. Wegen Feuersgefahr ist sie stets ein Stück vom Hause ent=
fernt. Man wirft Holz hinein, schürt ein tüchtiges Feuer an und legt ein paar Hölzer quer über die Brüstung. Vor derselben faßt der „Haardörrer", auch „Schürer" oder „Brater" genannt, Stellung. Er ist gewöhnlich die einzige männliche Person bei der „Grummelfuhr", nur selten sind auch die „Vorgrummler" Mannsleute. Er nimmt den „Haar" büschelweise vom Wagen, dörrt ihn auf den Hölzern über der Flamme und übergibt ihn dann den „Brechlerinnen", die ihn mit ihren Werkzeugen aus dem Rohen herausarbeiten. Diese „Brecheln" oder „Grummeln" („Grammeln"), sind hölzerne, halbseitig durchbrochene Stühle, in die ein drei=
schneidiger Obersatz scherenartig einklappt. Ist der Flachs damit gebrechelt, so wandert er zu den „Schlichterinnen", welche die Aufgabe haben, ihn noch weiter zu reinigen und zu putzen.

Diese Arbeit in der beständigen Feuerhitze und dem fortfliegenden Flachsstaub ist sehr ermüdend und anstrengend, weshalb die schmalzigen Küchel von Hefenteig und die mit Mohn und gedörrten Birnen gefüllten Krapfen, deren die Bäuerin den ganzen Tag hindurch und zwar in unendlicher Anzahl hinaus auf das Feld schickt, stets willkommen ge=
heißen werden. Ein Schluck Schnaps hilft sie vortrefflich hinunterschwemmen. Diesen verschaffen sich die „Brechlerinnen" auf eigentümliche Weise. Kommt nämlich jemand harmlos des Weges gegangen, so wird er „gekragelt", d. h. die mut=
willige Schar begrüßt ihn erst mit beißenden Spottreden und stürmt, wen er nicht schlagfertig genug ist, diese mit gleicher Münze heimzuzahlen, auf ihn los, umwickelt ihn schnell mit Flachs und fährt ihm um den Hals. So wird der Gefangene gehalten, bis er sich mit Schnaps loskauft. Dafür erhält er ein Sträußchen.

Mit einem „bessern" Bauern verfahren die Brechlerinnen glimpflicher. Sie legen einfach den Flachs in Kranzform vor ihn auf den Weg; er weiß dann schon, was er zu tun hat. Den so „Gekragelten" neckt man noch überdies mit der Redensart, daß er nun im Winter zu kalt haben werde. Weiberleute kommen gewöhnlich ungeschoren vorbei, doch geschieht es auch manchmal, daß eine stattliche Bäuerin auf die Art „gekeilt" wird.

Einen anderen Gebrauch als diesen, der zu Amlach im Pustertale im Schwange ist, haben die „Brechlerinnen" im Unterinntal und Brixental. Zu Hochfilzen stellt die Oberdirn unweit der „Brechelgrube" den sogenannten „Brechelbusch" oder „Haarer" auf, einen mit farbigen Bändern und Äpfeln zierlich geschmückten Tannenwipfel. Ihn zu rauben, ist ein Hauptspaß und eine Ehrenaufgabe für die Liebhaber der „Brechlerinnen". Gelingt es einem derselben, so gilt dies als sichere Bürgschaft seiner Treue und Verläßlichkeit. Aber diese Aufgabe ist nichts weniger als leicht, denn die „Brechlerinnen" hüten mit Argusaugen ihren Schatz, und unternimmt es ein kecker Bursche, auf seine Roblerkunst vertrauend, mit dem Spottreim:

> Grüß euch Gott, Brechlerinnen all,
> Mit der hölzernen Schnall,
> Mit dem hölzernen Schwert,
> Ist heuer der Haar besser als fert?[1]

so bekommt er zur Antwort:

> Weiß wie a Kreide,
> Lind wie a Seide,
> Lang wie a Schiffseil,
> Heuer ist uns der Haar gar nit feil.

Wagt er es nun dennoch, seine räuberischen Hände nach dem „Brechelbusch" auszustrecken, dann wehe ihm! Schnell wird er von den starkarmigen bäuerischen Amazonen umzingelt und mit Fäusten jämmerlich zerbläut. Mir erzählte selbst einmal einer, wie er bei einem solchen Abenteuer um ein paar Zähne gekommen sei. Desto größer aber ist die Ehre für den, der trotz dieser verzweifelten Wehr durch List oder

---

[1] fert, fernt'n = im Vorjahre.

Gewalt die Siegestrophäe erbeutet. Die Liebe steht auch noch anderweitig zum Brecheln in Beziehung. Jene „Schlichterin", welche es das letzte „Wüzele" Flachs zu bearbeiten trifft, heißt „Braut"; Bräutigam ist der „Brater". Man feiert die beiden Brautleute mit einem Teller voller Äpfel, Birnen und Blumen, setzt sie mit Jubel und Gelächter auf einen Wagen und führt sie durch das Dorf.

Im Pustertale versteckt der „Haardörrer" in den letzten Flachsbüschel Äpfel, Birnen und Krapfen. Welche Brechlerin nun diesen trifft, die ist die „Braut" oder hat den „Alten". Dabei haben es die „Brechlerinnen" oft auf eine unter ihnen abgesehen, der sie den verhängnisvollen Büschel geschickt in die Hände schmuggeln. Die so Geprellte wird dann tüchtig geneckt und ausgelacht, um so mehr, da sie sich den Bräutigam erst suchen muß. An manchen Orten wird sie nebstdem mit Ruß bestrichen und muß zur Strafe den Anderen Branntwein zahlen. Der seltsamste Brauch besteht im Zillertale. Man sucht dort der Braut heimlich ein Kränzel aus halbgebrochenem Flachs hinten an den Kittel zu hängen; dieses Kränzel heißt „das Fackel". Ist das geglückt, so geht eine um Wasser, um „das Fackel zu tränken", was darin besteht, daß sie es der Betreffenden an den Kittel oder gar unter denselben gießt. Dann wird „das Fackel abgestochen", indem man der „Brechlerin" mit dem Messer ein Loch in den Rock macht. Den Schluß bildet ein fröhlicher Tanz auf dem Hofe des Bauern. Sind aber die „Brechlerinnen" mit der Verarbeitung des vorgegebenen Flachses nicht zur bestimmten Zeit fertig geworden, so gilt dies als große Schande. Sie „kriegen dann den Fuchs", das ist: die Burschen kommen zur „Brechelgrube", schreien: „Fuchs, Fuchs!" und ahmen das Schießen nach oder schießen wohl wirklich, so daß die ganze Nachbarschaft von der Beschämung Kunde erhält.

Überhaupt geht es bei diesen Brechelgruben äußerst lustig und toll her, und das Singen, Scherzen und Gelächter einer solchen „Grummelfuhr" hört man schon auf große Weiten; sie bildet einen ganz eigentümlichen Vordergrund zu der Herbstlandschaft, die im bunten Blätterschmucke schon den hereinbrechenden Winter verkündet. Noch sei hier erwähnt, daß man in manchen Gegenden statt der „Brechelgruben" „Brechel= oder Badstuben" findet, feuersichere Gewölbe, in denen ein großer Ofen steht. An der einen Wand wird auf wagrecht angebrachten Bäumen, „Bühnen" genannt, Flachs aufgelegt. Nun wird der Ofen bis zur Gluthitze geheizt, gewöhnlich nachts, und so der Flachs durch die bloße Überwärme des Raumes gedörrt. Da aber bei dieser Einrichtung dem Bauern nicht selten die Überraschung zu teil ward, am Morgen seinen Flachsvorrat samt und sonders verbrannt zu finden, ist man in neuester Zeit größtenteils zur einfachen „Brechelgrube" zurückgekehrt.

Mit dem Brecheln ist indes der Flachs noch lange nicht in Ordnung.

Die fernere Zubereitung gehört zwar allerdings nicht mehr zur Ernte, ist aber dem Tiroler Lande so eigentümlich und gibt besonders in ihrem weiteren Verlaufe durch die winterlichen Spinnstuben ein so bezeichnendes Bild des Tiroler Volkslebens, daß wir nicht umhin können, eine Schilderung derselben noch kurz anzufügen. Im Spätherbste gegen den Winter hin, wenn es draußen auf dem Felde nichts mehr zu tun gibt, wird der Flachs „geschwungen". Dabei wird im Hause oder in der „Schupfen"[1] der „Schwingstuhl" aufgestellt und der Flachs mit „Britschen", das sind hölzerne Schlag= werkzeuge von der Form einer flachen, dreizinkigen Gabel, darauf heruntergeschlagen. Durch dieses Verfahren lösen sich die sogenannten „Anschwingen" ab, rauhe Fasern, welche gesponnen und zu Strohsäcken und groben „Blachen" ver= arbeitet werden. Die „Grummelgräten", auch „Ogel"[2] ge= nannt, dienen als Streu. Dann beginnt das „Aufzupfen". Man macht kleine „Tschüpfeln" (Büschel) oder „Ridelen" (kleine Flechten) und zupft rechts und links das Überflüssige herab, damit dieselben die richtige gleiche Länge bekommen und sofort gehechelt werden können. Die Hechel ist bekanntlich

---

[1] Die Schupf und Schupf'n = der Schuppen, Wagenremise.
[2] Agel und Agen = Abfälle.

eine Bank, auf der in der Mitte ein Kranz von spitzen
Nägeln aufgesetzt ist. Da zieht man nun die einzelnen
„Tschüpfeln" durch und zwar tun dies die Weiberleute;
natürlich: das Hecheln ist ihre Sache. Das geschieht zweimal.
Das erstemal fällt die „Vorhechel" ab, unser Werg, das zu
Hemden und Leintüchern gröberer Art verarbeitet wird.
Was vom zweiten Hecheln als Abfall gewonnen wird, ist
das „Leinwerch" als Stoff zu feinerer Wäsche. Das zurück=
gebliebene Reine ist nun der eigentliche Flachs oder „Reisten".
Dieser wird vorerst aufbewahrt und dann im Winter von
den Dirnen gesponnen.

Solch eine Spinnstube hat etwas Urgemütliches und
Trauliches. Wenn der Abend dämmert und draußen der
Schnee herabwirbelt oder der Sturm tobt und an den Dach=
schindeln und festverschlossenen Fensterläden rüttelt, bringen
die Dirnen ihre Räder in die hübsch warm eingekentete"[1]
Stube und bald surrt und schnurrt es wie in einem Bienen=
schwarm. Nach und nach kommen auch die Burschen in den
„Heimgarten", zünden sich ihre Pfeifen an und setzen sich
neben die Dirnen. Anfangs spricht man ernsthaft von dem
und dem, allmählich aber kommt man ins Geschichtenerzählen,
Schäkern und Necken. Manchmal hat ein Bursche eine
Zither bei der Hand und singt:

> Du flachshaarets Dirndl,
> I hab di' so gern
> Und i möcht' weg'n dein' Flachshaar
> A Spinnradl wer'n.

Das Schnaderhüpfel ist auf ein hübsches blondköpfiges Dirndl
gemünzt, das verstohlen hinter dem Rocken hervorschielt.
Spät erst trennt sich die lustige Gesellschaft.

Das gesponnene Garn wird gesotten, dann gespult und
kommt entweder so auf den Markt oder man bestellt den
Weber „auf die Stör" d. h. ins Haus. Der schlägt in der
Stube seinen Webstuhl auf und man hört ein paar Tage

---

[1] einkenten = einheizen, Kendspan = Kienspan; Kien = harz=
reiches Holz.

das einförmige, dumpfe Getöse des Schiffchens. Die Leinwand wird sodann ausgewaschen oder auch auf den Schnee gebreitet, damit alles Unreine, was noch daran hängt, fortgeht. Hierauf wird sie „gesechtelt", d. h. zwei Wochen lang täglich in Lauge abgebrüht. Unterdessen ist der Winter vorbeigegangen und sie wird, sobald die Sonne stark genug ist, im April oder Mai auf die Weise zum Bleichen gebreitet. Dieses letzte Geschäft ist noch das Allermühsamste, da man sie an warmen Tagen oft alle Viertelstunden aufs neue mit Wasser begießen muß. Besonders sorgsame Hausfrauen nehmen sie von dort abermals nach Hause, „sechteln" sie noch einmal acht Tage lang durch und legen sie wieder hinaus zur Bleiche, bis sie endlich die gehörige Weiße hat.

Der Kirchtag.

„Und am Sonntag ist Kirchtag,
Da geh' i's zum Tanz,
Der Ander führt's Nannal
Und die Gretel der Hans."

So klingt es immer häufiger, wenn es gegen „Galli" (6. Oktober) geht, um welche Zeit der Kirchtag eintritt. Er ist der eigentliche Nationalfesttag der Alpenbewohner. Der heiße Sommer und der fruchtreiche Herbst sind vorüber, Korn und sonstiger Feldsegen ist größtenteils eingebracht und ruht wohlverwahrt in Tenne und Scheuer; nur die Rüben und Krautköpfe stehen noch auf den Äckern, ein verlockendes Raubstück peitschenknallender Hirtenbuben, die das Vieh auf der Ätze hüten. So bildet der Kirchtag gewissermaßen den Abschluß des bewegten Bauernjahres und die Einleitung in das stille Leben im Hause, wo die Spindel und der trauliche Heimgarten regiert. Deshalb wird er auch in allen Tälern und Dörfern mit Schmaus, Tanz und Gesang festlich begangen, und es geht an diesen Tagen lustiger und toller zu als im Fasching. Ja, so beliebt ist diese Feier, daß der Bauer an einem Kirchtag nicht genug hat, und jedes Dorf noch einen, das sogenannte Patrociniumsfest hat, nämlich die Feier des Kirchenpatrons. Zum Unterschied von diesem Sonderkirchtag wird das andere Hauptfest, das wir heute ansehen wollen, Allerwelts- oder Landkirchtag genannt. Es feiert seinen größten Aufschwung im sangesheitern Zillertal, und wer das tirolische Volksleben in seiner überschäumenden Lustigkeit und derben Gemütlichkeit schauen will, muß in diesen Tagen nach Zell oder Fügen, den Hauptorten dieses Tales, wandern.

Die Vorbereitungen zu diesem Feste beginnen schon am Anfange der Woche, an deren Schluß der Kirchtag fällt. Da geht es an ein Gespüle und Getätsche, daß einem wasserscheuen Stubengelehrten die Haare zu Berge stehen könnten. Die Dirnen säubern und putzen das ganze Haus von innen und außen, jedes Stäubchen wird abgekehrt, die getäfelten Wände heruntergewaschen, Stube, Kammern, Gang und Küche rein gefegt; sogar die Spinnen unter dem Dache sind in ihrem luftigen Belvedere nicht mehr sicher. Dann geht es an die Geschirre. Die hölzernen Gefäße werden gebrüht, das Kupfer und Zinn gerieben. Wenn man ein paar Tage vor dem Kirchtag durch eines der freundlichen Dörfer Zillertals wandert, so sieht man am Dorfbrunnen alle Dirnen um die große Brunnenstube herumstehen. Die eine säubert Teller und Kochtöpfe, die zweite den „Melchsöchter", die Seihe und die Milchschüsseln, eine dritte wäscht die Fenster ab; dabei helles Geplauder, Neckereien und fröhliches Lachen. Die geputzten Geschirre werden an den Zäunen, den Scheiterlinden der nahen Häuser und auf den Bänken zum Trocknen gestellt. Da funkelt das blankgescheuerte Kupfer und Zinn wie eitel Gold und Silber. Im Anger flattert auf hochgezogenen Stricken die weiße Wäsche zwischen herbstlich bunten Bäumen; auch der Söller ist mit allerlei weißem und farbigem Zeug bekleidet.

Die Knechte, besonders der Melcher, sind bei dieser häuslichen Umwälzung nicht müßig. Ihre Tätigkeit beschränkt sich hauptsächlich auf gründliche Reinigung der Ställe und aller in dieses Fach einschlägigen Gegenstände. Dann wird ein Widder oder ein Rind, in früheren guten Zeiten auch beides zugleich, geschlachtet. Die Kinder tragen der Mutter das Holz in die Küche, damit sie zur Bereitung des großen Kirchtagsfestmahles erklecklich viel Brennmaterial bei der Hand habe.

So geht es fort bis zum Vorabend des Festtages. Samstag vormittag hat noch dieser oder jener etwas zu besorgen, bis um zwölf Uhr mittags feierlich die Glocken ertönen. Nun wird „Feierabend gelassen", d. h. die Arbeit hört auf. Der erste Glockenklang ist auch für die Kinder ein bedeutsamer Zeitpunkt. Jubelnd laufen alle an einen Platz, wo sie zum Kirchturme sehen können, denn dort wird während des Läutens „der Kirchtagfahn" herausgesteckt, eine kleine Fahne von roter Farbe mit weißem Kreuz. Diese bleibt bis zum nächsten Samstag oben hangen und wird dann ebenfalls während des Feierabendläutens wieder weggenommen. Die armen Wiltener „Judenhänger!" Ihnen sagt nämlich der schalkhafte Volkswitz nach, sie hätten am Kirchtag statt einer Fahne einen Juden herausgehängt.

Nun geht es zuvörderst an das Toilettemachen. Die Knechte waschen und kämmen sich, stutzen sich den Bart und gehen hierauf in die Vesper. Unterdessen putzen sich auch die Dirnen hübsch zusammen, flechten ihre Zöpfe, binden sich ein blühweißes Fürtuch um und gehen dann in die Küche, um der Bäuerin bei Bereitung des Abendmahles zu helfen. Denn dieses besteht schon am Vorabend in schmackhaft gefüllten Schmalzkrapfen. Nach dem Essen sieht man dann manches Mädchen im Garten oder am Fenster stehen und einen „Kirchtagbuschen" für ihren Schatz binden. Vor allem werden die Nelkenstöcke, die man bei jedem Bauernhause auf dem Söller findet, arg geplündert; die blutroten „Nagelen" sind ein Hauptbestandteil des „Buschen". Dazu kommt ein Rosmarinzweig oder was der herbstliche Garten etwa sonst noch bietet. Am Spätabend oder in der Nacht kommt dann der Bursche ans Fenster der Geliebten und holt sich das Geschenk. Es gilt als eine große Schande für einen Burschen,

wenn er keinen „Buschen" hat, daher sucht derjenige, der
nicht so glücklich ist, ein Liebchen zu besitzen, auf alle mög=
liche Weise einen zu stehlen. Aber die Mädchen sind klug
und entfernen jeden Blumenstock von Söller und Garten,
damit keine unberufene Hand demselben nahe.

Lautes Böllerknallen weckt die Hausbewohner am Kirch=
sonntag früh schon um drei bis vier Uhr aus dem Schlafe.
Alles steht zeitlich auf, selbst die Kinder. Die Bäuerin geht
in den Frühgottesdienst, weil sie später zu Hause bleiben
und das Mittagsmahl bereiten muß. Die Burschen und
Mädchen sind mit ihrem Anzug beschäftigt. Da wird ge=
waschen und gekämmt, das Haar gestrichen und der Bart
gezupft; die Dirnen flechten das Haar in überbreite Zöpfe;
dann werden die schönsten Kleider aus dem Kasten geholt
und vor dem Spiegel angezogen. Manche Dorfschöne schnürt
sich das knappe Mieder fester als ein Stadtfräulein. End=
lich um halb acht Uhr ist Alt und Jung zum Kirchgang
bereit. Von allen Seiten kommen die Leute im Festtags=
staat zum Gottesdienste. Die Burschen stellen sich vor der
Kirchtüre auf, denn sie müssen erstens ihre „Buschen" be=
wundern lassen, die gar keck von den Hüten herabnicken,
zweitens die Leute mustern und die geputzten Mädchen be=
kritteln. Auch diese geben acht, ob ihre Liebhaber wohl
die von ihnen gewundenen Sträuße tragen. Da hört man
manche spöttische Bemerkung und manche spitzige Rede fliegt
hin und wider. Beim Zusammenläuten der Glocken treten
auch die Burschen in die Kirche. Der Altar ist schön „auf=
gemacht" und mit Birkenbäumen geschmückt, die Predigt be=
sonders schön ausstudiert, das Amt lang und feierlich. Die
Sängerinnen schmettern mit helltönender Stimme ihr Gloria
in excelsis Deo herab, und der Organist will mit seinen
Orgelpräludien gar nicht enden, spielt auch mitunter ein be=
kanntes Stücklein aus einer Oper oder gar eine Polka.
Zwischen Credo und Sanctus ist ein lustiger „Hopser" fast
Verpflichtung. Den Leuten ist es aber heute nicht recht ge=
nehm, daß der Gottesdienst so lange dauert; ja es existiert
sogar ein Spottliedchen auf das: „Pacem=G'schrei". Alt und

Jung verläßt mit innigem Behagen die schwüle Kirche. Die Burschen sind wieder die ersten. Sie stellen sich auf wie vor dem Gottesdienst und warten auf ihre Mädchen, welche sie dann nach Hause begleiten. Das Gespräch auf dem Heimweg bezieht sich natürlich nicht gerade auf das, was der Pfarrer heute gepredigt hat. Die praktischen Alten sprechen von den Kühen und Ochsen oder von Feld und Wald und von der Wochenarbeit; die Jungen haben ihren entsprechenden Klatsch, ihnen stecken die schmucken „Dirndlen" im Kopfe.

Unterdessen kocht die Bäuerin „den Kirchtag". Zu Hause angekommen, ziehen sich die Dirnen weiße Schürzen an und decken den Tisch mit einem neugewaschenen Tuch. Auch Teller, häufig noch hölzerne, kann man heute ausnahmsweise sehen, während man sonst das ganze Jahr aus der gemeinsamen Schüssel ißt. Neben dem Teller liegt Gabel und Messer. Nur die Löffel liegen alle beisammen vorne am Tisch; jeder nimmt sich den seinen selbst. Die Knechte liegen währenddessen auf dem Rasen oder sonnen sich auf der Bank neben der Haustür, der Futterer füttert das Vieh im Stall. Wenn er fertig ist, geht man zum Mittagsmahle. Der Bauer betet das Tischgebet vor, dann setzt man sich. Jedes hat seinen bestimmten Platz. Die Knechte sitzen gewöhnlich hinter dem Tisch, die Mägde auf der einen Vorbank, rechts die Großdirn, links die Kleindirn, auf der andern Vorbank sitzen Bauer und Bäuerin. Auftragen muß die Großdirn.

Das Mahl ist wahrhaft lucullisch, wenigstens was die Anzahl der Speisen betrifft, die sich oft auf zwanzig belaufen. Den Anfang machen gewöhnlich Fisolen, aber wohlverstanden weiße müssen es sein, dann kommen in verschiedener Ordnung Fleisch, Specknödel, gebackene Knödel, Küchel, Strauben, Braten, Schmalzkrapfen, so fett herausgebacken, daß sie tropfen. Die Leistungsfähigkeit eines Krafttirolers ist in dieser Hinsicht wahrhaft staunenswert. — Dazu wird fleißig Schnaps getrunken. Das Tischgespräch bilden die vormittägigen Ereignisse: welcher Bursche den ärgsten „Buschen" gehabt, welches

Dirndl das schönste Kleid, Tüchel oder Fürtuch getragen habe usw.; die Kritik ist scharf genug. Dabei neckt man sich gegenseitig und stichelt auf Liebschaften. Dies ist besonders der Fall, wenn Knecht und Dirne in einem Liebesverhältnis stehen, wie das häufig vorkommt. Man nennt die beiden im Zillertal: „Hausbrateln".[1] Die Verliebten haben dann ein ordentliches Fegfeuer auszustehen, und man freut sich, wenn sie recht rot und „g'schamig" werden.

Nach Tische suchen die Knechte ihresgleichen auf und legen sich entweder in den grünen Obstanger, um den vollgestopften Magen ruhig verdauen zu lassen, oder sie gehen „Platzkegeln" oder auch ins Wirtshaus „Scholderkegeln". Die Mägde müssen spülen und auskehren, dann finden auch sie sich mit ihren Freundinnen zusammen. Der Fütterer hat im Stall zu tun. Die Kühe haben ebenfalls Kirchtag; man hängt ihnen alle Glocken und Schellen an, die man hat, und treibt sie so auf die Ätze. Ist der Fütterer bei dem Vieh fertig und ist auch auf der „Räm" (Tenne) die letzte Arbeit getan, so wirft auch er sich in den Staat und geht mit den übrigen in die Vesper, die um ein Uhr abgehalten wird und dann geht alles sogleich ins Wirtshaus. Dieses ist heute bis auf den letzten Winkel besetzt; denn jeder will sich einen guten Tag antun. Die Familienväter führen ihre Angehörigen hin; daß die Ledigen und jungen Burschen nicht fehlen, versteht sich von selbst. Doch hat heute selten einer sein Mädchen bei sich, dafür ist morgen die rechte Zeit.

Der Kirchmontag ist erst der eigentliche lustige Kirchtag. Fast aus allen Wirtshäusern schallt Tanzmusik. Die Haupttanzplätze sind aber im Dorfe Zell oder in Fügen, wo auch zugleich ein Jahrmarkt abgehalten wird. Dorthin wallfahrtet denn die tanzlustige Jugend Zillertals. Gleich nach dem Mittagessen rotten sich die Burschen zusammen und wandern dem nähergelegenen der beiden Dörfer zu. Die Mädchen, die sich natürlich zusammenbestellt haben, folgen in bescheidener

---

[1] Brödeln eigentlich Untergebene. In andern Tälern heißen sie „Bröseln".

Entfernung oder sind schon vorausgegangen; im verabredeten Orte findet man sich dann leicht. Besonders in Fügen geht es sehr lebhaft zu. Welch Gewühl von Leuten ist da verammelt! Ganze Rotten von Burschen, das Hüt'l keck auf der Seite, das Röck'l über der Achsel und den Stoßring am Finger ziehen Gasse auf, Gasse ab, Wirtshaus ein, Wirtshaus aus, von einer Bude zur andern. Allmählich fangen sie an, sich zu teilen. Jeder sucht jetzt sein Dirndl auf. Hat er es gefunden, so wird eingekauft. Sie beschenkt ihn mit einem „Buschen", einer Pfeife oder einem Tabaksbeutel; er gibt ihr als Gegengeschenk hübsche Fürtuchbänder oder ein Sacktuch. Dann kaufen sie sich Bildchen, wo hübsche bezügliche Verse darauf stehen. Oft beschenken die Burschen auch solche Mädchen, die ihnen unbekannt sind, nur so zum Jux mit Naschwerk, wie „Busserlen", Lebzeltengebäck in allerlei Formen, z. B. zehn bis zwölf aneinanderhangende „Popelen" oder ein „Popele in der Wiege". Ein solcher Scherz wird gar oft der Anfang einer Liebschaft. —

Jeder Bursche geht dann mit der Seinigen in das Wirtshaus und auf den Tanzplatz. Da ist ein Lärm, ein Gewoge und Gedrehe hin und her im Walzer und „bayerischen", daß dem Zuschauer Hören und Sehen vergehen möchte. Denn hier wird nicht so fein und manierlich getanzt, wie ein Herr mit einem zarten Fräulein auf einem städtischen Balle. Da wird „schuhplattelt" und „getröstert", d. h. kopfüber aufgesprungen, daß man an der Zimmerdecke die Eindrücke der schweren Nagelschuhe sieht. Mancher gelenkige Tänzer springt gar mit hellem Juchzer über das Mädchen hinaus, das unterdessen allein forttanzt, dann laufen sie wieder zusammen, halten sich enge, oft Wange an Wange gelehnt und machen dann wieder einen kühnen Dreher:

> Aft (dann) dreht sich das Dienbl,
> Aft dreht sich der Bua,
> Aft nimmt er's beim Miederl
> Und juchzet dazua.

An den eng zur Wand gerückten Schenktischen sitzen

politisierend und tabakrauchend die älteren Leute und lassen ihre Blicke über das frohe Gewühl gleiten. Eine Hauptsache beim Tanzen ist das „Anfrümmen". Der Bursche mit dem Mädchen an der Hand tritt vor die Spielleute hin und singt ein Trutzliedchen, was als Aufforderung gilt, auf seine Kosten einen Tanz aufzuspielen[1]. Heute werden nämlich die Spielleute auch bezahlt, da die sonst gebräuchliche Mundharmonika, der sogenannte „Fotzhobel", welches Instrument an gewöhnlichen Sonntagen für einige Paare wohl ausreicht, bei diesem Anlaß nicht mehr genügt. Es kommen eigene „Auffspieler" und Singer aus demselben oder aus einem benachbarten Dorfe; auch finden sich gern böhmische Musikanten ein. Der Bursche wirft das Geld in einen eigens dafür aufgestellten Teller. Diese Trutzliedchen sind sehr häufig Veranlassung zu Raufereien, denn sie sind meistens auf die Burschen anderer Dörfer oder auf einen Nebenbuhler gemünzt. Das Dirndl wird mit großer Eifersucht gehütet, ebenso beobachtet sie mit scharfen Blicken ihren Schatz. Trotzdem geschieht es oft, daß ein Bursche seiner Geliebten oder umgekehrt sie ihm den Laufpaß gibt und sich einen neuen Schatz sucht. Beim Tanz fällt das nicht so sehr auf.

Schlimmer ist es aber, wenn der Bursche das Mädchen hinter dem Tisch im Wirtshaus im Stiche läßt. Da sitzt nun die arme Verlassene, eine Zielscheibe des Witzes und Spottes der ganzen Gesellschaft, und weiß sich vor Scham und Verlegenheit nicht zu raten und nicht zu helfen. Man nennt dies dem Dirndl ein „Blech machen". Das „Blech" hat sie so lange, bis sie einen anderen Liebhaber findet, der ihr „das Blech abnimmt", d. h. ihr die Zeche zahlt. Aber auch für den Burschen ist es eine große Schande, von einem Dirndl verlassen zu werden, und das geschieht nicht minder oft.

Hat man eine Weile getanzt, so führt jeder seine Tänzerin in die Wirtsstube und setzt ihr dort süßen Wein, sogenannten „Gliedwein" (Glühwein), Braten und Kaffee vor. Hierauf geht man mit frischen Kräften nochmals auf den Tanzplatz

---

[1] Vergl. die Einleitung zu meinen „Schnaderhüpfeln aus den Alpen". 3. verb. Aufl. (Innsbruck, Wagner.) S. XX u. 275 ff.

und vergnügt sich da bis spät in die Nacht. Dann nimmt man abermals eine Stärkung zu sich und macht sich endlich auf den Heimweg. Der Bursche begleitet sein Mädchen; gibt es unterwegs ein Wirtshaus, so wird noch einmal eingekehrt. Wer allein nach Hause gehen muß, von dem sagt man: "Er tragt Schotten".

Allerheiligen und Allerseelen.

Wohl sagt das alte Bauernsprichwort: "Um Allerseelen steckt hinter jedem Zaun ein anderes Wetter", und häufig umwirbelt nicht bloß die Bergeshöhen, sondern auch die Talsohle naßkaltes Schneegestöber mit Regen vermischt, aber öfter, als man meinen möchte, herrscht um diese Zeit milde sonnige Witterung, und der unbeschreibliche Zauber eines schönen Spätherbstes ruht wochenlang auf der träumerisch schweigenden Landschaft. Wie eine blaue Glocke wölbt sich in feuchtschimmerndem Glanze der Himmel über den zackigen Gebirgsformen; darunter prangen in bunter Färbung die bewaldeten Vorberge, als hätte die scheidende Sonne sie mit den letzten Sträußen geschmückt. Die gedrungenen Buchen sind in bräunliches Rot, die schlanken Birken in helles Orangengelb gekleidet und heben sich malerisch ab von den immergrünen Föhren- und Fichtenbeständen. Auch das Tal ist nicht jeden Schmuckes bar. Zwar ist der tausendfarbige Teppich der Wiesen dahin, aber noch blühen Maasliebchen, Taubnessel und der duftige Thymian; die Herbstzeitlose streut ihre blaßroten Sterne auf den fahlgrünen Anger, an den Rainen und Hecken glüht die purpurrote Berberitzentraube, und das rosige "Pfaffenkäpplein" bringt Leben in die dürre Wegumsäumung. Eine eigentümlich elegische Stimmung liegt über Berg und Tal und paßt harmonisch zur ernsten Feier, der sich am Allerseelenfest Stadt und Land hingibt.

Auf dem stillen Friedhofe herrscht schon am Vorabende des Allerheiligentages ein reges Treiben. Die Gräber werden

von Unkraut gereinigt und die lockere Erde zu regelrecht
geglätteten Hügeln geformt. Den Schmuck derselben besorgen
die Angehörigen, die dazu allerlei verwenden, wie es Mittel
und Erfindungsgabe gestatten. Man belegt den Grabhügel
mit Moos und steckt rote und gelbe Georginen und Astern,
wie sie in jedem Hausgarten blühen, hinein, man bepflanzt
sie mit Buchszweigen oder klebt auch nur grüne Blätter in
Kranzform auf die feuchte Erde. Das Kreuz schmücken Ge=
winde aus Moos, in welches grauer Baumbart und dunkler
Epheu zierlich eingeflochten sind. Wer es besonders schön
machen will, nimmt Buchskränze mit einem Streifen von
blauem Papier umwunden und mit Rauschgold beklebt; auch
kleine Kränze aus gelben Ewigkeitsblumen sind eine beliebte
Zierde. Reiche Großbauern und Wirtsleute oder sonstwie
hervorragende Personen des Dorfes spendieren dazu künstliche
Rosengewinde oder einen Kranz von bunter Spänglerarbeit,
ein besonders von der Jugend angestaunter Schmuck. In
das frischgefüllte Weihbrunngefäß wird ein Buchszweig zum
Besprengen gelegt. Der Dorf=Friedhof böte da manch wirk=
samen Vorwurf für einen Maler.

Bald humpelt ein eisgraues Mütterchen herein, das
betend von Grab zu Grab geht; denn sie mag wohl gar
viele Freunde liegen haben in der ewigen Schlafstätte. An
jenem Hügel schaffen ein paar frische rotwangige Mädchen,
die selbst bei dieser ernsten Arbeit das Kichern nicht lassen
können, umsomehr, als dort in der Totenkapelle der junge
Meßnersohn herumhantiert. Die Türe ist heute weit offen
und läßt die Pyramiden von Totenköpfen sehen, welche neben
dem Altar aufgeschichtet sind. Am Vorhangtuch (Antependium)
sieht man, von roten Flammen umzüngelt, die nackten Leiber
der armen Seelen gemalt, wie sie ihre Hände hilfeflehend
emporheben. So geht es ab und zu auf dem Friedhofe, bis
der graue Herbstnebel über das Tal sinkt.

Der nächste Morgen bringt das Fest Allerheiligen.
Doch trägt es durchaus keinen fröhlichen Charakter, sondern
eher den einer Trauerfeierlichkeit. Denn gleich nach dem
gesungenen Hochamte, das vormittags abgehalten wird, wendet

sich die ganze Aufmerksamkeit von den verklärten Himmels=
bürgern ab und den armen Seelen zu. Ihnen „zu Nutz und
Frommen" wird von zwölf Uhr an durch eine volle Stunde
mit allen Glocken geläutet. Man nennt dies „Schidung=
läuten" oder „Seelenausläuten" und zwar aus folgendem
Grunde. Der Volksglaube sagt nämlich, daß mit dem Klange
dieser Glocken die „armen Seelen" aus den Gluten des
Fegfeuers befreit werden und ungehindert auf der Erde
herumspazieren dürfen, freilich nur bis am andern Morgen
das Geläute zum Zeichen, daß die Ferien der armen Sträf=
linge vorüber, abermals ertönt und letztere in ihren flammen=
den Kerker zurückruft. Eine Stunde nach dem nachmittägigen
„Schidungläuten" beginnt der feierliche Umzug durch den
Gottesacker. Von allen Häusern und Höfen eilt alt und
jung dazu herbei. Wohlhabende bringen blanke Leuchter
mit Wachskerzen herbei und umstellen damit die Gräber
ihrer Angehörigen, Arme bohren mit dem Finger oder, wenn
der Boden gefroren ist, mit einem Stück Eisen ein Loch in
die Erde und stecken eine brennende Unschlittkerze hinein.
Die nächsten Verwandten reihen sich betend um das Grab,
das übrige Volk ordnet sich zur Prozession. Voran schreitet
der Priester im gelbschwarzen Rauchmantel, ein Ministrant
hält ihm das Weihwassergefäß, aus dem er mit dem Wedel
nach links und rechts die Gräber besprengt. Hinten nach
folgt die andächtige Menge. „Herr gib ihnen die ewige
Ruh'!" hallt es durch den sonst so stillen Totengarten, wäh=
rend sich auf allen Gräbern Lichter entzünden und seltsam
in der Sonnenhelle flimmern. Nachdem der Zug dreimal den
geweihten Raum umkreist hat, macht er vor der Totenkapelle
Halt und der Priester singt das De profundis. Damit ist die
Zeremonie geschlossen, die Lichter werden ausgelöscht und, nach=
dem man noch die Ruhestätte jedes teueren Verstorbenen
besucht und mit Weihwasser beträufelt hat, kehrt man heim.

Mit dieser kirchlichen Feier glaubt man indes seiner
Verpflichtung gegen die „armen Seelen" keineswegs Genüge
getan zu haben. Gerade die oben berührte, festgewurzelte
Ansicht, nach der die „armen Seelen" während dieser Zeit

leibhaftig herumwandeln dürfen, läßt den naiv gläubigen
Sinn des Volkes alles mögliche aufwenden, um deren Qualen
zu lindern. Für jene „armen Seelen", welche die sogenannte „heiße Pein" leiden, das heißt also, in der Gluthitze
des Fegfeuers schmachten müssen, stellt die mitleidige Hausmutter im Alpacher Tale am Abend des Allerheiligenfestes
ein „Seelenlichtlein", d. i. eine mit Schmalz gefüllte und
mit einem Dochte versehene Lampe auf den Stubentisch,
damit die armen Seelen nachts hereinkommen und ihre
schmerzenden Brandwunden mit dem heilsamen Fett ein-
schmieren können. Für jene „Seelen" aber, welche die „kalte
Pein" leiden, von der zwar niemand zu sagen weiß, worin
sie besteht, die aber viel ärger sein soll als die „heiße",
macht man im Stubenofen ein tüchtiges Feuer an. Nicht
genug. Die klugen Paznauner schließen ganz richtig, daß
die unheimliche Gesellschaft bei wiedergekehrtem Wohlbe-
finden auch Appetit haben müsse; deshalb bäckt die Bäuerin
eine Schüssel voll schmackhafter Schmalzkrapfen und stellt
einen Napf Milch dazu. Da scheint nun einmal eine pfiffige
Katze sich im Ofenwinkel versteckt, die Milch „ausgeschleppert"
und einige Krapfen, die ihr weniger mundeten, zerrissen und
sich dann heimlich aus dem Staube gemacht zu haben, denn
die Paznauner berufen sich auf obige Tatsache als unbestreit-
baren Beweis der Anwesenheit der armen Seelen. Auch in
Pillersee und Pinzgau bewirtet man die geheimnisvollen
Gäste, aber nicht so nobel, man läßt nur einige der Kuchen,
die am Allerheiligentage in eigentümlicher Form gebacken
werden, über Nacht in der Stube stehen. Manche fühlende
Herzen übertreiben die Rücksicht für die Fegfeuerbewohner in
noch mehr lächerlicher Weise. So kannte ich eine gar fromme
ältliche Jungfrau, die schlug nie, besonders aber nicht an
diesem Tage, ein „Gatter" (Holzgitter) rasch in die Klinke
aus Besorgnis, eine arme Seele zu zerquetschen; auch ließ
sie nie einen Rechen mit den Zähnen nach aufwärts liegen
oder gar einen Dreifuß leer über dem Feuer stehen, sondern
nahm ihn schnell mit der Pfanne weg, damit ja keine arme
Seele sich darauf setze und elendiglich schmoren müsse.

Geradezu als Frevel aber ist es zu betrachten, um diese Zeit eine Kröte zu zertreten, denn dies ist die Gestalt, in der sich die Büßenden dem Menschen sichtbar zu machen vermögen, wie viele Sagen zu berichten wissen. Im Gegenteil soll man, wenn einem so ein liebes Tierlein unter eigentümlichen Umständen begegnet, es fragen, ob man ihm vielleicht durch Gebet oder sonst eine Guttat in seinen Nöten helfen könne. Dies bringt dann dem Betreffenden Glücksgüter in Hülle und Fülle. Da ist dem „Armenseelen-Moidele" von Prutz — nun Ihr habt sie ja gekannt — einmal etwas Merkwürdiges passiert, was selbst dem Ungläubigsten die Augen öffnen kann. Dieses alte Weiblein hatte die Verpflichtung, in der dortigen Totenkapelle das „Allerseelenlicht" Tag und Nacht brennend zu unterhalten. Eines Abends hatte sie wieder Öl zugegossen und stellte ihr Gefäß beiseite, um nach frommer Gepflogenheit ein Vaterunser zu beten. Als sie nun mit ihrer Andacht fertig war und sich zum Heimgehen anschickte, fehlte der Deckel von ihrem Ölbehältnis. Nach vergeblichem Suchen rief sie den „armen Seelen" zu: „Gebt ihn her, oder ich komme nimmermehr". Und sieh da, flugs lag der Deckel am alten Platz.

Die aus dem Rührdrama „Der Müller und sein Kind" bekannte Sage von dem nächtlichen Kirchgange der Toten und der im künftigen Jahre Sterbenden ist in den Alpen auch verbreitet, nur knüpft sie sich in mehr oder weniger abweichender Form an irgend einen Ort, eine Kirche oder Kapelle. So soll einem frommen Vikar der Witschenau (Wildschönau), der gerade in der Allerseelennacht zu einem Schwerkranken ging, ein derartiger Spuk vorgekommen sein. Er fand nämlich, als er durch den Friedhof schritt, alle Särge offen, um das Haus des Sterbenden aber stand eine Menge fremder Leute, die mit brennenden Kerzen in der Hand laut für diesen beteten, weil er, wie der Vikar aus der Beichte des Sterbenden erfuhr, bei jeder Messe der „armen Seelen" eingedenk gewesen. Desgleichen erscheinen in der halbverfallenen Kapelle des Schlosses Freundsberg bei Schwaz die längst verblichenen Ritter und Edelfrauen, um da ihren mitternächtlichen Gottesdienst zu halten. Zu Münster geht ebenfalls die Sage vom Opfergang der Toten mit dem Beisatze, daß derjenige, der so kühn sei, sich während desselben derart auf die Stufen des Altars zu legen, daß jede „arme Seele" auf ihn treten muß, in den Besitz einer unsichtbar machenden Nebelkappe gelangen könne.

Auch andere köstliche Gaben sind in der Allerseelennacht zu gewinnen, vorausgesetzt, daß einem der Mut nicht fehlt, etwas zu wagen. Der Robler und Raufer kann sich übernatürliche Kraft holen, der Wildschütz sich kugelfest und den verfolgenden Jäger „gefroren" machen; auch das Schätze finden und heben geht spielend, nur muß man, wie gesagt, vor mitternächtlichem Geisterspuk nicht zurückschrecken. Also aufgepaßt! Wer in der Allerseelennacht, gerade wenn es zwölf Uhr schlägt, eine Totenbahre nimmt und im Stande ist, dieselbe bis es ausgeschlagen hat, dreimal um die Kirche zu schleppen, der bekommt, was er sich wünscht. Doch diese Aufgabe ist schwerer als sie aussieht. Denn während dieser gruseligen Fahrt setzen sich mehr und mehr arme Seelen auf die Bahre und machen die Last immer schwerer und schwerer. Deshalb muß sich der Waghals noch einen zweiten Gesellen mitnehmen, der mit dem Kirchenschlüssel oder mit einer Gerte vom Weißelzenstrauch die blinden Passagiere herabschlägt. Mißlingt das Unternehmen, so wird der Unglückliche von den „armen Seelen" in tausend Stücke gerissen. Man sieht, das sind Schauerproben, gegen welche die Prüfungen weiland Herrn Taminos bloße Kindereien sind.

Doch lassen wir die Allerseelennacht und ihre Schrecken, sie sind zu Ende mit dem ersten Glockenklang, der an vielen Orten schon um fünf Uhr beginnt und, wenn noch kaum der Tag im Osten graut, das schlafende Dorf aufweckt. Das Geläute dauert wieder eine volle Stunde. Währenddessen rüstet sich alles zum Kirchgang. Die Weibsleute binden eine dunkle Schürze um und legen ein schwarzes Tuch um den Hals, was auf dem Lande als Trauerkleidung gilt. Der Schmuck des Gotteshauses entspricht der ernsten Bedeutung des Tages. Das Altarblatt ist verhüllt und durch ein großes Kruzifix ersetzt; die Wände sind ebenfalls schwarz verhangen und mit Sinnbildern des Todes ausgestattet. Im Schiff der Kirche steht, von Lichtern umgeben, ein Katafalk. Nun geht dieselbe Zeremonie vor sich, wie gestern Nachmittag, nur mit dem Unterschiede, daß, wenn der Rundgang durch die lichtergeschmückten Gräber beendet ist, statt des Psalms in der Friedhofkapelle eine Messe gelesen wird. Im Vinschgau und Passeier folgt auf diese kirchliche Handlung noch ein anderer, nicht gerade sinniger Brauch. Der Priester besteigt nämlich die Kanzel und verliest mit lauter, deutlicher Stimme die Namen der Verstorbenen, nicht etwa bloß derer vom letzten Jahre, sondern aller jener, welche seit einem halben Menschenalter das Zeitliche gesegnet haben, was oft eine Stunde dauert. Es wäre dem Geistlichen auch nicht zu raten, die Namen etwa eilig herabzuhaspeln, das würde seiner Volkstümlichkeit sicherlich schaden.

Ist es nun völlig Tag geworden und sind die Hausbewohner von ihrer Andacht zurückgekehrt, so beginnt ein seltsames Treiben, ich meine nämlich den Bettel, der an diesem Tage erlaubt ist und deshalb im Großen ausgeführt wird. Das Almosengeben „zu Hilf' und Trost" lieber Verstorbener war gewiß der schönste und vernünftigste Gedanke, leider sind aber dabei immer ärgere Mißbräuche eingerissen. Anfangs klopften die Leute ganz bescheiden an jede Türe; weil man nun um der „armen Seelen" willen nichts abzuschlagen wagte, sondern ihnen alles gab, was und wieviel sie wollten, so wurden sie immer kecker und bildeten sich endlich zu einem Bettlergesindel heraus, das lärmend und keifend die Dorfgassen durchzieht und die milden Gaben wie eine schuldige Steuer einfordert. Zerlumpte Weiber mit verwahrlosten Fratzen auf dem Arme und am Rockzipfel, freche Männer und Buben, beladen mit Körben und Säcken zur Weiterbeförderung der Gaben, wandern von Haus zu Haus, von Dorf zu Dorf, ja selbst von Tal zu Tal. Trotzig pflanzen sie sich vor der Schwelle auf, und wehe demjenigen, den sie ihren Wünschen nicht willfährig finden. Unter einer Flut von Schimpfreden stemmen sie sich gegen die Tür, bis die Furcht vor Gewalttaten und böswilliger Rache ihnen das Verlangte ausliefern macht. Im Oberinntal, wo es sehr viele Arme gibt, zieht man es daher nicht selten vor, Tür und Tor vor den unverschämten Eindringlingen zu verriegeln und dafür einen Betrag an Geld und Lebensmitteln dem Ortsgeistlichen und den Armenvätern zu übergeben, welche dann die Verteilung an die Bedürftigen besorgen.

Die den Bettelnden verabfolgten Gaben sind, wie bereits gesagt, größtenteils Lebensmittel: Getreide, Mehl, Schmalz und vor allem aber Brot. Dieses sogenannte „Armenseelen- oder Totenbrot" trägt je nach der Landschaft verschiedene Namen, wie „Seelenleibchen", „Seelenbuchelen", „Mugelen" oder „Mohnelen" und wird auch in verschiedener Form eigens gebacken. Im Oberinntal sind es kleine runde Laibchen aus Türkischweizen, im Unterinntal aus schlechtem Roggenmehl. Man glaubt nämlich, ein ganzes, wenn auch noch so kleines Brot sei eine Gott wohlgefälligere Gabe als ein geteiltes. Oft hängt auch eine ganze Reihe solcher Laibchen aneinander und man bricht sie erst beim Verteilen weg. Im Zillertal werden die sogenannten „Seelenzelten" und „Hexenbucheln" gebacken, mit denen auch, gleichwie im Münstertale, die „Ehehalten", Knechte, Dirnen und Viehhirten beteilt werden. Im Eisaktal (Latzfons) wurden in früherer Zeit — ob es jetzt noch geschieht, weiß ich gerade nicht — sogar Geldstücke, Taler und Zwanziger in die „Buchelen" gebacken oder wenigstens gesteckt. Das Gleiche soll seinerzeit im Ahrntale mit den „Pitschelen" geschehen sein[1].

Ein willkommener Bittender ist der Totengräber, der sich für die gehabte Mühe des Gräberherrichtens durch eine Sammlung bezahlt macht. Er bekommt reichliche Gaben, weniger an Geld als an Lebensmitteln. Früher mußte er bei wohlhabenden Bauern nicht selten einen Schubkarren nehmen, um die Gaben einer einzigen Partei fortzuschaffen, jetzt ist man etwas sparsamer geworden. Arme Leute geben

---

[1] Über diese verschiedenen Allerseelengebäcke vergleiche die verdienstvollen Arbeiten von Max Höfler.

ihm nur Erdäpfel. Eine weitere Art von Almosen ist das
Verabfolgen von „Gespinnst" an Hausarme, wie es im Oberinntal, Lech-, Oetz- und Pitztal Sitte ist. Die Betreffenden
durchwandern in der Seelenwoche diese Täler und wenn sie
auch bei jedem einzelnen Hause nur eine Kleinigkeit bekommen,
so bringt doch manche arme Person 10—15 Pfund Flachs
oder Werg zusammen, das sie den Winter über spinnt, dann
weben läßt und zu Wäsche verarbeitet.

Bei dem allgemeinen Geben und Nehmen am Aller-
seelentage dürfen wir auch der Kinder nicht vergessen,
dieser glücklichen Geschöpfe, die von der ganzen trüben Feier
dieser Zeit nichts interessiert, als die Blumen und funkelnden
Lichter. Die Kleinen haben da ein freudiges Fest, sie sind
nämlich bei der „Godl" (Patin) eingeladen und trinken
süßen Kaffee mit mürbem Brot. Wenn eine gutherzige,
reiche Bäuerin 20—30 Godelkinder zusammenbringt, so ist
die junge Gesellschaft belebt genug. Jedes bekommt noch
einen Brotkranz aus Butterteig mit nach Hause, die Knaben
in Form von Hasen, Hirschen oder Pferden, deren Füße
unten zusammenlaufen, so daß das ganze Gebäck einen Kranz
bildet, die Mädchen Hennen. Die Augen sind durch Kranewit-
oder Weinbeeren gekennzeichnet, welch' letztere natürlich sogleich
herausgenascht werden.

Mit der kirchlichen und häuslichen Feier des Allerheiligenfestes und Allerseelentages ist die den Verstorbenen
schuldige Rücksicht nicht abgeschlossen. Ich spreche nicht von
der allgemeinen Verehrung, die denselben das ganze Jahr
hindurch zu teil wird — man widmet ihnen in Tirol und
seinen Nachbarländern einen förmlichen Kult, wallfahrtet zu
Friedhöfen und ruft die „armen Seelen" in allen Anliegen
um ihre Fürbitte an, wie eine Unzahl von Votivbildern beweist — sondern ich meine nur die besondere Berücksichtigung,
die man ihnen während der sogenannten „Seelenwoche"
schenkt. Sie dauert die ganze Woche bis zum „Seelensonntag"
(8. November), an welchem Tage der Priester wieder zum
erstenmal ein helles Meßkleid trägt. Während dieser
Zeit beherrscht eine ernste Stimmung Dorf und Umgebung.

Das Weibervolk behält an vielen Orten den schwarzen Anzug bei, die Gräber bleiben geschmückt und erfreuen sich zahlreichen Besuches, sonderlich abends nach der „Seelenandacht", die in den meisten Kirchen abgehalten wird. Beim Abendrosenkranz gedenkt man ebenfalls der armen Seelen und brennt für sie die Stümpfchen der im Gottesacker abgebrannten Kerzen fertig. Auch im abendlichen Heimgarten geht es stiller her, kein Schnaderhüpfel und kein Zitherklang ertönt und kein Juchezer eines fidelen „Gassselbuben" schwingt sich ans Fenster des Liebchens. Die gesangliche Unterhaltung übernehmen für diese Zeit die sogenanntenn „Seelensinger". Das sind gewisse Leute, welche von Haus zu Haus ziehen und vor der Türe oder in der Stube „Armenseelenlieder" singen. Dafür bekommen sie entweder Geld oder einige Brotlaibchen, „Pitschelen" genannt. Gerade großen dichterischen Wert besitzen diese geistlichen Lieder nicht, wie sich jeder aus folgenden Mustern überzeugen kann. Eines aus dem Ahrntal beginnt:

> O Christ
> Wo bist,
> Schau, daß d'armen Seelen nicht vergißt;
> Sie sitzen in Flammen
> Und schlagen die Hände zusammen
> Und rufen: O Kind
> Hilf gschwind.

Man sieht, es ist nur der in Verse gebrachte Abklatsch jener Armenseelenbilder, die uns in Totenkapellen und „Bildstöckeln" an Wegen und Stegen begegnen und oft ganz ergötzliche Begleitreime enthalten. So steht bei Bruck an der Mur ein Marterl, dessen Verse der Eingangsstrophe obigen „Armenseelenliedes" auf ein Haar gleicht. Es lautet wörtlich:

> Ihr Freund'
> Wenn ihr's gut meint
> O eilt und helft mir Armen;
> Eine lange Zeit
> Ich hier schon leid,
> Ach thut doch erbarmen.

> In strenger Hicz
> In Feuer ich sitz
> Und wart auf Euch mit Schmerzen
> Um ein Vater Unser und Efa (!) Maria.¹

Manche „arme Seelen", wahrscheinlich solche, die sich schon bei ihrem Erdenwallen durch Kniffe ausgezeichnet haben, suchen auf fast ausgesucht schlaue Weise vom Vorübergehenden ein Vaterunser zu erzwingen. So ist auf einem Armenseelenbild bei Lengenfeld im Oetztal zu lesen:

> Weil du bist anhero kommen
> Du mein allerliebster Freund
> Erlös' uns aus den heißen Flammen,
> Vielleicht wir deine Eltern seind. (!)

Einen fast allarmierenden Hilferuf stößt eine „arme Seele" auf einem Bild in Völs bei Innsbruck aus:

> Alhero eilt, kommt, lauft zusamm',
> Es brinnt, es brinnt, ach löscht die Flamm'!

Es ließe sich über diesen Gegenstand noch viel erzählen, so über die ergreifende Art, wie in Kärnten, besonders in slovenischen Gebieten, die nächtliche Feier des Allerseelentages abgehalten wird, wo auf allen Gräbern die Lämpchen durch das Dunkel leuchten und die Gebete und Gesänge durch die Stille tönen. Auch über die Beziehungen des Armenseelenkultus zur heidnischen Religion unserer Vorfahren gäbe es manches zu sagen, wenn dieselben auch im Verlaufe der Zeiten ziemlich verblaßt sind. Noch immer glaubt das Volk, daß im „Allerseelenwind", der häufig sturmartig um diese Zeit weht, die „armen Seelen" umziehen, was an den Totenzug Wodans erinnert. Auch die oben geschilderte Abfütterung dieser bedauernswerten Büßer in Steiermark, „Allerseelengastung" genannt, sowie das Backen von Brot in eigener Form z. B. in Gestalt von Hennen und Hirschen geht auf heidnischen Ursprung zurück. Der Mythologe wird

---

¹ Ähnliche „Arme=Seelen"=Reime enthalten in Fülle meine vier bei Cotta erschienenen Bändchen: Grabschriften und Marterlen

darin Überbleibsel und Erinnerungen an jene große Totenfeier erblicken, welche um die Zeit der herbstlichen Tag= und Nachtgleiche von den Germanen begangen wurde und in Opfern und festlichen Gebräuchen bestand.

An der Schwelle des Winters.

Um Martini (11. November) ist es mit der Herrlichkeit des Sommers und Herbstes so ziemlich zu Ende. Kahl starren die Äste der Sträucher und Bäume in die Luft, während zu ihren Füßen das gelbe Laub in großen Haufen aufgeschichtet liegt. Die letzten Wagen mit Rüben und Krautköpfen sind bereits eingebracht, nur einige zerstreute Türkenstrohschöber stehen noch draußen auf den öden Feldern, zwischen denen die grünen Samtflächen der sprossenden Wintersaat wie eine tröstliche Osterverheißung sich ausdehnen. Wenn er nun kommt der Feind alles Lebens, der grimme Winter, um in Berg und Tal sein Vernichtungswerk zu beginnen, so findet er keine Beute mehr. Eine einzige Arbeit hat der Bauer noch abzutun, ehe die weiße Flaumdecke Wald und Flur überzieht: Das „Ströb (Streu) richten". Darum sieht er auch um Martini noch gerne schönes Wetter, obwohl das Sprichwort sagt:

„St. Martinstag trüb
Macht den Winter lind und lieb,
Ist er aber hell mit Sonnenschein,
So wird auch streng der Winter sein."

Am Martinstag selbst wird übrigens nicht gearbeitet, denn er ist ein sogenannter Bauernfeiertag. In nicht wenigen Dörfern ist dieser Heilige Kirchenpatron, wo dann sein Fest mit großem Pomp als „Kirchtag" gefeiert wird. Auch trifft man häufig Kapellen mit dem „wundertätigen" Bilde des heiligen Martin, zu dem man von nah und fern Wallfahrten unternimmt. Die berühmteste solcher Wallfahrtskirchen ist „St. Martin am Kofel" bei Latsch in Vinschgau. Im Bauernkalender prangt als Zeichen des Martinifestes eine Gans, was so viel sagen will, als daß ein derartiges Geflügel auf keinem Tische fehlen soll. Wirklich sorgt auch jede Bäuerin, wenn anders die Wirtschaft nicht allzu „notig" ist, für einen Gänsebraten, von den Städten nicht zu sprechen, wo noch jede Bürgersfrau, die auf guten alten Brauch etwas hält, aus den auf dem Markte feilgebotenen Tieren ein fettes Stück aussucht und es nach allen Regeln der Kochkunst schmort. Beim Zerteilen richten sich die Blicke der Tischgesellschaft vor allem auf das Brustbein, welches wie der heutige bewölkte oder unbewölkte Himmel für den kommenden Winter bedeutungsvoll sein soll. Ist seine Farbe rot, so weissagt man strenge Kälte, ist sie aber weiß, so hat man milde Witterung zu hoffen. Wer indessen ein guter Schütze ist, kann sich möglicherweise auch den folgenden Tag an einem Gänsebraten erfreuen.

In vielen Gegenden, besonders im Inn= und Etschtal, werden nämlich zu Martini sogenannte Gansschießen veranstaltet, wobei dem besten Schützen als erstes „Best" eine wohlgemästete Gans zuteil wird. Es ist dies das letzte Schießen vor der Winterzeit, welches eben deshalb überall lustig begangen wird. Im Etschtale haben ohnedies viele Burschen diese Tage frei, weil dort Martini, wie an anderen Orten Lichtmeß, als „Hauptschlenggeltag" gilt. Da sieht man, wie wir schon früher hörten, die Knechte und Dirnen mit Sack und Pack von einem Haus und einem Dorf zum anderen ziehen und, wenn man in eine Wirtsstube tritt, so kann man genug verliebte Pärchen hinter den Tischen sitzen sehen, die sich bei dieser Gelegenheit einen frohen Tag antun. Denn kein Liebhaber ist so ungalant, sein Schätzchen ohne Begleitung wandern zu lassen, sondern er trägt oder führt ihr im Karren den „Schlenggelpack" nach, wobei er natürlich nicht versäumt, mit ihr dort einzukehren, wo just der Herrgott seinen Arm heraussteckt, und bei süßem Wein und Braten goldene Pläne für die Zukunft zu schmieden.

Ein weiteres Martinifest war ehemals der „Jäger= und Vogelfänger=Dinseltag" bei Innsbruck. Im Jahre 1857, wo wie öfter ein herrlicher „Altweibersommer" bis tief in den November hinein andauerte, erstiegen die Beteiligten am Martinstag abends den Abhang unter der „Frau=Hitt" und zündeten bei einer Felsenhöhle unter der Höttinger Alpe ein großes Feuer an, bei welchem verschiedene Stücke Wildpret gebraten und verschmaust wurden. Bei ungünstiger Witterung ward der Dinseltag in einem Gasthause der Stadt abgehalten.

Ist es um diese Zeit herum schön und hat der erwünschte „Allerheiligenwind" den Boden der Waldungen gehörig ausgetrocknet, so macht sich der Bauer mit seinen Knechten und Mägden an das „Ströbrichten", das verschiedene Arbeiten in sich begreift. Zur Streu verwendet man vor allem Moos, das im Unterinntal „Molten"[1] heißt, daher das Sammeln desselben in dieser Gegend „Moltern", „in den Molten gehen" genannt wird. Einige Tage früher begibt sich der Bauer oder ein Knecht hinauf in den Hochwald, sucht einen Platz aus, wo recht schöner und tiefer „Molten" ist, und baut dort eine „Krippe" aus kurzen quadratförmig übereinander gelegten Baumstämmen als Zeichen, daß dieser Platz bereits besetzt sei und sich daher niemand einfallen lasse, sich hier zum Ströbrichten niederzulassen. An dem zum „Moltnen" bestimmten Tage setzt sich die Gesellschaft der Knechte, Mägde und Tagwerker schon um vier Uhr zum Frühstück, das, weil man auf dem Berg oben schmal abbeißen muß, aus einer tüchtigen Pfanne voll schmalziger Nudeln besteht. Während des Mahles einigt man sich über die verschiedene Arbeitverteilung. Die Weibsleute müssen „Molten kralen", ein Mann muß „zusammentragen", ein anderer den Streuhaufen bauen und ein dritter die „Taxen schneiteln". Jeder nimmt sodann die entsprechenden Werkzeuge; die „Kralerinnen" die Eisenrechen, der „Schneiter" Beil und Steigeisen, der Baumeister Hacke und Gabel. Der

---

[1] Althochdeutsch die Molta, mhd. die und der Molte = Staub, Erde, kurz Zerriebenes, aus mittellatein. molitura. Vgl. Molt= wurf = Maulwurf.

"Zusammentrager" trägt einen Korb mit Lebensmitteln auf dem Rücken.

So wandert die Karawane mit fröhlichem Jauchzen und Jodeln dem Hochwald zu. Der Weg ist steil, deshalb muß auch hie und da ein „Rasterl" gemacht werden. Ist man am Bestimmungsorte angelangt, so geht jeder mit einem „in Gott's Nam'" an seine Arbeit. Die „Kralerinnen" kralen (kratzen) „anhabig" (emsig) Molten, der „Trager" trägt gleich einer Ameise, der „Schneiter" klettert auf die Bäume und hackt Taxen, daß die Äste da und dort herunterfliegen, der „Baumeister" baut in der Umrahmung der Krippe seinen kunstgerechten Streuhaufen, erst eine Lage Moos, dann Taxen und so fort. Dabei wird gelacht und mancher Juchzer „hilbert" in die frische Bergluft hinaus, besonders wenn lustige Burschen und Dirndln dabei sind.

Um elf Uhr hält man „Mittag". Man setzt sich zu einer Quelle, verzehrt Käse und Brot, oft auch ein Stück Weihnachtszelten, den die Bäuerin eigens für diesen Zweck früher gebacken hat, und trinkt Wasser und Schnaps dazu. Eine Stunde gönnt man sich Rast, dann aber, wenn die fernen Klänge der Zwölfuhrglocke vom Tale heraufschallen, geht es wieder an die Arbeit. Um fünf oder sechs Uhr wird „Feierabend gelassen". Man putzt noch sauber alles Moos zusammen, stützt den Streuhaufen ringsherum mit Baumsäulen und deckt ihn mit Tannenzweigen oder Rinden zu, damit er, vor Wind und Schnee geschützt, gut „abbrennen" könne. Herabgeschafft wird die Streu erst im Winter mit Schlitten. Für jetzt packen die Arbeiter ihre Werkzeuge zusammen und machen sich auf den Weg ins Tal. Sobald das heimatliche Dorf in Sicht ist, läßt einer der Knechte einen hellen Juchzer los, welcher der Bäuerin das Nahen der „Moltner" verkünden und sie mahnen soll, ein schmalziges Nachtmahl für hungrige Ankömmlinge zu kochen. Dem spricht man auch nach Kräften zu und legt sich dann früh zu Bette.

Am folgenden Morgen geht dieselbe Arbeit von neuem an, meistens vier bis sechs Tage lang, und ist man mit „Moltnen" fertig, so beginnt erst das „Taxenschneiten".

Denn nicht genug, daß man schon unter das Moos Tannenzweige mengt, rückt man den Bäumen noch einmal mit dem Beil zu Leibe und beraubt sie in schonungsloser Weise ihres Nadelschmuckes. Namentlich im Pustertale sowie im Brixentale trifft man solche „geschändete" Waldstrecken in großer Ausdehnung. Baum um Baum wird bis zum Gipfel hinauf kahl geschoren und man sieht es den rings mit grauem Baumbart überkleideten Stämmen, an denen nur zu oberst ein paar armselige halbdürre Zweige hängen, an, daß sie mit ihrer grünen Zier auch Saft und Kraft verloren haben. Meistens sterben die Bäume nach und nach ab, und daß kein junger Nachwuchs aufkommt, dafür sorgt das eben beschriebene „Ströbrechen", bei dem jedes junge Pflänzchen mit der Wurzel ausgerottet wird. Nimmt man dazu das vielfältige, oft höchst unverständige Umhauen ganzer „Schläge" und das Ausreißen der „Stöcke", bei welchem Vorgang das Erdreich weitum aufgelockert wird und allen Halt verliert, so darf man sich nicht wundern, wenn einerseits immer größerer Holzmangel eintritt, anderseits den Muhrbrüchen Tür und Tor geöffnet wird.

Wenn nun ein heftiger Gewitterregen oder ein Wolkenbruch kommt und die Wildbäche anschwellt, so rutscht die lockere Erdenmasse widerstandslos zu Tal, reißt in wildem Sturze Bäume und Steinblöcke mit, zerstört Äcker und Wiesen, untergräbt Häuser und fordert nicht selten auch Menschenleben zum Opfer. Da hallt dann durch die pechschwarze Gewitternacht der Jammerruf der Leute: „Der Bach kimmt, der Bach kimmt!" Und der Meßner muß gleich die geweihte Wetterglocke läuten und der Herr Kurat den Wettersegen lesen oder gar mit der Monstranz „zum Bach außi" eilen, um den empörten Fluten Halt zu gebieten, aber ich habe noch nie gehört, daß diese deshalb ein Stück weggeschwemmtes Land wieder herausgegeben hätten. Den Übelstand durch vernünftige Forstwirtschaft in der Quelle zu verstopfen, daran denkt niemand und doch ist wahrlich schon die elfte Stunde angebrochen, um es zu lernen. Die fürchterlichen Verheerungen des Jahres 1908 im Alpach- und Zillertale sind ein schauerlicher Mahnruf hiezu[1]. Zwar sind gerade im Unterinntale mit Ausnahme des Brixentals die Zustände im allgemeinen etwas besser, da hier wenigstens die Plätze zum „Taxen= schneiten" von den Förstern und Gemeindewaldaufsehern ausgesteckt werden und die ganze Arbeit nach einer bestimmten Ordnung vor sich geht. Doch ist auch hier der Unfug immer noch arg genug. Zur Streu verwendet man auch die ab= gefallenen Blätter der Laubbäume, vorzüglich der Erlen. Es wird ebenfalls in der Zeit um Martini zusammengerecht, in große Haufen aufgeschichtet und dann auf Wagen heimge= führt. Das Laub der Obstbäume sammelt man entweder mit Rechen oder mit Besen aus dornigen Berberitzenstauden, dörrt es an der Sonne und gibt es den Schafen und Ziegen als Futter.

Mit der Zurichtung der Streue ist die letzte Herbst= arbeit getan. Die Herabschaffung derselben, sowie jene des Holzes und Bergheues kann erst bei Schlittweg vor sich gehen, daher mag sich der Bauer vorderhand dem süßen Nichtstun hingeben und auf der warmen Ofenbank seine Pfeife schmauchen, ein Schläfchen machen oder zur Abwechslung mit ein paar Genossen einen „Karter" austun (Karten spielen). So kümmert es ihn wenig, wenn außer den geschlossenen Fenster= läden der Novembersturm heult und der „wilde Ochsner", der Alber und die Hexen ihr nächtliches Unwesen treiben.

Diese gespenstischen Unholde, deren Erscheinen nach dem Volksglauben an die Zeit um Martini geknüpft ist, sind interessant genug, daß wir ihnen noch einige Aufmerksamkeit schenken.

Der Alber, der in einigen Gegenden auch St. Martins= vogel heißt, ist nach der Beschreibung, die mir ein alter Oetz= taler Bauer, der das „Teufelsvieh" selbst gesehen haben wollte, davon machte, ein höllischer, „fuiriger Drach", der hoch oben im Gebirge haust, in schauerlichen Schluchten und Spalten, wo kein Mensch hinaufgelangen kann. Jedes Jahr um

---

[1] Schon die tirolische Waldordnung vom J. 1717 Nr. 78 verbietet „das Ströb machen und Molten rechnen".

Martini fliegt er übers Tal in ein anderes Loch. Dabei
macht er einen großen Bogen und streift den Wiesengrund
mit seinem feurigen Schweif. Auf dieser Stelle wird das
Gras so arg verbrannt, daß mehrere Jahre nichts mehr
wächst. Nach sieben Jahren aber gedeiht es fetter und
üppiger als früher. Kommt der Alber in die Nähe eines
Dorfes, so bedeutet es großes Unglück und man mag sich
wohl versehen mit Rosenkränzen und geweihten Dingen,
damit einem nichts Böses widerfährt. So lautet die Sage
im Oetztale. Im südtirolischen Sarntale dagegen erzählt man
sich, die feurigen Strahlen, die man um diese Zeit so häufig von
einem Berg zum anderen fliegen sehe, seien verstorbene „Pfaffen=
köchinnen", die nun als Hexen auf feurigen Pferden durch die
Luft reiten müssen. Dabei soll es den höllischen Reiterinnen
manchmal passieren, daß ihr Roß ein Hufeisen, ein sogenanntes
„Pfaffeneisen", verliert. Man will auch solche gefunden haben;
sie sollen anders als die irdischen aussehen und auffallend leicht
Feuer geben. Die bedrängte Reiterin findet indes sogleich Hilfe
bei ihrem schwarzen Liebhaber, dem Teufel. Dieser erscheint
dem Schmied des nächsten Ortes und befiehlt ihm: „Schmied,
steh' auf, schlag mein' Roß ein Eisen auf!" Allerdings kann
der Schmied dieses Begehren verweigern, indem er antwortet:
„I steh nöt auf, i tret nöt für, i schlag' dein' Roß kein
Eisen für!" Wenn aber der Teufel zum drittenmale die
Arbeit fordert, so muß der Schmied sie liefern, wenn er
nicht mit Haut und Haar vom Satanas geholt werden will.
Dasselbe geschieht ihm, wenn er sich aus Geldgier verleiten
läßt, den zum Lohne gebotenen Hut voll blanker Münzen
anzunehmen. Auch diese „Pfaffenköchinnen" lassen auf dem
Grasboden dieselben Brandspuren zurück, wie der obenge=
nannte Alber. Die Erklärung beider Erscheinungen ergibt
sich aus den um diese Zeit ziemlich häufig fallenden Stern=
schnuppen, in denen die Phantasie der Bauern höllische Spuk=
gestalten zu erblicken glaubte. Der Name Alber hingegen
ist von mythischen Wesen ganz anderer Art entlehnt, nämlich
von den Elben oder Elfen. Man dachte sich dieselben klein
wie vierjährige Kinder, aber an Geistesgaben weit über den

Menschen erhaben und besonders die Jungfrauen von zauberischer Schönheit. Nachts bei Mondenschein tanzen sie auf den Waldwiesen ihren Reigen und am anderen Morgen konnte man am abgestreiften Tau oder geknickten Grase die Spuren des Kreises sehen. Der Fußtritt der guten Lichtelben bewirkte üppiges Grün, jener der bösen Dunkelelben aber verdarb das Gras. Noch jetzt zeigt das Landvolk in Deutschland als letzten Nachhall dieser Mythe auf Wiesen die sogenannten Hexenringe und im Einklange damit sagt man an vielen Orten Tirols, wenn sich auf den Mulden ein Streifen durch besonders fettes Gras auszeichnet, der Alber, der hier als freundlicher Alpengeist auftritt, habe durch den Tritt seiner schmalzigen Füße den Boden gedüngt. Die Namensverwechslung von Elben oder Alben mit Alpen verhalf auch obigen unheimlichen Berggeistern zu derselben Bezeichnung.

Aus demselben Grunde wird aber auch noch einer anderen, nicht minder interessanten Erscheinung der Name „Alberer" beigelegt. Wir meinen den „wilden Ochsner". Unter diesem denkt sich der Bauer einen großen schwarzen Mann, der nach Abzug des Almviehes mit seiner schwarzen Herde in Sennhütten und Gehäge einzieht und dort seine gespenstische nächtliche Almwirtschaft betreibt. In der Nacht vor Martini zieht er dann mit entsetzlichem Getöse von der Alm herab und durch das Tal hinaus. Wehe dem, der ihm zu begegnen wagt, er büßt Gesundheit, ja selbst das Leben ein. Ein neugieriger Bauer soll, als er spät abends noch das Geklingel hörte, zum Fenster hinausgesehen haben, da wurde er zur Strafe festgebannt, so daß er erst am andern Morgen nach dem Avemarialäuten den Kopf wieder zurückziehen konnte. Dennoch versuchte einmal ein kecker Bursche, sich dem wilden Ochsner in den Weg zu stellen, war aber so klug, einen Hahn, eine Katze und einen Hund mit sich zu nehmen. Das war sein Glück. Denn alsbald fuhr die wütende Meute an dem Waghals vorbei und eine fürchterliche Stimme schrie ihm zu: „Hätteft du nicht das „Krahnete, Krallete und Beißete" bei dir, sollte es dir übel gehen!" Wenn man aber die Bauern fragt, wer denn der Alberer oder wilde Ochsner eigentlich sei, so wissen sie darüber keinen Bescheid zu geben. Einige meinen, er sei die arme Seele eines ehemaligen Senners, der seine unredliche Wirtschaft in dieser Gestalt büßen müsse, wie man auch dasselbe vom „Kasermannl" sagt, unter welchem man sich ein kleines graues Männchen denkt, das ebenfalls um Martini lärmend von der Alpe abziehen soll.

In Wörgl im Unterinntal wird am Martinitag der „Albererzug" sogar wirklich aufgeführt. Es ist dies ein Aufzug, der dem Perchten= und Schemenlaufen im Fasching ähnelt. Man stellt dabei Tiere und als deren Treiber die „Alberer" selbst vor. Diese sind möglichst fürchterlich kostümiert, haben lange Hälse, Hörner auf dem Kopfe, sind mit Schellen behangen und mit Ruß geschwärzt. Wen sie erwischen, den bemalen sie ebenfalls mit Ruß. Auf die richtige Erklärung und Bedeutung dieser Geisterwesen leitet uns eine Benennung des nächtlichen Spukes: Martinsgestämpfe. Dieses ist nämlich zweifellos nur die in ganz Deutschland verbreitete Mythe vom Umzug des wilden Heeres, dem nichts anderes zu Grunde liegt, als die brausenden Herbststürme. Wie schon der schwäbische Name desselben, Wuotas= oder Muotasheer besagt, glaubten die alten Deutschen in dem Getöse einen Jagdzug ihres höchsten Gottes Wuotan zu erkennen und als die Heiden zu Christen bekehrt wurden, bezogen sie manche alte Ansicht und Meinung auf den heiligen Martin, der durch seine kriegerischen Eigenschaften dem einstigen Göttervater am nächsten kam, und dessen Fest in eine Zeit fiel, wo man den Gott der Erde am nächsten glaubte.

Advent und Adventlieder.

Das weitverbreitete Sprichwort: „Kathrein stellt Räder und Tanz ein" sagt deutlich genug, daß es mit dem letzten

Abschnitt sommerlicher Herrlichkeit und jauchzender Alpenlust zu Ende und daß das bäuerliche Leben an jenem Wendepunkt angelangt sei, wo der Schlitten und der unbehilfliche Holzschuh regieren. Zwar klebt noch als traurige Erinnerung an die schöne Jahreszeit fahlgelber und roter Blätterschmuck an den Bäumen, wie sich etwa eine alternde Schönheit mit verblichenem Flitterwerk aufputzt. Aber eine kurze Frostnacht und der ganze erlogene Frühling liegt zu Hauf unter den kahlen Bäumen oder tanzt flügge im Wirbel der Windsbraut. Noch ein paar stürmische Südwindtage und eines schönen Morgens sind Berg und Tal, Hütten und Wiesen vom Schneeschleier übersponnen und zeigen nur noch das trostlose Einerlei einer Winterlandschaft. Hält auch der erste Schnee selten lange aus, denn die Sonne hat noch Kraft genug, um den Anflug hinwegzuschmelzen, so ist es doch nicht mehr gemütlich heraußen, es sei denn, daß der „St. Katharinensommer" eine zweite Auflage des „Altweibersommers" bringt. Gewöhnlich aber kann man von ihrem Feste den eigentlichen Anfang des Winters datieren mit all den Konsequenzen, die der neue launige Tyrann für das Heim des Bauern mit sich bringt.

Meine lieben Landsleute, die überhaupt fast mehr Bauernfeiertage als Tage im Jahr haben, legten sich gleich das oben angeführte Sprichwort in ihrem Sinne zurecht. Am Katharinentage (25. November) müssen alle Räder feiern; die Müller dürfen nicht mahlen, die Fuhrleute nicht fahren, die Weiberleute nicht spinnen. So will's der — Brauch. Aber noch ein anderes Rad stellt Kathrein ein, nämlich die hopfenden Füße der frischen Dirndlen und Burschen. Indes auch für dieses Verbot ist durch den „Kathreinsonntag", den letzten Sonntag vor Advent, wenigstens eine Entschädigung geboten. Da dürfen nämlich die letzten lustigen Musiken zu Spiel und Tanz abgehalten werden. Hei! wie noch da „zu guter Letzt" die Paare sich drehen, toller als mitten im Fasching! Was Wunder, wenn da manche Herzensangelegenheit noch schnell vor Torschluß abgemacht wird. Heißt es ja:

Im Advent
Reicht man einander die Händ',
Um Neujahr
Nimmt man sie gar.

Zudem ist ja bald St. Andreastag (30. November) und der gibt über die getroffene Wahl besseren Aufschluß als die beste Kartenschlägerin. In der Andreasnacht wird nämlich von den Mädchen zwischen eilf und zwölf Uhr geschmolzenes Blei in kaltes Wasser gegossen und daraus auf den Stand, beziehungsweise auf das Handwerk des künftigen Mannes geschlossen. Wie wichtig dieser Tag gehalten wird, geht auch daraus hervor, daß nach frommer Meinung derjenige, der an diesem Tage stirbt, „vom Mund auf" in den Himmel kommt. Aber auch für die Armen ist der Andreastag, der, nebenbei bemerkt, ebenfalls als Bauernfeiertag gilt, von Bedeutung. Diese gehen da nämlich um das „Andreas Troad" (Getreide) betteln. Besonders das Wipptal mit seinen Seitentälern ist in dieser Hinsicht arg mitgenommen. Doch gibt der reichere Bauer, der seine Scheunen voll hat, gern, vorzüglich in guten Jahren, und nach Verlauf der Woche kann man diese Bettelscharen mit Säcken voll Gerste, Roggen und Haber herumziehen sehen. Im Unterinntale beginnt dieser herkömmliche Brauch schon um Martini und zieht sich gerne bis in den Advent hinein, da diese Bußzeit die Herzen mildtätiger stimmt.

Mit Advent beginnt das eigentliche Leben im Hause, besonders in tieferen Tälern, in denen der Schnee fast jede Verbindung mit der Außenwelt absperrt. Es ist die Zeit der Spinnstuben und des traulichen Heimgartens, durchwirkt von einem Bande sinniger und bedeutungsvoller kirchlicher und weltlicher Bräuche und Festlichkeiten, die die Einleitung zur höchsten Festzeit des Jahres, Weihnachten, bilden.

Den Reigen eröffnet der Adventsonntag, an dem die Roratenmessen oder sogenannten „goldenen Ämter", auch „Engelmessen" genannt, den Anfang nehmen. Sie werden auf dem Lande schon sehr früh, gegen halb sechs Uhr abgehalten, um jedem Hausbewohner noch vor Antritt der

Tagesarbeit den Besuch zu ermöglichen. An den meisten Orten nimmt alles daran Anteil, mit Ausnahme der alten Leute und der Bresthaften; in anderen Tälern wechseln die „Ehehalten" (Dienstboten) ab. Da um diese Zeit noch vollständige Dunkelheit herrscht, so nimmt man entweder Kienspäne und „Kenteln" — rohe aus Werg und Pech fabrizierte Kerzen — mit, oder auch große Laternen, welche einer der Andächtigen vorträgt. Hat man die Wahl zwischen den Kirchen zweier Ortschaften, so wählt man gewöhnlich die höher gelegene, um den Rückweg zu Schlitten machen zu können. Da geht es oft ganz gemütlich zu, wenn bei gutem Schlittweg so ein „Granzgner" (Handschlitten) mit zehn bis zwölf Leuten besetzt nach Hause fährt. Schwerer ist der Gang nun freilich von den hochgelegenen Einödhöfen, wenn tiefer Schnee fällt oder Schneegestöber das Gehen unsicher und gefährlich macht. Daher ruft man gern die heilige Barbara, deren Fest auf den 4. Dezember fällt, mit folgendem Gebet gegen jähen Tod an:

> Heilige Barbara,
> Du edle Braut,
> Seel' und Leib
> Ist dir anvertraut.
> Schütze mich in jeder Not,
> Bewahre mich vor jähem Tod!

Ehvor wir nun zu den weiteren kirchlichen und weltlichen Festtagen des Advents, dem Nikolaus- und Thomastag und den Klöpfelsnächten übergehen, die eine abgesonderte Beschreibung verlangen, müssen wir noch zuvor einer Art von Liedern und Gesängen gedenken, welche als sogenannte Adventlieder die kirchliche Andacht dieser Bußzeit begleiten. Sie hängen gleich den Weihnachtsliedern häufig mit der geistlichen und weltlichen Dichtung früherer Jahrhunderte zusammen und bieten eine Fülle literar- und kulturhistorisch merkwürdigen Stoffes.

Man kann ganz leicht drei Gattungen derselben unterscheiden: die eigentlichen Adventlieder, die Herberglieder und die Klöpfelgesänge. Erstere werden in der Kirche während

der sogenannten goldenen Ämter oder Engelmessen gesungen
und zwar zwischen „Opfertorium" und Wandlung. Bei be=
kannteren Texten und „Weisen" singt auch oft die ganze
Gemeinde mit. Ein Vortrag der Lieder von Haus zu Haus
wie beim „Sternsingen" kommt selten vor. Die meisten der=
selben haben die „Verkündigung Mariä" zum Inhalte und
können als dichterische Umschreibung des englischen Grußes
betrachtet werden. Manche beginnen ab ovo und erzählen
in epischer Behaglichkeit die ganze Geschichte vom Sündenfalle
bis zur erlösenden Engelsbotschaft. Eines der verbreitetsten
und schönsten ist wohl:

    Maria sei gegrüßet
    Du lichter Morgenstern 2c.

Sehr alt ist das in der Nibelungen=Strophe gedichtete, eben=
falls sehr bekannte Adventlied:

    Es flog ein klein Waldvögelein
    Aus Himmels Throne —

was noch in vielen Dorfkirchen Tirols und Salzburgs ge=
sungen wird und gleich anderen dieser Art als Umbildung
eines weltlichen Originals gelten muß. Daß in Folge dieser
Einwirkung weltlicher Volkslieder der derbe Ton letzterer oft
auch bei den Adventgesängen durchschlägt, ist nicht zu ver=
wundern. Wenn z. B. ein gleichfalls verbreitetes Adventlied
beginnt:

    In Galilä ein Jungfrau wohnt
    Von großen Qualitäten,
    In Nazareth gar wohl bekannt,
    Von hohen Dignitäten,
    Recht englisch ist sie anzuseh'n,
    All Engel Gottes nach ihr seh'n,
    Mit Lieb' sie zu bereden —

so könnte dies sehr leicht der Verfasser der travestierten „Äneide"
gedichtet haben, wenn es nicht erwiesenermaßen schon einige
Jahrhunderte vorher entstanden wäre.

Neben solchen von volkstümlicher Wirklichkeit getragenen
Liedern erscheinen andere, die an Zartheit und poetischem
Schwunge den schönsten Blüten der geistlichen Dichtung bei=
zuzählen sind. Mit Vorliebe ist es die plötzliche Licht=Er=
scheinung des Engels Gabriel im dämmerigen Kämmerlein
der Jungfrau Maria, die wirkungsvolle Behandlung erfährt,
wie diese Szene ja auch den Pinsel manches Meisters be=
geisterte. Außer „Maria=Verkündigung" kommen in diesen
Gesängen noch die Klagen der „Altväter" als sogenannte
„Rufe" zum Ausdrucke sowie Verwertungen des „hohen
Liedes", in denen die Sehnsucht nach dem Welterlöser aus=
gesprochen wird. Gerade letztgenannte Gattung enthält oft
Lieder von hoher dichterischer Schönheit. Dramatische Form
besitzen nur wenige dieser eigentlichen Adventlieder, und selbst
diese sind wohl aus Adventspielen herübergenommen, so z. B.
das allbekannte:

Gabriel: Gegrüßt seist du, Maria, du himmlische Zier,
    Du bist voll der Gnaden, der Herr ist mit dir,
    Ein' ganz neue Botschaft, ein unerhört's Ding
    Von der himmlischen Hofstatt ich Gabriel bring.

Maria: Was sein das für Reden? Was soll dieses sein?
    Wer kommt da zu mir in das Schlafzimmer 'rein?[1]
    Die Thür ist versperret, die Fenster sein zue,
    Wer ist der da störet die nächtliche Rueh? u. s. f.

Viel bedeutsamer ist jene verwandte Gattung der Ad=
ventlieder, welche als sogenannte „Hörbriglieder" im Volke
bekannt sind und beim Frühamte des „Heiligen Abend"
gesungen werden. Sie erzählen das Herumirren von Joseph
und Maria und ihr Flehen um Einlaß vor den Türen der
hartherzigen Bethlehemiten:

   Endlich kommen noch von Weiten
   Zwei geliebte Wanderslent;
   Hart geschiechet diesen Leuten
   Bei so kalter Winterszeit.

---

[1] Die Form 'rein (herein) zeigt, daß das Lied nicht in Tirol
entstanden ist.

> Diese Zwei auf rauher Straßen
> Seind voll Armuth ganz verlassen
> In dem Regen, Wind und Kält',
> Auch mit Nahrung schlecht bestellt.

Aber die Einwohner Bethlehems sind hartgesotten und wollen von diesen späten Ankömmlingen, besonders unter solchen Umständen, nichts wissen. Deshalb wendet sich der ganze Grimm dieser Lieder gegen solche Verstocktheit, wobei eine gewisse Gereiztheit gegen die mitleidlosen „Herrenleut" unverkennbar zu Tage tritt. Diese „Herberglieder" tragen schon zur Mehrzahl dramatische Form und müssen als Übergang zu den Weihnachtsspielen betrachtet werden. Sie wurden und werden noch wirklich auch außerhalb der Kirche als sogenannte „Herbergspiele" aufgeführt. Gewöhnlich wirkt dann außer Joseph und Maria ein mit der ganzen Fülle bäuerlicher Grobheit ausgestatteter bethlehemitischer Wirt mit, dessen energischer Baß: „Nein, nein, nein" zum flehenden Sopran und Tenor Mariä und Josephs „O laßt uns ein" einen wirksamen Gegensatz bildet. Auffassung und Ausdruck dieser Herberglieder sind oft von einer beinahe erschreckenden Naivetät und doch wieder von einer rührenden Innigkeit. Hier nur den Anfang eines solchen Wechselgesanges:

> O Joseph mein,
> Schau mir um ein kleines Örtelein,
> Es wird nicht lang mehr währen,
> Ein Kind werd' ich gebären,
> O Joseph mein.

> O Jungfrau rein,
> Nach dein' Begehr'n kann's nicht sein,
> Die Herberg' ist genommen,
> Zu spät sein wir gekommen,
> O Jungfrau rein, u. s. f.

Die dritte Gattung von Adventliedern, die Klöpfellieder, werden wir beim Abschnitt „Klöpfelsnächte" kennen lernen.

St. Nikolaus, Nikolausspiele, N. Liedchen und Sagen.

Im Winter sieht es in den Alpen gar traurig aus. Schwer lastet der Eispanzer dieses kalten Tyrannen auf den Bergen und herrlichen Almen, über dem prangenden Hochwald, wie auf den saftigen Wiesengründen im Tale, wo noch vor einigen Wochen das Alpenvieh sich ätzend herumtummelte. Und erst die freundlichen Dörfer! Tief gehüllt in den weichen Schneemantel stehen sie da, eingeschneit bis über die Ohren. Alles trägt weiße Kugelkappen, die Brunnensäule wie der Zaunpfahl; selbst der ehrwürdige Kirchturmhahn hat seine Mutze und schaut erfroren herab auf die lieben Dorfkinder und auf die Spatzen, die als echte Tagdiebe sich auf den schneeigen Wegen bettelnd und stehlend herumstreiten. Desto traulicher sieht es drinnen in den warmen Bauernstuben aus. Besonders, wenn der Abend kommt, und jung und alt sich zum gemütlichen Heimgarten versammeln, da würde mancher, der in einen solchen Kreis hineinlugen könnte, sagen, daß diesen glücklichen Leuten der grobe Winter nicht sehr wehe tut. Gerade die Zeit um Nikolaus herum ist im Dorfleben eine äußerst bewegte und entbehrt nicht jener harmlosen ernstheitern Freuden, die wie Blumen das bäuerliche Jahr durchwirken.

Da kommt vorerst der „heilige Mann", jener begabende Kinderfreund, den das sinnige Gemüt des Älplers mit allem poetischen und unpoetischen Zauber ausgestattet hat. Er vertritt das Christkind des Städters und besucht in höchst eigener Person die Dorfstuben und erhöht so den Reiz und die Bedeutung seiner Gaben. Darum beten die Kinder, wenn es gegen die Nikolauszeit geht, inbrünstig vor dem Schlafengehen:

> Heiliger Nikolaus, du goldener Mann,
> Bring uns allerhand Sachen zusamm',
> Allerhand „Gutthaten", kräftige Sachen,
> Wirst mir heute die Schüssel voll machen."

Sie stellen wohl auch im frommen Glauben eine Schüssel oder einen Schuh mit Hafer oder Heu gefüllt vor's Fenster, für den Schimmel des „heiligen Mannes". Man denkt sich nämlich denselben auf einem Schimmel reitend, weshalb er auch an manchen Orten geradezu „Schimmelreiter" heißt. Sogar ein Gläschen Schnaps „für seinen Bedienten" wird häufig hinzugefügt. Er braucht es auch, denn er kommt ja in der kalten Dezembernacht weit weit „über's Gebirge her", und daß solche Leute, die mit dem Vieh umgehen, gern etwas Gebranntes lieben, hat sich das kleine Seppele schon vom „Fütterer" seines Vaters abgeguckt. Und welche Freude, wenn nun am andern Morgen Hafer und Schnaps fort sind! Denn nun hat es so ein Kinderherz schwarz auf weiß, daß abends der „heilige Mann" kommen wird.

Und er kommt auch. Nicht als unsichtbares Wesen, das sich wie das Christkind der Städter nur durch den strahlenden Lichterbaum und die daran hängenden Gaben verrät, sondern er kommt als leibhaftige Erscheinung in aller Pracht und Herrlichkeit, wie er auf dem Hochaltar so liebreich dargestellt ist, und wie ihn die „Nahnl" beim Kaminfeuer den zuhorchenden Kindern haarklein beschrieben hat. Um die Spannung zu erhöhen, tritt oft vor ihm so eine Art Herold ein, der sich in der Stube nach echter Bedientenmanier allerhand zu tun macht, den Tisch abfegt, den Boden kehrt und schließlich wieder abzieht, Schritt für Schritt verfolgt von den Augen der in banger Erwartung mäuschenstill dastehenden Kinder. Wie klopfen die kleinen unschuldigen Herzen unter den Kleidchen, wie schauen die Blicke unverwandt nach der Türe, ob sie sich nicht bald öffne. Jetzt — schwere Tritte — sie tut sich auf, und herein tritt der „heilige Mann", ein ehrwürdiger Greis in weitem, goldverbrämten Bischofsmantel, mit wogendem Haar und weit herabwallendem Flachsbart, auf dem Haupte die strahlende Inful, in der Hand den glänzenden Goldstab. Er legt den Kindern Fragen aus dem Katechismus vor, belobt die Fleißigen und beschenkt sie mit Gaben, Äpfeln, Nüssen, Lebzelten, Bildchen und ähnlichem, die der „Bediente" neben ihm in einem

Korbe trägt. Die Unwissenden und Unfolgsamen ermahnt er und zeigt bedeutungsvoll auf den hinter ihm stehenden „Klaub=auf", der schon lange auf eine Gelegenheit gepaßt hat, auch seine schreckeinflößende Aufgabe kund zu tun. Er ist dementsprechend auch herausgeputzt. Pelzwerk und rasselnde Ketten umhüllen ringsum die Zottelgestalt; auf dem Kopfe sitzen Bockshörner, aus der geschwärzten Larve glotzen zwei Feueraugen und aus dem Maul hängt eine schuhlange, feuerrote Zunge. In den Klauen hält er eine mächtige Rute, auf dem Rücken hängt ein Sack, über dessen schauerliche Bestimmung er von Zeit zu Zeit durch unzweideutige Handbewegungen Aufschluß gibt, was in der Regel ein allgemeines Geheul und schleunige Flucht der Kinder hinter den großen Eßtisch zur Folge hat. Nachdem so beide Teile, der „heilige Mann" und sein höllischer Begleiter, samt dem „Bedienten" ihre Schuldigkeit getan, entfernen sie sich mit einem guttirolischen „Schlaft's g'sund allerseits", um an einem andern Orte dieselbe kinderbeglückende Tätigkeit fortzusetzen.

Im Lechtal vereinigt der „Saneklos" beide Rollen in einer Person. Er erscheint in Pelzwerk und kettengegürtet und sagt einen Spruch auf. Die Paznauner, die überhaupt ein seltsames Völklein sind, gesellen dem Bischof Nikolaus sogar ein schöngekleidetes Weib bei, die Klasa, welche aus ihrem Korb die Geschenke verteilt. An anderen Orten hingegen wird dem Klaubauf mehr Aufmerksamkeit zugewendet, als dem Nikolaus selber; so von den Vinschgauern. In diesem Tale ziehen die Kinder am Vorabend des Nikolausfestes mit Schellen behangen auf einen nahegelegenen Hügel. Dort hüpfen sie nach dem Takt fortwährend in die Höhe und verursachen so einen wahren Heidenlärm. Man nennt diesen sonderbaren Gebrauch „Klaubauf=Wecken". Nachts erscheint dann auch der also Eingeladene in der ganzen oben beschriebenen Pracht seines höllischen Anzuges. In Pitztal und an einigen Orten des Oberinntales laufen am Nikolaustage mehrere sogenannte „Santiklaufen" und „Klaubaufe" herum, die in die Häuser gehen und wechselseitig Reime aufsagen.

Freundlich und in vieler Beziehung interessant sind die

in Tirol häufigen „Nikolausspiele", welche die Erscheinung des „heiligen Mannes" in dramatischer Weise vorführen. Man unterscheidet eigentliche „Nikolausspiele" und sogenannte „Unterkomödien". Letztere sind fast in allen größeren Ortschaften Tirols im Schwunge und können als Vorstufe zu den ersteren angesehen werden. Die Hauptfigur bildet ein als — Esel verkleideter Mann, der, die Stimme des Tieres nachahmend, die Stuben besucht und, ähnlich dem Nikolaus, die Kinder befragt und beschenkt. In seiner Gesellschaft befinden sich Hirten, Jäger und Musikanten, vor allem aber der unentbehrliche „Duxerfranzl" mit seinem Schnapsfäßchen auf dem Rücken. Er ist ein Geschöpf des tirolischen Volkshumors und ungefähr dasselbe, was auf größeren Bühnen der „Kasperl" oder der „Hanswurst" ist. Er bildet daher den Brennpunkt des ganzen „Spieles", und helles Gelächter erschallt, wenn er nach dem examinierenden Esel endlich auftritt, und, begleitet von allerlei komischen Grimassen und Späßen, sein Leiblied singt:

> „Duidum! Frisch in die Welt,
> Ich bin der Duxerfranzl,
> Heut' lös' ih wacker Geld
> Hun Branntwein in mein' Panzl (Fäßlein) usw."

Nach Absingung des Liedes tanzt er mit den Begleitern einigemal in der Stube herum, dann entfernen sich alle, um im nächsten Hause dieselbe Komödie aufzuführen. Die Darsteller sind gewöhnlich arme Talleute, die sich mit diesem Spaß ein paar Kreuzer herausschlagen.

Von größerer Bedeutung, weil sich aus ihnen zum Teil das geistliche Drama entwickelt hat, sind die eigentlichen „Nikolausspiele", vollständig in Wechselgespräch gehaltene Bauernkomödien, die von bestimmten Gesellschaften ausgeführt werden und sich durch köstlichen Humor und Witz, freilich auch durch große Plattheit im Ausdruck auszeichnen. Die Truppe, oft dreißig bis vierzig Mann stark, zieht von Ort zu Ort; der Schauplatz der Darstellung ist gewöhnlich der Dorfplatz. Der Stoff ist der Legende entlehnt, aber von

allem möglichen nicht geistlichem Beiwerk überwuchert. Leider
gestattet es der Raum nicht, den oft wirklich kräftig wirkenden,
mit Urkomik gewürzten Inhalt eines solchen Spieles auch
nur der Anlage nach anzuführen, ich muß mich daher mit
der bloßen Vorstellung des Personals begnügen. Dieses ist
allerdings bunt genug zusammengewürfelt. Voraus erscheint
auf einem Schimmel, überladen mit Gold und Flitterwerk,
der heilige Nikolaus. Er kündet seine Ankunft in hochtönenden
Knittelversen feierlich an. Hinter ihm kommt zu Roß und
zu Fuß ein abenteuerliches Gefolge von Hirten, Jägern,
Einsiedlern, Mohren, Türken, Ölträgern, den „heiligen drei
Königen", Hexen, Zigeunern, Dörchern; dazu kommen Quack=
salber, Klaubaufe, Engel, Teufel und versteht sich auch der
lustige „Durerfranzl".

Daß ein solcher Aufzug das mit einem derartigen Spek=
takel beglückte Dorf in vollen Aufruhr bringt und auch die
Nachbargemeinden herbeilockt, ist leicht zu begreifen; weniger
faßbar dürfte es scheinen, wie ein solches Kunterbunt von
Rollen auch nur in einen losen Zusammenhang gebracht werden
kann. Eine Probe. Ein alter und ein junger Einsiedler
treten auf. Der alte mit brauner Kutte und weißem Barte
betet laut das „Vaterunser" und die „offene Schuld", beides
auf die derbste Weise lächerlich umgestaltet. Unterdessen
schlägt der junge Einsiedler mit dem Weihrauchfasse Rad
und Purzelbäume, worauf folgender Wechselgesang beginnt:

Junger: 's Einsiedlersein ist halt nit mei' Freud!

Alter: Du mußt dir halt denken, 's gibt mehr solche
Leut'!

Junger: Wär' i nit ins Kloster gangen! Hätt i a
schön's Madel g'nommen. Mi ruit's, mi ruit's. (Mich
reut's, mich reut's.)

Alter: Mi aa, mi aa. (Mich auch, mich auch.)

Dann schlagen sie ihre Kutten in die Höhe und springen
unter Absingung travestierter Gebetsformeln davon. Moral
wird in diesen Stücken gerade nicht gepredigt. Doch darf
man solche Ausartungen des Volkshumors nicht als Grad=
messer der Sittlichkeit gelten lassen; das Volk trägt eben

keine Glacéhandschuhe und findet einmal die Travestierung
der eigenen Überzeugung mit seinem sonstigen religiösen Bewußtsein ganz gut vereinbar.

Im Anschlusse an diese dramatischen Aufführungen will
ich einige der bezeichnendsten Spielarten von Nikolaus-Liedchen aus meiner Sammlung mitteilen, sei es auch nur deshalb,
um diese spärlichen Reste der im Absterben begriffenen Nikolausfeier der Vergessenheit zu entreißen. Denn dieser volkstümliche Nikolaus-Kult, der früher in ganz Deutschland und
besonders in den österreichischen Landen fast ausschließlich
im Schwange war, weicht vor dem poetischer begabenden
„Christkind" mit seinem lichtstrahlenden Bäumchen immer
mehr zurück, so daß der „heilige Mann" in den Städten fast
ganz verschwunden ist und bald nur mehr in den abgelegenen Talwinkeln noch die Kinderherzen beglücken wird.
Sind nun auch diese Nikolaus-Reime nicht von hohem, lyrischem
Schwung, sondern mehr Ausfluß kindlich gläubiger und naiver
Denkweise, so enthalten sie doch mitunter Züge, welche teils
den Vorgang der Feier beleuchten, teils Streiflichter auf den
mythologischen Gehalt derselben werfen. Eines der ältesten
dürfte wohl das Tegernseer Liedchen sein, das uns der Codex
germanicus Monacensis aus dem fünfzehnten Jahrhundert
überliefert hat:

> Heiliger sanct Nicolas
> In meiner not mich nit verlas,
> Komb heint zu mir und leg mir ein
> In mein kleines schiffelein,
> Darbey ich Ewr (Euer) gedenkhen kan,
> Das ir seit ein frommer Man.

Wir ersehen daraus, daß die ursprüngliche Sitte darin bestand, Schiffchen aus Papier vor das Fenster zu stellen,
damit sie während der Nacht St. Nikolaus mit all den süßen
Geschenken fülle, nach denen das Kind verlangt und welche
es unzählige Mal im Verslein mit nachfolgendem Vaterunser
vor dem Schlafengehen hergezählt hat:

> Heiliger Nikolaus, leg' mir ein
> Aepfel, Birnen, Nüsselein,
> Strümpf' und Schuhe muß ich haben,
> Kann ich den Winter Schlitten fahren.

oder:

> Nikolaus fahr' fort
> In ein unbekanntes Ort,
> Fahr nicht zu hoch und nicht zu nieder,
> Bring' eine frühe Botschaft wieder.
> Bring' Apfel, Birnen, Nuß,
> Das macht mir kein' Verdruß,
> Und sollt' es etwas mehrer sein,
> So will ich desto braver sein.

Diese unverblümte Andeutung, mit den Gaben ja nicht zu karg zu sein, wird indes durch zwei andere bescheidenere aus Vorarlberg und Meran gemildert:

> Heiliger Niklaus, leg' uns ein,
> Was dein guter Will' mag sein,
> Apfel, Bira (Birnen), Schnitz' und Nuß',
> Mach uns nur doch kein' Verdruß.

Das zweite recht kindliche aus Meran lautet:

> Heiliger Niklaus mit grauem Bart
> Setz' dich nieder, du stehst so hart,
> Ich will nit viel begehren,
> Daß du nicht sollst unwillig wer'n.
> Vaterunser . . .

Wie oben bemerkt, war es früher sicher überall üblich, daß die Kinder ein Schiffchen hinausstellten. Erst später trat an dessen Stelle der ihm ähnelnde Schuh, der mit Hafer gefüllt für das Rößlein des „heiligen Mannes" vor's Fenster gestellt wurde, und schließlich die Schüssel, welche nur mehr teilweise an die Schiff-Form erinnerte. Erhalten hat sich meines Wissens das Schiffchen als Gefäß für die zu empfangenden Gaben nur noch im Ennstale, doch trägt sie da merkwürdiger Weise einen vom gewöhnlichen Brauche abweichenden Charakter.

Während nämlich überall das Nikolausfest ein Tag der

Freude für die Kinder ist, nehmen oder, besser gesagt, nahmen im Ennstale auch die Erwachsenen daran Anteil und zwar in sehr lärmender Weise. Es zogen nämlich die Darsteller, Niklo und sein Geselle Barthel, unter Vorantritt einer lustig aufspielenden Musikbande, begleitet von rot, gelb, schwarz, kurz in allen Farben geschmückten Nebenpersonen und gefolgt von einer lärmenden und johlenden Jugend, durch die Gassen und warfen durch die geöffneten Fenster Obst, Lebzelten und Ähnliches hinein. Dann ging es ins Wirtshaus. Da wurde mit den Dorfschönen getanzt und geschäkert. Zugleich wurden Spottlieder auf den Barthel gesungen, welche dieser selbstverständlich in ebenso derber Weise erwiderte. Plötzlich erloschen auf einen Augenblick die Lichter, und beim Wiederanzünden sah man auf manchem weiblichen Wangenpaare rote, gelbe, schwarze Male, während manches Männergesicht scharfe „Kratzer" aufwies.

Überhaupt besitzt das Ennstal, vorzüglich die Seitengegend von Maria-Zell und Weichselboden eine ganz eigene Form der Nikolaus-Begabung, die entschieden sehr alt ist und als Bestätigung des eingangs Gesagten dienen mag. In dieser Gegend ist nämlich am Nikolaus-Abend das sogenannte „Schiffsetzen" üblich. Die Kinder und auch Erwachsene kommen mit ihren aus Papier oder Holz verfertigten Schiffchen, die oft mit Blumen und Bändern und einem Verslein geziert sind, zu den Häusern ihrer Paten oder Verwandten sowie wohlhabender Leute und suchen diese eigentümlichen Behälter unbemerkt durch die Tür oder durch's Fenster hineinzuschmuggeln. Die also Bedachten müssen nun diese Schiffchen mit Obst und Naschwerk füllen. Am folgenden Tage werden sie von den kleinen „Schiffsherren" wieder abgeholt. Da diese „Schiffsetzer" sehr zahlreich sind und sogar fünf bis sechs Stunden weit herum wandern, um auf diese Art zu einem Nikolaus-Geschenk zu kommen, haben besserstehende Leute oft ihre liebe Not, um die kleinen und großen Dränger zu befriedigen. Die Verse, welche an der Außenseite des Schiffchens mit Namensfertigung angebracht sind, zeigen eine sehr moderne Form, welche mit der naiven Fassung der alten Nikolaus-Liedchen wenig mehr gemein hat. So lautet eines:

> Ich fahr' mit meinem Schifflein aus
> Und fahre her und fahre hin
> Und komme endlich vor Ihr Haus,
> Da dacht' ich so in meinem Sinn:
> In diesem Hause kehr' ich ein,
> Da werd' ich g'wiß willkommen sein.

Manche zeichnen sich, wenn sie anders echt sind, durch einen sehr derben Ton aus:

> Daß 's Schifflein jetzt leer ist, ist ohne Zweifel,
> Wenn's morgen nicht voll ist, hol' Euch der Teufel.

Dieses „Schiffsetzen" wird aber auch benützt, um gewisse Herzenswünsche Liebender an die rechte Adresse zu bringen. Da nun solche auf dem Wasser zugeführte Liebesboten oft ohne Namensunterschrift sind, so befindet sich der Empfänger in Verlegenheit, wie er das Schifflein entsprechend dem Wunsche des Absenders füllen soll. In solch zweifelhaften Fällen hilft man sich durch Hineinlegen eines ausgeschnittenen Herzens aus kirschroter Rübe, welches dem heißblütigen ungenannten Schiffsetzer die richtige symbolische Deutung gibt, für den Spender aber unter keinen Umständen verfänglich werden kann.

Von eigentlichen Nikolaus-Sagen hat sich, wenn wir von den Legenden absehen, wenig erhalten. Es sind mir in den Alpen nur zwei bekannt, welche beide in Vorarlberg, wo der Nikolaus bei dem Volke in hohen Ehren steht, vorkommen. Die eine knüpft sich, wie Vonbun in seinen „Beiträgen zur deutschen Mythologie" berichtet,[1] an das Dorf Braz im Klostertale. Vor vielen Jahren, wird erzählt, schwoll bei einem heftigen Ungewitter der Bach furchtbar an und riß hoch oben im Gebirge eine gewaltige Rüfe (Muhr) los, die unaufhaltsam gegen die unten gelagerte Häusergruppe

---

[1] Vergl. die Sagen Vorarlbergs. Gesammelt und erläutert von F. J. Vonbun. 2. verm. Ausgabe von Herm. Sander. Innsbruck, Wagner. 1889. S. 48—50.

losstürzte. Ein schadenfroher Mann sah dies und rief dem tosenden, ofengroße Steinblöcke mit sich reißenden Wildbach zu: „Laß nu wacker laufen!" Da scholl ihm aber aus der Rüfe die Stimme entgegen: „Der Saniklos (St. Nikolaus) hebt." Und sieh, der Muhrbruch kam zum Stehen und verschonte das Dorf. Zum Danke erwählten die Brazer, als sie die neue Kirche bauten, den heiligen Nikolaus zum Kirchenpatron und stellten sein Bildnis, zierlich gemalt, am Hochaltar auf.

Einen humoristischen Anflug hat die zweite Sage, die mir ein alter Silbertaler Bauer vor wenigen Jahren erzählte und die meines Wissens noch nirgends gedruckt ist. Das uralte Silbertaler Kirchlein,[1] das dem vom Kristberg ins Montafon Absteigenden freundlich entgegenschimmert, gehört auch zu den zwölf Vorarlberger Kirchen, die den heiligen Nikolaus zum Patron haben. Wie in allen katholischen Gotteshäusern brennt auch hier die ganze Nacht das „ewige Licht". Da bestand nun in früherer Zeit der Brauch, daß die Leute von den Gehöften des Tales Butter brachten, um das Licht in der Lampe zu nähren. Es war aber einmal, erzählt die Sage, ein eigennütziger Meßner angestellt. So oft nun der um fünf Uhr früh zum Morgengebet läuten ging, nahm er sich immer ein Stück Brot mit und tunkte es in die flüssige Butter der Lampe ein. Zuvor aber wendete er sich stets zum heiligen Nikolaus auf dem Hochaltar und sagte: „Nikolaus, darf ich tunken?" Da nun der Heilige nichts entgegnete, so tunkte er getrost zu. Einmal aber, als er wieder fragte: „Nikolaus, darf ich tunken?" sagte der Heilige: „Nein!" Der habgierige Meßner jedoch tunkte trotzdem seine Schnitte ein und fiel zur Strafe tot nieder.

Die Klöpfelsnächte.

So heißen die drei letzten Donnerstage im Advent, an einigen Orten nur der letzte vor Weihnachten. Man schreibt

---

[1] Seit einigen Jahren ist es bedeutend vergrößert.

diesen Tagen besonders wundertätige Kraft zu, und manche abergläubige Gebräuche und Ansichten knüpfen sich daran. So darf z. B. der Weihnachtszelten nicht gebacken werden, ehe nicht der letzte Klöpfeldonnerstag vorbei ist. Tirol ist in dieser Beziehung reich gesegnet, und gewiß nirgends werden die Klöpfelsnächte feierlicher begangen. Sie gelten als förmliche Belustigungstage, bestimmt, um die stille Adventzeit etwas zu würzen.

Sehr bunt geht es um diese Zeit in Pillersee im Unterinntale zu. Da fährt an diesen Tagen der sogenannte „Anklöpfelesel" herum. Dieser Langohr muß aber erst auf folgende Art verfertigt werden. Zwei kräftige Burschen stellen sich hintereinander und nehmen ein hölzernes Gerüst auf die Schultern, das mit einem Eselskopf versehen ist und eine Decke trägt, welche als Sattel dient und zugleich den Zweck hat, Kopf und Oberkörper der Träger zu verhüllen. Auf dieses schwanke Reitzeug setzt sich ein lustiger Gesell als Fuhrmann. Daneben schreitet der Eigentümer des Esels, gewöhnlich in der Tracht eines feisten Unterinntaler Wirtes. Das Gefolge bilden Zigeuner, Landstreicher, Hexen, Zillertaler, Ölträger,[1] Quacksalber und ein Tierarzt. So geht es in die Bauernstuben, und das „G'spiel" beginnt. Zuerst wird dem Esel Wasser und Heu vorgesetzt. Dieser jedoch packt nichts an und erhebt zugleich ein klägliches Geschrei, welches der Eigentümer dahin erklärt, daß das Tier krank sei, worauf er mit allen Kraftausdrücken des Unwillens über den Fuhrmann herfällt, der daran schuld sei. Der weiß sich vor Schreck kaum zu helen und fragt zuerst bei allen Quacksalbern und Ölträgern um Hilfe an. Diese suchen nun den Esel mit verschiedenen allo- und homöopathischen Pulvern zu kurieren. Da jedoch alle Kuren nur die entgegengesetzte Wirkung hervorbringen, so nimmt der verzweifelnde Fuhrmann endlich seine Zuflucht zum eigentlichen Tierarzt, der auch wirklich den Esel kuriert. Während dieses ganzen Vorganges, dem es natürlich nicht an komischen Szenen fehlt,

---

[1] Über diese interessante Menschenklasse vergl. meine „Tiroler Volkstypen. Beiträge zur Geschichte der Sitten und Kleinindustrie in den Alpen." (Wien. Gerold.) S. 185—201.

werden die beißendsten Ausfälle auf alles Ungereimte gemacht, was während des Jahres in der Gemeinde vorfiel. Zum Schluß wird den Klöpflern Schnaps, Brot, Butter und Käse vorgestellt, worauf sie abziehen.

Noch ausgeprägter und zugleich ursprünglicher ist die Sitte des Klöpfelns im Sarntal in Südtirol. Da versammelt sich bei einbrechender Dämmerung eine Anzahl von jungen Leuten, besonders Knechte mit Zithern, Geigen, Kuhhörnern, Hafenplatten und ähnlichen Marterinstrumenten an einem Platze außerhalb des Dorfes. Manche kleiden sich, so gut es angeht, als Masken, indem sie entweder ihre Joppen verkehrt anziehen oder wohl auch das Hemd über das übrige Gewand werfen. Zwei Männer jedoch hüllen sich ganz in Stroh ein, und zwar der eine als Mannsperson, der andere als sein Weib. Sie führen wegen ihres originellen Anzugs den Namen „Zuseln". So ausstaffiert zieht der ganze Haufen mit Sang und Klang zum nächsten Hofe, wo er vor der Türe Halt macht.

Während nun der Chor einen Höllenlärm vollführt, um die Hausleute von seiner glücklichen Ankunft zu unterrichten, habern die beiden Strohpuppen miteinander, indem sie sich gegenseitig Untreue vorwerfen, überhaupt solche Fehler rügen, welche die Eigentümer des Hofes betreffen. Nach diesem Vorspiel beginnt das eigentliche „Klöckellied":

    Heut ist uns eine heilige Klöckelsnacht;
    Lei[1] was geschah?
    Derweil uns die Zeit vorhanden schon ist,
    Wohl oni[2] zu der ersten Klöckelsnacht,
    Lei, was geschah?
    Gott hat uns ein Gebetlein vom Himmel gesandt,
    Der Erzengel St. Gabriel ist's, der's uns genannt.
    Er grüßet Maria, die Jungfrau rein,
    Sie hat uns geboren ein klein Kindelein.

    Wohl oni zur anderten Klöckelsnacht,
    Lei was geschah?
    Gott hat uns ein Gebetlein vom Himmel gesandt,
    Johannes, der Taufer ist's, der's uns genannt;

---

[1] nur, was nur? [2] hinan.

Er taufet wohl an dem großen Jordan,
Lei Kleanars und Größers, lei wie's zu ihm kam.
Jetzt hat er getaufet den wahren Gottessohn,
Denselbigen hat er getaufet itzt schon.

Wohl oni zur dritten Klöckelsnacht,
Lei was geschah?
Gott hat uns ein Gebetlein vom Himmel gesandt,
Herr Jesu Christ ist's, der's uns genannt,
Der für uns am Kreuz gestorben schon ist.
Jetzt kemman wir bald zua der kurzen G'frist
Zu die lieben Altväter, die waren so froh,
Die darin lagen so viel hunderttausend Jahr,
Ja, das ist wahr;
Heraus, heraus, ihr lieben Altväter mein,
Heraus von der schweren, von der höllischen Pein.

Nach diesem rührenden Gesange folgt noch eine Strophe, in der die Klöckler der sichern Erwartung, nun etwas zu bekommen, Ausdruck verleihen:

Ein hellichter Stern geht über das Haus,
Gar a ehrsame Hausmutter geht ein und geht aus;
Jetzt hören wir schon die Schlüssel erklingen,
Jetzt wird man uns bald a Stuck Brotawurst bringen.
Ja sei's a Brotawurst, sei's a Stuck Spöck,
Dann gien[1] halt wir Klöckler mit Freuden awök.[2]

Die hartherzigen Bethlehemiten scheinen aber trotz des Komplimentes für die Hausmutter noch nicht befriedigt zu sein; denn nun folgen erst die sogenannten „Ansinglieder", in denen der Witz und Scharfsinn der Klöckler auf eine scharfe Probe gestellt werden. Die Bauersleute singen nämlich Reimfragen zum Fenster heraus, auf welche die Klöckler gereimte passende Antwort geben müssen. Derjenige Teil, der die Frage oder das Spottlied nicht erwidern kann, wird verlacht, und wenn es die Klöckler sind, müssen sie leer abziehen. Man spart sich oft die unangenehmsten Wahrheiten und stechendsten Spöttereien während des ganzen Jahres zusammen, um sie bei dieser Gelegenheit ungestraft an den Mann zu

---

[1] gehen. [2] hinweg.

bringen. Trotz der bei dieser Gelegenheit allgemein anerkannten Zungenfreiheit entstehen doch häufig infolgedessen Feindschaft und Schlägereien, weshalb auch das Klöckeln immer mehr abkömmt.

Hier folgen einige der besseren „Ansinglieder":

Von innen: Itz bin i auf'n Ofen oben g'legen, hon die Stützen[1] aufg'reckt,
          Itz haben mi die Klöckler mit der Musik aufg'weckt.
Klöckler: N'ar[2] darfst mit die Knie net fast[3] im Himmel aufi stechen,
          Sonst kannst[4] oft amol in die Höll' oin[5] brechen.

Dem spottenden Bauer war nämlich wirklich passiert, daß er einmal auf diese Weise in die „Hölle", d. i. der Raum zwischen Ofen und Wand, gefallen war.

Von innen: Klöckler, was habt's den ös[6] im Summer getan,
          Daß ös[6] im Winter müeßt lottern[7] gian?
Klöckler: G'schnitten, g'mahet[8] und Hack'n[9] getragen,
          Daß die Feirer[10] eppas[11] zum Essen haben.
Von innen: Wann ös so witzige Klöckler wöllt sein,
          So müßt ös wohl wissen, wie viel Stern' am Firmament oben sein?
Klöckler: D'selm[12] mußt du den Luzifer fragen,
          Der ist vom Himmel in d'Höll oid'n[13] g'fahren.
Von innen: Wann ös so witzige Klöckler wöllt sein,
          So müßt ös wohl wissen, wer die größten Vögel im Sarnthal sein?
Klöckler: Der Geier[14] in Pens, der Sperber in Durnholz, der Guck' auf Reinswald
          Das sein die größten Vögel im Sarnthal.
Von innen: Was für a Turm hat koan' Spitz?
          Und was für a Geasl[15] tragt koa Kitz.
Klöckler: Der babylonische Turm tragt koan' Spitz,
          Und a au'g'molens[16] Geasl tragt koa Kitz.
Von innen: Wann ös so witzige Klöckler wöllt sein,
          Müßt ös wissen, wie a Döck mit neun Egger[17] sollt' sein.

---

[1] Beine. [2] nachher, dann. [3] sehr. [4] könntest. [5] hinab. [6] ihr. [7] betteln gehen. [8] gemäht. [9] Baumstöcke. [10] Faulenzer. [11] etwas. [12] daselbst, da. [13] hinunter. [14] Namen von Bauernhöfen. [15] Gaislein. [16] gemaltes. [17] Ecken.

Klöckler:	Drei unten, drei oben und drei daneben,
	Dann werd's wol a Döck mit neun Egger o' geben.
Von innen:	Da unten auf der Eb'ne hat oaner a Zäunl gebaut,
	Der oan Schnarling[1] oi,[2] der anber' auerwärts g'schaut.
Klöckler:	J hob's a net der söchen,
	Es ist lei a brüchig's Görl gewesen.
Von innen:	Die Wurst liegt auf'n zu 'nem Kranz
	Jtz Klöckler geht einer und tuet an' Tanz.

Auf diese Aufforderung begeben sich die Klöckler in die Stube, voran tanzt das Strohpaar, dahinter schreiten die Musikanten. Hier wird ihnen Branntwein, Speck und Fleisch vorgesetzt, worauf ein allgemeines Tanzen beginnt. Hiebei wird nun absichtlich einer der Dirnen das Spinnrad, das man, meist ein altes, für den Zweck schon vorgerichtet hat, von einem der Klöckler zertreten. Als Entgelt tanzt dann das „Zuselmannl" mit ihr. Da wirft plötzlich der zärtliche Strohmann seine „Zusel" zur Türe hinaus und tanzt mit einer anderen. Die „Zusel" guckt zur Türe herein, springt auf die fremde Tänzerin, balgt sich mit ihr und treibt allerlei Schabernack. Ist der Tanz um, so singen sie zum Abschied noch folgendes „Danklied":

> Jtz hat man uns ehrsame Erleichterung geb'n,
> Gott laß uns das Jahr mit Freude ausleb'n;
> Jtz wünsch'n wir das Glück wohl ausi[3] auf's Feld
> Wohl zuechi[4] zum Getreid', wohl zuechi zum Geld;
> Jtz wünsch'n wir's Glück, wohl eini in den Stall
> Wohl zuechi zum Vieh und sonst überall.
> Jtz wünsch'n wir's Glück wohl aui[5] in's Haus,
> Und's Unglück seh' oben zum Fenster heraus.
> Was wünsch'n wir dem Hausvater? An' goldenen Tisch,
> Auf an' jeden kloan' Eckelein an' gebach'nen Fisch.
> Was wünsch'n wir ihm noch in die Mitte hinein?

---

[1] Der Schnarling d. i. das dicke Ende des Zaunbandes, darf nie gegen das Gut desjenigen Grundbesitzers schauen, dem die Zäunung obliegt, sondern stets gegen das Gut des Nachbars. Dieser Unterlassungsfehler, den ein Klöckler beging, wird hier vom Bauer verspottet, wofür ihm der erstere vorwirft, aus Versehen ein „brüchiges" Görl (Mutterschaf) gekauft zu haben.
[2] abhin, abwärts. [3] hinaus. [4] hinzu. [5] hinauf.

Ein silbernes Kandelein voll roten Wein,
Dazu die Hausmutter, die schenkt ihm's ein.
Was wünsch'n wir der Hausmutter? An' gold'nen Wag'n,
Der wird sie dann fröhlich in den Himmel aui trag'n,
In den Himmel, in den Himmel zu den obrigsten Thron.
Da singen die Engelen, drum beten sie schon.
Itz nehmen wir Urlaub von der heurigen Haustür,
's lieb heilig Gotteskreuzlein schreib'n wir uns herfür,
Wir schreiben's uns auf ar (einer) Saul', a guet's Blatt,
Itz wünschen wir euch allen a glückselige gute Nacht
Und a freudenreich's neu's Jahr.
Das wir euch fernt[1] hab'n g'wunschen, ist heuer no' nit gar.

Hierauf heißt der Bauer die Klöckler noch tüchtig auf seinen Feldern herumspringen, auf daß es ein gutes nächstes Jahr gebe und das Getreide gedeihe, die Hausfrau aber füllt ihnen den Lottersack, den gewöhnlich der letzte trägt, mit den sogenannten „Klöcklerwürsteln". Haben die Klöckler nun die vorgesetzten Höfe auf diese Art abgezogen, so kommen sie in einer ihrer Hütten zusammen, tanzen und verleben den übrigen Teil der Nacht fröhlich miteinander. Am darauffolgenden Sonntag werden die „Klöcklerwürsteln" gemeinschaftlich verzehrt.

Thomastag und Weihnachtszelten.

Unter Zelten versteht man in Tirol jenes braunrindige mit gedörrten Birnschnitzen (Klozen), Nüssen, Feigen, Zibeben und dergleichen gefüllte Gebäck, welches unter den Bescherungen der fröhlichen und gnadenbringenden Weihnachtszeit nicht die kleinste Rolle spielt. Zwar das moderne Stadtleben hat in der Regel nur einen entarteten Sprossen aufzuweisen; auch bäckt man ihn selten mehr zu Hause, sondern kauft ihn lieber in der Zuckerbäckerei oder läßt sich einen starkgewürzten überzuckerten Boznerzelten kommen, der sich zum echten alt-

---

[1] Im vorigen Jahr.

bürgerlichen verhält, wie ein verzärteltes Stadtkind zu einem
vierschrötigen, bockelederhosigen Passeirerbauern.

Anders ist es auf dem Lande.

Da steht der Weihnachtszelten noch in seiner urwüchsigen
Kraft und ererbtem Ansehen und schließt sich mit den religiösen
und weltlichen Gebräuchen, die sich an seine Zubereitung und
Verschmausung knüpfen, innig an die Festfeier der heiligen
Christzeit an. Schon der Tag und der ganze Vorgang des
Backens weist auf die hohe Bedeutung und Wichtigkeit hin,
die man ihm beilegt. Es gilt nämlich als alte Bauernregel,
daß der Zelten am Vorabend des Thomastages (22. Dezember)
gebacken werden muß.

Darauf freut sich jung und alt. Schon am Vormittag
geht die Bäuerin zum Getreidekasten und holt eine tüchtige
Schürze voll „Klozen", die sie auf den großen Eßtisch leert.
Herum lagert sich nun alles, was Hände hat, und ist eifrig
beschäftigt, die gedörrten Birnen, mit denen der Zelten gefüllt wird, kleinweis zu zerteilen. Bei dieser Arbeit geht
es lustig her. Besonders die Dirnen müssen sich von den
Burschen viel gefallen lassen, indem letztere sie mit der Frage
quälen, wer ihnen den „Zelten anschneiden" dürfe. Nebst
dem großen Familienzelten wird nämlich eine Anzahl kleinerer
ausschließlich für die Dirnen gebacken, wozu jedoch an den
meisten Orten der Bauer bloß den Teig hergibt, hingegen
die Füllung von den Bescheerten selbst beigeschafft werden
muß. Nur die Groß- und Kleindirn, denen das Geschäft
des Teigknetens und Backens obliegt, erhalten den ganzen
Zelten umsonst, den sogenannten „Kneter", der auch etwas
größer als die übrigen Brote ist. Dafür müssen sie auch
den Teig aus Roggenmehl wacker durchkneten, und dann
heißt sie die sorgsame Hausfrau auf den Anger hinausgehen
und mit den teigigen Armen die bereiften Bäume umschlingen,
damit sie künftiges Jahr recht viel Früchte tragen. Ist nun
der Zelten gefüllt, so wird er bekreuzigt und mit Weihwasser
besprengt und dann in den ausgekehrten glühheißen Backofen geschoben. Während er nun drinnen über seine allmähliche Umwand-
lung nachgrübeln mag, will ich etwas vom Thomastag erzählen.

Dieser Tag ist nämlich nicht nur wegen des großen
Schweinemarktes berühmt, der meist am Montag vor Thomas
abgehalten wird, sondern auch wegen der vielen wunder=
lichen Volksgebräuche, die auf den Vorabend desselben fallen
und zu dem Weihnachtszelten in ziemlich enger Beziehung
stehen. Die meisten davon sind abergläubische Liebesorakel,
welche von den Mädchen geübt werden, um den Namen oder
Stand ihres künftigen Bräutigams zu erfahren. Dahin
gehört das Bleigießen, von dem im nächsten Abschnitt ge=
handelt werden wird. Oder man schreibt Buchstaben auf
einzelne Zettel und legt sie unter das Kopfkissen; welchen
Buchstaben das Mädchen während der Nacht hervorzieht,
mit dem beginnt der Name des künftigen Liebhabers. In
dieser Nacht tritt man auch häufig die sogenannte „Bettstaffel".
Dies geschieht so. Mädchen, die gerne heiraten möchten,
stellen vor dem Schlafengehen einen Schemel vor's Bett und,
nachdem sie sich vollständig entkleidet haben, sprechen sie:

> Bettstaffel ich tret' dich,
> Heiliger Thomas, ich bitt' dich,
> Laß mich sehen den herzallerliebsten Mann
> Diese heilige Nacht.

Darauf muß sich das Mädchen lautlos zu Bette begeben
und dann wird es in der Nacht den sehen, der folgendes
Jahr zum Freien kommen wird. Dieses bewährte Mittelchen
soll nur deshalb selten helfen, weil es kein Mädchen gibt,
das sein Schnäbelchen so lange still halten kann, bis die
Augen zufallen, besonders wenn es ein Verbot betrifft. —

Wie nun der heilige Thomas zu seinem merkwürdigen
Kuppleramte gekommen ist und welcher altgermanische Gott
sich unter seiner christlichen Verkleidung verbirgt, wollen wir
getrost den Mythologen überlassen, sicher ist nur, daß unser
Weihnachtszelten nichts anderes, als ein christianisiertes heid=
nisches Opferbrot ist, ein Konvertit, der trotz der Einseg=
nungen seine alte Götzennatur nicht verläugnen kann. Es
verraten ihr die mit ihm in Verbindung stehenden abergläu=
bischen Liebesgebräuche, die offenbar ursprünglich auf eine

mit Liebe und Fruchtbarkeit zusammenhängende germanische Gottheit, wahrscheinlich Fro (Freyr) Bezug hatten, sich aber nach dem Sturze des Heidentums in die neue Lehre herüberstahlen und unter der christlichen Firma des heiligen Thomas bis auf heute fortvererbten. Davon könnte ich noch mehr erzählen, wenn nicht unterdessen der Zelten verkohlen würde.

Unter dem Jubel der Kinder, die es kaum erwarten können, bis der verhärtete Sünder aus dem Feuerofen geholt wird, nimmt man nun das duftende Gebäck samt den kleinen Broten heraus und stellt ihn vorderhand auf die Hausbank zur Kühlung. Die Zelten für die Dirnen werden gleich verteilt; doch erhalten nur solche einen, die sich das Jahr hindurch nichts zu Schulden kommen ließen. Der Familienzelten aber wird in den Roggen gelegt, damit er frisch bleibe; denn da derselbe erst am heiligen Dreikönigentage angeschnitten werden darf, so liegt bis dort noch eine lange Frist, während welcher er sich noch verschiedenen Zeremonien unterwerfen muß. Er muß vor allem dreimal geräuchert werden. Dies geschieht an den drei sogenannten Rauchnächten, nämlich an den Vorabenden vom Weihnachtstage, Neujahr und Heiligen=Drei=König. An diesen Abenden wird bekanntlich in jedem Tiroler Bauernhause nach dem Avemarialäuten Stube und Kammer, Stall und Tennen, kurz jeder Winkel ausgeräuchert, um böse Einflüsse fern zu halten. Die heiligen Weihekräuter dazu sind schon, wie wir früher hörten, während des Sommers in den Dreißigen, das ist die Zeit von Maria Himmelfahrt bis Maria Geburt, gepflückt und sorgsam aufbewahrt worden. Der ganze Vorgang des „Räucherns" wird im nächsten Abschnitt eingehender vor Augen geführt werden. Bei diesem frommen Brauche darf der Weihnachtszelten nicht vergessen werden, sondern muß von allen Seiten beräuchert und von der Hausmutter mit dem Weihwasser besprengt und gesegnet werden.

Was weiter mit ihm geschieht und welch bedeutungsvolle Ereignisse sich an ihn knüpfen, so das „Zeltenanschneiden" und „Zeltennachtragen" am Stephans= und Dreikönigstag werden wir später bei Beschreibung dieser Feste hören. Vor=

derhand bleibt der Weihnachtszelten in der Roggentruhe verwahrt.

Christabend.

Kaum hat am „heiligen Abend" die nachmittägige Vesperglocke ausgeklungen, so ruht jede Arbeit. Kein Axtschlag durchhallt mehr den Wald, kein Drischelschlag die Tenne; das Mühlrad hört auf zu plätschern und das trauliche Surren der Spinnräder in der Eßstube verstummt. Wehe der Dirn, die auf der Kunkel noch Flachs oder Werg unabgesponnen hat. Glaubt sie auch nicht mehr, daß dann „die wilde Perchtl drin niste," so fürchtet sie um so eher, daß sie in diesem Falle keinen Mann bekomme. Im Hause ist ohnehin schon während des Tages alles in Ordnung und festtäglich hergerichtet worden. Der Stubenboden und die Gänge wurden säuberlich gewaschen, Tische und Bänke blank gescheuert, die Fenster spiegelhell geputzt. Auch das Kupfer- und Zinngeschirr funkelt und glänzt wie eitel Gold und Silber. Im Lavanttale stellt man sonderbarer Weise das geputzte Geschirr, Pfannen, Rührkübel, Häfen 2c. unter den großen Eßtisch und zieht eine eiserne Kette herum, damit die künftige Ernte gut ausfalle und die Bäuerin Glück in der Wirtschaft habe.

Diese derbe „Schafferin" jedes bäuerlichen Gehöftes und vornehmlich der Küche weiß heute vor Arbeit nicht, „wo ihr der Kopf steht". Schon seit frühem Morgen flammt es und prasselt es auf dem Herde, als wie bei einer Hochzeit. Ihr liegt es ob, die Unmengen von Schmalzkrapfen und Weihnachtsküchen zu bereiten und herauszubacken, welche die hungrigen Mägen mittags und später beim nächtlichen Kirchgange befriedigen sollten. Es würde einen eigenen Abschnitt erheischen, wollte ich die verschiedenen Arten dieses älpischen Nationalgebäckes des näheren behandeln. Die äußere Form ist bei allen ziemlich gleich. Das Unterscheidende bildet die „Fülle". Da gibt es Magen= (Mohn=), Apfel= und Käs=küchel, in der Meraner Gegend die Nuß= und „Köst"krapfen. Besonders letztere, bei denen gestoßene Kösten (Kastanien) mit Zuckerwasser und Honig abgerührt als Fülle des „mürben Teiges" verwendet werden, sind äußerst schmackhaft und ich begreife, daß der Großknecht und die anderen Hausburschen wie hungerige Wölfe um den Herd herumstehen und sich in Anhoffung des baldigen Genusses den Mund ablecken. Haben sie ja heute den ganzen Tag noch keinen Bissen gegessen, da, wie jeder weiß, der heilige Abend ein großer Fasttag ist. Nun tut man sich an diesem Tage insoferne „Abbruch", als man bis zum Mittagsmahl nichts zu sich nimmt und kein Fleisch auf den Tisch kommt. Aber die mittags aufgetragenen Fastenspeisen, Suppe, Stockfisch und Kraut, oder in Tirol Pfannkuchen, in erster Linie aber die oben beschriebenen Krapfen werden in so riesigen Mengen vertilgt, daß nicht umsonst das Pustertaler Sprüchlein sagt: Am „heiligen Abend" muß man drei Gefahren bestehen: Am Morgen das Ver=hungern, am Mittag das „Derschnellen" und nachts das „Derfallen", letzteres in Hinblick auf den beschwerlichen Gang zur Christmette.

Dieses überreichliche Mittagessen heißt gewöhnlich das „heilige Mahl" und es herrscht der weitverbreitete Glaube, daß, wenn ein Armer, überhaupt ein nicht zum Hause Ge=höriger dazukomme, also es „störe", es Tod oder ein sonstiges Unglück zu bedeuten habe. Ganz umgekehrt wird in Pongau die menschenfreundliche Sitte geübt, daß nur halbwegs besser stehende Leute einen Armen am Weihnachtsabend zu Gaste laden und denselben bis zum Dreikönigstag gleich den übrigen Hausgenossen bewirten. Ebenso ist es im Zillertal Brauch, zu diesen „Rauchmahlen", wie sie daselbst heißen, arme Kinder oder sonst bedürftige Leute einzuladen, um als sogenannte „Raachmahler" am Essen teilzunehmen. Rauchmahl nennt man es, weil der „heilige Abend" die erste der drei Rauch=nächte ist.

Der Brauch des „Räucherns" ist so eingebürgert, daß

er selbst in der Stadt bei Bürgersfamilien, die, wie man
zu sagen pflegt, noch etwas auf christlichen Sinn halten, fast
allgemein geübt wird. Auf dem Lande geht der Bauer bei
eingetretener Dämmerung, begleitet von sämtlichen Hausge=
nossen, auch von der Bäuerin, die das Weihbrunnkrügel trägt,
mit der Glutpfanne, in welche Weihrauchkörner und Teile
der „Dreißgenkräuter" geworfen werden, durch's ganze Haus.
Alles, jeder Winkel, jede Stubenecke, Stadel, Stall und Tenne
wird mit Rauch und Weihwasser gesegnet und besprengt,
ebenso das Vieh, vor allem aber die Betten der Dirnen und
die Türen zu deren Schlafräumen. Dabei spricht er stets:
„Glück ins Haus, Unglück hinaus." Auch der Weihnachts=
zelten, den die Bäuerin seit dem Thomastag, wo er gebacken
wurde, in ihrem Kasten in der kühlen Kammer verwahrt
hat, wird mit der Räucherung bedacht. Zum Schlusse stellt
sich das ganze Gefolge in einen Kreis um den Hausvater
und es empfängt noch jedes einzeln seinen „Rauchsegen".

Nach dem Umzug macht der Bauer allein noch einen
Gang in den Anger zum „Baumsegnen". Er hält zwar nicht
viel auf solche „Fürm' und Sachen" — denn er ist Mit=
glied des Fortschrittvereines — aber weil es der Vater so
gemacht hat und gerade „Niemand um die Weg' ist," so
klopft er mit dem gebogenen Finger an die Bäume und
spricht:

> Baum, wach' auf und trag',
> Morgen ist der heilige Tag.

„Viehlosen" geht er nicht, erstlich, weil er derlei Zeug für
sündhaft hält, nämlich zu glauben, daß das Vieh in der
heiligen Nacht spreche, und dann, weil er von seinem „Nähadl"
gehört hat, daß ein Bauer bei dieser vorwitzigen Horcherei
seinen eigenen Tod „erlost" habe. So begnügt er sich, die
Stalltür fest zu schließen und begibt sich eiligst zu den andern
in die Stube.

Hier ist schon alles, Bäuerin, Knechte und Dirnen in
fröhlichster Stimmung um den großen Eßtisch versammelt,
wo Pyramiden von Krapfen aufgehäuft sind. Denn nicht

überall ist man so genügsam und fromm, wie im armen
Oberinntal, wo es nur eine Brennsuppe mit Brot und Erd=
äpfelschnitten absetzt und der Hausvater aus einem Evan=
gelien= oder Legendenbuch erbauliche Geschichten vorliest.
Häufig, besonders im lebenslustigen Unterinntale, kommen
Burschen aus der Nachbarschaft zusammen, um sich die Zeit
bis zum gemeinschaftlichen Gange in die Christmette in ge=
mütlichem Heimgarten oder mit „Nussen auskarten" zu ver=
treiben. Auch andere abergläubische Gebräuche, die sich auf
die Erforschung der Zukunft beziehen, wie Scheiterziehen,
Schuhwerfen 2c. werden geübt. Beliebt ist besonders das
Bleigießen. Man stellt eine Schüssel voll Wasser auf den
Tisch, macht in einem eisernen Löffel eine Bleikugel über
dem Licht schmelzend, gießt das geschmolzene Blei ins Wasser
und schaut nun, welche Figur herauskommt. Hat das Blei
Kreuzesform oder eine entfernte Ähnlichkeit mit einer Toten=
truhe, so heißt es gleich ringsum: „Jesses, jetzt stirbt bald
eines." Findet das Schelmenauge irgend eines Burschen
eine Wiege heraus, so gibt es gleich ein Halloh und Ge=
kicher ab und manche Dirne ist in Folge dieses Orakels be=
klommenen Herzens zur Mette gegangen.

Um elf Uhr beginnt das „Schröckläuten", das die Berg=
und Talbewohner zur Mette ruft. Auf ein schönes „Schröck=
läuten" hält man besonders in Tirol viel, und umsonst hat
man dem Meßner oder Turmknecht nicht bei seiner Samm=
lung im ganzen Dorf bis zum höchst gelegenen Einödhofe
Krapfen in schwerer Menge gegeben und ihn bewirtet. Er
braucht auch Kraft, denn in manchen Gegenden, so z. B. in
Oberösterreich, wird eine volle Stunde lang geläutet. Dies
ist auch das Zeichen zum Aufbruch, wenigstens für die Be=
wohner der weiter oder höher gelegenen Höfe, von denen
der nächtliche Abstieg über die vereisten Stege keine leichte
Sache ist. Man versieht sich deshalb mit Steigeisen, unter
Umständen wohl auch mit Schneereifen. Bei mondheller
Nacht ist der Weg zur Kirche selbst von abseits gelegenen
Höfen wohl zu finden. Ist aber nebliges oder trübes Wetter,
so muß man „Kenteln" oder „Pucheln", das sind Bündel

aus zusammengebundenem „Kienholz" (harzigem Fichtenholz) mitnehmen. Die brennen beim stärksten Wind und werfen ein kräftiges Licht über die schneeigen Halden. In Unterinntal hat man da und dort eine eigene Art von Fackeln, welche aus einem in Pech getränkten Zwirn- oder Haderknollen bestehen, den man an einen Stock steckt. In Gegenden, wo die Kirche weiter heraußen im Tale liegt, macht man den nächtlichen Weg in sogenannten Gransen oder Holzschlitten. Das ist dann grausig schön, wenn beim Feuerschein der Fackeln Schlitten an Schlitten vollbesetzt von jungem Volk wie die „wilde Fahrt" durch Wald und Lichtungen saust.

Zur Christmette geht alles, was nur gehen kann, denn „sonst kommt's und weckt einen auf". Nur Kranke oder kleine Kinder bleiben zurück, sowie bei großen Höfen, wo viel Gesinde ist, ein starker Knecht, der „gamern", d. h. das Haus hüten muß und zu sorgen hat, daß die vom Kirchgang Zurückkehrenden Stube und Essen warm finden. Zu letzterem Zwecke schürt er einen großen Block in den Ofen, zu ersterem hat er eine Hacke und eine Flinte, die er hie und da zur Abschreckung von Dieben abfeuert. Es wird überhaupt während der heiligen Nacht viel geschossen, an manchen Orten, so in Pongau, sogar mit Böllern.

Dieser nächtliche Kirchgang bei Fackelschein hat etwas ungemein Poetisches, besonders bei engen Gebirgstälern, wo die Häuser ringsum an den Gehängen zerstreut liegen, so im Ahrntal, Zillertal 2c. Schon lang vor Mitternacht wird es bis zu den höchsten Bergkuppen lebendig. Da und dort tauchen die roten Lichter der „Kentelträger" auf und bewegen sich dem Tale zu, bald in Wald und Schluchten verschwindend, bald wieder sichtbar. Immer mehr Fackeln zeigen sich und werfen rote Streiflichter über die Schneeflächen, bis endlich eine nach der andern im Tale erlischt und nur die hellen Bogenfenster der Kirche durch das Dunkel strahlen, während die feierlichen Orgelklänge und Gesang bald leiser bald lauter die Stille unterbrechen.

Nach der Wandlung des „Engelamtes" wird in Dorfkirchen regelmäßig ein „Weihnachtslied" gesungen, das in ursprünglicher, oft fast zu naiver Weise die Verkündigung der Geburt Christi zum Inhalt hat. Meist ist es ein im Wechselgespräch durchgeführter Gesang zwischen den auf dem Felde bei ihren Herden wachenden Hirten und dem Engel, der die freudige Botschaft ihnen mitteilt. Als Seltsamkeit beim Vortrag solcher Weihnachtslieder sei erwähnt, daß der darin häufig vorkommende Vogelgesang in manchen Gegenden, z. B. im Zillertal von der munteren Jugend im Schiff der Kirche mit sogenannten „Wispeln", das sind kleine Kinderpfeifchen, mit denen man den Gesang der Vögel nachahmt, begleitet wird. Die häufige Betonung des Vogelgesanges in solchen Liedern entspricht übrigens vollständig der Naturwahrheit, da bekanntlich um die Weihnachtszeit, wo der Tag zu wachsen beginnt, auch die Vögel wieder zu singen anfangen.

Nach der Mette sucht man natürlich so rasch als möglich nach Hause zu kommen. Das geht nun allerdings nicht so schnell, als der Abstieg, denn die Gehöfte liegen oft eine Stunde über dem Talgrund und das Hinaufwandern bei der grimmigen Kälte über die beeisten Stege ist keine Kleinigkeit, immerhin aber noch besser, als wenn, wie es häufig der Fall, Schneewinde eintreten oder nach frisch gefallenem Schnee der warme Föhnsturm sich plötzlich erhebt und dämonisch an den Kirchenfenstern rüttelt. Ein solcher Heimweg ist dann besonders zu den einsamen Berghöfen, wo die Lehnen aus felsigem Grund bestehen, lebensgefährlich. Der geringste Laut — und sausend fährt die „Windlahn" ab. Deshalb geht zu solcher Zeit an gefährlichen Stellen stets einer voraus und schießt seine Pistole ab, um die Lawine, falls sie sprungbereit, noch vor Begehung der gefährlichen Stelle zum Abgehen zu reizen.

Zu Hause angelangt, schließt man nicht etwa rasch in die Betten, sondern erquickt sich zuvor weidlich an warmer Fleischsuppe, Würsteln, Knödeln und Wein. Auch Schweinsbraten mit Kraut wird aufgetischt. Ärmere Leute begnügen sich, wie z. B. in Vinschgau, mit Schnaps und den Resten unterschiedlicher Krapfen und schmalziger „Blattelküchel". Bis fünf Uhr früh dauert oft dieses gemütliche Beisammensein, bis endlich der Hausvater zum Aufbruch mahnt. Bemerken will ich noch, daß man helle Weihnachten für ein günstiges Zeichen für die Wiesen hält:

>Lichte Metten,
>Dunkle Heustädel.

Weihnachten.

Der Weihnachtstag selbst ist ein stiller Tag. Kein Wagen fährt, die Wirtshäuser stehen leer. Der Vormittag wird größtenteils vom feierlichen Gottesdienste ausgefüllt, bei dem die Kirche wie das Volk der Beter den größten Schmuck und Putz entfaltet im Gegensatze zum welterlösenden Kinde, das „nackend und bloß" auf Stroh gebettet in der Krippe am Seitenaltare zu sehen ist. Den Mittag beherrscht vollständig das Essen. Weihnachten ist einer der größten — „Eßtage" des Jahres. Es ist ganz unglaublich, was der Magen so eines Gebirgsbauern zu leisten im Stande ist. Das Hauptgewicht bildet natürlich das auf Weihnachten geschlachtete Schwein, welchen Bissen sich wohl selbst der „notigste" Bauer an diesem Tage vergönnt. Auch die äußere Form wird bei der Mahlzeit nicht außer acht gelassen. Die Hausmutter deckt das alte schöne Tischtuch mit rot eingewirkten Endstreifen auf und bringt die alten blanken Zinnteller mit Figuren von erhabener Arbeit aus dem Kasten. Nach dem Essen schlägt sie das Tischtuch mit den vier Zipfeln zusammen, trägt die Brosamen darin in den Garten und sät sie auf den Schnee. Daraus wachsen, wie das Volk glaubt, im Frühjahr schöne rote Blumen, „Blutstropfen" genannt, (blutroter Amarant, adonis auctumnalis). Der Bauer aber zahlt dem „Schafer", der gleich nach Tisch kommt, den Lohn aus; gewöhnlich sind es fünfzig Kreuzer (eine Krone) von jedem Besitzer.

Nachmittags findet dann an den meisten Orten die feierliche Prozession statt. In Brixen trug man früher hiebei das Bild des neugeborenen Heilandes in einer Wiege herum. Dann wurde es unter Glockenklang und Gesang vom Meßner oder von Buben gewiegt und dem Volk zum Küssen gegeben. Dieses „Kindelwiegen" geschah alle Tage von Weihnachten bis Lichtmeß. Es muß dabei oft etwas bunt zugegangen sein, denn in einer Amtsinstruktion des 18. Jahrhunderts wird dem Meßner der Rat gegeben: „Aber nimm fein einen Stock oder eine Ochsensehne, denn die Buben sind oft sehr ungezogen." Bei diesem „Wiegen", das übrigens in manchen Orten, z. B. im Oberinntal noch gebräuchlich ist, wurden noch vor kurzem die sogenannten „Wiegenlieder" gesungen, die oft von einer rührenden Innigkeit sind. Eines aus Inzing im Oberinntal beginnt:

Das Kind ist geboren, ich sag's ohne Scheu,
Es liegt in der Krippe auf Stroh und auf Heu,
Es liegt in der Krippe so zart und so mild,
Es thut ihm (!) schon quälen der Schnee und der Wind.
O göttliches Kindlein, was hast du gethan,
Daß jetzo das Leiden schon fangen thut an.

Überhaupt gehören die Weihnachtslieder nebst den Advent- und Herbergliedern zu den schönsten und interessantesten Blüten des Volksgesanges. Aus ihnen entwickelten sich dann zum Teil die Weihnachtsspiele, welche den Hauptstock des geistlichen Dramas ausmachen. Die Sänger und Sängerinnen der Weihnachtslieder sind meist junge Leute, welche um diese Zeit von Tür zu Tür ziehen und ihre Gesänge gegen eine kleine Entlohnung herableiern.

Eine besondere Weihnachtsfreude für groß und klein ist die „Krippe". Sie besteht gewöhnlich aus einem stufenweise sich erhebenden, mit beflimmerten Hadern überkleideten Gerüste, auf dem der Vorgang der Geburt Christi bildlich dargestellt ist. In der Regel hat sie das Ansehen einer Gebirgslandschaft. Im mittleren Vordergrunde befindet sich der bethlehemitische Stall mit darüber gepflanztem Stern und

„Gloria in excelsis"; rings herum ist die „heilige Familie", dahinter Ochs und Esel mit den Hirten und Herden gruppiert. Im Hintergrunde erblickt man die Stadt Bethlehem. Das ganze „Krippelebergl" umgibt ein Kranz von Fichtenzweiglein mit roten Taffetbändern und goldgelben Äpfelchen verziert. Den Winkel unter dem Brett verhüllt die Taufdecke mit „hohen Namen" und bunten Blumen von bäuerlicher Hand zierlich gestickt. Solche Krippen findet man fast in jeder tirolischen Bauernstube und das „Aufmachen" derselben am heiligen Abend bildet eine Hauptfreude der Kinder und des alten „Nähnls" (Großvaters), der mit seinen zitternden Händen mithelfen muß.

Außer diesen einfachen Darstellungen der Geburt Christi gibt es aber auch in Kirchen und Privathäusern „Krippen" von großem Werte, mit wächsernen in Samt und Goldstickerei gekleideten Figuren, Wasserkünsten und beweglicher Staffage. Diese können oft in ihrer Art kleine Meisterstücke mechanischer Kunstfertigkeit genannt werden, die in manchen Gegenden Tirols, wie im Oberinntale, Vinschgau und Gröden gemeiniglich sich fortvererbende Anlage ist. Eine derartige Krippe umfaßt in haarsträubenden Zeitverstößen so ziemlich alles, was den naiven Gesichtskreis eines Gebirgskindes ausmacht oder in seiner Phantasie hängen geblieben ist. Da prangen in den Städten Jerusalem und Bethlehem Moscheen und Minnarets neben christlichen Kirchen. Aus dem Tore rückt soeben eine Truppe Kaiserjäger hervor. Weiterhin erblickt man Kapellen, Einsiedeleien mit herrlichen Gartenanlagen und Springbrunnen, vor allem einen kleinen See mit Schiffen. Auf den schneeigen Zacken springen ohne Berücksichtigung der Fernschaulichkeit Hirsche, Rehe und Gemsen herum, die der Jäger mit dem „Stutzen" verfolgt. Gewöhnlich sind auch schon die „heiligen drei Könige" im Anzuge, die mit ihren Kamelen und dem goldstrotzenden Gefolge einen Glanzpunkt der ganzen Darstellung bilden. Aber all diese Ungeheuerlichkeiten und Zeitverstöße stören den frommen Betrachter nicht im geringsten und er legt willig und mit gehobener Stimmung die paar Kreuzer auf den Opferteller,

der dem Eigentümer oder Verfertiger die Mühe und Instand=
haltung lohnen soll. Derartige schöne Krippen sind in den
Kirchen von Götzens, Birgitz, Axams, Taur, Zirl 2c. Be=
rühmt war auch die Mosersche Kunstkrippe in Bozen, die
des Steixner in Wilten und die des Tischlers Brugger in
Innsbruck. Viele solcher Krippen, wie z. B. die obengenannte
Moser'sche, sind außer Land an Museen und Privatsammler
verkauft worden. Sie tragen auch nicht den kindlichen
schlichten Charakter, wie die Hauskrippen, sondern überladen
mit allem unnötigen Flimmer und Flitter, voll von ganz
unpassenden beweglichen Beiwerk tragen sie mehr die Kunst=
fertigkeit des Verfertigers zur Schau, als den frommen Sinn,
dem die Landkrippen ihre Entstehung verdanken.

Je stiller der Weihnachtstag verrinnt, desto lauter geht
es am darauffolgenden Stephanstage (26. Dezember)
zu. In der Kirche findet früh morgens die Salz= und Wasser=
weihe statt. Die Leute bringen das Wasser in großen
„Brennten" (Wasserschäffern), Flaschen und Fläschchen zum
Gotteshaus und stellen es an der Seitentür nieder. Für
das Salz ist im Presbyterium ein langer Tisch hergerichtet.
In früheren Zeiten, wo es noch in jedem Hause schönes
blankes Zinngeschirr gab, brachte man das Salz in reichge=
formten „Modeln" oder ähnlich den Butterklößen in zierliche
Form gepreßt und mit Grünzeug garniert dahin. Nach der
Predigt weiht der Priester mit dem Sprengwedel beides.
Mit dem geweihten Wasser, dem sogenannten „Steffeswasser",
besprengt der Bauer Speisen, Scheune und Felder gegen
den Einfluß der Hexen und bösen Geister oder, wie man
sagt: Es ist gut gegen die „Vermoan" (Verhexung). Auch
dem Vieh wird, wenn man es am Pfingstmontag zum ersten=
male „austreibt", ein in dieses Wasser eingetunktes Stück
Brot und „Weihsalz" gegeben. Häufig setzt man es mit
dem geweihten Wasser zum sogenannten „Salzstein" an und
modelt diesen zu einem Kuchen. Es dient in erster Linie als
„Lecksalz" für das Vieh. Man gibt es ihm beim Auftrieb
und beim Abzug von der Alpe; aber auch der Bauer ge=
nießt davon etwas, bevor er eine größere Wanderung, z. B.

eine Wallfahrt unternimmt. Zieht ein drohendes Gewitter
herauf, so wirft es die Bäuerin in das Herdfeuer, um die
Gewalt der Hagelhexen zu bannen. An Orten, wo Pferde=
zucht betrieben wird, z. B. im kärntnerischen Lavanttal und
Gailtal findet am Stephanstage unter großem Gepränge die
Pferdeweihe statt. St. Stephan gilt nämlich als Patron
dieses Haustieres. Im erstgenannten Tale kommen in aller
Frühe die Burschen des ganzen Tales auf ungesattelten Pferden
daher, reiten im Wettstreit zwölf= bis fünfzehnmal um die
Kirche und dann schnell nach Hause. Mit diesem Vorgang
ist eine kirchliche Feier verbunden, welche darin besteht, daß
die Pferde während des Reitens gesegnet und mit Weih=
wasser besprengt, kurz exorzisiert werden. Gar schön ist die
Sitte im Gailtale. Da sind die Pferde mit Blumen und
bunten Bändern geschmückt und werden von den Burschen
in ihrer malerischen Nationaltracht im Wettlauf um die
Kirche geritten. Der Sieger bekommt von seinem Mädchen
ein Sträußchen.

In Tirol hat sich von dieser Pferdeweihe und Pferde=
rennen meines Wissens nichts erhalten. Dafür ist der
Stephanstag an andern gemütlichen Sitten und Bräuchen
reich. Nachmittags nach der Vesper findet nämlich im bäuer=
lichen Familienkreise das feierliche Anschneiden des Hauszeltens
statt, der mit Butter und Schnaps verzehrt wird. Knechte
und Dirnen nehmen selten daran teil, denn die sind schon
vormittags mit ihren Zelten aus dem Hause gegangen. Es
ist üblich, daß die „Ehehalten" über die drei aufeinander
folgenden Feiertage: Stephan, Johannes und „Unschuldige=
Kindertag" zu ihren näheren und entfernteren „Leuten", ent=
weder Eltern oder Verwandten, gehen und dort ihre Zelten
verzehren. Man nennt dies „plättern". Dieser Besuch des
Elternhauses ist besonders bei jenen Dirnen wichtig, die ein
Verhältnis mit einem Burschen haben oder besser gesagt, eines
eingehen wollen. In diesem Falle darf ihr derselbe den
„Zelten nachtragen". Die Anfrage zu diesem Ritter=
dienst ist zugleich seine Liebeserklärung, die Zusicherung von
Seite des Mädchens Beweis ihrer Gegenliebe. Zum Danke

darf ihr dann der Bursche am Dreikönigstage den „Zelten anschneiden" oder „anstechen". Am Stephanstage werden an vielen Orten sogenannte Zeltenschießen abgehalten, wobei es sehr fidel hergeht und die „Beste" nebst Geld in Weihnachtszelten bestehen.

Weniger gemütlich ist das „Zeltenziehen", das die Burschen des Oberinntales in der Stephansnacht vornehmen. Diese seltsame Sitte besteht darin, daß sie von den näher und ferner gelegenen Höfen alles, was nicht niet- und nagelfest ist, forttragen, ja ganze Wagen damit beladen und das so Zusammengeschleppte auf dem Kirchplatz oder am größten Brunnentroge des Ortes aufstellen. Am andern Tage können sich die Bauern das Entwendete, meist Schlitten und Karren, Rückkörbe, Zimmerböcke, Leitern, Ackerwalzen, Backofengeräte, Besen, Mädchenhemden und Unterkittel 2c. wieder abholen und heimschaffen. Überhaupt geht es in der Nacht vom Stephanstag auf den folgenden Johannistag toll her. Die ganze Nacht wird getrunken, gesungen, getanzt und schließlich gerauft, besonders im Pustertal. Kommen ja die Burschen aus den Dörfern eigens deshalb nach Bruneck, um die Bewohner zu frotzeln, dann geht die Rauferei los. Auch im Ahrntale wird um diese Zeit „geranggelt".

Am darauffolgenden Johannistage (27. Dezember) wird in der Dorfkirche „Johanniswein" geweiht und nach dem Meßopfer am Kommuniongitter den Anwesenden gereicht. Er hilft gegen das „Vermeintwerden" und hat nach dem Glauben der Leute die „ärgste Weih". Man füllt ihn auch in Flaschen, wo er sich, da es gewöhnlich guter Wein ist, lang hält. Er wird bei Krankheitsfällen für „Vieh und Leut" verwendet. Einer originellen Sitte, die in manchen Gegenden Tirols, so im Brixentale herrscht, will ich noch erwähnen. Am Johannistage nimmt jeder verheiratete Bauer sein Weib nachmittags mit ins Wirtshaus. Da frägt sie den Mann, ob er sie „aufs nächste Jahr wieder „dingen" wolle". „Ja, will's wieder probieren", ist die Antwort. Hierauf wird gesungen und getrunken bis Mitternacht. Man nennt dies die „Weiberdingete". Die Zeche muß sie bezahlen, so will es die Sitte.

Den Schluß der eigentlichen Weihnachtsfeiertage macht der „Unschuldige=Kinder=Tag" (28. Dezember). Er bietet wenig Merkwürdiges, höchstens für die Kinder, welche an diesem Tage ins „Frisch und g'sund geb'n" gehen. Dieser in den Alpen weitverbreitete Brauch besteht in Tirol darin, daß Knaben und Mädchen mit Stangen oder Ruten Vorübergehenden oder auch Hausbewohnern einen kleinen Schlag versetzen und dabei einen Segenswunsch hersagen, so z. B. in Oberinntal: „G'lobt sei Jesus Christus zur Bluiet" (bläuen = schlagen), im Zillertal: „Gömmachten und bössar Broad", im Oetztal: „Glückseligs nuis Jahr a die Gömmacht" usw. Man sieht aus letzterem Spruche schon, daß diese Sitte sich nicht bloß auf den „Unschuldig'n=Kindelstag" allein beschränkt, sondern auf die ganze Zeit der „Zwölften" bis „Gömmachten" oder Heilig=Dreikönig erstreckt. Sehr verbreitet ist dieser Brauch in Kärnten und Steiermark, wo auch alte Leute „Schappen" oder „Pließnen" gehen.

Der letzte und der erste Tag des Jahres, Sylvester und Neujahr, welche im bürgerlichen Leben eine so große Rolle spielen, lassen das bäuerliche fast unberührt. Sieht man von dem Vorgang des „Räucherns" am Sylvestertag abends als der zweiten Rauchnacht ab, so verlaufen diese zwei Tage, soweit nicht städtisches Treiben auf die nächste Umgebung eingewirkt hat, ziemlich eintönig und werktäglich. Nur in der Gegend von Meran ziehen in der Neujahrsnacht Burschen und Mädchen singend und musizierend zu den Häusern wohlhabender Bauern um für ihre Glückwünsche sich eine gute Bewirtung oder etwas Geld herauszuschlagen. Das Neujahr des Bauern trifft erst sechs Tage später ein, nämlich am „Perchten"= oder Dreikönigstage.

Gömmachten und Perchtentag.
(Dreikönig.)

Den Ausdruck „Dreikönigstag" kennt in den Alpen streng genommen nur der Städter; das Landvolk nennt ihn gemeiniglich „Perchtentag", welcher Name von altersher der gebräuchlichste ist und in den Urkunden vom dreizehnten Jahrhundert an vorkommt. Mit ihm beginnt für den Bauern das neue Jahr, mit ihm schließen aber auch die „Zwölften", das sind jene heiligen zwölf Tage der Weihnacht bis Dreikönig, welche, der altheidnischen Julzeit entsprechend, die winterliche Jahreswende abgrenzen. Deshalb wird dieser Tag in manchen Gegenden, z. B. in Passeier, geradezu der „Zwölfer" genannt oder der „oberste"; im Lechtal heißt er das „große Neujahr".

Ihm geht ein nicht minder wichtiger Tag voraus, nämlich die „Gömmacht" oder „Gömmat",[1] als Zielpunkt für geschäftliche Abmachungen dem Bauer sehr wohl bekannt. Die Ableitung dieses Wortes ist noch nicht ganz sichergestellt. Wahrscheinlich ist es nur die verstümmelte Form von Gebnacht, wie man ja noch im Wipptal diesen Ausdruck gebraucht; auch bei den Sette communi heißt dieser Tag „de gute Ghibe". Dann wäre der Name von den guten Gaben abzuleiten, die man um diese Zeit den herumziehenden armen Leuten spendet. Möglich aber auch, daß die „Frau Gönnacht", welche ebenfalls urkundlich schon früh vorkommt, die Wurzel trägt und auf Goben= oder Göbennacht leitet, was allerdings, wie wir sehen werden, zum ganzen Charakter dieses Tages gut stimmen würde.

„Gömmachten" als Vorabend des Dreikönigsfestes ist zugleich die letzte sogenannte „große Rauchnacht" und wird deshalb mit besonderer Feierlichkeit begangen. Gleichwie am Weihnachtsabend muß Stube und Haustür rein gefegt und

---

[1] Auch Gönnacht (Oberinntal) und Gennachten (Unterinntal).

gescheuert, Spule und Spindel sauber abgesponnen sein, sonst
nistet die Perchtl darinnen. Gegessen wird an diesem Abend
viel, sehr viel und wenn man auch nicht überall wie in
Steiermark in dieser „Dreimahlnacht" dreimal ißt, so kommen
doch drei Speisen auf den Tisch. Hiebei herrscht nun die
überkommene Gepflogenheit, daß man von jeder Speise für
die Perchtl etwas übrig läßt und auf's Hausdach stellt. Ge=
wöhnlich sind es schmalzige Nocken, die man ihr vorsetzt,
oft auch Milch, Speck, Schinken, Fleisch und Eier. Nachts
kommt sie dann und ißt davon. In den Gegenden von
Lienz wirft man Käse für sie in den Bach, ein Brauch,
dessen bereits in Urkunden des dreizehnten und vierzehnten
Jahrhunderts Erwähnung geschieht. Auch ins Feuer wird
an diesem Abend von jeder Speise ein Löffel voll geworfen.
Die obersteierischen Dirnen aber lassen der Perchtl von der
sogenannten „Perchtenmilch" etwas übrig.

Diese Perchtl nun, die je nach der Landschaft auch
Stampa oder, wie in Kärnten, Perchtrababa heißt, ist ein
gespenstiges Wesen, das man sich als grausliches altes Weib
mit zotteligem Haar und zerlumpten Kleidern vorstellt. An
einigen Orten denkt man sie sich kopflos, an anderen trägt
sie ein riesiges Haupt mit Augen wie Butzenscheiben. Eigen=
tümlich sind ihr noch lange Zähne und eine lange eiserne
Nase, weshalb sie schon in alten Urkunden den Namen
Perchtl mit der „eisenen nasen" führt. Von hinten hängt
ihr eine mächtige messingene Kuhschelle herunter. Man sieht,
die Person ist nicht gerade Vertrauen erweckend, und ich
nähme es keinem übel, wenn er, sobald er ihrer ansichtig
wird, sich „hinter geheiligte Türen" flüchtet. In den Zwölften,
vorzüglich aber in der Nacht vor dem Perchtentag, dem sie
den Namen gab, fährt sie sausend durch die Lüfte, und wehe
dem arglosen Wanderer, der ihr begegnet, oder der Spinn=
stube, der sie ihren nächtlichen Musterungsbesuch abstattet.
Ihr Geleite bildet meist eine Schaar kleiner Kinder, die in
langem Zuge ihr nachfolgen. Hie und da soll sie auch mit
einem Roßkopf und mit einer Wiege gesehen worden sein.
Da sie auch gern kleine Kinder raubt, so legt man letztere

am Dreikönigstage nicht in die Wiege, sondern darunter, damit ihnen die gespenstige Räuberin nichts anhaben kann.

Gegen den Unfug dieses geisterhaften Weibes gibt es nur ein Mittel, nämlich das „Räuchern", das denn auch an diesem Abend nach dem Essen mit besonderer Sorgfalt ausgeführt wird. Über die Türen zu den Schlafkammern der Mägde wird, damit ja nichts Böses hineinkomme, von dem, der am besten schreiben kann, mit geweihter Kreide ein kräftiges C † M † B †, d. i. Caspar, Melchior und Balthasar angeschrieben. Auch die Tür zur „Stube" erhält diese drei Kreidezeichen. Sie bleiben bis zum nächsten Jahre stehen. Nach dem Räuchern werden Fenster, Haus- und Stalltüren fest verschlossen aus Furcht vor der „wilden Perchtl", die manchmal trotz der Räucherung in das Haus eindringt. So soll sie einmal in Virgen eine eiserne Hand auf dem Herd zurückgelassen haben. Es könnte einem wirklich gruselig werden.

Aus demselben Grunde geht, wer nicht muß, nach dem Räuchern nicht mehr vor's Haus und mancher, der es unkluger Weise tat, hat seinen Übermut bitter büßen müssen. Hier gleich ein Beispiel. Jenseits des Brenners saßen einmal um Gömmacht drei lustige Kumpane noch spät abends im Wirtshause. Da wollte einer hinaus, um zu sehen, ob es wohl heiter Wetter wäre, was man in dieser Nacht wünscht. „Geh nicht," mahnten die anderen, „die Stampa wird dich packen." Der aber antwortete keck: „Was, Stampa hin, Stampa her" und ging hinaus. Kaum stand er vor dem Haustor, so fühlte er sich plötzlich auf einen Wagen gehoben, und nun fuhr es mit ihm pfeilschnell durch die Lüfte. Als es endlich Tag wurde, befand er sich wieder vor dem Wirtshause, wo seine leichtfertigen Kameraden noch saßen und ihn mit angstvoller Miene erwarteten. „Ja", sagte er, „wenn ich gesagt hätte: „Stampa her, Stampa hin, statt Stampa hin, Stampa her, wäre ich nicht mehr gekommen." Manchem anderen auf diese Weise Entführten ist es schlimmer ergangen und man fand Tags darauf den entseelten Körper mit fremdartigen Blumen zwischen den Fingern vor der Haustür.

Unter solchen Umständen ist es begreiflich, daß man sich an diesem Abende nicht gern ins Freie wagt, obwohl gerade um diese Zeit Geld und Gut in Hülle und Fülle zu bekommen und mit dem Leibhaftigen an Kreuzwegen ein gutes Geschäftchen zu machen wäre. So begnügt man sich denn, im traulichen Heimgarten durch „Schuhwerfen" die Zukunft zu erforschen oder sich durch Geschichtenerzählen die Zeit zu vertreiben. Beliebt ist auch, besonders im Unterpustertal, das „Hafelenstellen", welches geistreiche Orakel darin besteht, daß man neun Häfen umgestürzt aufstellt, unter jeden etwas legt, z. B. einen Ring, einen Brief, eine Kerze und anderes. Daraus schließt man auf das Angenehme oder Unangenehme, was das neue Jahr bringen wird. Sogar die oben erwähnte „Perchtlmilch", oder besser gesagt, die geleerte Schüssel mit den daran gelehnten Löffeln ist Gegenstand ängstlicher Beobachtung, denn wessen Löffel während der Nacht herabfällt, muß in diesem Jahre sterben.

Gleich „Gömmachten" weist auch der darauf folgende Dreikönigs= oder „Perchtentag" Züge uralter heidnischer Überlieferung auf, die aus der gegenwärtigen christlichen Feier des Festes noch durchschimmern. Die Kirche weiht je nach der Gegend auch an diesem Tage Wasser und Salz. Ersteres, das sogenannte „Küningwasser" oder „Künigweih", wie es im Sarntal heißt, wird in ähnlicher Weise, wie am Stephanstage geweiht, meist in einer großen Kufe neben dem Taufbecken oder im Vorhaus der Kirche. Dahin bringt man auch die Kreide, sowie das aus Ameisenhaufen gewonnene Harz, um beides vom Priester weihen zu lassen, falls dies nicht schon am „heiligen Abend" nach dem letzten Rorate oder nachmittags geschehen ist.

Mit dem Dreikönigswasser besprengt man, wie mit dem Stephanswasser Stall und Vieh und gibt auch etwas davon ins Trinkwasser. Ebenso bespritzt man die Weinberge und Felder und räuchert sie dabei ein. Den Wedel steckt man an einer hohen Stange im Acker auf oder nagelt ihn an die Stalltür. Bei dieser Einsegnung, welche gewöhnlich die zwei „kleinsten" Knechte vornehmen, ist es nun an einigen Orten,

z. B. in Sarntal üblich, daß diesen die Dirnen in einem Versteck am Wege, sei es nun Stiege oder Tür, aufpassen und die arglos ihrer Pflicht nachkommenden Knechte mit Wasser beschütten. Fehlen sie dieselben so gibt es ein trockenes Jahr. Meistenteils wird dieser Segensgang erst nach dem Mittagsmahl vorgenommen.

Dasselbe ist an diesem Tage reichhaltiger, als sonst. Die Sitte will es, daß hiebei gewisse Speisen nicht fehlen dürfen; so darf z. B. in Nordtirol ein Weizenmus (Brei) nicht vermißt werden. Im Zillertal kommen die beliebten „Magschaden" (Mohnblatteln) auf den Tisch, welche Speise wahrscheinlich den kärntnerischen „Stockblatteln" oder dem „Blattelstock" entspricht. Wo der große Familienzelten nicht schon am Stephanstage angeschnitten wurde, geschieht es am Dreikönig beim Mittagsmahl und zwar mit einer gewissen Feierlichkeit durch den Familienvater. Befinden sich Windmühlen beim Hause, so werden dieselben während dieses Zeltenanschneidens getrieben.

Der Nachmittag ist verschiedenen ernsten und heiteren Belustigungen geweiht. Da ziehen die „Heiligen drei Könige" mit ihrem Stern von Haus zu Haus und singen ihre treuherzigen naiven Lieder. Im Etschtal und in den deutschen Gemeinden an der italienischen Sprachgrenze gehen, wie wir bei Weihnachten hörten, die Kinder in die Häuser um die „Goimacht", d. i. um ein kleines Geschenk. Hie und da wird auch ein Dreikönig-Spiel aufgeführt, so in Hall und Taur das beliebte Goliathspiel, obwohl dieses mit den drei Weisen aus dem Morgenlande nichts zu tun hat.

Im Salzburgischen zieht an manchen Orten die Perchtl um. Im blauen Kleide und mit einem Schellenkranz kommt sie zu den Häusern und bittet um Gaben. Doch selten erscheint sie in so lieblicher Gestalt. Gewöhnlich zeigt sie sich als ihr Zerrbild die „wilde Perchtl", ein zerlumptes Weib mit einer messingenen Kuhschelle am Rücken. In wilden Sätzen springt sie Gassen auf, Gassen ab und bringt gabensammelnd in die Häuser mit dem Rufe:

Kinder oder Speck,
Derweil geh i net wek.

Noch toller geht es dort zu, wo sie mit ihrem Gefolge, den „Perchten", erscheint, wie dies vorzüglich in den östlichen Alpengegenden der Fall ist. Waizer und Franzisci in ihren verdienstvollen Schilderungen kärntnerischen Volkslebens geben von diesem aufregenden Schauspiel ein sehr lebendiges Bild. In den seltsamsten Vermummungen, mit Tierlarven vor den Gesichtern und Schellen am Rücken, stürmen sie unter ohrenbetäubendem Peitschenknallen, Geschelle und wildem Jauchzen durch die Dorfgassen. So ist es besonders im Mölltal und in der Lienzer Gegend; aber auch im Zillertal und im Großachental war noch vor wenigen Jahrzehnten das „Perchtenlaufen" oder „Perchtenspringen" üblich. Im Pinzgau zogen früher oft Rotten von zwei- bis dreihundert vermummten Burschen mit Kuhglocken und unter Peitschenknall herum. In jüngster Zeit ist dieser Brauch um Dreikönig sehr in Abnahme gekommen, oder hat sich, wie im westlichen Pustertal in harmloserer Gestalt mit den Faschingsumzügen vermengt.

Diesem gleichmachenden Zuge der Zeit ist leider auch, wenigstens in verkehrsreicheren Bezirken, ein anderer altehrwürdiger Brauch zum Opfer gefallen, der noch in meiner Jugend in Tirol, besonders in den westlichen Tälern allgemein geübt wurde und sicher in die ältesten Zeiten zurückreicht. Wie schon im vorhergehenden Abschnitt erzählt wurde, hat der Geliebte eines Mädchens, der diesem am Stephanstage den „Zelten nachtragen" darf, das Recht, am Dreikönigstage denselben „anzuschneiden" oder, wie es ganz richtig heißt, „anzustechen". Der Bursch kommt mit einbrechender Dämmerung an's Fenster seiner Geliebten, die ihm das „Kletzenbrod" mit Butter vorsetzt. Er bringt als Gegengabe gewöhnlich ein Fläschchen Gebranntes mit oder ein anderes kleines Geschenk, so im Oberinntal einen „Schnürriemen", wie ihn die Mädchen dortiger Gegend zum Zusammenhalten des Mieders verwenden. In diesem Falle steckt der Bursch das Messer von oben herab in den Zelten, wickelt das Band herum und spricht:

Fünf Ellen a Schand',
Sieben Ellen a Band,
Neun Ellen um b'Hand.

Natürlich sagt diesen Spruch nur einer, der eine Schnur
von entsprechender Länge mitbringt. Dann schneidet der
Bursch von der Mitte bis zum Rand des Zeltens, die andere
Hälfte durchschneidet das Mädchen. Darauf wird unter
Scherz und Plaudern das frugale Mahl verzehrt. Ist es
eine dienende Dirne, so muß ihr der Bursch dafür zu Licht=
meß, falls sie aus dem Dienste tritt, das „Schlengelzeug",
d. h. ihre Habseligkeiten nachtragen. Oft ereignet es sich,
daß ein Bursch auf die Einladung des Mädchens zum Zelten=
anschneiden nicht erscheint und ihr auf diese Art die Liebe
aufkündigt. In diesem Falle muß die Betreffende zusehen,
daß sie bald einen neuen Liebhaber bekommt, denn es heißt:

Sebastian
Schneidet den letzten Zelten an.

Die Sternsinger.

Einer der beliebtesten und interessantesten Gebräuche dürfte
wohl das sogenannte „Sternsingen" sein, das mit einigen Ver=
änderungen fast in jedem Tale Tirols im Schwange ist.
Man freut sich schon lange auf den Dreikönigsabend, an dem
diese liedersingenden Gestalten erscheinen. Im Oberinntale
sind es drei Knaben, welche mit rußgeschwärzten Gesichtern
und Kronen aus Goldpapier auf dem Kopfe die drei Weisen
aus dem Morgenlande darstellen sollen. Oft sind sie auch
in weiße, mit bunten Bändern verzierte Röcke gekleidet.
Einer von ihnen trägt auf einer Stange einen Goldstern
mit Schweif, an dessen Rückseite eine Schnur befestigt ist.
Damit gibt ihm der Träger bisweilen einen Ruck, so daß
Stern und Schweif auf höchst unkometenhafte Weise um die

Achse tanzen. So ausgestattet ziehen die Sternsinger von Haus zu Haus, hinterdrein mit lautem Halloh die schaulustige Dorfjugend. Vor jeder Tür wird Halt gemacht. Einer der Knaben tritt in die Stube und singt:

> König Kaspar bin ich genannt,
> Komm' daher aus Mohrenland,
> Komm' daher in großer Eil',
> Vierzehn Tag, fünfhundert Meil',
> Melchores, Melchores trit du herein!

Während sich Kaspar in eine Ecke zurückzieht, erscheint Melchior:

> Ich tret' herein durch diese Thür
> Und mach' das heilig' Kreuz dafür,
> Das heilig' Kreuz mit göttlichem Segen,
> Das uns Gott Vater vom Himmel gegeben.
> Balthores, Bathores trit du herein!

Melchior stellt sich sodann ebenfalls neben Kaspar in den Hintergrund, indeß der gerufene Balthasar kommt und deklamiert:

> Ich tret' herein mit der Geis,
> Möcht' wissen, wie die Hausfrau heißt.
> Die Hausfrau heißt Frau Pfefferkern,
> Weihnachtszelten essen wir gern.

Nun stellen sie sich zusammen und singen einen Dreigesang:

> Die heiligen drei Könige mit ihrigem Stern
> Sie suchen den Herrn und hätten ihn gern.
>
> Und als sie kamen an Herodes sein Haus,
> Herodes der schaute zum Fenster heraus.
>
> Herodes der sprach aus trutziger Rach':
> „Warum ist denn der mittlere König so schwarz?"
>
> „"Er ist ja nicht schwarz, er ist uns bekannt,
> Er ist König Kaspar aus Morigenland.""
>
> Herodes sprach: „Bleibt heut bei mir,
> Ich will Euch geben Wein und Bier.
>
> Ich will Euch geben Stroh und Heu
> Und will Euch halten Zehrung frei."

Die heiligen drei König woll'n sich besinnen,
Sie wollen heut Nacht noch weiter von hinnen.

Herodes sprach mit falschem Bedacht:
„Beutet (bietet) mir die rechte Hand!"

„„Wir beuten's dir nicht, wir beuten's dir nicht,
Du bist der Herodes, dir trauen's wir nicht.""

Sie ritten auf den Berg hinaus
Und sahen den Stern wohl über dem Haus.

Sie fanden das Kindlein nackent und bloß,
Sie legten's der Jungfrau Maria im Schoß,

Sie fallen gleich nieder auf ihre Knie
Und opfern dem Kindlein Gold, Weihrauch und Myrrh'!

Wir wünschen alle drei eine ruhsame Nacht,
Eine ruhsame Nacht, eine fröhliche Zeit,
Gott Vater, Gott Sohn und Gott heiliger Geist.[1]

Nach diesem frommen Segensspruche für Haus und Hausleute geben die Sternsinger auch den stillen Wünschen für ihre eigene Person bescheidenen Ausdruck:

Und wer uns was geben will, der geb' es uns bald,
Wir müssen noch heut' durch einen stockfinstern Wald.

oder wie es an andern Orten heißt:

Wir haben schon g'hört den Schlüssel klingen,
Man wird uns bald zwei, drei Kreuzer bringen,
Zwei, drei Kreuzer sind noch nit g'nua,
Es g'hört a Stuck Zelten und a Schnaps dazua.

Jetzt weiß die Hausfrau, was sie zu tun hat. Sie holt den großen Zeltenlaib aus dem Kasten und stellt eine Flasche Schnaps dazu. Die „heiligen drei Könige" sind auch gar nicht schüchtern, sondern lassen sich das süße Gebäck und feurige Naß trefflich schmecken. An den meisten Orten bekommen sie nebstdem ein kleines Geldgeschenk.

Noch festlicher traktiert man die Sternsinger im Iseltale. Man macht ihretwegen schon um zwölf Uhr mittags Feierabend,

---

[1] Ich gab das Lied absichtlich so, wie ich es als Kind hörte, jetzt ist manches daraus weggefallen.

d. h. die Männer; denn die Bäuerin· und die Dirnen haben mit der Bereitung des schon beim Weihnachtsfest erwähnten „Blattelstockes" zu tun. So heißt nämlich ein eigentümliches Festgericht, bestehend aus dünn gebackenen Brotfladen, die mit einer Fülle von Butter, Honig und gestampftem Mohn bestrichen und auf einem riesigen Teller turmartig übereinander aufgebaut werden. Dieser „Blattelstock" prangt als Gegenstand allgemeiner Bewunderung auf dem großen Eßtische. Rings um den Teller pflanzt man wie Bollwerke einer Festung Stücke von Zelten und Kuchen sowie etliche Maßflaschen „roten Tiroler" auf. Unter diesen Vorbereitungen beginnt der Abend zu dunkeln und Familie und Gesinde versammeln sich in der Stube, um bei gemütlichem Heimgarten auf das Erscheinen der „Singer" zu harren. Endlich kommen sie. Voraus geht ein Fakelträger, ihm folgen die heiligen drei Könige, die sich alsbald in feierliche Haltung stellen und ihre Verse absingen. Es ist auch hier dieselbe halb ernste, halb komische Vorführung mit denselben halb religiös, halb weltlich klingenden Liedstrophen. Zum Schlusse ladet man die „Bande" ein, sich die aufgetischten Leckerbissen und den guten Trunk munden zu lassen.

Hausgang und Stube haben sich indes mit Buben und andern Schaulustigen gefüllt, die fröhlich in das den Hausleuten ausgebrachte Hoch einstimmen und mit ihren Wünschen für ein „glückseliges neues Jahr" kein Ende finden. Beim Abschied gibt der Hausvater den Sternsingern ein Geschenk an Lebensmitteln und Geld, gewöhnlich ein paar „Sechser", welche der den Zug begleitende Sackträger dankbarst in Empfang nimmt. Bei ärmeren Häusern, wo nicht viel zu bekommen ist, kehren die heiligen Dreikönige gar nicht ein, sondern nur bei besser stehenden. Da fließen aber die Spenden an Lebensmitteln so reichlich, daß die Sackträger ihre Säcke oft kaum mehr weiter zu schleppen im stande sind. Die Bettelei tritt überhaupt an vielen Orten sehr in den Vordergrund, so z. B. im wildschönen Paznauner Tale, dessen Bewohner übrigens auch hier ihren Ruf als originelles Völklein bewähren. Statt der drei Knaben erscheint nämlich dort ein

alter Mann mit weißem Bart und Turban und in einen
Kaftan gekleidet, der mit seinem beweglichen Sternrade singend
und bettelnd das Dorf durchwandert. Auch in den Dörfern
westlich von Innsbruck fand ich diese Art von Sternsinger als
Einzelfigur.

Im Städtchen Lienz im Pustertale veranstaltet der
Organist den Umzug. Er wählt sich drei aus den Kirchen=
sängern und besucht mit ihnen am Dreikönigsabende die
Bürgerhäuser. Zuerst singen sie alle vier zusammen ein Lied.
Mitten im Texte aber brechen sie ab und alles ist mausstille.
Der Organist tritt vor und singt im wunderlichsten Falset=
tone den „edlen" Herrn des Hauses an, den er mit allen er=
denklichen spießbürgerlichen Titeln begrüßt. Dabei spricht
er so schnell als möglich und dehnt die letzte Silbe weit
hinaus, was einen ungemein komischen Eindruck macht. Hat
der Organist sein Solo beendet, so folgt die zweite Hälfte
der Sternsingerliedes. Mit einer beliebigen Gabe in Geld
zieht der abendliche Besuch hierauf seiner Wege weiter. Man
betrachtet diese Gabe als einen Beitrag zur Besoldung der
Kirchensänger; in Dux z. B. waren diese früher einzig darauf
angewiesen. Im südtirolischen Palu erhalten sie bei jedem
Hause zwei bis vier Brotlaibe, wofür sie den Spendern zum
Danke ein frommes italienisches Lied zum besten geben. Der
Wert der verkauften Brotlaibe beträgt ungefähr 60—80 Kronen.
Für dieses Geld erquicken sie sich im Gasthause durch ein
gutes Nachtessen; der übrige größere Teil der Sammlung
aber wandert in den Widdum als Messengeld für die „armen
Seelen".

Daß wir in dem Gebrauch des Sternsingens nur den
Rest ehemaliger vollständiger Volkskomödien, der sogenannten
Weihnachts= und Dreikönigsspiele zu suchen haben, ist wohl
außer allem Zweifel, weniger klar aber dürfte die mythologische
Bedeutung der auftretenden Gestalten sein, obwohl denselben
unbestreitbar vorchristliche Züge anhaften. Am deutlichsten
hiefür spricht wohl der Umstand, daß man den Sternsingern,
ehvor man ihnen eine Gabe reicht, die Weisung gibt, auf
den beschneiten Ackergründen draußen tüchtig herumzustampfen,

weil dadurch das Gedeihen der Feldfrüchte im kommenden
Sommer befördert werde. Dagegen gibt es auch Ortschaften,
wo das Sternsingen nach beiden Seiten hin seinen Charakter
verloren hat und nur den Wirten zu Ausnützungszwecken
dient. Im unterinntalischen Städtchen Kitzbühel suchen sich
diese schon einige Zeit vorher irgend einen Reimschmied, der
allen Altweiberklatsch und Skandal des Ortes in Knittelverse
bringt. Denselben wird eine alte Kirchenliedarie angepaßt
und das „G'sang" ist fertig. Am Dreikönigsabend wird es
dann unter großem Zulauf der Gäste abgesungen, wobei
natürlich der Wirt seine Rechnung findet. Dabei geht es
aber nicht immer ganz harmlos ab. Denn die Burschen,
die wohl merken, daß das „G'sang" auch von ihnen etwas
zu erzählen weiß, wollen sich nicht so an den Pranger gestellt sehen und veranstalten deshalb ein sogenanntes „Zelten=
scherz=Ziehen". Unter diesem Namen versteht man einen
tollen Aufzug. Die Burschen rennen wie die wilde Fahrt
durch das Dorf und machen mit Peitschen, Glocken, Trommeln
und Geschrei einen Heidenlärm, was so viel als eine Heraus-
forderung an die „Sternsänger" und deren Helfershelfer bedeuten soll. So gestaltet sich schließlich die ganze Komödie
zu einer hitzigen Rauferei, wobei nicht selten König Kaspar
oder Melchior tüchtig zerbläut wird.

Winterbilder.
1. Der Winter in den Alpen.

Vom Winter in den Alpen hat der Flachländer meist
eine irrige Vorstellung. Er denkt sich, ist dieser unwirsche
Geselle schon in der Ebene ungemütlich, wie wird er sich
erst in diesen hochgelegenen Gebirgstälern geberden. Und
doch ist das gerade Gegenteil der Fall. In den Alpen tritt
der Winter, wenn man von der großen Schneemenge in

tieferen Seitenwinkeln absieht, in der Regel viel milder auf, als in der Ebene. Vor allem haben die rauhen Nord- und Nordostwinde, welche die Temperatur herabdrücken, mit dem Gefolge gefährlicher Schneeverwehungen wegen der schützenden Bergflanken weitaus nicht jenen freien Zutritt, wie im offenen Flachland. Dies gilt besonders von jenen Tälern, die von Ost nach West streichen, also durch die nördliche Bergwand gedeckt sind, während ihnen der durch die Quertäler einfallende Südwind Wärme zuführt. Im Inntal z. B. ist oft monatelang milder, sonniger Himmel bei geringer Schneemenge, so daß man sich fast sommerlich angemutet fühlt.

Dies tritt beinahe regelmäßig ein, wenn der sogenannte „Alteweiber-" oder „Katharinensommer" später einfällt und der Föhn den ersten Schnee der Oktobertage bis hart an die Kämme der Berge „weggeputzt" hat. Da ereignet es sich dann wohl, daß man sich bis Neujahr, ja bis Dreikönig, einer milden Witterung erfreut und wenigstens über das erste Drittel des bösen Winters glücklich hinauskommt. So hatte ganz Tirol und das Salzkammergut im Dezember 1894 bis nahe zu den Weihnachtstagen ununterbrochen warmen Sonnenschein, daß die Leute in den Herbstkleidern herumgingen und man auf dem Mittelgebirge die Bauern in Hemdärmeln vor der Haustüre sitzen sehen konnte. An den schneefreien Lehnen blühten Eriken und Anemonen und auf Wegen und Rainen flogen Mücken und Bienen.

Solche „seidene" Winter, wie sie das Volk nennt, sind in den Alpen keine Seltenheit. Überhaupt weist der alpine Winter langandauernde Zeiträume schöner Witterung auf. Es ist dies eine Folge des hohen Luftdruckes, der um diese Jahreszeit meist über den Gebirgsländern liegt.

Damit hängt auch eine jährlich eintretende Erscheinung zusammen, die wir im Vorbeigehen kurz erwähnen wollen. In der Höhe, oft schon hundert Meter oder sogar weniger über der Talsohle, ist erfahrungsgemäß die Temperatur in der ersten Hälfte des Winters viel milder als unten. Zweifellos findet man deshalb die ältesten Ansiedlungen in den Alpen auf den Mittelgebirgsterrassen, wie denn auch die

alten Straßenzüge über die Höhen führen. Erst um Licht=
meß „zieht die Kälte hinauf", aber dann hat auch bereits die
Sonne größere Kraft. Die Meteorologen nennen dies „Um=
kehrung der Temperatur" und erklären es, wie mich Professor
J. Pernter, der frühere akademische „Wettermacher" in Innsbruck
freundlich belehrte, so: Infolge des höchsten Luftdruckes, der in
den Wintermonaten, besonders nach starken Schneefällen, über
den Gebirgsländern sich entwickelt, herrscht in solchen Ge=
bieten völlige Windstille und oben stets klarer Himmel, so
daß durch die andauernde und unbehinderte Ausstrahlung
die Erde sehr stark erkaltet. Gleichzeitig haben aber die
Untersuchungen ergeben, daß in diesen Gebieten höchsten Luft=
druckes die Luft niedersinkt, an den Berglehnen herabgleitet
und sich dadurch erwärmt. Unten im Tale angekommen,
bleibt sie liegen und erkaltet an der kalten Bodenfläche
und durch die andauernde Ausstrahlung. Daher ist es an
der Talsohle kalt, ja sehr kalt, und an den Berghängen
hinauf mild.

Der Alpler unterscheidet „apere", das heißt schneearme
Winter, also solche, die dem Boden nur eine zeitweilige und
ungenügende Schneedecke geben, und „strenge" oder „harte",
welche sich durch reichlichen Schneefall und große Kälte aus=
zeichnen. Die „aperen" Winter liebt er nicht; besonders
wenn sie warm und naß sind.

Ist der Winter warm,
Daß Gott erbarm'!
oder: Wird der Bauer arm.

Deshalb scheut er auch das frühe Eintreten des Winters,
weil dann gewöhnlich ein schneearmer nachhinkt. Den Spät=
herbst hat er noch gern mild und warm, aber wenn es
einmal gegen Kathrein (25. November) und gegen den Advent
geht, da soll es „fest einschneien" und kalt werden. Denn
gefriert der Boden nicht, so haben die Feldmäuse Kirchtag.
Ebenso braucht der Bauer ergiebigen Schneefall, nicht nur
als Schutz für die Wintersaat und zur Gewinnung der
nötigen Bodenfeuchtigkeit, sondern auch zur Herabschaffung

des Bergholzes, Alpendüngers und Bergheues, welche notwendige Verrichtungen nur mittels Schlitten möglich sind.

Zwar die beiden ersteren Arbeiten können ärgstenfalls auch im Nachwinter vorgenommen werden, aber die Herabschaffung des Bergheues kann nicht warten. Denn der Heuvorrat geht im Dezember gemeiniglich auf die Neige oder, richtiger gesagt, das „Milchvieh" kann dann nur mehr „einbar", das heißt mit Fettheu, das vom gedüngten Talboden stammt, gefüttert werden, während um diese Zeit die Mischfütterung aus letzterem und „magerem" oder Alpenheu eintreten soll. Bei mangelndem Schnee muß dieses daher auf Kraxen oft unter Lebensgefahr von den steilen Bergmähdern herabgeschafft werden.

Solche „apere" Winter werden aber geradezu verhängnisvoll, wenn bei fehlender Schneedecke langandauernde trockene Kälte meist mit beißendem Nordost- oder Nordwestwind eintritt, wie dieses z. B. fast durch drei Jahre (1894—1896) in Pustertal und im übrigen Südtirol der Fall war. Darunter leidet Alpe wie Talboden, Norden wie Süden. Auf den Almen und Bergmähdern gefriert der Boden zu stark, so daß im Frühjahr der Graswuchs sich zu spät entwickelt und nur spärlich ausfällt; unten im Tale aber stirbt die Wintersaat ab, weil sie des Schneeschutzes gegen Frost und Kälte entbehrt, während in den Weingärten des Südens „der Rebsterb" die Stöcke zugrunde richtet. Die Dorf- und Hausbrunnen frieren ab und das Wasser für „Vieh und Leut" muß täglich oft halbe Stunden weit auf vereisten Wegen herbeigetragen werden. Auch der Gesundheit sind solche trockenkalte Winter bei mangelnder Schneedecke äußerst schädlich. Entzündungskrankheiten mit raschem töblichen Verlauf sind eine häufige Erscheinung.

Den Gegensatz zu den „aperen" oder schneearmen Wintern bilden die „strengen" oder „harten", welche sich durch außerordentliche, das gewöhnliche Maß überschreitende Schneemengen, häufig verbunden mit großer Kälte, kennzeichnen. Sie halten den ersteren ziemlich die Wage, nur sind sie vom Alpler weniger gefürchtet, da sie meist ohne böse Folgen verlaufen. Größeren Schaden richten sie nur an, wenn die Schneemenge eine so gewaltige ist, daß sie in der Talsohle Verkehrsstörungen aller Art verursacht, oder sich das Einschneiungsgebiet so weit über die gewöhnliche Grenze nach Süden hinab erstreckt, daß es den Obst- und Weinpflanzungen schadet. Da leiden an erster Stelle die Kastanienwälder, in denen die Schneelast die dicksten Äste abbricht, ebenso die Mandel-, Zitronen-, Pfirsich- und Pflaumenbäume. Auch die „Pergeln" (Rebenlauben) werden geschädigt und die Weinbauten in den Bergfeldern arg mitgenommen. Von einer andern Folge besonders außergewöhnlicher Schneefälle, nämlich von den Lawinen, habe ich bereits an anderer Stelle ausführlich gesprochen[1] und hiebei in die durchaus irrigen Vorstellungen, welche über die Entstehung und die Arten dieser furchtbaren Naturerscheinung bis in neueste Zeit selbst in Fachkreisen herrschten, einige Klarheit zu bringen gesucht.

Die Häufigkeit und Stärke des Schneefalles ist ähnlich wie beim Regen in den Alpen nicht überall dieselbe. Es gibt Täler, in denen durchschnittlich mehr Schnee fällt als in anderen, ja im selben Tale ist oft eine bedeutende Verschiedenheit. Im Unterinntal z. B. ist der Schneefall stets ein größerer als im Mittel- und Oberinntal. Schneebedachte Gebiete sind unter anderm das Salzkammergut, besonders der Talkessel von Aussee, ferner Pustertal und Kärnten mit den südlichen Tauerntälern. So wirft es in der Prettau und im Mölltal oft in einer Nacht einen meterhohen Schnee. Dasselbe gilt von Damüls im hinteren Bregenzerwald. Da liegt infolge wiederholter Schneefälle der Schnee selbst in regelrechten Wintern fünf bis sechs Meter hoch. Ein Schneewinkel ersten Ranges ist auch der hinterste Teil des Klostertales. Wenn nun schon in gewöhnlichen Jahren die Schneemenge eine so bedeutende ist, dann kann man sich einen Begriff machen, wie es in den außergewöhnlichen Wintern aussieht.

---

[1] Vergl. das Tiroler Bauernjahr. 2. Ausg. S. 158 ff.

Solche übergroße Schneefälle waren im letzten Jahrhundert im Winter 1817, 1867, 1874, 1876 und besonders 1888. Der letztgenannte übertraf bekanntlich an Stärke und Ausdehnung des Einschneiungsgebietes alle bisher bekannten. Ja selbst der berüchtigte Winter von 1817, zu dessen Gedächtnis am Wege zum Ausseer Salzberg eine Kapelle mit der Marke gebaut ist, brachte es nicht zu so außerordentlicher Schneedecke. Im Pustertale sah man auf den Bergwiesen die Heuschuppen nicht mehr und an manchen Orten reichte der Schnee bis zu den „Dachtraufen" der Hausdächer. In Stuben am westlichen Abhang des Arlberges guckten am 14. Februar 1888 nur mehr die Dächer aus den Schneemassen hervor und selbst die Kirche stand bis zur Hälfte der gotischen Fenster im Schnee, ja im Jahre 1892 reichte er sogar über die Spitzbögen derselben, so daß man einen Tunnel zur Kirchentüre bauen mußte und die Leute sagten, die Kirche wäre dunkel wie am Karfreitag.

In solchen regelwidrigen Wintern spielt natürlich das vom Wind bewirkte sogenannte „Schneetreiben", das sich gewöhnlich unmittelbar nach starken Schneefällen einstellt und die bekannten Schneeverwehungen verursacht, auch eine sehr ins Gewicht fallende Rolle. Daß solche Verwehungen nicht nur einzelne Berggehöfte, sondern ganze Täler auf einige Zeit von jeglichem Verkehr absperren können, ließe sich im obengenannten Stuben oft genug erproben. Auch Aussee war im Jahre 1888 durch Schneemassen auf einige Zeit vollständig eingemauert und konnte nur durch fast übermenschliche Anstrengungen eröffnet werden.

Noch schwieriger geht natürlich die Herstellung der Verbindung mit hochgelegenen Einzelgehöften. Sind dieselben auch meist mit dem Notwendigsten, Brot, Mehl, Butter und Schmalz, versehen, so können doch bei ärmeren Familien bei zu langer Abschließung Fälle vorkommen, wo man ihnen unter Lebensgefahr Unterhalt zutragen muß. Da ist die Aufopferung der Talleute dann wirklich oft rührend. So wurden im Jahre 1888 einer abgesperrten dürftigen Familie mit sechs Kindern, die hoch oben über Kirchberg auf Faschina (zwischen dem Bregenzerwald und dem Großen Walsertal) vereinsamt wohnte, von fünfzehn wackeren Männern erstgenannten Ortes unter beständiger Lawinengefahr Nahrungsmittel und andere Stärkung zugetragen. Es war auch höchste Zeit, denn der Mundvorrat hätte kaum mehr auf zwei Tage gereicht. Ehre diesen braven Vorarlbergern!

Wochenlange Absperrung der Gehöfte in tieferen „Tobeln" kommt übrigens auch in normalen Wintern vor. Da ist es für die Eingesperrten dann freilich schwer, in die Kirche zu gelangen, falls nicht Frost eintritt und den Schnee tragend macht. Die Leute kommen oft nur mit Lebensgefahr zum sonntäglichen Gottesdienst und müssen froh sein, wenn sie mit heiler Haut wieder zu Hause eingetroffen sind. Ereignete es sich doch vor einigen Jahren, daß die Bewohner von Kühtai nach dem kaum zwei Stunden weit entfernten Ochsengarten „kirchen" gingen und ihnen der Rückweg durch volle acht Tage versperrt war. So hatte Schneegestöber und Verwehung innerhalb einer Stunde die Strecke unpassierbar gemacht.

Schlimmer ist es noch, wenn eine schwere Erkrankung eintritt oder ein Sterbender nach einem Geistlichen verlangt. Kommt ein Eilbote von einem noch so weit entlegenen Berghofe, so macht sich der Priester trotz Kälte, Schneegestöber und Lawinengefahr sofort auf den Weg. Liegt tiefer Schnee, so gehen meist fünf bis sechs Leute als Wegmacher mit. Trotzdem ist schon mancher Seelenhirt bis über den Kopf eingesunken, so daß nur mehr die zwei Arme mit der „Wegzehrung" aus dem Schnee herausschauten. Stirbt in so schwer zugänglichen Orten jemand, so bleibt die Leiche oft wochen- und monatelang gefroren liegen, oder wird zum Gefrieren „unter's Dach" gegeben, bis der Weg die Übertragung ermöglicht. Das war früher in jenen Tälern allgemein der Fall, deren zuständige Pfarrei jenseits des Joches lag. Da überwinterte regelmäßig die Leiche auf dem Dachboden. So geschah es z. B., ehe diese kirchlichen Verhältnisse geordnet waren, in Hinterbur, das früher zur Pfarre Matrei gehörte, so in Pfelders, das bis zu Kaiser Josefs Zeiten seelsorglich nach St. Peter bei Tirol, so in Vilnös, das bis zum Ende des 14. Jahrhunderts nach Albeins eingepfarrt war. Jetzt, da die Verkehrswege vielfach gebessert sind, ist auch der oben erwähnte Brauch, die Leiche gefrieren zu lassen, ziemlich eingeschränkt, besonders in regelrechten Wintern, die, gottlob, in den Alpen die regelwidrigen, mögen sie nun "apere" oder "strenge" sein, an Zahl weit überwiegen.

---

2. Die Bergfahrer.

Es ist Spätnachmittag. Beim Reiterbauern in der Eßstube glüht der Ofen, als ob Brot zu backen wäre, so daß es selbst den Dirnen mit ihren Spinnrädern an den Fenstern zu warm wird. "Heut bleiben die Buben lang aus," sagt der alte Bauer und klopft seinen Pfeifenstummel auf der "Kemmichplatte" aus. Da plötzlich Getrampel und Stampfen eisenbeschlagener Schuhe im Hausflur und drei, vier baumstarke Burschen poltern zur Tür herein, Bart und Loden bereift, so daß gleich ein kühler Luftstrom durch die dunstige Stube zieht. Auf der Achsel tragen sie "Schneereifen", die sofort in den Winkel fliegen. Im Nu sind die halbgefrorenen schweren Lodenjoppen ausgezogen und am Ofengestänge aufgehängt. Dann setzt man sich auf die warme Ofenbank, stopft die Pfeife und läßt sich auftauen, bis das Essen kommt.

Heute gibt es eine große Pfanne voll Nocken, schon deshalb, weil diese Mahlzeit für Mittag- und Abendessen gilt. Ist ihnen auch wohl vergönnt. Denn das "Risenmachen" ist keine Kleinigkeit, besonders wenn es einen halbmeterhohen Schnee geworfen hat. Man versteht unter dieser Arbeit die Anlage einer Wegbahn im frischgefallenen, dichten Schnee vom Talboden aufwärts zu den Holz- oder Streuhaufen, die man mittelst Schlitten vom Hochwald herabschaffen will. Zum Festtreten des Schnee's bedient man sich

der früher genannten Schneereifen. Es sind länglich= oder
kreisrunde Holzreifen mit einem Gitterwerk aus starkem
Spagat. Sie werden am Fuße mit Riemen mehrfach be=
festigt. Der „Schneereif" gibt dem Fuße eine breitere Fläche,
so daß man bei weichem Schnee nicht zu tief einsinkt. Ist
das Gehen mit Schneereifen schon ohnehin äußerst ermüdend,
da ein Fuß dem andern beständig ausweichen muß, so gilt
dies besonders beim Aufwärtssteigen, wie es das „Risen=
machen" erfordert. Man nimmt es bei „weichem" Wetter
vor, damit dann über Nacht der Schnee leidlich fest wird,
und den schweren Holzschlitten nicht zu tief einsinken läßt.
Durch öfteres Befahren wird eine solche „Rise" glatt und
hart wie eine Landstraße.

Der Heimgarten ist heute sehr kurz. Die Burschen
müssen nach dem Abendrosenkranz ihre Bergschuhe schmieren
und die Steigeisen zurecht richten. Mit dem Faulenzen auf
der Ofenbank ist es also für heute vorbei. Auch die Zenz,
oder wie die „Kuchlin" sonst heißt, stellt ihr Spinnrad heute
früher bei Seite, als die anderen Dirnen, zündet am „Kemmich=
feuer" ihre Unschlittkerze an und verschwindet mit einem:
„G'lobt='sös Christs". Sie tut auch ziemlich gut, zeitlich
ihre „Liegerstatt" aufzusuchen, denn um drei Uhr früh muß
schon die heiße Brennsuppe nebst einer Pfanne schmalziger
Nocken auf dem großen Eßtisch dampfen als kräftiger Morgen=
imbiß für die „Bergfahrer".

So geschieht es auch.

Es ist noch tiefe Nacht, wenn die „Bergfahrer" ihr
Nest verlassen und in ihre Kleider schliefen. In einer
Viertelstunde ist abgegessen und die Männer rüsten sich zum
Aufbruch. Sie sind in Joppe und Hose aus dickem Loden
(grobem Wollenzeug) gekleidet, damit Schnee und Kälte nicht
zu scharf eindringen; die Füße stecken in festen, mit Steig=
eisen versehenen Schuhen, Kopf und Ohren bedeckt eine mäch=
tige Pelzmütze. Noch ein „Schlenkerer" ins Weihbrunnkrügl,
dann werden die „Granser" (Handschlitten) aus der Schupfe
(Schoppen) geholt und hinaus geht es in die prickelnd kalte
Winternacht. Noch steht der Mond hoch am Himmel, wenn

nicht, nimmt man „Bucheln" (Kienfackeln) oder eine alte Stalllaterne mit, um den Weg nicht zu verlieren. Man bleibt selten zu zweien, gewöhnlich verabredet man sich mit den Burschen der Nachbarschaft, die dieselbe Arbeit vorhaben, sodaß oft eine Truppe von 17—20 „Bergfahrern" samt Schlittengefolge die nächtlich stille Dorfgasse verläßt. Ein Stück weit wandert man zusammen, dann aber teilen sich die Wege. „Zeit g'lassen" oder „nit z' fleißig", sagt der Eine, „G'schieht schon" oder „nix Gut's verbieten" erwidert der Andere.

Vor der Hand geht die Fahrt noch ganz leidlich. Kommt man aber einmal weiter hinauf, wo der Weg aufhört, dann ist der Anstieg ungleich mühevoller. Bergpfade sind eben keine gebahnten Wege und wissen nichts von einem Schneepflug. Da heißt es wohl achtgeben und die Gegend gut kennen, sonst stürzt man unversehens turmtief hinunter und kann noch von Glück sagen, wenn man mit gebrochenem Arm oder Fuß oder mit einigen Löchern im Kopf davonkommt. Steil, oder wie die Bauern sagen, „stickel", geht es aufwärts, so daß die Burschen bald ihre Lodenjoppen ausziehen und hinter sich auf den Schlitten werfen. Trotzdem tropft ihnen der Schweiß von der Stirne. Liegt der Schnee sehr hoch oder geht, wie es gewöhnlich der Fall, die „Rise" nicht bis zum Lagerplatz des Holzes, so läßt sich der Schlitten nicht mehr ziehen, sondern es bleibt nichts anderes übrig, als denselben auf den Rücken zu laden, und so über die Höhe hinaufzuschleppen.

Endlich nach stundenlangem Anstieg kommen die „Bergfahrer" müde und schweißgebadet ans Ziel, d. h. zu den Holz- oder Streuhaufen, die heute herabgeschafft werden sollen. Diese sind, wie wir in einem der früheren Abschnitte hörten, bereits im Sommer oder Herbst aufgeschichtet worden. Der Bauer benützt nämlich die Tage mit günstigem Wetter, die ihm zwischen den wichtigsten Feldarbeiten übrig bleiben, zum Holz- und Streurichten. Die Bäume, zum größten Teil Föhren und Fichten, werden gefällt und entweder in Scheiterlänge abgeschnitten, mittelst Keil und Schlägel gekloben, dann gehackt und „aufgestößelt" oder wenn man Sägestücke, sogenannte „Blöcher" erhalten will, nur an den oberen dünnen Teile abgesägt, bis sie die erforderliche Länge haben, um Bretter daraus zu schneiden. Diese Stämme werden ebenfalls im Winter durch das „Holzschießen" oder „Holztreiben" zu Tal befördert. Die Rinde wird abgeschält, um den Holzstoß oder Streuhaufen vor Regen und Schnee zu schützen. Die Streu besteht aus den abgehackten Tannenzweigen, Taxen genannt, aus dem abgefallenen Laub, wenn solches vorhanden ist, und aus zusammengerechtem Waldmoos. Man errichtet diese „Legen" (Schichten) in kunstgerechter Form und zu noch besserem Schutze gegen Nässe womöglich unter einem Baum oder an Felswänden bis zur winterlichen Herabschaffung. Im Sommer nämlich das Holz oder die Streu über die höckerigen Lehnen herunterzubringen, wäre eine reine Unmöglichkeit. Man muß deshalb den strengen Winter, meistens den Januar oder die erste Hälfte des Februar abwarten, wenn wiederholte Schneefälle die Unebenheiten und Untiefen des hartgefrorenen Bodens ausgeglichen haben. Sind Bergwege da, so benützt man zur Herabschaffung diese. Meist aber bilden die oben genannten „Risen" die natürlichen Ablieferungskanäle. Es sind dies äußerst steile, oft geradezu senkrecht abfallende Rünste, die auf dem kürzesten Wege ins Tal führen und möglichst wenige und nur geringe Wendungen haben. Sie werden, wie erwähnt, durch das sogenannte „Risen" oder „Risenmachen" mittelst der „Schneereifen" in glatte Schneebahnen umgeschaffen. Meist reichen dieselben bis hart an die Holz- oder Streuhaufen, wenn nicht, müssen letztere erst zu den „Risen" geschafft werden.

Sind nun die „Bergfahrer" mit ihren Schlitten am Standort angelangt, so halten sie erst kurze Rast und stärken sich mit ein paar kräftigen Zügen aus der Schnapsflasche, dann geht es rüstig an die vorzunehmende Arbeit. Vorerst wird die oft nicht unbedeutende Schneedecke vom Holz- oder Streuhaufen entfernt, dann die herabzuschaffende Last auf die Schlitten verteilt; hinten läßt man gewöhnlich noch einige Hölzer nachschleifen, um die Hemmung des Gefährtes zu er-

leichtern. Beim Beladen der einzelnen Schlitten nimmt man
auf Stärke und Gewandtheit des betreffenden Lenkers, auf
welchen es bei der Abfahrt am meisten ankommt, entsprechend
Bedacht. Hierauf bindet man die Ladung mit den mitge=
brachten Stricken fest und bringt den Schlitten an den Aus=
gang der „Rise".

Nun erst, nach ein paar Stunden harter Arbeit nimmt
man sich Zeit, den Eßvorräten zuzusprechen. Schwarzbrot
und Speck, Butter und Käse, hie und da ein Stück „Birn=
zelten", bilden das einfache Mahl, die rechte Würze aber
gibt ihm der Branntwein, dessen feuriges Naß die erstarrten
Glieder mit wohltuender Wärme durchströmt. Übrigens darf
man nicht glauben, daß die Leute bei ihrer schweren Arbeit
etwa verdrossen seien. Ihre kerngesunde Natur ist gewöhnt
an derlei Anstrengungen und der beständige Aufenthalt in
der frischen Bergluft stählt ebenso ihren Körper wie ihren
Mut. Derbe Späße und Gelächter schallen hin und wider
und mancher Jodler ertönt aus der kräftigen Brust, daß
die schneebedeckten Berge widerhallen. Schneidig pfeift der
Wind um die Ohren, aber was kümmert das so einen baum=
starken Burschen, höchstens daß er wie zum Hohne singt:

   Je höher der Berg
   Desto schärfer der Wind,
   Und je weiter zum Diendl
   Desto kleiner die Sünd!

Nun aber heißt es „abfahren". Jeder stellt sich vorn
zwischen die Kufen seines Schlittens, der Kühnste voraus
als Zugführer. Noch einen kräftigen Zug aus der Schnaps=
flasche und mit einem: „Ih in Gott's Nam'" geht die
grausige Fahrt los. Pfeilschnell schießen die beschwerten
Schlitten in rasender Eile die steile Rise hinab. Der feine,
von den Fußeisen aufgerissene Schneestaub umwirbelt wolken=
gleich die Lenker, welche die Hände krampfhaft um die
„Hörner" geklammert, den Leib weit zurückgebeugt und die
Füße fest vorgespreizt, mit Anstrengung aller Kräfte das
dahinsausende Gefährt zu hemmen und in der Richtung zu

erhalten bestrebt sind. Da mündet eine zweite Rise ein.
„O Wög!" (aus dem Weg) tönt es von ferne gedämpft
dem Lenker zu. Kaum etwas stillgestanden oder den Schlitten
etwas gehemmt, und schon saust ein fremder Holzschlitten
vorbei. Wehe, wenn die beiden Gefährte zusammenstoßen,
oder wenn bei einem „Rieb" (Wegbiegung) der lenkende
Fuß versagt oder die Hemmkraft der Sperrketten und Fußeisen nicht mehr ausreicht, die Kraft der nachdrängenden
schweren Last zu schwächen. Unaufhaltsam wirft es den
Schlitten aus dem Geleise über Abhang und Felsen oder
an einen Baum, sodaß er in Stücke zerschellt und der
Lenker mit gebrochenen Gliedern von den jammernden Kameraden gefunden wird. So warf es einmal in Oberinntal
einen Burschen samt Schlitten über den bekannten „gachen
Blick" am Piller in die grausige Tiefe.

Der häufigste Unglücksfall ist, daß der Lenker bei zu
steiler Schneebahn die dahinstürmende Last nicht mehr zügeln
kann, besonders wenn ihn der Krampf packt und er so unter
den Schlitten gerät. Von Entrinnen durch Ausspringen
kann natürlich keine Rede sein, da sich der Lenker zwischen
den beiden Kufenhörnern befindet. Im armen Oberinntal,
besonders im Imster und Landecker Bezirk, vergeht kein
Winter, in dem nicht einer oder mehrere bei diesem „Bergfahren" Arme oder Beine brechen, zersplittern oder verrenken,
und im einsamen Paznauntal kann man Dutzende und
Dutzende von „Marterln" zählen, die sämtlich Stellen bezeichnen, an denen Leute durch Holzfuhren oder Lawinenstürze jämmerlich zu Grunde gingen. Zwar von letzteren
droht bei der Holzarbeit weniger Gefahr, da sich in den
Waldbezirken meist nur kurzgestreckte Schneehänge befinden.

Freilich liegt die Schuld an vielen dieser Unglücksfälle
auch am Leichtsinn und an der Tollkühnheit, mit der die
Leute diese gefahrvolle Arbeit verrichten. Kommt es doch
oft genug vor, daß ein par recht waghalsige „Bergfahrer"
förmliche Wettfahrten bei dieser ohnedies gruseligen Rutsch-
partie anstellen. Auch der nie versiegende Volkshumor hat
sich dieses Stoffes bemächtigt und einem frommen Kaunser-

bäuerlein einen Spottzettel angeheftet. Besagtes Bäuerlein war auch „in den Berg" um Holz gefahren, hatte dasselbe auf den Schlitten geladen und wollte eben mit der Last abfahren. Um glücklich ins Tal zu kommen, band er rückwärts an die Bürde ein kleines Bild des Gekreuzigten im Vertrauen auf dessen Mithilfe, wenn es zu rasch ginge, und fuhr ab. Kaum war er ein Stück unten, so schmiß es ihn samt der Last an einen Baum, daß Schlitten und Christusbild in Trümmer ging und das Bäuerlein froh war, noch seine gesunden Glieder gerettet zu haben. Mit einem derben Fluch raffte er sich wieder auf die Beine, betrachtete den Greuel der Verwüstung und sagte mitleidig lächelnd zum zerbrochenen Herrgott: „Denkt hab i mir's wohl, daß deine Schinkelen (Schenkelchen) zu schwach sein."

Zur Heimfahrt braucht man begreiflicher Weise wenig Zeit, man kommt deshalb meist abends früh nach Hause. An manchen Orten machen sich die Burschen bei hellem Mondschein schon nachts zehn Uhr auf den Weg und kehren bis zwei Uhr nachmittags heim. Hierauf rasten sie einige Stunden und treten die beschwerliche Fahrt auf's Neue an. Das herabgeschaffte Holz wird in den Schuppen gebracht und Ende Februar oder März, wenn die Wege nicht mehr fahrbar sind, mit dem Schneidmesser — der „Brax" — kleingehackt. Die Streu kommt auf den betreffenden Schober.

Schwieriger ist noch die winterliche Herabschaffung des Bauholzes und der „Säghölzer" oder „Blöchlen", falls man dieselben nicht durch das „Holzschießen" zu Tal fördern kann. Man benützt hiezu gewöhnlich Halbschlitten, welche nur aus einem Vordergestell bestehen. Daran werden die 5—6 Meter langen Stämme mit Ketten befestigt, so daß sie rückwärts nachschleifen. Oft aber verwendet man hiezu auch „Granzger", schwere Bergschlitten mit beweglichem Hintergestell. Um das Gefälle, das bei so schwerer Belastung auf den steilen und beeisten Bergwegen verdoppelt nachdrängt, „sperren", d. i. entsprechend hemmen zu können, sind beim Vordergestell an den auf den Kufen senkrecht stehenden Trägern (Boanling) sogenannte „Kratzen" oder „Sperrtatzen" mittelst einer

Nabe angebracht, das sind hebelartige, eiserne Gabeln, die
nach Art der Radschuhe hackenförmig über die Kufen in den
Boden eingreifen. Am oberen Hebelarm, wo sie der Lenker
hält, sind sie schwerer, so daß man sie einfach fallen zu lassen
braucht, wenn die Gabeln nicht mehr eingreifen sollen.
Außerdem werden, um die Reibung zu verstärken, Ketten
um die vorderen Kufen gegeben. Trotzdem fährt der be=
ladene Schlitten ziemlich rasch ab und der zwischen den
Kufenhörnern stehende Lenker muß alle Kraft einsetzen, um
mit Fußeisen und Sperrtatzen die zu rasche Abfahrt zu
mindern.

Hat man aber „Risen", die vom Berg ins Tal leiten,
zur Verfügung, dann geschieht die Herabbeförderung des
Bau= und Sägholzes auf diesen durch das obengenannte
Holzschießen oder Holztreiben, auch eine harte Arbeit.
Die glatten Stämme, welche schon während des Sommers
der Rinde entschält wurden, werden mittelst der eingehackten
Axt zur übereisten Rise gezogen und dann losgelassen. Sie
schießen gleich wütenden Schlangen polternd und krachend
in die Tiefe. Nicht selten zersplittert ein solcher Stamm
an einem Felsen in tausend Stücke. Man liebt daher diese
Art der Hinabbeförderung des Holzes nicht sehr, da bei dem
gewaltigen Absturz — derartige „Risen" gehen nämlich auch über
Felswände herab — zu viel Holz „absplittert". Das Krachen
und dumpfe Dröhnen der auffallenden Stämme hört man
weithin. Stämme von gutem Kernholz geben beim Absturz
einen klingenden Ton von sich. Dies gilt besonders von
der Haselfichte, von der das Alpenvolk behauptet, sie klinge
wie eine Glocke. Sie hat ein blendend weißes Holz, das
sich für Holzinstrumente, besonders Geigen, vorzüglich eignet.
Vom Geigenmacher Jakob Stainer erzählt man, daß er
im Winter oft stundenlang in der Nähe der Holzrisen ge=
sessen und den Tönen der abstürzenden Stämme gelauscht
habe. Hörte er den langen zitternten Ton einer Haselfichte,
so „merkte" er sich den Stamm und kaufte ihn dann.
Daraus schuf er seine berühmten Geigen.

Übrigens ist das Begaffen des aufregenden Schauspieles

dieses „Holzschießens" sehr gefährlich und mancher hat seine
Unvorsichtigkeit schon mit dem Tode gebüßt. Denn im Tal
ist der Weg in der Nähe einer derartigen Holzrise im weiten
Umkreis nicht sicher. Oft geschieht es, daß ein Baum, durch
irgend ein Hindernis im Laufe abgelenkt, die gerade Bahn
verläßt und blitzschnell seitwärts durch Wälder und Wiesen
herabschießt. So ging vor wenigen Jahren im Rendenatal
ein Knabe, der im untern Wald Holz sammelte, durch einen
abgeirrten Baumstamm vor den Augen des Vaters jämmerlich
zu Grunde. Ein ebenso trauriger Fall, den Hemmerle in
seinen „Spiegelbildern" erzählt, ereignete sich oberhalb Landeck,
wo von der Urgeiner Alpe durch die „Rise" Fichtenstämme
abgelassen wurden. Ein Bauer, dessen Wohnhaus eine
ziemliche Strecke von derselben entfernt liegt, sah durch das
Stubenfenster vergnügt den Sprüngen der herabschießenden
Bäume zu. Nun zogen Burschen einen gewaltigen Fichten=
stamm zur Eisbahn vor. Da sagte der Bauer: „Jetzt muß
ich hinaus und schauen, wie dieser Baum herabpoltert."
Sein Weib, das eben die Pfanne mit dem Mittagessen
hereintrug, wollten ihn bereden, dazubleiben, er aber ließ
sich nicht abhalten, sondern lief ein Stück ober das Haus
hinauf und schaute auf den losgehenden Baum. Mit un=
geheuren Sätzen sprang dieser von einem Felsen zum andern,
plötzlich aber fuhr er seitwärts in den Wald hinein und
und wie ein Blitz wieder heraus auf den Platz zu, wo der
Bauer stand. Entsetzt flüchtete dieser seinem Hause zu, aber
hundert Schritte vor der Tür ereilte ihn der Stamm und
zerschmetterte ihn, daß er sofort tot blieb.

Um dieses Ausspringen der herabgleitenden Stämme
und damit auch das Zersplittern des Holzes zu verhindern,
baut man auch künstliche, aus starken Bäumen gezimmerte
Rinnen. Sie heißen in Kärnten „Lische", in der Schweiz
„Laß", was wohl mit dem deutschen Wort Leise, mund=
artlich Laase (Geleise), zusammenhängt, wenn man das Wort
nicht vom italienischen liscio, lisciare, glatt, glätten, ableiten
will. Letzteres würde wohl auch auf diese übereisten und
schlüpfrigen Rinnwerke gut passen. Die auf diese Weise zu

Tal beförderten Stämme werden dann auf Schlitten nach Hause gebracht.

---

3. Die Heuzieher.

Eine der schwersten und gefährlichsten Verrichtungen des bäuerlichen Arbeitsjahres ist die winterliche Herabholung des Bergheues. Man versteht unter letzterem das kurzgespitzte würzige Alpenheu, wegen seiner Gedeihlichkeit für das Vieh nicht umsonst „Kuhschmalz" genannt, das an den saftigen „Pleißen" (Abhängen) des Hochgebirgs sogar unmittelbar unter dem Gletscher wächst und während des Sommers oft auf lebensgefährliche Art gewonnen werden muß. Es wird an geschützten Plätzen zu großen „Tristen" (Schobern) auf ganz zweckmäßige Weise aufgeschichtet oder in luftigen Heustädeln, welche im Inntal „Pillen", in Passeier „Gaden", in Vorarlberg „Heuzimmer" heißen, den Herbst über verwahrt, um es dann im Winter in schweren „Heuburden" mit Schlitten hinabschaffen zu können. Im Sommer dasselbe zu Tal zu bringen, wäre nicht möglich, denn die Bergwiesen liegen sehr hoch und sind meist so steil, daß man schon bei der Gewinnung dieses Futters mit Strick und Steigeisen arbeiten muß. Man wartet daher den strengen Winter ab, wenn wiederholte starke Schneefälle die Unebenheiten des Bodens und die Klüfte ausgefüllt und gleichmäßiger gemacht haben.

Dieses „Heubringen" oder Ha=ziehen — Hazen (Heuziehen) ähnelt in mancher Hinsicht dem „Holzziehen" also der winterlichen Herabschaffung des Bergholzes, nur ist es noch anstrengender und gefährlicher. Die dabei Beteiligten, die „Heubringer" oder „Heuzieher, verkürzt auch „Hazer" genannt, sind die kräftigsten Bursche des Dorfes im Alter von zwanzig bis dreißig Jahren. Sie werden für diese Arbeit teils entlohnt, teils tun sie es „in Wiederhilf", das heißt, in gegenseitiger Aushilfe. Dirnen werden selten hiezu verwendet, höchstens in Defereggen, wo überhaupt die Hauptlast der ländlichen Arbeit dem weiblichen Geschlechte zufällt.

Gewöhnlich gehen verabredetermaßen mehrere der Dorfbursche gleichzeitig ins „Haziehen", erstlich, weil es in Gesellschaft gemütlicher ist, und dann, weil man bei eintretender Gefahr auf Mithelfer rechnen kann. Da der Aufstieg zu den weit entlegenen Bergmähdern äußerst anstrengend ist, so machen sich die Heuzieher frühzeitig, meist schon um zehn Uhr abends oder wenigstens vor Mitternacht, auf den Weg, nachdem sie sich zuvor durch ein überreichliches Mahl von schmalzigen Nocken zum strengen Marsch gestärkt haben. Man sagt nicht umsonst: Er ißt wie ein Heuzieher.

Die Ausrüstung ist ähnlich wie beim Holzziehen. Die Bursche sind ganz in Loden gekleidet, tragen hohe Schneestiefel mit Fußeisen und eine Pelzmütze. Außer den kleinen Schlitten — gewöhnlich sind es nur sogenante „Scharpfen" oder „Schloapfen", das sind über meterlange, durch Quersprossen verbundene Kufen — hat jeder noch Stricke und „Faßzeug", sowie einen eisenbeschlagenen Stock, in Oberkärnten „Stackelstock" genannt, bei sich. Als Stärkung wird Speck und Brot nebst Branntwein mitgenommen. „Kenteln" oder „Pucheln" braucht man nur, wenn die Nacht nicht hell ist oder Schneewetter droht.

Solange der Talweg dauert, benützt man wohl auch einen bespannten größeren Schlitten, auf den man den kleineren aufladet, und der auch zur Talfahrt auf dem Rückweg dient. Beginnt aber einmal der eigentliche Anstieg, dann nimmt man den Schlitten auf die Achsel oder auch auf Achseln und Rücken, indem man die Kufen vorn durch einen Strick verbindet und mit dem Kopf durchschlieft, und steigt so den Berg hinan. Je höher man kommt, desto tiefer und „moler" (mehlartiger) wird der Schnee und desto schwerer das Gehen, so daß die Heuholer bald bis über die Lenden im trockenen Schnee waten und das Tragen der Schlitten nicht mehr möglich ist. Man läßt sie daher an einem bestimmten Platz zurück und nimmt nur das „Faßzeug" nebst Stackelstock mit. So steigt man im lockeren Geschiebe, das bei jedem Schritt nachgibt, weiter, wobei man beständig achtgeben muß, daß man nicht abrutscht und in einen Abgrund stürzt.

Doch das ist noch nicht das Schlimmste.

Der gefährlichste Feind der Heuzieher ist die „Lahn", die Lawine, und zwar vorzüglich die „Mol"=, „Staub"= oder „Windlahn",[1] die auf diesen abschüssigen Lehnen und Gräben blitzschnell losbricht und jede Vorsicht zu Schanden macht. Wehe, wenn die Heuzieher bei Überschreitung eines Grabens oder steilen Schneefeldes eine „Mollahn antreten" und diese nicht gleich mit Krach „ansitzt", sondern abfährt. Hunderte und hunderte von jungen Leuten fanden schon dadurch ihr Grab, denn gegen die entfesselte Wut einer solchen „Windlahn" gibt es keinen Schutz und kein Entrinnen. Der gewaltige Schneesturm, der sie begleitet, erstickt entweder sofort den Menschen oder hat ihn im Nu begraben oder über Felswände und Klüfte in die Tiefe geschleudert. Sind endlich die Heufahrer müde und schweißtriefend bei den Tristen oder Heupillen glücklich angelangt, so geht es an das Herausschaffen und Aufladen des Heues, und zwar sofort, weil die eisige Gletscherluft ohne Schädigung der Gesundheit kein ruhiges Verweilen gestattet. Oft treffen sie schon Angehörige heroben, welche vorausgegangen sind und das Heu für die „Fassung" vorbereitet haben. In diesem Falle werden die Ankommenden mit dem frommen Spruch gegrüßt: „G'lobt sei Jesus Christus, Heu und Heuzieher", worauf ihnen erwidert wird: „In Ewigkeit sein wir euch willkommen". Auch vor Beginn der eigentlichen Arbeit sagt man an manchen Orten, indem man ein Büschel Heu in die Luft wirft:

> Da hat der Wind sein Theil,
> Er laß' uns 's Andere mit Glück und Heil.

Ist die Fassung des Heues vollendet, und stehen die „Burden" zur Abfahrt bereit, so ruft man im Mölltal:

> Auf und nimmer um
> Haam (heim) auf'n Tenn'
> Zu'n Weibern und zu'n Henn'.

---

[1] Mol (Molt) = lockere Erde, Staub.

Nun wird noch gegessen und Schnaps getrunken, dann zieht man die Juder zum „Heuries". Diese Bahn wird gewöhnlich schon Tags vorher in der Weise gemacht, daß man mit einem kleinen Juder abfährt und mit einer „Krucken" (Querholz) nachhilft. Die richtige Anlage des „Heurieses" ist sehr wichtig, besonders in Hinblick auf die Wendungen der Bahn. Ist es aber gut angelegt, dann sausen die Heuzieher mit ihren Burden herab, daß es eine Freude ist.

Gelenkt und gehemmt wird nur mit den Füßen, und zwar ohne Steigeisen; letztere gebraucht man nur, wenn das Ries eisige Stellen (Eisgallen oder Plattich) hat. Auch läge die Gefahr eines Beinbruches nahe, wenn der eisenbewaffnete Fuß sich im Schneeboden einhackte. Kommt eine Wendung, so reißt der Heuzieher mit herkulischer Kraft mit dem aus dem Heufuder wie eine Deichsel herausragenden „Stackelstocke" nach rechts oder links, während entgegengesetzterseits der eingestemmte Fuß den Druck verstärkt. Ist das „Ries" sehr steil, so ist ein Überstürzen der schweren Heuburde auf den Lenker leicht möglich; er muß daher mit dem Rücken an die hinten nachdrängende Last gelehnt und mit steif vorgestreckten Beinen abfahren, damit es ihn bei steilen Stellen nicht „hineinfrißt" und erdrückt. Man hat deshalb, um ein Überschnappen des Heufuders zu verhindern, in manchen Gegenden, z. B. im Mölltale, an die Burde rückwärts ein Seil befestigt, mittelst dessen ein sogenannter „Rückhalter" die niederjausende Last im Gleichgewicht zu halten und zu hemmen sucht. Vor wenigen Jahren riß im Mallnitzer Tale bei einer solchen „Scharpfenfahrt" das Seil, und das windschnell niederschießende Heufuder trug den unglücklichen Lenker über das „Ries" hinaus in den Abgrund. Einen ähnlichen Fall dieser Art erzählt Franzisci in seinen interessanten „Kulturstudien über Volksleben 2c. aus Kärnten", wo ebenfalls ein Heuzieher durch die Unvorsichtigkeit des „Rückhalters" von der hohen Wallnerwand in das steinige Bett des Pasterzenwildbaches gestürzt wurde, wie ein Marterl am Weg vor Augen führt. Besser ging es einem baumstarken Lechtaler Burschen. Den warf es mit seiner „Heu=

burde" über eine hohe Felswand in den Dorfbach, ohne
ihn zu beschädigen. Der elastische Heupolster unter seinem
Gesäß war seine Rettung. Von der Schnelligkeit einer
solchen Abfahrt kann man sich einen Begriff machen, wenn
man bedenkt, daß, wie ich aus eigener Erfahrung weiß, oft
ein Weg von zwei Stunden in einer Viertelstunde zurück-
gelegt wird.

Kommen nun die Heufahrer bei ihren zurückgelassenen
Schlitten an, so bindet man die „Burden" auf dieselben
und fährt mit ihnen, selbstverständlich noch immer mit Eil-
zugsgeschwindigkeit dem Tale zu. Nachmittags ist man gewöhnlich wieder im heimatlichen Dorfe, wo man sich durch
riesige Portionen von Schmalzkrapfen und Brei von den Beschwerlichkeiten erholt. An manchen Orten erhält derjenige,
der zuerst beim Gehöfte anlangt, einen Blumenstrauß und
beim Essen den sogenannten „Spitzkrapfen", dessen ruhiger
Genuß ihm allerdings durch eine Flut von Spott- und Spitz-
reden von Seiten seiner Kameraden etwas vergällt wird.
Zum Ausruhen ist indes wenig Zeit, denn einige Stunden
später beginnt bereits wieder dieselbe anstrengende und gefährliche Arbeit. Diese geht ununterbrochen fort, bis alles
Heu von den Bergwiesen herabgeschafft ist. Hiebei wird auf
allenfalls eintretendes schlechtes Wetter, Schneegestöber und
anderes nicht Rücksicht genommen, um das gut angefahrene
Heuries nicht einzubüßen.

Als Merkwürdigkeit will ich noch erwähnen, daß in
manchen Alpengegenden Tirols und Steiermarks das Bergheu
auch zur Sommerszeit auf Schlitten herabbefördert wird.
Die starke Reibung des letzteren auf dem Grasboden verhindert das zu rasche Abgleiten. Auch im Bregenzerwald
wird das Bergheu, auf Zweige gebunden, während des
Sommers von den hochgelegenen Mähdern bis zu den Städeln
geschleift und erst von da aus im Winter mit Roß und
Wagen auf ganz originelle Art zu Tal geführt.

Zweiter Teil.

Das Familienleben.

Haus und Hof.

Nirgends kann man das eigenste Leben eines Volkes besser kennen lernen als dort, wo es den größten Teil desselben zubringt, im Hause. Von der Wiege im ehelichen Schlafzimmer rückt das selbständiger gewordene Kind in die Nebenkammer, wo seine älteren Geschwister oder die „Ehehalten" schlafen; an dem eisenvergitterten Fenster und in der Stube beim abendlichen Heimgarten spielt sich der bäuerliche Liebesroman ab, bis das junge Paar einen eigenen Hausstand gründet und der Hausvater „von des Hauses weitragendem Giebel sein blühend Glück überzählt", während die Hausfrau in Küche und Gaden schaltet und waltet. Allerdings ist das tirolische Bauernhaus, was Bauart, Größe und Bequemlichkeit anbelangt, sehr verschieden. Es ist ein Unterschied zwischen der ärmlichen Hütte eines oberinntalischen oder eisaktalischen Kleinhäuslers, der in einem einsamen Quertale sein Nest an einen schwindeligen Abhang hingeklebt hat, und zwischen dem stattlichen Gehöfte eines unterinntalischen oder pustertalischen Großbauern, das entweder behäbig inmitten fetter Wiesgründe in der Talsohle liegt oder von einem grünenden Vorberge stolz auf die Heerstraße herabschaut.

Ebenso ist die Bauart nicht dieselbe. Wenn nun auch die gleichen Bedürfnisse, gleiche Lebensgewohnheit und Wirtschaftsverhältnisse im größern Teile Nordtirols, sowie in jenen Gegenden Südtirols, die nicht Weinbau betreiben, eine gewisse Gleichförmigkeit hinsichtlich der Anlage, Zahl und Gattung der Räumlichkeiten geschaffen haben, so waltet doch selbst innerhalb dieses Rahmens eine solche Verschiedenheit in der Bauart und Anordnung derselben, besonders in der Lage der dem Hause zugehörigen Baulichkeiten, wie Stall und Stadel, daß von einem einheitlichen tiroler Bauernhause nicht gesprochen werden kann. Vielmehr hat sich dieses unter den verschiedensten Einflüssen in eine Anzahl von Typen geschieden, die, wenn sie auch wahrscheinlich auf eine Grundform zurückgehen, sich unter einem Bilde schwer betrachten lassen und eine abgesonderte Behandlung erfordern. Da es sich für unsern Zweck nicht um eine wissenschaftliche Untersuchung über die verschiedenen Arten des tirolischen Bauernhauses handelt, was sich bei dem beschränkten Raume und ohne Zeichnungen kaum durchführen ließe, sondern in erster Linie um eine Beschreibung seiner Wohn= und Wirtschaftsräume und ihrer Einrichtung als der Stätte, auf der sich das bäuerliche Familienleben abspielt, so werden wir uns auf die Vorführung einer dieser Typen beschränken und das Abweichende in andern nur nebenher, wo es tunlich erscheint, berücksichtigen.[1]

Der verbreitetste Typus ist der unterinntalische (oberbayrische). Er umfaßt das ganze Unterinntal mit den Seiten=

---

[1] Eine ausführliche Behandlung des Tiroler Bauernhauses gedenkt der Verfasser demnächst in einer selbständigen Arbeit unter dem Titel „Nordtirolische Haustypen" zu veröffentlichen. Zugleich sei hier auf die zum Drucke bereite Arbeit des diplom. Architekten Marius Amonn: „Das Bauernhaus im deutschen Südtirol" verwiesen. Man vergleiche weiter: Deininger, J. W., Das Bauernhaus in Tirol und Vorarlberg. Im Auftrage d. Min. f. Kult. und Unterricht nach Originalaufnahmen herausgegeben, Wien. S. Szeiger. (1900). Bünker, J. R., Das Bauernhaus der Gegend von Stams (Tirol). (Mitteilungen d. anthrop. Ges. in Wien. XXXVI. Bd. S. 187 ff.). Spiehler, A., Das Lechtal. (Zeitschrift d. d. u. ö. A. Vereins. 1883. S. 298 ff.). Kübler, Aug., Das Tannheimer Tal. (Mitteilungen d. d. u. ö. A. V. 1898. S. 163 ff.) Plant, Frid., Alttirolische Bauernhöfe Wien. 1884. (Selbstverl.) und besonders K. Rhamm: Ethnographische Beiträge zur germanisch=slawischen Altertumskunde. II. Abt. 1. Tl. Urzeitliche Bauernhöfe 2c. (Braunschweig, Vieweg u. S. 1908), in welch großangelegtem Werke u. a. auch wertvolle, auf Eigenschau gegründete Untersuchungen über das Tiroler Bauernhaus niedergelegt sind. Bancalari, G. Die Hausforschung und ihre Ergebnisse in den Ostalpen. Wien. Hölder. 1893.

tälern, zieht sich mit Überspringung des mittleren Oberinntals, das einer noch nicht ganz sichergestellten Bauart, wahrscheinlich der ladinischen, angehört, einerseits tief ins Vinschgau, anderseits ins Stanzertal und jenseits des Arlberges ins vorarlbergische Klostertal bis in die Gegend von Braz, beherrscht ferner das Wipptal und den nördlichen Teil des Eisaktals, endlich den größeren Teil des Pustertals[1] mit den Seitentälern Taufers und Sexten.

Eine Unterart des unterinntalischen Typus bildet der mittelinntalische. Beiden gemeinsam ist, daß sich Wohnhaus und Wirtschaftsräumlichkeiten fast immer unter einem Dache befinden. Während aber bei ersterem Stall und Stadel rückwärts an das Wohnhaus angebaut sind, befinden sie sich bei letzterem vorn, und zwar neben demselben. Diese interessante Unterart, die manche, die über das tirolische Bauernhaus schreiben, als eigenen alamanischen Typus auffassen, wollen wir genauer ins Auge fassen. Ihr Verbreitungsbezirk ist nicht groß. Er erstreckt sich mit seinen Ausläufern nur etwa von Schwaz bis gegen Silz und ein Stück weit ins Wipptal einschließlich der Seitentäler Stubai 2c. Ihre stärksten und schönsten Vertreter hat sie in den Dörfern um Innsbruck Völs, Kematen, Arzl, Rum, Taur, sowie auf den südlichen Mittelgebirgsdörfern Lans, Natters, Mutters, Götzens und Axams.

Besehen wir uns vorerst das Äußere dieser Häuser. Das Charakteristische der Bauart besteht, wie bereits angedeutet, darin, daß der die Front des Hauses zuspitzende Giebel dieses gewissermaßen in zwei Hälften teilt. Die eine Halbseite, welche die Wohnung, nämlich drei Gelasse einschließlich Küche ebenerdig und drei Kammern im Obergeschoß enthält[2], ist bis zum Beginn des einen Dachflügels,

---

[1] Nach freundlicher Mitteilung des Herrn Architekten M. Amonn findet sich dieser bayrische Typus z. T. auch in den ladinischen Bezirken von Gröden, Fassa und Ampezzo.

[2] Die Gehöfte der unter- und mittelinntalischen Typen sind, wie überhaupt die Mehrzahl der tirolischen Bauernhäuser, einstöckig. Wo sich mehrstöckige finden, dienten sie gewöhnlich früher oder noch

manchmal auch bis zur Spitze hinauf gemauert, die andere Halbseite hat nur einen gemauerten Unterbau, in dem sich der Stall, und einen hölzernen Überbau, in dem sich der Stadel oder Tennen mit seinen Abteilungen befindet. Zu letzterem führt bis ans große Tennentor, wo der Raum es gestattet, vorn, bei engeren Dorfgassen rückwärts oder seitwärts, eine breite Auffahrtsbrücke. Darunter ist der Eingang zum Stall, sodaß also dieser knapp an das Erdgeschoß der Wohnung, beziehungsweise an den die Mitte des ganzen Hauses durchlaufenden Hausgang grenzt. Liegt jedoch, wie es in der Umgebung von Innsbruck typisch ist, nur der Futterraum des Stadels über dem Stall, der Tennen hingegen gleichfalls ebenerdig nebenan, so fällt natürlich die Tennenbrücke fort und der Tennen schiebt sich zwischen Wohnhaus und Stall. In diesem Falle verschmilzt sehr häufig Tennen und Hausflur in Eines, d. h. ersterer bildet zugleich den Zugang zu den Wohnräumen des Erdgeschosses und mittels einer Stiege auch zu denen des ersten Stockes. Deshalb trifft man bei solchen Gehöften in das für gewöhnlich geschlossene große Tennentor eine kleinere, leicht zu öffnende Haustür eingefügt. Die Fenster nebenan, gewöhnlich zwei an der Stirnseite und zwei an der Flanke, gehören zur Stube.

Unter den Flankenfenstern des Obergeschosses zieht sich häufig ein mit einfachem Holzgeländer versehener Gang, "Laab'n" (Laube), in Oberinntal "Gangl" genannt, hin; ebenso findet sich hie und da an der Stirnseite unter dem Giebel eine balkonartige "Hoch-Laab'n" (Oberinntal "Solder"[1]), zu der man durch eine Tür aus dem "Dachboden" oder "Esterer" (Estrich) gelangen kann. Auf der Brüstung des

---

gegenwärtig andern als bäuerlichen Zwecken, z. B. als Wirtshäuser, ursprüngliche Herrschaftshöfe ꝛc. Doch trifft man auch ausnahmsweise besonders im tiefern Unterinntal und Großachental zweistöckige Häuser, sowohl in Holz als in Stein. Besonders schöne sind im Lenkental (Brunnhof), im Mühltal (Tauferertal), im hintern Navistal und in Axams zu sehen.

[1] Es sei hier schon aufmerksam gemacht, daß die Ausdrücke für die einzelnen Teile des Tiroler Hauses oft, je nach der Gegend, verschiedene Bedeutung haben.

schlichten Holzgeländers prangen in Töpfen die beliebten Nelkenstöcke (Nagelen) mit den vollen dunkelroten Blüten, daneben hängt Wäsche oder im Herbst an dem zu diesem Zwecke angebrachten Gestänge Erbsen- oder Bohnenstroh; auch Samen, Obstschnitze oder was sonst an der Luft trocknen soll, gibt man auf langen Brettern dahinauf. Im Spätherbst ist dieses ganze Gestänge durch die daran aufgehängten gelben Maiskolben überkleidet. Die schönen, durch zierlich ausgeschnittene Geländer geschützten „Laaben" (Lauben) des unterinntalischen Bauernhauses, von denen die untere das ganze Obergeschoß von drei Seiten umgibt[1], um schließlich in einen unaussprechlichen türlosen Ort auszumünden, die andere als „Hoch-Laab'n"[2], häufig durch Säulen mit der untern verbunden, im Giebelfelde steht, kennt der mittelinntalische Typus nicht. Ebenso fehlt das zierliche Türmchen, das auf dem Dachfirst der unterinntalischen Blockhäuser sitzt und denselben in Verbindung mit den beiden „Laaben" das anmutende und charakteristische Aussehen gibt. Dafür weist das mittelinntalische Haus das im Ständerbau meist sehr schön ausgeführte Gerippe des Giebelfeldes auf, welche bauliche Ausstattung in der Umgebung von Innsbruck typisch auftritt und als Beleg für die hohe Ausbildung der tirolischen Holzarchitektonik gelten mag. Häuser mit so schönem „Bund" oder „Bundwerk" trifft man besonders in Arzl, Lans, Natters, Mutters und Götzens. Die prächtigen Dachstuhlfronten in Zirl sind leider dem letzten großen Brande (1908) sämtlich zum Opfer gefallen. An der Rückseite trägt das „Bundwerk" eine Bretterverschalung. Weiter gegen das Oberinntal fehlt häufig diese Verkleidung, so daß sich das ganze kunstgerechte Balkengefüge vom Hintergrunde des offenen Giebels schön abhebt. Eine weitere Zierde des mittelinntalischen Hauses bilden die oft schön gebauten Erker, die

---

[1] Im Zillertal „Wehr" oder „Wehrgang", in Alpach die „obere Laab'" zum Unterschied von der „untern Laab'", die das Erdgeschoß umgibt.

[2] In Alpach, Brixental x. „Hilla-Laab'n", im Pustertal „Firstsolder".

sich, wenn auch seltener als im Oberinntal, teils an den Ecken, teils in der Mitte über dem Hausflur finden.

Ebenso sind die Wände des Hauses nicht des Schmuckes bar. Die gemauerte Vorder= oder Halbvorderseite des Hauses schmücken häufig Madonnenbilder oder die Bilder von Heiligen, besonders bewährten Schutzpatronen, die ein bäuerlicher Künstler mit himmelschreienden Farben da hinaufgekleyt hat. Aber es findet sich darunter auch malerische Zier teils an der Wandfläche, teils als Tür= oder Fensterumrahmung, von kunst= oder sittengeschichtlichem Werte [1]. Diese Wandmalereien häufen und vervollkommnen sich, je weiter wir ins Ober= inntal vorrücken. Es sei hier beispielshalber nur an das alte Schulerhaus in Ötz, an das Gerichtshaus in Wenns, an die uralten Häuser in Grins und Ladis (1590) erinnert [2].

Darunter oder daneben, oft auch allein, steht der „Haus= spruch" [3]. Solche Sprüche findet man fast an jedem älteren Hause und zwar von sehr verschiedenem Inhalte. Viele be= ziehen sich auf Gott oder das darüber befindliche Heiligenbild und empfehlen das Haus samt Insassen dem himmlischen Schutze, wie:

O Gott beschütze dieses Haus
Und Alle, die da gehen ein und aus.

oder:

O Mutter Gottes voller Gnaden
Bewahr das Vieh und uns vor Schaden.

oder:

Heiliger Florian und Sebastian
Sei unser Patrian (Patron).

Oft ist der Name des Besitzers in den Spruch verwoben,

---

[1] Vergl. L. Hornbach: Malerischer Hausschmuck in Tiroler Dörfern. (Forschungen und Mitteilungen zur Geschichte Tirols und Vorarlbergs v. M. Mayr. Jg. III. ff.).

[2] Viele dieser Malereien, besonders die angeführten, dürften wohl Wandermalern ihre Entstehung verdanken.

[3] Vergl. die Einleitung zu meinem Bändchen „Haussprüche aus den Alpen" (Stuttgart, Cotta).

nicht selten mit einem Anflug von Selbstbewußtsein und dem Hinweis auf materielle und moralische Güter desselben:

> Zum Stainer heißt das Haus,
> Der mich hat von Gruntt aufgepautt
> Hans Stoffner ist er genand
> In aller Ern und voller Hand.
> 1547 (Sarnthal)

oder:

> Johannes Hartler, in der G'heim
> Laß die Leute reden, wer sie sein,
> Das Bauen ist ein schöner Lust,
> Daß es so viel gekostet hat,
> Das hab ich nicht gewußt.
>
> (Amras.)

Viele Sprüche haben ihren Ursprung und Inhalt von Schicksalen, die ein Haus getroffen, oder sie geben ernstere und allgemeine Lebensregeln, meist in knappester Form eine tiefe Wahrheit enthaltend. So findet man häufig folgende Sprüche:

> Wir bauen Häuser stark und fest,
> Darin sind wir nur fremde Gäst',
> Doch wo wir sollen ewig sein,
> Da bauen wir gar wenig drein.
>
> (Sehr verbreitet.)

oder:

> Wer will bauen an den Straßen,
> Muß alle Leute reden lassen,
> Bau ein jeder, was er will,
> Ich wünsche jedem noch so viel.
>
> (Mieders, Amras.)

Manche davon sind von ergreifender Schönheit und Tiefe, so:

> Ich leb', weiß nicht wie lang,
> Ich sterb' und weiß nicht wann,
> Ich fahr', weiß nicht wohin,
> Mich wundert, daß ich so fröhlich bin [1],

---
[1] War am Wirtshaus zur „Schupfen", dem Standquartier Hofers vor der Schlacht am Bergisel. Seit wenigen Jahren ist der so bedeutsame Spruch verschwunden.

oder:

Das Wasser rinnt ins Meer und nicht zurück,
Zurück kehrt auch kein Augenblick.

Leider kommen diese Haussprüche nun mehr und mehr ab oder werden übertüncht und nicht mehr erneuert. An alten Bauernhäusern finden wir nebst Heiligenbild und Hausspruch auch noch eine Hausmarke, die bisweilen auf die Stalltür und andere Eingänge genagelt ist. Die Jahreszahl des Baues, umrahmt von zwei grünen Ölzweigen, treffen wir ebenfalls oft an die Hausfront gemalt. Auch die Holzwände der Scheuer zeigen als Luftlöcher allerlei Zierrat: Herzen, Blätter, Ziffern, Buchstaben oder Handwerkszeug.

Über alle diese vereinigten Räumlichkeiten erstreckt sich das ringsum vorstehende, ziemlich flache Schindeldach. Die Schindeln aus Lärchen= oder Fichtenholz gekloben, werden an vielen Orten nicht genagelt, sondern nur übereinandergelegt und mit zahlreichen, auf festgemachten Querstangen („Schwerlatten") ruhenden Steinen niedergeschwert, damit sie der Wind nicht vertrage. Zu zehn, bei Fichtenholz zu fünf Jahren, pflegt ein sorgsamer Hausvater die Schindeln umzudrehen, weil sie dann einige Jahre länger halten [1]. Als weiterer Schutz gegen Unwetter sind am Rand der „Windbrugg'n" — so heißt der über das Haus vorspringende Teil des Daches — die sogenannten „Windbretter" oder „Windladen" angebracht, die hie und da in gekreuzte Pferdeköpfe, Böcke, Gemsen 2c. auslaufen. Ein derartiges Dach nennt man „Rottdach". In Gegenden aber, die heftigen Winden ausgesetzt sind, wie z. B. im Ötztal, genügt diese Bedachungsart nicht mehr, sondern die Schindeln müssen genagelt und noch dazu mit festen Querstangen niedergehalten werden; Steine jedoch werden nicht verwendet. Ein solches Dach heißt „Schardach". Auf den Dächern der unterinntalischen Bauernhäuser, besonders der größeren, einzelnstehenden Gehöfte, sitzt, wie schon oben bemerkt, ein Türmchen mit der Essens=

---

[1] Über die Dauer solcher Dächer, sowie über Bau derselben, Umwechselung der Schindeln 2c. vergl. Bünker, a. a. O. S. 189.

glocke, mittelst welcher das Gesinde von den ringsum ge=
legenen Wiesen und Feldern heimgerufen wird. Soviel über
das Äußere des Hauses.

Bemerken will ich noch, daß sich das Haustor sowie
die Außeneingänge zu Tenne und Stall häufig nicht an der
Giebelseite, sondern an der Flanke (Traufseite) befinden,
was auf den ersten Anblick als eine Abart unseres Haus=
typus erscheinen muß. Doch ist dies nur scheinbar und
wird durch die geänderte Stellung, richtiger durch die Dre=
hung des Daches um 90 Grade hervorgerufen, wodurch die
frühere Giebelfront zur Traufseite und die frühere Trauf=
oder Längsfront[1] zur Giebelseite gemacht wird. Diese Form
des Halbhauses ist ziemlich verbreitet. Sie bildet im ge=
wissen Sinne den Übergang einerseits zum oberinntalischen
Typus, wenn anders in dieser Gegend von einer halbwegs
einheitlichen Bauart gesprochen werden kann, wie andererseits
zum unterinntalischen. Denn wenn wir uns den Hausgang
aus der nunmehrigen Flanke herausgenommen und in die
Mitte der nunmehrigen Giebelseite versetzt denken, so nähern
wir uns sehr dem unterinntalischen Haustypus, bei dem die
Wohnung den vorderen, der Straße zugewendeten Teil des
Gebäudes einnimmt und sich die Gelasse rechts und links
vom Hausgang gleichmäßig verteilen. Dadurch, daß beim
Unterinntaler Hause der untere wie obere Gang schmäler
ist und die Tenne nicht, wie es beim mittelinntalischen meist
der Fall, neben dem Stall, sondern über ihm liegt, wird
auch Raum gewonnen, so daß sich in jedem Geschoß um
ein Gelaß mehr befindet, nämlich je zwei auf jeder Seite
des unteren und oberen Ganges.

Einen weiteren Unterschied bildet auch das Baumaterial.
Die unterinntalischen Bauernhäuser von Jenbach ostwärts,
in Haupt= und Nebental, die großen Gehöfte nicht ausge=
nommen, sind fast sämtlich Blockbau, höchstens daß das
Erdgeschoß gemauert ist, während die mittelinntalischen, wie

---

[1] Von einer Längsfront kann man strenggenommen nicht
sprechen, da die Häuser dieser Type fast durchgehends quadratisch
gebaut sind.

wir sahen, bis zum Beginn des Giebels Mauerwerk zeigen.
Im Oberinntal sowie im östlichen Vinschgau, im südlichen
Eisaktal und im Etschland herrscht der Steinbau vor. Man
würde übrigens nicht immer richtig gehen, wollte man aus
der mehrfachen Anwendung von Mauerwerk auf den Wohl=
stand des Hausbesitzers schließen. Im felsigen Oberinntal,
wo die Steine nichts kosten als die Fuhr, baut auch ein
Ärmerer sein Häuschen aus Stein, auf den Bergdörfern
und Berghöfen aber, z. B. in Alpach, holt der weniger Be=
güterte die Baumstämme vom nahen Walde, anstatt mit
vieler Mühe und großen Kosten Steine herzuschleppen. In
diesem Falle werden die Stämme bei Holzbauten an den
Ecken übereinandergelegt, eingekerbt und gut aneinander ge=
fügt und die Fugen mit Bergmoos ausgestopft; innen erhalten
die Wände, aber nicht immer, eine Bretterverkleidung [1]. An
solchen Blockhäusern, besonders ältern, wie man sie z. B.
im hinteren Zillertal findet, sind auch die Fenster unver=
antwortlich klein, so daß ein gründliches Auslüften der
Kammern eine Unmöglichkeit bleibt und bei einem Brande
sich kein beleibter Mensch hindurch retten kann. Die zum
Glück immer mehr und mehr abkommenden „Schieber",
Fenster mit Holzrahmen, die in die Mauer geschoben werden
können, haben oft kaum ein Drittel Meter in Länge und Breite.
In Bezug auf Brandunglücke sind auch die eisernen, oft ge=
kreuzten Fensterstangen sehr zu tadeln, die noch jetzt überall
üblich sind, während man sonst an Neubauten den Fenstern
mehr und mehr eine anständige Größe gibt.

Da wir nun in kurzen Umrissen das Äußere eines
mittelinntalischen Bauernhauses unter Seitenblicken auf andere
Arten kennen gelernt haben, wollen wir es auch von innen
näher besehen. Noch bevor wir über die Schwelle, an
manchen Orten „Drischübl" genannt, treten, bemerken wir
knapp an der Haustür, unter den vorderen Stubenfenstern

---

[1] Man muß übrigens bei der Unterscheidung von Holz=
und Steinhäusern sehr vorsichtig sein. Manche der letztern be=
stehen nur aus mit Moos ausgefüllten Riegelwänden, die innen
und außen mit Brettern verschalt und mit Mörtel überworfen sind.

hinlaufend, die Hausbank, auf der man sich an schönen Sommerabenden zum Heimgarten versammelt. Daneben steht der Dengelstein, wenn er sich nicht etwa rückwärts im Anger befindet. Durch die Haustür gelangen wir nun zuerst in den Hausgang, im ganzen Unterinntal nebst Seitentälern, „Haus" genannt [1], der durch das ganze Gehöft und rückwärts in den Baumgarten führt. Beim unterinntalischen Haus, bei dem sich der Stall rückwärts befindet, mündet er natürlich in diesen aus. Dieser Hausflur ist nicht selten so geräumig, daß verschiedene Arbeiten darin vorgenommen werden können. Da hängt man an den weißgetünchten Wänden allerlei Gerätschaften auf, z. B. das „Kammet", d. i. das Joch für das Ochsen- oder Kühegespann oder Fischernetze samt Angel und Fischerlatten. Auch das „Muskühl", eine Vertiefung in der Wand, in die man das „Mus" (Brei) zum Auskühlen stellt, findet sich oft.

Ein paar Schritte vorwärts öffnet sich links und rechts eine Tür. Die eine führt in den Stall, die andere erschließt uns die „Stube", den wichtigsten Raum im ganzen Bauernhause, den Versammlungsort der Familie und des Gesindes beim Essen, bei der häuslichen Andacht, der gemeinsamen Arbeit zur Winterszeit und beim Heimgarten. Die Stube ist überall ganz oder nur bis zur Hälfte der Wand getäfelt. Freilich, bei ärmeren Blockhäusern des Unterinntals zeigt die Wand noch die behauenen Baumstämme. Im Oberinntal, dessen Bewohner eine besondere Anlage zum Schnitzen auszeichnet, ist der Oberboden häufig mit verschiedenem Zierrat geschmückt, z. B. mit Kränzen, Quadraten, Leisten u. a. An den Wänden sind bisweilen Hirschköpfe mit großen Geweihen und Gemshörner angenagelt, an denen der Scheibenstutzen oder ein paar Flinten hängen. In der Ecke zwischen den Fenstern steht der große viereckige Eß- und Familientisch, entweder von Ahornholz oder silberfarbig angestrichen und mit

---

[1] Wo Tenne und Hausgang zusammenfallen, wie in der Umgebung von Innsbruck, heißt der Flur „Haustenn". In Sarntal nennt man ihn nach Schöpf S. 143 „Flöz" (?), in der Meraner Gegend und im tiefern Etschtal und Pustertal auch „Hauslaab".

roten und blauen Blumen bemalt. Über ihm in der Ecke
hängt das Kruzifix, daneben ein paar alte Heiligenbilder.
Die ausgestreckten Hände des Gekreuzigten tragen die größten
Maiskolben, die vergangenen Herbst zu finden waren, einen
weißen und einen roten, als Dank für den Erntesegen.
Die schönsten Kornähren hat der Hausvater hinter das
Kruzifix gesteckt; auch der Palm, d. h. der Ölzweig, der am
Palmsonntag geweiht wurde, hat dort seinen Platz. Vor
diesem einfachen Hausaltar schwebt eine „Ampel" (Öllämpchen),
die alle Samstage zu Ehren der Mutter Gottes und „zum
Troste der armen Seelen" angezündet wird. Die übrigen
Stubenecken haben ebenfalls ihre Bestimmung. In einer
befindet sich der Uhrkasten, in dem eine alte, rauchgeschwärzte
Schwarzwälder Uhr ihren eintönigen Pendelschlag mißt; in
der zweiten steht der Milchkasten, ebenso bunt angestrichen
wie der Tisch. Er ist vorn offen, nur mit einem Vorhang
gegen Fliegen versehen, und hat im Innern querlaufende
Brettchen, auf welche die Milchschüsseln nebst Rahmgefäß
und Milchseige gestellt werden. Dieser Kasten fehlt indes
auch in vielen Bauernstuben oder wird durch einen gewöhn=
lichen Kasten ersetzt.

In der dritten Ecke neben der Türe macht sich der
große Ofen breit. Derselbe ist in der Regel gemauert und
mit einer Reihe von Kachelvertiefungen versehen, in welchen
zur Winterszeit Äpfel gebraten werden. Den ganzen Ofen
umgibt ein hölzernes Gerüste, „G'stang" oder „G'schall",
im Lechtal „Ofenlatte" genannt, welches den Zweck hat,
die Hitze von den auf der Ofenbank Sitzenden etwas abzu=
halten und zugleich zum Trocknen der Wäsche oder nassen
Kleider benutzt wird. Dieses „G'stang" reicht mit seinen
vier Säulen ein Stück über den Ofen hinaus und trägt ein
Dach mit einem Polsterbrett, die sogenannte „Dörre" oder
„Ofenbrücke", ein Lotterbett, auf dem die Bauern im Winter
faulenzen und sich buchstäblich rösten lassen. Neben dem Ofen
bildet die breite Ofenbank ein zweites Ruhebett, das ebenfalls zum
Ausruhen und Schlafen dient. Letzterer Zweck wird durch ein
festgenageltes schiefes Brett mit darüber liegendem Polster

erleichtert. Der Raum zwischen dem Ofen und der Stubenwand heißt die "Höll" oder das "Höllenmäuerl", die Fläche auf dem Hals desselben das "Plattele". Im Oberinntal ist in der Mauer neben dem Ofen noch "das Kamin" hinter einem Eisenblech angebracht. Darinnen flackert an Winterabenden ein lustiges Feuer, an dem die Männer oder auch die Dirnen, denn das schöne Geschlecht pflegt ebenfalls den Tabak nicht zu verschmähen, ihre eisernen Pfeifchen anzünden, während der Hausvater oder der "Nöni" Geschichten zum Besten gibt. Vor diesem Kamin wird ein Hängetisch herabgelassen, um darauf beliebige Geschäfte abzumachen.

Die übrige Gesellschaft sitzt dabei auf den Bänken, die um den Ofen und um die halbe oder ganze Stube an den Wänden herumlaufen. Als hinterzillertalische Eigentümlichkeit will ich noch anführen, daß längs diesen Bänken ein Streifen des Bodens immer sauber gespült bleibt, während der übrige Teil desselben nie mit Wasser gereinigt sondern nur gekehrt wird und deshalb stets mit einer tiefbraunen Rinde von festgetretenem Schmutz bedeckt ist.

Der Raum unter diesen Bänken gilt als Rumpelkammer. Da liegt das Pfannholz, das Tabakbrettchen, das Tabakmesser, der Hanfsame für die Vögel, wenn welche da sind, samt dem dazu gehörigen Quetschstein; auch einige Behälter sind da, in deren einer der Bauer die Ketten, Stricke, Fußeisen und Schneereifen liegen hat, während aus den anderen Milchschüsseln und "Stotzen" (kleine Holzkübel) hervorlugen. Eine dritte Abteilung oder Lade enthält die Schulbücher der Kinder. Die Bibliothek der Erwachsenen ist auf irgend einem passenden Platz, sei es nun die "Hölle" des Ofens, der Milchkasten oder ein an die Wand genageltes Brett, aufgestellt. Sie besteht aus wenigen, aber inhaltschweren Bänden, wie z. B. Goffine's Evangelien, des bekannten Pater Kochem's Lehr= und Exempelbuch, zu denen oft noch ein klassisches medizinisches Werk, nämlich des "Schäfers Thomas populäre Vieh=Arzneikunde" hinzukommt. Der Kalender hängt zur bequemeren Handhabung an einem Nagel in der Nähe des Eßtisches. Neben der Stubentür blinkt das Weihbrunn=

krügel; unten ist an ihr häufig ein viereckiger Ausschnitt, das „Katzenloch" vorhanden als Ausschlupf für diese vierbeinige Hausgenossin.

In manchen Stuben des Oberinntales findet man ein abgesondertes Plätzchen für junge Schweinchen; auch die Hennenkrippe, die sonst ihren Standort in der Küche hat, sieht man nicht selten in der Stube. In neuerer Zeit verbannt man das liebe Vieh wohl meistens hinaus in den Stall. Gewiß fehlt aber nie ein Krummschnabel, der in engem Käfig an der Zimmerdecke hängt, weil er nach dem Volksglauben alle Krankheiten an sich ziehen soll. Auch andere Vögel hält man gerne, besonders im Oberinntal, wo oft eine Menge kleiner Käfige mit gefiederten Insassen an den Fenstern stehen. Im Winter läßt man sie frei in der Stube herumfliegen. Mit dem Entkommen hat es keine Not, weil den ganzen Winter hindurch kein Fenster geöffnet wird. Was sich da aus dem Dampf feuchter Wäsche und „Lodentschölder" (Joppen), die am heißen Ofen trocknen, aus Speisegeruch und dem Qualm schlechten Tabaks (Lauskraut, nicotiana rustica) für eine Atmosphäre entwickelt, davon hat ein Städter keinen Begriff. Er würde es kaum fünf Minuten in dem Gestank aushalten. Dazu kommt noch, daß man Kranke — und der rasche Wechsel von Stubendampf und eiskalter Winterluft muß ja selbst abgehärteten Bauernnaturen zum Kranksein verhelfen — in die Stube bettet, weil diese der einzige heizbare Raum ist. Die ganze Ausdünstung wird nur durch das sogenannte „Wärmloch"[1], eine kleine meist mit einem „Schuber" versehene Öffnung in der Zimmerdecke, über dem Ofen ab- oder vielmehr in die Schlafkammern des oberen Stockwerks hinaufgeleitet, wodurch nur zu oft auch die anderen Hausbewohner angesteckt werden. Solche Umstände lassen es begreifen, warum epidemische Krankheiten, wie Blattern, Typhus ꝛc. auf dem

---

[1] Auch „Dampf"- und „Kailoch" (Gehai-Dampf, Dunst, Hitze) im Zillertal „Stöckl" genannt. Diese Öffnung ist oft als sogenanntes Kammerloch so erweitert, daß man durch dasselbe in das obere Stockwerk „kraxelnd" gelangen kann. (Lechtal.)

Lande und zwar besonders auf einsamen, abgeschlossenen Berg=
höfen oft so furchtbar wüten. Doch wenden wir uns ab von
diesen Nachtseiten des Bauernlebens und machen wir der Bäuerin
einen Besuch, die draußen in der Küche herumhantiert.

Diese befindet sich meistens hinter der Stube. Bei
solchen Bauernhäusern, wo Stall und Tenne rückwärts an=
gebaut sind, führt die Türe gegenüber der Stube statt in
den Stall gewöhnlich in die Küche. Im Vinschgau, wo
ebenfalls häufig der ganze Vorderbau bewohnt wird, kommt
man von der Stube in einen kleinen Verschlag, der den
Schreibtisch des Bauern, manchmal auch die Ehebetten ent=
hält. Dahinter mit dem Ausgang auf den Hausflur ist die
Küche, ihr gegenüber die gleich der letzteren gewölbte Speise=
kammer, gegenüber der Stube eine Kammer mit Kleider=
schränken und Betten.

Die Küche, mit der Stube häufig durch ein kleines
Schubfenster zum Hereinreichen der Speisen in Verbindung,
ist überall sehr geräumig und mit blinkendem Messing= und
Kupfergeschirr ausgestattet, denn reichliches Küchengeschirr ist
der Stolz einer Bäuerin. Auf der sauber gescheuerten Schüssel=
stelle oder dem Schüsselrahmen stehen die Reihen der Schüsseln
und auch Teller, obwohl diese nur an Festtagen benützt
werden. Die Bank darunter trägt das Wasserschaff mit der
„Wassergatze" und dem großen Knödelhafen. Auf einer
andern Seite ist ein Strick für die messingenen und eisernen
„Milchgatzeln" gezogen, darüber stecken im Pfannenholz die
weiten Muspfannen und die Schmalzpfannen, von denen
das Fett nie abgespült wird. Der Waschkessel von glänzen=
dem Kupfer steht in einer Ecke. Auch ein Käse= oder ein
Branntweinkessel, je nach der Landschaft, findet sich bisweilen.
Um den Kessel an eiserner Kette („Hahl")[1] über das Feuer
zu hängen, hat man oft über dem Herde eine drehbare Vor=
richtung. Der Herd selbst ist groß, aber sehr einfach, von

---

[1] Bei den deutschen Mocheni in Gereut (Frassilongo) „Häl"
genannt. An den Gliedern dieser Kette fährt die Hexe durch den
Kamin aus.

Ziegeln gemauert, mit einer seichten Vertiefung versehen, in der das Feuer brennt. Daneben ist eine Grube für die Asche.[1] Der Herd ist immer einer Ecke angepaßt. An der Hinterwand, auf dem Herde, steht die Hennensteige, von der ein Mauerloch in das Freie leitet. An der Seitenwand ist die Herdbank befestigt. Da sitzen an Winterabenden die Männer, stellen die Füße auf den warmen Herd und schauen der Bäuerin zu, die unterdessen die Abendmahlzeit kocht und von Zeit zu Zeit das Feuer mit Reisig schürt, das ihr die Kinder vom Holzhaufen in der Ecke zutragen. Lustig kracht und prasselt es und der Rauch wirbelt zur berußten Decke in den Rauchfang empor, wo an langen Holzstangen Speckstücke, Schweine- und Schaffleisch hängen. Die übrigen Eßvorräte, mit Ausnahme des Mehlkastens, der oft in der Küche den Platz hat, birgt der anstoßende „Gaden", im Pustertal auch „Garn" genannt. Hier winken die appetitlich gelben Butterwecken, Schmalz, Eier, kurz alle Lebensmittel, die man nicht der Kühle wegen im Keller aufbewahrt. Da hat auch die Bäuerin in einem heimlichen Winkel ihre besonderen Leckereien versteckt.

Damit wären wir nun bei jenen Bauernhäusern, welche die Wohngelasse auf der einen, Stall und Tenne auf der andern Seite haben, mit den Räumlichkeiten des Erdgeschosses fertig. Wo aber Stall und Tenne den Rückteil des Hauses bilden und der aus vier Gelassen bestehende Wohnungstrakt vorn liegt, da befindet sich die Küche häufig, durch den Gang getrennt, gegenüber der Stube, während die zwei anderen Räumlichkeiten entweder als Rumpel- oder als Schlafkammern dienen. In der Regel aber befinden sich letztere im oberen Stockwerke. Vom Hausgang führt eine Holzstiege, die, oft sehr steil und schmal, fast einer Leiter gleicht, hinauf in den oberen Gang, in ganz Unterinntal „Solla" (Söller)[2] solarium?) genannt. Die große Kammer

---

[1] In Alpach und in der Kitzbühler Gegend „Festlgrube" genannt, in der die Asche über der aufbewahrten Glut mit dem „Festleisen" zugeättschelt, „gefestet" (gesichert) wird.

[2] Ist der Gang im ersten Stock breiter, so heißt er im Unter- und Oberinntal „Saal" oder „Haussaal".

vorn heraus über der Stube ist die „Stubenkammer", das Schlaf=
gemach des Bauern und der Bäuerin, die mit allem bäuerlichen
Prachtaufwand ausgestattet ist. Da steht das breite Ehebett,
schön himmelblau angestrichen, und bunt bemalt. Häufig
sieht man darauf ein Auge Gottes abgebildet, das mit einem
Viereck von Pflaumen, Äpfeln, Birnen und hochroten Kirschen
in grünem Laub umrahmt ist. Darauf steht der Spruch:

>Gott lieben ist die schönste Kunst,
>Die schönste Kunst auf Erden,
>Wer anders liebt, der liebt umsunst
>Und kann nicht selig werden.

In der Bettstelle liegt zu unterst der Strohsack, darauf ein
Federbett, dicke Federpölster und eine ebenso gefüllte „Tuchent"
hoch aufgetürmt. Neben dem Ehebett hat die Wiege für
den kleinsten „Zügel" ihren Platz. An einer Wand prangt
ferner der „Brautkasten", ebenfalls entweder aus hartem
Holz und zierlich eingelegt oder bunt bemalt. An seiner
Vorderseite sind die Namen des Ehepaares und die Jahres=
zahl der Vermählung verzeichnet. In diesem Kasten werden
alle Sachen von Wert verwahrt, die Festkleider der Bäuerin,
die Rollen der „hauswirchenen", d. h. im Hause gesponnenen
Leinwand und in kleinen Schubladen der Silber= und Gra=
natschmuck nebst den Schatztalern der Kinder. Die andere
Wand ziert ein „Schubladenkasten", auf dem verschiedene
Prachtstücke glänzen, z. B. bunte Gläser und Kaffeetassen,
die man einmal als Hochzeits= oder Taufgeschenk bekommen,
ein paar blinkende Leuchter, im Winter rotbackige Äpfel 2c.
In der Mitte dieser Herrlichkeiten steht ein kleiner Glas=
schrank mit einem wächsernen durch Blumen und Flitterwerk
puppenhaft gezierten Christkind. Außer besagter Einrichtung
findet man in dieser Kammer noch einen hübschen Tisch und
ein paar drei= oder vierbeinige Stühle. An den Wänden
hängen Heiligenbilder, im Zillertal auch „Briefe" genannt,
in Holzrahmen, über dem Bette ein Kreuz und neben der
Tür ein Weihbrunnkrügel. Auch Dreißgenkräuter und andere
geweihte Gegenstände werden hier aufbewahrt.

Desto einfacher sieht es in den Schlafkammern der größeren Kinder, der Knechte und Mägde aus. Ein Riesenbett, in dem meistens je zwei Burschen oder zwei Dirnen zusammenschlafen, ein paar Stühle, eine Truhe für die Kleider, höchstens noch ein Tisch und ein rohgearbeiteter Kasten, das ist neben einem kleinen Spiegel die ganze Einrichtung. Eine geräumige Kammer des oberen Stockwerkes ist für die Kornkisten bestimmt. In derselben hängt auch die „Brothängel", im Oberinntal „Drenla" genannt, ein hölzernes Gestell mit mehreren Fächern, in denen die Brotlaibe liegen. Eine andere kleine Kammer enthält Handwerkszeug: Hobelbank, Schnitzelbank, Schleif- und Wetzsteine, Lederzeug, das Dengelzeug ꝛc.

Andere Hausgeräte haben ihren Platz auf der „Dille", dem Estrich oder „Unterdach",[1] zu dem eine Leiterstiege und eine Fallthüre hinaufleiten. Daselbst oder in den „Dillkammern", falls sie nicht bewohnt sind, erblickt man die Grammel, den Schwingstock und die Hechel, die Spinnräder, den Haspel, kurz was zur Flachsbereitung gehört; Kraxen, den „Obstbrocker" u. s. w., ferner kleinere Kisten und Truhen für die „Klobbirnen" und Äpfel- und Birnschnitze. Daneben hängen Geiß-, Schaf- oder Kitzfelle, eine Rinds- oder Kalbshaut an einer Stange zum Trocknen. Über dem „Kamin" steht eine „Wasserbrente". Auch eine tote Kröte kann man auf dem Estrich mancher Häuser an den Füßen aufgehängt finden, weil sie nach dem Volksglauben alle ungesunden Dünste an sich ziehen soll.

Nun hätten wir von dem ganzen Wohngebäude noch den Keller übrig. Wir steigen zu demselben die finstere Stiege hinab, die sich unter der Haupttreppe hinabsenkt und gelangen in den kühlen dunkeln Raum. Da finden wir in Behältern: Erdäpfel, Rettige, Rüben, Bohnen; auf einer „Bühne" Äpfel und Birnen. Auf einer langen sauberen Tafel stehen die hölzernen Milchschüsseln voll frischer rahmiger

---

[1] Im Unterinntal (Alpach, Brixental ꝛc.) heißt der Dachboden Hilla, von der man auf die „Hilla-Laab'" (Ober- oder Hochlaube) kommt, im Zillertal „Dill", ebenso, glaube ich, im Vinschgau.

Milch, "Stoßen", "Rahmemper", Seichtopf, Treibkübel oder Butterfaß, Gefäße mit Butter, Topfen 2c. Käse und Zieger liegen im "Kasgrand", einer länglichen Kiste; daneben steht die "Krautbrente" mit gewichtigen Schwersteinen. Alles hat seit Urvaters Zeiten seinen bestimmten Platz.

Wir kommen nun zur anderen Halbseite des Hauses, zum Wirtschaftstrakt, und vorerst zum Tennen.[1] Wo er nicht, wie häufig im mittleren Inntal, ebenerdig zwischen Hausgang, beziehungsweise Wohnung und Stall, sondern über letzterem sich befindet, führt vom oberen Hausflur ein Nebenzugang zu ihm. Wir betreten zuerst den eigentlichen Dreschboden. Er ist aus starken Tannenplöcken sehr fest zusammengefügt. Vorn oder rückwärts öffnet sich das riesige Einfahrtstor, zu welchem die "Tennenbrücke" heraufführt, eine aus festen Baumstämmen gezimmerte, schiefe Ebene, die oft noch zu beiden Seiten durch Untermauern gestützt wird. So ist es möglich, mit dem größten Heuwagen unmittelbar in die Tenne zu fahren. Zwischen Tenne und Heuboden befindet sich oft eine 2 Meter hohe hölzerne "Tennenwand", über die man das Heu wirft; bei der mittelinntalischen ebenerdigen Tenne bildet die Stallwand als sogenannte "Barnschalter"[2] die Grenze. Die Tennenwand hat oft 2—3 ausgebrochene Türchen, von denen jedes eine Abteilung des dahinter befindlichen "Heubodens", der sogenannten "Rem", Aff'n, Pill'n oder Dill'n[3] bezeichnet. In einer derselben türmt sich der festgetretene Heustock auf, in der zweiten das Grummet, in der dritten das saure, sogenannte Galtheu, welche Futtergattungen stets gesondert auf-

---

[1] Man sagt in ganz Tirol der "Tenn" oder der "Tennen".

[2] Sonst bedeutet die "Barnschalter" eigentlich die kurze Brettschranke, welche den Kopf jedes Stückes Vieh und seinen Barn- (Futtertrog)anteil von dem des benachbarten Stückes trennt.

[3] Wo, wie in den höher gelegenen Berghöfen der unterinntalischen Seitentäler z. B. Alpach die Bedeutung der Tenne gegen die des Heubodens, der "Rem", zurücktritt, führt der Zugang als sogenannte "Rembrugg'n" entweder direkt zu letzterer oder leitet zur sogenannten "Vorrem", einem von der Tenne durch einen Holzbalken abgetrennten Raum. In solchen Lagen wird das Heu auch nicht eingeführt, sondern eingetragen.

bewahrt werden, in der vierten das Stroh oder auch das gesammelte Laub für das Kleinvieh. Ersteres wird sonst gewöhnlich auf die sogenannte „obere Rem"[1], den durch einen Bretterboden abgesonderten Dachraum über der Tenne gegeben. Bei Platzmangel baut man es auch neben dem Hause zu einem „Schober" auf. In einer leeren Abteilung der Tenne stehen allerlei Geräte, so die Windmühle zum Reinigen des Korns, G'sotbank (Häckselbank), wenn man eine besitzt; im Winkel lehnt eine Leiter, daneben die „Stangger", Heugabeln und kleinere „Garbgabeln"; an der Wand hängen die Dreschflegel, Rechen, Sensen und Sicheln. An passendem Platz neben den Heustöcken sind die „Schopp=" oder „Futterlöcher" in den Boden geschnitten und mit einem „Luck" zugedeckt. Das Futter wird mittelst des „Rupfers" vom Heustock herabgenommen oder mit der „Heu=Schrote" (im Unterinntal „Heu-Stecher"), einem sichelartigen Instrument, an dem seitwärts ein Treteisen und oben ein etwa 80 cm langer Holzstiel angesetzt ist, meist unter Zuhilfenahme des rechten Fußes, herabgeschnitten und durch die „Futter=" oder „Schopplöcher" unmittelbar in den „Raufen" (Krippe) oder „Barn" hinuntergesteckt. Darum finden wir den Heuboden in der Regel als Überbau des Stalles. Wo sich die Tenne, wie es beim mittelinntalischen Bauernhaus häufig der Fall, neben dem Stall befindet, trägt die „Barnschalter" mehrere längliche Lucken, „Stallbalklen" genannt, durch die das Futter in den Barn gegeben wird. Der niedere, häufig gewölbte Stall enthält vor allem den weiten Raum für Ochsen, Kühe und Kälber; in einer Ecke oder Abteilung werden im Winter auch die Geißen und Schafe untergebracht. Man sieht hier die nötige Einrichtung, Futter und Streuvorrat, einen Melkstuhl, eine Mistgabel; am Oberboden stecken geweihte Kräuter und ein Palmzweig und neben der Türe hängt ein gefülltes Weihbrunnbrügel. An der Außenseite der Türe nagelt man gern eine getrocknete „Dreißgenkröte" an, die das Vieh vor dem Schrattl und allerlei Hexerei be-

---

[1] Im östlichen Oberinntal Pluna oder Plona, im Brixental Schlenn (Schlemm), im Stubai Litze, im Pustertal und Sarntal Birl genannt.

wahren soll, oft auch ein sogenanntes Schrattlgatterl, ein aus fünf dünnen Holzspänen zusammengesetztes gitterähnliches Gefüge. Das Vieh hängt an Ketten am Barn. Wächst der Mist zu hoch an, so wird er auf der „Miftbege" zum Düngerhaufen geschafft, der absichtlich meist vor dem Hause angelegt ist. Weiß der Bauer ja, daß man aus der Größe desselben auf seinen Viehstand schließen kann. Die Düngerwirtschaft liegt, besonders in den Seitentälern, noch sehr im Argen, da man teils die kostbare Jauche unbenützt in den Boden versickern, andernteils das Ammoniak aus dem der Mittagssonne ausgesetzten Düngerhaufen verdampfen läßt. Aber „der Nähndl hat's auch so g'macht und die Alten sind auch nicht dumm gewesen," mit dieser hier sehr übel angewandten Rücksicht auf das Überkommene tritt der Bauer auch jetzt noch nur zu oft jeder Neuerung entgegen, und es braucht lange, bis sein harter Kopf die Zustimmung dazu gibt; hat er's aber einmal begriffen, so hält es auch für weltewige Zeiten. Im Viehstall steht auch ein Behälter für die Gänse, deren man in manchen Gegenden ziemlich viele hält. Pferde hat man nur in den gesegneteren Landstrichen, wo dann natürlich ein Teil des Stalles als Roßstall eingeräumt wird. Die Schweine haben meistens einen eigenen, ans Haus angebauten kleinen Stall.

Ans Haus angeschlossen oder in nächster Nähe desselben steht ferner die „Wagenschupfe", in welcher Wagen, Karren, „Radlbögen" (Schubkarren), Schlitten, „Granser", Holz- und Bockschlitten, Pflug und Egge ihren Platz haben. Pickel, Schaufel, der „Kral", verschiedene „Hauen", der „Zieter", eine Deichsel für das Ochsengespann vor der Egge, liegen und lehnen da herum. Nicht weit davon sehen wir noch die Holzschupfe, gefüllt mit schön aufgestößeltem Fichten- und Birkenholz; auf dem Boden steht der Hackstock mit Hacken, Keilen und Schlägel.

Mit der Besichtigung der hinter dem Hause liegenden „Schupfen" haben wir auch schon den „Bangert" (Baumgarten) betreten. Eine saftig grüne Wiese, überdacht von einem Walde von Kirsch-, Apfel- und Birnbäumen, ladet

uns zu schattiger Rast ein.[1] Hier legen sich die Männer
an warmen Sonntagsnachmittagen zu einem Schläfchen in
das Gras, bis sie ein etwa herabfallendes grünes Äpfelchen
aufweckt. Auch das „Zuhäusl" oder „Ausnahmhäusl", von
dem wir später ausführlich sprechen werden, befindet sich
im „Bangert". Der Anger ist ein Haupttummelplatz für
die Kinder, die an den unreifen Kügelchen, noch mehr aber
mit dem reifen Obst ihre Freude haben.

Viel weniger ist der kleine Früh= oder Hausgarten
ihren räuberischen Händen ausgesetzt. Der Frühgarten, im Unter=
inntal auch „Bießgarten" genannt, wird gut gepflegt. Wir er=
blicken da sauber in Beete abgeteilt: Salat, Kohlrüben, gelbe
und rote Rüben (Rohnen), Winterrettige, Spinat, „Peter=
zimmel" (Petersilie), „Winter= und Sommerföllen", (Zwiebel=
arten), Knoblauch, Schnittlauch, Kresse ꝛc. Auch eine Auswahl
von Gewürz= und Teekräutern treffen wir an, wie: Anisstauden,
Kümmel, Brotsamen (Fenchel), Minzen, Kamillen u. s. w. In
einer Ecke des Gartens ist häufig ein Sevenbaum gepflanzt. —
In einer zweiten Ecke gedeiht ein Rauten= oder „Spicketstock"
(Lavendula spica). Auch dem Blumenflor lassen die Töchter des
Hauses sorgliche Pflege zukommen. So steht in der Mitte des
Gartens ein Strauch mit roten Rosen, an den Seiten der meist
mit Bux eingefaßten Beete prangen weiße und rote Nelken,
„gelbe Veigelen" und wohlriechender Rosmarin; Primeln im
ersten Frühjahr hinter dem Bux. (Vergl. Kerner, A. Die Flora
der Bauerngärten.) In wärmeren Gegenden sieht man an der
Sommerseite des gemauerten Hauses häufig Pfirsichbäume
oder Reben als Spalier, besonders im südlichen Teile Tirols,
wo oft alle Wände dicht mit Weinlaub überkleidet sind.

Im Frühgarten oder neben dem Hause fehlt ferner
selten ein Bienenstock. Einige Schritte davon sind zwei
Räumlichkeiten unter ein eigenes Dach gebracht, da sie im
Hauptgebäude meist keinen Platz finden, nämlich der Back=

---

[1] Im Unterinntal, besonders an den Flanken der Seiten=
täler, ist der Anger mit Fruchtbäumen oft so besetzt, daß die meist
kleinen Blockhäuser dem Auge des im Tale Wandernden ganz
entschwinden.

ofen und die Waschküche. Auch der Abort steht, wenn er
nicht den Abschluß des „Gangls" oder der „Laab'n" bildet,
als eigenes Holzhüttchen hinter oder neben dem Hause in
in der Nähe des Düngerhaufens. Ebenso befindet sich die
Brechelgrube oft im Anger oder in der anstoßenden Wiese.
Der Brunnen hat gewöhnlich vor dem Hause seinen Stand=
ort. Frisches kristallklares Quellwasser sprudelt aus dem
lärchenhölzernen Rohr in den Brunnentrog. In den Dörfern
haben je zwei bis vier Häuser einen Brunnen, der deshalb
an passender Stelle in der Mitte steht.

Über jedes dieser letztgenannten Zugehörigkeiten zum
Hause ließe sich ein eigenes Kapitel schreiben, doch es fehlt
der Raum und somit schließen wir die Durchschnittsskizze eines
tirolischen Bauernheimatls.

Ehelente und Ehehalten.
1. Die Ehelente.

Gleich der Behausung ist auch der bäuerliche Hausstand
mit allem, was drum und dran hängt, je nach den Verhält=
nissen des Besitzers sehr verschieden. Welcher Abstand zwischen
dem Hauswesen eines armen Kleinhäuslers, der mit Hilfe
seines Weibes und seiner Kinder das kleine Feld bebaut,
mit Kraxen die zum Fortkommen der Früchte notwendige
Erde jedes Jahr auf seinen magern steilen Acker schleppen
muß, und einem reichen Unterinntaler oder Pustertaler
Bauern, der wie ein König über ein Dutzend Knechte und
Dirnen gebietet! Noch eigentümlicher gestaltet sich die Wirt=
schaft an jenen Orten, wo die Männer die halbe Zeit, wenigstens
im Sommer, auf Wanderschaft begriffen sind, so z. B. in
Defereggen, in Gröden und in einigen Gegenden des Ober=
inntals und Vinschgaus, mithin die Hauptarbeit den zurück=
gebliebenen Weibern anheimfällt. Doch sind solche Verhält=

nisse immer nur als durch besondere Umstände bedingte Ausnahmen zu betrachten.

Der Hof eines Bauern umfaßt in der Regel nur eine Familie mit den dazu gehörigen Dienstboten. Bauer und Bäuerin mit den kleinsten Kindern schlafen, wie wir schon im früheren Abschnitt hörten, im besten Zimmer des oberen Stockwerkes, die größeren Söhne und Töchter haben daneben ihre eigenen Kammern, ebenso die Knechte und Dirnen, welche bei Raummangel auch im Estrich untergebracht werden und gewöhnlich je zwei und zwei in einem Bett schlafen. Das gemeinsame Wohnzimmer für die Tageszeit ist die „Stube" im Erdgeschoß. Da wird gefrühstückt, das Mittag- und Abendessen eingenommen, da hinunter trägt die Bäuerin die Kinderwiege, um das Kleine nahe bei sich zu haben, da versammelt sich, wie bei uns im Salon, der winterliche „Heimgarten". In jenen Landesteilen Tirols, wo die Güterzerstückelung üblich ist, so z. B. in einigen Gegenden Oberinntals und Südtirols, kommt es wohl auch vor, daß zwei Brüder mit ihren Familien ein Haus bewohnen. In diesem Falle wird die Stube und Küche geteilt, ein trauriger Vorschub für Armut und Unfrieden. Man denke sich nur zwei Hausfrauen unmittelbar nebeneinander schaltend und waltend! Zum Glück gestattet dies die Sitte nur an wenigen Orten. Gewöhnlich geht das Besitztum ungeschmälert an Grundstücken auf den Erben über. Die alten Eltern, die sich, der eigenen Wirtschaft müde, zur Ruhe begeben wollen, ziehen in das sogenannte „Zuhäusl," ein kleines im Obstanger stehendes Gebäude und beschließen, von dem jungen Besitzer mit dem Nötigen versorgt, dort ihre Tage. Wo kein „Zuhäusl" ist, räumt man ihnen eine anständige Kammer im Hause selbst ein. Bisweilen trifft man, wenn es die Räumlichkeiten erlauben, auch eine Mietpartei, sogenannte „Inhäusler" oder „Ing'häus", alte oder kränkliche alleinstehende Personen, die für einen geringen Zins eine Kammer bewohnen, ihre bescheidene Mahlzeit selbst kochen oder für leichte Dienstleistungen vom Bauern die Kost erhalten. Damit ist der weiteste Kreis der Einwohnerschaft eines Bauernhofes geschlossen.

Das Oberhaupt des ganzen Hauses ist der Bauer, der „Schaffer", wie als ebenbürtige Gefährtin die Bäuerin. Wenigstens der Außenwelt gegenüber; denn ein geistiges und gemütliches Band besteht zwischen den Eheleuten nicht immer. Oft genug gilt dem Bauer das Weib tatsächlich nicht viel mehr, ja oft weniger als ein Stück Vieh. Hievon nur ein Beispiel als Beleg: Herr Dr. O. wurde eines Tages auf einen Bauernhof in Taufers gerufen. Dort kam ihm die Tochter des Hauses weinend entgegen, gerade als er mit dem Bauern sprach und erzählte unter Tränen, daß soeben die Mutter gestorben sei. „Jesses", sagte der Bauer, „jetzt hast mich g'leiger (fast) derschreckt, schon hab' ich 'glaubt, es sei die Kuh krepiert". Diese war nämlich gerade im Kälbern. Mag man dieses Geschichtchen auch nur als gut erfunden annehmen, so ist es doch bezeichnend für die Denkart der Bauern. Als Seitenstück ehelicher Liebe könnte folgender Vorfall gelten, den man sich im Heimgarten erzählt. Ein Weib im abgeschlossenen Bergdorf St. Jakob in Defereggen stellte ihren toten Mann gefroren in ihre — Küche (?) und benützte ihn als Leuchter, indem sie ihm die Kentel (Kien=span) in den Mund steckte. Im Frühjahre, als der Tote auftaute und sie ihn nach Virgen hinabschaffen mußte, bedauerte sie, daß sie nun keinen Leuchter mehr habe. Von diesem Geschichtchen gilt natürlich das gleiche, was ich beim früheren bemerkte, nur daß letzteres auf Wahrheit beruht.

Ursache des häufig kalten Verhältnisses der Gatten ist der Beweggrund der Eheschließung, bei welcher meist zuerst der Verstand und nur in untergeordneter Reihe das Herz befragt wird. Gewöhnlich sind die Gutsverhältnisse maß=gebend. Dabei geschieht den Gefühlen des jungen Erben selten Gewalt. Er kennt das Herkommen längst und macht sich keine schwärmerischen Liebesvorstellungen. Als flotter Bursche geht er wohl auch da und dort bei einer hübschen Dirn „Fensterln", knüpft sogar vielleicht eine Liebschaft an, die nicht ohne Folgen bleibt, sobald er aber sein Besitztum übernimmt, gewinnt der geschäftliche Sinn die Oberhand

und lenkt seine Wahl auch ohne Beeinflußung seitens der
Eltern auf eine vermögliche Bauerntochter. Auf Wirt=
schaftlichkeit und häusliche Tugenden der Braut wird viel
gegeben. „Eine gute Bäuerin erkennt man am Nudelschupfen",
sagt das Sprichwort; deshalb geht mancher kluge Freier, vor
er es mit seiner Erwählten richtig macht, nachsehen, ob sie
je Kochkunst flink und regelrecht erlernt habe. Damit soll
nicht gesagt sein, daß eine Heirat aus Liebe fast nie vor=
kommt, sondern nur, daß eine solche zum mindesten nicht
die Regel ausmacht. Gerade im weniger gesegneten Ober=
inntal, wo man dem sogenannten „praktischen" Gesichtspunkt
bei Wahl einer Lebensgefährtin eine gewisse Berechtigung
zuerkennen möchte, sind Eheschließungen aus Liebe das regel=
rechte. Aber manchmal setzt sogar ein junger Großbauer
seinen Stolz darein, zu zeigen, daß er auf Geld nicht zu
sehen brauche, und wählt ein armes, aber auffallend schönes
Mädchen zur Lebensgefährtin. Jedoch selten mit Glück;
denn die Liebe verfliegt mit den Flitterwochen, und wenn der
Mann von roher und heftiger Sinnesart ist, so muß das
wehrlose Weib die bittersten Vorwürfe hören, die ihr mit
dem Hinauswerfen ihres „Bettelkrams" drohen. Dann möchte
sie wohl gerne mit einer armen, aber zufriedenen Klein=
bäuerin tauschen. Je weniger Geld und Besitz bei der
Wahl mitzusprechen haben, desto mehr tritt die Neigung in
ihre Rechte. Der Dörcher (karrenziehende Landfahrer) und
die Dörcherin, die beide keinen Pfennig besitzen, schließen ihre
Ehe aus allerdings nicht gerade idealer Liebe.

Andererseits wird die Stellung des Weibes durch das
zugebrachte Vermögen bedeutend abgeändert. Hat sie z. B.
das Gut „im halben Kauf", d. h. hat sie das Anwesen zur
Hälfte mit ihrem Gelde erworben, so ist natürlich ihre
Stimme bei der Verwaltung desselben gleichberechtigt mit
jener des Mannes. Um späteren Streitigkeiten vorzubeugen,
werden im Heiratsvertrag die beiderseitigen Rechte genau
ausbedungen, so zwar, daß beide Teile über ihr Vermögen
selbständig verfügen können.

Oft geht auch das elterliche Gut auf eine Tochter

über[1]; dann ist sie Hausbesitzerin und Herrin und wählt einen aus den Freiern, welche, sei die Persönlichkeit des Mädchens wie sie wolle, selten fehlen. Sollte dies aber doch der Fall sein, so macht sie sich aus zu großem Zartgefühl durchaus nichts daraus, durch Vermittlung der Eltern, des Vormundes 2c. um einen passenden Mann zu werben. Dieser muß dann „zui" (hinzu) oder „eini" (hinein) heiraten; ein Schritt, der wohl überlegt sein will. Denn mancher ward dadurch zum „Siemann'l" (Pantoffelheld) seiner keifenden Ehehälfte. Dann ergibt er sich wohl dem Trunke und vergnügt sich mit lustigen Kameraden im Wirtshause, unbekümmert um die Gardinen= predigt, die zu Hause seiner wartet. Daß solche Auftritte nicht selten vorkommen, beweisen zahlreiche Volkslieder, welche diesen Gegenstand mannigfach behandeln. Der tirolische Dialektdichter Karl v. Lutterrotti schildert einen solchen „häuslichen Zank" in einem trefflichen, in Sillianer Mund= art verfaßten Gedichte[2]: das Weib öffnet ihrem spät Nachts heimkehrenden Manne, der heftig Einlaß fordert, nicht die Türe. Sie wirft ihm seine Trunksucht und Verschwendung, er ihr heimliche Näscherei vor, bis sie erzürnt sein Haus zu verlassen droht, worauf die Versöhnung erfolgt.

Was indessen auch für Zänkereien und Streitigkeiten solcher und anderer Art innerhalb der vier Wände vorfallen, äußerlich bewahrt man den Frieden und das gute Einver= nehmen, schon aus Furcht vor dem Dorfklatsch. Die ehe= liche Treue wird trotz der gegenseitigen Kälte gewissenhaft gehalten, obwohl in manchen Gegenden seltsame Begriffe davon herrschen. So wurde mir aus der Gegend von Scharnitz die Anschauung berichtet, daß der Mann keinen Ehebruch begehen könne, und wenn einer mit einem verhei= rateten Weibe „etwas habe", sei es keine Sünde. Ich muß gestehen, daß ich schwer daran glaube. Gewöhnlich bildet

---

[1] Eine solche Erbtochter heißt im Unterinntal scherzweise „Hoamatkrax".
[2] Vergleiche Karl Lutterrotti's Gedichte in Tiroler Dialekten. 3. Aufl. Bearb. von Dr. Ludw. v. Hörmann. Innsbruck. Wagner. 1896. S. 295.

sich aus Pflichtgefühl und Gewohnheit ein ganz gemütliches
Zusammenleben heraus. Sie verdankt ihrem Gatten An=
sehen und materielle Stellung, er sieht in ihr die sorgende
Hausfrau und Mutter seiner Kinder. Sind diese einmal
da und wachsen heran, so weben die gleichen Interessen ein
Band, das einer ruhigen Neigung fast gleichkommt.

Der Wirkungskreis des Bauern und der Bäuerin ist
von der Sitte scharf abgegrenzt. Der Bauer bewirtschaftet
sein Gut nach außen, beaufsichtigt Stall, Feld und Scheune,
ordnet alle Arbeiten an und arbeitet je nach Umständen
auch selbst mit. Ein Großbauer, der einen bedeutenden
Viehstand und mehrere Knechte und Dirnen hält, begnügt
sich mit der Oberaufsicht über alle Verrichtungen, von welchen
ihm der Großknecht Rechenschaft gibt. Er selbst fährt in
seinem Einspänner oft über Land, auf Märkte, wo er Vieh
ein= und verkauft, oder zu Scheibenschießen und Versamm=
lungen, denn er ist gewöhnlich Schützenmeister und Ge=
meinderat. So vornehm gibt es freilich der Durchschnitts=
bauer nicht, von dem das Sprichwort sagt:

> Der Herr muß selber sein der Knecht,
> Will er's im Hause haben recht.

In noch engerem Sinne gilt dieses vom Kleinhäusler, der in
der Tat selber Knecht sein muß, weil ihm sein geringes Be=
sitztum nicht erlaubt, Dienstboten zu besolden.

Der Wirkungskreis der Bäuerin ist das Bereich des
Hauses. Selbstverständlich macht auch bei ihr die Größe
des Besitzes denselben Unterschied. Eine reiche Großbäuerin
dünkt sich zur niederen Hausarbeit zu gut. Diese verrichten
unter ihrer strengen Aufsicht die Mägde, sie selbst gefällt
sich, mit dem Schlüsselbund zum Gaden (Speisekammer) und
Keller, der ihren Stolz, die goldgelben Butterwecken und die
Reihen der gefüllten sauberen Milchschüsseln — meist soge=
nanntes „bayerisches" Geschirr, von den Dörchern gekauft —
enthält. Nur das Kochen, wenigstens des Mittagsmahles,
besorgt stets die Bäuerin selbst, sei sie nun eine arme Klein=
häuslerin, deren Speisezettel nur Wassermus und eine magere

Brennsuppe aufweist, oder die reiche Besitzerin eines wohl=
gefüllten Gadens. In der Küche ist sie unumschränkte
Herrscherin. Der Bauer redet ihr da nichts darein, außer
wenn sie etwa aus Geiz oder Unkenntnis den Dienstboten
schlechte Kost verabfolgt, so daß diese sich darüber beklagen.
Die übrigen Geschäfte einer Bäuerin ergeben sich von selbst,
besonders bei minder großen Gutsverhältnissen. Viel Zeit
erfordert die Pflege der kleinen Kinder, so wenig heikel man
es damit nimmt, und das oftmalige Füttern der Hühner
und Hennen. Da die Landleute, besonders bei strenger
Arbeit, oft und reichlich essen, geht das Feuer, das Kochen
und Abspülen den ganzen Tag nicht aus. Daher ist die
Bäuerin immer zu Hause, wenn nicht in der Kirche oder hie
und da bei einer Ausfahrt. Sonntags geht sie stets in die
Frühmesse oder höchstens ein oder das andere Mal in die
Predigt und eilt hernach schnell nach Hause, um bis 10 oder
$^1\!/_2$ 11 Uhr, wenn die andern aus dem Gottesdienste kommen,
das Mittagessen bereit zu halten. Auf's Feld geht nur die
Unbemittelte, die dann ihre Kinder entweder zu Hause ein=
sperrt oder mit sich schleppt und draußen irgendwo in den
Schatten eines Baumes legt. Die Bäuerin hat auch ihr
Taschengeld. Es gehört ihr nämlich nach altem Herkommen
das Federvieh und die Eier, ferner das Erträgnis des Kraut=
gartens, soweit sie dies nicht in der Küche braucht. Sie gibt
also das übrige der Bötin, ihrer verschwiegenen Vertrauten,
die ihr dafür aus der nächsten Stadt Kaffee und Zucker,
Weißbrot, auch Likör (Gewürzbranntwein) und Näschereien
bringt. Das wird, wie wir bereits im vorigen Abschnitt
berührten, im versperrten Gaden verwahrt und in einem
stillen Augenblicke, wenn es der Mann nicht sieht, verzehrt.
Trinkt er doch auch im Wirtshaus manchen Schluck, den sie
nicht sieht, warum soll sie sich nicht mit etwas Süßem gütlich
tun, zumal da sie soviel „Strapplerei" mit den Kindern
hat? So denkt sich das Weib und steckt dabei ihrem Nest=
häkchen ein Stück in den verlangenden Mund.

Solange die Kinder klein sind, ist die Bäuerin, die
untertags arbeiten muß und nachts beim Kindergeschrei wenig

schläft, viel geplagt. Sobald die Kleinen aber einmal laufen
können, überläßt man sie dem Schutzengel. Man befiehlt
und verbietet ihnen nicht viel, daher gibt es auch wenig
Ungehorsam und Strafe. Die bäuerlichen Arbeiten lernen
sie fast von selbst. Mehr gehütet und geschont sind die
Söhne und besonders die Töchter des Großbauern. Im
allgemeinen kann man sagen, daß das Verhältnis zwischen
Kindern und Eltern ein schönes ist. Zärtlichkeiten kommen
nicht vor, wenigstens nicht, wenn die Kinder einmal größer
sind, aber ebenso selten vergißt der Sohn oder die Tochter
die schuldige Ehrfurcht gegen die alten Eltern zu beobachten.

2. Die Ehehalten. Die Bauernfeiertage.

Einen bedeutenden Teil der ländlichen Hausbewohner=
schaft bilden die „Ehehalten". Zwar nicht immer. Wie
könnte der arme Kleinbauer, dessen wenige Grundstücke kaum
die nötige Nahrung für die eigene Familie abwerfen, Kost
und Lohn für Fremde erschwingen? Ihm trägt es zum
allerhöchsten eine Dirn, die dann als „Mädchen für alles"
in der Arbeit auch nicht wählerisch sein darf, während ein
stolzer Großbauer und seine Ehefrau einen ganzen Hofstaat
mit entsprechender Verteilung der Dienstleistungen um sich
versammeln. Zwischen diesen beiden äußersten Grenzen
bäuerlicher Wirtschaft liegen natürlich viele Abstufungen, nach
denen sich die Anzahl der Dienstboten richtet. Häufig ver=
sehen die sogenannten „Weichenden", das sind Geschwister
des Bauers oder der Bäuerin, das Amt von Knechten und
Dirnen, die, besonders wenn sie einen Grundanteil oder ein
Stück Vieh besitzen, oder ihr Vermögen auf dem Hause
liegen haben, eine gewisse Mittelstellung zwischen Angehörigen
und Ehehalten einnehmen. Wir wollen uns zuerst das
Dienstpersonal eines Großbauern anschauen, bei welchem die
Pflichten und Rechte sowohl der Untergebenen gegen den

Hausherrn und umgekehrt, als auch die der Bediensteten
untereinander am ausgeprägtesten zur Geltung kommen.

Sitte und jeweiliges Übereinkommen haben da strenge
Grenzen gezogen und jedem sein Maß an Arbeit und Ansehen
im Hause zugemessen. Wie genau man die Sache nimmt,
kann jeder Besucher einer Bauernstube bemerken, wenn er
zufällig eben recht zum Mittag= oder Abendessen kommt.
Nicht nur Bauer und Bäuerin, sondern auch Knechte und
Dirnen haben ihre nach der Rangfolge bestimmten Plätze
am großen Eßtisch. Der Bauer, beziehungsweise der Groß=
knecht, langt zuerst in die Schüssel; ihm folgen der Reihe
nach die andern, später erst darf jeder zugreifen, wie er Lust
hat. Bei dieser Gelegenheit sehen wir zugleich sämtliche
Dienstboten versammelt.

Ein Großbauer — nehmen wir z. B. einen solchen
aus dem breiten Tauferertale — hält drei, auf sehr großen
Höfen auch vier Knechte; den Großknecht, den Fütterer, der
im Sommer mit dem Vieh auf die Alpe zieht, den Mitter=
und Kleinknecht, und drei Dirnen: die Großdirn, die Feld=
dirn und die Kleindirn, auch „große Gitsch" genannt, weil
man häufig ein halberwachsenes Mädel dazu anstellt. Wo
nur zwei Mägde sind, fallen die beiden letzteren zusammen.
Der Angesehenste unter dem ganzen Gesinde ist also der
Großknecht. Er muß ein verständiger, erfahrener, gesetzter
Mann sein, der den Bauern vertreten kann, wenn dieser in
Handelsgeschäften, auf Märkten usw. abwesend ist. Sehr
oft versieht deshalb, wie bereits bemerkt, der Bruder oder
Schwager des Bauern diese Stelle, oder auch der älteste
Sohn, wenn er schon groß und stark genug ist. Der Groß=
knecht führt auch den Namen Oberknecht, auch Bauknecht,
weil er beim „Bauen" und „Ackern" die Hauptrolle spielt,
d. h. den Pflug hält und säet. Er leitet überhaupt alle
Arbeit im Feld, Wiese und Wald, soweit es ihm der „Schaffer"
(Bauer) überläßt, mit dem er abends Rücksprache hält, um
dann am nächsten Morgen beim „Vormeß" (Frühstück) den
Knechten und Dirnen die nötigen Weisungen zu geben. Er
ist persönlich überall an der Spitze; beim Mähen steht er

in erster Reihe, die übrigen einer nach dem andern hinter ihm, beim Kornschnitt hat er in der Regel nur die Garben zu binden und die Schöber zu „machen", beim Einführen der „Mahd" reicht er der „Fuderfasserin" die Heubüschel hinauf, beim Auflegen der Garben legt er diese auf den Wagen und ordnet sie dann später auf der „Birl" (Bestandteil der Tenne), beim Dreschen führt er den ersten Schlag. Der Oberknecht hat auch sein eigenes Bett, während die anderen Knechte meist zwei und zwei zusammenschlafen. An manchen Orten ist ihm sogar die Auswahl der ihm unterstehenden Dienstboten überlassen, doch tut dies gewöhnlich der Bauer.

Dem Großknecht folgt dem Range nach der „Fütterer", „Melker" oder „Ochsner", im Pustertale mit Stallbuben gleichbedeutend. Wenn nämlich ein Bauer zwanzig und mehr Stück Vieh besitzt, so braucht er einen eigenen Knecht dazu. Oft sind demselben noch zwei Stallbuben als Gehilfen beigegeben. Da ein so bedeutender Viehstand eine Privatalpe erfordert, so wird der Fütterer vom Winter zur Sommerszeit Senner und kehrt erst mit dem Heimzug von der Alpe wieder ins Dorf zurück. Er hat den ganzen Rind- und Kleinviehstall zu besorgen; nur das Melken nehmen ihm, wo es der Brauch will, die Mägde ab, so z. B. im Tauferertale die „Kleindirn". Den Schweinestall hat dort die „Großdirn" zu versehen. Dafür hilft der Fütterer beim Dreschen. Die Pferde hat der Großknecht unter sich, ausgenommen in jenen Gegenden, wo eine bedeutende Pferdezucht einen eigenen „Rosser" erfordert. Nun folgen nacheinander der „Mitter"- und „Kleinknecht", deren Arbeiten nicht so streng geschieden sind. Sie müssen überall tätig sein, beim Ackern, Mähen, Heuen, Kornschneiden, Dreschen, Streurichten und wie die hundert Verrichtungen alle heißen, wobei allerdings dem Kleinknecht die niedrigen zufallen: das Ausmisten, Holzspalten usw.

Von den Dirnen steht obenan die „Großdirn". Sie heißt auch „Hausdirn", weil ihr vorzugsweise die häuslichen Arbeiten obliegen und die Beihilfe in der Küche, wo nicht, wie auf den großen Höfen Unterinntals, eine „Kuchlin"

(Küchenmagd) gehalten wird. Das Fertigkochen des Mittagstisches überläßt die Hausfrau nie einer fremden Hand.

Die Verteilung der weiblichen Beschäftigungen richtet sich vielfach nach dem Willen der Bäuerin und der Ortsbrauch hat darauf viel Einfluß. So wird zu Wenns im Oberinntale vorzugsweise die „Kleinmagd" in der Küche verwendet. Doch kann man im allgemeinen sagen, daß der „Großmagd" die besseren wichtigeren Geschäfte zufallen. Sie beaufsichtigt das übrige weibliche Personal, kehrt aus, sieht darauf, daß das Essen ordentlich auf den Tisch kommt, deckt auf und räumt ab, trägt die Speisen herein, ruft oder läutet zum Essen und mahnt nach der Rast wieder zur Arbeit. Sie ist also gewissermaßen Vizebäuerin, wie der Großknecht Vizebauer. Auch das „Abrahmen", d. i. das Abnehmen des Rahmes von der Milch, fällt ihr zu. Dagegen gehört die übrige Besorgung der Milchwirtschaft, alles Putzen, Säubern und Spülen von Küche, Haus und Kammern der Kleindirn. Letztere muß auch Kindsmagd vorstellen, wenn kleine Kinder im Hause sind. Auf das Feld gehen alle Dirnen, besonders aber die sogenannte Felddirn. In manchen Gegenden zieht man es vor, weniger Dienstboten zu halten und dafür bei strenger Arbeit, beim Heuen, Ernten und Dreschen, herumziehende Taglöhner anzustellen, was allerdings viel billiger kommt. Im Lechtal und Zillertal herrscht noch die schöne patriarchalische Sitte, sich gegenseitig mit den Arbeitskräften auszuhelfen.

Die Löhne der Dienstboten sind in den letzten Jahrzehnten sehr gestiegen, besonders seit, mit Ausnahme des Schneiders, Schusters und hie und da des Webers, nicht mehr im Hause „auf der Stör" gearbeitet wird. Vor etwa fünfzig Jahren bekam ein Knecht im Tauferertale 7—15 fl. alter Währ. jährlich an barem, dazu an Gewand: 2 Paar Schuhe, 1 Paar Strümpfe, 3 Pfeiten (Hemden), Lederhose und ein lodenes „Hematl" (Rock); noch vor dreißig Jahren galten 20 fl. als sehr viel, jetzt hat ein Knecht samt üblicher Kleidung zum mindesten 60, 100 bis 180 Kronen Lohn. Eine kleine Dirn erhielt s. Z. gar nur 2 fl, dazu „Raß"

(Zeug aus Lein und Wolle) zu „Kittel", 2 Paar Schuhe, 2 Pfeiten, Ärmel, Goller (Halskragen) mit Bändern, Schürzen und 1 Pfund Wolle; gegenwärtig beträgt ihr Lohn 80 bis 140 Kronen ohne Gewand, 30—40 Kronen mit obigen Kleidungsstücken. In anderen Tälern beziffert sich der Lohn noch viel höher. In Wenns im Oberintale zahlt man einem Oberknecht als Jahreslohn 200 Kronen, im Pustertale 240 bis 300 Kronen, im Kitzbühler Gebiete bis gegen Ellmau sogar 500 Kronen und mehr, dazu Markttag= und Schuh=gelder.

Die anderen Dienstboten erhalten entsprechend weniger. Hat z. B. der Großknecht samt Gewand 140 Kronen, so bekommt der Kleinknecht 80, die Großdirn 100 und die Kleindirn 60—72 Kronen. Je mehr der Bauer den Lohn in Kleidungsstücken geben kann, desto besser kommt er dabei zu, denn er hat alles selbst im Hause und läßt es vom Dorf=schneider machen. Von der Kuh nimmt er das Leder, vom Kalbe das Fell. Der Lein und die Schafwolle wird selbst gesponnen und im Hause vom Weber oder von einem dieses Handwerks kundigen Knechte gewoben. Häufig verlangen die Dienstboten gegenwärtig gekauftes Zeug, Struck, statt des Lodens, sowie minderwertige „Kaufleinwand", wenn es auch vorkommt, daß sich vernünftigere aus ihnen ausdrücklich „Hausleinwand" und Loden „einbedingen". Den Dirnen weist man oft ein kleines Grundstück an, auf dem sie mit Hilfe der andern Hanf anbauen können. Im Winter spinnen sie denselben und lassen das Garn weben, um die gewonnene Leinwand entweder für ihre Wäsche zu verwenden oder zu verkaufen. Wo man kein Feld hergibt, überläßt man der Dirne ein „Spinnatl", d. h. einen Teil von dem, was sie im Winter gesponnen hat. Der Melker bekommt bei einer großen Wirtschaft das zwölfte Kalb, wenn man es nicht vorzieht, ihm für jedes einen alten Zwanziger Trinkgeld zu geben. In der Regel jedoch gibt ein kluger Bauer alles lieber her als bares Geld.

Die Zeit des Dienstwechsels, der allgemeine „Schleng=geltag" ist in Tirol im Durchschnitt das Lichtmeßfest

(2. Febr.)¹. Nur selten und bei bringender Notwendigkeit tritt auf dem Lande ein Dienstbote auch an einem der anderen Quartalstage, Georgi, Jakobi und Galli² ein oder aus. So war es wenigstens bis in die neuere Zeit. Jetzt hat sich allerdings mit vielem andern auch dieser Punkt zum schlechtern gewendet. Gefällt einem Knechte oder einer Magd der gegenwärtige Dienst nicht mehr, so sehen sie sich frühzeitig um einen andern um. "Na, da bleib i nimmer", heißt es, "da muß man den ganzen Tag schinden und raggern³ und hat noch eine schlechte Kost dazu. Die Bäuerin ist auch "a sölli (solche) harte Gsöllin", magst tun und arbeiten wie d'willst, ninderst (nirgends) ist's recht, alleweil brummelt sie. Und der Bauer ist auch nicht viel besser, "a filziger Lotter" ist's. Die zwei können mi an Buckel blasen, i schau mir um ein andern Platz." Das ist wohl einer der häufigsten Gründe, warum der Dienst gewechselt wird. Es gibt allerdings von seiten der "Ehehalten" noch andere Anlässe, z. B. Streitigkeiten mit den übrigen Knechten und Dirnen, Eifersucht untereinander, wenn ein Dienstbote beim Bauern oder bei der Bäuerin "es besser kann", d. h. sich einschmeichelt, manchmal auch eine Liebschaft zwischen Knecht und Dirn, die der Dienstherr nicht duldet usw. Letztere nennt man "Hausbreaslen" und die Nachbarn machen die Bäuerin, wenn sie den Unfug nicht merkt, mit dem Wortspiel darauf aufmerksam: sie möge die "Brosen" aus dem "Schnuller" (Saugläppchen) heraustun⁴. Mehr Grund zur Klage hat, wie wir sehen werden, fast immer der Dienstgeber.

Damit berühren wir einen schlimmen Übelstand in den tirolischen Dienstbotenverhältnissen, nämlich die sogenannten "Bauernfeiertage".

---

¹ Im Pustertal der 5. Februar.
² Auch Micheli und Martini sind Schlenggelzeiten. Im Eggentale am Peregrinustage (27. April), im Etschtal um Martini (11. Nov.); auch am Gertrudentage (17. März) treten die Leute gern ein.
³ rackern = hart arbeiten.
⁴ Brosen = Brosamen, aber auch Verliebte; im Zillertal "Bröbeln — Hausbröbeln" genannt.

Als im Jahre 1806 Tirol bayerisch wurde, war bekanntlich außer dem Verbote des Wetterläutens eine der verhaßtesten Neuerungen die Abschaffung der „Bauernfeiertage". Man weiß auch, welch böses Blut diese an und für sich gewiß sehr vernünftige Maßregel im Volke machte und wie dieselbe drei Jahre später als wirksames Aufreizungsmittel gegen die neue Regierung verwendet wurde. Ich besitze selbst in meiner Sammlung tirolischer Volkslieder mehrere darauf bezügliche Lieder, darunter ein „Klagelied wegen der von Bayern abgebrachten Feiertägen", in welchem diese Neuerung als eine von protestantischem Verbreitungseifer ausgehende Verhöhnung des Katholizismus hingestellt und der Auszug der betreffenden Heiligen aus dem „nun lutherischen" Lande in den derbsten und aufreizendsten Versen besungen wird. Auch Süß in seiner „Sammlung Salzburger Volkslieder" bringt ein ähnliches Lied, in dem sich der Unmut der Bauern über diese bayerische Verordnung Luft macht. Ob es nun damals von der neuen Regierung klug war, an verjährten, wenn auch noch so unvernünftigen Eigenheiten und durch die Überlieferung geheiligten Vorrechten zu rütteln, das gehört auf ein anderes Blatt. Tatsache ist, daß die im früher angeführten Volksliede vertriebenen Heiligen nach dem Rückfalle Tirols an das angestammte Kaiserhaus wieder ihren feierlichen Einzug in die Dörfer hielten, daß ihre Festtage wieder zu Ehren kamen und im großen und ganzen bis zur heutigen Stunde von Bauern und Ehehalten, in erster Linie natürlich von den letzteren, mit größter Gewissenhaftigkeit gehalten werden.

Vergeblich eiferte der um die Hebung der Landwirtschaft in Tirol hochverdiente Graf Enzenberg — damals, anfangs der verflossenen fünfziger Jahre, Präsident des tirolisch-vorarlbergischen landwirtschaftlichen Zentralvereins — gegen diesen Unfug, indem er eine auf wahrheitstreuen Angaben beruhende Zusammenstellung der abgebrachten und noch abzubringenden Feiertage in verschiedenen Blättern veröffentlichte und auch mündlich, wenn ich nicht irre, gelegentlich der Eröffnung einer Bienenausstellung, dagegen in die

Schranken trat; vergeblich brachte auch der leider schon lang
dahingeschiedene, wackere Landeshauptmann-Stellvertreter von
Tirol, Dr. v. Grebmer im Jahre 1868 bei den versammelten
Landesvätern einen vollkommen begründeten Antrag zur Ab=
schaffung dieses Grundübels der tirolischen Landwirtschaft
ein, dessen rasche Durchführung als im größten Interesse des
Landes liegend selbst der Fürstbischof Gasser als „dringendes
Bedürfnis" anerkannte; umsonst richtete im Jahre des Heils
1869 der damalige Minister des Innern, Dr. Giskra, an
sämtliche Statthalter einen Erlaß (vom 20. August), worin
dieselben beauftragt wurden, „die unterstehenden Behörden
anzuweisen, daß sie vorkommenden Falles durch Belohnung
ihren Einfluß geltend machten, damit die Bevölkerung es
von der Beobachtung „nichtgebotener" Feiertage abkommen
lasse." Ja es existieren sogar päpstliche Verordnungen, welche
ebenfalls die Einschränkung dieser bäuerlichen Ferialtage zum
Inhalt haben. Was half es? Die meisten dieser Bauern=
feiertage bestehen bis heute und werden noch fortbestehen,
so lange sich nicht die in dem Mangel an Arbeitskräften
liegenden Verhältnisse ändern. Denn diese sind es in erster
Reihe, die den tirolischen Bauer nur zu häufig zum Sklaven
seiner Untergebenen machen.

„Wenn d' itz an' Vormittag außi gingst arbeiten, tät's
di' aa' nit umbringen," sagt der Stoffelbauer zum Knecht,
der am Magdalenentage gemütlich auf der Ofenbank liegt
und die „Kruicherlen" (Fliegen) an der Stubendecke zählt,
während draußen das Heu auf die Einheimsung wartet. —
„Itz woascht (weißt) Bauer, wenn's dir nit g'recht ist, suchst
dir aften an' andern Knecht." — Der Letztere hat gewonnen
Spiel mit seiner trutzigen Antwort, denn er hat sich ja bei
seinem Diensteintritte am Lichtmeßtag in der Abmachung
außer der Lodenjoppe, zwei „rupfenen" Hemden, einem Paar
Beinkleidern, einem Paar Strümpfen und 180 Kronen Lohn
auch noch die Freigabe gewisser Bauernfeiertage ausbedungen
und, um sie ja nicht zu übersehen, im Hauskalender die schwarz
bezeichneten ursprünglichen Feiertage rot angestrichen.

Der Mangel an Arbeitskräften, der seine Hauptwurzel

im Militarismus hat, zwingt den Landwirt trotz der besseren
Verköstigung, trotz der mehr als um das vierfache erhöhten
Entlohnung auf die übermütigen Forderungen des durch die
hohen Löhne bei Eisenbahn= und anderen Bauten verwöhnten
und ungenügsam gemachten Arbeiters einzugehen und in den
sauren Apfel zu beißen, wenn er nicht zum großen Schaden
noch den Spott haben will. Was hilft gegenüber solchen
Faktoren der § 12 der erneuerten „Dienstboten=Ordnung"
vom Jahre 1879, in dem es ausdrücklich heißt: „Der Dienst=
bote darf sich an den abgebrachten Feiertagen der Arbeit
nicht entziehen."

Welch empfindlicher Schaden durch die Haltung der
Bauernfeiertage dem materiellen und moralischen Wohlstand
erwächst, liegt auf der Hand. Man kann annehmen, und
es ist auf Grund unumstößlicher Berechnungen dargetan, daß
diese vielen Bauernfeiertage jeden Bauer mit nur fünf Dienst=
boten jährlich um wenigstens 400 K. schädigen, welcher
Schaden in der Folge bedeutender wird, weil sich die Arbeits=
löhne von Jahr zu Jahr steigern. Überdies fallen diese Feier=
tage häufig in eine Zeit, wo die Feldarbeit die Kräfte am
dringendsten benötigt und das Wetter der Einsechsung günstig
ist, während diese am darauffolgenden Arbeitstage wegen
Witterungswechsels nicht mehr vorgenommen werden kann.
Ist dieser Nachteil auch nur ein zufälliger, so tritt er doch
häufig genug ein.

Dazu kommt noch, daß Tags vorher, gewöhnlich schon
am Frühnachmittage, häufig sogar schon 11 Uhr vormittags
„Feierabend" geläutet wird, somit auch der vorhergehende
Tag zur Hälfte wegfällt. Ich könnte nun eine mir vor=
liegende eingehende Tabelle der in Tirol noch vorkommenden
und in mehreren Teilen des Landes eingehaltenen Feiertage
samt den ihnen vorangehenden Feierabenden geben, wenn
nicht der Raum mir Schranken auferlegte. Daher muß ich
den Leser bitten, sich auf Treu und Glauben mit dem Schluß=
ergebnis meiner Rechnung zu begnügen. Es ergeben sich
56 Festtage mit (durchschnittlich gezählt) 139 Feierabend=
stunden. Rechnet man hiezu noch 52 gewöhnliche Sonntage

mit von 5 Uhr nachmittags gerechneten 104 vorabendlichen Feierabendstunden, so steigt obige Summe auf 108 Sonn- und Festtage und 243 Feierabendstunden, bie, den Arbeitstag zu elf Stunden gerechnet, ihrerseits wieder 22 Arbeitstagen gleichkommen, das sind 130 Tage. Wenn man nun auch — wir wollen gewissenhaft sein — wegen Zusammenfallens der Feiertage mit Sonntagen gut gerechnet 20 Tage mit 40 Feierabendstunden (gleich drei Tagen sieben Stunden) ab= rechnet, so ergibt sich dennoch als Gesamtes die erschreckende Summe von **hundert und sechs Tagen und vier Stunden** arbeitsfreie Zeit im Jahre. Fehlen also nur noch 15 Tage zum ganzen Jahresdrittel, welche „kleine Differenz" leicht dreifach durch zufällige Gelegenheits= und Ortsfeiertage, wie Scheibenschießen, Hochzeiten, Taufen, Be= erdigungen, Jahrmärkte, Fastnacht, Gerichtsvorladungen 2c. 2c. beglichen wird. Die Weißenbachtaler brauchen diese „außer= ordentliche" Gelegenheit gar nicht, um zum Jahresdrittel zu kommen, denn sie haben ohnehin 14 Feiertage über der ge= nannten Zahl. Bemerken muß ich noch, daß die mir vor= liegende Tabelle noch nicht einmal ganz vollständig ist, daß die namentlich im Unterinntal im besten Schwunge befind= lichen „blauen Montage" dabei nicht gerechnet sind, ebenso nicht die wegen Tags vorher stattgehabter Trunkenheit, Rauf= händel u. s. w. meistens entfallenden halben darauffolgen= den Tage.

Ist das nicht mehr als gemütlich, wenn jeder dritte Tag ein arbeitsfreier, mithin jedes dritte Jahr ein arbeits= loses ist? Sind unsere tirolischen Triften vielleicht von der Natur so gesegnet, daß sie den mangelnden Fleiß durch Überschwenglichkeit vergelten, oder haben wir vielleicht eine so reiche Industrie nach Art der Schweiz oder des Schwarz= waldes, daß sie das ersetzt, was der Boden nicht gewährt? „Haben wir Tiroler," möchte man mit dem Kleinbauer im Unterinntal ausrufen, „ein Recht, uns über Steuerlast und Armut zu beschweren, wenn die Arbeit, die erste Quelle des Nationalwohlstandes, nicht gemäß dem Verstande, sondern nach einem alten Herkommen bestellt und durch den Wider=

spruch beider ein großer Verlust an Qualität und Quantität des im Lande der Viehzucht den Ausschlag gebenden Naturproduktes der Wiesen verursacht wird?"

Gegenüber dieser betrübenden Tatsache muß die Frage nach gründlicher, wenigstens teilweiser Abhilfe entstehen, die vielleicht, so möchte es wenigstens scheinen, darin einen kräftigen Hebel erhält, daß in neuerer Zeit auch unter den Bauern selbst die Klagen über das Unwesen der Dienstboten sich mehren, während sie sich bisher zu diesem Treiben meist duldend verhielten. Es würde mich zu weit führen, wollte ich eingehend die Ursachen dieses Landschadens behandeln, sowie die verschiedenen Versuche, die zu dessen Beseitigung gemacht wurden. Diese können auch überhaupt, wie die Verhältnisse schon liegen, nur einen ganz geringen Erfolg haben.

Kinderleben.

Der Gebirgsbauer läßt, wie schon oben erwähnt, seine Kinder aufwachsen wie das liebe Gras. Eine eigene „Kindsdirn" wird selten gehalten und wenn auch die wohlhabende Bäuerin zur Sommerzeit nicht auf das Feld geht, sondern im Hause bleibt, so hat sie doch zu viel in Küche und Gaden mit Kochen und Buttern zu schaffen, als daß sie sich recht um ihr kleines Kind kümmern könnte. Ist der Schreier mit einem dicken Mehlbrei abgefüttert, so legt sie ihn in seine Wiege, steckt ihm einen Riesenschnuller, in alamanischen Bezirken „Nütti" genannt, ins Mäulchen, und nun mag er selbst mit sich fertig werden. Noch weniger Pflege läßt selbstverständlich das Weib des Kleinbauern ihrem Säugling angedeihen. Ihre Hände sind draußen auf dem Felde notwendig, es bleibt ihr daher nichts anderes übrig, als ihn entweder mitzunehmen und im weichen Gras unter einem schattigen Baum niederzulegen, oder ihn zu Hause nebst seinem Brüder=

chen und Schwesterchen einzusperren und das kleine Volk dem lieben Schutzengel anzuempfehlen.

Leider verläßt man sich nur zu sehr auf diesen himmlischen Wärter und zeigt besonders für größere Kinder, die bereits herumlaufen und klettern können, eine solche Sorglosigkeit, daß es nur wunder nehmen muß, daß nicht noch öfter ein Unglück sich ereignet. Sensen und Sicheln liegen und hängen frei in der Tenne; den Eltern fällt es ebenso wenig ein, die Kinder davor zu warnen, als irgend einen offenen nächst dem Hause fließenden Kanal zuzudecken oder bei einem Absturz ein Geländer zu machen, bis sie eines Tages ein verunglücktes Kind als Leiche beklagen. Dafür nur ein Beispiel. Bei einem Bauernhof im Pustertal fiel vor einigen Jahren ein Kind durch eine Lücke des Haussöllers und blieb tot. Kurze Zeit später verunglückte das zweite auf dieselbe Weise. Da meinte endlich der umsichtige Hausvater, er müsse nun doch bald „a Sprissel" im Söller „einmachen", sonst könnte ihm das dritte Kind zuletzt auch noch draufgehen. Über den Verlust eines kleinen Kindes trösten sich die Bauersleute bald. „Es ist ein schöner Engel im Himmel geworden," heißt es, und gewöhnlich hat man noch lebenden Kindersegen genug.

Dennoch ist das bäuerliche Elternpaar durchaus nicht ohne Zärtlichkeit gegen seine Sprossen. Besonders erfreut sich der jüngste „Zügel" derselben. Wenn die Bäuerin im stillen Gaden etwas Gutes nascht, so stopft sie gewiß auch ihrem „Nestgacker" den Schnabel damit voll und wenn der Bauer abends nach Hause kommt, so hat er nichts eiligeres zu tun, als seinen Hansl oder Seppl auf den Arm zu nehmen. Er setzt sich mit ihm auf die Hausbank, schaukelt ihn auf den Knien und freut sich, wenn der Knirps ihm die Lederkappe herunterreißt oder die große Tabakspfeife zwischen die perlweißen Zähne nimmt. Untertags hat der Kleine keine guten Zeiten. Meistens ist ein älteres Schwesterchen da, welchem die Rolle des Kindsmädchens zufällt. Das behagt aber dem flüchtigen Ding nur selten; sie möchte lieber mit ihren Kameradinnen „Poppen lallen" — denn sie besitzt eine aus Leinwandflecken zusammengeschneiderte Puppe, die ihr der Vater vom letzten Jahrmarkt aus der Stadt mitgebracht hat — oder mit den Buben herumtollen, "in die Kirschen steigen" 2c. Da ist ihr das Kleine im Wege, daher läßt sie es nicht selten treulos im Stich auf die Gefahr der Strafe von ein paar Ohrfeigen, oder sie gibt ihm, wenn sie die Mutter in der Nähe weiß, einen heimlichen Klapps, daß diese auf das Zetermordiogeschrei besorgt herbeiläuft und das Weinende beruhigend selbst auf den Arm nimmt. Allmählich braucht das Kind dann weniger Pflege, es lernt zuerst kriechen im Grase und auf der Erde, unterhält sich halbe Stunden lang mit einem Stück Butterbrot, das es bald auf den Boden wirft, bald mit den braunen Händchen um den Mund schmiert, und lernt endlich fast von selber gehen.

Damit beginnt ein neuer Abschnitt seines Lebens. Wo eine Gruppe Kinder sich tummelt, watschelt sicher allemal ein Kleines, man weiß nicht, ob Bube oder Mädel, hinten nach, daß das kurze Kittelchen um die krummen Beinchen schlottert. Hundertmal purzelt es hin und krabbelt wieder empor oder bleibt heulend liegen, bis ihm ein Größeres zu Hilfe kommt, es wie eine Katze um den Leib packt und weiter schleppt. Sobald das Kind ordentlich laufen kann, will es auch überall dabei sein; es nimmt mehr und mehr Anteil an den Belustigungen der Geschwister sowie an allen Vorgängen des bäuerlichen Lebens in und außer dem Hause. Die gackernden Hühner, die auf den Lockruf "puli, puli" eiligst zum Futtertrog herbeilaufen, die versteckten Nester mit den Eiern, der bunt befiederte Hahn, die meckernden Schafe und Geißen, die Kühe und Kälber, das grunzende Schwein im engen Stall, in den die Mutter das eigensinnige Kind zu sperren droht, das alles fesselt die jugendliche Aufmerksamkeit im höchsten Grade. Und wenn die Bäuerin Butter schlägelt und den goldgelben Wecken formt, wobei es allemal eine dicke Butterschnitte absetzt, oder wenn sie Küchel bäckt und den bettelnden kleinen "Müdsack" mit dem erstfertigen beglückt: was sind das für goldene Augenblicke im Kinderkalender! Jeder Tag, jede Jahreszeit bringt neue interessante Ereignisse, neue Spiele.

Sobald die Frühlingssonne warm scheint und den Platz vor der Haus= und Stalltüre auftrocknet, ist die Stube für das junge Volk ein überwundener Standpunkt. Da suchen die Buben ihre Schusser, Specker, Datschießer, Datti oder wie diese Spielkügelchen sonst noch heißen, machen Grübchen in die Erde und kegeln darnach oder sie „watschelen" mit Steinen oder werfen ein „Steinmandl" um oder „ranggeln", wo es nicht weniger Püffe absetzt, als bei einer Rauferei unter Großen. Allmählich erweitert sich der Spielraum, der Schnee zergeht, es wird mehr und mehr „aper" und trocken, im Walde blühen die Heiden (Heidekraut), die Finken zwitschern ihr „zi, zi, Bräutigia" und aus dem Bienenstock im Hausgarten schwärmen die Bienen und kommen mit gelben „Pfosen" (eigentlich Rollstrümpfe, Hosen) heim.

Da führen eines Tages die größeren Buben die Schafe auf die sonnigen Höhen hinauf, stecken sich Frühlingsblumen auf den pilzförmigen Lodenhut und jodeln und jauchzen von den Vorsprüngen ihren zurückgebliebenen kleinen Gespielen zu. Ein Hauptvergnügen der jungen Hirten besteht darin, ihre Widder gegen einander zu treiben und sie zum Kampfe zu reizen. Die mutigen Tiere gehen oft beiderseits eine große Strecke rückwärts, holen stark aus und stürzen dann mit voller Stoßkraft auf einander, daß die Hörner krachen. Der glückliche Besitzer des Siegers jauchzt vor Freude, schmückt das Tier mit Heidekraut und Fichtenzweigen und führt es mit Stolz in das Dorf zurück. Auch „Wassermühlen" werden angelegt und an munteren Wiesenbächlein in raschen Gang gebracht, sowie surrende Windrädchen an hoher Stange im Anger oder am Dache befestigt, daß die Hausschwalben mit lautem Gezwitscher darum herumkreisen. Von nun an bringt der „Langes" (Lenz) immer mehr neue und angenehme Beschäftigungen und Begebenheiten. Der Vater führt die Ochsen aus dem Stalle, spannt sie vor den Pflug oder vor die Egge und fährt damit auf die Äcker hinaus; da muß der Bube natürlich mit und dünkt sich nicht wenig, wenn er mit seiner großen „Geisel" vor dem Gespann herschreiten und knallen darf. Bald „spitzt" die junge Saat aus dem Boden hervor, auf der grünen Wiese daneben wächst der Bocksbart und der Sauerampfer, beides Leckerbissen für den kindlichen Gaumen, und die Orakelblume entfaltet ihre weißen Sterne. „Himmel, Höll', Fegfeuer" fragen die Kinder, indem sie die Blütenblätter auszupfen. Unterdessen hat ein flinker kleiner Bursch im Anger den ersten Maikäfer gefangen und läßt ihn nun vor seinen Kameraden fliegen, oder er nimmt ihn zwischen Daumen und Zeigefinger der linken Hand und „speckt" ihm mit den Fingern der rechten den Kopf weg, wobei er bei jedem „Specker" hersagt: „Edelmann, Knödelmann, Bürger oder Bauer." Eine andere Gruppe äfft den Kuckuck nach, dessen Ruf vom nahen Walde ertönt, bis er vor dem schrillen Pfiff etlicher Maienpfeifen, mit denen sich ein paar pausbackige Buben hervortun wollen, verstummt. Die Maienpfeifen werden, wie wir bereits wissen, aus den frisch in Saft stehenden Weidenstäben, dem sogenannten „Maienholz" verfertigt, beziehungsweise aus dessen Rinde, die durch behutsames Schlagen vom Holze losgelöst und auf diese ursprüngliche Weise zu diesem Instrument umgestaltet wird. Manche dieser Pfeifen haben einen Durchmesser von fast drei Zoll und eine Länge von fast einem Meter.

Der Frühling bringt nebstdem noch eine andere Hauptfreude für die Buben, die zwar eigentlich verboten ist, aber gerade um ihrer Heimlichkeit willen den größten Reiz hat, nämlich das „Birkenanbohren". Sobald das Holz treibt und an den Bäumen die ersten „Katzeln" sichtbar werden, nimmt der Bube ein Schüsselchen oder Hafen, einen Bohrer, kleine Rinnen von Blech oder Holzröhren und schleicht heimlich vor seinen Kameraden und in aller Angst vor dem Waldhüter hinaus in den Wald. Dort sucht er sich die sonnigsten Stellen des Birkenholzes auf und späht nach den schönsten Stämmen. Hat er einen solchen gefunden, so sieht er sich vorerst um, ob ihn niemand bemerkt. Dann gräbt er ein

Loch am Baumstamm und bohrt die Birke ziemlich tief unten an. Alsbald tropft der süße Saft derselben, das sogenannte Birkenwasser heraus. Er schlägt nun eine Rinne in das Loch, setzt das Schüsselchen darunter, deckt die Grube behutsam zu und macht alles unkenntlich. Denn wehe, wenn er von einem Kameraden entdeckt wird! er findet dann am nächsten Morgen statt der süßen Flüssigkeit ein ganz anderes Naß in seinem Topfe. Noch schlimmer ergeht es dem jungen Frevler, wenn ihn der Waldhüter ertappt, der ihm die Birke in weniger angenehmer Weise zu kosten gibt. Und mit Recht, da auf solche Weise die schönsten Bäume, um ihr Herzblut gebracht, zu Grunde gehen, besonders wenn das Loch nicht wieder mit einem Zäpfchen zugeschlagen wird, was dem leichtsinnigen jungen Völkchen selten einfällt.

Das wichtigste Ereignis des Frühlings aber ist der erste Austrieb der Kühe. Die Tiere, welche den ganzen Winter über im Stalle gestanden, sind nicht wenig munter, machen die tollsten Sprünge und erproben alsbald ihre Hörnerkraft. Nicht lange dauert es, so rüstet man zur „Alpenauffahrt". Schon am Tag zuvor hört man überall das Klingklang und Klumpern der großen und kleinen Glocken und Schellen, mit denen die Kinder in Haus und Anger lärmend herumlaufen. In der nächsten Morgenfrühe springen auch die kleinsten Büblen und Diendlen hurtig aus dem Federnest, um den abziehenden „Kuhselen" und „Öchslen" nachzuschauen. Der älteste Bube legt denselben die Glocken mit dem weißausgenähten Riemen um den Hals, nimmt einen Proviantsack auf den Rücken und begleitet mit dem Vater die Kühe ein Stück weit oder sogar bis auf die Alm. Steinmüde, denn der Weg ist weit für seine jungen Füße, und den Hut mit Jochblumen und Alpenrosen bedeckt, kommt er wieder nach Hause.

Die älteren Kinder, Knaben und Mädchen, werden im Sommer schon zu allerlei schönen Arbeiten verwendet. Für erstere gibt es tausend Handlangerdienste in Stall und Tenne und auf dem Felde, für letztere außer der Wartung jüngerer Geschwister mannigfache kleine Geschäfte in Haus und Küche.

Oft muß auch eines den Arbeitsleuten auf dem Felde das Essen hinaustragen oder denselben im Trinkfäßchen Wasser holen u. s. w. Dennoch bleibt dem jungen Volk Zeit genug, um seinen Vergnügungen nachzugehen und diese sind, besonders bei den Buben, mannigfach genug. Den Dorfkindern wird nirgends ein Zwang angelegt, es wird ihnen nur wenig befohlen, daher kommt auch der Ungehorsam nicht allzu oft vor und ist einmal der erste Kindereigensinn mittelst der Rute gebrochen, so steckt diese mit wenigen Unterbrechungen an ihrem Platze. Die Buben treiben sich stundenlang draußen herum, ohne daß ihnen jemand nachschaut. Da gehen sie um Holz, spüren dabei den Vögeln nach, klettern auf schlanke Bäume und schwingen sich, an den Gipfel geklammert, so lange, bis sie den nächsten Baum erfassen können, wagen sich in die schauerlichsten Schluchten hinein, suchen Vogelnester und fangen junge Eichhörnchen, um sie zu allerlei Possen abzurichten. Auch dürres Gras an den Lehnen wird angezündet oder auch ein Strauch oder Baum, daß die Lohe prasselnd aufschlägt und der Rauch sich oft über den halben Weg hinzieht. Mancher Waldbrand ist schon auf diese Weise entstanden; die Spitzbuben aber, die ihn veranlaßt, machen sich, sobald sie vor den um sich greifenden Flammen sich nicht mehr zu helfen wissen, einfach aus dem Staube. Abends, oft noch beim Mondschein, trifft man sie auf den Dorfplätzen und Wegen, wo sie mit Kugeln und Steinen verschiedene Spiele spielen, wie: Schusserlen, Mauerwerfen, Nachjagen, Steinplattelen, das etwas verwickelte Kreislen, Ballegrübeln, Geißspecken, Garggenwerfen, und wie diese uralten überkommenen Erzeugnisse kindlicher Nachahmungs- und Erfindungsgabe alle heißen. Auch das Steinwerfen, besonders mit Schleudern, ist Hauptvergnügen der Rangen und sie müssen sich schon deshalb darin üben, weil mancher von ihnen es später als Geißhirt braucht, um die Ziegen von gefährlichen Stellen zu verjagen.

Von Zeit zu Zeit bringt ein abgebrachter Feiertag vollständige Freizeit. Das sind nebst den Sonn- und Festtagen so recht eigentliche Spieltage, an denen alle jene verschiedenen

Spiele gespielt werden, die seit uralten Zeiten im Sommer und Winter die Freude der Kinder gewesen sind. Die kleine Schar stellt sich in den Kreis, das Älteste beginnt, eines nach dem andern mit dem Finger betupfend:

> Anderle, Banderle, schlag' mi nit,
> Kraut und Ruben mag' i nit ꝛc.

oder irgend einen andern Auszählreim, der die Spielrollen bestimmt, dann geht die Hetze los. Da wird z. B. „Fangen" oder „Derwischelets" gespielt, Blindemausen, Verstecken, zu dem sich in Schupfe und Tenne hundert passende Winkel vorfinden, „Schneider, leih' mir d'Scheer'", Geierlspiel, Farbenansagen, wobei gefragt wird: „Wer ist drauß?" „Der Engel mit dem goldenen Stab" oder „der Teufel mit der eisernen Sperrketten" und so noch viele andere Spiele, die in ähnlicher Weise auch in den Städten gang und gäbe sind, wie sich wohl jeder aus seiner eigenen Kindheit erinnert. Daneben gibt es aber auch eine große Anzahl anderer Spiele, die, einen Brauch oder Vorgang aus ältester Zeit nachahmend, auf dem Lande sich erhalten haben, während sie den durch ihre Umgebung beeinflußten Stadtkindern längst entschwunden sind. Solche Spiele mit den dabei vorkommenden Sprüchen und Liedchen sind für den Altertumsforscher sehr bemerkenswert, da sie, bis in die Tage des Heidentums zurückgehend, häufig einen mythologischen Kern enthalten, wie z. B. das Kinderlied: „Wir fahren, wir fahren über die goldene Bruck", dem das Spiel „Himmel, Hölle und Fegfeuer" entspricht; zu dieser Gattung gehören auch das „Todaufwecken", „die Sonne über's Joch ziehen", „St. Marte Raffeln", „Blinde Schimmelreiten", „Sautreiben" und andere.

An recht verlockend schönen Sommertagen hält es jedoch das junge Volk selten im Dorfe aus, besonders wenn im Walde Erdbeeren, Moosbeeren ꝛc. reif sind. Da suchen die Buben und Mädchen Schachteln und Körbe hervor, stecken ein tüchtiges Stück Brot, und was die Mutter sonst noch von Eßwaren hergibt, in die Tasche und gehen „in die Beer". In aller Morgenfrühe sieht man die lustigen kleinen Wanderer

zum Hochwald hinaufsteigen, um abends mit reicher Ausbeute
heimzukehren. Größere Jungen klimmen, mit einem Sack
voll „Mieth" (besseres Futter, aus Salz, Mehl und „fürnehmen" Kräutern bestehend) versehen, höher hinauf auf den
Berg, wo die Kälber den Sommer über gehütet werden,
und streifen dabei alle dunklen Waldungen, Hecken, Gebüsche
und Stauden durch. Kommen sie auf einen freien Platz
oder auf einen Vorsprung, wo man ins Tal hinabsieht, so
jauchzen und jodeln sie, daß es durch alle Felsen „hildert".
Im Vorbeigehen suchen sie Beeren, Schwämme, Alpenkresse
und Bergblumen und kommen abends beladen nach Hause.

So rückt der Sommer näher, die Bittwoche kommt mit
den Kreuzgängen. Allerdings scheint mancher das Ehrenamt
des „Kreuzvorantragens" nicht in seiner vollen Bedeutung
zu erfassen, so daß es nicht selten vorkommt, daß ein Bube
samt dem Kreuze seinen schon früher entwischten Gespielen
nachläuft und die Prozession ohne Kreuz in das Dorf einziehen muß. Einen Glanzpunkt aber bildet das Fronleichnamsfest, vorzüglich für Mädchen, die „Kranz aufsetzen dürfen", während etliche Buben als Fahnenträger oder
Ministranten ihrer Bestimmung walten. Ängstlich spähen
erstere schon am Vorabend in die Wolken, ob sie wohl dem
morgigen Feste günstig seien, und beim Abendrosenkranz falten
sich die Händchen zu einem Extra-Vaterunser in dieser Angelegenheit. Welche Freude, wenn der Morgenhimmel klar
und blau herabgrüßt! Nachmittags führen Vater und
Mutter die Kranzmädchen in das Wirtshaus zum „Kranzeinweihen". Die kleinen Diendlen sind nicht wenig eitel und
„spreizig" in ihrem Feststaat, obwohl die Lockenfrisur bereits
etwas verworren herabhängt. Mit glühenden Wangen sitzen
sie hinter dem Tisch vor einem halb gefüllten Glase roten
Weines und nur die schmetternde Musik der Dorfbande, die
im Wirtshausgarten ihre Weisen spielt, schließt auf eine
Weile die Plappermäulchen. Die Buben bleiben nicht still
sitzen, sondern halten sich in nächster Nähe der Musikanten
auf, um die Handhabung der Trompeten und Flöten, besonders aber die große Trommel samt Blechplatten näher

in Augenschein zu nehmen. Der Fronleichnamstag bleibt lange in angenehmer Erinnerung.

Kommt dann einmal der Sonnwendtag, wo das prächtige Schauspiel der Johannisfeuer und des abendlichen Scheibenschlagens klein und groß entzückt, so beginnt auch das Heu= und später das Korneinführen, wo einer der Buben allemal mitfährt, entweder auf dem Rosse reitend oder gar hoch oben auf dem Fuder thronend. Das Einheimsen und Verarbeiten der Vorräte bringt geschäftiges Leben und Treiben ins Haus, da gibt es immer etwas zu schauen und mitzuhelfen. Die Spätbergkirschen sind auch schon längst reif geworden und üben große Anziehungskraft. Da ist kein Kirschbaum zu hoch, kein Ast zu schwank, daß ihn nicht ein waghalsiger Junge erklettert; selbst die Mädchen, von ihren kurzen Zwilchkittelchen wenig beirrt, klimmen hinauf wie Katzen. „Mir auch ein Träubele!" rufen bettelnd die untenstehenden Kleinen und hier und dorthin fällt raschelnd ein Zweig voll der würzigen roten oder schwarzen Früchte. Über eine Weile sind die Birnen zeitig, die Marillen, Pflaumen und endlich die Äpfel. Fast stündlich wird der „Bangert" (Baumgarten) durchsucht und das Herabgefallene genascht; was halbreif ist, kommt zum „Abliegen" in die „Maugg", d. h. ins Strohversteck. Freilich packt manchen Näscher wegen zu frühen Genusses oder wie im Frühsommer wegen der verschluckten Kirschenkerne tüchtiges Bauchzwicken, so daß die Mutter einen Hafen voll „Gramillentee" kochen muß; doch das geht vorüber und verdirbt nichts weniger als den Appetit auf die sauren Früchte.

Essen, und besonders etwas Außergewöhnliches, ist überhaupt ein großes Geschehnis im Kinderleben, und es gibt kaum eine größere Freude für die kleinen Leckermäuler, als wenn sie einmal beim „Dolmstechen"[1] eine große Anzahl derselben oder gar im Bergbach eine schöne Forelle oder einen Asch gefangen haben. Wenn aber die Äpfel aus den

---

[1] Dolm = Breitkopf, Fisch, der sich besonders in hellem Quellwasser unter Steinen aufhält. (Schmeller II. S. 505.)

vom Wind geschüttelten Bäumen herabfallen, so ist auch
bereits der Herbst ins Land gezogen. Mit Ungeduld harren
die Kinder auf den Tag, an welchem die Kühe von der
Alpe heimkehren. Die größeren eilen den Erwarteten ein
gutes Stück Weges entgegen. Das Kinderherz pocht ordentlich,
wenn der taktmäßige Ton der großen Klumpern und Schellen
von Ferne hörbar wird und der Knall der riesigen Senner-
geisel dumpf durch die ruhige Herbstluft zittert. Endlich
„trampeln" die wohlbekannten Tiere langsam daher, geschmückt mit Kränzen und anderen Zierraten, die „Braune"
mit einem wackelnden Männchen zwischen den Hörnern, die
„Blaue" als tapferste Stechkuh oder „Mairin" mit einer
Huifeder, die „Fleckete" als die milchreichste mit einem kleinen
„Milchemper" (Milcheimer) um den Hals. Jubelnd werden
die Kühe, die ihrerseits mit freudigem Muhen die Kinder
zu erkennen scheinen, zum heimatlichen Stalle begleitet. Zugleich oder einige Tage später langt auch der Alpennutzen
an, dem die genäschige Kinderschar nicht minder gerne ent-
gegeneilt, denn da gibt es ein Stück Käse und eine Brot-
schnitte mit goldgelber Alpenbutter. Zuletzt kehren die Geißen
heim und die Schafe mit den zierlichen Jungen, an denen
Mädchen und Buben ihre Freude haben. Für letztere beginnt mit der Ankunft des Alpenviehes eine ganz eigentümliche Zeit, halb Junggesellenwirtschaft, halb Nomadenleben.
Es wird ihnen nämlich das Amt zu teil, dasselbe auf die
Talwiesen hinaus zur „Ätze" zu führen. Ist der Weideplatz
weiter entfernt, so fährt der junge Hirte morgens, versteht
sich mit Mundvorrat versehen, aus und kehrt erst abends
nach Hause. Was er nun da draußen in der freien Natur
alles anstellt, allein oder in Gesellschaft von Kameraden und
anderen jungen Hirten, was für Spiele da gespielt, was für
Streiche da verübt werden, haben wir schon beim Abschnitt
„Ätze" gehört. Schnell entschwinden diese schönen Tage
ungebundener Freiheit.

 Trüber grauer Nebel überzieht den Himmel und senkt
sich über die Berge, kalter Regen fällt oder es wirbeln gar
schon die ersten Flocken herab. Mit dem Umherstrolchen ist

es jetzt aus, aber Langeweile kennt die Jugend nicht. In Ermangelung aller andern Ergötzlichkeiten gibt es doch mindestens „Traufen"¹, um darunter hinzustehen oder Regenlachen, um mit einem oder beiden Füßen hineinzupatschen und darüber nach Herzenslust zu lachen. Hie und da ereignet sich auch etwas ganz Besonderes, Unvorhergesehenes, z. B. es fällt ein Betrunkener in einen Graben oder es liegt irgendwo eine totgefallene Katze, oder es fährt ein Dörcherkarren durch das Dorf, dessen Insaßen sich in aller Gemütlichkeit vor den Leuten durchprügeln, ein andermal wird ein Schwein geschlachtet oder es kälbert eine Kuh. Manchmal verirrt sich auch ein Bärentreiber, oder ein Dudelsackpfeifer hinaus auf ein Dorf. Man denke sich den Rummel unter der lieben Dorfjugend, die den Fremden anstaunt, wie die Großstädter weiland den Schah von Persien. Zu Zeiten gibt es eine Hochzeit, eine rechte, und in deren Folgen nicht selten eine sogenannte „wilde", eine „Leich" samt Totenamt und Trunk, die Taufe eines Brüderchens oder Schwesterchens, kurz, das Kind schaut mit neugierigen Augen hinein in Natur und Menschenleben und findet jedes krumme Hölzchen bedeutungsvoll.

Ist einmal der Winter da, so beginnt auch wieder die Schule. Um Martini (11. November) fängt sie an und dauert bis Georgi (24. April). Die armen Kinder haben da oft einen schlimmen Weg, von dem manches Herrenkind, das im Mantel und Überschuhen auf gepflasterten Gehsteigen zur Schule geleitet wird, keine Ahnung hat. Bei allem Wind und Gestöber, bei eisiger Kälte und durch tiefen Schnee oder über schlüpfrige Wege müssen die Knaben und Mädchen von den oft eine Stunde entfernten Berghöfen heruntersteigen. Viele nehmen ihre „Rodeln" mit und kommen so unter mehrmaligem Umwerfen im Flug ins Tal hinab, um freilich die „Rodel" beim Heimweg bergauf ziehen zu müssen. Ist die Schule sehr weit entlegen, so nehmen die Kinder, da vormittags und nachmittags zwei Lehrstunden gehalten werden,

---

¹ Vom Dach tropfenweise herabtriefendes Regenwasser.

das Essen entweder mit oder sie werden bei befreundeten Bauernfamilien gemäß Abmachung über Mittag behalten und abgefüttert und kehren erst abends wieder heim. Für die Erwärmung der Schulstube wird an manchen Orten auf ganz absonderliche Weise gesorgt. Jedes der Kinder, oder abwechselnd bald dieses bald jenes, bringt vom Hause ein paar Scheiter Holz mit, um den Ofen zu heizen.

Trotz des oft weiten und bei schlechtem Wetter beschwerlichen Weges, gehen die gegen solche Beschwerlichkeiten abgehärteten Kinder doch alle gern in die Schule, denn an heiteren Tagen läßt sich auf dem Eise und im Schnee mit den Kameraden vortrefflich spielen. Diese Aussicht läßt die kleinen Wanderer noch bei dunkler Nacht, um sechs Uhr morgens oder noch früher, hurtig aufstehen. Jedes schlüpft in seine warme Lodenkleidung und verzehrt, nachdem es von der Mutter gewaschen und gekämmt worden, die dampfende Brennsuppe. Oft ist noch eine Aufgabe zu lernen, denn abends schließt das „Pechmandl" den Müden bald die Augen zu. Dann wird die Pelzmütze über die Ohren gezogen, die lederne Schultasche vom hölzernen Wandnagel genommen und um die Schulter gehängt, Mundvorrat, Holz, Robel, Fußeisen oder was sonst noch nötig, ein- und aufgepackt, dann geht es mutig hinaus in die schneidige kalte Morgenluft. Die Wangen färben sich hochrot, die blonden Haare verbrämt weißer Reif. Bald kommen von anderen Wegen ein paar Nachbarskinder oder Kameraden und nun wird es schon lustiger. Erlaubt die Zeit auch keine Spiele, so nimmt doch ein's um's andere im Vorbeigehen eine Handvoll Schnee, daß die Ballen hin- und herfliegen, oder ein Mutwilliger gibt seinem arglos dahinwatenden Freunde einen Puff, daß er kopfunter in den tiefen Schnee kugelt. Das Allerangenehmste aber bleibt das „Schleifen" auf den spiegelglatten Eisflächen der Lachen oder das Anlassen von Schneelahnen" an steilen Hängen am Wege. So kommt die Kinderschar mit einigen Hindernissen in die Schule. Auf dem Heimweg, besonders wenn man nicht sehr weit nach Hause hat, braucht man sich nicht gar so zu beeilen. Da bilden die

Buben Kriegsheere und bewerfen sich so lange mit Schneeballen, bis eine Partei weichen muß, während die andere in Siegesgeschrei ausbricht. An passenden Stellen bauen sie oft Wälle von Schnee und bestürmen sie, indes der übrige Teil der Spieler, hinter der Schanze versteckt, diese verteidigt. Auch Schneemänner und Schneesäulen werden aufgetürmt und so lange mit Ballen beworfen, bis sie zusammenfallen. Übrigens pflegen die Mädchen auch nicht immer fein sittiglich heimwärts zu wandeln, sondern beteiligen sich oft an den Spielen des wildesten Jungen. Hochwillkommen in der Last der Schulwoche ist auch ein Vakanztag. Da glätten die Buben auf einem Schleifsteine die eisernen Schlittensohlen und fliegen dann wie Pfeile auf dem flinken Gefährt über die Hügel herab, unermüdlich, selbst nach dem Nachtessen im Mondschein. Viele Knaben haben Freude mit den Vögeln, die wegen der Kälte ganz nahe zu den Häusern kommen, richten einen Holunderschlag auf und fangen ein paar Meisen oder Rotkehlchen. Andere Vögel werden im Latz gefangen und mit aufgestreutem Hanfsamen angelockt. Manchmal versucht ein größerer Junge auch mit der alten rostigen Flinte seines Vaters einen Jochvogel zu schießen. Eines der beliebtesten Winterspiele ist das „Dozenhacken" auf dem festgefrorenen Boden. Wer würfe nicht gerne einen Kreuzer hin und bewunderte die Geschicklichkeit des Jungen, der ihn mit dem surrenden Dozen heraushackt. Wir werden bei den „winterlichen Belustigungen" ausführlicher darüber sprechen.

Man sieht, der Winter ist, mit Ausnahme mancher bösen Tage, wo arges Gestöber die zur Schule Wandernden auf dem Wege trifft und wo es „gahwindet" (schneestöbert), daß man, wie das Volk sagt, keinen Hund hinauswünschen möchte, kein so schlimmer Gast für die Kinderwelt. Dazu bringt er eine Reihe von Festtagen und Festzeiten, die jedes Kinderauge leuchten machen. Der erste derartige Feiertag ist Allerheiligen, wo auf den blumengeschmückten Gräbern die Lichter flimmern. Da erhalten die Kinder von der „Gothl" mürbes Brot, die Knaben in Hasen= oder Hahn=, die Mädchen in Hennenform, zum Geschenke. Von da sind es nur mehr einige Wochen bis zum Nikolaustage, wo der „heilige Mann" auf seinem Schimmel vom Himmel herabreitet und den braven Kindern schöne Sachen einlegt. Freilich ist auch der schwarze Klaubauf mit dem verhängnisvollen Rückkorb in seinem Gefolge, ein Umstand, der das Herz des schlimmen Hans, der kürzlich in der Schule zur Strafe „hinausknien" mußte, ängstlich klopfen macht. Jedes Kind bemüht sich, eine etwaige Scharte auszuwetzen, damit ihm der heilige Bischof seine Gaben nicht entziehe. Sind diese auch klein, so ist das unverzärtelte Dorfkind doch glückselig dabei. Rasch kommt hierauf die schöne Weihnachtszeit, wo die Mutter süßen Zelten bäckt und der Vater in der Stube beim Hausaltar das „Krippele" aufstellt oder wenigstens ein wächsernes Christkindl, umgeben von grünen Fichtenzweigen, an denen rote Äpfelchen hängen. Mancher reiche Bauer besitzt eine große Krippe mit Holzfiguren oder gar mit solchen aus Wachs und in Seide gekleidet. Da kommen die Kinder dutzendweise in die Stube „Krippele schauen" und sind hochbeglückt, wenn ihnen die freundliche Bäuerin ein paar Äpfel oder ein Stück „Birnzelten" mit heimgibt. Um Heilig-Dreikönig erscheinen die Sternsinger, ein willkommenes Ereignis für die schaulustige Jugend, das nur von Aufzügen des Faschings, vom Schemen- oder Huttlerlaufen, Blockziehen, Grätziehen und wie diese Fastnachtsmummereien und Spiele alle heißen, in den Schatten gestellt wird.

Den Schluß aller winterlichen Feste bildet die Osterzeit. Was bringt nicht diese den Kindern für mannigfache Freuden! Erstlich das Palmtragen am Palmsonntag, wo jeder Bube trachtet, den schönsten und höchsten Palm zu haben, ein Ruhm, der das ganze Jahr hindurch nicht vergessen wird, dann das „heilige Grab" in der Kirche mit den farbigen funkelnden Glaskugeln, die feierliche Auferstehung am Karsamstag, wo der Heiland sichtbar über dem Altar emporsteigt, die roten Ostereier, die Osterlämmchen aus Butter, das Osterbrot — Fochaz genannt — alles unvergleichliche Herrlichkeiten. Um denselben die Krone aufzusetzen, ladet die Gothl ihre Patenkinder zum „Österlen" ein, d. h. sie

bewirtet sie mit Leckerbissen und Süßigkeiten, deren sie noch
ein gutes Teil in ein Tuch packt und den Kindern mitgibt.
Noch begeistert von dem Erlebten plaudern diese auf dem
ganzen Heimweg durch Felder und Wiesen. O goldene
Kinderzeit!

Jugendjahre.
1. Buben und Diendlen.

Wenn wir durch ein Dorf schlendern, das wir ein
Jahrzehnt nicht mehr gesehen haben, wie finden wir da alles
verändert! Zwar die Häuser bleiben dieselben, solange, bis
etwa Sturm und Regen eine Ausbesserung nötig machen
oder ein Brand einen Neubau veranlaßt, aber nicht so die
Insassen. Der weißhaarige Altkrieger, der sich auf der
Hausbank sonnte, ist nicht mehr zu sehen, er schläft drüben
auf dem stillen Dorfkirchhof den Schlaf des Gerechten. Der
Bauer, der damals noch „fest beim Zeug" war, ist unter=
dessen grau geworden und die Bäuerin, die eben die volle
Muspfanne auf den Dengelstein zur Kühlung setzt, hantiert
auch nicht mehr so flink umher wie vor Zeiten. „Hans,
Seppel"! ruft sie zur Tenne hinauf. Zwei tannenschlanke
stattliche Burschen werden sichtbar mit vor Lebenskraft strotzen=
den Gliedern und übermütig blitzenden Augen. Ist's möglich?
sollen das die wilden Rangen sein, die mit ins Gesicht
hängenden Haaren und abgefärbten „gepflasterten" Hosen
auf der Gasse und im Anger herumtobten? Und wo ist
denn das kleine blonde Moidele? Richtig, da kommt sie
schon, ein dralles schelmisches Diendl mit ein Paar Schwarz=
kirschenaugen über den runden Wangen und mit kräftigen,
sonnverbrannten Armen.

Man sieht es den jungen Leuten an, daß ihnen der
Ernst des Lebens, der in Gestalt der Arbeit bereits an

sie herangetreten ist, noch nicht viel zu schaffen macht. Und doch muß sowohl der „Bua" als das „Diendl" schon tüchtig angreifen, besonders bei wenig begüterten Bauern und in ärmeren Gegenden, wie z. B. in Oberinntal und dessen Seitentälern. Der Sohn vertritt da gewissermaßen die Stelle des Knechtes, die Tochter jene der Dirn. In gesegneten Landstrichen und bei wohlhabenden Bauern ist das allerdings anders. Da verrichten die erwachsenen Kinder des Hauses meist nur jene Arbeiten, die ihnen angenehm sind und wenig Mühe kosten. Eine reiche Bauerntochter nimmt lieber Strickstrumpf und Näherei zur Hand oder hilft allenfalls der Mutter in der Küche, statt sich auf dem Felde draußen von der Sonne abbrennen zu lassen. Auch der Sohn greift beileibe keine Mistgabel an und ist viel öfter auf der Kegelbahn oder in der nahen Stadt zu finden als in Stall und Tenne. Höchstens daß er mit dem Vieh zur Alm hinauffährt, um oben in der schönen Bergwelt mit den Hirten ein paar Tage zu verbummeln. Die Wirtschaft liegt dem einstigen Erben noch wenig am Herzen, wohl aber ganz andere Dinge: Robeln[1], Scheibenschießen und Wildern, Musizieren, Tanzen und vor allem die schmucken Diendeln.

Wo irgend etwas „los ist", im Fasching, am Kirchtag, bei einer Hochzeit, sind allemal die Burschen, seien sie nun reichere Bauernsöhne oder Knechte, die Hauptpersonen dabei. In ihnen, als in der Blüte des Volkes, kommt das eigentliche Volksleben da zum Ausdruck, darum sind sie in den meisten Fällen die Träger der Sitten und Gebräuche. Denken wir nur z. B. an die Belustigungen, Scherze und Maskeraden der Faschingstage. Die Burschen sind die Veranstalter und Darsteller des Schemenschlagens, des Perchten= und Huttler= laufens, des Block= und Grätziehens und wie diese Faß= nachtsspiele alle heißen. Schon wochenlang vorher bei abendlichen Zusammenkünften im Wirtshause und im Heim= garten heckt ihre urwüchsige Einbildungskraft allerlei derbe Schwänke aus; was diesem nicht einfällt, erdenkt ein anderer.

---

[1] Ringen, um zu sehen, wer der Stärkere ist.

Die Vorbereitungen erregen oft mehr Spaß und Gelächter als die beabsichtigte Hetze selbst. Da der Witz derselben gewöhnlich darauf hinausläuft, alles Anstößige und Lächerliche, das im Dorfe vorgefallen, öffentlich zu geiseln, so merken sich die Burschen alles derartige auf und ein findiger Kopf bringt es in schnurrige Reime oder Schnaderhüpfeln.

Besonders böswillige alte Jungfern und hochfahrende Diendeln, auf welche die Burschen einen „Pick" haben, kommen da übel weg. Andere sind bemüht, die abenteuerlichsten Masken anzufertigen. Selbstverständlich wird alles ins tiefste Geheimnis gehüllt, bis endlich das Dorf am unsinnigen Pfinstag oder Faschingsdienstag mit dem tollen Aufzug überrascht wird, der noch lange in die Fasten hinein zu reden und zu lachen gibt. Die rechte Aschermittwochstimmung will bei dem jungen Volk nicht Platz greifen. Erstlich muß der liebe Fasching, der so manchen lustigen Tag brachte, mit feierlichen Zeremonien „begraben" werden, dann wendet sich die Aufmerksamkeit der kommenden schönen Jahreszeit zu, welche durch zahlreiche uralte Gebräuche eingeleitet und begrüßt wird, deren Ausführung sämtlich den Dorfbuben obliegt. So ist das „Langes(Lenz)wecken" im Vinschgau, das „Kornaufwecken" im Ulten üblich, dem in Unterinntal das „Grasausläuten" entspricht. Die schönste und verbreitetste derartige Sitte ist aber das Scheibenschlagen am ersten Fastensonntag. Die Burschen sind voll Ehrgeiz und Wetteifer, die Scheiben in schönem, kunstgerechtem Bogen vom Hügel ins Tal hinabzuschwingen, und derjenige, dem der kühnste Wurf gelungen, brüstet sich nicht wenig damit. Drunten im Tal aber schauen die Diendeln zu und warten, die eine voll Freude, die andere mit bangem Herzklopfen, ob und von wem ihr eine Scheibe geschlagen wird. Manchmal schlägt ein erboster Bursche seinem ungetreuen Schatz eine „Schimpfscheibe"; die Betreffende möchte sich vor Scham in die Erde verkriechen. Da gibt es nicht selten Täuschung und Verdruß und manches Mädchen sinnt schon jetzt auf ein recht bissiges Ostereiverslein, um es auf ein rotes Ei zu schreiben und dem bewußten Burschen zu schenken.

Bald ist sie da, die fröhliche Osterzeit, und mit ihr ein Hauptvergnügen der Burschen: das „Ostereierfahren", dessen wir schon beim Osterfeste ausführlich gedachten. Bei diesem närrischen Brauch werden alle Hausgeräte, deren man habhaft werden kann, versteckt, vertragen und auf die widersinnigste Art zusammengestellt, und nichts macht den mutwilligen Tätern mehr Spaß, als wenn sich einer, den der Schabernak arg betroffen, braun und blau ärgert. Ein Seitenstück zu diesen Possen ist das „Madlenbaden" am ersten Mai, das in Vinschgau Brauch ist und wobei die arglos des Weges kommenden Mädchen eingefangen und in den nächsten Bach oder Brunnentrog zu unfreiwilligem Bade eingetaucht werden.

Der vorschreitende Sommer beschäftigt dann die männliche und weibliche Jugend mehr auf dem Felde, wenigstens, wie bereits gesagt, den ärmeren Teil derselben. Der reiche Bauernsohn hilft nur dort, wo es ihm zugleich Unterhaltung macht, z. B. beim Heuen, Dreschen, beim Almauftrieb, auf den Bergmähdern. Sonst spielt er mehr den Aufseher als den Mithelfer der Dienstleute und macht sich los, wenn er kann. Sehr häufig findet man ihn mit ein paar Kameraden im Wirtshause auf der Kegelbahn. Das Kegelschieben ist eine der beliebtesten Vergnügungen sowohl der Burschen als der Männer, die je nach Vorschrift der Sitte stets in getrennten Partien spielen, was manchem jungen Ehemann, der mit seinen früheren Spielgenossen nun nicht mehr „mittun" kann, einen heimlichen Seufzer kostet. Viele Stunden verbummeln auch die Burschen zu zweien und mehreren in Wald und Feld, wobei sie sich ihre Freuden und Leiden erzählen und im Vorbeigehen mit jedem frischen Diendl anbandeln, das sicher nicht ungeneckt vorbeikommt. Die Mädchen sind aber gewöhnlich auch nicht um Antwort verlegen, sondern geben Spott und Scherz tapfer zurück.

Das Diendlmustern und Diendltrutzen ist besonders am Sonntag nach dem vormittägigen Gottesdienste im Schwange. Da drängen die Burschen schon nach dem letzten Segengeklingel ins Freie, rotten sich auf dem Kirchplatz zusammen und stellen sich so auf, daß gewiß keine der schmucken Beterinnen ungeschoren vorbeikommt. Da wird bekrittelt von der Hutquaste und dem blonden Zopf bis zum weißen Strumpf und Schuh und werden jeder, die heimlich kichernd vorbeihuscht, ein paar spitzige Worte angehängt. Auf der Hausbank, wo man jeden Sommerabend sitzt und heimgartet, übt sie dann Wiedervergeltung an dem Burschen und hänselt ihn, bis es ihm zu arg wird und er ein Schnaderhüpfel anstimmt oder einen kecken Jobler. An den lauen Abenden, wenn die Rosen und der Flieder im Garten duften und Wiese und Feld in voller Entfaltung prangen, da hört man es aus allen Ecken des Dorfes singen und klingen bis spät in die Nacht hinein. Jedes Dorf, vorzüglich im fröhlichen Unterinntal, hat seine eigenen „Singer", bestehend aus den angesehensten Burschen.

Allabendlich finden sich alle oder einige derselben zusammen, sei es auf der Kegelbahn im Wirtsgarten oder auf der Hausbank eines Gehöftes, in dem ein paar hübsche Diendeln wohnen, und geben da ihre Lieder zum Besten oder ziehen singend durch das Dorf. Diese Volkslieder sind teils mundartlich gedichtet, teils haben sie schriftdeutschen Text, der allerdings oft mit fürchterlicher Verballhornung wiedergegeben wird. So hört man z. B. beim Anfangsverse des beliebten Liedes: „Die Berge werfen ab der Mäntel Hermelin" gewöhnlich: „Die Berge werfen ab der Männer Harmonie". Die lustigen Burschen kümmert es wenig, was sie singen, sie wollen nur ihrem Frohsinn Luft machen und wenn sie eine irgendwo gehörte Weise nicht ganz gut zu treffen vermögen, so ergänzen sie sich selbst das Fehlende dazu. Die Zusammensetzung eines solchen Chores ist übrigens ganz eigentümlich und besteht etwa nicht, wie der gewöhnliche Männergesang aus Tenor und den entsprechenden tiefern Stimmen, sondern der Träger der Melodie, der „Vorsinger" singt im Fistelton Sopran, während ihn die andern begleiten. In der Nähe klingt dies schneidend, von ferne aber macht es sich ganz gut.

Wenn es gegen die Fronleichnamszeit geht, gesellen

sich zu diesem Liederklange auch noch andere musikalische
Übungen. Aus jenem Hause tönt die Flöte, in einem zweiten
probiert ein Horn einen schwierigen Gang oder bläst eine
schmetternde Trompete. Es gilt nämlich einen neuen Marsch
für den „Umgang" einzuüben, zu welchem Behufe die Musik=
bande, deren fast jedes Dorf eine besitzt, sich einige Sonn=
abende nacheinander im Schulhause versammelt. Fronleich=
nam ist für die Dorfjugend immer ein wichtiger Tag, für
den sowohl Burschen als Mädchen ihr Äußeres so vorteil=
haft als möglich herauszuputzen trachten. Es gelingt ihnen
auch. Besonders schmuck sehen die Teilnehmer der Musik=
bande und der Schützenkompagnie aus. Man sehe nur einmal
einen solchen kraftvollen Burschen in seiner kleidsamen Schützen=
tracht. Die kurzen schwarzen Hosen, weißen Strümpfe, die
gestickte Leibbinde, die grünen oder roten Hosenträger und
die offene Lodenjoppe stehen ihm ausgezeichnet und werden
noch gehoben durch den schwarzen spitzen Hut mit der kecken
weißen Hahnenfeder und dem Buschen aus roten Nelken und
Rosmarin, den ihm sein Schatz hinaufgesteckt. Auch die
übrigen Burschen staffieren sich mit ihrer schon etwas neu=
zeitigen Kleidung so hübsch, als es geht, heraus. Der
„Buschen" fehlt bei keinem. Bei der Fronleichnamsprozession
bilden sie eine selbständige Körperschaft. Jedes Dorf hat
nämlich seinen „Buebmerbund" und „Madlerbund", für
welche der Pfarrer oder Kooperator, der ja auch zum ersteren
gehört, einen Vorstand und eine Vorsteherin wählt. Diese
ordnen im Verein mit der Geistlichkeit die Fronleichnams=
prozession und andere feierliche Umgänge, indem sie die=
jenigen bestimmen, der die „Buebmerfahne" und den
„Buebmerkranz" — einen Blumenaufsatz auf einem Polster
— zu halten hat.

Auf der Fahne prangt das Bild eines Heiligen als
Patron des Bundes, z. B. des heiligen Johannes oder
Joseph. Diese Fahnen sind oft sehr schwer und das Tragen
derselben erfordert große Kunst und Übung, besonders bei
heftigem Wind. Der Schaft steckt in einem ledernen Riemen,
den der Bursche um den Leib geschnallt hat, während zwei

Kameraden rechts und links gehen und mittelst der Windschnüre die Fahne, deren Umschwanken den Träger niederreißen würde, in der rechten Richtung erhalten. Es gibt aber auch hie und da einen Burschen, der die Fahne selbst beim stärksten Wind frei zu tragen vermag. Ein solcher war z. B. der sogenannte Dores in Wilten. Ein kräftiger, geschickter Fahnenträger zu sein, gilt natürlich als große Ehre.

Die Jungfrauen haben auf dem Labrum, welches die Sittsamste der ganzen Schar statt der Fahne vorträgt, meistens die „Unbefleckte" gemalt. Eine zweite trägt als nicht minder große Auszeichnung den „Madelkranz". Die Mädchen nehmen sich, mit allenfallsiger Ausnahme von einer oder der anderen, die bereits das „kanonische" Alter hinter sich hat, schmuck genug aus in ihrem Festtagsputz und mit dem grünen Kranz auf den breiten Flechten. Nur glaube man ja nicht, daß eine Dorfschöne keine Putzkünste anwende. Manche schnürt sich wespendünn und gebraucht ein Dutzend Schönheitsmittel, um ihre Haut weiß und fein zu machen.

Der Fronleichnamstag ist übrigens nicht der einzige Glanzpunkt, den der Sommer für das junge Volk aufweist. An vielen Orten findet um die Sonnwende das Scheibenschlagen statt, was sich in den sternklaren Sommernächten besonders gut ausnimmt. Die beginnende Heu= und Kornernte macht den Festen ein Ende. Nach einiger Zeit geht es hinauf auf die Bergmäher, da bleibt gewiß kein lustiger Bursch und kein flinkes Diendel zurück, denn da droben auf den grünen Wiesen geht es nach vollbrachter Arbeit fröhlich zu, da wird gesungen, getanzt und gejuchzt, daß die Berge widerhallen. Ein kecker Steiger holt sich bei dieser Gelegenheit Rauten oder Edelweiß und bringt es seinem Schatz oder steckt es neben die rote Nelke auf seinen Hut, um damit am nächsten Sonntag zu prunken.

Liegt das Dorf in der Nähe einer Stadt, so machen sich die Burschen fast jeden Feiertag auf den Weg dorthin. Zu zweien oder mehreren, das Hütl keck auf die Seite gesetzt,

schlendern sie durch die Gassen, und, solange sie einen Kreuzer
Geld im Sack haben, von einem Wirtshaus ins andere und
kommen erst bei einbrechender Dunkelheit heim. Häufig gehen
sie auch in eines der umliegenden Dörfer. Mit heraus=
fordernder Haltung pflanzen sie sich an dem Wirtshaustische
hin und, sobald ihnen der Wein etwas zu Kopfe steigt,
fangen sie an, Trutzlieder zu singen und auf die Burschen
des Dorfes zu „stenggen", d. h. zu sticheln. Diese bleiben
auch nicht zurück und so gibt es schließlich meist eine Rauferei.
Kameraden halten dabei fest zusammen und zwar nicht nur
diejenigen, welche das Band der Angehörigkeit an eine Ort=
schaft verbindet, sondern in erster Linie die „Spezi" (Busen=
freunde). Fast jeder Bauernbursche hat seinen Pylades, der
ihm durch gleiches Alter und gleichen Sinn besonders zusagt,
und zwar wählt er diesen durchaus nicht immer aus seinem
Heimatorte. Bei der Gereiztheit der Dörfer gegeneinander,
die nicht selten einen unglaublich hohen Grad erreicht, ent=
stehen dadurch oftförmliche Pflichtenzusammenstöße. So kommt
es häufig vor, daß mitten in einem eben handgreiflich wer=
denden Streit ein Bursche mit blitzenden Augen und drohender
Miene hinter dem Tische hervorspringt und auf einen andern
Burschen der Gegenpartei deutend ruft: „Dem da dürft's
nichts anhaben, sonst habt ihr's mit mir zu tun; er ist mein
Kamerad!" Übrigens teilt sich jeder größere Ort meist noch
weiter in das Ober= und Unterdorf, die bei heimatlichen
Angelegenheiten stets einander feindselig gegenüberstehn, gegen
fremde Gemeinden aber, ihren inneren Zwist vergessend, sich
sofort wieder vereinbaren. Raufszenen kommen besonders
bei Hochzeiten und anderen Festen, vorzüglich am Kirchweihtag
vor, denn eine solche Lustbarkeit ohne den Schluß einer
Rauferei ist für die Bauernburschen, die mit ihrer über=
sprudelnden Kraft nicht wissen, wohinaus, eine Speise ohne
Salz. Man muß indessen derartige Vorgänge nicht immer
als bloße Ausbrüche der Roheit auffassen, obwohl deren
genug mit unterlaufen. Dies gilt insbesondere von dem
vom bloßen Raufen wohl zu unterscheidenden „Robeln",
welches als förmliches Kampfspiel nach besonderen Regeln

ausgeführt wird. Früher war dasselbe, vorzüglich im Unterinntale, sehr im Schwunge.[1]

Den gleichen Hang wie zum Raufen hat der Tiroler Bauernbursch auch zur Jagd und zum Scheibenschießen. An Sonn- und Feiertagen im Sommer und noch mehr im Herbst hört man es auf jedem Dorfschießstande knallen, wodurch es die Schützen oft zu großer Fertigkeit im Treffen bringen. Der Stutzen ist der liebste Schatz der Burschen, den seine Schießlust nicht selten zum „Wildern"[2] treibt. Wer dieses verbotene Handwerk einmal recht los hat, der läßt es auch meistens sein Lebtag nicht mehr. Das Streichen durch die Bergwälder und im Hochgebirg nach Gemsbock und Auerhahn wird ihm, wie dem Zigeuner das Wandern, zur zweiten Natur. Freilich liegt manch junges Blut da zwischen den bleichen Felsen und manche blühende Dirn hat sich darob schon die Augen rotgeweint, wenn der kecke Liebste sich zerfiel oder von der unbarmherzigen Kugel des Jägers durchbohrt wurde. Eine Unzahl der schönsten Tiroler Volkslieder behandelt den Gegenstand dieses Entweder-oder zwischen dem überlieferten Naturrecht des Älplers auf seine Berge und zwischen dem Gesetz.

Höchst einförmig gestaltet sich das Leben der jungen Leute im Winter. Arbeit gibt es fast keine, wenigstens für jene Bauernsöhne, in deren Hause ein Knecht sich befindet, der das Wenige leicht allein abtut. Die Dirnen spinnen vorzüglich abends beim Heimgarten. Dies ist die Zeit, in der sich alles winterliche Leben zusammenfindet; da wird gescherzt, Zither gespielt, gesungen und getanzt und mancher bäuerliche Roman, wenn auch nicht ganz so poetisch, wie er in Büchern zu lesen ist, entspinnt sich im Halbdunkel einer kienspanerleuchteten Stube. Da entfaltet der gemütliche Heimgarten seinen Zauber, während draußen der halbmeterhohe Schnee die Gehöfte umwallt. In ärmeren Gegenden

---

[1] Über das Robeln und Raufen verweise ich auf meine „Tiroler Volkstypen." (Wien. Gerold. S. 11—30.)
[2] Vergl. „Tiroler Volkstypen". S. 1—10.

ist allerdings der Winter auch für die Burschen keine so leichte Zeit. Die schwierige Arbeit des Herabschaffens des Bergheues und Holzes tritt da meist schon gegen Weihnachten ein, ein gefährliches Unternehmen, das schon manchen lebensfrischen Burschen zeitlebens zum Krüppel gemacht oder ihm gar das Leben gekostet hat. Der Schluß des „Fest- und Arbeitsjahres" hat davon ausführlich gehandelt.

---

2. Fensterlen und Gaſſ'lgeh'n.

Ein Hauptereignis im Leben des Bauernburschen bildet natürlich das Verhältnis zum anderen Geschlechte. Wenn der erste Flaum ober der Lippe sproßt, spuken ihm die saubern Diendln schon gewaltig im Kopfe herum. Zwar vorderhand, solange das Herz noch frei ist, erstreckt sich die Anteilnahme noch auf alle, die ein paar rote Wangen und glänzende Augen haben, und macht sich vorzüglich im Necken und Trutzen kund, das beim Heimgarten, beim sonntäglichen Kirchgang, auf dem Tanzplatz und bei sonstigen ähnlichen Gelegenheiten Stoff genug zum Lachen und Schäkern gibt. Ernster wird die Sache schon beim nächtlichen sogenannten „Gaſſ'lgehen" und „Fensterlen". Denn, wenn auch diese Sitte häufig als bloßes Scherzspiel ausgeübt wird oder die Rotte der übrigen Burschen nur als Gefolge eines einzelnen Liebhabers sich darstellt, so bekommt doch jeder einen Vorgeschmack von Liebe und Liebesseligkeit, der ihn bestimmt, auch bald nach einem Schatz auszuschauen.

Das Gaſſ'lgehen und Fensterlen mit all den dabei vorkommenden Abenteuern, Schwänken, tollen Streichen und den nicht selten folgenden Eifersuchts- und Rachescenen bildet die Einleitung zum bedeutendsten Abschnitt im Herzensromane jedes Burschen, wie tausend Lieder und Schnaderhüpfln beweisen, die davon zu singen und zu sagen wissen. Brauch ist es zu allen Zeiten, im Sommer und Winter, bei hellem

Mondscheine und stockfinsterem Nebel. Gewöhnlich wählt man schöne helle Nächte:

<blockquote>
Heut' scheint der Mond so schön,
Jeut' muß i's Gass'l geh'n! . . .
</blockquote>

In vielen Tälern ist das Fensterln an bestimmte Tage gebunden. So erlaubt es die Sitte im Unterinntal am Mittwoch, Freitag und Sonntag, aber nicht am Pfinstag (Donnerstag), während die Pustertaler gerade diesen Tag mit Vorliebe wählen. In der Scharnitz und im Zillertale darf nur am Freitag „gefensterlt" werden, vielleicht eine alte Erinnerung an den der Liebesgöttin Freia geheiligten Tag. Schauen wir uns einmal eine solche Szene an.

Im Dorfe ist alles längst zur Ruhe gegangen. Kein Laut ist mehr hörbar, kein Fenster zeigt mehr ein Licht, nur aus der Wirtshaustüre strahlt noch ein matter Schein und aus dem Hausflur schallen johlende Stimmen. „Geht's decht (doch) amol hoam, Bueb'n!" läßt sich die mahnende Stimme der Frau Wirtin vernehmen. Wirklich findet sie geneigtere Ohren, als man glauben möchte. Gutwillig überschreiten die Burschen die Schwelle und hinter ihnen wird die Türe geschlossen und verriegelt. Aber mit dem „Hoamgeh'n" hat es seine eigene Bewandtnis.

<blockquote>
An' Sprung über's Gass'l,
An' Juchezer d'rauf,
An' Schnaggler an's Fenster,
Schön's Diendl mach' auf!
</blockquote>

singt einer und damit ist das Losungswort für heute gegeben. Nur der Juchezer bleibt im Halse stecken, denn das Dorf hat auch seine Polizei in Gestalt des Nachtwächters und wenn der die Gaßlbuben erwischt, so gibt es schlimme Geschichten. Deshalb trabt die Rotte hübsch still und sittsam ihrer Wege.

Es geht hinauf ins Oberdorf zum Büchelbauern. Der hat seit Lichtmeß eine junge Dirn, sauber wie ein Zwiebelapfel und flink mit der Zunge wie eine Elster. Ihr gilt das erste der heute zu bringenden Ständchen. Bald ist

man am Ziel angekommen. Keine Maus rührt sich; der
Bauer und die Bäuerin schlafen in der vorderen Kammer
wie Murmeltiere. Die Kathl aber hat ihre „Liegerstatt"
rückwärts unter dem Dache. Rasch wird nun die Leiter
aus der „Schupfe" geholt, wenn sie nicht schon von irgend
woher mitgebracht wurde und unter dem Fenster aufgestellt.
Der beste „Sprecher" unter den Gaff'lbuben klettert hinauf.
An Häusern, wo ein Laubengang unter dem Fenster ist,
erklimmt er nur diesen und geht längs desselben herum.
Ein eigentümliches lautes „Schnaggeln" mit der Zunge
weckt die Schläferin und nun beginnt der Reimstreit:

Tschipre, tschapre, her über die Apre (schneefreie Wiese),
Her über Stühl' und Bänk', hops Diendl, heißt's da bei n enk (euch)?

Alles bleibt still. Die Schicklichkeit will, daß das Mädchen
auf die erste Frage nicht antwortet. Manche recht „G'schnap=
pige" kann sich aber dennoch nicht enthalten zu erwidern:

    Da heißt's nit bei n enk,
    Da heißt's nit bei uns,
    Du herzig schön's Büb'l,
    Du fragst umesunst.

Wird dem Burschen keine Antwort zu teil, so klopft er noch
einmal an:

Tschipre, tschapre, her über die Apre,
Her über die Eben, hops Diendl, bist aa' no' beim Leben?

Ein schüchternes Diendl schweigt abermals und läßt den
Burschen fortfahren:

    Diendl, hast du Knödel g'essen
    Oder sein dir deine Reden versessen?

Da endlich läßt sich die Stimme der Angesprochenen ver=
nehmen, aber es ist durchaus kein süßer Willkomm, den
sie dem nächtlichen Besucher bietet:

    Eh wird der Taxbaum Äpfel tragen,
    Eh du von mir wirst eine Antwort erfragen.

Dies ist noch der freundlichste Empfang für einen Gass'lbuben. Oft wird er auf weit derbere Art abgefertigt, wie z. B.:

> Halt Bua, i kenn' di' schon,
> Bist von St. Paul,
> Bist a Zwei=Kreuzer=Bua,
> Du halt dein Maul.

Er macht sich indes wenig daraus, denn er weiß schon, daß es dem Mädchen mit dieser von der Sitte vorgeschriebenen Abweisung nicht so ernst ist. Er fängt daher getrost an, seinen langen „Gass'lreim" herzusagen. Diese „Gass'lreime" sind ähnlich den Hochzeitssprüchen voll derben Humors und werden natürlich nach Gutdünken umgemodelt, verkürzt oder verlängert. Mancher Bursche hat ein bewundernswertes Geschick in dieser Stegreifdichtung und setzt die Scherzreime oft Viertel=, ja halbe Stunden lang fort, während ihm oben das gefeierte Diendl und unten seine Kameraden zuhören. Ein pustertalischer Gaßlreim beginnt folgendermaßen:

> Jetzt komm' i her von der Bintl,
> Hab' a Köpfl wie a Hündl,
> A Bartl wie a Geiß,
> Gitsche (Mädchen) wißt ihr, wie i heiß'?
> Komm' i her von der Pfaitleit'n
> Da steht mei' Häusl auf der untern Seit'n
> Hint ohi (hinab) sein neunhundert Tagbau,[1]
> Wachst nix als lauter gut's Zoig drau',
> Vorum (vorn herum) Distel und Dörn
> Saprament's Weiberleut, thuet's heut gar nix hör'n ...

In demselben Tone geht der Spruch weiter, indem er eine scherzhafte Werbung darstellend, alles Hab und Gut des vorgeschützten Freiers in obiger humoristischer Weise ausführlich beschreibt. Den Schluß des gereimten Vortrages macht jedenfalls eine Anspielung auf die den Gass'lbuben gebührende Schnapsspende.

Das Diendl läßt sich auch nicht zweimal daran mahnen,

---

[1] Das Tagbau = Ackermaß, soviel als man mit 4 Pferden an einem Tage bestellen kann. Im Zillertal 5492 qm.

sie weiß, daß ein Weigern einen Heidenspektakel zur Folge
haben würde. In der Regel hat jede schon für solche Fälle
eine Flasche Branntwein nebst einem eigens dazu gebackenen
Brotwecken im Kasten oder im — Bett aufbewahrt. Sie
schlieft also in Jacke und Kittel und reicht Schnaps und
Brot durch das Fenster dem Burschen hinaus, der sich nun
mit seinen Kameraden an dem feurigen Naß — meist ein
Viertel oder gar ein halber Liter — gütlich tut. Hat das
Mädchen aber kein Getränk bei sich, so muß sie hinunter,
um die Bäuerin aufzuwecken, die ihr dann dasselbe verab=
folgt. In solchen Fällen bezahlen die Burschen den Brannt=
wein, während sonst das Mädchen selbstverständlich nichts
annimmt. Manche schöne Dirne verbraucht auf diese Weise
ihren ganzen Jahreslohn.

Daß dem Bauern solch nächtliche Ruhestörungen höchst
unangenehm sind, und wäre es auch nur deshalb, weil durch
das Nachtwachen die Arbeitskraft der Dirnen gemindert wird,
läßt sich denken.

> Wenn der Mun (Mond) so schön blickt,
> Is's für's Diendl a Glück
> Und für'n Bauern a Schad,
> Der a schön's Diendl hat.

Er ist daher den Gass'lbuben, obgleich er vielleicht in seiner
Jugend selbst der ärgste gewesen, spinnefeind und versucht
sie mit allen möglichen Verteidigungsmitteln zu verjagen.
Das geht aber nicht so leicht; denn außer das Haus darf
er sich nicht wagen, wenn es ihm nicht gehen soll, wie jenem
ehrsamen Hausvater, der voll Zorn im Hemde herauslief,
um den auf der Leiter stehenden Burschen mit der Peitsche
zu behandeln, und den die übrigen Gass'lbuben mit Brennesseln
so zerhieben, daß er am folgenden Tage jämmerlich zerschunden
das Bett hüten mußte! Wenn ein Bauer recht schimpft
und flucht, so tun es ihm die Burschen erst recht zum Trotz.
Leider bleibt es infolgedessen nicht immer beim bloßen, wenn
auch derben Scherz, sondern führt hie und da zu wirklichen
Taten des Hasses und der Rache. So wurde z. B. im

November 1871 von drei Burschen, welche zu einem Mäd=
chen gingen, einer vom Bauer durch's Fenster heraus er=
schossen. Ein ähnlicher Fall ereignete sich im Jahre 1887
zu Pfunders, wo eine Bäuerin einen Burschen, der zu
einer Magd „fensterlen" ging, durch einen Schrotschuß schwer
verletzte. Wie wir übrigens bereits gesehen haben, hat die
Liebe mit dem „Gaff'lgehen" sehr wenig zu tun. Allerdings
befindet sich manchmal der Geliebte des Mädchens, dem das
Ständchen gilt, unter der Rotte, aber steigt nicht zum Fenster
und macht nicht den Sprecher, sondern verhält sich ganz
still und ruhig. Fast immer geht die lustige Schar zu
mehreren Häusern, wo schmucke junge Dienbln sich befinden,
führt überall dasselbe Spiel auf und trinkt Schnaps, so daß
die Burschen schließlich ziemlich bedufelt sind.

Eine ganz eigene Bedeutung hat das Gaff'lgehen zu
Niederndorf im Pustertale, sowie das Fensterlen in manchen
unterinntalischen Orten. Es erscheint dort als eine Art
Volksgericht, indem die „Gaff'lbuben zu den Fenstern berüch=
tigter Weibspersonen kommen und dort Spottreime aufsagen.
Auch verüben sie sonstige Streiche, wie Verstellen von Wagen
und Leitern, oder sie vergreifen sich an Leuten, die ihnen nicht
zu Gesichte stehen oder sich irgend etwas zu schulden kommen
ließen. So sollen sie einmal den Pfarrer von V. ins
Wasser getaucht haben. Sie entsprechen in dieser Hinsicht
den sogenannten „Nachtraupen" des Ultnertales, von denen
noch unten die Rede sein wird.

Deshalb geht auch ein kluger Bursche den Gaff'lbuben
sorgsam aus dem Wege und schleicht nachts lieber allein zu
seinem Mädchen.

Dieses eigentliche „Fensterlen", in Kärnten und Ober=
steiermark „Brenteln", in Vorarlberg „Leaterlen" (Leiterlen)
genannt, hat etwas ungemein Poetisches, besonders wenn es
in den Schranken der Schicklichkeit bleibt. Übrigens hält
sich der Bursch auch bei diesem nächtlichen Einzelbesuch an
die oben beschriebene Form. Im Zillertal trägt er seiner
Geliebten erst das „Haggeln" an. Die Mädchen dieser lebens=
lustigen Gegend nehmen es, nebenbei bemerkt, mit der Be=

kleidung nicht gar engherzig. — Sittsamer ist die Puster=
talerin. Da wird nun am Fenster „g'hoangert" (geheim=
gartet von diesem und von jenem; Liebenden geht ja be=
kanntlich der Stoff nie aus. Daneben wird Schnaps oder
Rosoglio getrunken. Stehen aber die beiden bereits in innigem
Einverständnis und ist das Fenster groß genug, so schlüpft
der Bursch hinein in die Kammer. Selten daß eine sagt:

> „Geh weg von mei'm Fenster,
> Geh weg von mei'm Bett,
> J bin a jung's Diendl,
> Bin bald überred't."

Das Fensterlen, so prosaische Folgen es oft hat, macht
dennoch den Hauptinhalt der ländlichen Jugendpoesie aus.
Eine Unzahl der gemütvollsten und zartesten Volksliedchen
behandelt alle Stufen dieses Liebeskapitels, so daß man den
ganzen Verlauf desselben leicht aus Schnaderhüpfln zu=
sammensetzen könnte, von der schüchternen Anfrage des
Burschen, der um Einlaß bittet, angefangen bis zu seiner
Erhörung. Freilich geht eine solche bäuerliche Liebschaft
mit der Zeit meistens auf irgend eine Weise auseinander;
nur selten gelangt eine zum Abschluß der Ehe. Denn in
den wenigsten Fällen, besonders in jenen Tälern, wo der
älteste Sohn das väterliche Anwesen erbt, während die Ge=
schwister sich in die Fremde verdingen, ist der Liebhaber im
Stande seine Geliebte zu heiraten. Der Hausvater und
Dienstherr ist daher auf eine solche aussichtslose Liebschaft
seiner Dirn oder gar Tochter sehr erboßt und sucht dieselbe,
wenn er sie einmal erspäht hat, streng zu hintertreiben.
Zudem fürchtet er die Folgen. Er weiß:

> Der Guggu im Wald
> Ist nit jung und nit alt
> Und zwei blutjunge Leut'
> Vergagglen (vergehen) sich bald.

Aber das Sprichwort sagt: „Eher hütet man eine Star
Flöhe als zwei Verliebte." Die Hindernisse erhöhen nur

den Reiz. Der bellende bissige Haushund und der zornige mit Stock und Ochsenziemer bewaffnete Bauer sind nicht einmal die einzigen Gefahren, die ein Liebhaber beim „Fensterln" zu bestehen hat. Sobald die andern Dorfburschen sein Geheimnis erfahren, stellen sie sich ihm feindlich gegenüber und spielen ihm allerlei Possen. Entweder sie bestreuen den ganzen Weg von seinem Hause bis zu dem des Mädchens mit Sägspänen oder sie passen ihm auf und beschütten ihn mit Wasser oder sie spannen ein Seil im Zickzack über den Weg und jagen ihn bis er fällt, worauf sie ihn mit Ruß besudeln.

Im Tale Ulten bei Meran will es die Sitte, daß, wie jeder Skandal, so auch wenn ein Bursche nachts bei seinem Mädchen ertappt wurde, es öffentlich gerügt werde. Es ist dieses das Amt der Burschen, die, wie bereits früher bemerkt, den Namen „Nachtraupen" tragen. Der Schuldige wird nachts eingefangen und mit einer Schelle um den Hals vor alle Häuser geführt. Vor jedem muß er dreimal mit der Schelle läuten und dann fragen: „Seid's wach?" Auf die bejahende Antwort von innen fährt er fort: „Ich bin der N. N., man hat mich bei meinem Mädel N. N. da und da aufgegriffen." Schließlich muß er das Credo und ein Vaterunser beten.

Bei anderen Gelegenheiten kann der Liebhaber wieder fest auf den Beistand seiner Kameraden rechnen. Wird er inne, daß ein anderer Bursche auch zu seinem untreuen Mädchen gehe — man heißt dies „ins Gäu geh'n" — dann paßt er dem Nebenbuhler mit einigen Gesellen auf, um denselben „auszunehmen". Dieses besteht darin, daß man ihn auf einen Schlitten legt oder auf eine andere Art in seine Heimat befördert und dort, sei es Winter oder Sommer, in den Brunnen untertaucht, worauf man ihn freiläßt. Ein bedeutend erschwerender Umstand ist es, wenn der Bursche einer fremden Gemeinde angehört. Die Burschen einer Ortschaft wollen es durchaus nicht dulden, daß ein dahin gehöriges Mädchen einen Geliebten aus einem andern Dorfe hat. Sie verschwören sich gegen den Eindringling und suchen mit List und Gewalt seiner habhaft zu werden.

Gelingt ihnen dies, so wird er „geästet", „gescheitert" oder „gewasnet", d. h. mit Ästen, Scheitern oder Rasenstücken beworfen. Überhaupt gestalten sich solche Szenen nicht selten zu groben Tätlichkeiten und das Fensterlen hatte schon manchen Totschlag zur Folge.

---

3. Die Liebschaft.

A Büchs'l zum Schießen,
An' Schlagring zum Schlagen
Und a Diendl zum Gernhab'n
Muß a frischer Bua haben.

Die Tiroler Bauernburschen halten sich in der Tat an diese Lebensregel. Fast jeder, der einmal in die zwanziger Jahre einrückt, sei er nun ein vermöglicher Bauernsohn oder ein mitteloser Knecht, hat auch schon heimlich oder öffentlich seinen Schatz — „zum Gernhaben" wohlverstanden, denn das Heiraten gehört in ein ganz anderes Fach. Es hält auch nicht schwer eine Liebschaft anzufangen, da keinen „Buaben" zu besitzen, bei den Mädchen vollends als Schande gilt. Wenn auch manch reiches Dirndl spröde tut, so hat sie doch meist schon im Stillen ihr Herzschlüsselchen verschenkt. Anknüpfungspunkte gibt es tausend, wer mag sie alle aufzählen? Ein lebfrischer Bauernbursche ist wenig spitzfindig in seiner Wahl und die hergebrachte Sitte engt die jungen Leute auch nicht ein, deshalb bringt wohl jedes Fest, jeder Markt und Tanz liebende Paare zusammen.

Als erstes Zeichen eines besonderen Interesses trägt der Bursche häufig dem Mädchen das „B'scheidtrinken" an und deutet es natürlich günstig, wenn sie mit „g'schamiger" Freundlichkeit vom angebotenen Glase nippt. Ein anderer trifft auf dem Markte ein Diernbl, das ihm das Herz warm macht, und versucht nun mit ihr anzubandeln, indem er ihr ein kleines aber bedeutungsvolles Geschenk wie „Busserlen" oder

"Popelen" aus Zuckerteig anbietet. Auch die Ostereier werden oft mit Liebeserklärungen in Versen beschrieben. Eine eigene Art, sich der gegenseitigen Zuneigung zu versichern, herrscht bei den Duxern. Sie haben nämlich, wie überhaupt häufig, so auch während des Tanzes, einen Fleck „Kuiat" oder „Kuipech" (Kaupech) im Munde, dessen eines Ende aus demselben heraushängt. Will nun ein Bursche seine Tänzerin um Gegenliebe befragen, so sagt er: „Beiß mer aft ocha (herab)!" Das zärtliche Mädchen tut es sogleich, was ihrem Schatz soviel gilt als ein Kuß. Ekelt ihr davor, so weiß er auch, daß es mit der Liebe nicht weit her ist, denn das Sprichwort sagt: „Magst du nit mei Mummla (Gekautes), so hast du mi nit lieb."

Die meisten Paare finden sich sicher beim winterlichen Heimgarten zusammen. Hinter dem Spinnrocken läßt sich vortrefflich liebäugeln und die Burschen haben nichts anderes zu tun als mit den Mädchen zu schäkern. Da entspinnt sich denn mancher Liebesfaden, der bis Weihnachten sich genug befestigt hat, um mit dem sogenannten „Zeltentragen" und „Zeltenanschneiden" am Stephans- beziehungsweise am Dreikönigstage in den Abschnitt eines erklärten Verhältnisses zu treten. Wir haben schon beim letztgenannten Feste den bedeutsamen Reim angeführt, den der Bursch beim „Anstechen" des Gebäckes spricht und dessen Schluß lautet: „Neun Ellen um b' Hand" oder „erwirbt b' Hand".

Damit ist das Liebverhältnis angeknüpft oder, wenn es vielleicht schon seit Jahren bestanden, neu bekräftigt. Nur das „Erwerben der Hand" liegt selten in der Macht der Liebenden. Sie kümmern sich auch nicht weiter darum, sondern genießen das Leben mit der ganzen Sorglosigkeit der Jugend. An Sonntagnachmittagen führt der Liebhaber sein Mädchen ins Wirtshaus und zahlt ihr da ein Halbe Roten oder er geht mit ihr in ein anderes Dorf, wo gerade ein Fest mit Musik und Tanz gefeiert wird. Ein andermal begleitet er sie in die nächste Stadt zu einem Markte. An schönen Sommerabenden kann man genug solcher Pärchen nach Hause wandern sehen. Mit glühenden Gesichtern —

sie haben vor dem Aufbruch noch würzigen „Gliedwein" (Glühwein) getrunken — schreiten sie langsam einher, Hand in Hand, in überseliger Stimmung.

Der schöne Sommer bringt indes auch oft bittere Trennung. Die jungen Burschen müssen nicht selten als Hirten hinauf in die weit entlegene Alm, um die ganzen warmen Monate droben zuzubringen. Nur um Maria-Himmelfahrt (15. August), dem Tag, an dem die Blumen in der Kirche geweiht werden, kommen sie auf Besuch in das Tal, den Hut mit Edelrauten geschmückt. Ein prächtiger Rautenstock ist ihr Stolz und Ruhm. Derjenige, der ohne einen solchen vor seiner Geliebten erscheint, wird als Feigling verächtlich ausgelacht. Daher scheut der Bursche keine Gefahr, um das edle Gewächs zu erlangen, und wagt Leib und Leben dafür. Oft schon mehrere Wochen vor dem Feste späht er das steile Geschröfe auf und ab, um einen schönen „Stock" aufzufinden. Mit Steigeisen oder barfuß erklimmt er den schwindeligsten Grat, von dem ihm die ersehnte Jochraute herabwinkt. Oft erschaut er eine tief unten in einem Felsenspalt, unter dem ein schrecklicher Abgrund gähnt. Da holt er seine Kameraden, die nun oben an der Kante ein Seil anpflöcken, an dem er sich in das schauerliche Geklüft hinabläßt. Schon mancher blühende Bursche stürzte bei solchem Wagnis von der Wand und lag zerschmettert, die Jochraute in blutiger Hand, unten auf der Schutthalde. Was Wunder, daß das Mädel, wenn der Bursche nachts zum Fenster kommt, die kühne Tat ihres Liebsten mit doppelter Zärtlichkeit lohnt, und ihm mit dem süßen Namen „mein Rautenstock" schmeichelt.

Der ungetrübteste Liebesfrühling blüht aber dem Paare, wenn das Mädchen als Sennerin den Sommer auf der Alm zubringt:

> Auf der Alma oben ist a lustig's Leben,
> Auf der Alma oben ist's so fein,
> So a Sennerin die hat a schönes Leben,
> So a Sennerin möcht' i wohl sein.

> Wie i bin aufikommen, ift f' fo freundlich g'wefen,
> Schlagt die Hüttenthür vor Freuden zua,
> Ift mir entgegeng'fprungen, hat mir's Handerl druckt:
> Grüaß di' Gott, hat f' g'fagt, mei lieber Bua.

Jeden Sonnabend und wenn der Burfche fonft freie Zeit hat, was bei den vielen Bauernfeiertagen oft genug der Fall ift, fteigt er hinauf zu feiner Geliebten, die ihn freudig bewillkommt und mit Nocken und Rahmmus bewirtet. Da fitzen die beiden abgefchloffen und unbelaufcht von aller Welt und plaudern und kofen nach Herzensluft. Das allerfchönfte ergibt fich dann, wenn ein nichts ahnender Bauer den Verehrer der Sennerin als Hirten beftellt, was auch manchmal eintrifft. Das ift dann eine „wilde Ehe" in befter Form.

So freies Spiel haben die Liebesleute im Tale allerdings nicht. Zwar gibt es immer Stunden und Tage, wo man der Beobachtung unberufener Blicke entzogen ift, z. B. auf entlegenem Felde, auf den Bergmähdern und befonders auch auf Kirchfahrten, bei denen oft eine ganz eigentümliche Andacht verrichtet wird. Im Dorfe aber müffen fie die Gefchichte meift heimlich halten, weil fonft der Vater oder Dienftherr dem Verhältnis „ein Riegele fchieben" würde.

Anfangs macht fich der Bauer wenig aus einer Liebelei; wenn er aber fieht, daß die zwei zu vertraut werden, oder Knecht und Dirn mitfamen ein „Dechilmechtl" haben, was man im Unterinntal „Hausbrateln" oder „Hausbröfeln" nennt, fo erhebt er energifche Einfprache; weiß er ja aus Erfahrung, daß dabei nichts Gefcheites herauskommt. Der Liebhaber hat vielleicht nur einige Gulden „von Haus aus" geerbt, die Geliebte ift gar ein „lediges Kind" und hat keinen Kreuzer, von einer Heirat kann alfo die Rede nicht fein; deshalb heißt es die Liebfchaft aufgeben oder aus dem Haufe. Die Wahl fällt nicht fchwer. Die jungen Leute betrachten die Liebe als ein Naturrecht und laffen fich dasfelbe nicht verbieten.

> Warum follt' denn nur i g'rad
> Koa Diendl lieben?
> Thun's do' d' Vögel im Wald,
> Daß fi' d' Afteln biegen.

Eines oder beide suchen sich daher um Lichtmeß, welcher Tag als Hauptschlenggeltag gilt, einen andern Dienst, wobei sie trachten, wo möglich nicht allzuweit auseinanderzukommen. Das Schlenggeln gibt für die beiden einen besonders glücklichen Tag. Die Sitte will es nämlich, wie wir schon beim ersten Abschnitt dieses Buches hörten, daß der „Bua" sein Mädchen auf der Wanderschaft begleitet und ihm den „Schlenggelpack" auf einem Rückkorb nachträgt oder in einem Handschlitten mitzieht. So hat man einen langen Tag Gelegenheit, miteinander zuzubringen, von Wirtshaus zu Wirtshaus wandernd, bis man mit der Abenddämmerung am Bestimmungsorte ankommt. „Schaden macht klug", darum stellt man es jetzt pfiffiger an. Nur nachts und auf heimlichen Wegen schleicht sich der Bursche zum Hause der Liebsten. Eine Hand voll Sand fliegt ans Kammerfenster, ein leises Zeichen von oben antwortet und jetzt erst wagt sich der Bursche hervor, lehnt seine Leiter an und steigt ans Fenster oder schlüpft ganz hinein. Wohl schläft meistens noch eine „Kamerädin" in derselben Kammer mit der Dirn, doch verrät sie selten etwas, da sie ein andermal gewöhnlich der gleichen Verschwiegenheit bedarf. Sie muß unterdessen, wie der Volkshumor sagt, „Leilach"= oder „Teppichkuien", d. h. ihr heimliches Lachen durch Kauen am Leintuch oder an der Überdecke verbeißen. So hat mancher ehrsame Hausvater keine Ahnung, welchen ungebetenen Gast sein Haus beherbergt. Noch grimmiger möchte er wohl werden, wenn er wüßte, wie ein bildhübscher aber blutarmer Mensch zu seiner Tochter gehe, für die er einmal einen ganz anderen Bräutigam für Gut und Geld auszuwählen gedenkt. Die größte Vorsicht mag der Liebhaber anwenden, wenn er, wie bereits erwähnt, aus einem anderen Dorf ist, weil er da die gesamten Burschen des Ortes zu Feinden hat. Und doch hat das gerade einen eigenen Reiz:

    Je höher der Kirchthurm
    Desto schöner das G'läut,
    Je weiter zum Dierndl,
    Desto größer die Freud.

Selbstverständlich gibt es auch Verhältnisse, bei denen die
Liebe ihre praktische Seite hat, wo es daher gleich von Anfang
auf eine Ehe abgesehen ist. Da braucht es natürlich keine
Heimlichkeiten, sondern das Paar kann sich öffentlich sehen
lassen, wo es will. In solchen Fällen gibt der Bewerber
in vielen Gegenden dem Mädchen ein „Drangeld", die sogenannte „Haar", wodurch er sich zur Heirat verpflichtet.

Solcher Glücklichen sind indes nicht allzuviele. Gemeiniglich hat die Rose der Liebe manche Dornen. So
müssen im armen Oberinntale viele Burschen als Arbeiter
hinaus in die Fremde und wie von Eltern und Geschwistern,
so auch von der Herzallerliebsten auf lange Zeit Abschied
nehmen. Derselbe gestaltet sich besonders im Paznauner Tale
zu einer tragikomischen Szene. Das Mädchen begleitet
nämlich den Burschen ein Stück Weges und trägt ihm den
kleinen Reisepack. Sie gehen Hand in Hand, bald lachend,
bald weinend. Das Versprechen des Burschen, ihr bei seiner
Wiederkunft im Herbst ein schönes Tüchel, ein „Amprell"
(Regenschirm) oder ein Gebetbuch mit Goldschnitt mitzubringen und den Vater zu bitten, sie heiraten zu dürfen,
lockt ein Lächeln auf ihr Gesicht, aber bald fällt ihr die
schmerzliche Trennung wieder ein und sie faßt den Burschen
leidenschaftlich an der Hand, als wollte sie ihn nicht wegziehen lassen. Im nächsten Wirtshause kehren sie ein. Er
trinkt mit den Worten: „Sollst leben", worauf sie ihm Bescheid tut: „Du daneben", oder er sagt: „J sieh di'" und
sie erwidert: „J hör' di'". Endlich läßt sich der Abschied
nicht mehr aufschieben. Ein Stück gehen sie noch mitsammen,
dann drücken sie sich die Hände, umarmen und küssen sich
mit lautem Weinen und Schluchzen. Das Mädchen hebt
einen Stein auf und sagt: „Küß mir den Stein, hab i a
Gedenkzeichen mit heim und steckt denselben wie ein Kleinod
in den Sack. Noch einen langen liebevollen Blick, einen
kräftigen Händedruck und sie gehen auseinander, sehen sich
aber immer noch um und schauen einander nach. Wenn
dann ein Gebüsch oder eine Straßenkrümmung sie einander
zu entrücken droht, laufen sie wieder zurück und das Ab-

schiednehmen geht von neuem an. So treiben sie es oft eine Stunde lang, bis das Gelächter der vorbeiziehenden Leute sie auseinanderscheucht.

Wenn sich auch nicht alle Scheidenden so töricht geberden wie die sprichwörtlich gewordenen Paznauner, so mag doch manches verlassene Diendl singen:

> Schön blau ist der See
> Und mein Herz thut mir weh,
> Und wird nimmermehr g'sund,
> Bis mei Schatz wiederkummt.

Schlimmer ist es noch daran, wenn die zweite Strophe dieses Liedes in Erfüllung geht:

> Diendl, was thät'st denn,
> Wann mi' treffet' 's Loos (zum Soldaten):
> Du müßtest halt wandern
> Auf's Sterzinger Moos.

Letztere Gegend bezeichnet der Volkswitz bekanntlich als den Verbannungsort für alte Jungfern. Man wird übrigens selten hören, daß ein Mädchen ihrem für immer verlorenen Schatz die Treue bewahrt hätte; sie tröstet sich im Gegenteile meist bald und schaut sich um einen neuen Schatz. Wir haben überhaupt bisher nur erwiderte und treue Liebe im Auge gehabt.

Nicht minder zahlreich sind aber die Fälle, in denen ein Verhältnis durch Streit, Trotz oder Untreue sich löst, wovon eine Menge Lieder zu erzählen wissen. Wenn einem Mädchen die traurige Wahrheit klar wird: „Mein Schatz hat mi' g'reitert", d. h. mir einen Korb (Reiter = größeres Sieb) gegeben, so bleibt ihr nichts anderes übrig, als sich in ihr Schicksal zu fügen; der Bursche aber, dem das von seinem Mädchen begegnet, denkt an Rache. Er läßt sich gar nichts merken, sondern tut schön mit ihr als sei nichts geschehen und beredet die Arglose eines Sonntags, mit ihm ins Wirtshaus zu gehen. Wenn sie nun recht gemütlich in der von Gästen gefüllten Stube hinter dem Tische sitzen, so

entfernt sich der Bursche plötzlich auf Nimmerwiedersehen
und läßt seine untreue Geliebte, die natürlich in größter
Verlegenheit und blutrot vor Scham meint, unter die Erde
sinken zu müssen, allein zurück. Man nennt diese empfind-
liche Strafe: „ein Blech machen". Dieser Vorfall kommt
besonders häufig am Kirchweihfeste vor[1]. Das „Blech"
haftet ihr so lange an, bis ein anderer Bursche es ihr abnimmt, d. h. im Wirtshause für sie zahlt und sich so als
ihren neuen Liebhaber darstellt. Manche ist so glücklich gleich
einen zu finden, vielleicht gerade den, um dessentwillen sie
den ersten Schatz betrogen, und braucht so nicht „Schotten
tragen" d. h. allein heimgehen zu müssen. Sich zu grämen
um eine falsche Liebste kommt einem Burschen wohl selten
in den Sinn:

> A n andre Mutter
> Hat auch a schön's Kind.

singt er ihr zum Trotz. Der Nebenbuhler muß es in der
ersten Aufwallung der Eifersucht und des Zornes oft bitter
büßen. Er mag dem Himmel danken, wenn er blauge-
schlagen davonkommt, denn schon mancher bezahlte seine Tat
mit dem Blute.

Dauert ein Liebesverhältnis Jahre lang fort, so bleibt
es fast nie ohne Folgen. Zuerst ist das Mädchen wohl
vorsichtig und antwortet dem vor ihrem Fenster um Einlaß
flehenden Geliebten:

> I steh' nit auf, laß di' nit ein,
> Du könnt'st heut Nacht mein Unglück sein.

aber endlich siegt die Liebe über alle Bedenken. Zu spät
kommt dann die Reue, die Furcht vor der Schande und die
Sorge für die Zukunft, die manches Mädchen zu unerlaubten
Mitteln greifen läßt, um sich davor zu bewahren. Beweis
davon ist der in Hausgärten Unterinntals häufig gepflanzte

---

[1] Vergl. den Abschnitt „Kirchtag".

Sevenbaum (Juniperus sabina). Diese böse Tat gelingt ihr aber selten und das Mädchen muß nun im vollen Sinne des Wortes erfahren, wie „Liebe mit Leide lohnt". Der Dienstherr entläßt sie, die Eltern erteilen ihr eine scharfe Rüge und der Ortsgeistliche, der schon gegen den Tanz und das „Fensterln" immer geeifert, hält ihr eine derbe Strafpredigt [1].

Überdies verfällt sie nebst ihrem Liebsten häufig der öffentlichen Volksjustiz, die an manchen Orten noch sehr strenge gehandhabt wird. Vollstrecker derselben sind die Burschen. Die Strafe des schuldigen Paares besteht darin, daß dasselbe durch eine öffentlich aufgeführte Komödie moralisch oder auch in Person an den Pranger gestellt wird. So verfahren z. B. die sogenannten „Nachtraupen" von Ulten. Ein dortiger Bauer entließ den Knecht wegen eines verdächtigen Umganges mit der Dirne. Als letztere dies hörte, ging auch diese, ohne vom Bauern bezahlt zu werden. Als dieses doppelte Ärgernis im Orte ruchbar wurde, gingen die Burschen nachts mit einer Schelle läutend von Haus zu Haus und sammelten für den reichen Bauern, der die Dirne nicht bezahlen konnte. Eine ebenso strenge Rüge wie hier dem geizigen Bauern, wird dem gefallenen Mädchen zu teil, so daß sie gebrandmarkt vor der ganzen Bewohnerschaft des Dorfes dasteht.

Und doch läßt sich noch alles dies ertragen; bitter aber ist es, wenn der Liebhaber infolge solcher Unannehmlichkeiten ihrer überdrüssig wird und sie verläßt. Viele Volkslieder schildern in ergreifender Weise das Weh der Getäuschten und Verlassenen. Leider ist dies das gewöhnliche Ende von Liebschaften, bei denen der Abschluß der Ehe nicht möglich ist. Mancher Liebhaber hält dagegen nur zu treu an seiner Geliebten, so daß, wenn einmal das erste Kind überstanden ist, bald das zweite und dritte nachfolgt. Ist Aussicht auf Verheiratung da, so macht sich das Landvolk aus der Vor-

---

[1] Man erinnere sich an das Bild „Der Sittenrichter" von Matthias Schmid.

wegnahme der ehelichen Freuden wenig, besonders finden es die leichtlebigen und lebenslustigen Unterinntaler fast selbstverständlich, daß der Sohn, der das Anwesen erst nach dem Tode der Eltern erbt, also vorher nicht heiraten kann, sich einstweilen des vollsten Liebesglückes erfreut, dem erst später der kirchliche Segen folgt. Unverbrüchliche Treue ist jedoch in diesem Falle seine Pflicht.

Die Bauernhochzeit.

1. Das Aufgebot.

Eine Hochzeit ist immer ein wichtiges Ereignis für ein Dorf. Sei es, daß die Liebschaft schon lange offenkundig gewesen oder daß die Verlobungsnachricht überraschend kommt, immer gibt es auf ein paar Wochen Stoff zum abendlichen Heimgartengespräch, bei dem natürlich alles, was die Brautleute angeht, aufs Genaueste erörtert wird, und zwar mit einer Einzelkenntnis, welche oft mehr weiß als die Betreffenden selber. Der Dorfklatsch übertrifft in dieser Beziehung, wenn möglich, den Stadtklatsch. Das erste, was ein auf Freiersfüßen befindlicher Bursche tut, ist, daß er es „mit dem Mädchen richtig macht". Dazu eignet sich das „Fensterlen" oder „Gasselgehen" ganz vorzüglich, weil man da in der Stille der Nacht unbelauscht alles besprechen kann. In manchen Orten, z. B. in Duz, gibt der Bursche nach erzieltem Übereinkommen dem Mädchen ein paar Geldstücke als „Are" (Har), dann erst wirbt er bei den Eltern um ihre Tochter. Im letztgenannten Tale mußte dies früher in Reimen geschehen. Der pustertalische Werber schickt eine eigene Gesandtschaft in das Haus seiner Erkorenen, welche in aller Form um deren Hand anhält. Wehe, wenn ihm ein Korb zuteil wird! Dieser Schimpf wird ihm von seiner schadenfrohen Mitburschenschaft lange nicht vergessen und durch

Spottschnaderhüpfeln und Kohlenzeichnungen in der fatalen
Gestalt eines Korbes oder Schlägels, die ihm seine boshaften
Kameraden Nachts auf das Haus hinaufmalen, nach Kräften
in die Öffentlichkeit gebracht. Darum stärkt sich der kluge
Deferegger, ehevor er den heikeln Gang der Brautwerbung
unternimmt, durch eine tüchtige Portion fetter „Werber=
strauben". In anderen Gegenden jedoch, z. B. in Ober=
und Unterinntal, in der deutschen Gemeinde Proveis am
Nonsberge usw. wird Werbung und Eheversprechen ganz im
Geheimen abgemacht, sodaß niemand etwas davon erfährt
als etwa die Schnüffelnase einer geschwätzigen Frau Base.
Erst mit dem Gang in den Widdum, wo der Pfarrer dem
angehenden Ehepaare das Brautexamen abnimmt, und mit
dem darauffolgenden feierlichen „Handschlage" oder „Hand=
streiche", in Oberinntal „Stuhlfest" genannt, gelangt die
Kunde an die Öffentlichkeit.

Zu diesem Familienfeste, das entweder im Hause der
Braut oder im Wirtshause gefeiert wird, ladet man sämt=
liche Verwandte und, wo es die Sitte will, auch den Pfarrer
und Meßner ein, in deren Gegenwart der Bursche dem
Mädchen als Zeichen des Gelöbnisses die Hand gibt. Darauf
setzt man sich an den Tisch, auf dem ein den Vermögens=
umständen der Braut, denn diese muß die Kosten bestreiten,
entsprechendes Mahl bereit steht. Während man mit den
vollen Weingläsern anstößt und das Brautpaar hochleben
läßt, krachen draußen die Böller, was entweder die Freunde
des Bräutigams oder auch die Dienstboten veranstalten, um
ein gutes Trinkgeld zu bekommen. Doch darf bei dieser
Vorfeier nicht getanzt werden. Der „Handschlag" findet
gewöhnlich an einem Samstag statt. In Ehrwald sucht
man auch die Verlobung noch geheim zu halten und geht
deshalb nachts in den Widdum, damit dann am folgenden
Sonntage die unerwartete Verkündigung großes Aufsehen
mache. Es gelingt nicht immer. Wenn die Burschen darum
wissen, so schleichen sie schnell zum Hause der Braut und
schießen vor den Fenstern, so daß es das ganze Dorf erfährt.
Am nächsten Morgen nach der Predigt verkündet der Pfarrer

mit einer gewissen Feierlichkeit von der Kanzel herab: Zum
heiligen Sakrament der Ehe haben sich entschlossen 2c. Lautlos
horcht die Menge. Das Brautpaar ist dabei selten gegen=
wärtig; es darf sich erst beim zweiten Aufgebote in vollem
Staat in der Kirche sehen lassen, so will es wenigstens
an vielen Orten die Sitte, gegen die das neue Paar
gewiß nichts einzuwenden haben wird, weil es sonst einen
wahren Spießrutenlauf an den neugierigen Blicken zu be=
stehen hat.

Kommt nun das Volk aus der Kirche, so hat gewiß
jeder zur wichtigen Neuigkeit etwas zu bemerken.

Manches Mädchen und mancher Bursche, der oder die
auf eines der Verlobten einen stillen Anspruch machte, be=
müht sich vergebens ein heiteres Gesicht zu zeigen, denn zur
Täuschung kommt auch noch die Furcht vor der bevorstehenden
Schande. Haben nämlich die Dorfburschen von so etwas
Kenntnis, und sie stellen es schlau genug an, solchen Herzens=
geheimnissen auf die Spur zu kommen, so bereiten sie den
Sitzengebliebenen eine ähnliche Überraschung, wie wir sie
bereits oben erzählt haben. Sie hängen nämlich nachts an
einem öffentlichen Platze, wo es alle Leute sehen können,
ein hölzernes Sieb, „Reiter" genannt, auf und schreiben
darunter Knittelverse, in denen die Verlassenen einerseits ob
ihrem Unglücke, nach so unzähligen Bemühungen doch durch=
zufallen, bedauert, andererseits spottweise tröstend auf eine
bessere Zukunft verwiesen werden. Oft formt man sogar
eine der Getäuschten ähnliche Figur aus Lehm oder schnitzt
eine solche aus Holz, zieht derselben Kleider des Mädchens
an, die man sich heimlich zu verschaffen gewußt, und stellt
diesen Popanz auf dem Kirchplatze zur Schau auf. Dann
nimmt man eine „Reiter" und zwängt sie der Figur bis
auf die Hüfte hinab. Daneben und an den Ecken der Dorf=
gassen werden Spottgedichte aufgeheftet. Man kann sich den
Schrecken und den Ärger der Armen vorstellen, die sich gar
nicht aus dem Hause getraut vor Scham, so schmählich „durch
die Reiter gefallen zu sein." Da mag sie dann wohl in
ihrer einsamen Kammer singen:

Mei' Schatz hat mi' g'reitert,
Was soll i itz thoan,
I bin ja verlassen
Wie a Stoanl am Roan.

Eine andere Art Verspottung sitzengebliebener Mädchen ist das „Lösch" säen. Man nimmt fein zerriebene Schmiedschlacken und macht damit vom Hause des Mädchens bis zum Hause des wirklichen Bräutigams einen schwarzen Streif mit allerlei Figuren und Kreuzen. An anderen Orten, z. B. in Lermoos, macht man denselben aus Gerberlohe oder Sägmehl und zeichnet damit vor dem Hause des Mädchens einen Kreis mit den Anfangsbuchstaben des Namens. Auch eine mit Kohle an die Hauswand gezeichnete Geige nebst Fidelbogen gilt als Ausdruck dieser Schande.

Während sich so manch' eine Seele im Stillen härmt, leben die Brautleute in hellichtem Jubel. Alles geht ihnen zu und wünscht ihnen Glück und Segen, und wohin sie kommen, werden sie gefeiert. Am Sonntag des ersten Aufgebotes machen sie einen weiteren Ausflug in ein anderes Dorf oder in eine Stadt, wo der Bursche seine Braut ins Wirtshaus führt und ihr Wein und Braten vorsetzt. Erst Abends kommen die beiden heim. Ist der Bräutigam aus einem andern Dorfe, so will es manche Talsitte, z. B. in Gröden, daß er an den drei Sonntagen, an denen sie in der Kirche verkündet werden, seine Braut in ihrem Heimorte besucht, mit ihr dem Nachmittagsgottesdienste beiwohnt, sie dann ins Wirtshaus führt und schließlich wieder heimbegleitet. An einem Tage der Aufgebotszeit gehen die Brautleute gewöhnlich in einen nahen größeren Ort, um die „Brautstückeln", d. s. verschiedene Gegenstände für sich und Geschenke für die Hochzeitsgäste einzukaufen. In Proveis schreibt ein alter Gebrauch dieselben vor: der Bräutigam muß für seine Verlobte einen Kittel, rote Strümpfe, ein Fürtuch, ein schönes Halstuch und die Trauringe einhandeln; die Braut bescheert ihm dafür ein Hemd, ein „Leibel" (Weste) und ein Halstuch und kauft die Kränze und künstlichen Blumen zum Schmuck der Hochzeitsgäste. Man geht von diesem Orte nach Cles, von Gröben nach Bozen 2c. Ein solcher Gang wird in den meisten Tälern Südtirols nur in Begleitung von Verwandten unternommen, weil man während des Brautstandes auf strenge Zucht und Sitte hält. So darf in Proveis der Bräutigam während der ganzen vierzehn Tage vor der Hochzeit seine Braut in ihrem Hause nicht besuchen. Um ihr zu zeigen, daß er in Liebe ihrer gedenke, wird fleißig geschossen, und zwar desto eifriger, je näher der Hochzeitstag heranrückt.

Am strengsten sind die Anstandsvorschriften, welche die Verlobten in Ampezzo zu beobachten haben. Die Hochzeitsgebräuche in dieser von Kaiser Max I. mit Tirol vereinigten welschen Gemeinde gehören überhaupt zu den sonderbarsten. Der Fasching, Ostern, das Apostelfest Peter und Paul und der Monat November sind die ausschließlich zum Heiraten bestimmten Zeiten. Durch wechselseitiges Einvernehmen geschieht es, daß immer sechs, acht bis zehn Paare zugleich zum Altare gehen, welcher schöne Beweis von Gemeinsinn natürlich das Fest zu einem allgemeinen Talfeste stempelt. Ist das Mädchen in den ehrenvollen Brautstand getreten, so heißt sie „Novizin" und erhält sogleich von ihren Eltern eine „Novizenmeisterin" in der Person eines erfahrenen, verständigen Weibes, ohne welche die Braut nicht öffentlich erscheinen darf. Diese Wächterin hat den bedeutungsvollen Namen Brontola (Brummbär), der genugsam ihre Pflicht ausdrückt. Das ampezzanische „Statut" strafte den einer Schönen wider ihren Willen gegebenen Kuß mit 10 fl. d. i. 20 Kronen Bußgeld. Am Sonnabend vor dem ersten Aufgebote begeben sich die gesamten Paare — versteht sich: jede Braut mit ihrem Argus an der Seite — in die Kirche. Der Küster führt sie dann in Prozession in den Widdum, wo sie der Pfarrer aus dem Katechismus prüft. Ist das Examen vorbei, so kehrt man in der nämlichen Ordnung in die Kirche zurück, von da aber geht der Zug ins Wirtshaus, um sich von der überstandenen Prüfungsangst zu erholen.

An den Tagen des Aufgebotes erscheinen die Novizinnen mit ihren Brontole in festlichem Putz, und zwar das erste=

mal grün, das zweitemal blau, das drittemal wieder grün,
im ganzen buntscheckig in der Kirche und nehmen da den
mittleren Platz ein. Die Braut muß vom ersten Aufgebote
an bis zur Hochzeit immer die Tasche voll Kuchen zum Austeilen bei sich tragen. Den Namen „Newitscha" (Novize)
führt auch die Braut in dem ladinisch sprechenden Gröden,
der Bräutigam heißt „Newitsch". Beim zweiten Aufgebote
— beim ersten ist das Brautpaar abwesend — erscheint die
Braut ebenfalls in altertümlichem Staate. Sie trägt ein
scharlachrotes Korsett mit einem Oberkleid, welches das eine
Mal von grüner, das andere Mal von blauer Farbe ist, und
einen breitkrämpigen grünen Hut. Auch die ihr zur Seite
gehende Kranzeljungfer hat die gleiche Tracht. Der Bräutigam
zeigt sich in einem langen Festrocke mit einem Blumenstrauß
an der rechten Seite und auf dem Hut, unter dem linken
Arme aber hängt ein Amulet an einem farbigen Bande, das
sich über die rechte Schulter zieht. In den nördlicheren
Tälern Tirols hat man die alten originellen Trachten beim
Aufgebote weggelegt und schmückt sich nur mit den gewöhnlichen Festkleidern.

An einem bestimmten Tage innerhalb der zwei Braut-
standwochen, in Dux sogar schon vier Wochen vor der Hochzeit, erfolgt die Einladung der Hochzeitsgäste, das sogenannte
Ansagen, das bei wohlhabenden Bauern mit größtmög-
licher Feierlichkeit vor sich geht. Eingeladen werden die
Verwandten, von den nächsten bis zu den entfernten Basen
und Vettern, die, wie das Sprichwort sagt, „von der siebenten
Suppe ein Schnittel" sind, gute Bekannte und alle diejenigen,
denen man „es schuldet", d. h. auf deren Hochzeit man ebenfalls eingeladen war. „Hochzeitslader" sind entweder die
ältesten Brüder der Braut, oder in Ermangelung derer die
beiden nächstverwandten Burschen, häufig auch der Brautführer. In Defereggen geht der Bräutigam selbst in Begleitung des Genannten einerseits, die Braut mit der Brautmutter andererseits von Haus zu Haus. In Gröden machen
sich beide Brautleute mitsammen auf den Weg. Sie sind
schön gekleidet und haben ein größeres Gefolge mit sich;

dem Zuge voran schreitet ein Führer, der zugleich den Sprecher macht und bei dieser Gelegenheit viel Schwank und Schabernack verübt. Man geht zuerst zu den Nachbarn, dann zu den Gevatterleuten und endlich zu den Verwandten. Nach der Aufsagung des üblichen Spruches werden Speisen und Kaffee aufgetragen. Schließlich erhält die Braut ein Geschenk für das Hochzeitsmahl, welches deshalb für die Geladenen kostenfrei ist.

Die „Einladung" trägt der Sprecher entweder als eine Rede in Prosa vor, in welcher er die Hausbewohner im Namen des Brautpaares freundlich bittet und einladet, der Hochzeit, die an dem und dem Tage, um so und so viel Uhr in der und der Kirche stattfinden werde, sowie dem darauffolgenden „Traktament" in aller „Freud' und Fröhlichkeit" beizuwohnen, oder er deklamiert einen langen Reim, in welchem er voll urwüchsigen, freilich oft auch derben Witzes die Herrlichkeiten aufzählt, welche die Gäste bei der Festlichkeit zu erwarten haben. Es sei gestattet, ein Bruchstück eines solchen wirklich launigen Hochzeitladerspruches[1] aus der Umgebung von Innsbruck hier anzuführen:

„Es schicken mich daher Sie und Er, der Johannes Barkopf mit der kropfeten Stine (Christine) mit ihrem krumpen Kragen, sie lassen enk (euch) alle auf die herrische Bettelhochzeit laden, welche angestellt wird den 55ten Gänsmonat. Zu einer Früh- oder Morgensuppen wird man ein heißes Paar Knödel samt einer kalten Gatz'n voll Wasser übern Buckel geben, von da wird man das ehrlose Brautvolk mit Knittl und Wasen (Rasenstücken) auf's weite Feld begleiten und dann wird das hochzeitliche Traktament beim Herrn Wirt zum goldenen Besenstiel, der wenig gibt und roatet (rechnet) viel, angestellt werden. Es werden auch

---

[1] Andere derartige Ladesprüche, wie ich deren in meiner Sammlung mehrere besitze, sind in dem Buche von Franz J. Kohl, die Tiroler Bauernhochzeit. — Sitten, Bräuche, Sprüche, Lieder und Tänze mit Singweisen. Wien, Ludwig. 1908 (Quellen und Forschungen zur Deutschen Volkskunde hgg. v. E. K. Blümml. III. Bd.) zu finden.

recht wackere Gäst' erscheinen, nämlich: der Prügelbeichter aus dem Engadein, der Suppenschmied aus Schwaben, der oberste Fackelschneider aus Baiern, der Nudelsetzer aus Hötting, der Strohprofessor von Innsbruck, der Judenhenker von Wiltau (Wilten), der Musaufstiefler von Flaurling 2c. . . . Was die Musik anbelangt, haben sie ein paar hurtige Spielleut, an' berühmten Schellenschlager und an' halbverzagten Kraxentrager, wie auch zwei liebliche Vorsänger, der Jaggl vom Sterzingermoos und der Grigg Gragg vom Amraserg'schloß."

So geht der Reim weiter, indem noch in ähnlicher Weise von den Herrlichkeiten des Hochzeitmahles und von den Gütern und Eigenschaften des Brautpaares erzählt wird.

Die Duxer Hochzeitlader fahren zur Winterszeit auf einer „Geiß", d. h. auf einem Rennschlitten in dieser Form. Vorgespannt ist ein mit einem Schellenkranz geschmücktes Pferd. Die Geladenen erhalten sogenannte Nesteln, griffelförmige Läppchen von rotem Leder, welche sie auf den Hut stecken und bis nach der Hochzeit oben lassen. Auch im Zillertal müssen die Hochzeitsgäste solche Nesteln aus roten Lederriemchen tragen und zwar, wie man dort sagt, damit dem Brautbett nichts Böses geschehe und das junge Paar Glück habe. Sobald die Hochzeitslader ihren Auftrag ausgerichtet, werden sie bewirtet und ziehen ihren Weg weiter in das nächste Haus.

Ein bedeutungsvoller Teil der Hochzeitsvorbereitungen ist die feierliche Überführung des Heiratsgutes der Braut in die neue Heimat. Dieselbe findet in der Regel am Tage vor der Hochzeit oder, wenn dieselbe auf einen Montag fällt, am vorhergehenden Sonnabende statt. Auf einem Leiterwagen werden alle Gegenstände der Mitgift, das „Wazum", wie es im Unterinntale heißt, hoch aufgeladen, da prangt der Brautkasten aus hartem Holz oder blau angestrichen und mit Blumen bemalt, das neue aufgerichtete Doppelbett, daneben andere Möbel und Geräte. Oben auf der Fuhr liegen schön geordnet die Kleider der Braut, die faltenreich herabhängenden Röcke, die verschiedenfarbigen Korsetten, die seidenen Tücheln, die Weißwäsche und das Bettzeug. Zuhöchst auf dem „Plünderwagen" nickt das Spinnrad mit einem Wickel Flachs, der durch rottaffetne Bänder an der Stange befestigt ist, und die Wiege. Der Führer des Wagens, im Unterland „Samer" oder „Samerlführer" genannt, ist schmuck herausgeputzt und trägt einen „Büschel" (Blumenstrauß) auf dem Hut. In Defereggen heftet er ein seidenes Tüchel hinauf, welches ihm die Braut zum Geschenke gemacht hat. Auch die Pferde sind mit „Pfötscheln" und farbigen Maschen geschmückt. Hat man fertig aufgeladen, so treibt der Führer lustig mit der Peitsche schnalzend die Pferde an und fährt unter Jodeln und Jauchzen seinem Bestimmungsorte zu.

Aber noch gibt es einige Hindernisse zu überwinden.

Kaum ist er eine Strecke vorwärts gekommen, so springen ihm ein paar Burschen in den Weg und versperren ihm denselben mit einem Seil oder einer Stange. Der Führer fordert freien Durchlaß; der hinter der Sperre stehende Bursche verweigert ihn. Nun entspinnt sich ein Wortgefecht, das in Reimen geführt wird und eine gute Weile dauert, bis sich der „Reimer" endlich herbeiläßt, gegen ein gutes Trinkgeld — z. B. in Defereggen einen Taler — den zeitweilig errichteten Zollbaum aufzuheben und den Führer samt seinem Wagen frei ziehen zu lassen. Das ist das sogenannte Klausenmachen. Oft geschieht dies neun bis zehn Mal, ehe der Wagen zum Ziele gelangt. Der erste „Reimer" ist meist ein Bruder oder Verwandter der Braut. Ist der Wagen im Hause des Bräutigams angelangt, so schenkt dieser Schnaps aus. Mit noch größerer Feierlichkeit hielt man diesen Brauch früher im Pustertal; im Iseltal kommt er noch jetzt bisweilen vor.

Eine solche „Klause" beschreibt Zingerle in seinen „Sitten und Gebräuchen" aus Tirol". Wenn ein Mädchen von einer Gemeinde in eine andere heiratet, so wird innerhalb des Gemeindegebietes, aber außerhalb des Gerichtsbezirkes der Braut, über den Weg eine grüne Ehrenpforte gebaut mit zwei oder vier Säulen und Querbalken, zuweilen

mit den Insignien des Bräutigams geziert, z. B. mit Scheibchen,
wenn er Schütze ist. Zu beiden Seiten der Pforte brennen
zwei große Pechkerzen. Diese sind ziemlich lange Prügel
mit einer Vertiefung oben, in der das Pechfeuer unterhalten
wird. Der Weg ist an der Pforte durch eine überzogene
Kette, die in der Mitte aus Stroh besteht, abgesperrt. Rechts
und links steht ein Wächter. Die anderen Personen halten
sich meistenteils beim nahen Feuer auf. Es sind der Hauptmann, etliche Musikanten und der Wirt mit seinem Schnapsfäßchen, zuweilen hat er seine ganze Branntweinbrennerei
hier unter freiem Himmel aufgeschlagen. Er siedet aber nur
Wasser in seinem Kessel. Noch einige andere Personen,
drollig gekleidet und mit großen Bärten versehen, sind anwesend, z. B. ein Zigeuner, ein Bettler, ein Auswanderer,
der allenfalls eine große Hennensteige mit einer Katze auf dem
Rücken trägt. Eine andere stets vorkommende Person ist
das „Angele", nämlich ein Weiblein, welches sein Männlein
auf dem Rücken oder im Korbe mit sich schleppt. Alles bisher
Erwähnte, die Pforte mit den Leuten, kommt erst bei einbrechender Nacht an den bestimmten Platz, nachdem der
Bräutigam mit dem leeren Fuhrwerke schon zum Hause der
Braut gefahren ist. Gegen 11 Uhr nachts ungefähr kehrt
der Bräutigam mit dem reich ausgestatteten Kasten der Braut
und mehreren Begleitern zurück und nun nimmt das Spektakel seinen Anfang. Lauter Jubel, Musik und Böllerknall
brechen los und die zwei Hauptpersonen beginnen ihr Spiel.
Der eine „Reimer" steht hinter der Klause, der andere kommt
mit dem Bräutigam oder er ist zuweilen der Bräutigam
selbst. Letzterer verlangt freien Durchzug, ersterer verweigert
ihn. Dies ist die Einleitung eines Streites und Wort-
kampfes, der manchmal — fünf Stunden lang dauert und
wobei die zwei nur in Versen und Reimen sprechen dürfen.
Jeder rühmt seine Partei und setzt die andere herab, jeder
Fehler wird gerügt und jeder Vorzug des Ortes oder der
betreffenden Person hervorgehoben. Unterdessen werden von
den übrigen Personen alle möglichen Scherze getrieben.
Jeder bringt irgend einen Reim gegen den Bräutigam. Das

Angele, welches gewöhnlich eine Geige hat, die nur mit einer oder zwei Saiten versehen ist, streicht mitunter dem Gegner ein paar recht eindringende Töne unter's Gesicht, besonders wenn er nicht gar viel zu sagen weiß. Abwechselnd spielen die Musikanten ein lustiges Stückel, von Zeit zu Zeit knallt ein Böller und das Gelächter der oft ziemlich zahlreichen Zuschauer, worunter allenfalls auch die Braut ist, trägt zur Belebung des Ganzen bei. Schließlich läuft die Sache dahin aus, daß der „Klausenmacher" entweder freiwillig oder unfreiwillig sich als besiegt erklärt. Der Bräutigam reicht ihm ein Trinkgeld, worauf der Hauptmann befiehlt, die Kette abzuhauen. So gelangt das Heiratsgut endlich in die neue Behausung.

Ein wichtiges Stück aber muß die Braut ihrem Bräutigam selbst überbringen, nämlich sein Brauthemd, das sie ihm mit eigener Hand genäht haben muß und am Tage vor der Hochzeit in sein Haus trägt. Man nennt diese Sitte „mit der Pfoad gehn". In Gröden überbringt die Kranzjungfer unter Böllerknall das Hochzeitshemd, in welches eine kleine Puppe genäht ist. Der Bräutigam muß es am Hochzeitstage tragen, wenn die Ehe glücklich sein soll. Sein Gegengeschenk für die Braut ist das Brautkleid und ein seidenes Tüchel. Der Brautführer erhält ein paar Strümpfe.

Der Polterabend verläuft in der Regel ruhig, nur die Duxer machen sich denselben lustig. Es wird nämlich der sogenannte Nachttanz aufgeführt, zu dem man nicht die Verwandten sondern die Nachbarn einlädet. Dabei geht es oft lärmender zu als bei der Hochzeit selbst.

2. Das Fest.

Wenn wir in Folgendem eine Bauernhochzeit in Tirol mit ansehen, so sprechen wir selbstverständlich nicht von einer sogenannten „stillen", bei der außer den Brautleuten nur zwei Zeugen und der Brautführer anwesend sind, sondern von

einer echten und rechten Bauernhochzeit, wo roter Wein in
Fülle fließt und getanzt wird, „daß die Fetzen davonfliegen".
Der Bauer liebt es, diesen wichtigsten Tag seines Lebens
mit allem möglichen Glanz zu feiern. Selbst das arme Ober=
inntal bleibt in dieser Beziehung nicht zurück. Im heiteren
Zillertal steigt die Zahl der geladenen Gäste manchmal auf
vier= bis fünfhundert. Freilich vermag das Brautpaar solche
Kosten nicht zu tragen, welche selbst der blühendsten jungen
Wirtschaft einen empfindlichen Stoß versetzen würden. Die
Sitte hat daher weislich vorgesorgt. Jeder Gast zahlt sich
das Essen selbst und muß noch dazu bei seinem Erscheinen
fünf „Zwanziger" bis zehn Kronen „weisen". Es sitzen
nämlich an einem Tische Braut, Bräutigam, Brautvater und
ein Schreiber beisammen, welcher letztere eine Aufzeichnung
führt und einschreibt, wer und wieviel jeder gezahlt hat.
Der eintretende Gast geht zu ihm hin, nimmt erst das be=
reitstehende Glas Wein, trinkt mit den Worten: „Bring
Dir's"! dem Brautpaar einen Schluck zu und „weist" dann
die schickliche Summe. Heiratet der Betreffende nun selbst,
so ladet er natürlich den andern ein und dieser ist es dem
Hause „schuldig", zu kommen. Heiratet er nicht, so über=
trägt er seine Rechte auf Geschwister oder einen Verwandten,
zu dem er sagt: „den und den kannst du einladen, der
„schuldet" mir". Auf solche Weise kommen oft 300 bis
400, ja sogar 2000 Kronen zusammen, was für den zu
gründenden Hausstand ein willkommenes Heiratsgut aus=
macht. Dieselbe Sitte herrscht auch im Ötztale. In anderen
Gegenden hält man das Brautpaar durch reiche Geschenke
schadlos, z. B. in Defereggen, wo die Brautleute Geld,
Stücke Leinwand und Säcke voll Getreide empfangen. Wo
das Hochzeitsmahl ganz frei ist, wird es beim „Weisat",
d. i. das Taufgeschenk bei der Geburt des ersten Kindes,
vergolten.

Am Festmorgen, kaum daß der Tag heraufdämmert, weckt
Böllerdonner das Brautpaar und das ganze Dorf mit ihm
aus dem Schlafe und bald wird es in den Häusern lebendig.
Beiläufig um acht Uhr beginnen die Festlichkeiten und zwar

gewöhnlich mit der „Morgensuppe". Die Sitte schreibt da in jedem Tale etwas anderes vor. Im Unterinntale tun sich die Hochzeitsgäste im Hause der Braut bei Nudelsuppe und Würsten gütlich, während der Bräutigam beim Wirt seines Heimatsdorfes, sei es nun dasselbe oder nicht, auf den Hochzeitszug wartet. Häufig wird der Morgenimbiß auch im Wirtshause eingenommen und von dort zur Kirche gegangen. In Paznaun versammeln sich die „Spausa" und der „Späusling" (Braut und Bräutigam), erstere mit ihrer „Gspanin", letzterer mit seinem „Gspan" und alle Geladenen in einem bestimmten Hause, von wo sie den Auszug halten wollen. Man unterhält sich, bis die Braut angekleidet ist, worauf der Hochzeitszug in die Kirche geht. Im Pustertal sind bei der Braut die Weiber, bei dem Bräutigam die Männer zu Gaste. In Gröden und Proveis versammeln sich einerseits die Verwandten der Braut mit dem Brautführer und dem „Vorjüngling" (Bruder der Braut) im Hause derselben, andererseits die Verwandten des Bräutigams in seinem Hause. Da wird, versteht sich ohne die Brautleute, die in stiller Zurückgezogenheit auf die bedeutungsvolle Stunde sich vorbereiten, getrunken und geschmaust.

Die Braut hat unterdessen vollauf mit ihrem Putz zu tun, besonders an jenen Orten, wo sie noch in der alten Volkstracht erscheint, bei der jedes Bändchen und jede Falte vorschriftsmäßig geordnet sein muß. Wir wollen uns ein paar der originellsten Brautanzüge einmal näher besehen. Die malerischeste Tracht besitzt wohl die Gröbnerin. Sie trägt an ihrem Ehrentage dasselbe scharlachrote Korsett mit schwarzem oder grünem Oberkleid und den breitkrämpigen grünen Hut wie beim Aufgebote. Dazu kommt um die Stirne ein breites schwarzes Samtband und um die Hüften ein großer lederner Riemen mit vielen Zierraten aus Zinn oder Kupfer und versilbert, woran zur linken Seite ein Messerbesteck über das seidene Fürtuch herabhängt. An beiden Seiten des Kleides flattern rote und grüne Bänder, die genau geordnet sein müssen und beileibe nicht verwechselt werden dürfen. Die weiblichen Gäste tragen ebenfalls die alte Tracht und zwar die Jungfrauen grüne die Weiber schwarze Hüte. Der Gröbnerin reiht sich die Pustertalerin würdig an die Seite mit ihrem nicht minder reichen Schmuck und dem kleinen „Kranzl" auf den Flechten. Die Defereggerinnen, die ihre originelle, Jahrhunderte alte Tracht erst in neuester Zeit abzulegen beginnen, vervollständigen dieselbe am Hochzeitstage durch einen Rock von blauem Tuche, weißwollene Strümpfe und weiße „Nesteln" (Schuhbänder); die Zöpfe sind statt des sonst gebräuchlichen roten Wollengeflechtes mit vergoldeten Bändern geschmückt und hängen frei über den Nacken herab. In Paznaun trägt die „Spausa" ein „Krönl", das mit einer Nadel an den Haaren befestigt wird, und nebstdem ein „Kranzl". Das Ganze wird mit Bändern verziert. In der Hand hält sie zwei zusammengelegte Tücheln, auf deren oberem ein „Kranzl" aufgenäht ist. Im Ober- und Unterinntal und im Wipptal hat die Kleidung der Bräute schon mehr modernen Schnitt. Das Kranzl, das immer sehr klein ist, wird entweder, wie im Unterinntal, aus frischem Rosmarin geflochten, oder es besteht aus künstlichen Blumen mit Laub und Flitterwerk. Eine Braut aber, die bereits im ledigen Stande ein Kind geboren, oder eine Witwe darf keinen Kranz tragen, sondern erscheint mit gewöhnlicher Kopfbedeckung. Statt der weißen Strümpfe trägt sie blaue.

Schneller ist der Bräutigam mit seinem Anzug fertig, der sich in allen Tälern bis auf Weniges gleicht. Ein langer dunkler Tuchrock mit großmächtigen Metallknöpfen, kurze schwarze Hosen, weiße Strümpfe und ausgeschnittene Schuhe sind so ziemlich überall die Festtracht des Bräutigams. Um den Arm hat er den Kranz oder „Buschen" mit einem Band herumgebunden, den Hut ziert ebenfalls ein Blumenstrauß. Ein Witwer ist an den blauen Strümpfen kenntlich. Die Gäste, alt und jung, erscheinen in ihrem besten Staate, mit blühweißen Strümpfen. Meist werden kleine Sträußchen unter sie verteilt. In Paznaun erhalten die Ledigen solche, die Verheirateten bekommen kleine „Kranzeln". Im Unterinntal tragen die Gäste nebstdem noch die roten „Nesteln", welche ihnen, wie bereits erwähnt, schon bei der Einladung auf den Hut gesteckt werden.

Hat man sich nun an der Morgensuppe gelabt und ist die Braut zum Kirchgang bereit, was etwa um zehn Uhr vormittags der Fall ist, so erscheint mit mehr oder weniger Zeremonien der Brautführer, Brautvater oder eine vom Bräutigam abgesandte Abordnung und „begehrt" von den Eltern der Braut die Hand ihrer Tochter. In Gröden sind diese Gesandten vermummt und mit seltsamen Waffen, Prügeln, Keulen, Dreschflegeln, alten rostigen Äxten 2c. ausgerüstet. Sie klopfen mit gewaltigen Schlägen an die geschlossene Haustüre. Ohne zu öffnen, frägt man von innen um ihr Begehren, worauf geantwortet wird, man habe erfahren, daß der Bräutigam hier einen Schatz besitze, welchen man sogleich ausliefern solle, widrigenfalls man denselben mit Gewalt holen werde. Darauf beginnt ein lebhafter Wortwechsel zwischen den Führern der beiden Parteien, der wohl eine Stunde dauert und um so drolliger ist, als man auf beiden Seiten die geschwätzigsten Witzköpfe wählt. Das Ende des vorgegebenen Streites wird durch einen Vertrag herbeigeführt, demgemäß den Gesandten ein großer Korb mit Kuchen, Weinflaschen, Torten usw. ausgeliefert werden muß. Dieser wird ihnen vom obersten Stockwerke des Hauses oder gar vom Dache heruntergeseilt. Darauf lagern sie sich auf einem naheliegenden Hügel und verzehren die Gaben. Unterdessen wird die Haustür geöffnet und der Brautvater führt die Braut, die weinend ihren Eltern die Hand küßt, heraus, während der ganze Zug der Gäste nachfolgt.

In Palù (Südtirol) geht der Bräutigam selbst mit den Gästen am Hochzeitsmorgen zum Hause der Braut, um sie abzuholen. Vor dem Hause ist aber ein Zaun errichtet, bei dem zwei Männer stehen, die ein Handwerk treiben. Diese verweigern dem Bräutigam den Durchlaß und es entspinnt sich der übliche Wortwechsel. Nach beiläufig einer Stunde fordert endlich der Bräutigam seine Braut, da öffnet sich die Türe und man führt ihm ein altes Weib oder ein kleines Mädchen vor mit der schalkhaften Frage: „Ist es

diese?" Schließlich bringt man ihm die rechte Braut und
der Zug geht in die Kirche. — Weniger Spektakel macht das
„Brautbegehren" im Pustertal, wo der Abgesandte mit höf-
licher Verbeugung vor die Braut und deren Eltern tritt
und also anhebt: „Grüß Gott Vater, Mutter die Jungfrau
Braut zusamm, der Gruß ist von ihrem herzliebsten Bräutigam; der Bräutigam hat mich abgesandt zu der Jungfrau
Braut ins Haberland; er hat mir geb'n Roß und Wagen
und laßt euch bitten, ihr wollt mir die Jungfrau Braut
aufladen." Nun folgt ein langer gereimter Spruch, in dem
mit Hinweis auf die Wichtigkeit und Heiligkeit der Ehe
um Gunst und Segen der Eltern für das junge Paar und
schließlich nochmals um Übergabe der Braut gebeten wird,
was auch sofort geschieht.

Nun geht der Zug langsam und in regelrechter Ordnung zur Kirche. Die Gruppierung ist fast überall anders.
Voran gehen meistens Spielleute oder die Kirchenmusik, einen
lustigen Hopser spielend; ihnen folgen paarweise die „Hochzeit-
buben", hierauf der Bräutigam mit seinem „Beistand" an der
Seite, dann die beiderseitigen männlichen Verwandten, Väter,
Großväter, Brüder, Vettern und der Schullehrer. An sie
schließt sich der weibliche Teil des Zuges. Erst kommen
die rosigen Kranzjungfern, dann die „Gothl", die „Baseln"
der Braut, die Brautmutter und endlich sie selbst, geleitet
vom Brautführer und gefolgt von der Schar der übrigen
Festteilnehmer. Befindet sich der Bräutigam in einem weiter
entfernten Orte, so wird für die Braut ein Wagen geschickt.
Er ist hochzeitlich verziert; die Pferde haben die Mähnen
in Zöpfe geflochten und sind um und um mit bunten Maschen
herausstaffiert. An jenen Orten, wo das Frühstück geteilt
eingenommen wird, bilden sich natürlich auch zwei Hochzeits-
züge, die sich bei der Kirche vereinigen.

Um rechtzeitig zusammenzutreffen, werden von beiden
Seiten Schüsse abgefeuert. Oft sind die Geistlichen schon
beim Auszug dabei, so in Paznaun, wo der Pfarrer die
Braut und der Frühmesser den Bräutigam führt. Beide
Priester haben dabei Kränze am Arme. In der Umgegend

von Imst holen die Seelsorgsgeistlichen, einen weißen Blumen=
kranz mit rotem Bande um den Arm geschlungen, alle
Hochzeiter in ihrem eigenen Hause ab. Der Zug ordnet
sich dort so: Voran die Jünglinge, dann die Männer, in
der Mitte die Brautleute, von den Geistlichen geleitet, und
schließlich die Jungfrauen und Weiber. Einen seltsamen
Aufzug haben die Duxer. Die Braut wird vom Kooperator
geführt, der Bräutigam vom Kuraten. Beide Brautleute
haben ein Licht in der Hand und tragen lodene Mäntel,
welche wie Rauchmäntel der Priester von den „Kranzbuben"
emporgehoben werden. Urkomisch macht sich der Bräutigam,
der einen Kranz um den Kopf gewunden hat.

Nachdem man erst im Wirtshause Schnaps getrunken,
geht man von der Kirchenmusik begleitet vom Hause und
holt jeden Einzelnen gesondert ab. In jedem Hause wird
getrunken und getanzt, so daß es oft mehrere Stunden dauert,
bis die Gesellschaft vollzählig zur Kirche kommt. Der Zug
tritt durch das Haupttor ein, dessen Schwelle nach altem
Glauben zuerst die Brautleute überschreiten müssen. Die
Männer stellen sich rechts, die Weiber links auf, während
Braut und Bräutigam, erstere vom Brautführer geleitet,
zum „G'lander" (Kommuniongitter) hinaufgehen. Die Zeugen
stellen sich dahinter. Der Pfarrer segnet nun das Paar ein,
die Ringe werden gewechselt und laute Böllerschüsse unweit
des Gotteshauses verkünden den feierlichen Augenblick.

Im Zwischentorentale wird ein Böller auf der Schwelle
der Kirchtüre abgefeuert. Ist die Zeremonie vorbei, so
beginnt das Amt. Nach dem Kyrie wird um den Altar
herum zum Opfer gegangen, erst die Männer, dann die
Weiber. Die Paznauner Braut läßt nebst dem Geldstück
auch ihr zweites Sacktuch als Opfergabe auf dem Altare
liegen. Nach der Wandlung bringt der Meßner in einem
Kelch geweihten Wein, sogenannten St. Johannissegen, und
reicht ihn zuerst dem Brautpaare, dann den Zeugen, dem
Brautführer und den übrigen Anwesenden zum Trunke.
Bis zum Schluß des Amtes kniet nun das neuverbundene
Paar in stiller Andacht. Das Gebet während der Hochzeits=

messe hat nach der Volksmeinung eine besondere Kraft. Da mag das junge Weib wohl mit Hoffen und Bangen alle Vorzeichen überzählen, die ihr heute, Glück oder Unglück bedeutend, schon begegneten und noch begegnen werden. Die alten Mütterchen wissen deren eine Unzahl, sämtlich zweifelsohne.

Die Hochzeit muß an einem Dienstag, im Iseltal am Montag, in Palù an einem Samstag abgehalten werden, wenn die Ehe glücklich sein soll, beileibe an keinem Freitag! Der Mai ist in Palù zum Heiraten nicht beliebt, weil derselbe der „Eselmonat" ist. Die Braut darf ferner kein schwarzes Kleid, keine engen Schuhe tragen, sie muß in letztere etwas Geweihtes geben, sie darf nicht lachen, sonst wird sie als Weib viel weinen, sie soll bei der Trauung nicht auf der rechten Seite stehen, es sei denn, sie hätte die schlimme Absicht, ihren Mann unter den Pantoffel zu kriegen.

Das Gesagte ist indes noch alles leicht zu beobachten. Wer aber kann für Wind und Wetter und derlei Zufälligkeiten? Regen oder Schnee gilt als gut, denn es bedeutet großen Reichtum des Brautpaares, der Wind aber verweht den Segen. Wenn eine Kerze am Altare schlecht brennt oder gar auslöscht, wenn ein Grab am Friedhof offen steht, wenn ein Trauring zerbricht, bedeutet es den baldigen Tod eines der beiden Brautleute. Solche Zufälle sind für ein abergläubiges Herz bedenkliche Vorzeichen.

Endlich ist die kirchliche Feier vorüber und der Zug ordnet sich wieder, um ins Wirtshaus zum Hochzeitsmahle zu ziehen. Die ernste Stimmung schlägt mehr und mehr in Fröhlichkeit um, wozu die Aussicht auf den nun folgenden Schmaus das ihrige beiträgt. Man geht entweder zu Fuß, die Brautleute in Begleitung des Pfarrers, oder es stehen bei der Friedhofstüre Roß und Wagen bereit, welche die Gesellschaft im Galopp zum Gasthause bringen. Oft aber legen sich noch Hindernisse in den Weg durch das „Brautaufheben" oder „Brautauffangen", bei dem, ähnlich wie bei der Überführung des Gutes, durch eine Stange oder ein Seil den Ankommenden der Weg versperrt wird. Ein ergiebiges Trinkgeld hebt den Zoll auf. Im Leukental erwarten Nachbarn und Bekannte auf halbem Wege die Rückkehr des Brautzuges und stellen da verschiedene Szenen dar, die auf Stand, Lebensweise oder Eigenheiten des Brautpaares Bezug haben. Dieses muß oft zu sehr üblen Späßen gute Miene machen und sich durch ein Geldgeschenk loskaufen.

Nun gelangt man ins Wirtshaus. In Virgen stehen zu beiden Seiten der Haustüre zwei Spielleute, welche die Kommenden mit lustigen Fidelstrichen empfangen. Wirt und Wirtin eilen dem Brautpaar glückwünschend entgegen und führen es hinauf in den „Saal", wo längst alles zum Empfange der Gäste bereitet ist. Da stehen die sauber gedeckten Tische, auf denen zwischen riesigen „Buschen" die roten Weinflaschen funkeln. Die Brautleute, die Geistlichen, die nächsten Verwandten nehmen am „Brauttische" Platz, das ledige Volk hat einen eigenen Tisch, ebenso die Männer und Weiber. Nun wird aufgetragen, daß sich die Tische biegen. Nudelsuppe, Kraut und Fleisch, frisches und geräuchertes, Knödel, „schweinernes Brat'l" mit Salat, Eingemachtes „in der sauren Brüh", Küchel, Nudel, Krapfen erscheinen in verschiedener Reihenfolge in riesigen Schichten, denn der Wirt setzt seinen Stolz darein, den Gästen mit Gutem und Vielem aufzuwarten. Was von Fleisch und Mehlspeisen nicht gegessen wird, kommt als „Bescheidessen" auf einem besonderen Teller für jeden Einzelnen auf die Seite, der es dann mit nach Hause nimmt.

Die Paznauner haben beim Hochzeitsmahle ihren Spaß mit einer Neckspeise, z. B. Schneeklöße in Wasser, die man sich lachend gegenseitig anbietet. Wenn die eigentliche Nationalspeise: Knödel mit Sauerkraut aufgetragen wird, so erdröhnen draußen die Böller, und geben das Zeichen zu einem inhaltsschweren Augenblick. Die Brautmutter „gluft" nämlich der Braut das „Kranzl" ab und heftet es dem Bräutigam, der ebenfalls seinen Armkranz wegnimmt, auf den Hut. In Proveis folgen auch die Kranzeljungfern diesem Beispiele der Braut und stecken ebenfalls ihr Kranzl auf den Hut eines beim Schießen abwesenden Burschen. Dabei herrscht

gar keine Eifersucht, wenn etwa eine den Liebhaber der
andern auf diese Weise auszeichnet, und mancher junge saubere
Bursch bildet sich nicht wenig darauf ein, bei der Rückkehr
seinen Hut über und über geschmückt zu finden. Im oberen
Paznaun herrschte früher die Sitte, die Braut bei dieser
„Kranzabnahme" unter allerlei Schimpfreden hin und her
zu zerren.

Das junge Volk aber hat schon lange und ungeduldig
auf diesen Augenblick gewartet. Jetzt setzen die Spielleute,
die in einer Ecke Platz genommen, ihre Instrumente an und
bald klingt ein verlockender Walzer durch den Raum. Den
ersten Tanz machen nach altem Brauche Braut und Bräutigam.
Dreimal drehen sie sich im Kreise, jedesmal von einem Tusch
der Musikanten begleitet. Nun folgen die anderen Paare
und gleich einem entfesselten Strome bricht jetzt erst die volle
Jugendlust durch. Alles dreht sich im Dreischritt und
während die Dirnen sittig forttanzen, machen die Tänzer
die wildesten Sprünge, so daß sie nicht selten mit den Schuhen
Splitter vom Getäfel des Oberbodens herabschlagen. Der
eine patscht auf seine Knie, der andere schwingt mit der
Zunge schnalzend sein Liebchen hoch in die Luft, der dritte
tanzt mit seinem Liebchen, Wang' an Wange gedrückt, kurz,
es ist ein Lärm, ein Jauchzen und ein Gedränge, von dem
ein Städter, der es nie gesehen, keinen Begriff hat.

Während das Tanzgewühl am ärgsten ist, schleichen
sich einige Burschen zur Braut und entführen sie schnell und
heimlich „über's Gassel", d. h. in ein anderes Gasthaus,
wo sie auf Kosten des Brautführers, der auf die Braut zu
wenig acht gegeben hat, zechen. Das ist das sogenannte
„Brautstehlen". Bald aber bemerkt letzterer den ihm ge=
spielten Possen, macht sich auf zu Fuß oder zu Pferde, hält
mit lautem Jauchzen vor dem Aufenthalt der Entführten
und bringt sie wieder ins alte Wirtshaus zurück, wo nun
mit erneuten Kräften das Tanzen, Schmausen und Trinken
fortgesetzt wird.

Wenn das Fest sich allmählich dem Ende naht und
der feurige Tirolerwein selbst den Blödesten in eine gewisse

höhere Stimmung versetzt hat, so erhascht der Hochzeitlader einen passenden Zeitpunkt, erhebt sich und spricht, während alles ringsum verstummt und lauscht, den „Hochzeitsdank": „Das Hochzeitsfest ist nun zu Ende gebracht, die Uhr zeigt wirklich schon die Stund' der Nacht, darum, mein Bräutigam muß ich auf dieser Seiten bei deiner liebsten Braut dir einen Sitz bereiten" usw. Die weiteren Verse enthalten weise Lehren, sowie Glücks= und Segenswünsche für die geschlossene Ehe und schließen mit den Trinksprüchen: „Vivat sollen leben die Brautleute, vivat sollen leben die Zeugen, dann die Brautmutter, die Kranzljungfrauen, die Junggesellen usw."

Draußen knallen wieder die Böller, mit denen über= haupt nicht gespart wird. Je öfter es kracht und pufft, desto besser. Nun geht es an ein Anstoßen und nicht enden wollendes Gratulieren. Die Wirtin bringt der Braut eine Torte, lautes Gelächter erschallt und die Neuvermählte wird blutrot — oben auf dem süßen Gebäck prangt eine zierliche Wiege aus Lebkuchen und ein Kindlein darin. Zu noch größerem Spaße erscheinen plötzlich drei Masken, die eine Kindspfanne, einen Musbesen und eine Klapper tragen, welche sie der Braut präsentieren. Sie muß dafür mit allen dreien einen Tanz machen.

Unterdessen ist es Abend geworden oder gar schon dunkle Nacht und das Brautpaar schickt sich zum Heimgehen an. Im Pustertale wird es von allen Gästen begleitet. Voran ziehen wieder die Spielleute, die es im vollen Sinne des Wortes „heimgeigen". In enger Stube tanzt man den „Kehraus", worauf die Gäste auf eigene Faust ins Wirts= haus zurückkehren und die Lustbarkeit fortsetzen. Oft ist indes dieser Heimgang bloße Form und die Brautleute kommen in gewöhnlicher Kleidung nochmals ins Gasthaus. Ist die Heimat der Neuvermählten weiter entfernt, so werden sie von der Versammlung nur bis zum Wagen begleitet und fahren dann unter Musik, Jauchzen, Pfeifen und Schnalzen davon, wobei die Braut nach hergebrachter Weise in Tränen zerfließt. In Dux geht das Brautpaar schon um sechs Uhr nach Hause, begleitet vom Geistlichen, der das Brautbett einsegnet. Die Grödner Braut muß spät abends noch mit jedem Gast den sogenannten „Brauttanz" tanzen. Um Mitternacht geht sie mit ihrem Bräutigam nach Hause, unter Begleitung der Musik, welche eine eigene Melodie spielt.

Daheim erwartet das junge Paar nicht selten eine nicht gar angenehme Überraschung. Es ist nämlich ein wenigstens in der Umgegend von Innsbruck allgemein üblicher Gebrauch, den neugebackenen Eheleuten einen „Tuck" anzutun, besonders wenn sich verschmähte Liebhaber vorfinden oder wenn Braut und Bräutigam nicht gerade allgemein beliebt sind oder auch nur, wenn lustige Burschen im Orte sind, die sich einen Spaß machen wollen. Es wird entweder das Brautbett zugenäht, verunziert oder gar zerstückt und in einzelne Stücke zerlegt auf's Hausdach gebracht oder es wird etwas Mißliebiges, z. B. Ameisen, Maikäfer ꝛc. hineingeschmuggelt. Je mehr sich die Betroffenen ärgern, desto größer ist die boshafte Freude der Unheilstifter. Wenn daher die Brautleute klug sind, so lassen sie so wenig als möglich merken, daß ihnen „was Ungleiches" begegnet ist.

In manchen Orten geht es nach dem „offiziellen" Schluß des bäuerlichen Hochzeitsfestes noch sehr hoch her. So im Unterinntale, wo die „Werktagburschen", d. h. jene, die nicht eingeladen wurden, um acht Uhr abends „nachzaggeln" gehen, und ebenso in Defereggen. In diesem Tale ziehen um neun Uhr Braut und Bräutigam fort, welcher letztere bisher die Musik — Geige, Zither und Hackbrett — bezahlt hat. Nun aber heißt es „in die Geige geben", d. h. jeden Tanz besonders bezahlen. Jeder Bursche hat sein Mädchen da, das er, wenn es auch nicht geladen war, nachmittags zum Tanz geholt hat, und will sich vor ihr sehen lassen. Weniger als einen „Guldenzettel" kann er für einen Tanz nicht geben, deshalb ist es gar keine Kunst, nebst Wein und Essen, das er ihr aufticht, an einem solchen Abend hundert bis hundertzwanzig Kronen zu verbrauchen. Dafür hat er freilich am folgenden Morgen physischen und moralischen Katzenjammer und Monate lang Schmalhans zum Kellermeister, aber was tut's? Kommt wieder ein solcher Ehrentag, von dem es in einem Pustertaler Hochzeitsliede heißt:

> „Heut sein Nachbachbarsleut'
> Wieder all' voll Freud
> Wie am Kirchtag z'nächst versammelt hier",

so wird wieder gezecht und „all' sein Geld verputzt", bis der Frau Wirtin ihr Gockelhahn die Beduselten krähend zur Heimkehr mahnt.

---

3. Die Nachfeier.

Die Musikanten haben ausgefiedelt, der Hochzeitslärm ist verstummt. Die Frau Wirtin hat ihre etwas in Unordnung gebrachten Siebensachen wieder aufgeräumt und das Dorfleben kommt allmählich in sein gewöhnliches Geleise. Doch nur allmählich, nicht ganz. Ein solch' aufregendes Ereignis wie eine Hochzeit, eine solche Lustbarkeit muß notwendig in einer Nachfeier verebben. So versammelt man sich in Gröden am Tage nach der Hochzeit zu einem abermaligen Schmaus im Wirtshause oder man macht, wenn es Winter ist, eine Schlittenfahrt. Damit ist es noch nicht genug. Am nächsten Sonntag, wo das junge Weib noch in der Volkstracht in der Kirche erscheint, kommen die gewesenen Hochzeitsgäste zum drittenmale im Wirtshause zusammen und nehmen von dem neuen Ehepaare mit Glück- und Segenswünschen Abschied. Im Pustertal geht der neugebackene Ehemann mit seiner jungen Frau auf Besuch zu den nächsten Anverwandten, die ihm als Entgelt für das gestrige Hochzeitsmahl, das für sie der Bräutigam bestritt, mit einem Nachschmause aufwarten. Diesen nennt man „Eier und Schmalz" und den Tag „Eier- und Schmalztag". Im Unterinntal kennt man die Bezeichnung der „Nachhochzeit", die acht Tage später oder am folgenden Sonntag im Wirtshause stattfindet, und versteht darunter im engeren Sinne das „Poppele" von Zuckerteig, welches Wirt und Wirtin zur allgemeinen Belustigung der Anwesenden der Braut vorweist. In Proveis hingegen nennt man den Nachschmaus, der am Sonntag nach der Hochzeit in bescheidener Weise im Elternhause der Braut eingenommen wird: „'s Buandl' o'nog'n" (das Bein'l abnagen). Die wohlhabenden Bauern Nordtirols geben bei ihrer Vermählung häufig den Dorfburschen ein Scheibenschießen. Dabei sind auf den Scheiben die Sinnbilder der Hochzeit mit den Namen des Brautpaares und dergleichen aufgenagelt. Daß die Schützen und vorzüglich die Bestgewinner es an Trinksprüchen auf den großmütigen Festgeber nicht fehlen lassen, besonders wenn er sich irgendwo zeigt, versteht sich von selbst.

Minder angenehm als diese Arten von Hochzeitsnachfeier mag dem jungen Ehepaar der Schabernack sein, den ihm die Dorfburschen zwei bis drei Tage nach der Hochzeit spielen und zwar besonders dann, wenn die Heirat oder die betreffenden Personen aus irgend einem Grunde nicht beliebt sind. Ich meine nämlich das sogenannte „faule Weib singen". Bei einbrechender Dämmerung ziehen die Burschen, versehen mit den seltsamsten Instrumenten, wie: Hafenplatten, Bockshörnern, Spritzkannen, Kesseln, Pfannen, Wasserschäffern ꝛc. vor das Haus der Neuvermählten und bringen diesen ein wahrhaft ohrenzerreißendes Ständchen, während andere Teilnehmer des Zuges die Stimmen von Tieren, z. B. von Eseln, Kühen, Hähnen usw. nachahmen zur großen Belustigung der Dorfbewohnerschaft, die sich stets in großer Anzahl versammelt. Nach einer Weile schweigt die „Musik" und ein Chor der Burschen singt das „Lied vom faulen Weib":

Und wer a faules Weib hat, der mag wohl traurig sein,
Der mag wohl morgens früh aufsteh'n und selber kenten ein
(einheizen).

Der Mann der ging zu Holze, zu Mittags wieder heim,
Da lag das faule Weib im Bett und strecket ihre Bein'.

O Mann, o lieber Mann mein, was tust du so fruah z'Haus,
Dort unten bei dem Kasten, da lauft a weiße Maus."

In dieser Art geht das Lied weiter, indem es in wenig geistreicher Weise die Qualen eines Pantoffelhelden schildert, dem sein faules untreues Weib manchen Possen spielt, bis Gott sein inständiges Gebet erhört und der Tod sie wegholt. Kaum von ihr erlöst, heiratet der törichte Mann einen „jungen Flederwisch", bei dem er noch mehr zu leiden hat als bei der ersten Frau. Statt dieses Liedes wird auch häufig eine komische Litanei gesungen, in welcher der frühere Lebenswandel des jungen Ehepaares und dessen Schwächen und Fehler schonungslos gegeißelt werden. Ich war selbst einmal Zeuge eines solchen Spektakels, der im Dorfe Vill bei Innsbruck in Szene gesetzt wurde. Alle Ehestandsübel, alle Untugenden, besonders der Weiber, wurden da in einer Blumenlese von schönen Ausdrücken aufgezählt: „Du Kaffeebrent'n (Bottich)" hieß es, „du Schnapskessel, du Branntweindudl ... vor allen bösen Weibern, verschone uns, o Herr ... alle geplagten Männer, entledigt euch von den Weibern 2c. Dazwischen kamen Derbheiten, die ich nicht wiederzugeben wage! Das angesungene Ehepaar muß zur ganzen Sache, so unangenehm ihm dieselbe auch sein mag, eine gute Miene machen, da ihm das Gegenteil nichts nützen, sondern die Burschen nur zu größerem Lärm und Skandal herausfordern würde. Dennoch bringt es mancher Hitzkopf nicht über sich, den Spott ruhig anzuhören, und ergreifen dann noch mehrere Zuschauer seine Partei, so geht das — Abendständchen oft übel aus und endet mit einer Rauferei und blutig geschlagenen Köpfen.

Ein ähnlicher Gebrauch ist die sogenannte „wilde" oder „blinde Hochzeit", die früher häufig war und in manchen Gegenden noch stattfindet. Die Aufführung dieses Spottspieles ist eigentlich ein Akt der Volksjustiz und geht dann vor sich, wenn eine Heirat durch Verschulden des einen Teiles der schon Verlobten nicht zu Stande kam. Doch geschieht es auch oft bei einer wirklichen Hochzeit, wenn nämlich das neue Ehepaar sich durch irgend ein Ärgernis vor den Augen der Dorfbewohner versündigte. So wurde vor mehreren Jahren in Götzens, einem Dorfe auf dem Mittelgebirge südwestlich von Innsbruck, eine „wilde Hochzeit" veranstaltet. Der Wirt dieses Ortes hatte nämlich seiner Kellnerin die Ehe versprochen, doch erst nach langem, langem Zaudern, nach vielem Zureden der Freunde und öfterem Auseinandergehen beider Teile wurde dieselbe endlich geschlossen. Das war den Dorfburschen Grund genug, das Paar zum Gegenstand einer „blinden Hochzeit" zu machen. An einem Bauernfeiertage im Sommer fand diese statt. Auf einmal bewegte sich 9 Uhr morgens ein langer Hochzeitszug durchs Dorf nach dem Kirchplatze. Voraus gingen zwei „Kandelträger" (zwei Burschen mit großen Weinkannen), hinter ihnen kamen festlich geputzte Buben; ihnen folgten die „Kranzeljungfern", natürlich als Mädchen verkleidete Bursche in weißem Staat; an sie reihten sich die Zeugen und das Brautpaar. Dieses war in Anzug, Gestalt und Benehmen so genau als möglich das Ebenbild des verhöhnten wirklichen Brautpaares. Ihm zur Seite ging die Brautmutter, dahinter schritten die Stiefkinder der Braut mit dem „Gerhab" (Vormund) nach. Darauf folgte der Plunderwagen. Hinter demselben marschierten die Schützen mit ihrer „Musikbanda" und den Schluß bildeten die Bettelleute, die „Laninger" und anderes Gefolge. Nachdem man auf dem Kirch- und Dorfplatz angekommen war, machte die Schützenmusik einen „Tusch" und ein als Geistlicher verkleideter Bursche trat vor und fragte das Paar, ob es sich christlich ehelichen wolle. Nach Bejahung dieser Frage traute er das Paar. Darnach machten die Musikanten wieder einen Tusch, und nun wurde die schon erwähnte Litanei nebst anderen scherzhaften Gebeten mit besonderer Bezugnahme auf die betreffenden Persönlichkeiten abgesungen. Nach deren Beendigung ging der Zug ins Wirtshaus und verzehrte dort ein kleines Hochzeitsmahl, welches mit einem lustigen Tanz beschlossen wurde.

Im Unterinntal kennt man einen ähnlichen Gebrauch unter dem Namen „Buhinmusik". Wenn sich nämlich Personen verehelichen, die als lächerlich oder mißliebig gelten, oder wenn ein Witwer zum zweitenmale heiratet, so wird das betreffende Paar eines schönen Abends durch einen wahren Höllenlärm überrascht, und wenn der junge Ehemann erschreckt ans Fenster läuft, so kann er draußen die bekannte Musikbande mit den seltsamsten Instrumenten hantieren sehen, während andere im Schreien ihr Möglichstes leisten. Ist nun der Bräutigam klug, so öffnet er schnell die Haustüre, macht das freundlichste Gesicht, das er zu machen im Stande ist, und zahlt den ungebetenen Gästen ein hinreichendes Maß von Branntwein, damit sie in Frieden abziehen. Tut er das nicht, so wird die Katzenmusik zwei- bis dreimal an den folgenden Abenden wiederholt, bis endlich der Loskauf stattfindet. Dasselbe Ständchen wird auch der „Kupplerin" oder dem „Kuppler" gebracht, wenn man nämlich irgend jemanden dieses löblichen Geschäftes schuldig weiß, bis auch dieser sich loskauft.

Im welschtirolischen, aber von Deutschen bewohnten Dorfe Palù herrscht derselbe Gebrauch, nur mit dem Unterschiede, daß an der Spitze des abenteuerlichen Zuges derjenige Witwer gehen muß, der sich vor diesem Paare zuletzt verheiratet hat. Er trägt auf einer langen Stange ein altes Leintuch oder einen „Huber" als Fahne. Weigert er sich, diesen interessanten Fähndrichdienst zu versehen, so wird er ebenfalls mit einer Katzenmusik bedacht. Das Schauspiel wiederholt sich an drei Abenden, doch kann sich das Paar davon loskaufen, indem es einen Gulden an die Kirche bezahlt. Mit Leuten aber, die sich zum drittenmale verheiraten, kennt man kein Erbarmen mehr. Früher war die Sitte unter dem Namen „Smakkaluz" auch im Bezirk Persen bekannt und zwar wurde in der Hochzeitnacht mit Eisenkesseln und kupfernen Becken, auf welchen man mit Eisenstäben trommelte, durch das ganze Dorf Generalmarsch geschlagen. Da aber jedes betreffende Brautpaar es vorzog, sich mit einer Geldsteuer an die Kirche von diesem Schimpf zu befreien, so ist der Gebrauch jetzt ganz abgekommen.

Die Hausordnung.

Die Hausordnung des Bauern ist durch Sitte und hundertjährige Gewohnheit streng geregelt. So hat es der Urahn gemacht und so vererbt es sich wieder auf Kinder und Kindeskinder. Darnach bestimmt sich die Reihenfolge der Haus- und Feldarbeit an den Werktagen und die Erholung an den Feiertagen, die in steter Wiederkehr gleichförmig einander ablösen. Teilweise Abwechslung bringt nur die Jahreszeit mit sich. So steht man z. B. mit dem wachsenden Tage im Frühling auch früher auf und geht früher an die Arbeit, besonders wenn man dringende Geschäfte auf weiter entfernten Grundstücken zu verrichten hat. Trotz diesen Verrückungen und kleinen Veränderungen bleiben sich aber gewisse Vorgänge im Schwanken immer gleich und bilden so zu sagen das Gerüste, an dem sich die bäuerliche Tagesordnung hält. Solche Punkte sind: die Frühmesse, das „Neunern", das Mittagessen, der Feierabend, das Nachtmahl, der Abendrosenkranz und der Heimgarten. Mit Ausnahme des letzteren ist also Beten und Essen die Ordnung für die Tagesverrichtungen.

Aufgestanden wird stets früh. Als gewöhnliche Zeit kann man für den Winter halb 6 Uhr, für den Sommer halb 5 Uhr annehmen, also bald nachdem in der Kirche Ave Maria geläutet wird, was im Sommer um vier Uhr, im Winter um halb fünf Uhr geschieht. Wenn es anders sein kann, geht alles in die Frühmesse, die in Anbetracht der dringenden Arbeit im Sommer sehr zeitlich abgehalten wird. Im Winter ist es noch stockdunkle Nacht, wenn man mit Laterne oder Kienspan ins „Rorate" eilt. Auf entlegenen Höfen verbietet sich der Kirchenbesuch an Werktagen natürlich von selbst, ebenfalls beim „Bergfahren", weil man da mitten in der kalten Winternacht zum beschwerlichen Gange auf die beschneiten Höhen aufbrechen muß, und beim Heuen auf den Bergmähdern oder weit entfernten Wiesen. Zu solchen Zeiten steht man schon beim ersten

Morgengrauen auf und die rüstig ausschreitenden Arbeiter
können noch genug Sterne am Frühhimmel verblassen sehen.

Hausvater und Hausmutter sind stets zuerst auf den
Beinen. Der Bauer weckt Söhne und Knechte, welche sofort
die Stallarbeit: Melken, Tränken und Füttern besorgen.
Mit dem Anzug ist man schnell fertig, und das „Zwagnen"
(Waschen), wenn es überhaupt vorgenommen wird, geschieht
einfach beim Brunnen. Währenddessen kocht die Bäuerin
das Frühmahl, das fast überall in Brennsuppe, die meistens
mit Zieger gewürzt wird, und „Mus"[1] besteht. Auch Kaffee
kommt immer häufiger auf den Tisch, wenn auch nicht für
alle, so doch für die Bäuerin und den Bauern, der gern
ein paar Löffel Schnaps in das Gebräu gießt, um es besser
munden zu machen. Dann gehen Knechte und Dirnen auf
das Feld zur Arbeit, mit ihnen der Bauer, sei es auch nur
zur Aufsicht. Die Bäuerin bleibt daheim und versorgt die
Kinderstube, die Hennen, die Schweine, kehrt aus, wäscht
ab usw. Dabei hilft ihr die heranwachsende Tochter, die,
sobald sie nur einigermaßen selbständig ist, bei den kleinen
Geschwistern „Kindsdirn" machen muß. Erstere hat noch
viele andere Geschäfte, die sie vornimmt, wann sie gerade
am leichtesten Zeit findet, so z. B. das Butterschlägeln,
Schmalzeinsieden, Schottenabkochen, Ziegerbereiten. Beiläufig
alle zwei Wochen bäckt sie mit Hilfe einer Dirn im großen
Backofen Brot. Nach bestimmten Zeitabschnitten wird große
Hauswäsche gehalten. Der weitbauchige, eingemauerte Kupfer=
kessel zum „Sechteln"[2] befindet sich entweder im Backofen
oder in der Küche. Kleinere Wäschestücke, Schürzen, Tücheln,
Strümpfe usw. wäscht die Bäuerin nach Bedarf. Vergessen
dürfen wir auch nicht das Feiertaghemb, das vor jedem
Feiertag von den Ehehalten gewaschen werden muß.

Bei einigermaßen schwerer Arbeit erhalten die Dienst=
boten einen sogenannten „Neuner", Halbmittag, auch Unter=
mahl genannt, ein zweites Frühstück, das, wie schon der

---

[1] Brei aus Mehl, Milch oder Wasser und Schmalz.
[2] Sechteln = in der Lauge abbrühen.

Name sagt beiläufig um 9 Uhr vormittags eingenommen wird. Dabei ißt man sehr Verschiedenes, je nach Geschmack und Umständen, meist Brot und Käse. Drescher z. B. vertragen ganz gut eine schmalzige Speise, ohne deshalb den Appetit für's Mittagessen einzubüßen. Wenn irgend ein Handwerker, der Schuster, Schneider, Zimmermann usw. im Hause „auf der Stör" arbeitet, so bringt ihm die Hausfrau, wie wir hörten, um 9 Uhr ein Glas Kirschbranntwein, einen Teller voll frisch geschlagener Butter, einen starken Hauskäse und einen Laib Brot. Haben die Leute in der Sonnenhitze auf dem Felde zu tun, so schickt die Bäuerin frische Milch und Brot hinaus. Sie stellt dazu eines ihrer Kinder an, welches das kühlende Getränk in einem verschlossenen Handkessel trägt. Ist sie allein, so muß sie es selbst überbringen. Gewöhnlich kehren die Arbeiter um 11 Uhr zum Mittagessen heim. Ist aber das Feld oder die Wiese allzuweit vom Hause entfernt, so wird auch die Hauptmahlzeit hinausgebracht. Die Bäuerin benützt dazu ein eigenes, ringsum von Leisten eingerahmtes Brett, auf das sie die Speisen stellt, um es dann auf dem Kopfe schwebend zu tragen. Im Winter macht das spätere Aufstehen den „Neuner" überflüssig. Doch nicht überall; an vielen Orten müssen die Dirnen von Michaeli angefangen schon um 4 Uhr das Bett verlassen, um in der Stube bis 9 Uhr abends zu spinnen. Die Großdirn muß dabei die erste sein, die andern wecken und den „Vormiß" (Frühstück) kochen. Wohl zur Entschädigung für diese andauernde ermüdende Arbeit bekommen die Dienstboten den sogenannten „Lichtbraten", d. h. ein besseres Mittagsmahl, wobei freilich der männliche Teil derselben ganz ohne Verdienst mithält.

Beim Essen wird fest an der althergebrachten Ordnung gehalten. Die Großdirn deckt den großen Eßtisch in der Stube, allerdings nicht so fein, wie wir Städter es gewohnt sind. Ein grobes Tischtuch ist der einzige Luxus, Servietten gibt es keine, Gabeln und Messer sind, da man selten Fleisch ißt, meist überflüssig. Zum Ausschöpfen der Suppe stellt sie vor jeden Sitz einen Holz- oder Zinnteller und legt den eisernen Löffel, für jedes den eigenen, daneben. Dann holt sie frisches Wasser im irdenen Kruge vom Brunnen und setzt denselben auf die Bank zum gemeinsamen Daraustrinken. Hat sie die Suppe aufgetragen, was pünktlich zur anberaumten Stunde geschieht, so ruft sie die Leute zusammen. An vielen Orten, vorzüglich im Unterinntal, gibt die Eßglocke, die sich in einem eigenen Türmchen auf dem Dachfirst befindet, das Zeichen zum Mittagsmahl. Sind alle versammelt, so betet man laut das Vaterunser und wohl auch das alte schöne Tischgebet:

"Herr aus Liebe Deiner wollen wir jetzt essen,
Dein bitt'res Leiden und Sterben nicht vergessen,
Dein heiliges Kreuz sei unser Tisch,
Dein heiliger Leib ist uns're Speis,
Die heiligen drei Nägel sind uns're Fisch',
Dein rosenfarbs Blut ist unser Trank.
Mein Gott, wir sagen Dir den wärmsten Dank,
Für all' Dein' väterliche Speis und Trank
Und für Alles, was Du uns gibst und zuschickst,
Und uns nutz und gut ist zu Seel' und Leib."

In der Meraner Gegend betet man:

"Lieber Herr Gott im Himmel, g'seg'n uns Speis und Trank zu unserm Wohlsein für ein lang's Leben und für die Ewigkeit. Amen."

Bei Tisch hat jedes seinen bestimmten Platz. Die Ordnung, wie man sich setzt, ergibt sich teils aus Überlieferung, teils aus Bequemlichkeitsrücksichten. So sitzt z. B. die „Kuchlin" oder die Dirne, die das Essen herein- und hinausträgt, vorn an der Ecke. Heikler ist die eigentliche Eßordnung. Zuerst langt der Großknecht in die Schüssel, ihm folgen die andern, je nach ihrem Range. Bei den untern Dienststellen, den „Kühbuben" ist es nicht mehr so heikel und jeder tunkt, sobald er kann, den Löffel ein. Aber nicht nur Platz und Rangordnung ist fest bestimmt, sondern es herrscht auch im Essen selbst eine bestimmte Ordnung, die mit äußerster Genauigkeit festgehalten wird. Da darf etwa nicht jeder zulangen, wie und wo er eben will und so etwa einem andern die fette Butter wegfischen. Jeder hat seinen festabgegrenzten Bezirk, den er nicht überschreiten darf. Diese Berücksichtigung des zugemessenen Gebietes kommt besonders beim Musessen in Betracht, da über dem dicken Milchbrei die goldgelbe Flut der süßen Butter ausgegossen ruht, also jeder Grenzverletzung ein Abrinnen dieser schmackhaften und nahrhaften Flüßigkeit zum Nachteil des Nachbars veranlaßt. Leider ereignet sich nur zu oft, daß ein gewissenloser Angrenzer einen weniger schlauen Tischgenossen durch heimliche Anlage eines Kanals oder andere unerlaubte Machenschaften, daß er z. B. mit seinem Löffel eine „Tschött" (Grube) macht, um den Butteranteil bringt, was nicht selten ein kleines Balgzwischenspiel, sicher nicht auf Kosten der Übrigen, zur Folge hat.

Über die Kost selbst ließe sich sehr viel sagen, aber unmöglich in bestimmten Regeln angeben. In jedem Tale kocht man anders, je nach dem Gebrauche und den Bodenverhältnissen, welche entweder Getreidebau oder Viehzucht und Alpenwirtschaft begünstigen. Die wohlhabendere Bäuerin spart nicht mit Schmalz, Butter und Eiern, während die ärmere nur magere Kost bereiten kann. In Südtirol fehlt hiebei nie der Wein, wenn es auch meist nur schlechter „Hausleg" ist. Die Speckknödel kommen in der Woche zwei- bis dreimal auf den Tisch, sicher aber am Sonntage, dazu Sauerkraut und ein Stück gesechten Fleisches darauf. Samstag abends, sowie an jedem Feierabend bäckt man Germküchel, vor hohen Festtagen, vorzüglich vor dem Kirchtag, gefüllte Krapfen. Vom pustertalischen Küchenzettel sagt das Volkslied:

> „Lustig sein mir (wir) Pusterer Buiben,
> Mir tanzen auf ein Fuiße,
> Die ganze Woch' a Frigelesupp'
> Sonntags a haberne Muise."

Letzteres, Habermus, ist nämlich die Nationalspeise der Pusterer. Die Kinder nehmen, sobald sie Zähne haben, an dem gemeinsamen Male teil, nur die allerkleinsten werden mit einem dicken Mehlbrei abgefüttert.

Ist das Essen vorbei, der Löffel am Tischtuch abgewischt, und das kurze Dankgebet mit dem „englischen Gruß" gesprochen, so macht der Bauer, wenn es anders die Zeit erlaubt, ein Schläfchen auf der Ofenbank. Ein Knecht oder eine Dirne tränkt und füttert indessen die Kühe, was im Sommer bald geschehen ist, da mit Ausnahme von drei oder vier „Heimkühen" das sämtliche Vieh auf der Alpe ist. Hierauf geht man wieder hinaus auf das Feld. An Arbeit ist nie Mangel; sind die eigenen Grundstücke besorgt, so hilft man auf denen der Nachbarn. Man weiß, daß man einander bedarf, darum hält man mit Gefälligkeiten nicht zurück. Beim Heuen, beim Korneinführen, beim Dreschen helfen meist auch die Dienstboten des Nachbarn mit, um die man früher freundlich ersucht hat. Die Maschinen, die jetzt immer häufiger in Gebrauch kommen, ändern nichts an der altväterischen Sitte, weil zu ihrer Handhabung ebenfalls Kräfte erforderlich sind. So vergeht die Zeit bis zur „Marende" (Vesperbrot), die gewöhnlich in Milch und Brot besteht, und von da bis zum Avemarialäuten, das mit allmählicher Vorrückung der Zeit im Sommer um sieben, im Winter um halb sechs Uhr das Zeichen zum Feierabend gibt. Abends wird darnach noch mit dem „Sterbeglöcklein" geläutet, um zum Gebet für die Verstorbenen zu mahnen. In dem nun mit Innsbruck vereinigten Dorfe Wilten, wo das ganze Jahr hindurch um sieben Uhr abends das Avemarialäuten vom Turme tönt, führte dieses noch vor kurzem den Namen „Hußausläuten". Ebenso ist letzteres in Schwaz[1] und Kitz=

---

[1] In Schwaz wird das „Hußausläuten" in Beziehung zum tschechischen Ketzer Huß (richtiger Hus) gebracht, dessen Lehre bei den Bergknappen Eingang gefunden hatte. Es dürfte wohl eher ursprünglich ein Zeichen für die in der Kirche verweilenden Andächtigen gewesen sein, daß das „Hus" nun gesperrt werde. So bedeutete auch das „Hußausläuten", das in früherer Zeit in Meran von Michäli bis Ostern um 7 Uhr abends mit der „Weinglocke" gegeben wurde, daß sich nun die Gäste aus den Wirtshäusern und Schenken zu entfernen hätten. Es hieß davon auch „Weinausläuten".

bühel gebräuchlich. Dann wandern die Arbeiter nach Hause, wo schon die Pfanne voll schmalzigen Türkenbreies im Flur zur Kühlung steht oder der Duft von „Schmalzgebackenem" aus der Küche dringt. Auf gut und viel Essen hält der Bauer etwas: „Wer nuit (nichts) zum Össa ist, ist oo' (auch) nuit zur Arbet", sagt der Oberinntaler.

Hat man sich gesättigt, und ist das sämtliche Vieh getränkt und versorgt, so bringt man vorerst die kleinen Kinder zu Bette. Der Vater oder die Mutter segnet sie, besprengt sie mit Weihwasser und zeichnet ihnen mit dem Daumen der rechten Hand das Kreuz unter einem kleinen Gebetlein auf die Stirne. Dann geht der Hausvater in die Stube, nimmt den „Nuster" (noster), einen an gelben Messingdraht gefaßten Rosenkranz mit großen „Grallen" (Korallenkügelchen) herab, der gewöhnlich am Fenster oder neben dem Weihbrunnkrüglein hängt, kniet mit den andern auf die neben der Stubenwand hinlaufende Bank, stützt die Arme auf das Fensterbrett und betet mit lauter Stimme den Rosenkranz vor. Die andern knien ebenfalls an den Fenstern, jedes auf einem gewohnten und bestimmten Platz, und beten zu den Fenstern hinaus. Nach dem Rosenkranz werden oft noch zweimal soviel Vaterunser gebetet, zu „Hülf und Trost der armen Seelen im Fegfeuer", besonders der verstorbenen Verwandten, dann zu Ehren verschiedener Heiligen und Patrone, von deren Fürbitte man geistliches und irdisches Wohl erwartet, so z. B. des heiligen Florian, des heiligen Leonhard als „großen Viehpatrons", des heiligen Wendelin und Gallus, welche das Haus und Gut beschützen sollen. Der Gruß: „Gelobt sei Jesus Christus! — In Ewigkeit Amen" bildet den Schluß des Gebetes.

Noch ist es zu früh zum Schlafengehen, nur die größeren Kinder, die mitgebetet haben, werden in die Schlafkammer geschickt. Die Bäuerin hat noch manches in der Küche zu schaffen, wo ihr die Dirnen helfen, der Bauer oder der Knecht eine Sense zu „dengeln". Ist alle Arbeit getan, so waschen sich die Mannsleute am Brunnen die Füße. Am Tag beim angestrengten Schaffen auf dem Felde, oft in glühender Sonnenhitze, geht jeder schweigsam seinen Verrichtungen nach, aber am Abend da liebt man eine gemütliche Plauderstunde, den „Heimgarten", von dem wir im nächsten Abschnitte hören werden.

Der Heimgarten.

Wenn man an heiteren Sommerabenden durch ein tirolisches Dorf geht, so scheint dasselbe belebter als am Tage. Vor jedem Hause sitzt auf der Bank, gemütlich plaudernd, eine Gruppe von Bauersleuten, meist Männner, welche die Pfeife im Munde führen. Es ist dies der sogenannte Heimgarten (Hoangart), ein Brauch, auf den jeder ländliche Hausvater mehr hält als der Städter auf die Teestunde.

Es dämmert bereits und das Avemarialäuten ist längst verklungen. Mit dem ersten Glockenschlage desselben wird Feierabend gemacht. Die Dienstboten halten fest an diesem Recht, und sollte ein geiziger Bauer Miene machen, die Arbeit weiter fortzusetzen, so wird er an die heilige Notburga erinnert, welche nach der Legende bei einem ähnlichen Verlangen von Seite ihres Dienstherrn die Sichel in die Luft warf. Und sieh! diese blieb droben hängen, zum wunderbaren Zeichen, daß man die Abendruhe nicht stören solle. Die Arbeiter packen also ihre Ackergeräte zusammen und kehren, Rechen und Sense über der Schulter, von den umliegenden Feldern heim. Sie haben sich in der Sonnenhitze tüchtig müde und hungrig geschafft und brauchen schon den schmalzigen Abendimbiß, den die Bäuerin unterdessen für sie zubereitet hat. Auf das Essen folgt, wie wir im früheren Abschnitte hörten, der Rosenkranz und dann gibt man sich dem Wohlgefühle des abendlichen Ausruhens und der geselligen Unterhaltung mit vollem Behagen hin.

Während der Knecht noch „zu guter Letzt" im Stalle nachschaut, setzt sich der Bauer oder ein Sohn des Hauses

auf die lange Bank vor der Türe und stopft seine Pfeife. Der
Familienvater hält gern noch eine zeitlang seinen „jüngsten
Zügel" auf dem Knie und freut sich, wenn der derbe Junge mit
ungeschickten Händchen nach der Pfeife hascht, oder ihm das
Hauskäppchen vom Kopfe reißt. Daneben balgen sich ein
paar größere Kinder auf dem Sande. Bald kommt gemächlichen
Schrittes ein Nachbar daher. „Habt's Feierabend?" lautet der
gewöhnliche Gruß. „Ja wohl", bestätigt der Angeredete, während
sich der Gast mit den Worten „mit Verlaub" (in Vorarlberg
„excuse") zu ihm auf die Bank setzt. Bald kommt noch einer und
mehrere aus der Nachbarschaft. Es herrscht meistens ein gutes
Einvernehmen zwischen Nachbarn. Man braucht einander viel
zu oft, besonders wenn die Feldarbeit drängt, daher gebietet schon
die Klugheit, sich zu vertragen. Man hilft sich mit Geräten,
Zugtieren und Arbeitskräften gegenseitig aus und wird als
Entgelt zum herbstlichen „Türkenausbratschen" eingeladen, das
eigentlich auch nur ein Heimgarten im Großen ist, usw.

Bald ist ein lebhaftes Gespräch im Gange. Den Inhalt
desselben bilden die Ereignisse und Arbeiten des Tages.
„Was hast heut g'werkt?" fragt einer der Bauern. Dieser
beginnt nun zu berichten, wie er vormittags Türken „ge-
häufelt" und nachmittags Heu eingeführt habe; ihm folgen
die andern mit dem Erzählen ihrer Tagesordnung. Dann
wird das Wetter des weitesten erörtert, vorzüglich zur Zeit,
wo böse Gewitter den Erntesegen bedrohen. Jeder kramt
seine Erfahrungen aus und rühmt diesen und jenen Wetterheiligen, auf welchen man sich ganz sicher verlassen könne.
Daran knüpfen sich Pläne für die Arbeit der nächsten Woche
und weiter hinaus, sowie Ansichten und Vorschriften, die
man noch dem „Urähndl" verdankt. Nichts bleibt unberührt, von Erdäpfelacker bis zur Almwirtschaft. Das Vieh
ist ein besonders wichtiger Gesprächstoff, denn man weiß ja,
daß ein rechter Bauer dasselbe zur Familie rechnet. Mit
solchen Reden unterhalten sich die gesetzten älteren
Leute. Sind recht gescheite Köpfe darunter, z. B. der Schmid oder
der Schullehrer, dann werden auch Gemeindeangelegenheiten
verhandelt, hie und da wird sogar politisiert.

Endlich tritt auch die Bäuerin aus dem Hause, die bis jetzt mit dem Abspülen und Reinigen der Küche zu tun gehabt; gleichzeitig werden die Töchter und Dirnen sichtbar. Die kleinen Kinder schlafen schon längst in der Kammer. Nun wird es lustig. Hübsche Mädchen sind ein Magnet, der nicht nur die Burschen des Dorfes, sondern auch jene von entfernt liegenden Höfen und Dörfern anzieht. Es kommt nicht selten vor, daß diese Stunden weit her zum Heimgarten erscheinen. Schon von Ferne hört man die Rotten jauchzen und singen. Die fröhlichen Gäste werden immer willkommen geheißen, am herzlichsten freilich von dem blonden Haustöchterlein, das seinen heimlichen Liebsten darunter weiß. Dagegen sieht es der Hausvater nicht gern, wenn Dienstboten in fremde Häuser zum Heimgarten gehen, weil er sich vor dem Dorfklatsch fürchtet. Die im Chore gesungenen Volkslieder und frischen Jodler füllen die Gesprächpausen angenehm aus und klingen prächtig in die sternklare Sommernacht hinaus. Oft sitzen auf den grünen Rasen des Hofes oder Angers ganze Scharen. Besonders gelenkige Burschen tun sich nicht ungern mit Radschlagen und „Baumstellen" hervor. Manchmal bringt einer eine Zither mit und spielt einen taktfesten Ländler, der das junge Volk zum Dreischritt in die Stube lockt. Der Tanz bleibt ja immer die Krone des Vergnügens. Doch geschieht dies noch öfter zur Winterszeit.

Wenn die Abende allmählich kühler und länger werden und regnerisches Herbstwetter eintritt, so zieht sich der Heimgarten nach und nach ins Haus zurück und zwar vorerst in die Küche, wo das Herdfeuer lustig flackert und eine angenehme Wärme verbreitet. Den großen Herd trennt auf einer Seite ein schmaler Raum von der Wand, an der eine Bank angebracht ist. Wenn diese nicht für alle genügt, so setzt man sich auf die große Hennensteige an der Rückseite des Herdes. Die helle Reisigflamme taugt ebenso bequem zum Wärmen als zum Anbrennen des Spanes, mit dem man den nassen Rolltabak in der Pfeife zum Glimmen bringt. Ein gar mühevolles Geschäft! aber der vorjährige „Saltzügler" (selbstgezogener Tabak) ist leider ausgegangen und

der heurige noch nicht dürr. Durch das allgemeine Beispiel er=
mutigt, wagt es auch der kleine Sohn des Hauses, mit seinem
„selbstzusammengebastelten" (geschnitzten) Pfeifchen heraus=
zurücken; schüchtern kauert er sich in eine Ecke oder schmiegt
sich an den Nachbar an, indem er ängstlich nach dem strengen
Vater hinüberschielt, ob der nicht etwa ein Verbot einlege.
Wendet dieser nichts dagegen ein, so wird der Bub bald
kecker und gibt durch fortgesetzte vergebliche Anzündungs=
versuche zu verstehen, daß kein Tabak in seiner Pfeife sei.
Die Mutter und das übrige weibliche Hausgesinde hantiert
daneben in der Küche und mischt sich dann und wann in
das Gespräch. Gar zu lange bleibt man indes selten, sondern
sucht ziemlich zeitig die Lagerstätten. Etwas anderes ist es,
wenn einmal die Übergangszeit vorbei und mit der weißen
Schneedecke, die Wald und Feld überzieht, ordentlich Winter
geworden ist. Von Michaeli (29. September) an beginnt
das Spinnen der Dirnen und von nun an schnurren die
langen Abendstunden hindurch in jeder Stube die Räder.
Damit ist die „Wintersaison" des Heimgartens eröffnet.

Ein Dorf zur Winterszeit oder gar ein Einzelhof dünkt
uns Städtern der Inbegriff der Verlassenheit. Die Sache
ist aber gar nicht so schlimm. Könnten wir nur abends
durch die dichtverschlossenen Scheiben schauen, so würden wir
staunen, welch ein gemütliches Leben sich drinnen entwickelt.
Die ganze Stube ist voll von Leuten. Das Weibervolk
sitzt auf den Bänken und Stühlen herum und spinnt, am
Tische karten ein paar Burschen und erheben ein Halloh,
wenn der Eine „Rams gegangen" und ein großes Kreuz
mit Kreide aufgemalt kriegt oder der Andere eine Hand voll
Nüsse gewinnt. Das ist das sogenannte „Nussenauskarten",
ein beliebter winterlicher Zeitvertreib. Ein dritter stämmiger
Bursche hockt auf der Bank und unterhält die Weibsleute
mit allerlei Schnurren und Scherzen, daß sie von Zeit zu
Zeit laut auflachen müssen. Eigentlich hat er es auf die
frische Dirne dort abgesehen, die ganz still und allein in
der Ecke spinnt. Der Oberknecht aber liegt ausgestreckt und
die Arme unter dem Kopfe auf der Ofenbank und faulenzt,

als ob es keine Arbeit mehr auf der Welt gäbe. In der Tat haben auch die Männer außer dem Versorgen des Viehes und dem allerdings sehr beschwerlichen Holz- und Heuziehen in den Bergtälern im Winter fast nichts zu tun.

Nur ein Geschäft bleibt für die Abende, womit sich gemächlich eine Reihe derselben ausfüllen läßt, nämlich das „Türkenabribbeln" oder „Türkenabmachen". Es geschieht dies auf zweierlei Art: der Arbeitende sitzt auf einem niedrigen Schemel und hat ein Stargefäß mit einem darüber genagelten Eisenstab vor sich; an diesem werden die Maiskolben, die in einem Korbe daneben stehen, gerieben, daß die losgebrochenen Körner in das Gefäß fallen. Oft benutzt man dazu auch ein Holzstück von einem Drittelmeter Länge und 7—8 Zentimeter Breite, das mit vielen eisernen Zähnen versehen ist. Dieses wird im schiefen Winkel in das Stargefäß gestellt, die Kolben an beiden Enden gepackt und so abgerieben. Die letztere Art des „Abmachens" kommt häufiger bei Leuten vor, welche weniger Türken und daher auch weniger Stargefäße haben, da man solche mit den Eisenstäben zum Messen nicht gebrauchen kann. Daneben ist gewöhnlich einer der Burschen oder Knechte mit „Hülsenzupfen" beschäftigt, d. h. er zieht die Hülsen (Flitschen) von den Maiskolben weg und gibt letztere dann dem Zweiten zum „Abribbeln". Diese Arbeit kostet größere Anstrengung als die eben beschriebene erste, aber doch nicht so viel, daß der Betreffende nicht mitplaudern könnte.

Mehr Aufmerksamkeit erfordert schon die Arbeit des weiblichen Teiles, damit der fein gedrehte Faden säuberlich in die Spule fließe. Die zartflockigen Flachswickel, die den Schatz des Hauses an „schneeigem Lein" ahnen lassen, und das sanfte Schnurren der Räder hat immer etwas Poetisches und es darf uns nicht wundern, daß die Sage ihre lieblichsten Blütenranken darum geschlungen. Wir meinen die Sage von den „saligen Fräulein", welche Flachsbau, Gespinnst und Spinnerinnen segneten und beschützten und den fleißigen Spinnerinnen, zu denen sie in den Heimgarten kamen, Garnknäuel, die nie abnahmen, als Belohnung hinterließen.

Solch ein überirdischer Besuch und solcher Segen wird
in jetziger Zeit freilich keinem Hause mehr zu teil, obwohl
man überall mit gewisser Pietät an dem Gebrauche hängt,
vorzüglich im Oberinntal, wo an manchen Orten der Heimgarten geregelt ist, wie die „Stubete" der Vorarlberger und
Schweizer. Er gewinnt in dieser Gegend ein eigentümlich
gemütliches Gepräge durch das Kaminfeuer, welches in der
Stube brennend erhalten wird und das, weil es die einzige
Leuchte ist, welche den Raum erhellt, den Mittelpunkt des
Halbkreises bildet. An der Wand neben dem Ofen ist nämlich ein Eisenrost eingelassen, worauf man kleingespaltene
Stücke Kranewitholz (Wacholder) legt, welche beim Brennen
nicht belästigend rauchen, wohl aber einen angenehmen Geruch
verbreiten. Dies ist nicht der kleinste Vorteil, denn aus
der Glühhitze des Ofens, an dem oft die schneefeuchten Lodenjoppen der Gäste zum Trocknen hängen, verbunden mit dem
Tabakqualm und der Ausdünstung so vieler Menschen entsteht nachgerade eine so dumpfe Luft, daß sie für andere
als für Bauernnasen geradezu unerträglich sein würde. Aber
unsere Leute spüren nichts davon, es hindert ihre Kehlen
weder am Singen lustiger Schnaderhüpfln und Lieder, noch,
wenn es Zeit und Umstände mit sich bringen, am Tanzen,
ob dabei auch der Schweiß von der Stirne tropft.

Die Stimmung wird von Stunde zu Stunde erhöhter,
und wenn es dem Hausvater gar etwa einfällt, ein Fläschchen
Schnaps zu spenden, so dient dies nur dazu, die Einbildungskraft zu beflügeln und ein Hauptvergnügen des Heimgartens
zu befördern, nämlich das „Geschichtenerzählen".

Eigentlich steht dies dem „Nähndl" (Großvater) zu, der
schon durch seine Lebenserfahrung ein Recht darauf hat.
Er sitzt sonst still mit seiner Pfeife beim großen grünen
Kachelofen; wenn man aber das Gespräch auf seine Jugend,
auf die Kriegsjahre von Anno Neun lenkt, so taut er auf, sein
mattes Auge glänzt und er erzählt zum hundertsten Male
mit gleichem Feuer, wie sie die Feinde zum Lande hinaus-
gejagt haben. Doch die Versammlung will etwas Neues
hören und lauscht deshalb mit etwas mehr Interesse bald

der Erzählung eines Senners, der sein Almleben mit allen möglichen und unmöglichen Ereignissen ausschmückt, bald den Abenteuern jenes Burschen, der bei den Kaiserjägern gedient und gar viel von der Welt gesehen hat. Am liebsten aber hört man doch immer die Hexen- und Geistergeschichten, weil man dabei, obwohl man sie nicht mehr recht glaubt, doch ein gewisses angenehm aufregendes Gruseln empfindet. Mancher besitzt ein Schilderungstalent, um welches ihn ein echter wirklicher Dichter beneiden könnte. Es gibt auch tatsächlich solche unter dem Volke, wandernde Leute, die als „Geschichtenerzähler" von Dorf zu Dorf gehen und so ihren Unterhalt finden. Ein solcher Gast verleiht selbstverständlich dem Heimgarten einen besonderen Reiz.

Es sind seltsame Gestalten, wettergebräunt und etwas zerlumpt wie es das Wanderleben mit sich bringt, aber mit einem den Bauern Achtung einflößenden geistigen Ausdruck im Blick und in den Zügen. Oft betreiben sie zum Schein ein kleines Hausiergeschäft, um leichter Einlaß zu finden. Doch ist das nicht einmal nötig; ihr Schauspielertalent und ihre Menschenkenntnis läßt sie bald die richtigen Worte finden, um das anfängliche Mißtrauen in Teilnahme zu verwandeln, so daß man dem armen müden Manne gern Kost und Nachtlager gewährt. Besonders wissen sie sich bei der Bäuerin durch das Lob ihrer Kinder einzuschmeicheln.

Hat sich dann der Gesell an Speise und Trank gelabt, so läßt er wie unversehens ein Wort fallen von Jerusalem und dem heiligen Grabe, zu dem er gepilgert, oder von den Schlachten, in denen er als Soldat gekämpft. Dabei merkt er schon, was seine Zuhörer fesselt und fährt in diesem Gegenstande fort. Dann kommt er auf Rittergeschichten und Märchen, die gemeiniglich die allgemeinste Aufmerksamkeit erregen. Eine Geschichte reiht sich an die andere; wenn dem Erzähler je einmal der Faden ausgeht, so hilft ihm seine reiche Einbildungskraft und erdichtet schnell etwas Passendes dazu. Alles lauscht voll aufgeregten Entzückens. Der Geschichtenerzähler wird nun der Löwe des Tages, sein Ruf verbreitet sich durch das Dorf, in

jedem Hause wird er eingeladen und gefeiert. Er wird oft
bei dem guten Leben ganz dick und fett. Endlich nach ein
paar Wochen beginnt seine Zugkraft nachzulassen und er
schnürt wieder das Bündel, um in einem andern Orte sein
Glück zu versuchen oder, wenn es gegen den Sommer geht,
sich um irgend eine leichte Beschäftigung, Taglöhnerarbeit ɩc. zu
schauen, da das beschriebene seltsame Gewerbe nur im Winter
einträglich ist. Vorzüglich in der fröhlichen Weihnachtszeit und
bei reichen Bauern sind die Geschichtenerzähler häufige Gäste.

Daß es unter solchen Umständen Mitternacht, ja selbst
die ersten Morgenstunden schlägt, ohne daß jemand es merkt,
ist begreiflich. „Er kann es soviel schön setzen", meinen die
Leute, dann wird in der eiskalten klaren Nacht oder bei
Sturm und Gestöber der Heimweg angetreten, für manche
Burschen stundenweit. Dirnen kommen meist nur von der
Nachbarschaft oder lassen sich begleiten. In Wenns im
Oberinntal ist es der Brauch, wenn ein Mädel öfters mit
ihrem Spinnrade oder Gestrick in den Heimgarten geht, daß
ihr die Burschen irgendwo versteckt aufpassen und sie dann
mit Schellen und Rollen auf dem weitesten Wege nach Hause
begleiten. Erwischen sie aber die Dirne nicht, so ist das
für die Burschen die größte Schande. Um dieser Beschämung
zu entgehen, hat sich einmal, wie erzählt wird, ein Bursch
als Mädchen verkleidet, mit Spinnrad und Kopftuch von
seinen Kameraden durch's Dorf Gesellschaft geben lassen.

Häusliche Ereignisse.

1. Geburt und Kindstaufe.

Eines der wichtigsten bäuerlichen Familienereignisse ist
die Geburt eines Kindes und dessen Taufe. Die ganze
Hausordnung erleidet eine Störung, wenn so was im An=
zuge ist. Am Herde, wo sonst in aller Frühe die Bäuerin
in der großen Pfanne Mus rührte, steht heute die Dirn

und kocht es dem Bauern zu dick und den Knechten zu dünn. Dann bemüht sie sich, den Hühnern zur Fütterung zu locken; die aber wollen der ungewohnten Stimme nicht folgen. Sie ist recht froh, daß später eine Nachbarin kommt und ihr in der Küche und im Haus an die Hand geht. Auf der Herdbank sitzt ganz verschüchtert das kleinste Bübl und nagt mit tränenden Augen an einem Stück Weißbrot, mit dem man ihm den Mund verstopft, als es schreiend zur Mutter verlangte. Kurz, jeder Eintretende merkt gleich, daß im Hause etwas Ungewöhnliches „los" ist, wenn er aber fragt, so bekommt er die Antwort! „Es ist halt der Ofen eingebrochen!" — oder: „Es gibt Groigg'n (Fettgraupen) ab."

Unterdessen ist ein Besuch gekommen, eine ältere stattliche Weibsperson, mit einem Körbchen am Arme, die im Bewußtsein ihrer Würde flüchtig grüßt und schnell ins obere Stockwerk zum Zimmer der Wöchnerin eilt. Das ist die Hebamme des Ortes. Meistens wird sie von der Gemeinde angestellt und bezahlt und hat einen bestimmten Bezirk zu versehen. Allerdings kann es zutreffen, daß sie nicht zu Hause ist, wenn man sie holt, oder noch häufiger, daß sie auf weit entlegenen Höfen zu spät anlangt. In solchen Fällen helfen die Nachbarweiber einander, so gut es eben geht. Man ruft eine zu Hilfe, die schon älter ist und Erfahrung hat, oder man schickt um die Mutter der Entbindenden. Die Hebamme bleibt nur so lang, bis das Wichtigste vorüber ist, die weitere Pflege der Mutter und des Neugeborenen, das sogenannte „Auswarten", übernimmt eine Wärterin — im Unterinntal „B'secherin" genannt, meistens wohl eine Schwester oder Verwandte der Wöchnerin. Arme und kräftig angelegte Weiber nehmen es nicht heikel, essen nach Belieben und stehen schon ein paar Tage nach der Entbindung auf, um wieder zu arbeiten, als ob nichts geschehen wäre. Es schadet ihnen auch selten, wenigstens nicht für den Augenblick. In der Regel aber wird die Wöchnerin, vorzüglich die wohlhabende, sorglich behütet.

Zwar mit der Enthaltsamkeit wird es nicht allzustreng genommen — der Magen einer Bäuerin ist ja gewohnt an

grobe und fette Kost — desto mehr aber sorgt man, daß keine
Hexe, kein Vermeinen und Beschreien der Mutter und dem Kinde
Unheil bringe, weil man glaubt, bis letzteres getauft und
erstere „hervorgesegnet" ist, habe der böse Feind besondere
Gewalt über sie. Vor allem muß der Besen umgekehrt auf
den Boden gestellt werden, damit die Hexe darauf sitzen
könne und dem Kinde nichts zu leide tue. Nie darf dieses
oder die Wöchnerin allein gelassen werden, am allerwenigsten
nach dem Gebetläuten und nachts, wo stets jemand in der
Wohnstube wacht. Die Speisen, welche selbe bekommt, sollen
nicht der freien Luft ausgesetzt sein, sie darf den Ehering
nicht ausziehen und muß ihr Kind morgens und abends
wohl segnen, sonst findet sie statt dessen einen Wechselbalg
in der Wiege. Früher war es im Zillertal Brauch, daß
täglich ein Weib mit einer brennenden Kerze dreimal um
die Bettstätte herumging und dann in der Mitte stehen blieb,
worauf die Anwesenden die Kerze auslöschen mußten. Jeden=
falls ließen sich die Wöchnerinnen der „guten alten Zeit"
nichts abgehen, wie man aus den Schriften des berühmten
Haller Arztes Guarinoni ersehen kann, der sich gegen die
schwelgerischen Mahlzeiten der damaligen „Kindbetterinnen"
sehr ereifert. Wenn wir diese Speisezettel lesen, so begreifen
wir kaum, wie die ehrsamen Frauen dies ohne Schaden
zu sich nehmen konnten, aber der Zweifel würde verschwinden,
wenn wir beobachten könnten, was eine reiche Bäuerin noch
heute in dieser Beziehung leistet.

Mit dem Säugling macht man es ebenso: Man stopft
ihn mit dickem Mehlbrei so voll, daß er sich nimmer rühren
kann, nimmt dann einen Leinwandlappen, gibt Brotkrumen
und etwas Zucker hinein, bindet ihn zu einem Kloß zusammen
und steckt diesen als „Schnuller" dem Kinde in den Mund,
daß es keinen Laut mehr hervorbringt. Nur zu häufig wird
dieser „Schnuller" noch zum Überfluß in Branntwein ge=
tunkt, um seine beruhigende und kräftigende Wirkung zu
verstärken. Damit glaubt man dem armen Wurm nicht
wehe zu tun; dagegen fürchtet man in lächerlicher Weise
den „bösen Blick". Niemand darf das Kind anschauen oder

gar loben, ohne dazu zu setzen: „Gott behüt's, denn sonst wird es „vermeint", bekommt das „Nachtg'schrei" und weiß Gott was noch für Übel. Mehrere Seiten wären erforderlich, um alle Vorschriften und Aberglauben aufzuzählen, aus denen man das Schicksal des Neugeborenen deuten zu können glaubt.

Mit der Taufe wartet man nicht lange, weil man fürchtet, daß das Kind ungetauft sterben könnte. Scheint es nun einigermaßen schwächlich, so gibt ihm schon für alle Fälle die Hebamme die Nottaufe, damit es ja „der Teufel nicht kriegt". Man betrachtet es als großes Unglück, wenn ein Kind tot zur Welt kommt. In früheren Zeiten herrschte deshalb die Sitte, daß totgeborene Kinder, um selbe wo möglich des hl. Sakramentes der Taufe teilhaftig zu machen, nicht selten an Wallfahrtsorte, zu denen das Volk besonderes Zutrauen hatte, von vertrauten Personen hingetragen wurden, wo man sie vor dem Gnadenbilde niederlegte und unter fortwährendem Gebete und Reibungen auf irgend ein Lebenszeichen wartete, um dann schleunigst „bedingungsweise" die heilige Taufe zu spenden. Ein merkwürdiges Beispiel davon liefert das Taufbuch der Pfarre N. bei Kufstein, welches vom Jahre 1734 vorstehenden Fall berichtet: „Am 19. November ist ein totgeborenes Kind des N. N., Bauersmann am Purger Gut, welches nach Wunsch der Eltern nach Irschenberg (bei Aibling in Bayern) getragen und dort beim Altare vor dem Kruzifixbilde eine Stunde lang ausgesetzt worden, bis man endlich ein Lebenszeichen entdeckt, (indem die blasse Farbe des Angesichtes sich in eine rote verwandelte), unter Beobachtung der gebotenen Satzungen bedingungsweise getauft und hierauf im Gottesacker vorschriftmäßig begraben worden. Solches bezeugt der Hochw. P. Bernard Gadinger, Professor im kaiserl. Kollegium zu Irschenberg." Noch im Jahre 1872 kam zu Mölten im Dekanate Bozen ein ähnlicher Fall vor, der in den tirolischen Zeitungen besprochen wurde und den blödesten Aberglauben zutage förderte. Derartige Wallfahrtsorte und Gnadenbilder, von denen das Volk glaubte und wahrscheinlich noch glaubt, daß bei ihnen niedergelegte totgeborene Kinder auf einige Augenblicke zum Leben

erweckt werden könnten, sind in Tirol Trens bei Sterzing, das
Vesperbild in der Pfarrkirche zu Brixen und das marianische
Gnadenbild in der Pfarrkirche zu Münster bei Rattenberg.[1]

Die Taufe geschieht entweder in der Kirche oder zu
Hause. Ist das erstere der Fall, so holt man den „Gevatter"
oder die „Gevatterin", auch die nächste Nachbarin, welche
das Kind zur Taufe tragen soll. In Oberinntal trägt es
die Großmutter, wenn sie noch kräftig genug ist. Man hüllt
es dazu in feine Windeln, legt es auf ein schönes „Polster=
kiß" und deckt es mit weiß-roten gestickten und mit Spitzen
besetzten Tüchern zu. So nimmt es die Trägerin auf den
Arm, neben ihr geht die Hebamme und der Pate oder die
Patin („Göth", „Gothel"). Auch die Taufkerze nimmt man
mit, eine dicke Wachskerze, die am Lichtmeßfeste geweiht
wurde und bei Taufen, Versehgängen sowie Todfällen brennt.

Ist der Weg weit und ein Fuhrwerk bei der Hand,
so pflegt man wohl zu fahren, im Winter natürlich auf
Schlitten.

Die Taufe geschieht in der Mutterkirche oder im Pfarrhofe.
Nach derselben führt der „Göth" die Gesellschaft, zu
der sich auch der Pfarrer und der Meßner gesellen, ins Gast=
haus und läßt auf seine Rechnung Speisen und Wein bringen.
Da wird getrunken und gegessen, bis die Hebamme und die
Trägerin den Gevatter zur Heimkehr mahnen. Es geht oft
sehr lustig her bei diesem Tauftrunk; vor nicht langer Zeit
soll es sogar einmal vorgekommen sein, daß bei der fröh=
lichen Heimfahrt der Täufling unbemerkt aus dem Schlitten
glitt. Erst beim Aussteigen gewahrte man den Verlust und fand,
als man den Verlorenen suchen ging, denselben auf halbem
Wege unversehrt im Schnee liegen. Die Zurückkehrenden werden
bisweilen mit Böllerschüssen empfangen, drei verkünden, daß
ein Sohn, zwei, daß ein Mädchen getauft worden sei.

Zu Hause steht ein zweites Mahl bereit, aus Kücheln,
Krapfen u. s. w., bestehend. Man setzt sich also noch einmal

---

[1] Man vergl. darüber Ludw. Rapp, (Ferdinandeumszeit=
schrift. III. Folge. 24. Heft. S. 33 ff.).

zu Tische, ißt und trinkt und plaudert, bis sich der Gevatter endlich zum Gehen anschickt. Zuvor besucht dieser noch die Wöchnerin in der Kammer, wünscht ihr Gottes Segen und Gesundheit, tritt dann zum Kinde, das wieder ruhig neben der Mutter schlummert, und legt ihm das Patengeschenk, gewöhnlich ein Geldstück, das sogenannte „Fatschengeld" auf die Wiege. Arme geben nur einen neuen Zwanziger, das Gewöhnliche aber ist ein Stück altes Geld, ein Frauentaler oder ein Kronentaler. Reiche spenden auch ein silbernes Eßbesteck, oft von bedeutendem Werte. Knauserig will bei der Gelegenheit niemand erscheinen. Die Hebamme bekommt ebenfalls Geschenke, vom Vater des Kindes und wohl auch vom Paten. An manchen Orten erhält sie vom Bauern eine Viertel Metze Korn. Der Pfarrer und Meßner werden mit einer bestimmten Taxe bezahlt. — Häufig ist die Taufe im Hause selbst, besonders bei Wohlhabenden oder wenn das Kind schwächlich ist, oder wenn es überhaupt der Ortsgebrauch so will. Dann kommt der Pfarrer mit dem Meßner ins Haus und vollzieht da die Zeremonie. Selbstverständlich ist der Taufschmaus in der Stube ebenso splendid und feierlich, als sonst im Wirtshause.

Ein wichtiges Kapitel bei der Taufe ist die Namengebung. Den ersten Buben nennt man gewöhnlich nach dem Vater, den zweiten nach dem Großvater; die Mädeln nach Mutter und Großmutter. Für die späteren Kinder wählt man die Namen von Bekannten und „großen Heiligen", vor allem einen Hans, einen Josef, eine Maria und eine Anna, wenn nicht bereits die Erstgeborenen so heißen. Die Stubaier sagen: Chrusta (Christian), Mucha (Michael) und Honsa (Hans) sind die drei „stärksten" Namen. Doch darf man nie „zurücktaufen", d. h. keinen Namen wählen, dessen Jahrestag im Kalender schon vorüber ist, wohl aber den „Heiligen mitnehmen", d. h. dem Kinde jenen Namen geben, der für den Tauftag im Kalender steht. Häufig wird auch der Name des Gevatters und der Gevatterin erkoren.

Sind einige Tage nach der Taufe vorüber und hat sich die Wöchnerin etwas erholt, so gehen Verwandte und

Bekannte zu ihr „ins Weisat", d. h. sie machen ihr einen Besuch und bringen in einem Korbe Geschenke mit oder wie man sagt, sie „weisen ihr" Wein, Schnaps, weißes Brot, Kaffee, Zucker, Eier, Butter, Kalbfleisch, Hennen, Krapfen u. dgl. In Imst sind nur diejenigen dazu verpflichtet, die zur Hochzeit geladen waren, und auch diese nur bei der Geburt des ersten Kindes; man betrachtet dort das „Weisat" als Dank für das Hochzeitsmahl. Weiter reichen die Verpflichtungen der Paten. Man nimmt es auf dem Lande sehr streng mit dieser „geistlichen Verwandtschaft" und erhält die Beziehung zwischen dem Paten und dem Patenkinde zeitlebens aufrecht. Sobald das Kind zwei Jahre alt ist, bekommt es zu wiederkehrenden Festen „Gothelgeschenke", so zu Ostern Fochazbrot oder einen Bretzen und Ostereier, zu Allerheiligen weißes und mürbes Brot in eigener Form, die Buben als Hasen, die Mädchen als Hennen, dann Äpfel, Birnen, Backwerk ꝛc. Zu solchen Zeiten sieht man auf allen Gassen und Straßen diese „Gothlkinder" herumgehen mit ihrem Gebäck am Arme.

Der erste Ausgang der Wöchnerin ist stets in die Kirche, wo sie der Pfarrer „hervor- oder aufsegnet". Keine würde sich getrauen, dieser frommen Sitte entgegen zu handeln, denn man will wissen, daß schon manche, die es gewagt hat, zuvor einen anderen Gang zu machen, spurlos verschwunden sei. Die „Hervor- oder Aufsegnung" soll nicht über den vierzehnten Tag nach der Niederkunft verschoben werden; doch vermeidet man im Oberinntal den Mittwoch und Freitag hiezu. Die Amme trägt bei diesem ersten Ausgang das Kind und zwar geht sie stets vor der Mutter einher, weil sich diese sonst fürchtet, „verzückt" (entrückt) zu werden.

2. Die Stör.

Auf dem Lande herrscht, wenn auch nicht mehr so allgemein wie früher, der Gebrauch, Handwerker mit ihrem Gerät ins Haus zu bestellen, wo sie für Kost und einen angemessenen Taglohn die bestimmte Arbeit verrichten. Sie kommt auf diese Weise den Bauern viel billiger zu stehen, da er den Stoff für Kleidung und Beschuhung, das Holz für Tischlerarbeiten ꝛc. selbst im Hause hat. Man nennt diese Einrichtung „auf die Stear (Stör) nehmen", welcher Name sprachlich noch nicht ganz sicher erklärt ist. Wahrscheinlich hängt er mit dem gebräuchlichen Zeitwort stören, das auch die Bedeutung von „unbefugt ein Handwerk treiben" hat, zusammen. Diese bäuerliche und zum Teil auch städtische Arbeitsaushilfe ist jedenfalls sehr alt und findet sich vorzüglich im bajuwarischen Gebiete, in Oberbayern, Salzburg und Tirol.

So sagt schon Hans Sachs 1559 in seinem pikanten Schwank „die pewrin (Bäuerin) mit der dicken millich (Milch)":

> „Als ich meim Handwerk nach thet wandern,
> Von einem Lande zu dem andern
> Kam ich gen Schwatz in das Jnnthal
> Do im bergkwerg ein grose zal
> Ertzknappen arbeitn tag und nacht.
> Ich wurd zu eim meyster einbracht,
> Der sonst noch ein gesellen het,
> Mit dem auff der stör arbeitn thet,
> Wie denn der Brauch ist in dem landt,
> Doch bey uns hie gar unbekannt."

Aber auch in der Schweiz und in anderen alamannischen Gegenden kam sie schon lange Zeit vor, wie wir aus Pictorius (1561) wissen. Die „Stör" trifft man fast bei allen Handwerkern, gewöhnlich aber ist es der Schneider, Schuster und Weber, den man ins Haus kommen läßt. Meistens verlegt man solche Arbeiten auf den Herbst, für manche Geschäfte taugt jedoch der Frühling besser, z. B. für den Wagner und „Kummeter" (Kummetmacher), der die Geräte für die nahende Sommerzeit in Stand setzen soll. Der tiefe Winter eignet sich weniger, weil die Tage zu kurz sind und im Sommer schickt es sich nicht wohl wegen der drängenden Feldarbeit.

Ist nun irgend ein Handwerker für den folgenden Tag angesagt, so sorgt die Bäuerin schon am Vorabend, daß

Küche und Keller wohl bestellt sei, um den Gast, der für ein paar Tage in ihrem Hause weilen soll, ordentlich bewirten zu können. Man sieht es gerne, wenn er mit gutem Appetit ißt; dann meint man, könne er auch flinke und genaue Arbeit liefern. Die Leute kommen schon in aller Frühe, um 5 oder 6 Uhr. Da klopft es an die Haustür und der Bauer eilt den Riegel wegzuschieben. Nun tritt der Schneider herein mit der Scheere in der Hand und den Ellenstab an der Seite, oder der Weber mit dem Webstuhl, der Schuster mit seiner Werkzeugtruhe auf dem Rücken, der Zimmermann mit dem Beil oder der Tischler mit einem Paar Hobel, mit der Säge und dem Richtscheite. Mit freundlichem Gruß wird der Ankömmling in die Stube geleitet, wo er seinen „Arbeitsplunder" auf den Eßtisch legt, dort ausbreitet und sich sofort an die Arbeit macht. Unterdessen hat die Hausfrau den Morgenimbiß bereitet, eine Brennsuppe und ein schmalziges „Türkenmus" und bringt nun beides herein, damit sich der Mann für sein Tagwerk stärke. Die Hausleute, besonders aber der Bauer, bleiben gern in der Stube und leisten ihm Gesellschaft, einerseits als Aufsicht, andererseits zur Unterhaltung, da es sich mit dem Meister Schuster oder Schneider recht angenehm „heimgarten" läßt. Um 9 Uhr bringt die Bäuerin einen zweiten Imbiß, ein Glas Kirschbranntwein, Käse und Brot und einen Teller voll frischgeschlagener Butter mit goldgelbem Honig übergossen. Das Mittagessen besteht aus gerösteten Erdäpfeln mit Milch und schmalzigen Nudeln. Die „Marend" (Jause) bilden „Milch und Brocken, Käse und Brot", das Nachtessen, das um 7 Uhr, und zwar ebenfalls gemeinschaftlich eingenommen wird, besteht aus „gedämpften" Erdäpfeln mit Milch und einer schmalzigen Mehlspeise, oder aus einem „Türkenmus". So lautet wenigstens die Speiseordnung im Oberinntale, wo das „in die Stear gehen" noch am meisten im Schwange ist; an anderen Orten mag die Kost nach dem Talbrauche etwas verändert sein.

Nach dem Nachtessen wird es erst gemütlich. Da kommen von da und dort Nachbarsleute in den „Heimgarten", die verschiedene Neuigkeiten zu berichten wissen, so daß sich die „Stör" fast zu einer Belustigung gestaltet. Der Handwerksmann gewinnt dabei neue Kundschaften, mit denen er schnell das Nötige vereinbart. Um 8 Uhr macht er gewöhnlich Feierabend, leert noch ein Gläschen Kirschengeist, das ihm die Hausfrau zum Schlaftrunk bringt, und packt dann sein Werkzeug zusammen. Ist die Arbeit vollendet, so zahlt ihm der Bauer den ausbedungenen Lohn und er nimmt Abschied.

In neuester Zeit sind die „Stören" nicht mehr so allgemein im Gebrauche, wie früher. Meister Weber kommt fast nirgends mehr ins Haus und selten tönt aus einer Bauernstube das einförmige Geräusch des Webstuhles, von dem der Spottvers singt:

„Weber wump, wump,
Hat's Hösl weit unt" ꝛc.

Anstatt wie ehemals den dauerhaften „Duxer" zu Hause weben und schneidern zu lassen, verkauft der Bauer jetzt lieber die Wolle in der Stadt, weil er das Geld zum Steuerzahlen braucht. Seit die Eisenbahnen das Land durchziehen, ist die Entfernung der vorher abgeschlossenen Gebirgstäler nicht mehr so groß und der Besuch der Städte sehr erleichtert. Während man einst diese „Thölberer" (Talbewohner) mit ihren altertümlichen Trachten fast nur an großen Markttagen an so einem Mittelpunkte sehen konnte, wimmeln jetzt an Sonn- und sogenannten Bauernfeiertagen die Gasthäuser und Café's zweiten Ranges von Landvolk, das sich da freier und ungezwungener fühlt, als daheim. Bei solchen Gelegenheiten werden auch Einkäufe gemacht und in eigenen „Bauernläden", die mit ihren Waren auf die niedrige Volksklasse rechnen, Stoffe erhandelt, die zwar wohlfeil und hübsch zum Ansehen, aber nicht halb so haltbar sind als vormals selbstgewirkter Loden. Häufig kauft man auch auf Märkten oder von einem der Hausierer, die mit ihren hochbepackten „Kraxen" die Täler durchwandern. Diese Stoffe verarbeitet dann der Schneider „auf der Stör" zu

„Janker" (Jacke) und Hosen für die männlichen Hausbewohner. Ähnlich verhält es sich mit der weiblichen Bekleidung. Die Näherin, welche ebenfalls noch im Hause arbeitet, macht nicht mehr die altbäuerischen oft kunstvoll verzierten Mieder, die verbrämten Röcke oder gar Wilflinge (Faltenkittel) für Bäuerin und Dirnen, sondern aus den verschiedenen Stoffen des Kaufladens ganze Anzüge, denen sie mehr und mehr den städtischen Zuschnitt zu geben weiß. Die „27-Kreuzerbazare", die sich in neuester Zeit sogar in Gebirgsstädten eingerichtet haben, zählen die Bauern zu ihren besten Kunden.

Am getreuesten hält noch der Bauernschuster am Alten. „Treteware" wie das Volk die Trottoirs, (Randwege oder Bürgersteige) heißt, gibt es keine auf dem Dorfe, darum macht er auch die Schuhe nach gutem alten Brauche, plump und schwer, und nagelt wahre Pfundsohlen mit großen Flügelnägeln daran. Hiezu gibt der Bauer die Rindshaut selber her und läßt sie beim Gerber zubereiten. Solche Schuhe halten freilich das ganze Jahr aus in allem Koth und Schneewasser. Gegen letzteres werden sie mit Pech und Schweinefett eingeschmiert. Mit einer derartigen Fußbekleidung kann man sich allerdings zu den Festkleidern am Sonntag nicht sehen lassen; für diesen Zweck wird sie daher eigens und besonders für die weiblichen Kunden feiner gemacht. Der Störschuster schneidet gewöhnlich aus starkem Leder auch die Riemen, die man für die Pferdegeschirre ꝛc. braucht.

---

3. Die Kirchfahrt.

Der alte fromme Brauch der Wallfahrten ist in Tirol noch sehr im Schwange. Die Anlässe dazu sind verschieden, wie am besten eine Musterung der wunderlichen Votivtafeln und Wachsfiguren zeigt, die an besuchten Wallfahrtsorten aufgehängt sind. Meistens ist es ein Anliegen, für das man durch die auf weitem beschwerlichen Wege ausgestandenen Mühen und das Gebet vor dem Gnadenbilde

Hilfe hofft, z. B. bei Krankheiten der Menschen und des Viehes, bei Mißwachs, unglücklicher Ehe, Unfruchtbarkeit, kurz in allen leiblichen und geistigen Nöten. Oft tut man in schwerer Zeit das Gelübde, bei glücklichem Ausgange eine Wallfahrt zu unternehmen, die man sodann gewissenhaft ausführt, oder es ist freiwilliger Dank für besonderen himmlischen Segen. Wenn z. B. eine drohende Gefahr, ein Hagelwetter, die schwere Krankheit eines Hausgenossen, eine Geburt u. dgl. glücklich vorbeigegangen, wenn ein wertvolles Stück Vieh geheilt worden oder wenn es eine reiche Ernte gegeben, so beschließt man eine Wallfahrt zu „unserer Lieben Frau" von Absam oder von Trens oder zu einer andern „vürnehmen" Muttergottes.

Jedes Alpenland besitzt ja mehrere berühmte Wallfahrtsorte. So hat Kärnten das Glocknerbehütete Heiligenblut, den Ursula=Magdalena= und Luschariberg, Steiermark das berühmte Maria=Zell, die Schweiz ihr Maria=Einsiedeln. Am meisten ist selbstverständlich Tirol mit Wallfahrtsorten gesegnet, deren es eine ganze Unzahl gibt. Fast jedes Tal weist deren eine oder mehrere auf. Ich erinnere nur außer den genannten an Eben, Absam, Georgenberg, Mariastein, Judenstein im Unterinntal, Kronburg und Kaltenbrunn im Oberinntal, Waldrast und Säben= im Wipp= und Eisaktal, an das hochgelegene Weißenstein am Fuße des Jochgrimm im Etschtal, an Tschars in Vinschgau, St. Martin in Passeier u. s. w. Die meisten dieser besuchten Zufluchtsorte sind Maria geweiht.

Man denkt sich die betreffenden Gnadenbilder ganz persönlich und unterscheidet förmliche „Muttergottesinstanzen". Wenn diese nicht hilft, so wandert man zu einer andern, die noch „höher" ist, d. h. noch mehr Wunder aufzuweisen hat. Man wallfahrtet aber auch zu „unserm Herrn im Elend", „zum heiligen Blut" und zu verschiedenen Heiligen, deren „heiliger Leib" — Gerippe in Gold und Edelsteine gefaßt — in einem Glasschrein auf dem Altare steht. Der Bauer wählt sich gern einen besonderen Schutzpatron oder „eine Muttergottes", die er vor allen andern verehrt, weil er meint, es sei, wie bei den irdischen, auch bei den himmlischen Gönnern besser, einem seine vorzügliche Huldigung zu erweisen, als bei allen „herumzuscherwenzeln". So war auf einem Altarblatt der Kirche in Untermais bei Meran zu lesen: „O heiliger St. Leonhard, Du großer Viehpatron, bitt' für uns arme Maiser!"

Zur Wallfahrt wählt man meistens Feiertage, wenn möglich zwei oder mehrere zusammentreffende, was bei den vielen Bauernfeiertagen nicht schwer ist, so z. B. Pfingsten, Jakobi, Frauentage u. s. w. Man schnürt also sein Päckchen — Packla nennt es der Oberinntaler — ein farbiges Baumwolltüchlein, in dem sich mancherlei Wegzehrung befindet: „Brennig" (Brennmehl) zu Brennsuppe, Brot und Schmalz, manchmal auch Butter und Käse, geselchtes Schweinfleisch „Birnzelten". Wäsche hält man für überflüssig, da man nur wenige Tage ausbleibt; Geld braucht man, weil man Zehrung mit sich führt, nur sehr wenig. In grauer Morgenfrühe wird aufgebrochen. Mancher Mann und manches Weib pilgert, den Rosenkranz in der Hand, ganz allein. Wer kennt nicht das weitverbreitete Pinzgauerliedchen:

„Bettlweibl will kirchfahrten gehn,
Hei Juhsee!
Bettelmannl will aa' mitgehn,
Heirasa, Hopsasa, Heidibeldumde."

Lieber aber hat man größere Gesellschaft, oft gehen ganze Familien zusammen. Zwar mit unterhaltendem Gespräch ist es nichts; es gilt ja einen Weg der Frömmigkeit und Buße zu machen. Deshalb wird unterwegs der Rosenkranz gebetet, einer oder gar mehrere oder gar ein paar endlose Psalter (ein Psalter enthält drei Rosenkränze), so daß die Zunge am Gaumen klebt. Da betet sich's doch abwechselnd besser; je länger man schon gegangen, desto gedankenloser leiert die Lippe die Worte herab. Fromme Seelen sind erfinderisch in Werken der Abtötung. Als besonders verdienstlich wird das Gelübde gerühmt, Erbsen in die Schuhe zu legen, was aber wohl niemand zustande bringen wird, der es nicht machen will wie jenes pfiffige Weib, von dem der Volkswitz erzählt, daß sie die Erbsen zuvor — gesotten habe.

Die Oberinntaler benützen auf ihren Wallfahrten ins Unterland gewöhnlich die Flösse auf dem Inn, die sie bei Mötz oder Telfs besteigen. „Bist oo' (auch) af'n Fleaßle ocha g'rutscht?" ruft einer dem anderen zu, wenn sie sich irgendwo treffen. Untertags lebt man von Brot, Butter, Käse und Wasser, abends findet man Küche und Nachtlager bei freundlichen Bauern. Man schläft auf dem Heu, Männer und Weiber, Buben und Mädeln zwanglos neben einander. In der Frühe geht es wieder weiter. Zu den oben erwähnten Festzeiten kann man auf Landstraßen und Wegen häufig solchen Wallfahrern begegnen, einzelnen und ganzen Zügen. Am öftesten sieht man ältere Weibspersonen. Diese wallfahrten nämlich selten für eigenes Seelenheil, als für andere. Denn wer selbst nicht Muße und Gelegenheit zu einem solchen Bußgang hat, und doch die Gnaden desselben nicht missen will, betraut eine andere Person damit und zahlt ihr für Gebet und Mühe einen entsprechenden Lohn. Meistens geben sich ältere Weibsleute dazu her, die keine dauernde Beschäftigung haben. Ich kannte eine, die sogenannte Wallahrtskathl, die stand sich ganz gut dabei. —

Es gibt ein eigenartiges Bild, wenn so ein Wallfahrtszug an uns vorüberzieht. Ein jedes trägt ein Päcklein an dem Arme oder den Ranzen auf dem Rücken, die Gesichter sind meist schweißgebadet, die bloßen Füße staubbedeckt und wund, so daß ein altes Mütterchen, das hinterdrein hinkt, fast nicht mehr nachkommen kann. Dennoch beten alle mit lauter Stimme ihr: „Gegrüßt seist Du Maria". Hermann von Gilm hat in einem Gedichte mit wenigen Strichen ein treffliches Genrebildchen eines solchen Wallfahrerzuges entworfen:

       Berg hinan die Waller klimmen
       Zu der Jungfrau voller Gnaden,
       Zu den Geigen der Cicaden
       Singen laute Männerstimmen:

„Wende Jungfrau die Gefahren
Ab von uns und unsern Herden
Und laß unsre Kinder werden
Stark wie unsre Väter waren."

„Unser Reichtum liegt im Freien,
Liegt nicht unter Schloß und Riegel,
Laß das Gras auf Berg und Hügel
Und das Korn im Tal gedeihen."

„Laß auch nicht in fremde Hände
Fallen unsres Landes Krone
Und erfleh' von Deinem Sohne
Allen uns ein selig Ende."

Noch interessanter und malerischer sind die Wallfahrerzüge in Kärnten und Steiermark, besonders wenn slovenische Pilgerscharen in ihrer bunten Tracht und mit ihren tiefergreifenden wohllautenden Chorgesängen zu den berühmten Wallfahrtsorten z. B. Ursulaberg und Luschariberg ziehen.

Gelangen die Wallfahrer endlich an's Ziel, dann stärken sie sich von der Reise und verrichten vor dem Gnadenbilde ihre Andacht, zu der gewöhnlich auch eine Generalbeichte gehört. Sie müssen daher zur Kommunion bis zum Morgen des folgenden Tages bleiben.

Hat die Wallfahrt Erfolg, so ist es Sitte, zum dankbaren Gedächtnis an das erhörte Gebet eine Ex voto-Tafel oder ein Bildwerk, kurz ein auf die Rettung bezügliches Denkzeichen aufzuhängen. Der von einem Fußleiden Geheilte opfert eine Krücke, der Bauer, dem sein erkranktes Vieh gesundete, hängt eine Pferd- oder Kuhfigur aus rotem Wachs an die Wand, da baumeln zwei wächserne Wickelkinder, dort ein hochrotes, feuersprühendes Herz, das ein erhörtes liebendes Mädchen geopfert; immerhin sind oft solche Wallfahrtsorte wahre Museen der wunderlichsten Art und bieten besonders dem Trachtensammler und Sittenforscher viel Anregung. So findet man auch häufig wächserne Kröten aufgehängt. Solche rühren von geheilten hysterischen Bauernweibern her. Man denkt sich nämlich allgemein im Volke die Gebärmutter als Kröte, die oft bis zum Hals herauf steige. Zum Danke für erfahrene Heilung wird dann das Andenken geopfert.[1]

Zum Schluß mag noch als Seltsamkeit bemerkt werden, daß sich auch Votivbilder von Tieren mit darauf bezüglichen Inschriften finden, wobei die vierbeinigen Spender selbstredend eingeführt werden. So heißt es auf einem Votivbild, das sich auf dem Blasienberg bei Völs befindet, wörtlich: „Uns Beiden (nämlich Kuh und Kalb) ist durch die Fürbitte des hl. Blasius geholfen worden."

Die Übergabe des „Heimatls".

Der Oberhuber Hans, der lustigste Bursch im Dorf, ist schon seit langer Zeit kaum mehr zu kennen. Er „red't nichts und deutet nichts", geht mißmutig an die Arbeit, kurz ist ein ganz anderer Mensch. Er weiß auch warum! Und die saubere Lise, die Tochter vom Holerbauern im obern Dorf, die weiß es noch viel besser. Auch die Nachbarn wissen's, sonst würden sie nicht die Köpfe so bedeutungsvoll zusammenstecken, wenn das Mädel gesenkten Kopfes zur Kirche geht. Natürlich, wenn man sich einmal drei Jahre kennt, muß man entweder zusammen oder auseinander, sagt das Sprichwort, weiß der Himmel, was sonst „herauswachst". Der Hans und die Lise kennen sich aber — daß Gott erbarm — schon über sieben Jahre. Was Wunder, daß es den Hans denken macht und, wenn er noch vorigen Herbst lustig gesungen hat:

> D' Haselnussen sein zeitig,
> Es klappern die Kern',
> Und 's Diandl sagt no' nöt ja,
> Möcht' narrisch grad wer'n.

---

[1] Man vergleiche über diesen Gegenstand das treffliche Werk von Richard Andree: Votive und Weihegaben des katholischen Volks.

so ist er jetzt stumm wie ein Fisch. Aber wenn der alte
Vater im Tennen etwas zu „schaffen" (befehlen) hat, dann
ist gewiß der Hans nicht gar weit und singt:

> Vater, wenn (wann) gibst mer denn 's Hoamatl,
> Vater, wenn tust mer's verschreib'n,
> 's Diandl wachst auf als wie's Groamatl,[1]
> Ledig will's aa' nimmer bleib'n.

Aber der Vater hat dicke Ohren und er — weiß auch warum.

Die Abtretung des „Heimatls" oder „Gütels" bildet
einen der wichtigsten Abschnitte im bäuerlichen Familienleben.
Es ist kein bloß äußerlicher Vorgang, wenigstens in der Regel
nicht, sondern er bedeutet häufig die Änderung des ganzen
bisherigen Hausstandes, vom Kühbuben angefangen bis zum
Bauern, der bisher „Schaffer" im Hause war. Von der
Stunde an, in welcher der Sohn das „Regiment" übernimmt,
hat die Herrschaft des „Alten" und der „Alten" vollständig
aufgehört und an ihre Stelle tritt die des jungen Bauern
und gewöhnlich seines neuangetrauten oder anzutrauenden
Weibes, denn Abtretung des Gutes und Hochzeit die hängen
zusammen wie Rad und Wagen. „Übergeben — Nimmer-
leben" heißt das bäuerliche Sprichwort. Das weiß der
Bauer zu gut schon von seinem Vater her, deshalb entschließt
er sich so schwer zu diesem Schritte und zieht die heikle
Sache so lange als möglich hinaus.

Aber endlich muß er doch daran.

Er fängt daher vorerst an, sich die Geschichte langsam
zu überlegen und wenn er in den Anger geht, so wirft er
öfter als sonst einen bedeutungsvollen Blick auf das „Zuhäusl"[2], das inmitten der Fruchtbäume steht und zuletzt
seinen Vater beherbergt hat. Verlauten läßt er nichts, aber
von den Nachbarn, bei denen er abends im Wirtshause sitzt,
muß er manches Wort hören, das er sich hinter die Ohren
schreibt. „Ja was ist's denn, Klammer" — das ist sein
Hausname — „Laß'st dir denn nit bald vom Bua die alten

---

[1] Grünmahd, zweites Gras.
[2] Auch Ausnahmhäusl genannt.

Eisen ab'r reißen?¹ Bist ja schon alt und schwach, daß d' kaum mehr 's Gatter derhebst. Mußt nit so geizig sein." Und so fort. Er lacht zwar zu solchen Stichelreden, innerlich wurmt es ihn aber doch. Kommt er dann zu seiner Alten, so sprechen die Beiden vor dem Einschlafen noch manch' ernstes Wörtchen, und die Mutter, die in die Herzensangelegenheit ihres Buben besser eingeweiht ist, als der Vater, meint auch, es wäre nun an der Zeit, den Handel in Richtigkeit zu bringen. Der Alte macht ein paar tiefe Schnaufer, die wie Seufzer aus der Brust kommen, dann legt er sich mit einem Ruck auf's andere Ohr.

Am nächsten Morgen aber geht er in den Anger, wo das „Zuhäusl" steht, und kramt in dem alten, zerlatterten Gerümpel, das rings liegt, herum. Natürlich, wenn so lange niemand darin gehaust, wird so ein altes Bauwerk freilich schadhaft. Sonst ist es aber noch ganz wohnlich und braucht nur ausgeräumt und ein bißchen hergerichtet zu werden. Auch die Bank neben der Türe ist noch da, überschattet von den Zweigen des Birnbaumes, der sich über's Dach biegt. Ist er ja selber viele Jahre nicht mehr hineingekommen, das letzte Mal als sein alter Vater auf dem Sterbebett lag. Ein leichtes Frösteln überkommt ihn bei dem Gedanken, dann geht er wieder ins Haus zurück.

Der „Alten" ist beim Hennenfüttern das Herumkramen ihres Gespons im Anger nicht entgangen und sie hat während des Lockens der „Pullelen" (Küchlein) manchen Seitenblick auf's „Zuhäusl" geworfen. Der Hans ist ihr einziger Sohn und ihr Herzenskind. Sie weiß es auch so einzurichten, daß der „G'moan (Gemeinde)schreiber" heute abends in den Heimgart kommt und der ist gerade der Rechte. Der versteht die Sache und es braucht da keine weiteren „Spargamenteln" (Umständlichkeiten). Von nun an wird im Hause öfter über die Angelegenheit gesprochen, und es werden alle „Abmachungen" mündlich und gründlich erörtert, so daß der

---

¹ „Die alten Eisen herabreißen" ist eine in Tirol gebräuchliche Redensart für das „Gut übergeben" oder „verschreiben".

zur Entscheidung anberaumte Tag eigentlich schon alles in
Ordnung findet. Gewöhnlich wählt man hiezu einen der
Quartaltage, als Lichtmesse, Georgi, Jakobi, Galli oder sonst
einen bessern Bauernfeiertag im Spätherbst, wo schon alles
„eingebracht" ist. An diesem Tage nun versammeln sich
alle, die bei der Angelegenheit zunächst beteiligt sind, die
Eltern, nahe Verwandte, der künftige Besitzer selbst und
wohl auch jüngere Söhne und Töchter, wenn solche da sind;
ferner häufig der Gemeindevorsteher und zwei Zeugen, um
die Richtigkeit des Vertrages zu verbürgen. Als Haupt=
person betätigt sich der oben erwähnte Gemeindeschreiber,
eine Art bäuerlichen Notars, der die „Schrift" ordnungs=
mäßig „aufsetzt". Daß die ganze ehrenwerte Gesellschaft
nicht trocken sitzen bleibt, ist einleuchtend, daher sorgt die
Hausmutter für ein paar Flaschen Schnaps und für einen
schmalzigen Imbiß, wenn man es nicht vorzieht, die Ver=
sammlung ins Wirtshaus zu verlegen und beim perlenden
Roten die wichtige Sache ins Reine zu bringen.

Die Stimmung bei dieser Übergabe ist natürlich nach
den Umständen eine sehr verschiedene. Unter geregelten Ver=
hältnissen geht es ruhig und gemütlich zu, besonders fröhlich,
wenn der Sohn eine erwünschte, vorteilhafte Heirat in Aus=
sicht hat und überhaupt mit dem „Alten" „gut auskommt".
Es ist dies wohl gewöhnlich der Fall, da der älteste Sohn
schon als zukünftiger Bauer erzogen wird. Der Vater läßt
ihn im Haus und Feld, im Handel und Gewerbe, beim
Kauf und Verkauf von Vieh 2c. mehr schalten und walten,
das ganze Gesinde betrachtet im Jungen schon viel früher
den Besitzer, als er es rechtlich ist, und wer ihm schmeicheln
will, nennt ihn bereits, seit er erwachsen ist, „Bauer".
Das Normaljahr für die Übergabe eines Gutes ist das
dreißigste, doch rückt dieser Zeitpunkt oft weit darüber hinaus,
besonders wenn das Verhältnis des Sohnes zu den Eltern
etwas gespannt ist. Im gewöhnlichen Falle, den wir im
Auge haben, ist die Abtretung nicht viel mehr als ein äußer=
licher Akt, der vorzüglich, wenn der Erbe einziger Sohn ist
oder nicht gleich heiratet, im Hauswesen weiter nichts ändert.

Aber nicht immer fällt der Apfel so hübsch nahe dem Stamm, oft hat der Sohn seinen eigenen Kopf, hängt sich an eine unpassende Liebschaft, deren Folgen zur Heirat drängen. Da bleibt dem Vater freilich nichts anderes übrig, als dem unbedachtsamen Stammhalter das Heimatl zu übergeben, aber er macht ein gar langes Gesicht dazu und der Bursche weiß auch nicht, soll er trotzig dreinblicken oder beschämt die Augen niederschlagen.

Die Abmachungen, die im Kreise gepflogen werden, sind, so einfach sie dem Uneingeweihten auch scheinen mögen, doch nicht so schnell beendigt. Erstens gibt es einmal dem von seinem bisherigen Hausherrnamte abtretenden Elternpaar ein anständiges Ruhegehalt anzuweisen, wie sie ehemals der „Nähnl" und die „Nahndl" seligen Andenkens genossen, vielleicht etwas reichhaltiger, wenn das Gut inzwischen einen Aufschwung genommen hat. Die Alten ziehen also ins oben= erwähnte „Zuhäusl", einen kleinen Seitenbau mit Kammern, Küche und Stall, der unweit des Haupthauses meist im Anger steht. Da er eine selbständige Wirtschaft erlaubt, so wird gewöhnlich eine Wiese, ein Acker, eine Kuh 2c., kurz das Notwendigste dazu ausbedungen. Wo das nicht der Fall ist, erhalten Vater und Mutter eine eigens hiezu bestimmte Wohnung im Hause selber, die „Oberstube" oder schlechtweg die „Kammer" genannt. Das sogenannte „Stübele" ist ein Geschoß des Zuhauses. Den Lebensunterhalt hat der junge Bauer entweder in Naturerzeugnissen, welche nach ihrer inneren Beschaffenheit und Menge genau bestimmt werden, oder in Geld beizusteuern. Die erstere Art, in „Ausnahmen" zu geben, ist wohl die häufigere, da der Bauer wenig bares Geld besitzt, außer er betreibt nebenbei ein Gewerbe, wie z. B. der junge Aignerwirt in Fügen, der seiner Mutter die ansehnliche Jahrespension von 800 Kronen ausbezahlte. Oft sind die Alten noch fähig zu arbeiten und lassen sich in der Wirtschaft des Sohnes verwenden, wofür sie wie andere Taglöhner bezahlt werden. Im Oberinntal kommt es auch vor, besonders wenn das Heimatl hoch oben auf dem Berg liegt, daß sie ganz vom Hofe wegziehen und sich eine weniger

entlegene „Herberig" (Herberge, Unterkunft) in einem größeren
Dorfe suchen, welche sie zusamt den Lebensmitteln von den
Gaben des Sohnes selbst bestreiten. Man nennt davon diese
Lebensweise „selbsten".

Ist nun über die Versorgung der Eltern endgültig ent=
schieden, so geht es an jene der Geschwister. Diese heißen
dem auf dem Besitztum bleibenden Erben gegenüber die
„Weichenden". Die Teilung geschieht gewöhnlich auf folgende
Weise. Der älteste Sohn übernimmt das „Gut" gleichsam
in Kauf um eine bestimmte Summe, die aber nie den Kauf=
wert erreicht.[1] Oft wird auch der Preis, um den es die
„Alten" einst ankauften oder übernahmen, zum Maßstabe
genommen. Auf dem Hofe lastende Schulden werden abge=
rechnet. Jedenfalls sieht man immer gewöhnlich darauf, den
Stammsitz in keiner Weise zu schmälern und zu schädigen,[2]
und wenn die Geldverhältnisse nicht glänzend stehen oder
der junge Besitzer nicht durch eine reiche Braut Ersatz zu
hoffen hat, beeinträchtigt man lieber die „Weichenden". Für
diese wird der Übernahmsschilling in gleiche Teile geteilt,
welche ihnen der Bruder auszuzahlen hat. Den Töchtern
hat der Vater schon früher je einen „Kasten" machen lassen,
den sich dieselben mit Leinwand und Bettzeug wohl anfüllten.
Auch erhalten dieselben, wie dies in Unterinntal bei „größeren"
Bauern häufig eintritt, für den Fall ihrer Verehelichung noch
eine Kuh. Doch bleibt der Anteil der Geschwister vorerst
gewöhnlich bei dem Hause liegen und der Bruder folgt ihnen
nur die Zinsen aus. Oft ist es ausdrückliche Verpflichtung
der „Weichenden", das Kapital gegen niedern Zins (3—3 1/2 %)
beim Gute zu lassen. Sie können sich nun bei fremden Leuten

---

[1] Wenn nicht zwingende Umstände dagegen eintreten, bekommt
der Übernehmer das Anwesen zum halben Preise und erhält
demnach für sich allein ein so großes Erbe, als alle „Weichenden"
zusammen.

[2] Es zeigt sich hierin der scharfe Gegensatz zwischen dem mehr
auf das Allgemeine Bedacht nehmenden Unterinntaler und dem
für sich möglichste Selbständigkeit und gleiche Behandlung fordernden
Oberinntaler. Daher im ersteren Gebiete die großen Güterbestände,
im letzteren die Güterzerstückelung.

als Knechte und Dirnen verdingen, stehen sie aber auf gutem
Fuße mit dem jungen Bauern und besonders mit der neuen
Schwägerin, so bleiben sie in derselben Stellung auf dem
Heimathofe, wenigstens solange die Eltern oder eines der
Beiden noch leben. Nach dem Tode derselben fordern sie
das Kapital und verlassen für immer die Heimat, wenn es
nicht etwa ausbedungen wurde, wie dies nicht selten auf
großen Höfen, besonders im Pustertale, der Fall ist, daß
den Geschwistern für den Fall der Krankheit oder Dienst=
losigkeit eine Kammer vorbehalten bleibt.

Diese Bestimmungen nebst allen denjenigen, welche be=
sondere Orts= und Familienverhältnisse bedingen, läßt man
also durch den Gemeindeschreiber oder Notar „schreiben"
und durch Zeugen bekräftigen. Wo es der Brauch ist, wie
z. B. im Vinschgau und Burggrafenamte, läßt man es dabei
bewenden und übergibt das Gut oft durch eine Reihe von
Geschlechtern hindurch nur „gütig" d. h. außergerichtlich, wohl
vorzüglich deshalb, weil der Bauer die Gerichtskosten scheut.
An andern Orten wird es bei Gericht angezeigt und muß
allerwärts „verfacht" werden, was man im Pustertal „auf=
richten" nennt. Sehr häufig kommt es dabei vor, daß die
Alten nicht den ganzen Vermögensstand angeben, indem sie
entweder schon früher Baargelder unter die Kinder verteilen
oder sich etwas zurückbehalten, was dann nach ihrem Tode
denselben zu gute kommt.

Mit der gerichtlichen Eintragung ist nun der Sohn
erklärter Besitzer und tritt entweder an seinem Hochzeitstage
oder, wo das nicht stattfindet, an einem der sogenannten
Bauernziele (Lichtmeß, Jakobi, Georgi, Galli), auch um Weih=
nachten oder im Herbste das Erbe an. Wo gegenseitige
Liebe und Eintracht herrscht, ist die Änderung für einen
Außenstehenden kaum bemerkbar. Die Alten werden noch
immer sehr hoch geschätzt, ihr Rat wird häufig eingeholt und
der „Nähndl" schaukelt vergnügt seine pausbackigen Enkel
auf den Knien. Leider aber trifft man diese glückliche Ein=
tracht sehr selten. Besonders gibt es zwischen Schwieger=
mutter und Schwiegertochter beständige Reibungen, da die

ehemalige Hausfrau das „Schaffen" nicht lassen kann und die junge das „Bäuerin bin ich" in zu schroffer Weise geltend macht.

Wir haben nun die Abtretung des Heimatls, diesen wichtigen Abschnitt im Bauernleben in allgemeinen Umrissen gezeichnet, aber allerdings auch nur dies. Tal= und Orts= gebrauch und die jeweiligen Familienverhältnisse veranlassen in jedem einzelnen Fall Ausnahmen von der Regel, so daß dieser Gegenstand eigentlich unerschöpflich ist. Vor allem ist es nicht überall der älteste Sohn, sondern, wie z. B. in Leutasch und auch in manchen Gegenden Unterinntals, der jüngste, welcher herkömmlicherweise das Stammgut erbt. Sind bloß Töchter da, so wird für die älteste, wenn sie in die heiratsfähigen Jahre kommt, ein passender Bräutigam gesucht, wobei man darauf sieht, daß der erwählte Bauernsohn etwas Vermögen oder ein Stück Vieh mitbringt. An Freiern fehlt es wegen des „Heimatls" niemals, mag das Mädchen sein, wie es will. Wenn sie heiratet, erhält sie das Gut und der Ehemann „zieht auf den Hof auf". Man nennt diesen Vorgang „zui" (hinzu)= oder „einhi'heiraten", auch eine „Hoamatlkrax aufheiraten". Wenn das Weib Besitzerin ist, hat sie natürlich im Hause das große Wort und es kommt häufig vor, daß sie bei der späteren Heimatsabtretung ein jüngeres Kind, das ihr Herzblättchen ist, vorschiebt. Freilich entsteht da leicht Unfrieden. Aber auch freiwillig über= läßt mancher sein Erbrecht einem Bruder oder einer Schwester. Es können dabei mannigfache Gründe obwalten. Der Betreffende geht z. B. lieber mit einem Handwerk in die Fremde oder wird schon als Bube wegen besonderen Talentes in die Stadt Studieren geschickt; er hat vielleicht keine Neigung zum Heiraten, ist blöde oder kränklich, während der jüngere Bruder das Herz eines reichen Mädchens erobert hat u. s. w. Der Verzichtende bekommt jedenfalls eine entsprechende Summe als Entschädigung. Schlechte Aufführung, besonders Unehr= erbietigkeiten gegen die Eltern haben auch oft die Übergabe des Gutes an eines der andern Kinder zur Folge. In Südtirol, besonders im Burggrafenamte, trifft man auch ledige Bauern, die lieber, als sich mit einem kleinen Gute und großer Familie notdürftig „durchzufretten", eine ältliche „Häuserin" nehmen und mit dieser allein wirtschaften. In früherer Zeit, als man noch den Sohn vom Militär loskaufen konnte, geschah dies nur beim künftigen Gutserben, oft auch übergab man diesem schon zeitlich den Besitz, um dadurch seine Befreiung zu erwirken.

Ein Vater, der trotz der maßgebenden Umstände das Anwesen nicht übergibt, gilt als knauserig und heißt „Geizkragen". Um diesem unliebsamen Titel zu entgehen und doch die Herrschaft nicht aus den Händen zu verlieren, kommt es manchmal vor, daß ein pfiffiger Vater dem Sohn zum Schein ein Stück Feld, eine alte Scheune 2c. gerichtlich verschreibt und ihn darauf heiraten läßt, auf dem Hofe aber doch tatsächlich Herr bleibt.[1] Daß dem jungen Ehepaare dann keine rosigen Tage blühen, läßt sich denken. Es ist eine schlimme Sache, wenn es die Talsitte will, daß der Sohn erst nach des Vaters Tode das Besitztum bekommt. Kein Wunder, wenn der „Bua und das Madl", die sich lieben, dieses Ereignis herbeiwünschen und die kindliche Liebe noch mit der Sehnsucht in Zwiespalt gerät. Im Oberinntal trifft man diese strenge Verfügung sehr häufig.

Die Ausführung des Testamentes, sei es nun, daß der Vater und Besitzer früher oder später stirbt, übernimmt das Gericht, vor welchem die „Handlung" (Verlassenschaftshandlung) stattfindet, und alle Punkte geregelt werden. Für die Bäuerin, wenn sie noch lebt, hat der Gatte stets vorgesorgt. Sie bleibt beim Gute, d. h. wenn sie will oder erhält eine bestimmte Summe ausbezahlt. Ist die Mutter Besitzerin, so sichert sie im Testamente dem überlebenden Manne ebenfalls den vollen Genuß des Besitzes auf Lebenszeit zu, selbst für den Fall der Wiederverheiratung, nur werden oft Vor-

---

[1] Es kommt aber auch vor, daß ein Vater das „Heimatl" seinem Sohn gerichtlich „verschreiben läßt", sich aber die Wirtschaftsführung — „an' G'walt" (eine Vollmacht) — für seine Lebensdauer oder so lange er will, vorbehält.

behalte zu Gunsten der Kinder aus erster Ehe gemacht. Ist der älteste Sohn dann großjährig und das Vermögen bedeutend genug, so übergibt ihm wohl der Vater das mütterliche Gut und kauft sich ein neues Anwesen, das er mit Weib und Kindern bezieht. Eine vollständige Ausnahme macht das Iseltal. Dort herrscht nämlich die altväterische Sitte, daß nicht nur die Geschwister, sondern auch die Vettern und Basen, kurz sämtliche Familienglieder zeitlebens im Hause bleiben. Alle stehen unter dem „Hausvater", gleichviel, ob dieser ledig oder verehelicht ist, und arbeiten für das Hauswesen ohne anderen Lohn als Nahrung und Kleidung und einen allenfallsigen Gnadenpfennig, den ihnen der Hausvater aus besonderer Barmherzigkeit für außerordentliche Arbeitsleistungen gibt.

Nun bleibt uns noch übrig der Güterzerstücklung zu gedenken, die in Südtirol, in manchen Gegenden des Vinschgaus, im Ötztal und obern Inntal, in Außerfern und auch in Vorarlberg gebräuchlich ist. Damit ist nicht jene Teilung gemeint, die naturgemäß dann eintritt, wenn ein reicher Bauer mehrere Güter und mehrere Kinder hat, sondern die Zersplitterung des Stammsitzes zum Behuf völliger Gleichstellung aller Erben. Dies geschieht selbstverständlich erst nach dem Tode des Besitzers. Der Älteste bekommt das „Anwesen". Dieses besteht aus dem Hause mit Baum- und Krautgarten sowie Waldteil. Die andern Grundstücke sind „walzend", jedes hat seine Katasternummer und ist einzeln verkäuflich, wenn sie abgesondert zugekauft, aber nicht mit dem Gute als solchem vereinigt wurden.[1] Die Schätzung der einzelnen Stücke nehmen Unparteiische des Dorfes vor, welche sie nach Wert und Beschaffenheit zusammenstellen. So wird oft ein gutes und ein schlechtes verbunden, die weit entfernt voneinander liegen. Was nicht gerade ausgeht, muß mit Geld ausgeglichen werden. Dann wird es

[1] Schon in den siebziger Jahren des abgelaufenen Jahrhunderts, mehr aber noch später, wurde von Seite der Behörde beim Zukauf selbst „walzender" Grundstücke deren „Konsolidierung" mit dem Hauptanwesen aufgetragen.

außergerichtlich verbucht und dann erst noch gerichtlich protokolliert. Bisweilen verkauft dann eines der Geschwister seinen Gutteil dem Besitzer des Hofes; indeß ist jeder stolz darauf, einen Fetzen Eigentum sein eigen nennen zu dürfen.

Leider wird durch diese Güterzerstücklung in den ohnedies nicht wohlhabenden Landstrichen die Armut nur vergrößert, da jeder auf seinen kleinen Besitz hin heiratet. Die traurigsten Folgen davon zeigen sich in manchen Gegenden Südtirols, wo diese Unsitte herrscht; da kommt es tatsächlich vor, daß vier Familien nur eine Stube zur Wohnung haben, die durch Kreidestriche in vier Teile geschieden ist. Damit ist aber auch Zank und Streit auf die Tagesordnung gesetzt. Die tiefere Auffassung und das Ansehen des Hauses gehen dabei völlig verloren, während doch sonst die „Heimat" so hoch gehalten wird. „Von der Heimat gehen müssen" gilt in der Regel geradezu als Schande für die ganze Gemeinde und der letzte Besitzer, der sein Gut Schulden halber „aufschatzen" lassen mußte, bleibt als „Abgehauster" oder „Hüngerlebauer" samt seinen armen Kindern Jahre hindurch die Zielscheibe des Spottes und der Verachtung.

Tod und Begräbnis.

„Horch das Zügenglöckl! Wer ist etwa g'storben?" ruft neugierig eine Bauerndirne der anderen zu und läßt in der Zerstreutheit fast die Salatschüssel fallen, die sie soeben aus dem Hausgarten zum Brunnen trägt. „Gewiß die alte Botenlies, die hat schon lang einen „Beggel" (Gebrechen)! meint die Angeredete. Aber nein, die kann's nicht sein; sie ist ein „armes Mensch" und das Glöcklein läutet noch immer bim — bam in feinen langgezogenen Tönen. Das muß schon „wer Besserer" sein. Weil die Person schlechterdings nicht herauszubringen ist, so überläßt die Kathl das Mittagsgemüse seinem Schicksal, die Zenz nimmt ihren nassen Besen über die Achsel und beide laufen nach der nahen

Kirche zum Meßner, denn der muß es wissen. Dort kann man nebenbei in der Geschwindigkeit ein Vaterunser für die arme Seele beten, wie es der Brauch ist. — Wer hätte das gedacht! Der reiche Leitenbauer liegt seit heute Nacht "leichweis". Den "hitzigen Disel"[1] hat er gehabt, drum ist's so schnell gegangen. So lautet die Auskunft.

Ein Todesfall ist für ein Dorf, wo alle Einwohner in familienhaften Beziehungen zueinander stehen, immer ein wichtiges Ereignis, das viel von sich reden macht. Die Eigenschaften und Verhältnisse des Verstorbenen und alle näheren Umstände seines Todes werden eingehendst besprochen. Fast immer findet sich unter den Verwandten auch ein Abergläubischer, der mit wichtiger Miene versichert, er habe das Unglück vorausgewußt, da sich der Tote "angemeldet" habe, sei es nun durch dreimaliges Klopfen oder Öffnen der Tür, Sandwerfen ans Fenster während des abendlichen Heimgartens und dgl., natürlich meistens nachts; doch kommen derartige Anmeldungen auch bei Tage vor[2]. Man kennt eine solche Unzahl von Todesvorbedeutungen, daß schon ihr oftmaliges Nichteintreffen das Gegenteil beweisen sollte. So z. B. wenn ein Hund heult oder die Habergeiß schreit, wenn man gelbe Flecken an den Fingern, sogenannte Totenmale, hat 2c.

Ohne geistlichen Beistand sterben, gilt bei dem gläubigen Landvolk als großes Unglück. Daher läßt man, sobald der Arzt erklärt, es könnte "auf die gabige (schlimme) Seiten" gehen, dem Kranken beizeiten die hl. Sakramente reichen und läuft bei nahender Todesgefahr eiligst um den Priester, und sei es noch so weit. Das ist dann wahrlich keine Kleinigkeit für einen Seelsorger, wenn er oft mitten in der Nacht, bei Wind und Regen, Schnee und Eis auf einen der stunden-

---

[1] Im Unterinntal Dusel = Seuche, Nervenfieber, dann überhaupt jede Art von Krankheit, besonders von sogenannten "umhergehenden".

[2] Über das sogenannte "zweite Gesicht", das man auch in manchen Gegenden Tirols kennt, und Einschlägiges, vergl. meine Abhandlung "Über tirolischen Volkscharakter" in der "Zeitschrift des D. u. Ö. Alpenvereins. Jg. 1901.

weit entlegenen Berghöfe hinauf muß, um in der verpesteten Luft der Krankenstube bis zum Ende auszuharren und die „Seel' auszusegnen". Wenn er mit dem Sakramente durch das Dorf schreitet, so sammeln sich die Einwohner jedes Hauses knieend vor der Haustür, erwarten da den Segen und wer gehen kann, folgt zum Hause des Kranken mit. Wenn es weiter hinausgeht über Wiesen und Felder oder durch Wald und über sonnige Hänge die Berghöhe hinauf, so wandert der Priester, nur gefolgt vom Meßner, einsam dahin, im Winter angeschauert von den eisigen Schneelüften, im Sommer angesungen von den Vögeln aller Stauden.

Seltsam ist folgender Glaube der Oberinntaler. Wenn zu einem Sterbenden der Priester nicht kommen kann, so kann ersterer im Notfalle auch dem Krummschnabel, der fast überall in der kleinen Stube hängt, beichten, der ihm dann die Sünden abnimmt. Da die Meinung verbreitet ist, der Vogel nehme die leiblichen Krankheiten auf sich, so scheint man dies hier auch auf die geistigen auszudehnen und glaubt, er könne auch statt des Sünders zur Hölle fahren. Liegt ein Kranker in den „letzten Zügen", so sind gewöhnlich alle Angehörigen herum versammelt. Man ist ängstlich besorgt, daß ja die scheidende Seele nicht etwa trotz Beichte und Priestersegen dennoch dem Teufel in den Rachen fahre. Um die bösen Geister zu vertreiben, zündet man geweihte Kerzen, häufig die Taufkerze an. „Geahnelt" eine derselben, d. h. rinnt sie ab, dann stirbt der Mensch, sobald sie herabgebrannt ist. Auch pflegt man die Talglichter wechselseitig auszulöschen, um durch den Gestank den Teufel fern zu halten. Zum selben Zwecke hat man eigens geweihte, helltönende Glöckchen, sogenannte Antoniusglöckeln, auch Loretto- oder Silberglöckeln geheißen, die der Älteste der Anwesenden von Zeit zu Zeit läutet, um durch deren klaren Ton den schlimmen Feind zu verscheuchen. So weit man das Glöcklein hört, so weit müssen die bösen Geister fern bleiben.

Überhaupt herrscht eine gewisse fromme Rücksicht gegen den Sterbenden, wenn sie auch meist im Aberglauben ihre

Wurzel hat. So setzt man ihm an vielen Orten ein geweihtes Käppchen auf's Haupt, ähnlich den Tonsurmützen der Priester, und gibt ihm eine Kerze oder ein „Ablaßkreuz" in die erkaltenden Hände. Die Weihe dieses Kreuzes geht nach der Volksmeinung bei dem erfolgten Tode verloren, da sie der Betreffende mitnimmt. Langer Todeskampf gilt bisweilen als schlimmes Vorzeichen, weil man glaubt, der oder die habe noch eine schwere Sünde auf dem Herzen, vorzüglich ungerechtes Gut, das nicht erstattet wurde, und deshalb könne die Seele nicht „ausfahren". Über dieses „Ausfahren" sind ganz eigene Begriffe verbreitet, so daß man fast versucht wäre, bei den Bauern den Glauben an eine körperliche Wesenheit der Seele vorauszusetzen, so bestimmt sind die Ausdrücke, welche sich auf die schwere und schmerzliche Trennung des Geistes vom Körper beziehen. Diese Vorstellung findet man oft in Bildern veranschaulicht, wo die Seele in Gestalt einer weißen Taube dem weitgeöffneten Munde entfährt. Daher die Bezeichnung „von Mund auf in den Himmel kommen", was besonders von Kindern oder auch von sehr frommen und mildtätigen Personen gesagt wird. Als günstige Todestage gelten die heiligen Zeiten des Jahres: Advent, Weihnachten u. s. w.; ebenso hält man es für vorteilhaft, nach einem Kinde aus der Verwandtschaft zu sterben, weil dieses den Weg zum Himmel bereite. Ungern hat man hingegen den Tod am Mittwoch in der Karwoche, weil da beim Begräbnis kein Geläute stattfindet.

Sobald der Tod eingetreten ist, wird in den meisten Gegenden Tirols die Leiche gewaschen, in reinliche frische Wäsche gehüllt und auf ein mit einem weißen Tuche überdecktes Brettergerüste, das sogenannte „Rechbrett"[1] gelegt. Daneben zündet man Wachskerzen an oder hängt eine Öllampe auf. Bei Reith im Unterinntal nimmt man, wenn jemand gestorben ist, einen geweihten Wachsstock, wickelt ihn ab und zieht ihn der Länge nach vom Fuße bis zum Kopfe des Toten auseinander. Ist das geschehen, so meint man

---

[1] Altdeutsch rê, d. i. Leiche, Bahre.

fest und sicher, daß nun der Tod den Leichnam nicht mehr länger „recken" könne, sondern daß er ruhig tot bleibe. In Vinschgau werden die Fenster geöffnet, damit die Seele entfliehen könne, der Spiegel wird verhängt, die Uhr eingestellt, zum Zeichen, daß die irdische Herrlichkeit vorbei und das Leben des Betreffenden abgelaufen sei. Im ganzen Inntal wird die Leiche, wenn sie aufgebahrt ist, mit einem Tuch bis über den Kopf zugedeckt; in Dux zieht man derselben ein schönes Gewand an. An größeren Orten besorgt das Waschen, Anziehen und Aufbahren eine eigene Person, die sogenannte „Leichennahnerin" (Näherin). Dieselbe geht dann später von Haus zu Haus „Totenansagen". Im Sarntal geschieht dies durch Ansagweiber, „Totenrapen" genannt. Auf dem eigentlichen „Lande" jedoch tun dies Alles die Angehörigen.

Der Aufputz geschieht nach dem Vermögen, doch werden, wenn der Verstorbene einer „Bruderschaft" angehörte, die „Monatsheiligen" (Bilder, welche er an den Monatssonntagen erhielt,) rund um ihn ausgelegt. Ein Gefäß mit Weihwasser und ein Buchsbaumzweig darinnen zum Besprengen fehlen nie. Liegt ein Jüngling oder eine Jungfrau auf der Bahre, so kommen alle ledigen Burschen oder Jungfrauen der Nachbarschaft zusammen und winden Kränze aus Wintergrün, Wacholder und Blumen, womit das Leichenbett ringsum geziert wird. Dafür bekommen sie vom Hausvater Käse, Butter oder Kaffee. Dies alles geschieht neben der Leiche. Vorzüglich ist man bemüht, Kinder, die „leichweis" liegen, freundlich herauszuputzen; es heißt dann: da oder dort „haben sie ein Engele im Haus" oder „die haben ein Engele kriegt". Früher malte man im Vinschgau sogar den Toten rote Backen, wie Spindler in seinem „Vogelhändler von Imst" erzählt. Ist es der Hausvater, der das Zeitliche gesegnet, so werden oder wurden wenigstens früher die Fässer im Keller und vorzüglich die Bienenstöcke von der Stelle gerückt, weil sonst die Brut zu Grunde geht oder ganz verfliegt. Während dieses im Hause vor sich geht, wurde der Todesfall beim Meßner angezeigt und dieser läutet das „Zügenglöckl", d. i. die kleinste Glocke, unter dreimaligem Absetzen.

Nach dem abendlichen Avemarialäuten wird das „Zügenglöcklein" nicht mehr gezogen; für auswärtige Gemeindeglieder erklingt es mittags nach dem Gebetläuten. Manche „Bruderschaft" läßt es für ihre Mitglieder noch einmal eigens ziehen.

Die Leiche bleibt gesetzlich 48 Stunden „aufgerichtet". Während dieser Zeit gehen beständig Besucher aus und ein, denn nicht leicht jemand entzieht sich der Pflicht, dem Toten auf der Bahre „Weihbrunn zu geben" und ein paar Vaterunser zu beten, bei welcher Gelegenheit er vom Leichenwärter stets ein „Vergeltsgott" erhält und zum Begräbnis geladen wird mit der bestehenden Formel z. B. „Am Montag um halb 7 Uhr täten wir bitten". Nachts bleiben abwechselnd Verwandte und Bekannte im Leichenzimmer, da eigene Leichenwärter auf dem Lande nicht immer zu finden sind. An den meisten Orten, besonders im Oberinntal und Vinschgau, ist noch die „Totenwache" üblich, die neben der Leiche bei aufgehängtem Öllichte gehalten wird. Von Abend bis Mitternacht wird Rosenkranz gebetet; daneben trifft man hie und da die freilich etwas weltliche Sitte des „Vaterunserausspielens", d. h. zu wetten, wer länger mit ausgespreizten Armen beten könne. Punkt zwölf Uhr wird unter die Wachenden Schnaps und Milch verteilt, oder werden denselben hölzerne „Brenten" mit Schottenwasser zur Verfügung gestellt, woraus jeder nach Belieben schöpft. Man nennt das die „Saufa". Leider artete diese Sitte, die in erster Linie nur die Stärkung der Wachehabenden bezweckte, sehr häufig in ein rohes, der ernsten Lage wenig entsprechendes Treiben aus, weshalb sie auch an manchen Orten abgekommen ist. Man schmauchte Tabak, sang und betrank sich, als gälte es Fastnacht zu feiern.

Am nächsten Morgen wird die Leiche eingeschlagen. Unter das Haupt des Toten werden im Vinschgau „Hobelscheiten" gelegt, denn die Seele wohnt im Kopfe; an anderen Orten werden Sacktücher in den Sarg gegeben; der Spender glaubt sich, sobald sie verfault sind, vom Kopfweh befreit. Bereits am Tage vor dem Begräbnisse wird nach dem mittäglichen Glockenzeichen „Schiedung" geläutet. Bei Männern

beginnt die größte Glocke, bei Weibern die kleinste, und so
der Reihe nach, bis schließlich alle zusammenklingen.

Die Bestattung der Leiche geschieht stets in der Frühe,
oft schon um 6 Uhr. Das Zeichen zum Beginn gibt eine
der größeren Glocken, gewöhnlich die älteste. Sie begleitet
dann mit ihrem Geläute den Zug und verkündet nach aber=
maligem Absetzen den Vorgang der Versenkung des Sarges.
Will man das Begräbnis von allen Glocken begleitet haben,
so muß man dies eigens zahlen. Die Ordnung des Zuges
ist nach dem Talgebrauche verschieden. Die Klageleute gehen
unmittelbar hinter dem Sarge, dann folgen die „Geladenen"
und wer sonst noch mitgeht. Jungfrauen wird ein rotes
Kreuz vorangetragen, doch das Gewöhnlichste ist ein Kreuz
von Hollunder, das im Vinschgau in der Mitte mit blauen
und roten Schleifen verziert wird. Im Obervinschgau knüpft
sich an dasselbe nachstehender Gebrauch. Sobald die Nach=
richt vom Tode einer Person kund wird, beeilen sich die
Knaben des Dorfes, ein jeder für sich ein Hollunderkreuz
zu fertigen, schmucklos, wie es die Eile erlaubt. Wer nun
als der Erste im Totenhause sein Kreuz darbringt, darf es
der Leiche vorantragen, es einstweilen, bis ein anderes be=
reitet ist, auf das Grab stecken und dem „Totentrunke" bei=
wohnen. Im Oberinntal wird dem Sarg ein Sack mit
Korn für den Meßner vorangetragen, an anderen Orten der
sogenannte „Voraus". Zwei Dirnen, Mägde des Ver=
storbenen, ziehen sich dazu festlich an. Die eine trägt ein
Star (Gefäß zum messen) oder einen Kübel mit Butter=
wecken, Eiern, Brot und Korn, die andere ebensolche, nur
etwas weniger Eßwaren, und so schreiten beide dem Leichen=
zug „voraus". Wenn sie in der Kirche ankommen, so stellt
die erste Magd den besseren Teil an einen Seitenaltar, das
ist ein Geschenk für den geistlichen Herrn, die andere stellt
ihren „Voraus" auf den ersten Stuhl in der Kirche als
Geschenk für den Meßner. In manchen Gegenden bildet
der Sarg mit den Trägern den Anfang des Zuges. Er ist
mit einem schönen oder geringeren Bahrtuch überdeckt; oben=
auf liegt ein Buchskranz, unten wird an wenigen Orten Ober=

inntals etwas Lebendiges, meist ein Vogel in einem Käfig
angehängt, damit der Teufel dem Toten nichts anhaben
könne. In Dux und Oberzillertal wird die Bahre mit
einem weißen „harbenen" (grobleinenen) Tuche verhüllt,
welches sodann dem Totengräber als Geschenk übergeben
wird. Junggesellen und Jungfrauen werden von Junggesellen getragen und erhalten einen Kranz von roten und
weißen Rosen auf den Sarg, den allenfalls auch die „Bruder-
schaftstafeln" zieren. Gefallene Mädchen müssen des Kranzes
entbehren. Männer und Frauen werden von Männern getragen. Die Träger haben Sträuße auf dem Hut. An
größeren Orten, wo es eigene Totengräber von Handwerk
gibt, sind dies meistens arme „Saufbrüder", die ihr Amt
auf sehr rohe Weise ausüben. Den Sarg des Landesver-
teidigers schmücken Schützenhut und Stutzen; die Musikkapelle
und, wo es angeht, ein Schützenkorps geht mit und gibt
die üblichen drei Ehrensalven, d. h. „er oder ihm wird ins
Grab geschossen". Hinter dem Sarg und dem Geistlichen
folgt der lange Zug der Teilnehmenden, Männer, Weiber
und Kinder, oft fast die ganze Gemeinde, mit brennenden
Wachsstöcken und laut den Rosenkranz betend. Die Verwandten gehen als „Klageleute" in Trauer, die bei den
Weibern in schwarzem Halstuch und schwarzer Schürze besteht. Die Kleidung der Männer bleibt unverändert, nur
in Dux tragen die Kläger auch im Sommer Mäntel.

Eine eigentümliche Sitte herrscht im welschtirolischen
Tesinotale, wo die Leiche von eigenen Klageweibern begleitet
wird. Unschuldige Kinder, d. h. solche, die noch nicht zur
Beichte und Kommunion gegangen sind, erhalten, da man
ihren Tod für kein trauriges Ereignis ansieht, ein weißes
Bahrtuch, das mit roten Bändern und künstlichen Blumen
so schön als möglich geziert wird. Der stattlichste Bursche
der Verwandtschaft oder Nachbarschaft trägt den kleinen Sarg
und der Zug bewegt sich unter Gebeten und Gesängen, welch'
letztere oft ganz lustig klingen, dem Gottesacker zu. An der
Schwelle desselben kniet der Träger einen Augenblick nieder.
Bei jedem Leichenzuge ist es übrigens Vorschrift, daß der-

selbe dem gebräuchlichen „Totenwege" nachgehe; begibt man
sich über die Felder, so geschieht ein Unglück. Auch soll der=
jenige, der einer Leiche begegnet, auf der rechten Seite aus=
weichen, sonst kommt der Zug nicht vorbei. Auf dem Fried=
hofe angelangt, wird nach den gewöhnlichen kirchlichen Zere=
monien das Hollunderkreuz auf den Grabhügel gesteckt. Auch
Kränze legt man darauf, besonders bei Kindern. Grünt im
folgenden Jahre das Hollunderkreuz, was, nebenbei bemerkt,
leicht eintreten kann, so gilt dies als sicheres Zeichen, daß
der Begrabene selig ist. Dieses Kreuz führt übrigens den
seltsamen Namen „Lebelang".

Das Herabschaffen von sehr hochgelegenen Bergdörfern
und Berghöfen macht oft bedeutende Schwierigkeiten. Im
Sommer wird der Tote in einen höchst einfachen Bretter=
sarg gelegt und dieser an zwei Stangen befestigt, welche
häufig durch zwei Querhölzer verbunden sind. Die zwei
Stangen stehen etwa zwei Schuh vom Sarg der Länge nach
nebeneinander hinaus, so daß ein Mann hinten und einer
vorne tragen kann. Zwei andere Männer, nötigenfalls mit
Steigeisen versehen, wechseln beim Tragen ab und so wird
die Last zur fernen Pfarrkirche hinabbefördert; die Freunde
folgen hinten nach. Auf dem Kirchhof wird der Sarg
niedergestellt und dem Seelsorger gemeldet, daß ein Toter
zur Einsegnung da sei. Im Winter geschieht die Über=
führung auf Schlitten; nicht selten aber ist der Zugang so
verschneit oder über die beeisten Berglehnen so gefährlich, daß
den Bewohnern eines solchen weltabgeschnittenen Ortes nichts
Anderes übrig bleibt, als ihren Toten im Stadel (Scheune)
oder im Unterdach einfrieren zu lassen und erst im Frühjahre,
wenn die Wege gehbar sind, zur Kirche zu schaffen.

Nach der Bestattung, die mit einem allgemeinen Weih=
wassersprengen schließt, geht man in die Kirche, woselbst
meist gleich die Seelenämter gelesen werden. Nach dem
Gottesdienst findet in den meisten Gegenden ein sogenannter
„Totentrunk" oder ein „Totenmahl", in Südtirol „Pitschen"
genannt, statt. Die Verwandtschaft in ihrer düsteren Kleidung
und alle übrigen Geladenen begeben sich ins Wirtshaus.

Dort ist in der „schönen Stube" oder, wenn es gewünscht wird, im „Herrenstübele" eine lange Tafel für die Gäste gedeckt. In Vinschgau wurde ehemals bei armen Leuten bloß Wein verabreicht, dazu brachte sich jeder Gast sein flaches Brot (Vinschgerbrötl) nebst Alpenkäse in beliebiger Menge mit. Gewöhnlich bestreiten jedoch die ganze Bewirtung die Angehörigen des Verstorbenen. Wohlhabende Bauern lassen dabei gerne ihren Reichtum sehen und bewirten dabei das halbe Dorf reichlich mit Wein oder verschiedenen Speisen. Natürlich bekommen dabei auch die Armen ihren Teil. Aber selbst Unbemittelte geben ihren letzten Kreuzer hin, um nicht den Toten durch geringes „Traktement" zu verunehren. Da die gesamte Gesippschaft auf viele Stunden bei solcher Gelegenheit zusammenströmt — und die Bauernverwandtschaften reichen ins zehnte und zwölfte Glied, wo man immer noch „Vetter" und „Basl" ist — und alle Bekannten bei Vermeidung von Feindschaften geladen werden müssen, so kann man sich denken, daß die Kosten dieser Unsitte eine ziemliche Summe ausmachen. Während die Gesellschaft versammelt ist, erhebt sich einer der Männer und spricht den sogenannten „Totenreim", eine Art Leichenrede. In Vinschgau hält der Totengräber vor dem Beginne des Trunkes eine Ansprache. Zum Schlusse wird meistens für das Seelenheil des Begrabenen gebetet. Damit ist die Reihe der Totengebräuche beschlossen. Der Verstorbene erhält noch ein eisernes oder hölzernes Kreuz auf das Grab und den jährlichen Grabesschmuck um Allerseelen. Die Trauerzeit ist nach der jeweiligen Talsitte von verschiedener Dauer.

Dritter Teil.

Gestalten und Bilder aus dem Dorfleben.

Der Schermausfänger.

Im Lenz, wenn es „ausgeapert"[1] hat, aber meist im Herbst, nachdem abgemäht ist, tauchen auf den neubelebten Fluren Gestalten auf, die dem geschmackvoll gebildeten Auge bloß als harmlose landschaftliche Ausschmückung erscheinen, die jedoch bei näherem Eingehen als hochwichtige Förderer der bäuerlichen Feldwirtschaft in Betracht zu ziehen sind. Ich meine da nicht jene feststehende Staffage der Triften, jenen hembärmeligen Knecht, der hinter Pflug und Egge den Acker durchfährt und in Verbindung mit seinem Ochsengespann in die Einförmigkeit der Herbstlandschaft Abwechslung bringt, noch weniger endlich jene zweifelhaften Spukgestalten verschiedener Vogelscheuchen, welche nunmehr zwecklos aus den abgeräumten Ackergründen im Winde hin und herbaumeln und dem vorüberwandernden Handwerksgesellen brüderlich zuwinken. Keines von allem.

Unsere Betrachtung gilt heute dem „Scherfanger", jenem Mitglied jeder wohlgeordneten Gemeinde, dessen Aufgabe es ist, den Schermäusen, diesen „Wühlhubern" der Wiesen, auf den Leib zu rücken und dieselben zu vertilgen oder wenigstens zu verringern. Er ist also in gewissem Sinne der amtlich bestellte Scharfrichter des Bezirkes, der Todfeind der genannten Vierbeiner und deshalb der innigste Freund der sensenschwingenden Mäher und Mäherinnen, denen die „Scherhaufen" im Heumonat gar viele Verwünschungen entlocken. Was nützt es, daß der Hans und die Moidl fast Tag für Tag diese Erdhügel entweder umwerfen oder „anrechen" — der nächste Morgen schon findet die Zahl verdoppelt.

---

[1] Aper = unbedeckt, schneefrei; ausapern = schneefrei werden.

Der „Scher" (talpa europaea) oder gemeine Maulwurf (eigentlich Moltwurf von Molte = Erde, Staub) hat seinen Namen von der Gepflogenheit, kreuz und quer in den Wiesen unterirdische Gänge zu graben, um zu seiner Lieblingsnahrung, Regenwürmern, Käfern, Kerbtierlarven, vorzüglich Engerlingen oder Maikäferraupen zu gelangen. Von dieser Bohrtätigkeit heißt er in Südtirol Wühlscher, in den östlichen Alpengegenden Wühlischer (Pustertal) und Wülschger[1] (Kärnten). Die Namen sind sämtlich deutsch, nur im etschländischen Münstertale hat sich die romanische Form Talp erhalten, vom lateinischen Namen talpa[2].

Das Äußere des „Scheren" entspricht ganz seinem dunkeln Dasein und ist nicht gerade einladend. Sein walzenförmiger, etwa 12 cm langer Körper, der rückwärts in einen kurzen Schwanz, vorn in einen zugespitzten, knorpeligen Rüssel endigt, trägt mit Ausnahme der nackten Füße einen sammetweichen blauschwarzen Pelz, in dem die Augen und Ohren ganz versteckt liegen. Die Hinterfüße sind ziemlich schwach, desto entwickelter und stärker sind die kurzstockigen, wulstigen, schaufelförmig nach außen gestellten Vorderfüße. Zum Überfluß haben sie scharfe, unten hohle Nägel. Man sieht, der Bursch ist für sein Wühlhandwerk gut eingerichtet.

Auch seine Behausung ist unterirdisch. Sie besteht aus einer Kammer und zwei kreisförmigen Gängen. Von hier aus begibt er sich durch eine lange, kreisrund ausgewölbte Laufröhre, welche die Höhe von beiläufig drei Fingern hat und mit der Schlafstelle verbunden ist, täglich dreimal in seinen Jagdbezirk. Wo sich dieser befindet, zeigen die aufgeworfenen Erdhügel, die Scherhaufen, und die sind es auch, welche seinem Mörder, dem Scherfanger, die Fährte nach ihm weisen.

Aber wie kann man, fragst du, einem solchen harmlosen Sonderling, der sich der Menschheit durch Vertilgung

---

[1] Dieser Ausdruck ist interessant, denn er hat noch die althochdeutsche Form Skero (Wuoli-skero) bewahrt.

[2] Da auch die Bezeichnung salpa vorkommt, so dürfte das Wort auf den Stamm scalp = schneiden, „scheren" zurückgehen.

schädlicher Insekten, besonders gefährlicher Engerlinge, so nützlich erweist, nachstellen?

Die Antwort ist sehr einfach. So zweckwidrig ein planmäßiges Ausrotten des Maulwurfs wäre, so notwendig wird es oft durch die zu starke Vermehrung desselben. Aber wenn auch nur wenige „Scheren" da sind, so sind sie imstande, in kurzer Zeit eine Wiesmahd durch die aufgeworfenen Scherhaufen so umzugestalten, daß es wie ein Ackerfeld aussieht. Denn der „Scher" ist ein unersättlicher Vielfraß und braucht täglich so viel Nahrung, als er selbst wiegt. Wie sehr er sich daher durch Vertilgung schädlicher Insekten und Insektenlarven nützlich macht, ebenso schädlich wird er durch zu starke Ausbeutung des Wiesgrundes.

Diese schädlichen Folgen zu vermindern, ist Aufgabe des „Scherfangers". Sein Geschäft ist durchaus nicht so einfach, als es aussieht. Bei der großen Ausdehnung des Jagdgebietes eines solchen Scheren denselben aufzufinden, wäre für den Laien keine leichte Sache. Ein bewährter Scherfanger kennt nun aus der langen Übung genau die Schliche und Gänge des Tieres. Er weiß aus der Lage der Scherhaufen ziemlich bestimmt die Richtung, in welcher der Scher „schiebt", ob sohin oder sohin. Er weiß ferner auch aus Erfahrung, daß der Scher alle drei Stunden aus einem seiner Kamine, gewöhnlich beim letzten, herausschaut, teils um Luft zu schnappen, teils um die überflüssige Erde mit seinem Rüssel auszuwerfen. Hier paßt man nun und schlägt ihn tot. Man muß aber beim Passen sich ruhig verhalten, denn der Scher hat ein sehr gutes Gehör und einen noch besseren Geruchsinn. Deshalb ist auch diese Art des Fangens die langweiligste und kommt am seltensten zur Anwendung.

Gewöhnlich stellt man dem Scher mit dem sogenannten Latz nach, d. h. man legt ihm eine Schlinge, in der er sich selbst fängt, und die ihn erwürgt. Wenn man im Frühjahr, noch ehe das Gras stark aufschießt, über Land geht, so kann man in den Angern und Wiesen häufig solche aufgerichtete „Trappelen" sehen. Sie bestehen aus einem niedergebogenen elastischen Stecken, gewöhnlich aus leicht federndem Hasel-

oder Birkenholz, an dessen oberem Ende eine Drahtschlinge (Latz) befestigt ist. Diese wird in den Gang unmittelbar hinter dem „Scherhaufen" eingesenkt und zwar so, daß der „Latz offen ist", d. h. den Gang ganz umschließt. Dann wird der Ausgang mit einem Erdknollen verstopft. Um nun die herabgebogene Rute niederzuhalten, und das Aufschnellen derselben zu rechter Zeit zu ermöglichen, wird vor dem Ausgang unmittelbar hinter dem „Knollen" eine „Trappel" aufgerichtet, eine Vorrichtung ähnlich jener, wie sie Knaben in ihren Schlaghäuschen beim Vögelfangen anbringen. Sie besteht aus zwei eingekerbten Hölzern (Zollen), von denen das größere und stärkere in die Erde gesteckt wird, das kleinere und breit eingekerbte sich kreuzweis daranlegt und mit dem einen Arm den Knollen berührt. Ein Fallhölzchen, das mit einem Bindfaden am Stecken befestigt ist, das sogenannte „Findl" oder die „Finden", spreizt sich zwischen beide eingekerbte „Zollen" und bewirkt den Zug, den die elastische Rute nach oben ausübt, daß die Vorrichtung, wenn man sie nicht anrührt, zusammenhält.

Kommt nun Freund Wühlhuber nach einiger Zeit wieder zum Ausgang, so findet er diesen durch den erwähnten Knollen verstopft. Er sucht daher, bereits in der Schlinge befindlich, dieses Hindernis mit seinem Rüssel zu beseitigen und den Knollen vorwärts zu schieben, drückt dadurch auf den wagrechten Arm des einen „Zollen" und bringt so die Falle zum Abgehen. Die Rute schnellt auf und erwürgt den Scher, indem ihn die Schlinge an die Oberwand des Ganges preßt. Ist der Boden lettig, so muß man „Klüppchen" machen; das sind zwei Querruten, die man über den Boden legt und mit starken Nägeln befestigt. Dazwischen geht die Latzschnur durch. So kann die Schlinge mit dem Scher den weichen Boden nicht durchreißen.

Gewöhnlich ist der Scherfänger ganz sicher, wo er den „Latz" anzubringen hat; denn der Scher pflegt die Gänge, welche er nicht mehr benützt, zu verstopfen. Sonst aber müssen zwei Fallen aufgestellt werden, natürlich in entgegengesetzter Richtung. Man benützt übrigens zum Fang auch eigene eiserne „Trappeln", welche so groß sind, daß sie in den Gang genau hineinpassen. Sie sehen fast aus wie Zuckerzangen, nur mit dem Unterschied, daß sie nach innen federn. Zum Auseinanderspreizen bedient man sich eines eisernen Ringes oder eines kreisrunden, in der Mitte mit einem kleinen Loch versehenen Scheibchens. Der „schiebende" Scher wirft das Scheibchen um und die zuklappende Trappel erdrückt ihn. Will man den Scher lebendig fangen, was öfter vorkommt, um ihn in ein von Engerlingen heimgesuchtes Mahd oder in einen insektenreichen Baugrund zu verpflanzen, so paßt man ihm auf und versperrt ihm durch eine hinter ihm in den Gang gestoßene „Scherschaufel" den Rückweg. Man muß aber schnell bei der Hand sein, um ihn zu packen, da er sich ungemein rasch eingräbt. Sonst läuft er auf der Oberfläche des Bodens nicht gut und man fängt ihn leicht. „Kein „Scher" kommt über einen Weg", so unbehilflich ist er. Im Kistchen, in dem man ihn weiterbringt, muß sich Erde befinden, sonst krepiert er schnell. Man sieht aus alledem, das Geschäft des Scherfangens will auch gelernt sein.

Der „Scherfacher" (Scherfanger) oder „Talper" wird meist von der Gemeinde für einen bestimmten Jahreslohn angestellt. Die Summe schwankt zwischen 180 und 200 Kronen. Zum Beleg für seine erfolgreiche Tätigkeit muß er dem Vorsteher die getöteten „Scheren" bringen. Der „Scherfacher" von Pill im Unterinntal legt die toten Maulwürfe der Reihe nach vor ihn auf den Tisch. Wird er vor Alter untauglich, so erhält ihn die Gemeinde und er bekommt abwechselnd von den Bauern die Kost. An anderen Orten ist kein eigener „Scherfacher" in der Gemeinde angestellt, sondern man läßt ihn jedes Jahr kommen und zahlt ihn „stückweise", d. h. er bekommt für jeden Maulwurf 6 Heller, jetzt fast allgemein 14 Heller ö. W. Zum Beleg hat er die abgeschnittenen Schweife oder die Vorderpratzen vorzuweisen. Im Oberinntal schreibt er sich die Zahl auf und man zahlt ihn auf „Treu und Glauben". In Südtirol, so z. B. in der Gegend von Kastelrutt unterhandelt die Gemeinde mit ihm nicht, sondern das „Wühlischermannl" geht zu den einzelnen Höfen auf

die „Stör". Da wird er überhaupt nur für das Aufrichten der
Fallen bezahlt; ob nun der Fang glückt oder nicht, geht ihn
nichts mehr an. Selbstverständlich liegt ihm selbst daran, seine
Sache gut zu machen, da er sonst seinen Verdienst verliert.

Im Übrigen ist er an keine bestimmte Zeit gebunden,
obwohl schon der Stand des Bodens ihm bestimmte Zeiten
setzt. Im Frühjahr, kaum daß der Schnee fort ist, kommt
er und geht, wenn das Gras schön im Wachsen ist. Ebenso
stellt er sich nach dem Grummetmahd, meist Mitte September
wiederum ein.

Die Scherfanger sind eigentümliche Leute, die in der
Regel für etwas anderes nicht zu gebrauchen sind, ge=
wöhnlich ausgepichte Schnapsbrüder, die den erworbenen
Batzen sofort in das Wirtshaus oder in den Branntwein=
laden tragen. Der gute Mann könnte sich bedeutend mehr
Gewinn herausschlagen, wenn er, wie es in einigen Gegenden
geschieht, den prächtigen sammetweichen Pelz der Scheren
verwerten wollte. Man macht daraus Geldbeutelchen und
„Stützeln" oder Vorsteckärmel. Als Seltsamkeit mag be=
merkt werden, daß die „Scheren" in Oberösterreich, wie ich
höre, als sogenannte „Erdzeiseln" gegessen werden. Nun,
der Geschmack ist eben verschieden! Die verwendbarsten und
billigsten Schermausfänger sind übrigens die „Harmelen"
oder Wiesel, die das „mausen" trefflich los haben und
größten Dank verdienten, wenn sie nicht die schlimme Ge=
wohnheit hätten, hie und da ein Hühnchen für einen Maul=
wurf anzusehen.

Der Geißer.

Ein ungemein liebliches, bewegtes Bildchen entfaltet sich
vor unsern Augen, wenn wir an einem Sommerabend ein
Dorf passieren und mit der heimkehrenden Geißherde zu=
sammentreffen. Das Gemecker und Geklingel elektrisiert alle
Kinderfüße, selbst der kleinste Knirps im ersten Höslein

watschelt den Kommenden entgegen, die geführt von der stolzen „Vorgeiß" mit der großen Schelle, in die Dorfgasse einziehen. Mit dem Lockruf: Gös, gös, gös sucht jedes der Kinder seine Geiß heraus, nimmt sie jubelnd um den Hals und läuft mit ihr dem gewohnten Stalle zu. Hierhin und dorthin stiebt die muntere Schar, so daß endlich nur der Geißbub allein übrig bleibt, der dann ebenfalls sein Heim aufsucht.

Dieser Geißbub ist ein originelles Bürschchen. Unter dem alten braunen Filzhute, der vom oftmaligen Naßwerden eine Schüsselform angenommen, schaut ein wetterbraunes Gesicht hervor mit ein paar trotzig-kecken Augen, aus denen die ganze Spitzbubennatur dieses freien Bergkindes herausblitzt. Eine lumpige, geflickte Hose, ein grobes Hemd, manchmal auch eine Joppe ist die ganze Bekleidung des kleinen Freiherrn. Beim Sonnenschein geht er barfuß, bei nassem Weg steckt er seine Füße in Holzschuhe, sogenannte Knospen. Über der Schulter trägt er einen groben Kotzen geworfen, zum Schutz gegen Regen und Unwetter, an der Seite hangt der „Schnappsack", in dem sich sein spärliches Mittagsmahl befindet, und das Bockshorn; in der Hand führt er eine Geisel (Hirtenpeitsche) oder einen Stock.[1] Auch eine „Gschpachtl", im Unterinntal „Gschpadal" genannt, d. i. eine hölzerne Schachtel voll Butter und Brot nimmt er mit sich, denn das Herumklettern mit den flinken Ziegen macht Hunger.

Der Geißbub oder „Goaßer" wird von der Gemeinde gegen geringen Lohn angestellt; die Kost genießt er der Reihe nach bei den einzelnen Bauern, die ihm ihre Geißen anvertrauen, „er geht für", wie man sagt. Das Amt ist beschwerlich genug. Wenn der erste Strahl der Morgensonne die Bergspitzen vergoldet, geht er durch die Dorfgassen und tutet aus Leibeskräften in sein Bockshorn. Auf diesen Weckruf hin öffnet sich knarrend eine Stalltüre nach der andern

---

[1] Die Skizze eines solchen „Geißers" hat der geniale Tiroler Bildhauer Jos. Bachlechner in Hall an die Wand der Veranda des Neuwirtes von Untermiemingen hingezaubert.

und in lustigen Sätzen und mit hellem Geklingel springen die soeben gemolkenen Ziegen heraus. Sie rotten sich zusammen, die ortskundige und herrschsüchtige „Vorgoaß" stellt sich an die Spitze und führt ihre Herde in raschem Trabe über Halden und Gebüsch aufwärts der Berggegend zu. Hinterdrein klettert schreiend, scheltend und tutend der Geißbub, der oft seine liebe Not mit der Herde hat. Denn die Ziegen sind „ein vertoislts Kunter" (verteufeltes Vieh), sagen die Hirten. Bald eilen sie wie Besessene aufwärts über Stock und Stein und klettern über schwindelige Felsen, daß dem Hirten die hellen Schweißtropfen von der Stirne rinnen, bald bleiben sie am Wege stehen und naschen vom Zaungras und von den jungen Fichtenschößlingen, springen über Mauern und durchbrechen Zäune und gebärden sich so störrisch und eigensinnig, daß dem armen geplagten Buben nicht selten das Weinen näher ist als das Lachen. Von besonderem Einfluß ist dabei die Vorgeiß. Eine schlechte macht dem Hirten ebenso viele Sorge und Mühe, als ihm eine gute erspart. Dieselbe ist sich aber auch ihrer Wichtigkeit vollkommen bewußt. Sie duldet keine andere Geiß vor sich und will sich eine das Recht des Vortrittes anmaßen, so gibt es einen hitzigen Kampf.

Gegen den Hirten sind die Ziegen durchaus nicht scheu, sie treiben im Gegenteil ihr neckendes Spiel mit ihm. Oft springt eine gerade auf ihn zu und stößt ihn mutwillig zu Boden, oder sie gesellt sich schmeichelnd zu ihm, beschnobert ihn und beißt ihn häufig als höchste Gunstbezeigung in das Ohr. Ihre besondere Leidenschaft sind auch die Federn oder Blumen, die der Bube auf seinem Hute stecken hat; sie werden eiligst herabgerissen und windschnell davongetragen. Der Charakter der Ziegen hat überhaupt etwas Neckisches, Diebisches und Eigenwilliges; sie spielen dem Hirten Schabernack über Schabernack, so daß auch der sanfteste und geduldigste Junge in solcher Gesellschaft das Fluchen erlernen muß. Daher das alte Sprichwort: „Wer fünf Jahre Geißer ist, wird des Teufels."

Es kommt übrigens sehr viel darauf an, wie der Hirt

seine Herde zu lenken versteht. Während sie den einen necken
und plagen, folgen sie dem andern gutwillig und drängen
sich auf seinen Ruf: Gös, gös mit Ungestüm um ihn,
sollten sie auch noch so weit von ihm entfernt sein. Der
schlimmste Zufall ist es, wenn sich eine Geiß „versteigt",
d. h. in ein Gesträuch gerät und sich dort mit den Hörnern
oder Füßen derart verstrickt, daß sie nicht mehr heraus kann,
oder wenn sie gar „eingestiegen" ist, d. h. sich auf einem
Felsen in so gefährlicher Stellung befindet, daß sie keinen
Ausweg mehr weiß. Das Tier bleibt dann stehen, oft ein
— zwei Tage lang, ohne Nahrung und schwebend zwischen
Leben und Tod, bis der Hirt es endlich findet und oft mit
eigener größter Lebensgefahr rettet. Diese Geißbuben, die
Tag für Tag die steilsten Alpenspitzen erklimmen, sind die
verwegensten Bergsteiger und tollkühnsten Kletterer; dabei
haben sie Augen wie ein Jochgeier und Sehnen, fest und
geschmeidig wie die zähen Zunderäste.

Gewöhnlich erreicht der Geißhirt mit seiner Herde gegen
die Mittagszeit eine Alpenhütte, wo er bereits erwartet und
hochwillkommen ist. Er ist nämlich für die Alpenleute eine
Art lebendiger Zeitung, aus der sie erfahren, wie es drunten
in der Welt zugeht. Er wird um alle Neuigkeiten aus=
gefragt, Grüße werden wechselseitig aufgegeben, und im Tal
erzählt er dann wieder von dem Tun und Treiben der Älpler.
Von der Alpenhütte aus läßt er seine Herde allein weiter auf=
wärts steigen und bleibt den Tag über bei den Sennleuten,
denen er allerlei kleine Dienste verrichtet. Zum Lohn erhält er
eine tüchtige Butterschnitte, die er sich wohl schmecken läßt.

Gegen Abend kommt die Geißherde wohlgefüttert und
mit strotzenden Eutern wieder zur Hütte herab und der Geiß=
bub macht sich auf den Heimweg. Flink geht es abwärts
über Stock und Stein und bald ist das heimatliche Dorf
erreicht und die Herde in den verschiedenen Ställen versorgt.
Der „Geißer" aber freut sich nun auf sein warmes Abend=
essen und kriecht hierauf bald in sein ärmliches Heubett, das
ihm nach der Anstrengung des Tages sicherlich so weich
dünkt, als das prächtigste Eiderdunenkissen.

Das Fahnenschwingen.

„Ihr Schützen, schwingt die Fahnen,
Die Fahnen weiß und grün,
Es ist ein stolzes Mahnen
Gar eigner Art darin."

So beginnt Hermann v. Gilm ein Schützenlied. Und er hat recht. Wenn nach der abgegebenen „Generaldecharge" die Front der Schützen wie angewurzelt dasteht und bei den Klängen der Volkshymne die weiß=grüne Fahne geschwungen wird, da ist es in der Tat ein „stolzes Mahnen" an erfochtene Siege, es ist, als ob in den geschwungenen Seidenfalten das Hochgefühl der kampfluftigen Krieger mitwogend seinen Ausdruck finde. Auch beim Defilieren der Schützenkompagnie wird die Fahne vor dem Kommandanten geschwungen als Sinnbild der hingebenden Treue und Verläßlichkeit der Mannschaft.

Das Fahnenschwingen war in früheren Zeiten ein allgemein geübter Brauch der bannertragenden Innungen überhaupt und besonders der Bäcker. So war es noch im vorletzten Jahrhundert in Mitteldeutschland am Pfingstdienstage üblich. Die ganze Zunft zog, in weiße Jacken gekleidet und mit Bändern geschmückt, durch die Gassen der Stadt und schwang vor den Häusern in kunstvoller Weise die weiße Fahne. Als Lohn erhielten die Zünfte dann von den Bewohnern ein Biergeld, das beim abendlichen Schmaus gemeinschaftlich verjubelt wurde. In Wien hat sich, wie eine alte Chronik erzählt, vor etwa 360 Jahren bei Gelegenheit einer herzoglichen Hochzeit ein Fahnenschwinger sogar zuhöchst auf dem Stephansturm als solcher hervorgetan. Jetzt hat sich diese Sitte nur mehr bei den Schützenumzügen und meines Wissens nur mehr in Tirol, Kärnten und Steiermark, in beiden letztern „Fahndreh'n" genannt, erhalten.[1]

---

[1] Nach einer Mitteilung des verdienstvollen deutschböhmischen Schriftstellers Alois John findet sich ein schwacher Nachklang dieser

Da wird sie bei Prozessionen, besonders um Fronleichnam, nach der abgegebenen Generaldecharge vom Fahnenträger geübt, und zwar in der Weise, daß die Fahne in Form eines liegenden Achters (∞) geschwungen wird.

Das Gesagte gilt vom Ober- und Unterinntal; anders im Burggrafenamte. Hier ist das Fahnenschwingen bei gewissen feierlichen Gelegenheiten noch als selbständiges festliches Nachspiel im Schwange und hat sich besonders in Mais, Marling und Meran, ferner in Schönna und Lana zu einer eigenartigen Kunstfertigkeit entwickelt. Nachdem die Fronleichnams-Prozession oder die große Prozession, die am Festtage Maria-Namen in Mais, um Maria Geburt in Lana abgehalten wird, vorüber ist, ziehen die Schützen in ihrer malerischen Tracht auf den Kirchplatz oder in den Hof des Pfarrwiddums; der Fahnenträger tritt vor und es beginnt das Schwingen. Dazu spielt die Kapelle in langsamem Zeitmaß einen „Ländler" (Walzer), der die Vorführung mit der Fahne begleitet. Zuerst werden die obengenannten gewöhnlichen Schwingungen mit geneigter Fahnenspitze vorgenommen. Vor und zurück wallt zum Takt der Musik in anmutiger Wellenbewegung rauschend und knisternd die Seidenfahne. Dann senkt sie sich mehr und mehr und bewegt sich kreisrund um den schlanken Schwinger. Jetzt dreht er sie pfeilschnell um die Hüfte, daß der Oberleib des Trägers fast wie auf einem grünen Teller erscheint. Immer tiefer kreist die Fahne und in stets drehender wagrechter Vor- und Zurückbewegung um den Leib und immer tiefer hinabrückend um die Beine des Fahnenschwingers. Endlich tanzt sie um die Waden herum, kehrt blitzschnell um und dreht sich in entgegengesetzter Richtung. Dabei darf sie — das ist die Hauptsache — den Boden nicht berühren. Die Schlußwirkung bildet das „Überspringen" der Fahne, obwohl dasselbe, streng genommen, mehr in einem Übersteigen als in einem wirklichen Überspringen der Fahnenstange besteht.

Sitte auch in Eger. Ebenso wurde beim großen Erinnerungsfest zu Unspunnen bei Interlaken am 25. und 26. Juni 1905 das Fahnenschwingen geübt.

Damit hat die Belustigung ihr Ende erreicht; mit einer
kunstvollen Wendung wird die Fahne in die Höhe geschwungen, die Musik verstummt und der gewandte Fähnrich
tritt wieder in die Reihe.

So sah ich es vor Jahren in Untermais nach der
großen Prozession. Auch zu Ehren der Anwesenheit hoher
Persönlichkeiten ist das Fahnenschwingen im Brauche. So
wurde es in Innsbruck anläßlich der Feier der fünfhundert-
jährigen Vereinigung Tirols mit Österreich unter den Augen
des Kaisers vor der Burg geübt. Wenn ich nicht irre,
war es ein gebürtiger Algunder, der die Fahne schwang,
derselbe, der sich schon früher im Herbste des Jahres 1855
vor dem Erzherzog Karl Ludwig in dieser Kunst hervorgetan
hatte. Damals waren sogar drei „Fahnlschwinger", vom
Schützenviereck umgeben, auf dem Postplatze in Meran anwesend und zeigten bei Trommel- und Schwögelklang dem
kaiserlichen Prinzen ihre Fertigkeit. Am schönsten machte es
der erwähnte Algunder. Das war wohl der beste Fahnenschwinger seit langer Zeit und verstand es meisterlich die
grün-weiße Schützenbraut mit einer Hand zu drehen, wie
es eigentlich vom Brauche vorgeschrieben und auch im Talboden von Meran gehalten wird.

Auf den Höhen, so zum Beispiel in Schönna, wird die
Fahne mit beiden Händen geschwungen. Es geschieht daselbst am Frohnleichnamstage zweimal, ja früher sogar dreimal,
das erstemal vormittags, dann nachmittags auf dem Kirchplatze, wobei die Schützen und das Volk ein Viereck herum
bilden. In den vierziger Jahren, als noch der Zehent blühte,
zog man hernach auf den Schloßhof von Schönna und
brachte auf diese Weise dem Burgherrn eine eigenartige
Huldigung, welche stets eine kleine Bewirtung zur Folge
hatte. Es gehört übrigens viel Kraft und Übung dazu,
mit einer solchen Fahne, wenn sie auch nicht allzuschwer ist,
alle diese Windungen und Drehungen auszuführen, ohne
daß die Seide den Boden berührt. Kann es einer gut,
dann sieht das Spiel wirklich schön aus. Als Beleg, zu
welcher Meisterschaft es manche in diesem schönen Spiele

bringen, sei erwähnt, daß einer in Lana mit einem bis zum Rand gefüllten Weinglas auf dem Kopfe, ohne einen Tropfen zu verschütten, den Fahnenschwung ausführte. Es ist das wohl derselbe, welcher bei der Enthüllung der vom Österr. Touristenklub errichteten Andreas=Hofer=Gedenktafel in Meran am 24. Oktober 1884 allgemeine Bewunderung erregte.

Mögen die wackeren Burggräfler, die schmucke Vorhut und Ehrenwacht der Burg Tirol, auch diese überkommene Vätersitte ebenso treu wahren, wie sie manchen andern ehr= würdigen Brauch bisher bewahrt haben!

Bäuerliche Kampfspiele.

Ringspiele und ernstfriedliche Wettkämpfe, in denen sich zwei Gegner in ehrlichem Kampfe messen, kamen fast bei allen Völkern indogermanischer Zunge vor. Erhalten haben sie sich nach ihrer edleren und roheren Seite nur mehr in den Alpengegenden, wenn man nicht die Boxereien der Eng= länder noch dahin nehmen will. Muß man nun anderseits den Entstehungsgrund hierfür in der strotzenden Gesundheit erblicken, die den Älpler antreibt, seine Stärke auch außer der Arbeit auf diese mehr ritterliche Weise zu betätigen, so weisen doch andererseits überlieferte Zeugnisse genug darauf hin, daß ursprünglich auch ein tieferer Zweck damit ver= bunden war, daß nämlich diese Ring= und Kampfspiele in früherer Zeit sicher auch die Stelle der alten Ordalien ver= traten und in Tirol wenigstens noch vertreten.

Der Charakter eines durch Gesetze geregelten Ringspieles tritt uns gegenwärtig noch am ursprünglichsten in dem so= genannten Schwingen oder Hoselupfen entgegen, wie es in der Schweiz, besonders im Berner Oberlande, üblich ist. Dieses Volksfest ist stets an bestimmte Jahrestage ge= knüpft und geht gewöhnlich auf einer Grenzalpe vor sich, wo sich die Burschen der beiderseitigen Täler oder Orte be= gegnen. So kämpfen z. B. die Unterwaldner und Haslitaler auf der Alpe Breitenfeld ob Meyringen oder die Entlibucher und Emmentaler auf dem Schüpferberg oder auf Ennetegg. Preis ist die Ehre des Stärkeren und in dessen Person die der Heimat; manchmal wird aber auch zur Erhöhung der Festlichkeit für den Sieger eine Belohnung ausgesetzt. Auf ein solches „Schwinget" bereiten sich die Burschen schon einige Zeit früher vor, indem sie sich der strengsten Arbeit enthalten und ihren Körper durch gutes Essen und Trinken kräftigen. Auch das Fest selbst eröffnet ein Trunk im Wirtshause. Jeder Kämpfer wählt sich seinen Mann aus der Gegenpartei, zecht mit ihm in aller Gemütlichkeit und wandert dann unter den Klängen der Musik Arm in Arm mit ihm zum Kampfplatze. Dort wartet schon eine Menge Volkes auf den Zug, darunter die ehrwürdigen Männer des Kampfgerichtes, welche über den Vorgang zu wachen und zu entscheiden haben.

Alle unerlaubten Mittel, z. B. das Einreiben des Leibgurtes mit Talg, welches ein festes Anfassen verhindert, sind strengstens verboten. Während nun die Zuschauer mit gespannter Aufmerksamkeit im Kreise stehen, beginnt das Ringen. Die beiden Kämpfer haben sich bereits bequem gemacht; sie tragen nichts mehr auf dem Leibe als das vorne geöffnete Hemd, dessen Ärmel bis über die Ellbogen aufgestülpt sind, und eine sogenannte Schwinghose aus festem Drill, bis auf den halben Schenkel heraufgerollt und am Taillengurt mit einem Wulst zum Anfassen versehen. Die Gegner geben sich erst treuherzig die Hand, zum Zeichen, daß keiner weder Haß noch Groll gegen den andern im Herzen trage, sondern daß das Schwingen ein freies, freundliches sein solle. Dann schicken sie sich an zum „Zusammengreifen". Dieses geschieht stehend oder auch kniend, wenn es den Kämpfern so besser taugt. Den Kopf auf die rechte Schulter des Gegners legend, schlägt jeder die rechte Hand wie eine Löwenpranke in dessen Leibgurt und die Linke in den aufgerollten Hosenwulst. Jeder hält sich auf dem Standpunkte der Verteidigung und lauert auf eine Schwäche des Gegners, um sie zu benützen; daher kommt es, daß sie oft einige Minuten hin- und herwogen, „dusen", wie es genannt wird, bis endlich einer den andern mit kräftigem Schwunge faßt und nach verzweifeltem Kampfe auf den Boden wirft. Es kommt aber auch vor, daß beide gleich stark und gewandt sind und nach langem, erfolglosem „Dusen" ermattet auf den Rasen sinken. Haben sie aber verschnauft, und ein Glas feurigen Weines getrunken, so reiben sie sich die Hände, um sie rauher zu machen, mit Erde ein und versuchen ihr Glück auf's neue.

Unter den Zuschauern herrscht während des Anfassens lautlose Stille, ist aber einmal der erste Schwung erfolgt, so begleitet die Menge die Anstrengungen der Kämpfer mit Ausrufen der Verwunderung und Ermutigung, bis endlich einerseits Jubel den Sieger, andererseits Gelächter den Bewältigten begrüßt. Doch einmaliger Fall verbannt nach altem Grundsatz den Überwundenen noch nicht vom Kampfplatze; noch ein zweites Mal darf er vortreten, um die Scharte auszuwetzen. Nur derjenige, der seinen Gegner zweimal auf den Rücken wirft, wird wirklich als Sieger anerkannt. Bei einem „Schwinget", wo die Vertreter zweier Talschaften für die Ehre ihrer Partei kämpfen, wird eine strenge Reihenfolge eingehalten, indem aus der Partei des zuletzt Gefallenen der Ersatzmann heraustritt und mit seinen frischen Kräften dem vom vorigen Gange schon etwas ermüdeten Sieger an den Leib rückt.

Am seltsamsten und spannendsten gestaltet sich der Kampf, wenn bei einem feierlichen „Schwinget" die besten Streiter beider Parteien die letzten auf dem Kampfplatze sind, jeder die ganze Hoffnung seiner Partei, welche erwartungsvoll jede Bewegung beobachtet. Keiner denkt ans Siegen, sondern sucht nur seinen Fall zu verhüten durch alle möglichen Vorsichtsmaßregeln, weshalb sie auch von der gewöhnlichen Schwingart ganz abweichen. Sie lassen sich nämlich, nachdem sie sich regelrecht gefaßt haben, genau die Stellung des andern abmessend, auf's rechte Knie nieder und entfernen sich mit dem ganzen Unterkörper so weit voneinander, als es Griff und Muskelspannung nur immer erlauben, oder sie legen sich gar platt auf den Bauch nieder. Da winden sie sich nun herum wie Schlangen, oft eine halbe Stunde lang,

und spannen alle Muskeln und Sehnen in dieser marter=
vollen Lage so übermäßig an, daß sich das Gesicht vor An=
strengung ganz braunrot färbt. Gelingt es nun keinem
durch Ausdauer, Kraftübermaß oder List den Gegner zu
überwinden, so erheben sich die Kämpfer endlich halbtot und
bekennen sich mit einem Handschlag als gleich gut und den
Streit als beigelegt. Friedlich verbringt man den Rest des
Tages; besonders geht es dort hoch her, wo das „Schwinget"
noch mit einer sogenannten „Alpstubete", d. i. einer Zusammen=
kunft zu Tanz und Spiel auf einer Bergwiese verbunden ist.

Diese Art des Ringkampfes scheint ehemals sehr ver=
breitet gewesen zu sein. Man trifft dieselbe auch im salz=
burgischen Pinzgau an. Im Saalfelder Gerichte war ein
eigener Platz für diese Turniere bestimmt. Wollten zwei
eine Streitigkeit, eine Beleidigung 2c. auf diese handgreifliche
Weise ausmachen, so hieß es: „Auf dem Hundsstein sehen
wir uns wieder!" Dieser Hundsstein ist ein gegen zwei
Stunden von Saalfelden südöstlich gelegener, hoher Berg,
welcher nach allen Seiten die schönste Aussicht bietet. Bis
zum Kampfplatz hat man vier Stunden zu gehen. Hier
versammelte sich unfern eines kleinen Bergsees, oder richtiger
Wasserlache, alljährlich am Jakobitage (25. Juli) eine Menge
Volk aus den umliegenden Ortschaften und Tälern; ja selbst
aus dem benachbarten Tirol kamen mit hellem Jauchzen
ganze Rotten fröhlicher Festteilnehmer gezogen. Einer aus
dem Volke trat nun auf, beschrieb mit einer Peitsche einen
weiten Kreis, um die Grenzlinien des freien Spielplatzes zu
bezeichnen, um welchen sich nun die Zuschauermenge dicht=
gedrängt scharte. Hierauf begann das Fest.

Erst kamen verschiedene Belustigungen an die Reihe,
z. B. Holztriften, Püroßelspringen, wobei ein Bursche dem
anderen über den Kopf sprang, Bänderspringen, Sack= und
Hosenlaufen, ein Wettrennen, bei dem die Füße in einen
Sack gebunden wurden oder zwei Burschen in einem Paar
Hosen staken. Den Schluß= und Glanzpunkt bildete das
„Hosenrecken". Es entspricht so ziemlich dem Schwingen im
Berner Oberlande. Die Kämpfer, kräftige Gestalten und

zur Hälfte entblößt, traten vor und reichten sich erst freund=
schaftlich die Hand. Wohl mochte bei Manchem Neid und
Eifersucht oder sonst feindselige Gesinnung der Antrieb sein,
der ihn zum Kampfe mit dem insgeheim verhaßten Gegner
trieb, aber das Volk wachte streng über die rechtmäßige Hand=
habung des Streites und duldete keine Hinterlist. Oft
machten die erschöpften Ringer mitten im unentschiedenen
Kampfe eine Pause, um sich zu erholen und fielen dann auf's
neue übereinander her, bis endlich einer sich mit den Worten:
„Ich hab' genug" als überwunden bekannte. Daraus dürfte
jedoch keine Feindschaft zwischen beiden entstehen, sondern sie
mußten, der Sitte gemäß, sich wieder die Hände reichen und
den Siegerstolz einerseits und die Schande andererseits bei
einem Glase Wein ausgleichen.

Nicht immer vermochte indes das strenge Gesetz die
Leidenschaft im Zaume zu halten und es gab nur zu oft
blutige Köpfe und Beinbrüche, ja sogar Totschläge, weswegen
von der Landesregierung vielfach, obwohl nur mit teilweisem
Erfolg, gegen diese Sitte eingeschritten ward. Übrigens gab
es außer dem Hundsstein auch noch andere beliebte Orte,
wo solche Ringkämpfe abgehalten wurden, so z. B. am Pfingst=
montage auf der Tachsau, einer etwa eine halbe Stunde
von Saalfelden entfernten Heide, dann zu St. Johann im
Pongau auf dem Sonntagskogel und auf der Schinderau,
wo der Johannistag (24. Juni) für ein derartiges Volksfest
anberaumt war.

Das berühmteste von allen aber war der Wettstreit
auf den Flatnitzer Alpen. Dort wurde am Oswalditag
ein großer Viehmarkt abgehalten, zu welchem die Bewohner
der drei zusammenstoßenden Länder Salzburg, Steiermark
und Kärnten als Käufer und Verkäufer mit ihrer wohl=
gepflegten Ware erschienen. Schon das war eine Art Wett=
streit um die Ehre des schönsten Stückes, wobei indes meistens
die Kärnthner mit ihren herrlichen fetten Weide=Ochsen aus
dem Gurk= und Metniztale den Sieg davontrugen. War
das Handeln und Feilschen vorüber, dann maßen sich die
Gebirgsbewohner in ihren körperlichen Kräften, alle Stärke,

Gewandtheit und Ausdauer aufbietend, denn es galt die
Nationalehre.

Der Kampf ging folgendermaßen vor sich. Am 24. Juni,
dem Gedenktage des heiligen Johannes des Täufers, sowie
am zweiten Sonntage darauf versammelten sich die stärksten
und im Ringen gewandtesten Burschen aus den drei Alpen=
ländern nach beendigtem Gottesdienst auf einem freien grünen
Platz in einiger Entfernung von der Kirche, den Hütten und
dem Viehmarkte. Alle Anwesenden waren nach ihren Heimat=
ländern in Haufen geteilt. Aus einem derselben trat nun
ein Anführer vor, einen kräftigen Burschen am Rocke führend,
und fragte die aufhorchende Menge: „Wer getraut sich mit
diesem zu ringen?" Die Frage blieb nicht lange unbeant=
wortet. Nach kurzem Gemurmel in den beiden übrigen
Scharen trat aus einer derselben, ebenfalls von einem An=
führer geleitet, ein zweiter kampflustiger Jüngling und stellte
sich dem ersteren als Gegner vor. Kämpfer und Anführer
reichten sich hierauf die Rechte zum Handschlag. Die Führer
traten sofort zurück und überließen den beiden Ringern den
Platz allein, um den sich nun das Publikum in weitem
Rund aufstellte. Die Kämpfer waren hier vollständig be=
kleidet, daher fiel auch die eigentümliche Art des „Schwingens"
oder „Lupfens" weg und machte einem gewöhnlichen Ringen
Platz. Erst faßten sie sich an den Röcken, dann drehten sie
sich im Kreise. Besonders kam es auf die Schnelligkeit und
Gewandtheit der Füße an und nicht selten sah man den
Stärkeren durch eine schlaue flinke Wendung seines geschmei=
digeren Gegners zu Boden fallen. Tief errötend und einen
halblauten Fluch auf den Lippen erhob sich der Überwundene
wieder, um nach kurzer Rast mit dem Aufwand all seiner
Kraft und List die Schmach zu rächen. Erst wenn er drei=
mal besiegt wurde, trollte er sich gesenkten Blickes von dannen
und verlor sich in der Mitte seiner beschämten Landsleute.
Der Sieger aber erwartete, glühend vor Anstrengung und
Stolz einen neuen Mitkämpfer, bis vielleicht auch er erschöpft
unterlag. Immer neue Ringer traten auf, bis endlich einer
alle besiegte und keiner den Kampf zu erneuern sich anmaßte.

Dieser empfing nun als Siegeszeichen von seinen Landsleuten die Schildhahnfedern, welche er selbstbewußt lächelnd auf den grünen Hut steckte, während die Überwundenen ihre Federn herabnehmen mußten. Selbstverständlich war der Sieger nun der Gefeierte des Tages. Man trank ihm zu, pries seine Geschicklichkeit und Stärke und führte ihn im Triumphe auf den Markt zurück. Ein Tanz beschloß das fröhliche Fest. Der Ruf des Siegers verbreitete sich mit Schnelligkeit weitum in den Gauen; noch Jahrzehnte darauf sprach man von dessen Ruhme. Eine derartige Berühmtheit genoß z. B. der im Jahre 1812 verstorbene Johann Strans von Althofen, insgemein Magdalener Hansel genannt, der unbesiegt von dem Kampfplatze dreier Länder abtrat.

Die Älpler beschränken ihre Lust am Ringen jedoch nicht bloß auf solche allgemeine Wettkämpfe und Feste. Die Burschen in Kärnten und Steiermark, sowie auch die Krainer und Winden übten sich fast jeden Sonn- und Feiertag in dieser Kunst und brachten es so zu großer gymnastischer Geschicklichkeit. Bekannte Kampfplätze waren außer der oben angeführten Flatniz Jungbrunn an der oberösterreichischen Grenze, wo am Pfingstsonntage die Steirer und Kärntner, und das Seetal, wo dieselben am Jakobitage zu gegenseitiger Krafterprobung zusammenkamen. Sämtliche Ringer trugen dabei einige keck auf den Hut aufgesteckte Federn, derjenige aber, der sich schon einige Jahre hindurch als Sieger bewährt hatte, trug einen auffallenden Federbusch. Die windischen und krainerischen Burschen gaben sich jenseits des Loibels beim Wallfahrtsort Gedoze unweit Krainburg ein Stelldichein.

Daß das kräftige kernige Volk der Tiroler diese Ring- und Kampfspiele eifrig pflegte, darf wohl kaum noch bestätigt werden. Das Ringen oder Robeln, wie es dort heißt, gewann hier eine Ausdehnung und Ausbildung, wie kaum in einem andern Alpenlande. Keine Wallfahrt oder Kirchzeit und kein Markttag verging, ohne daß vor dem aus nah und fern zusammengeströmten Volke ein Kampfspiel stattfand. Oft kamen die Hauptrobler oder „Hagmair", wie man sie

nennt, vom ganzen Lande auf dem Festplatze zusammen, um
ihre Kraft miteinander zu messen. Durch derartige Feste
berühmt waren besonders der Hainzenberg im Zillertale, die
Zetten in Dux, die hohe Salve im Brixental, das weit=
bekannte Notburgakirchlein in Eben, die Jochberger Wald=
kapelle, der Angererberg und andere. Der Morgen eines
solchen Versammlungstages gehörte der Andacht, der man
durch das Anhören von Predigt und Amt vor dem Gnaden=
bilde Genüge tat, oder den Geschäften, wenn es sich um einen
Markt handelte; den Nachmittag widmete man dem Ver=
gnügen und der Schaulust, die in vollem Maße befriedigt
wurde.

Die Ringspiele fingen meistens mit der leichtesten Art
des Kampfes an, nämlich mit dem sogenannten Hanggeln.
Es besteht darin, daß zwei gegenüberstehende Burschen sich
mittels der gekrümmten Mittelfinger (Hanggel) aus der ge=
faßten Stellung zu ziehen suchen. Übrigens ist auch diese
Kraftübung keine Kinderei, wie es vielleicht scheinen möchte,
sondern erfordert die eisernen Glieder eines Alplers und
muß von Kindheit an geübt werden. Das Hanggeln ist
auch jetzt noch sehr gebräuchlich, besonders liebt es der Tiroler,
auf diese Weise eine Flasche Wein auszuspielen. Vom Hang=
geln ging man dann zum eigentlichen Robeln oder Rang=
geln über. Dieses ist ein förmliches Ringen, wobei ein
Gegner den andern zu Boden zu werfen und unter sich zu
erhalten sucht. Und zwar muß dies dem Betreffenden in
dreimaligem Gange wenigstens zweimal gelingen, ehe er als
Sieger anerkannt wird. Liegt einer, von den nervigen Armen
seines Mitkämpfers gehalten, auf dem Boden, so fragt letzterer:
„Gibst bi?" Hat der Überwundene bereits Kraft und Mut
verloren, so bekennt er kleinlaut: „I gib' mi"; im entgegen=
gesetzten Falle verneint er trotzig: „I gib' mi nit." „Nu!
dann wehrst bi'," ist die Antwort, und die Balgerei geht von
neuem los. Sagt aber der Untenliegende: „La' mi gehn,"
so erklärt er sich damit für besiegt und der andere muß ihn
aufstehen lassen.

In diese gewöhnliche Art des Ringens haben Zeit und

Übung manche Abänderungen gebracht. Die ebenso kecken
als schlauen Burschen erfanden alle möglichen kühnen Be=
wegungen und Vorteile, um ihren Gegner unterzukriegen.
Schon vor dem eigentlichen „Zusammenschießen" werden alle
möglichen „Finten" und „Faxen" gemacht. Erst stehen sie
beide da, die Augen stier aufeinander gerichtet, alle Nerven
und Muskeln gespannt, jeden Augenblick erwartend, vom
anderen gepackt zu werden. Einen solchen Moment hat
Meister Defregger in seinem berühmten Genrebilde „Die
Robler" aufgefaßt. Mancher schleicht wie eine Katze um den
beobachtenden Gegner, neckt ihn und ermattet ihn durch
Scheinangriffe, bis er endlich mit einem blitzschnellen Sprung
ihn faßt, dreht oder hebt und „schmeißt". Oder er täuscht
ein Stolpern vor, um den Gegner aus seiner zuwartenden
Stellung zu locken. Ein mehr kleiner und geschmeidiger
Bursche muß sich immer eher auf List und Gewandtheit ver=
lassen und trägt auch in den meisten Fällen den Sieg über
die kräftige, aber plumpe Herkulesgestalt seines Mitkämpfers
davon. Nicht selten stellt sich einer überwunden, entschlüpft
aber im Fallen den Armen des Gegners und kommt schließ=
lich obenauf.

Eine gefährliche Kampfweise ist das sogenannte Stieren
— wie schon der Name sagt, dem Angriff des Stieres ab=
geschaut. Mit gesenkter Stirn gehen die beiden aufeinander
los; jeder sucht den Gegner an den Armen zu fassen und
mit einem gewaltigen Schwung über den Kopf zu schleudern,
wobei der Angreifer meist selbst fällt, sich aber schnell wieder
erhebt. Eine kleine gedrungene Gestalt bringt bei dieser Art
des Robelns großen Vorteil, da der Betreffende leicht mit
dem Kopfe zwischen die Beiner des Gegners gerät, um ihn
mit seiner eisernen Hirnschale rücklings über sich zu werfen.
Der Besiegte brach manchmal bei diesem Vorgange das Genick.
Ebenso halsbrecherisch ist das sogenannte Hufen oder Hüfen,
so genannt von der Hüfte, weil man hiebei den Gegner über
die rechte oder linke Hüfte hinauswirft und zwar mit einer
Hand. Man sucht demselben nämlich mittelst des beliebten
„Kreuzsprunges" mit der einen Hand über's Kreuz unter die

Achsel zu kommen, daher muß der Angegriffene die Arme fest schließen und an die Brust drücken, was wohl etwas bedeuten will, denn der Angreifer faßt oft den Arm des anderen und preßt ihn so mit der Hand, daß er den „Kram" (Krampf) kriegt. Freilich muß er bei diesem Bestreben, dem Gegner die Arme vom Leibe zu bringen und ihm unter die Achsel zu kommen, selbst auf der Hut sein, daß der so Angegriffene nicht einen günstigen Moment erspäht und dem das Schicksal bereitet, das er ihm zugedacht hat, d. h. ihn „huft". Es kommt hiebei, wie leicht denkbar, vorzüglich auf Kraft an. Sind beide Kämpfer gleich stark, so bricht der eine oder der andere leicht einen Arm.

Auch den unschuldigen „Hosenlupf" oder das „Hosenrecken", vollständig dem schweizerischen „Schwingen" ähnlich, kennt der Tiroler, besonders im Brixentale, in Jochberg und in den an Salzburg grenzenden Gegenden, sowie im Iseltale. Diese Ringsitte muß einst sehr verbreitet gewesen sein, wie aus den tirolischen Volksliedern erhellt.

> „Wöllt's eppar (etwa) an' Hosenlupf wagen,
> Fangt's mit kan Tiroler nix an," usw.

Kamen nun auch bei obigen Kampfarten blutige Beschädigungen häufig genug vor, so blieb das Ringen doch immer ein ehrliches, durch Regeln bestimmtes Kraftspiel. Das „Schelmen", welches in Schlagen, Beißen, Kneipen 2c. besteht, galt stets als unehrenhaft, und der Recke, der es wagte, dieser durch vielhundertjährige Überlieferung geheiligten Satzung entgegen zu handeln, ward auf Befehl der Kampfrichter, unter denen sich die geachtetsten Gemeindeglieder befanden, von den eigenen Kameraden vom Platze entfernt, d. h. auf gut tirolisch hinausgeworfen. Die Kampfrichter wachten über den ganzen Vorgang und sahen sie, daß die beiden Gegner im ergebnislosen Kampfe bereits ganz erschöpft waren, so riefen sie ihnen zu: „Buben auseinander! Ihr seid gleich gut und könnt das nächste Jahr wieder probieren, wer der Bessere ist." Wie zwei folgsame Kinder fügten sich die Burschen dem Befehl und ließen sich willig

los. Wer erinnert sich da nicht unwillkürlich an den Zwei=
kampf zwischen Ajax und Hektor im 7. Buche der Ilias, wo
auch die Herolde fast mit den gleichen Worten die Kämpfenden
rennen.

In den meisten Fällen aber wurde einer „Hagmair"
und erlangte dadurch das Recht, dem Besiegten die „Hui=
feder" vom Hute zu nehmen und auf seinen zu stecken. Diese
Huifedern, auch Robler= oder Trutzfedern genannt, sind die
glänzend schwarzen gekrümmten Schweiffedern des Spiel= oder
Birkhahns, seltener die langen weißen des gewöhnlichen Haus=
hahns. Zwar prangt in neuerer Zeit auf den Hüten der
Burschen, besonders auf den Schützenhüten, neben Nelke und
Rosmarin auch der doppelt gebogene Schweif des Spielhahns;
doch gilt derselbe jetzt mehr als bloßer Schmuck:

„Am Sonntag setz' i mein grün's Hüt'l auf,
An' Gamsbart und drei krumpe Federn drauf" —

heißt es im verbreitetsten Tiroler Volksliede. Verspürt aber
der Tiroler Lust, seine Stärke und Gewandtheit im Ringen
zu erproben, so steckt er, bevor er in der Schenke oder in
einem Nachbardorfe einen Gegner zum Zweikampfe aufsucht,
die schwarze Spiehahn= oder die weiße Hahnenfeder vorn auf
den Hut und zwar so, daß sie geradeauf, etwas vorgeneigt zu
stehen kommt. Die übrige Burschenschaft weiß dann schon, was
dieses kecke, nickende Fragezeichen zu bedeuten habe und bald
findet sich einer, der den Ankömmling mit dem Ellbogen an=
stößt und spöttisch fragt, was denn die Feder koste. „Fünf
Finger und einen Griff" ist die Antwort, die das prahlende
Schnaderhüpfl ergänzt:

„A frischer Bua bin i,
Hab' d' Federn aufg'steckt,
Im Hanggeln und Raufen
Hat mi' keiner derschreckt."

Der andere gibt ihm ebenfalls in „Vierzeilen" eine spöttische
Erwiderung. Haben sich beide in die gehörige Hitze hinein=
geredet, so „fliegen sie einander an" und der Kampf geht
los und endet erst, wenn einer den andern besiegt oder wie

man sagt, ihm „das Federl herabgenommen hat." Den
Ehrentitel „Hagmair" erhielt einer übrigens erst dann, wenn
er alle geforderten Burschen aus dem Zuschauerkreise über=
wunden hatte und sich keiner mehr mit ihm zu robeln ge=
traute. Erst dann hatte er das Recht, seinen Hut mit den
erbeuteten Trutzfedern zu schwingen und zu singen:

> „Mein Federl steht fest
> Wie die nußbaumen Aest,
> Wer mein Federl will haben,
> Muß'n Nußbaum ausgraben,"

d. h. im Robeln ihn werfen. Hagmair zu werden, war
daher keine Kleinigkeit, besonders bei einem großen Ringen,
wie ein solches z. B. alljährlich bei der Jochberger Wald=
kapelle stattfand. Dorthin kamen die stärksten Burschen des
Puster=, Brixen=, Inn= und Zillertales, sowie des benach=
barten Pinzgaus. Auf letztere hatten es die Tiroler, als
auf „Ausländer", besonders abgesehen. In Rotten geschart,
umstanden die Landsmannschaften den Kampfplatz und der
Stolz und die Freude derjenigen, welche den unbesiegten
Hagmair zu den Ihrigen zählten, kannte keine Grenzen. Mit
hochgehobenem Haupte trug der Bewunderte seine erbeuteten
Federn zur Schau und wurde bei der Rückkehr ins Heimat=
dorf jubelnd empfangen. Jedem, der ihn etwa zu fragen
wagte, was eine Feder koste, gab er lachend zur Antwort:
„Fünf Finger und einen Griff!" Aber keiner getraute sich
mehr mit ihm anzubandeln und er konnte mit Recht singen:

> „Ist keiner im Stand,
> Daß er'n Taxbaum ausreißt
> Und an' Hirschen derfangt
> Und an' frischen Bub'n schmeißt.

Vogelnarren und Vogelbälle.

Der Tiroler ist ein geborener Vogelnarr. Kaum wird man eine Bauernstube finden, in der nicht hoch oben an der Zimmerdecke ein kleiner Drahtkäfig mit einem Krummschnabel hängt, der nach dem Volksglauben das Haus vor Unglück und Hexerei und die Insassen vor allen Krankheiten zu bewahren hat. Selbst der Karren des Dörchers beherbergt unter der gebleichten Leinwanddecke diesen für heilig gehaltenen Vogel, der die Familie als „Spiritus familiaris" auf allen Fahrten begleitet. Bekanntlich erzählt die Sage, daß einst ein kleiner Vogel mit seinem zarten Schnabel Christus vom Kreuze zu befreien sich abmühte und zum Andenken an diese mitleidige Tat samt seinen Nachkommen den Schnabel in Kreuzform trägt. Julius Mosen hat diese schöne Legende in einem sinnigen Gedichte verherrlicht. Die Tiroler wissen das hohe Ansehen des Tierchens noch weiter zu begründen, welches nach ihrem Glauben so heilig ist, daß man ihm in Ermanglung eines Priesters sogar beichten könne. Der Krummschnabel soll dreimal in seinem Leben die Farbe ändern und so an die heilige Dreifaltigkeit erinnern; in der Jugend ist er feuerrot, dann wird er gelb und zuletzt grau. Er ist ferner ein Weihnachtsvogel, d. h. er ist zu dieser Zeit in der Brunst. Daher besitzt er wunderbare Eigenschaften, die jedem Hause Segen bringen. Er macht die Zaubergewalt böser Leute unschädlich, verscheucht Besessene, und wenn jemand krank wird, so darf er nur von dem Wasser zu sich nehmen, von dem ein Krummschnabel getrunken, um sofort gesund zu werden. Er nimmt alle Krankheiten, die den Hausbewohnern und besonders den Kindern drohen, auf sich; darum verendet das edle Tier aber auch sehr leicht.

Der Krummschnabel ist indes nicht der einzige Vogel, der solche Verehrung genießt. Ihm zur Seite steht als „Muttergottesvogel" das „Brandtele" (Rotschwänzchen). Wo dieses nistet, wohnt das Glück und kein Blitz schlägt

ein. Wer es aber merkt, sein Nest ausnimmt oder es gar
tötet, wird furchtbar gestraft. Feuersbrunst, Verlust der
schönsten Kuh oder teurer Angehörigen oder jäher Tod des
Freflers durch den Blitzstrahl sind die Folgen. Die gleichen
Strafen treffen nach dem Volksglauben den Schädiger, der
wie überall so auch in Tirol beliebten und geschätzten Haus=
schwalben. Betrachtet man nun die genannten Vögel mit
einer gewissen Ehrerbietung, so sind dagegen eine Anzahl
anderer Waldessänger nur um des Vergnügens halber beliebt;
z. B. das zutrauliche „Rotkröpfl" (Rotkehlchen), das flinke
„Tannenmeasl" (Tannenmeise), welche beide nebst dem
„Krummschnabel" die drei „Nationalvögel" Tirols genannt
werden können, ebenso das „Zeisele" (Zeisig), der bunte
Stieglitz und andere, die man in vielen Bauernstuben
trifft, entweder im Käfig, oder, da den Winter über nie ein
Fenster geöffnet wird, auch frei herumflatternd, um herab=
gefallene Speisekrumen und das Ungeziefer zu vertilgen. An
manchen Orten Oberinntals gibt der Singvogel, wie wir
schon hörten, sogar dem Hausgenossen das Geleite auf dem
letzten Wege. Man stellt nämlich bei Begräbnissen einen
Käfig mit einem Vogel auf den Sarg, weil nach einer Sage
etwas Lebendes bei den Toten sein muß, um denselben fort=
bringen zu können.

Ehemals wußten die Tiroler ihrer Liebhaberei auch
eine vorteilhafte Seite abzugewinnen. Wer hätte nicht schon
von dem ausgedehnten Vogelhandel der Tiroler, speziell der
Oberinntaler, gehört, der gegen Ende des vorletzten und zu
Anfang des achtzehnten Jahrhunderts blühte und den Spindler
in seinem Roman, „der Vogelhändler von Imst" dichterisch
behandelt hat? Damals waren es aber zunächst nicht die
eingeborenen Waldessänger, mit deren Züchtung, Abrichtung
und Verkauf man Gewinn erzielte, sondern Abkömmlinge
ferner Zonen, nämlich Kanarienvögel. Zuerst hatten Spanier
das Vorrecht des Alleinhandels, welche die Vögel unmittelbar
aus den kanarischen Inseln einführten. Da wollte es ein=
mal der Zufall, daß ein derartig befrachtetes Schiff in den
Gewässern des Mittelmeeres strandete und die befiederten

Fahrgäste sich auf die Insel Elba retteten. Die neue Kolonie
gedieh prächtig, aber mit dem Privilegium der Spanier war
es zu Ende. Bald machten sich italienische Gewinnsucher
daran, die goldgelben Sänger zu fangen, zu zähmen und
nun ihrerseits in den Handel zu bringen. Durch italienische
Vogelhändler kamen sie auch in das Nachbarland Tirol.
Dort fanden sie gewissermaßen eine neue Heimat. Die Be=
wohner des armen Berglandes und zwar besonders des
rauhen und ertragsärmeren Oberinntales, das für die Be=
völkerung nicht genug Mittel zum Fortkommen abwirft, er=
griffen mit Freuden einen Erwerbszweig, der so sehr mit
ihrer Neigung übereinstimmte. Im langen Winter zog man
die kleinen Pfleglinge groß, lehrte sie mit unsäglicher Geduld
allerlei Kunststückchen und pfiff ihnen kurze Liedchen solange
vor, bis sie dieselben nachpfiffen. Später machte man es
sich bequemer und benützte dazu kleine „Orgelen". Übrigens
beschränkte man sich nicht ausschließlich auf Kanarienvögel,
sondern brachte auch manche gelehrige, einheimische Waldes=
sprossen zum Verkaufe, z. B. Kernbeißer und Kreuzschnäbel,
Blauamseln, Nachtigallen, die herrlich singenden Steinmücken
und Bergfinken ꝛc. Kam dann der Sommer, so nahm der
„Vogelträger" seine „Vogelkraxen", ein Traggestell für
zwanzig und mehr kleine Käfige und ging damit auf die
Wanderschaft. Die Vogelhändler durchzogen Österreich, Deutsch=
land, England und Frankreich, ja sogar Rußland und die
Türkei. Sie kamen in die Paläste der höchsten Herrschaften,
denn überall sah man die hübschen kräftigen Burschen mit
ihrer malerischen Tracht und ihrem treuherzigen Benehmen
gern, und die niedlichen kunstfertigen Sänger, die inzwischen
zum Modeartikel geworden waren, wurden mit schweren
Summen bezahlt. Der Innungsspruch der Vogelhändler:

„Gelbe Vögel trag' ich aus,
Goldne Vögel bring' ich z' Haus"

wurde in der Tat in den meisten Fällen zur Wahrheit.
Mit dem wachsenden Aufschwung nahm der Handel allmählich
eine ganz andere Gestaltung an. Den Vogelträgern, die

bereits reichen Gewinn erzielt hatten, behagte das beschwerliche Wandern nicht mehr, sie blieben als „Vogelherren" zu Hause und schickten Knechte von erprobter Ehrlichkeit als „Vogelträger" in die weite Welt. Diese mußten das erhandelte Geld ihrem Patron abgeben und erhielten dafür ihren Lohn. Vorzüglich in Imst, dem Hauptsitz des Vogelhandels, bildete sich dieses Verhältnis heraus. Dort gab es wohlhabende Insassen, die zu diesem Zweck Kapital zusammenschossen und dann den Gewinn teilten. In der besten Zeit schlug sich mancher dieser „Ganzgewinnmacher" — so nannte man nämlich die Teilnehmer der Handelsgesellschaft — jährlich 3—600 sogenannte Kaisergulden (1 = 2 Kronen) heraus, eine große Summe für damals.

Aber die Herrlichkeit dauerte kaum länger als ein Menschenalter. Man hatte nämlich als Vogelträger selten Tiroler, sondern meistens Schwaben gedingt, die sich des Rufes besonderer Ehrlichkeit erfreuten. Den guten Schwaben aber stach der Gewinn in die Augen und sie waren klug genug, den Handel alsbald in ihre Heimat zu verpflanzen. Damit wurde aber auch der Wettbewerb ein größerer, die Ware, nun keine Seltenheit mehr, verlor an Wert und als sie vollends mehr und mehr aus der Mode kam, ging der einst so blühende Erwerbszweig mit Riesenschritten seinem Ende zu. Vogelfang und Vogelzüchtung waren wieder, was sie einst gewesen, bloßes Vergnügen. Allerdings bringt noch hie und da ein Bauernbursche eine Kraxe mit selbstgefangenen Vögeln in eine nahe Stadt zu Markte und verkauft sie da an Liebhaber, aber das ist eben nur ein karges Überbleibsel der alten glänzenden Handelschaft.[1]

Es ist überhaupt, wie mir der alte Golser, einer der größten Vogelnarren, die ich kannte, versicherte, wie bei den Menschen, so auch bei den Vögeln der „guten alten Zeit" besser gewesen als jetzt; das merke man aus dem weniger fröhlichen Gesange. Die „Schwarzblattelen", meinte er,

---

[1] Über die „Imster Vogelhändler" vgl. meine „Tiroler Volkstypen" a. a. O. S. 210—217.

ließen wohl noch einen Triller und allenfalls auch den "doppelten" und die Meisen ihren einfachen und doppelten "Rebetzer" hören, aber nicht so der Bergfink. Der habe früher den "Reiter" und den "doppelten Bräutigam" gesungen:

> "Zieh, zieh Bräutigia,
> Bräutigam zieh,
> Sollst Hochzeit halten
> Und gehst nie."

Das aber bringe heutzutage wunderselten mehr einer zusammen.

Daß aber trotzdem die Lust an diesem Vogelsport nichts weniger als erstorben ist, zeigen die sogenannten Vogelbälle, die Tinzltage der Vogelliebhaber, eine seltsame Sitte voll origineller Komik, die sicher ihresgleichen sucht. Am festlichsten wird derselbe wohl im oberinntalischen Dorfe Oberhofen abgehalten. Es dürfte kaum eine tirolische Gemeinde geben, in welcher der Krummschnabel oder der "Schnabel", wie er dort schlechtweg heißt, sich solcher Gunst und Verbreitung erfreut, als eben in Oberhofen, und kaum irgendwo so viel Vogelnarren geben, die den gefiederten Sänger mit wahrer Begeisterung gleich einer Operngröße verehren. Wie die Menschen nun bald und unvermerkt sich zu einer eigenen Gesellschaft und Bruderschaft zusammenfinden, wenn sie in den Hauptgrundsätzen des Lebens übereinstimmen, so hatten sich auch in Oberhofen bald alle Liebhaber des "Schnabels", in dessen Bewunderung sie eins sind, zu einer Gesellschaft verbunden, die alljährlich im Fasching ihren Tinzltag, den sogenannten "Krummschnabelball", feiert. In früherer Zeit ging derselbe in folgender Weise vor sich.

Am anberaumten Tage nachmittags zwei Uhr versammelten sich alle Krummschnabelbesitzer in der Zechstube des Oberhofener Wirtes. Dem Glase wurde erst nur bescheiden zugesprochen; das Gespräch drehte sich natürlich um das liebe Steckenpferd. Unterdessen wurden draußen auf dem Platze vor dem Gasthause eine Menge kleiner Drahtkäfige teils auf den Boden hingestellt, teils auf hohen Stangen

aufgepflanzt. Darinnen befanden sich die besten Sänger des
Ortes, um im gegenseitigen Wettkampf ihre Gesangskunst zu
erproben. In lustigem Vereine pfiffen und trillerten sie zu=
sammen, während eine Menge Volkes mit unterscheidender
Beurteilung ihren Liedchen lauschte. Schließlich wurde dem
Krummschnabel eines gewissen Michael Ruf die Ehre des
„Hauptschnabels" zuerkannt. Er sang so hell und rein und
so „hitzig", daß er alle übrigen überflügelte. Kein Wunder,
daß man seine Abstammung besprach, wie jene eines be=
rühmten Mannes. Er war nämlich zu Mötz „geboren" und
durch Kauf in die Hände seines jetzigen Herrn gelangt, dem
er nach dem siegreich bestandenen Sängerkampf wohl um
eine ansehnliche Summe nicht feil gewesen wäre. Hatte
man sich nun an dem Meistergesange hinlänglich erquickt,
so erschienen zwei Trompeter, welche in langem Atemzuge
einen kräftigen Tusch bliesen, worauf der „Brudermeister"
die untertänigste Einladung machte, daß die, welche Lust und
Liebe hätten, in die „Schnabelbruderschaft" einzutreten, sich
anmelden und einschreiben, sowie die übliche Taxe für den
Imbiß zahlen möchten. Der Redner sprach hierauf noch
einige Worte zu Ehren des Glücksvogels, der alles Übel
und alle Krankheit, die in ein Haus komme, zuerst auf sich
nehme, und überhaupt in allem ein edles Tier sei, welches
mit unvergleichlichem Gesange der Menschen Herz erfreue.
Zugleich brachte er in Vorschlag, einige „Vereinsstatuten"
zu entwerfen und zu beraten, und in der jeweiligen General=
versammlung die gemachten Erfahrungen über „Wesen, Natur
und Beschaffenheit" der „Schnäbel" und ihrer „G'sanglen"
zu allgemeinem Nutz und Frommen darzulegen. Hierauf
setzten sich die Vogelbesitzer zum Imbiß.

Was da das Tischgespräch bildete, ist unschwer zu er=
raten. Die Lebensbeschreibungen sämtlicher Krummschnäbel
kamen da zur Sprache, Anekdoten und wahre Geschichten
von unerhörtem Glück und Mißgeschick beim Vogelfang, ihre
rühmenswerten Eigenschaften, die verschiedenen Arten ihres
Gesanges: der Klingler, Schnaggler, Doppler, Trippler ꝛc.
und sodann ihre Krankheiten und Ausartungen. Es gibt

nämlich auch sogenannte „Zehenbeißer" und „Tröglluller", von denen die letzteren immer am Trögl „pecken", während die ersteren die kindische Unart haben, stets an ihren Nägeln zu kauen oder mit dem Kettchen den Hanfsamen herauszuwerfen, alles schwer zu rügende Unarten. Übrigens ward dem Jägerlatein durch klassisches „Vogellatein" zum mindesten die Stange gehalten. Den Schluß des Festes machte ein ehrsamer Tanz, wobei die Krummschnabelfreunde unter den kräftigen Klängen der Musik, je zwei und zwei zusammen, auf gut bäuerisch herumtwalzten.

Eine ähnliche Festlichkeit ist der „Vogelball", der seinerzeit am zweiten Sonntag im Oktober zu Vulpmes in Stubai gefeiert wurde. Zur Eröffnung desselben wurde ein Festzug veranstaltet, dessen Mittelpunkt ein großer, eigens zu diesem Zwecke angefertigter Schild bildete. Auf der einen Seite desselben erblickte man in kunstgerechter Bauernmalerei das Haus des obersten Vogelfängers und Besitzers des besten Krummschnabels, um das sich soeben die übrigen Mitbewerber versammeln, um zu erproben, wer denn eigentlich „den Robl" (Sieg, Vorzug) habe. Die andere Seite des Schildes zeigt ein bewegtes Bild. Es stellt nämlich den Vogelfang vor. In der Mitte desselben sieht man die Hauptwachmannschaft der Vogelfänger nach geschehenem „Schnabel=Anflug" die „Garggen", das sind große Latten mit Leimruten und Lockvögeln, niederlassen, abnehmen und wieder aufstellen. Zu beiden Seiten bringen Männer neue Gerätschaften, andere schüren ein Feuer an, schleppen Holz herbei, ein dritter richtet den Rotkehlchen auf, ein vierter verfolgt eine Tannenmeise, während ein fünfter sich heimlich bei einem Fläschchen Schnaps gütlich tut. Im Hintergrunde sieht man einen Jäger, der auf den „Hahnenpfalz" geht, sowie einen Hasenschützen.

Der Festzug wurde in folgender Ordnung gegliedert. Erst kam die Musik, dann der auf einer hohen Stange befestigte, zierlich geschmückte Schild, darauf folgten Vogelträger, auf deren Kraxen sich die Lockvögel befanden, und endlich die Träger der verschiedenen zum Vogelfang nötigen Geräte,

wie einfache und doppelte „Garggen", vorrätige leere „Steigen",
Holzspäne zum Feueranmachen, Mundvorräte, Schnaps und
dergleichen Sachen. So bewegte sich der Zug zum Platz=
wirt. Auf dem in der Nähe des Gasthauses befindlichen
Kirchplatze war bereits am Vorabende ein großer Fichtenbaum,
an dem eine hohe Treppe angebracht war, festlich aufgestellt
worden. Hier machte der Zug Halt, umgeben von zahl=
reicher Zuschauerschaft, denn alles, was Füße hatte, wollte
den Spaß mit ansehen. Der Platzwirt bestieg nun die
Treppe, hielt eine Anrede und brachte ein Hoch aus, welches
von den Musikanten mit einem dreimaligen Tusch erwidert
wurde. Der Schild wurde sodann im Gasthause unter=
gebracht, worauf sich die 48 Ballgäste zum Male setzten und
die ganze Nacht mit Essen und Trinken, Musik, Tanz und
Gesang verbrachten. Die böse Welt will wissen, daß einigen
der heimgehenden Ballgäste die Zeit so schnell vergangen sei,
daß sie die ihnen am Montag früh begegnenden Frühmeß=
leute mit dem Wunsche „gute Nacht" begrüßten. Einer soll
sogar erst am folgenden Mittwoch zur vollen Besinnung und
nach Hause gekommen sein. Dieser Vogelball in Vulpmes
unterblieb durch einige Jahre, ist aber jetzt, wie ich zu meiner
Freude höre, wieder in Aufschwung gekommen.

Daß auch Imst, der ehemalige Sitz des Kanarien=
vogelhandels, seinen „Vogelball" hat, versteht sich von selbst.
Auch im Zillertal kennt man diesen Gebrauch. Die Vogel=
freunde der Umgebung erscheinen dort auf geschmückten
Wagen. Im Oktober 1860 — das ist allerdings schon
lange her — war außer dem „Vogelkönig" Michael Tiefen=
taler noch ein alter Vogelfänger anwesend, der dieses edle
Geschäft durch fünfzig Jahre betrieben hatte. In Anbetracht
seiner großen Verdienste wurde der Jubilar von der Gesellschaft
zum „geheimen Vogelrat" ernannt. Nebst den menschlichen
Gästen waren in dem mit Vogelkäfigen und Vogelsinnbildern
aller Art schön gezierten Saale des bestbekannten Aignerwirts=
hauses zu Fügen auf eine Menge von gefiederten anwesend,
unter denen sogar ein brasilianischer Papagei prangte, der
sich noch viele Jahre eines harmlosen Daseins erfreute.

Dieser Fügner Vogelball wird noch immer nach altem Brauche beim Aignerwirt abgehalten und zwar im Jänner am ersten Sonntag nach dem Namen=Jesu=Fest. Auch heute noch wird der „Vogelkönig" gewählt und mit Krone, Szepter und Mantel geziert im Schlitten vom Hause abgeholt und in den Tanz= saal getragen. Dort sucht er sich eine Tänzerin aus, die dann „Vogelkönigin" ist.

In der Landeshauptstadt Innsbruck hielten seinerzeit im Fasching die Vogelfreunde ihre Versammlung beim Lamplwirt oder bei der „Traube". Über jedem Gaste hing ein Käfig mit einer Meise. Auch ein Baum war aufgestellt mit dem „Garggen", dem Stocke oder „Birnkrönl" und ähn= lichem Vogelfanggerät. Dazwischen erblickte man verschiedene Vögel. Zuerst wurde das berühmte „Vogelfängerlied" mit Musikbegleitung gesungen und zwar vom Jäger Wilhelm, dann ging der eigentliche „Surm" los, so daß die armen ge= fiederten Ehrengäste die ganze Nacht kein Auge zutun konnten.

Winterliche Belustigungen.

Wenn wir an einem heitern Wintertage auf das Mittel= gebirge wandern, so stürmt gewiß, kaum daß wir die Dorf= gasse betreten haben, ein Rudel pausbackiger Buben mit krebsroten Nasen und Ohren auf uns ein und umdrängt uns mit dem fortwährenden Rufe:

 Geht's, setzt's m'r an' Kreuzer ins Kreisl,
 Mei Dozen singt wie a Tannenmeisl."

Während wir lachend in den Sack nach Münze greifen, hat bereits einer der bäuerlichen Industrieritter mit der stumpfen Eisenspitze seines Kreisels ein kunstgerechtes Rund in den gefrorenen Boden geritzt; die anderen stehen mit ihren schnur= umwundenen „Dozen" schußbereit herum und warten auf den klingenden Einsatz. Derselbe, gewöhnlich ein Kreuzer, wird genau in die Mitte des Kreises gegeben, wenn möglich auf

eine harte Unterlage, etwa ein Steinplättchen, damit er leichter
herausspringe. Es gilt nämlich, denselben mit dem Dozen
nicht bloß zu treffen, sondern ihn außerhalb des Kreises
„hinauszuspecken." Wem das zuerst gelingt, dem gehört das
Geldstück.

Und nun kann's losgehen.

Wie das surrt und summt auf dem festgefrorenen Boden!
Es ist eine Freude zu sehen, mit welcher Leidenschaft die
Jungens diesem Sport obliegen. Man könnte da in der
Tat psychologische und malerische Studien machen. Während
der eine mit ausgespreizten Beinen dasteht und zielt und
mißt, als hinge ein Königreich an seinem Wurf, haben der
zweite und dritte mit katzenartiger Behendigkeit ihre herum=
duselnden Dozen wieder eingefangen und neuerdings mit der
Schnur umwickelt, um so rasch als möglich wieder zu Wurf
zu kommen. Da gibt es oft Stellungen und Gruppierungen,
die der Festhaltung durch den Stift oder Pinsel wert wären,
und es nimmt mich nur wunder, daß nicht längst Meister
Defregger ein reizendes Genrebild: „Die Dozenhacker" ge=
schaffen. Die Bauernjungen haben im „Dozenhacken" eine
außerordentliche Geschicklichkeit, und wenn sie den Kreuzer
nicht gleich das erstemal treffen, so ist daran nur die Hast
schuld, mit der einer dem andern zuvorkommen will und
sich zum ruhigen Zielen nicht Zeit nimmt. Eigentlich sollte
das Geldstück zum mindesten unter drei Würfen hinaus=
gespickt sein, widrigenfalls der Dozen demjenigen gehört, der
das Geld gesetzt hat; heißt ja die alte Regel des „Dozen=
hackens:"

„Im dritten Streich
Dozen und Schnur Euch",

oder nach der sicher älteren Fassung:

Dreimal denk (link, verkehrt)
Dozen und Schnur Enk (Euch).

Das „Dozenhacken" ist oder war jedenfalls früher ein
Wettspiel. Das Wort dürfte wohl mit butzen, dozen =

stoßen, zusammenhängen, wenn es nicht vom althochdeutschen diozan, tosen abzuleiten ist.

Gehen wir die Dorfgasse aufwärts. Holla! Was für eine wilde Fahrt kommt uns da entgegen? Es sind rodelnde Buben und Mädeln, ein von Künstlern oft behandelter Vorwurf.

„Aus der Bahn,
Mei' Rodel hat Eisen an,"

schallt es schon von weitem. Wir haben auch nicht Zeit, stehend der sprachlichen Abstammung des Wortes Rodel, das seine romanische Herkunft (vom mittellateinischen rotula) kaum verleugnen kann, länger nachzuhängen, denn schon kommt der Warnruf energischer:

„Ausg'stellt
Oder niederg'schnellt."

Wir treten also seitwärts und lassen die ländlichen Velozipedisten an uns vorbeisausen.

Das Rodeln oder Schlitteln, wie es in Kärnten und Steiermark heißt, ist ein Hauptvergnügen der Bauernkinder. Die Lenkung des meist höchst einfachen Fuhrwerks geschieht gewöhnlich mittels eines anderthalb Meter langen Steckens oder Prügels, den der Rodelnde unter dem Arme hält, als Steuer hinten nachschleifen läßt und mit Hand und Ellenbogen leitet.

Übrigens huldigt nicht bloß die bäuerliche Jugend dem Sport des Schlittelns. Auch die Erwachsenen treten den Heimweg von höher gelegenen Dörfern oder Wirtshäusern, die sie besuchten, gern mit Schlitten an. Das gewährt dann einen malerischen Anblick, wenn ein solcher Handschlitten voll jodelnder und jauchzender Burschen den Weg herabgesaust kommt. Auch der Heimweg vom Rorate wird häufig auf solchen Handschlitten, Granzgen genannt, bewerkstelligt. Vorne dran, zwischen den Kufen, sitzt mit vorgestemmten Beinen und den Oberkörper zurückgelehnt, ein baumstarker Bursche als Lenker, wenn nicht eine festsehnige Dirne diesen oft schwierigen Fuhrmannsposten übernimmt. Schon mehr städtischen Charakter trägt der im Unterinntal, Ziller- und Brixental beliebte Sport des „Gaſſelfahrens", richtiger „Goaßlfahrens." Es sind Wettfahrten, die durch die öffentlichen Blätter ausgeschrieben werden. Man unternimmt sie in leichten Rennschlitten, sogenannten „Goaßln" (Geißen), auf denen man rittlings sitzt.

Eine nicht selten in Tirol, Kärnten und Steiermark geübte Winterbelustigung der Dorfburschen und Männer ist das Eisschießen. Die Eisbahn ist entweder ein gefrorener Teich oder der beeiste Teil des Flußbettes, häufig auch nur der gefrorene ebene Boden. Das Spiel gleicht in Tirol fast ganz dem sogenannten „Watschelen", dem von den Italienern entlehnten Kugelspiel „giuocar alle boccie", nur daß statt der Kugeln die „Eisstöcke" eintreten. Diese sind schwere, aus festem Eichen- oder Buchenholz gedrehte und mit einem starken Eisenreif umspannte Scheiben im Durchmesser von beiläufig 30 cm, in die oben senkrecht ein Stiel als Handhabe eingesetzt ist. So ein Eisstock wiegt oft seine fünf bis sieben Kilogramm. Um sein Gewicht beliebig zu vergrößern, hat man sogenannte „Platten", runde, in der Mitte durchlöcherte Eisenscheiben, die man über den Stiel schiebt. Es sind dieselben, deren man sich im Sommer beim beliebten „Plattenwerfen" bedient. Das Schußziel bildet ein viereckiges Holzpflöckchen, die sogenannte „Tauben", in Tirol „Moasl" genannt, meistens aber zwei „Tauben", von denen die eine am unteren, die andere am oberen Ende der etwa fünf bis sechs Meter langen Eisbahn aufgestellt ist, um das Hin- und Herschießen zu ermöglichen.

Beim Spiel erfaßt nun der Bursche seinen Eisstock, schwingt ihn zielend und läßt ihn dann auf der glatten Bahn weitergleiten. Da man das Eisschießen stets zu zwei Partien spielt, so schaut man zuerst, wer „zusammenkommt." Die nach dem ersten Schuß dem Ziele näher liegenden Eisstöcke, beziehungsweise deren Besitzer, bilden die eine Partie, die „Engeren", die ferner liegenden die andere, die „Weiteren." Das Spiel selbst besteht im allgemeinen darin, daß jede

Partei trachtet, mit ihren Eisstöcken der „Tauben" möglichst
nahe zu kommen. Hiebei handelt es sich vor allem, daß der
„Anspielende" gut „legt" oder „vorlegt", d. h. mit seinem
Eisstocke vor das Ziel zu liegen kommt, um den Scheiben
der Gegner den Weg zu verlegen. Der Letzteren Aufgabe
ist es, dieses Hemmnis entweder zu umgehen oder dasselbe
wegzuschießen. Oft wird durch den Schuß des letzten Eis=
schießers die „Tauben" weit hinausgeschleudert und so mit
einemmal die Lage der verlierenden Partei in die der ge=
winnenden verwandelt. Ein Spiel dauert so lange, bis eine
Partei drei Gänge gewonnen hat. Gelingt ihr dies hinter=
einander ohne Unterbrechung, so ist die Gegenpartei „ge=
schneidert"; hat sie jedoch erst einen gewonnen, und es ge=
lingt den Gegnern nun, dreimal nacheinander zu siegen, so
ist die erstere „nachhig'schneidert". Der Einsatz ist verschieden,
gewöhnlich nur ein Kreuzer (zwei Heller). Im Unterinntal
und Brixental findet oft eine verwickeltere Form dieses Spieles
statt, indem nämlich eine Ortschaft die andere zum Wett=
kampfe herausfordert. Man nennt dies das „Moaren".[1]
Solche Wettschießen gestalten sich oft förmlich zu kleinen
Volksfesten, bei denen Jung und Alt als Zuschauer die Eis=
bahn belagert.

Mit den genannten Belustigungen ist natürlich der Kreis
bäuerlichen Wintersportes weder bei der Jugend, noch bei
den älteren Leuten erschöpft. Eichkätzchen= und Gratschen=
Schießen ist dem Buben ebenso bekannt, wie dem älteren
Bruder das heimliche Wildern. Geht es nicht an, so be=
gnügt sich der kleine Sepp und sein nachbarlicher G'span
(Kamerad), der Hans, Raben und „Zietelen" (Krammetsvögel)
zu fangen. Man richtet für erstere sogenannte „Trappelen",
Schlageisen auf, welche bei der Berührung zuschnappen und den
schwarzen Gast einkasteln, den letzteren wird meist mit „Häu=
seln" (nicht zu verwechseln mit den „Schlaglen") nachgestellt.

---

[1] Von Moar = Maier (vom lat. major); eigentlich um den
„Vorzug" spielen. Vergl. Hagmair = der Sieger im Ringen,
Hagmair=Kuh = die beste Stechkuh.

Im Bauerntheater.

Es ist Nachmittag. Die Glocken haben eben in feierlich langgezogenen Klängen das Ende des Sonntags-Rosenkranzes angezeigt, da donnern drei Böllerschüsse durch die warme Sommerluft und es dauert nicht lange, so wandert ein buntes Gewimmel von Alt und Jung auf allen Wegen der Umgegend dem Dorfe zu. Wir wollen sehen, was los ist, und lassen uns von dem Menschenschwarm ins Schlepptau nehmen. Richtig, nun sind wir schon im klaren. An der Säule des riesigen Dorfbrunnens unter dem heiligen Florian, der nicht müde wird, ein Schaff Wasser über ein brennendes Häuschen zu schütten, klebt ein beschriebener Zettel, auf dem mit großen Buchstaben und in haarsträubender Rechtschreibung zu lesen steht:

"Adolf von Rosenstein oder: Der Brudermord um Mitternacht. Großes romantisches Ritterschauspiel in fünf Akten u. s. w."

In der Nähe des Wirtshauses staut sich die Menge vor einem ziemlich ansehnlichen Brettergebäude, das wahrscheinlich einmal als Heustadel Dienste getan; jetzt ist es zum Tempel Thalia's geworden. Ein hölzerner Einfang vor demselben mit einer Reihe von Sitzbänken ergibt den Zuschauerraum. Darüber sind einige alte löcherige Wagenblachen gespannt, die aber kaum den zwölften Teil des Schauplatzes decken; sie sollen Schutz gegen Sonne und Regen sein; der Zettel besagt ja: "Für Sonnenhitze und Regen ist bestens gesorgt!" Wir erkaufen uns also bei dem am Tore stehenden Kassier den Eintritt, versteht sich für den ersten Platz, denn wir wollen uns das klassische Drama gut ansehen, und drängen uns mit einigen Rippenstößen in den innern bereits sehr gefüllten Raum. Dabei passieren wir die strengen Blicke des Dorfpolizeidieners, insgemein Bettelstanzer oder Bettelrichter genannt, der mit einem derben Stock den Eingang bewacht. Nur mutig vorwärts! Seine

drohenden Mienen gelten nicht uns, sondern den kleinen
Buben, die durch die Ritzen ins „Theater" schauen oder
gar die Planken überkraxeln wollen. Endlich haben wir
uns zurechtgesetzt zwischen vierschrötigen Großbauern und
deren schwatzenden Weibern. Die Herrlichkeiten der Bühne
verhüllt noch der neidische Vorhang, ein Prachtstück von
ähnlicher Beschaffenheit wie der oben erwähnte Baldachin
des Schauplanes, höchstens, wenn es „nobel" hergeht, mit
Anstreicherfarben beklext. Doch, horch! welche Klänge! Was
ist das berühmte Florentiner Quartett gegen die vier Virtuosen vor uns, die mit einer Violine, einer Baßgeige, einer
Klarinette und einer Trompete das bäuerliche Orchester vertreten und deren landläufiger Ehrentitel „Höllische Pein",
den man diesen Musikanten aufgebracht hat, genugsam für
ihre Leistungen spricht.

Endlich wackelt der schlotterige Vorhang in die Höhe.
Die Kuhdirne des Vorstehers, als „Genius" herausstaffiert,
tritt auf. Ein Tusch empfängt sie. Im Publikum erhebt
sich bewunderndes Gemurmel und eine Stimme ruft: „Ach
die Lisel! Schaugt's sie un!" Kein Wunder, die dralle
Landschönheit nimmt sich auch wirklich entzückend aus. Die
vollen roten Wangen umrahmen Locken — tagszuvor mit
„Türkenflitschen" von der eisernen Hand des Theaterfriseurs
eingedreht — jetzt herabhangend wie die Stöpselzieher der
polnischen Juden; nur die Augen sind etwas trüb, denn
das arme Ding konnte infolge dieses Verfahrens die ganze
Nacht vor Kopfweh nicht schlafen. Die Gestalt des Genius
umhüllt eine römische Toga, wenn nicht der Geschmack ein
kurzgeschürztes Kostüm mit weißen Perkalhöschen, anstatt
des Trikot, und gelben Stiefelchen vorzieht. In der einen
Hand hält er ein „Aug' Gottes", mit der andern deutet
er erklärend auf die im Hintergrunde aufgestellten erklärenden
Bilder und singt unter Musikbegleitung:

> „Zwei Brüder in Span—i—en,
> Die alle Beide für die Königstochter glühen,
> Der blonde Bruder mußte unterliegen,
> Der schwarzgelockte tät obsiegen 2c."

Atemlose Spannung folgt diesen Strophen. Das Tableau wird verändert und der Gesang beginnt von neuem. Zuerst wird nämlich der ganze Verlauf des Stückes des leichteren Verständnisses halber in Bildern vorgeführt, dann erst beginnt das eigentliche Schauspiel.

Was nun da, abgesehen von der Dichtung, in Kostümen, Spiel und Szenerie geleistet wird, spottet aller Beschreibung; es ist oft fast unbegreiflich, was die Phantasie eines solchen Bauernregisseurs alles zutage fördert. Dieses sittige Ritterfräulein mit den blonden Locken von Hobelrosen, dieser schwarze nach Rache und Blut lechzende Bösewicht mit dem martialischen aus Lederabschnitzen zugerichteten und schwarz gefärbten Schnurrbart, den er mit Pech unter der Nase festgeklebt hat, dieser schmachtende Liebhaber, der, in den langen Mantel gehüllt, zu seiner Holden schleicht, diese Rabenväter, Räuber 2c. — man muß sie gesehen haben, um sich einen rechten Begriff davon machen zu können. Die Szenerie ist oft gar nicht so übel von einem Landgenie gemalt. Ein berühmter Dekorationsmaler seinerzeit war z. B. der Gmundler von Thaur, der gar so schöne „Stäudelen und Röslen" auf die Koulissen zu zaubern verstand. Letztere sind gewöhnlich auf einer Achse drehbar, gestatten also nur zweimaligen Wechsel, meist ein Zimmer und einen Wald. Die Rückwand der Bühne kann dagegen öfter verändert werden, wenn man es nicht vorzieht, sie ganz offen und die natürliche Landschaft durchblicken zu lassen, was oft einen überraschenden Eindruck macht. So war es seinerzeit im alten Bauerntheater zu Pradl bei Innsbruck, wo die herrliche Gegend mit dem Schlosse Amras und dem dahinter aufsteigenden waldigen Mittelgebirge den großartigen Hintergrund bildete. Im Dorfe Mils bei Hall waren nächst dem Proszenium zwei verhangene Nischen angebaut, deren eine als Kerker diente, während aus der anderen jene Personen, welche von einer Reise zurückkehrten, auf die Bühne traten.[1]

---

[1] Von diesem Bauerntheater hat der tirolische Genremaler Altmutter eine Sepiazeichnung hinterlassen, die sich im Ferdinandeum in Innsbruck befindet. Sie stammt aus dem Jahre 1819 und

Mit der nunmehr städtischen Einrichtung der Bauerntheater ging aber ein gut Teil der Ursprünglichkeit und Naivetät verloren, welche die eigentlichen Landbühnen kennzeichnen. In der Nähe der Städte hat man jetzt schon zierlichere Theater dieser Art; ich sage jetzt, denn vor fünfzig Jahren noch waren die Bauernbühnen von Pradl, Mühlau und Höttingerau bei Innsbruck nicht minder einfach eingerichtet.

Unterdessen hat sich der erste Akt unseres Ritterdramas abgespielt. Die Zwischenakte füllen, um die erregte Leidenschaft etwas zu beruhigen, fromme Singspiele, Chöre und lebende Bilder aus der Bibel aus, auch Zweigesänge auf Christus, Seele, Welt u. s. w. oder gar uralte mythologische Darstellungen, oft seltsam mit dem alten Testament verquickt. Oder es erscheint der sogenannte „Narrentattl"[2] auch „Faxenmacher" genannt, der sich in Knittelreimen über alte Jungfrauen, Siemandeln, Stadtmoden 2c. lustig macht, und dabei Grimassen schneidet, daß sich das Publikum vor Lachen nicht zu helfen weiß. „Brav Jörgl, brav Jörgl!" schallt es hinauf, die Männer schwenken ihre Bierkrüge, die sie sich zur Labung bringen ließen, die Weiber ihre Tücher, die Mädchen kichern und die kleinen Buben, die wie Frösche auf den Rücken der größeren sitzen, erheben ein Jubelgeschrei. Der Komiker macht auch nicht selten satirische Ausfälle auf anwesende Persönlichkeiten und Stadtleute, auf die er sogar mit Fingern zeigt. Das verleiht seinem Spiel eine ganz besonders prickelnde Würze. Endlich aber wischt er sich ermattet den Schweiß von der Stirne und der Vorhang fällt.

Bald wird er abermals aufgezogen.

Ritter Adolf nnd Fräulein Kunigunde treten wieder auf, der tückische Nebenbuhler spinnt den roten Faden seines Ränkespiels weiter, die Geschichte wird immer tragischer. Das Publikum zittert, die beängstigten Herzen machen sich

---

läßt auf der Bühne eine Szene aus dem Stück „die hl. Afra" sehen. Eine lithographische Nachbildung dieser Zeichnung gibt der Jahrgang 1891 der Zeitschrift des D. u. Ö. Alpenvereins.

[2] Tatte entsprechend dem alamannischen Atti = Vater, dann kindischer Mensch.

in erwartungsvollem Murmeln Luft. Selbst der Umstand, daß der Ritter der Länge nach am Podium hinfällt, was davon herrührte, weil der nervige Regisseur den Brauch hat, jenem Schauspieler, den es zum Auftreten trifft, hinauszustoßen, kann den Eindruck nicht mindern. Schon lauern die Mörder mit gezücktem Messer auf ihr unschuldiges Opfer, doch:

> Was auch die Unschuld leiden muß,
> Die Bosheit fällt durch einen Schuß

heißt der vielsagende Titel einer Bauernkomödie — irgend ein Deus ex machina kommt zu Hilfe und bringt die Geschichte zu glücklichem Ausgange oder, was noch befriedigender wirkt, die Helden sind schließlich alle hin und Kunigunde geht in ein Kloster.

Ebenso interessant, ja vielleicht noch interessanter wegen der originellen Auffassung und Darstellung des Gegenstandes sind die Spiele geistlichen Inhalts. So eines war unter anderen „Die Erschaffung der Welt", welches zu Vulpmes in Stubai in Szene gesetzt wurde. Die Szenerie zeigt einen siebenfarbigen Bretterregenbogen, der sich wie eine Brücke über die Bühne spannt. An einem Ende desselben befindet sich die Sonne, an dem andern der Mond. Gott Vater erscheint und geht darauf spazieren. Er trägt gelbe Nankinghosen, auf dem Haupte einen Dreimaster mit einer Lampe darauf, um das „ewige Licht" anzudeuten, im Gürtel einen riesigen „Klafterstab" (Maßstab), wahrscheinlich Sinnbild des Weltbaumeisters, und hirschlederne Handschuhe. In der Westentasche trägt er zwei Uhren, zwei, weil er Gott Vater ist. Er raucht aus einem großen Ulmerkopf, den er abwechselnd an Sonne und Mond anzündet, gewiß eine großartige, fast homerische Vorstellung. Dann singt er:

> „Ich bin Gott Vater auserkoren,
> Der die Welt und Alles hat geboren,
> Ich spazier' in meinem Himmel auf und ab
> Und freu mich, daß ich alles hab'".

Hierauf vertieft er sich in Betrachtungen über seine Allmacht:

„Nuit (Nichts) ist nuit und aus nuit kann nuit wear'n (werden);"

er aber habe doch etwas zusammengebracht, meint er im weitern Verlaufe des Selbstgespräches. Noch fehlt aber die Krone der Schöpfung, der Mensch. Während des Gesanges hat Gottvater seine Handschuhe ausgezogen. Ein dienender Engel erscheint, übernimmt dieselben, hängt sie auf einen Busch und verschwindet. Nun bringt ein anderer Engel einen Lehmpatzen herein und pflanzt ihn vor dem Herrn der Schöpfung auf. Dieser stülpt seinen Ärmel zurück, knetet eine Weile daran herum und bildet dann eine menschenähnliche Figur daraus — den Adam. Gottvater besieht sein Werk und findet es gut. Ein Engel bringt ein Waschbecken, ein zweiter die Handschuhe, ein anderer Himmelsgeist schiebt einen Schubkarren herein. Während nun Gottvater und der Chorus mit stolzem Gefühle singen: „Nun ist das Werk vollbracht" ꝛc., wird — wuibl wuibl — der lehmige Adam hinter die Kulissen „geradelt". Die Szene ändert sich. Adam liegt da noch leblos, der schönste Bursch des ganzen Dorfes, bekleidet mit dem Feigenblatte; den Trikot ersetzt Perkal.

Nun folgt die Hauptszene, die Erschaffung. Gottvater naht sich ihm und bläst ihm mit einem „Pfih" über die Hand die Seele ein. Mit einem Satz springt Adam auf, die Musik erschallt und der erste Mensch tanzt einen lustigen Hopfer vor Freude. Er singt:

> „O wie schön, o wie schön
> Ist's Leben auf der Welt,
> Wenn man g'nug z' essen hat
> Und zum Trinken g'nug Geld".

Hierauf kommt die Erschaffung der Eva. Adam ruht schlafend in himmlischen Traum versunken. Engel in Backtrögen, deren Front mit Wolken verkleidet ist, schweben majestätisch an Stricken herab. Oft dreht sich die Vorrichtung und ge-

währt einen nicht ganz erwünschten Einblick in die himmlische
Maschinerie. Geigen und Flöten ertönen, dazu der Gesang:

„Mein guter Adam Du, mein guter Adam Du,
Dein erster Schlaf war Deine letzte Ruh'".

Schnarrend fallen die Baßgeigen ein. Hierauf Schluß
der Szene.

Welche Naivetät und mitunter welche Poesie und Tiefe,
wenn man bedenkt, daß manche dieser uralten Bauernkomödien
bei einer ausgehöhlten Rübe, in der ein Docht steckt, gedichtet
wurde, weil es dem Dichter keine Lampe trug. Auch den
religiösen Stücken folgte fast immer noch ein komisches Nach=
spiel. Die ganze Vorstellung, einschließlich der zu Anfang
und Ende, sowie in den Zwischenakten eingeflochtenen Szenen,
dauerte oft bei sechs Stunden. Dem Wirtshause kam das
sehr zustatten, da jeder Zuschauer für seine ausgetrocknete
Kehle eine Labung suchte.

Was das Personale, „die Spieler" anbelangt, so er=
gänzte sich dasselbe aus den verschiedensten Persönlichkeiten
des Dorfes und der Umgebung; wer Lust und Geschick dazu
hatte, tat mit. Manches ursprüngliche Talent war darunter,
das sich einen weitverbreiteten Ruf erwarb; so hatten z. B.
die Namen Brock von St. Nikolaus, einer Vorstadt von
Innsbruck, Popp von Arzl, Piquart von Thaur, Steixner
von Wilten, Lois Schuster von Sistrans, von denen ich die
meisten noch kannte, unter dem Volke einen guten Klang.
Die Bezahlung der Schauspieler war ganz der Willkür des
Unternehmers (gewöhnlich der Wirt) überlassen. So be=
kamen z. B. im Bauerntheater beim „Rößl in der Au"
nächst Innsbruck die Träger der Hauptrollen für das jedes=
malige Auftreten 1 fl. (2 Kronen), kleinere Partien wurden
mit 50 kr. (1 Krone) bezahlt. Man kann sich denken, daß
der Unternehmer, der jedesmal ein gesteckt volles „Haus"
erzielte, dabei das beste Geschäft machte, um so mehr, als
der Preis der Dekorationen 2c. ähnlich gestellt war. Man
nahm es übrigens in früherer Zeit mit diesen letzteren nicht
sehr heikel, ebensowenig mit der sonstigen Ausstattung. Als

noch das Bauerntheater in Wilten in Blüte stand, beehrte einmal Kaiser Franz dasselbe mit seiner Gegenwart. Es war, glaube ich, im Jahre 1832. Der Musentempel befand sich beim Neuhauswirt rückwärts im Hofe, wo zugleich ein Prachtexemplar von einem Misthaufen zu sehen war. Man deckte denselben für den hohen Gast einfach mit Taxen zu, umgab ihn mit Sammt und errichtete darüber die Tribüne mit der Kaiserloge. Man konnte doch nicht „dessentwegen" den Misthaufen forträumen, dachte das naive und schlichte Bauerngemüt. In der Malerei der Szenerien hatte sich der geniale Gmundler damals selbst übertroffen, auch die Musik ließ nichts zu wünschen übrig. Die Virtuosen erhielten je einen Zwanziger für die Vorstellung und dafür bliesen sie sich die Seele heraus.

Die Wahl der aufzuführenden Schauspiele und Tragödien brachte einen bäuerlichen Regisseur nie in Verlegenheit. Dasselbe Drama wurde meist fünf- bis sechsmal nacheinander aufgeführt, woraus man aber durchaus nicht auf einen Mangel an Stücken schließen darf; im Gegenteil, der Vorrat an solchen war und ist noch unerschöpflich. Man sollte es gar nicht glauben, wie fruchtbar sich mancher Dorfpoet erwies. Ein Kohlenarbeiter zu Kramsach verfaßte dreißig Stücke, die mit vielem Beifall über die Bretter gingen. Eine ländliche Charlotte Birchpfeiffer lebte noch vor beiläufig fünfzig Jahren in Hötting bei Innsbruck. Es war eine äußerst liebe Frau mit ein paar blitzenden Augen trotz ihres hohen Alters. Sie schrieb gegen achtzig Stücke. Die Ruhmsucht scheint indes die Bauernpoeten nicht angespornt zu haben, denn der Dichter ist selten bekannt. Es treibt ihn in vollem Sinne des Wortes die reine künstlerische Schaffenslust zum Dichten, da auch die Geldentschädigung, die ihm für sein Werk zuteil wird, eine sehr geringe war. Nur in vereinzelten Fällen steht der Name des Dichters auf dem Zettel, wie z. B. der des Schmelz von Landeck, dessen Drama „Heinrich und Eva" Anno 1790 zu Brucken bei Landeck mit großem Beifall aufgeführt wurde. Alte Bauern wissen sich noch an ihn zu erinnern. Er scheint übrigens nur der Überarbeiter gewesen zu sein. Öfter erscheint der Tondichter genannt, gewöhnlich der Schullehrer oder Chorregent.

Die beliebtesten Stoffe bildeten vor allem die Mariensagen und Heiligen=Legenden. Geschätzt und oft gegeben war auch das „Hirlanda"= und das „Genovevaspiel". Ersteres befindet sich noch gegenwärtig in Obsteig, letzteres wurde im Gesellenverein zu Hall und an verschiedenen anderen Orten aufgeführt. Auch der Kirchenpatron ward fast in jedem Dorfe auf der Bühne gefeiert. Mit einem derartigen Stücke kam einmal ein gewisser Peter Raas aus Laatsch in Vinschgau in arge Verlegenheit. Dieser zog nämlich zu Anfang des vorigen Jahrhunderts, wie Adolf Pichler erzählt, mit einer Schauspielertruppe nach Bozen und Meran. Er hatte aber zu Burgeis einen Nebenbuhler, der ein Stück „Johannes von Nepomuk" gedichtet hatte. Raas stahl ihm dasselbe, überarbeitete es unter Aneignung der besten Partien und brachte es auf seine Bühne. Der Bestohlene erhob beim Landgericht Klage und Raas wurde vorgeladen. Er verwies zum Beweis seiner Unschuld auf die in zwei Tagen stattfindende Aufführung des beanstandeten Stückes. Was tat nun der Schlaue? Unverzagt bestieg er den Pegasus und am bestimmten Tage waren 1400 neue Verse an Stelle der entwendeten eingefügt und einstudiert, und Raas ging frei aus.

Nächst den Legenden bot die Bibel unerschöpflichen Stoff: „David und Goliath", „Joseph in Ägypten", „Die heiligen drei Könige" usw. Die Schwazer Chronik erwähnt eines „Holofernesspiels", wozu das Theater auf den Vomper Feldern errichtet war. Auch im Dorfe Buch, eine Stunde östlich von Schwaz, wurde es noch Ende der verflossenen fünfziger Jahre aufgeführt. Es gab aber auch Darstellungen belehrenden und allegorischen Inhalts. So spielte man zu Zell bei Kufstein: „Der Ring, der alle verliebt macht." Andere hießen „Der Bauernkönig", „Des Teufels Bekehrung". In einem solchen Spiele, das mir selbst vorlag, kam eine äußerst interessante Versammlung von Teufeln vor, in der sich diese über die geschickteste Art der Menschenverführung berieten.[1] Überhaupt ist im echt tirolischen Bauernspiele die Verknüpfung der Vorgänge oft von packender Wirkung und verrät bedeutendes Talent. Wir haben nach allem Gesagten gesehen, daß die meisten dieser Spiele eine religiöse Färbung tragen. Diese sind die ursprünglicheren, volkstümlicheren, während der neue Geschmack Rittergeschichten à la Spieß und Delarosa mit hochtönenden Titeln vorzog.

Über die Lustspiele oder Possen, wie man sie nun heißen mag, welche nach dem Schlusse des Trauerspiels gegeben wurden, um die Rührtränen in Lachtränen zu verwandeln, ist uns wenig bekannt. Sie scheinen in Hans Sachsscher Manier gedichtet gewesen zu sein. Ein sehr beliebtes war unter anderen die „Alte Weibermühle", in welche auf der einen Seite ein altes verschrumpftes Mütterchen hineingesteckt wird, das dann auf der andern als junges sauberes Dirndl herauskommt. Es wird noch gegenwärtig öfter aufgeführt. Viel Ergötzen machte ein Puppenspiel, das sogenannte „Peterlspiel". Auch dieses hat sich bis auf unsere Tage erhalten, wenn es auch von seiner derben Urwüchsigkeit viel eingebüßt hat.

Fragen wir nun nach dem Ursprung und Anfang der Bauernkomödien in Tirol, so läßt sich darüber nichts Urkundliches nachweisen. Wahrscheinlich ging die Anregung dazu von jenen Stücken aus, welche die Jesuiten alljährlich in Innsbruck aufführen ließen. Wenigstens findet man vor deren Auftreten keine Spur. Auch das Theater des erzherzoglichen Hofes mag nicht ohne Einfluß gewesen sein. Der römische Kaiser Ferdinand hatte am 24. Juni 1562 das Gymnasium der tirolischen Landeshauptstadt mit Hilfe des berühmten P. Canisius eröffnet und den Jesuiten über=

---

[1] Dieses „Bauernspiel", das ich leihweise in Händen hatte und nur mit schwerem Herzen zurückgab, war sicher eines der besten, die jemals geschrieben wurden, und ging auf eine wirklich unverantwortliche Weise zugrunde. Es wurde nämlich, wie mir der verstorbene Univ.=Prof. Herm. Klotz mitteilte, zum Einheizen verwendet.

Von der Darstellung einer solchen Teufelsversammlung rühren zweifellos auch jene Teufelsfratzen her, welche sich beim „Teufelsschmied" auf der Ebne vor Ötz befanden und später an das Museum Ferdinandeum in Innsbruck gekommen sind.

geben. Diese ließen ihre Schüler am Ende des Schuljahres und unter dieser Zeit bei besonderen Festen, wie z. B. zu Weihnachten, Ostern, Pfingsten, St. Katharina ꝛc. Trauerspiele oder sogenannte Declamationes aufführen. So geschah es schon 1574 in Gegenwart des Erzherzogs Ferdinand, dann zu Ostern 1576, wo der Erzherzog die Kosten trug. Dazu kamen die sogenannten exercitia scholastica, welche von den Innsbrucker Damen und Bürgersfrauen eifrig unterstützt wurden.

Diese Schauspiele dauerten fort bis zur Aufhebung des Jesuitenordens. Auch bei den Benediktinern in Meran fanden ähnliche Aufführungen statt. Dabei wurden „Programme" an die Mitglieder der höheren Stände des Ortes gesendet. Die „Bauernspiele" des achtzehnten Jahrhunderts kennen diese „Programme" ebenfalls, natürlich mit Weglassung des Latein, sowie das Austeilen der Libretti nach städtischer Mode. Selbst der Inhalt und die Beschaffenheit der Bauernspiele entspricht den Jesuitenstücken, denn der Dialog ist keineswegs so naturwüchsig, als man glauben möchte, sondern bewegt sich, besonders im achtzehnten Jahrhundert, in ziemlich schwülstigen Alexandrinern. Eine ausführliche Geschichte der Entwicklung des tirolischen Bauernspiels läßt sich jedoch wegen der vielen Lücken nicht geben. Viel verdankt die Forschung in dieser Beziehung dem Dichter und Literarhistoriker Adolf Pichler. (Vgl. dessen „Drama des Mittelalters". Innsbruck, Wagner 1850 und andere Schriften desselben.) Die Zeit der höchsten Blüte fällt in die zweite Hälfte des vorletzten Jahrhunderts und in den Anfang des letzten; damals hatte fast jedes Dorf sein Theater. So bestanden, um nur die Umgebung Innsbrucks zu berücksichtigen, solche in Sistrans, Lans, Völs, Axams, Götzens, Mühlau, Pradl, Thaur, Rum ꝛc. Dann kamen sie mehr und mehr in Verfall und jetzt sind die Landbühnen fast ganz verschwunden. Nur die Texte finden sich in Ur- oder Abschrift da und dort aufgespeichert.

Sämtliche in Rede stehende Bauernspiele sind aber nicht zu verwechseln mit jenen viel älteren sogenannten „Unterkomödien", von denen wir schon bei Gelegenheit der „Nikolausspiele" gesprochen haben und bei denen die Darsteller keine Bühne hatten, sondern von Haus zu Haus zogen, um in jeder Bauernstube ihre Reime herzusagen. Diese sind Volkspoesie, während die oben beschriebenen Theaterstücke ihre Wurzel in der Kunstdichtung haben. Erstere waren oder sind, denn manche dieser Aufzüge haben sich noch bis heute erhalten, meist einem Feste angepaßt, z. B. das Nikolausspiel, der Aufzug in den Klöpfelsnächten, das „Heilige-drei-Königspiel", das sich oft an das Sternsingen anlehnte. In Vinschgau kannte man ein Gregorispiel, das unter großem Zulauf des Volkes im Pfarrwiddum aufgeführt wurde. Auch ein „Wilde-Mann-Spiel" wurde vorgestellt, und zwar im Frühjahre, da man sich die wilden Männer als Beschützer der jungen Saat dachte. Die Spielzeit war der Vorabend des Festes oder wohl auch der Tag selbst. Eine Anzahl junger Bursche fand sich zu genanntem Zwecke zusammen und verfertigte oder verschaffte sich das passende Kostüm, dessen Kosten jeder selbst bestritt; aber heimlich mußte es geschehen, sowie auch die Vermummung so beschaffen sein mußte, daß man den Träger derselben nicht erkennen konnte. Am bestimmten Tage bei einbrechender Nacht setzte sich der Zug in Bewegung. In Berggemeinden kamen gewöhnlich die Bewohner der Nachbarhäuser in einer großen Stube zusammen, damit das Spiel nicht so oft wiederholt zu werden brauchte.

Von einer Szenerie war natürlich keine Rede und die Beleuchtung ebenfalls die sonst übliche. Doch blieb es nie bei der Darstellung des religiösen Gegenstandes, sondern man flocht Episoden meist komischen oder tragi-komischen Inhalts ein, die den Zuschauern erst den eigentlichen Spaß machten. So begann das Nikolausspiel am Piller Berg mit einer Räuberszene, wobei ein verschmitzter Jude auftrat, der sich einer klug angestellten Betrügerei gegen einen reisenden Kaufmann rühmt und dann zur Strafe von Räubern überfallen und tüchtig durchgeprügelt wird. Hierauf folgte das geistliche Spiel, bei dem der heilige Bischof Nikolaus mit himmlischem Gefolge und der Teufel, gemeiniglich Klaubauf, erschienen und ihre Reime zum Besten gaben.

Zu diesen eigentlichen Volksspielen gehören ursprünglich auch die altberühmten Passionsspiele, die man mit Unrecht mit den erstbeschriebenen Bauernkomödien zusammenwirft. Sie erfreuten sich von jeher einer großen Teilnahme und Pflege. Die Leute sahen darin einen religiösen Akt und studierten ihre Rollen mit Ernst und Eifer, der ihre Leistungen schließlich auf jene Stufe der Vollkommenheit brachte, die wir heuzutage in den Aufführungen von Oberammergau, Tiersee und Brixlegg bewundern.

Schützenleben.

Die Tiroler sind ein geborenes Schützenvolk. Es dürfte wenige Bauernstuben geben, in denen man nicht ein Gewehr oder mehrere an der Wand hängen sieht. Freilich sind es oft wahre Musterexemplare von Altertümlichkeit und würden eher in eine Seltenheitenkammer passen; aber dennoch steht so ein altes „Scheit" in hohem Ansehen, und sei es auch nur, um bei der Fronleichnams-Prozession mitkrachen zu können, ob ein paar Minuten früher oder später, tut zur Sache nichts. Heikler ist es nun schon, wenn es auf die Scheibe geht. Man hat Tirol oft einen großen Schießstand genannt, und mit Recht. Das Schützenwesen blüht gewiß nirgends, selbst in der Schweiz nicht, üppiger als in Tirol. Schlendert man an einem Sonntag über Land, so hört man es von allen Dörfern her lustig böllern und knallen. Das „Brettelbohren" ist einmal „dem Tiroler sei' Freud", und wer ein Stück tirolisches Volksleben sehen will, darf nur ein paar Stunden auf einem größeren Schießstande verweilen; er kann da den Charakter und die Eigenheiten dieses Volkes besser kennen lernen, als aus einem Dutzend Beschreibungen von Land und Leuten.

Welch buntes Treiben herrscht da! Welch köstliches

Gemisch von Leidenschaft und Gemütlichkeit, von Kernflüchen und Juchezern, von Lodenduft und Pulverdampf! Hier steht der junge Bursche in der grauen Joppe, den grünen Hut mit der Roblerfeder keck aufs Ohr gedrückt, den strammen Körper auf das Rohr gestützt. Er kann es kaum erwarten, bis sein weißhaariger Vormann losgeschnellt hat. Dieser ist ein altes Bäuerlein mit einem „Schießprügel" aus den Franzosenkriegen her; schon zweimal hat er angesetzt und schnaggelt auf und zu — jetzt — pums, ein tiefer Dreier. Es ist wirklich eine Freude, wenn man sieht, mit welchem Eifer diese Altkrieger der Lust des Scheibenschießens obliegen. Allerdings „naggelt" so eine Wettertanne im Stande und fuchtelt mit dem Rohr um das „Mal" herum, wie ein bedusselter „Petrus" um das Schlüsselloch, aber endlich „fangt" er es doch und hat den Böller aufgejagt. Ungezwungene Fröhlichkeit umgibt dich ringsum, und die heitere Seite der Tirolernatur, die sich sonst oft hinter mißtrauischer Scheu verbirgt, schlägt hier mit aller Macht durch. Wenn der Böller kracht, Trommel und „Schwögl" (Querpfeife) hintendrein tönen, dann bricht der helle Juchezer aus des Schützen Brust, und er schwenkt dir das volle Glas zu, ob du nun ein Franzose oder Türke seist.

Am feierlichsten gestaltet sich das Schützenleben an den sogenannten „Kaiserschießen", besonders wie sie früher abgehalten wurden. Aus den hintersten Gebirgswinkeln kamen sie da herausgewandert, die „Thölderer" (Talbewohner) in ihren malerischen Trachten, den sichern Stutzen auf der Achsel, um sich die dukatengespickten Seidenfahnen zu holen. Stellwagen an Stellwagen, Leiterwagen mit Sitzbrettern belegt, alle Wagen mit Targewinden, Bändern und Fähnchen festlich geziert, brachten stündlich neuen Zuschub, während stromabwärts die mit Schützen vollgepfropften Flöße anfuhren. Straßen auf, Straßen ab, von früh bis spät wogte das festliche Gedränge der Schützen, bis sie alle am Hauptfesttag der feierliche „Schützenaufzug" vereinte. Man muß einen solchen „Aufzug" mitgemacht haben, um sich ein Bild von dem Leben zu vergegenwärtigen, das sich da entrollte. Die

Blüte des Landes, vertreten durch Söhne aller Täler, zieht unter Trommel- und „Schwöglklang", die meisten von eigener schmetternder Blechmusik begleitet, mit flatternden Fahnen Stutzen schwenkend und ununterbrochen jodelnd und juchzend, durch die festlich geschmückte Stadt. Da marschieren, nach Gerichten geordnet, die ernsten, tiefsinnigen Oberinntaler mit den scharfgeschnittenen Gesichtern, die Ehrenberger, die Landecker, die Silzer, die Telfser u. s. w.; da jauchzt die strotzende Kraft des Unterlandes, die fidelen Zillertaler, die rauflustigen Brixentaler, die eigenartigen, lodenhosigen Duxer, da schnalzt der Zug der lebfrischen Pustertaler mit der zerfetzten Siegesfahne von Spinges, dahinter schreitet die Jungmannschaft der bedächtigen Meraner und Passeirer, als Nachhut die schmächtigen Gestalten der klugen Vinschger. Das ganze Land Tirol — ein Volk in Waffen — zieht da vorbei, jedes Tal seine Art ausprägend, neben silberköpfigen Greisen die blühende Jugend. So geht es durch die Gassen und Straßen der Stadt zu dem mit Fahnen und Tannenreisig geschmückten Schießstande, wo die Schützen mit feierlichen Böllerschüssen empfangen werden.

Hier entfaltet sich, sobald das Schießen eröffnet ist, das regste Leben:

> ... „Stutzen knattern, Kugeln pfeifen,
> Mit den Fahnen scherzt der Süd,
> Und die Augen Aller schweifen
> Nach den Scheiben nimmermüd.
> Dort ein Zweier, rechts, zu nieder!
> Wein her! Wein ist Schützenblut!
> Und zur Seite knallt es wieder,
> Und der Zieler schwenkt den Hut." (Gilm.)

Dieses beständige Knallen rechts und links, dem fast nach jedem dritten Schusse der dumpfe Pöller hinter der Scheibe antwortet, der schrillende Triller der „Schwögl" und der Wirbel der Trommel, so oft ein Schwarzschuß gefallen, der Pulverdampf und der Rumor beim Laden,[1] das Durch-

---

[1] Dies gilt natürlich nur von den früher gebräuchlichen Vorderladern, die jetzt fast verschwunden sind.

einander und Rufen der Schützen an den Ladtischen und
Gewehrrechen: Vordermann! Eintreten! Eins, zwei, drei!
wirkt auf den nicht daran Gewohnten höchst aufregend, und ich
nehme es Keinem übel, wenn er sich aus dem bewegten Ladhause
zum Festsaal flüchtet, wo an der Hauptwand die Fülle der
grünweißen und weißroten Seidenfahnen mit den Dukaten-
und Silberstückreihen verlockend funkelt, zwischen ihnen das
bekränzte Bild des Kaisers, des Spenders des wertvollsten
all' dieser Herrlichkeit, darunter auf einem Tischchen der
kunstvoll gearbeitete Goldpokal für den Schützenkönig und die
andern Festgaben. Da steht wohl manches arme Talbäuerlein,
das vielleicht in seinem Leben noch kein Goldstück gesehen,
mit offenem Munde da und staunt wie versteinert die glitzernde
Pracht an, die sich von dem Tannengewinde und Buschwerk
der Türpfosten, Wände und Ecken lieblich abhebt. So war
es in den Huldigungsjahren 1816 und 1838, so im Jahre
1853 beim großen Schießen zur Feier der Errettung des
Kaisers aus Mörderhand, so 1856 bei der Ankunft des Erzherzogs Karl Ludwig als Statthalter von Tirol und endlich
am großartigsten im Jahre 1863, als Tirol seine fünf-
hundertjährige Vereinigung mit Österreich feierte, als das
ganze Land seinem Kaiser begeistert zujubelte und den Schwur
der Treue erneuerte, ein Fest, das, einzig in seiner Art, in
überwältigender Weise das Schützenleben und tirolische Volks-
tum zum Ausdruck brachte.

Das Schützenwesen erfuhr, wie wir später hören werden,
in den letzten Jahrzehnten manche zweckmäßige, den Anforde-
rungen der Neuzeit entsprechende Neuerung. An die Stelle
des unbeholfenen Tirolerstutzens, der sogenannten „Schalper"
oder „Bettstatt", wie man eine solche Schußwaffe spottweise
nun nennt, trat vorerst das handliche Feldgewehr — vorerst
der Werndlstutzen — und mit ihm die Errichtung von
Weitscheiben. Für die viertelstundenlangen Purzelbäume der
Zieler gab es beim Schnellfeuern der Jungschützen keine Zeit
mehr; sie fielen trotz der entschiedensten Einsprache des alten
Zielers „Kassele" von Landeck einer einfacheren Vorrichtung
zum Opfer. Kein Wunder, daß bei diesem Umschwung der

Dinge die bloße Gemütlichkeit zu kurz kam und manches
bemooste Schützenhaupt, welches das Scheibenschießen als
reine Ergötzlichkeit und nur zu oft als förmliches Raub=
handwerk betrieb, dem städtischen Schießstande mit seiner
neuen Schießordnung den Rücken kehrte und mit seinem alten
Stutzen einem der vielen ländlichen Schießstände zuwanderte,
um da nach der alten Weise bei einem „Schießet" auf
150 Schritte „mittun" zu können.

Auf einem solchen Dorfschießstande alten Schlages ist
freilich nichts von städtischem Aufwand zu gewahren. Oft
besteht er nur aus einer hölzernen Bude, meistens aber aus
einem Häuschen mit zwei Ständen und einem Fenster in
der Mitte, wo an seinem Tischchen der „Schützenschreiber"
sitzt. Stände und Platz desselben sind durch ein Holzgitter
vom Laderaum getrennt. An der Wand läuft eine Bank
mit Kerbungen zum Hineinstellen der Gewehre. Andere Ge=
rätschaften gibt es nicht, nur daß die Decke und Wände
häufig das Bild des Kaisers und Scheiben mit Zentrums=
schüssen zieren, die oft bemalt, mit dem Namen des Schützen
und kleinen Fähnchen versehen sind. Ist ein größeres
Schießen, so werden Holzbuden für „Schleckerstände" (Probier=
stände) angesetzt, und der Dorfwirt hat sich mit Bier, Wein
u. s. w. in die Nähe festgesetzt. Diese ländlichen Schießstände
sind größerer Sicherheit halber gewöhnlich abseits der gang=
baren Wege am Waldrande oder an ein Flußufer hingebaut.
Der Raum zwischen Stand und Scheibe ist meistens eine
Au, oft ein Waldtälchen, anmutig umfriedet von Buschwerk
und jungem Tannicht. Hinter den Scheiben, die mittels
Hakenschrauben an Pflöcken hängen, welche ihrerseits durch
einen Holznagel an dicken, festgerammten Pfählen stecken, ist
eine starke, hohe, wegen des Blendens schwarz angestrichene
Mauer aufgeführt, wenn nicht etwa eine Felswand den
natürlichen Kugelfang bildet. Nächst den Scheiben befindet
sich eine höchst ursprüngliche Schutzwehr für den Zieler.
Seitenblöcke im Zwischenraum, welche das Quergehen von
Kugeln verhindern, gibt es nur an großen Schießstätten.
Die Schußdistanz betrug früher 150 bis 180 Schritte; erst

in neuerer Zeit hat man die sogenannten Weitschießstände
zu 300 bis 600 Schritten errichtet.[1]

Mit der schönen Jahreszeit, gewöhnlich um „Antleßen"
(Fronleichnam), beginnen auch die Schießübungen — jeden
Sonntag wird gepufft — und dauern bis Mitte oder Ende
September oder bis zum Kirchweihfest. Dazwischen fallen
aber auch ordentliche Schießen, wo es etwas zu gewinnen
gibt, bald in diesem bald in jenem Dorfe. Um ein Uhr
nach dem Mittagsrosenkranz wird begonnen. Da kommen die
Schützen der Umgegend hergewandert, das Gewehr über der
Achsel. Auch der Herr Pfarrer beteiligt sich gern am Schieß-
vergnügen und trägt dadurch nicht wenig zu seiner Volkstümlichkeit bei. Die gebräuchlichen Waffen sind von sehr
verschiedener Bauart. Die jungen Burschen haben jetzt fast
durchgehend schon Werndlstutzen, daneben aber sieht man
noch hie und da in der Hand manches älteren Bäuerleins
einen Vorderlader.

Das ist nun freilich eine umständliche Geschichte, bis
so ein altes „Scheit" geladen und abgeschossen ist. Es ist
nicht mehr als billig, daß sich der Altkrieger mit einem
Glase Wein zuvor stärke. Dann nimmt er ein uraltes Pulver-
horn vom Tisch, auf dem in buntem Durcheinander Leder-
beutel, Ranzen (lederne Gewehrfutterale), Pulverhörner,
Flaschen und Gläser, silbern blinkendes Spitzblei und Lein-
wandscheibchen liegen. Bedächtig öffnet er das Gefäß, mißt
das Pulver erst im Pulvermaß und schüttet es hierauf
mittels eines Trichters in den Schlund des Gewehres.
Hierauf klopft er mit einem hölzernen Hämmerchen an den
Schaft, um das Pulver in den Zündkanal gelangen zu lassen.
Nun macht der Alte einen Pfropf aus Baumbart (Evernia
jubata) und setzt denselben auf das Pulver. Dieser Pfropf
soll zur Absonderung des Pulvers von der angefeuchteten

---

[1] Dorfschießstände alten Schlages gibt es meines Wissens
jetzt nur mehr zwei, in Oberbozen und den gemütlichen Schießstand
in Mühlau bei Innsbruck, welch letzterer übrigens durch die Einführung von Telefon und elektrischer Klingel auch bereits etwas
modernisiert wurde.

Leinwand und zugleich als Reinigungsmittel dienen, da er
durch seine rauhe Oberfläche wie eine Bürste wirkt. Ist dies
geschehen, so ergreift er eine Kugel, in die nach dem alten
Schützenglauben „des besseren Segens wegen" ein Kreuz
geschnitten ist, benetzt gleichzeitig mit der Zunge ein Stück
Leinwand, schlägt die Kugel samt der Leinwandhülle mit
dem hölzernen Hammer in die Mündung des Stutzens, und
nun wird gemächlich ein Messer gezogen, die überflüssige
Leinwand abgeschnitten und die Kugel mit einiger Mühe
hinabgeschoben. Jetzt endlich, nachdem er sie mit dem Ladstock
noch ordentlich „angetrieben", kann's losgehen. Nun stelle
man sich vor, wie hemmend diese umständliche Vorbereitung
im Kriege sein mußte. Und doch waren es diese schwer=
fälligen Donnerbüchsen, welche einst den Scharen der Franzosen
das Festsitzen in den Tälern Tirols verwehrten und deren
Reihen lichteten. Vergessen darf man jedoch nicht, daß diese
„gezogenen" Tirolerstutzen, was Schußgenauigkeit anbelangt,
die damaligen Musketen bei weitem übertrafen. Jetzt müßte
man sie als Waffe geradezu untauglich nennen.

Ist der Schuß gefallen, so tritt der Zieler vor die
Scheibe und steckt seine „Kelle" in das geschossene Loch.
Diese Zielerkelle ist eine mäßig große Holzscheibe, so daß
sie auch auf eine weitere Entfernung gut sichtbar ist, auf
der einen Seite weiß, auf der andern schwarz angestrichen,
mit einem Handgriff und einem auf beiden Seiten hervor=
ragenden Eisenstift versehen. Hat der Schuß das Weiße
getroffen, so wird die schwarze Seite dem Schießstand zu=
gewendet und umgekehrt. Das Loch wird dann mit einem
„Diebel", das heißt einem eigens zugerichteten Holzstopsel,
der auf der einen Seite die Schußnummer trägt, zugeschlagen
und von ihm bis an den Scheibenrand ein Strich mit dem
Bleistift gezogen. Dazu kommt die betreffende Nummer,
damit, wenn ein solcher „Diebel" angeschossen wird, die
Nummer aufzufinden ist. Diese „Diebel" hängen geordnet
an einer Schnur, und wenn ein Schuß fehl geht, wird der
betreffende zur Seite gelegt. Der Zieler macht dann vor
der Scheibe das Zeichen des Fehlens, d. h. er öffnet und

schließt die Arme oder deutet auf die Mauer hinter der Scheibe. Ist der Schuß "weiß", so rückt er einfach den Hut, ist der Schuß im "Zug", d. h. im Kreise, der außerhalb des "Schwarzen" noch herumgeht, so dreht er sich ganz um, ist der Schuß ein Einser, Zweier 2c., so geht er einmal, zweimal, kurz ebenso oft um die Scheibe, als der Schuß Kreise hat. Beim Zentrum geht er fünfmal herum, nimmt dabei die über die Scheibe steckende Fahne herab und tanzt um die Scheibe. Komische Gebärden und Wendungen sind Privatsache des Zielers. Böller und die damit verbundene Vorrichtung zum Losbrennen derselben nebst dem Apparat mit aufsteigendem Adler, Scheiben mit beweglichem Mal 2c. kommen nur bei größeren Schießen und Schießständen vor, wo auch der Zieler in seiner Galauniform erscheint, nämlich in roter Hose und Joppe mit gelben Schnüren und grünem Spitzhut mit schmaler Krempe und wehender weißer Hahnenfeder.

Über das Ergebnis des Schießens wird ein genaues "Protokoll geführt". Dies ist das Amt des "Schreibers", der jeden Schuß auf Haupt= und Kranzscheibe zu verzeichnen hat. Nach dem Ave=Maria=Läuten um 7 Uhr hört man auf zu schießen. Die Blöcke werden abgenommen und im Schießstande verwahrt, die Fensterbalken geschlossen. Den Schlüssel nimmt der Zieler zu sich, und nun trägt er die Scheiben mit den darin steckenden "Diebeln" ins Wirtshaus oder vorerst in seine Stube, wo gleich nach dem Abendessen das "Abziehen", die "Raitung" (Abrechnung), beginnt. Wer das "Haupt" oder den "Kranz" (ohne Zierde) davongetragen, weiß man gewöhnlich früher. Mit dem Zirkel wird nun in den Zentrumsnagel eingesetzt und ein Kreis beschrieben, die "Diebel", welche sich in dieser Linie befinden, werden herausgezogen und die Nummer des Schusses samt dem Namen des Schützen im Protokoll aufgesucht. Darnach bemißt sich die Einlagverteilung. Man macht mehrere Abteilungen zu zehn, fünf und drei Kreuzern. Die Schüsse in dem dem Zentrum am nächsten Kreise erhalten am meisten u. s. f., "Kranz" oder "Haupt" macht da keinen Unterschied. Nun rechnet man: Der hat so viele Schüsse von der Zehnkreuzerabteilung, der von der Fünfkreuzerabteilung u. s. w. Das geht höchst einfach und rasch. Bei zweifelhaften Schüssen mißt man von der Mitte des Bleies aus. Gewöhnlich ist bei diesen „Raitungen" außer dem ausübenden Zieler und dem aufzeichnenden Schreiber die gesamte beteiligte Schützenzahl da, um ihren Gewinn sofort in Empfang zu nehmen; darauf geht es ins Wirtshaus, wenn man es nicht vorzog, gleich dort die ganze „Raitung" vorzunehmen.

Zieler und Schreiber erhalten für ihre Mühe eine kleine Entlohnung von Fall zu Fall — etwa eine Krone — oder auch einen jährlichen Betrag. Der Zieler betreibt nebenbei noch eine Menge in das Schützenwesen einschlagender Geschäfte. Er liefert die Scheiben für etwa achtzig Heller und die Blöcke, an denen dieselben hängen, natürlich ebenfalls gegen Entgelt. Wenig zerschossene Scheiben überklebt und übermalt er, daß sie wieder benützt werden können. Auch hat er den Vorteil, die durch vieles Zerschießen unbrauchbar gewordenen Blöcke samt ihrer oft beträchtlichen Bleifüllung behalten zu dürfen. So ein alter Block liefert oft sechzig und mehr Kilo Blei, was dann um geringen Preis am Samstag vor dem Schießen wieder an die Schützen abgegeben wird, um neue Kugeln daraus zu gießen. Nicht selten handelt der Zieler auch mit andern zum Schießgebrauche dienenden Gegenständen, wie Pulver, Kapseln, Einschlag 2c., ist bei geringeren Mängeln Ausbesserer der Stutzen, putzt dieselben, schießt sie — er ist immer selbst Schütze — für minder gewandte ein, ist Aufseher über die Schießstandsbaulichkeiten, kurz der Mach-Alles in solchen Dingen. Der „Schützenschreiber" ist Sekretär und Minister des Äußern. Ihm liegt außer der Verrechnung besonders ob: bei Freischießen das „Ladschreiben" zu verfassen, welches die Höhe der Beste, Einlaggebühren und sonstige Bedingungen enthält, und selbes im Namen der Festgeber in ein öffentliches Blatt, gewöhnlich in die „Schützenzeitung" als Hauptorgan des tirolischen Schützenwesens einrücken zu lassen. Am Schießstand hat er ebenfalls einen oder mehrere Zettel anzuschlagen.

„Freischießen" gab und gibt es noch allenthalben genug.

Wer ein freudiges Ereignis, eine Hochzeit, Taufe, Primiz 2c. öffentlich feiern will, zahlt ein Schießen. Werden dazu auch Schützen anderer Gemeinden eingeladen, so müssen "Schlecker= scheiben" errichtet werden. Jeder Zieler hat dann zwei Scheiben zu versehen, und um bei der erweiterten Tätigkeit keine Irrung zu begehen, pfeift er mit einer kleinen Pfeife von je fünf zu fünf Schüssen dem Schreiber, der, wenn die Nummer stimmt, ihm ebenso antwortet. Die Beste werden auch oft nicht in Geld, sondern "in Natura" gegeben, und zwar sind dies meist alte Stiftungen, so z. B. das Wiltener "Widderschießen" (Best: ein gezierter Widder); das Imster "Nußschießen" (Best: ein Sack Nüsse), das Mühlauer "Gans= schießen" um Martini (Best: Gänse). Der Opferwidder — immer ein ausgesuchtes Prachtstück — wird bekränzt durch die Gassen des Ortes geführt. Auch über die Stiege des Gerichtshauses wird das arme blökende Tier gezerrt, um dort der Behörde seine Aufwartung zu machen. Ehemals stellte man Widder und Gänse wirklich als Ziel des Schusses hin, und sie gehörten dem Ersten, der sie traf. Es geschah sogar, daß der Zieler frei und ungedeckt einem vorzüglichen Schützen mit ausgestrecktem Arme die Gans zum Schusse vorhielt. Manchmal verrechnete sich der Bestgeber sehr zu seinem Schaden, wenn tüchtige Schützen eine Gans nach der andern auf 200 Schritte herunterfeuerten, und es mußten zuweilen sämtliche Gänse des Dorfes zum Opfer fallen. Jetzt kommt dieser barbarische Gebrauch kaum mehr vor, und es werden meist gemalte Gänse verwendet. Erwähnt seien auch noch die sogenannten "Lichtschießen", an denen abends bei Licht geschossen wird.

Schützenkönig bei großen Schießen wird nicht derjenige, der etwa zufällig den besten Schuß gemacht, sondern jener tüchtige Schütze, der unter der vorher bestimmten Anzahl von Schüssen, die auf die Hauptscheibe gestattet sind, die meisten Schwarzschüsse hat. Sind mehrere gleich, so müssen sie um den Preis "rittern", d. h. durch einen Ritterschuß aus= kämpfen. Die Treffsicherheit solcher Kernschützen, selbst mit Gewehren alter Bauart, ist staunenswert. Viele sind ihres

Schusses so sicher, daß sie sich auf Schwarz zu wetten getrauen. Beim Kaiserschießen im Jahre 1856 traf ein Schütze zweimal nacheinander das Zentrum. Als solche „Meisterschützen" sind der Prem[1] aus Stumm im Zillertal, der steinalte Georg Prantl aus Schönna, der Mosmayr aus St. Leonhard in Passeier, der Pfafffstalter (†), der Margreider (†) aus Bozen und J. Nairz (†) aus Innsbruck bekannt. Der Schützenkönig steht in großem Ansehen wie ein Hauptrobler. Nicht selten spendet er seine beim Kaiserschießen erbeutete Seidenfahne der Kirche; an den meisten Orten sieht man solche aufgesteckt.

Mit den Dukaten- und Silberstückreihen sieht es bei der Heimkunft freilich oft schlimm aus. Denn die Schützen sind ein lustiges Volk, und der rote Etschländer, der in den verschiedenen Wirtshäusern fließt, winkt gar zu verlockend für einen Talbewohner, dem sich die Herrlichkeit einer Stadt nur selten erschließt. „Der beste Schütz verspielt das Jahr eine Kuh", sagt das Sprichwort; kein Wunder, daß manche „g'sparige Bäuerin" ein schiefes Gesicht zieht, wenn ihr „Alter" die lederbekleidete Büchse vom Nagel nimmt, um ein auswärtiges größeres Schießen zu besuchen. Er aber läßt sich in diesen Dingen nichts einreden, sein Stutzen geht ihm über alles.[2] So unrecht hat die besorgte Ehehälfte nicht. Mancher dem Schützenwesen leidenschaftlich Ergebene ließ Haus und Hof „liegen und stehen", zog von Schießstätte zu Schießstätte und kam auf die „Rodel" (Gant = Versteigerung seines Gutes). Besonders früher war dies öfter der Fall, als noch die echte „Brettelbohrerei" auf den Nahschießständen in Blüte stand.

---

[1] Joh. Prem (gegenwärtig in Innsbruck) hat sich durch Erfindung eines sehr sinnreich konstruierten neuen „Hinter (Lader)-Pöllers" mit Martiniverschluß verdient gemacht, wodurch die Gefährlichkeit beim „Abbrennen" des Geschützes vermieden wird.

[2] Man möchte übrigens kaum glauben, wie mancher alte Schütze seine „alte Schalper" durch vieljährige Übung und Beobachtung so genau kennen gelernt hat, daß er mit einem solchen Gewehr, mit dem ein anderer nichts anzufangen wüßte, genau und sicher zu treffen vermag.

Die Schießzeit wird fast überall mit einem Feste eröffnet und mit einem solchen geschlossen. Die Schützen und Schützenfreunde des Ortes und der Umgebung in ihrer schmucken Tracht, die Hüte mit Spielhahnfedern geschmückt, versammeln sich im Saal eines Gasthauses, der mit Fahnen, Kränzen, Scheiben, Bildnissen usw. geschmückt ist, zu einem Festmahl und Festtrunk. Lustige Musik, Volksgesang und Jodler dürfen dabei nicht fehlen. Den Ehrenplatz an der Tafel nehmen die Altkrieger ein. Da geht es dann kreuzfidel zu. Jeder weiß eine Anekdote aus seinem Schützenleben zu erzählen, jeder rühmt seine gewonnenen Beste, und das Jägerlatein findet ebensogut auf den Scheibenschützen seine Anwendung, der jeden schlechten Schuß zu entschuldigen weiß. Diese „Schützenausreden" sind sprichwörtlich geworden. Bald hat das Pulver einen harten „Brand" (Rückstand), bald hat der Wind im Augenblicke, als der Schuß losging, gewechselt und die Kugel abgelenkt, bald hat der Schütz aus Irrtum das Visier, anstatt es richtig zu stellen, noch unrichtiger gestellt, bald „hebt er wie ein altes Weib", bald ist die Sonne, bald das Blei, bald das „gefrischte Gewehr", bald der Zieler, der das Kugelloch nicht findet, bald der „Schneller" schuld, daß der Schuß schlecht ausfiel. Wenn aber durch Zufall ein schlechter Schuß gelang, so verschweigt er dies wohlweislich. Wenn einer nichts trifft, so daß er beim Verteilen leer ausgeht, so sagt man in der Schützensprache: Er erhält die „Schere". Wenn ein alter Schütz im Stand recht „naggelt", so heißt es: „Jöh, der tut Wetter segnen."

Das bisher Gesagte bezieht sich in erster Linie auf die Verhältnisse bis zum letzten Drittel des abgelaufenen Jahrhunderts. Seitdem hat das Schützenwesen eine durchgreifende Umgestaltung erfahren, besonders seit es in engste Beziehung zur Landesverteidigung gebracht wurde. Viel zur Vornahme dieser Änderungen trugen auch die auswärtigen Schützenfeste bei, an denen die Tiroler teilnahmen, und wenn sie auch nicht immer in so hellen Haufen erschienen sind wie seinerzeit in Frankfurt (1862), Wien (1868), wo ihrer tausend,

oder München (1881), wo ihrer 800 sich einstellten, so liegt
der Grund eben „tiefer", nämlich im Lederhosensack, der
wohl für die Steuerkreuzer weit genug, aber für das Reise-
geld, besonders nach entlegenen Orten, viel zu eng ist. Man
denkt auch hierlands noch freundlich des warmen Empfanges,
welchen die Tiroler stets im „Reiche draußen" gefunden
haben, wenn sie mit ihren rauhen Lodenjoppen und hahnen-
federgeschmückten Hüten einrückten, wie auch andererseits die
deutschen Schützen bei den großen „Kaiserschießen" in Tirol
stets gern gesehene Gäste waren. Durch diese wechselseitige
Beteiligung wurden nicht nur die Bande, welche Tirol seit
uralten Zeiten mit dem deutschen Brudervolke verknüpften,
enger geschlungen, sondern es wurde auch durch Selbstschau
und Meinungsaustausch auf solchen Schützenfesten das beider-
seitige Schützen- und Schießwesen wesentlich beeinflußt und
gefördert.

Gerade der Besuch des ersten Bundesschießens in Frankfurt hat zur vollständigen Umgestaltung des Schützenwesens
in Tirol, freilich durch lange Zeit nur in der Theorie, viel
beigetragen. Damals zeigte sich zuerst, daß Tirol hinsichtlich
der Feuerwaffe hinter Deutschland und der Schweiz weit
zurückgeblieben sei. Noch deutlicher trat dies beim Bundesschießen in Wien zutage, wo die Überlegenheit des Schweizer-
gewehres einen glänzenden Sieg erfocht.

Nun wurde allerdings schon im Jahre 1864 eine „Neue
Schießstandsordnung für Tirol" herausgegeben. Aber diese
Schießstandsordnung, welche nur eine Verherrlichung der
alten „Brettelbohrerei" genannt werden muß, verfehlte ihren
Zweck vollständig. Ganz im Geiste der vertrauensvollen
kaiserlichen Verordnung des Jahres 1839 abgefaßt, welche
alles Verpflichtende grundsätzlich ausschloß, nahm sie erstlich
auf den Hauptzweck der Landesverteidigung zu wenig Bedacht
und krankte außerdem an andern tiefeinschneidenden Mängeln.
So wurde unter anderem alles technische Einzelne in sie aufgenommen, wodurch jeder Fortschritt vom langsamen und
schwerfälligen Gange der gesetzlichen Faktoren abhängig und
dadurch fast illusorisch gemacht wurde.

Ebenso schlimm stand es mit der Hauptsache, der Waffe. Zwar sollte nach § 18 der „Neuen Schießstandsordnung" nur „aus feldmäßig eingerichteten Gewehren geschossen werden", aber wie dieses geforderte „Normalgewehr" beschaffen sein sollte, erfuhr man ebensowenig, als auch nie der im § 48 angekündete Zeitpunkt eintrat, von welchem an „nur feldmäßige Gewehre auf den k. k. Schießständen gestattet sein sollten." Und doch hätte die Einführung des Hinterladers, das Jahr 1866 mit der Verteidigung der Landesgrenze gegen Italien, die Verordnung der allgemeinen Wehrpflicht 2c. 2c. nach jeder Richtung hin eine ernste Mahnung sein können. So wurde denn mit dem alten „Stutzen" auf den meisten tirolischen Schießständen bis zum Jahre 1874 lustig weiter „gepfeffert".

Von diesem Jahre an trat aber mit der gegenwärtig noch gültigen „Schießstandsordnung" vom Mai 1874 ein durchgreifender Umschwung zum Besseren ein. Vor allem wurde der Schwerpunkt darauf gelegt, „ohne militärische Organisation die Elemente der Landesverteidigung vorzubereiten und auszubilden, im besonderen aber der Landsturmorganisation als Stütze zu dienen", wodurch das Schützenwesen seinem eigenen und ursprünglichen geschichtlichen Zwecke wieder zurückgegeben wurde. Weiters wurde alles technische Einzelne aus der „Schießstandsordnung" verbannt und in die vom Gesetz mehr unabhängige „Schießordnung" gegeben und so dem allmählichen und gesunden Fortschritt eine Brücke gebaut. Durch letztere wurde der alte „Schützenbrauch" unter Ausscheidung alles Unzweckmäßigen und Mißbräuchlichen in eine allgemein verbindende Vorschrift gebracht, ohne dem Schützen durch törichte Nörgeleien in bedeutungslosen Dingen die Freude am Schießen zu verleiden. Die Bestimmung und Einführung des „Normalgewehres"[1] wurde sofort in Angriff

---

[1] Das Werndlgewehr spielt immer noch eine große Rolle, namentlich bei weniger bemittelten Schützen, während andererseits das auch als Normalgewehr eingerichtete Martini- und das Keßlergewehr, zumeist 8 mm Kaliber, in Stadt und Land sehr verbreitet ist. Seit einigen Jahren wird aber noch außerdem an der Ein-

genommen. Das Charakteristische desselben besteht darin,
daß es sehr gut für die Scheibe ist und auch als Notbehelf
für die Ortsverteidigung zu gebrauchen ist.

Um die Erwerbung eines solchen Gewehres auch dem
Minderbemittelten zu ermöglichen, wurde der Ankauf des=
selben, sowie der Schießbedarf zum Erzeugungspreise gestattet.
Überdies wurden 1000 solcher Gewehre an ärmere Schützen
gegen Garantie ausgeliehen. Entsprechend diesem Normal=
gewehr, dessen Vortrefflichkeit die ehrlichen Schweizer beim
österreichischen Bundesschießen in Innsbruck 1885 einstimmig
anerkannten, wurden auch die „Ziele" (System An der Lan[1])
eingerichtet. Als „Minimal=Distanz" wurden im Gegensatz
zu den früher üblichen — 150 Schritt — nun 200 Schritt
bestimmt. Dies im allgemeinen die Grundzüge der nun=
mehrigen Schießstandsordnung. Andere heilsame Bestim=
mungen, wie Baubeiträge zu Schießständen aus Staats= und
Landesmitteln, Bestgaben und Schützengaben, Porto= und
Stempelfreiheit ꝛc., welche Begünstigungen zum Teil schon
die frühere Schießstandsordnung enthielt, übergehe ich.

Daß eine so einschneidende Umgestaltung des ganzen
Schützenwesens durch die neue Schießstandsordnung vom
Jahre 1874, welche nicht nur gegen liebgewordene Gewohn=
heiten verstieß, sondern auch Erwerbs= und Lebensbedingungen
benachteiligte, wie jede neue Einführung, auf gewaltigen
Widerstand stoßen werde, war bei der zähkonservativen Natur
des Älplers und besonders des Tirolers leicht begreiflich.
Was wurde da zwischen den Anhängern des alten und neuen

---

führung eines Mannlicher=Bleigeschoß=Repetiergewehres gearbeitet,
das sich großer Beliebtheit erfreut und ausgezeichnete Treffresultate
erzielt. In ganz letzter Zeit wurde in dieser Hinsicht ein weiterer
Fortschritt gemacht, indem man das Armeegewehr ohne irgend eine
äußerliche oder innere Konstruktionsänderung mit einem eigen=
artigen Bleigeschosse, im übrigen mit der Armeepatrone, verwendet.

[1] Dieses System, welches bei Neueinführung der weiten
Distanzen und der Hinterlader sehr gute Dienste geleistet hat, ist
nunmehr, da die „Ziele" (Scheiben=Male) durch die Schießordnung
der verbesserten Genauigkeit der Gewehre entsprechend kleiner und

Systems hin- und hergestritten! Es lärmten die Wirtsleute, bei denen die Schützenbrüder die besten Gäste waren, da sich ja der Schießstand meist nahe oder gar im Gasthaus selbst befand, es zeterten die Bestzierdenmacherinnen um den Entgang ihres Verdienstes, denn die schönen Bestzierden, welche den Geldgewinn der glücklichen Gewinner sehr schmälerten, wurden sehr eingeschränkt; ebenso beklagten sich die Zieler und Schützenschreiber, denen nun der gesetzliche „Zehent" entfiel, von den Böllerladern, „Schwöglern" und Trommlern gar nicht zu reden. Am meisten aber waren die alten „Brettelbohrer" und Professionsschützen erbost, welche nicht anstanden, den nunmehrigen Untergang des ganzen Schützenwesens zu prophezeien. Doch sieh da! Jetzt hat der gesunde Sinn des Volkes längst den Sieg errungen. Das Normalgewehr ist allgemein eingebürgert, die „Bettstatt" verdrängt. Während von 1864—70 kaum 20 Weitschießstände waren, sind jetzt in Tirol 425, also mehr als die ganze österreichische Armee zusammen hat, in Vorarlberg 57, von denen mit ganz seltenen, durch die Boden- oder Besitzverhältnisse gebotenen Ausnahmen, alle wenigstens eine, einige sogar zwei oder mehrere weite Distanzen besitzen. Die Zahl der immatrikulierten Mitglieder betrug Ende 1907 in Tirol 57371, in Vorarlberg 8039. Wenn's wieder einmal losgeht, Tirol und auch Vorarlberg wird seinen Mann stellen.

Verdienste um die Hebung des Schützenwesens, allerdings noch nach altem System, erwarben sich neben andern vorzüglich der langjährige Oberschützenmeister Dr. David R. v. Schönherr, um das neuere vor allem der gegenwärtige k. k. Sektionschef Dr. Eduard Frhr. v. An der Lan, der die ganze Umgestaltung und Organisation leitete.

Den Hauptförderer und Gönner fand es aber in den letzten acht Jahren an Seiner k. und k. Hoheit, unserem allverehrten und allgeliebten Erzherzog Eugen, der in seiner Eigenschaft als Landesverteidigungs- und Korpskommandant,

---

in der Unterteilung minutiöser fixiert wurden, mehr in den Hintergrund getreten.

jetzt Landesverteidigungs-Oberkommandant und General-Truppeninspektor, das tirolische Schützenwesen, was den Geist und die materielle Entwicklung, besonders im Waffenwesen betrifft, in der erfreulichsten Weise gehoben hat, wobei dieser edle Fürst, der jedes Tal und fast jede Hütte kennt, mit unerschöpflicher Freigebigkeit hilfsbedürftige Schießstände und deren Schützen mit ausgiebigen Unterstützungen bedachte und noch bedenkt.